KRZYSZTOF GASECKI

Das Profil des Geistes in den Sakramenten

Pneumatologische Grundlagen der Sakramentenlehre.
Darstellung und Reflexionen ausgewählter katholischer
Entwürfe

Aschendorff Verlag Münster

Münsterische Beiträge zur Theologie

Begründet von Franz Diekamp und Richard Stapper
fortgeführt von Hermann Volk, Bernhard Kötting und Bruno Schüller
herausgegeben von Harald Wagner

Band 66

© 2009 Aschendorff Verlag GmbH & Co. KG, Münster
Das Werk ist urheberrechtlich geschützt. Die dadurch begründeten Rechte, insbesondere die der Übersetzung, des Nachdrucks, der Entnahme von Abbildungen, der Funksendung, der Wiedergabe auf fotomechanischem oder ähnlichem Wege und der Speicherung in Datenverarbeitungsanlagen bleiben, auch bei nur auszugsweiser Verwertung, vorbehalten. Die Vergütungsansprüche des § 54, Abs. 2, UrhG, werden durch die Verwertungsgesellschaft Wort wahrgenommen.
Satz: Dr. Horst P. Pütz
Gesamtherstellung: Aschendorff Medien GmbH & Co. KG, Druckhaus · Münster, 2007
Gedruckt auf säurefreiem, alterungsbeständigem Papier ∞
ISBN 978-3-402-11366-0

Inhaltsverzeichnis

Hinführung zur Problemstellung   xiii

Skizze des Vorhabens   xix

1 Von der Geistvergessenheit zum pneumatischen Bewusstsein in der römisch-katholischen Sakramentenlehre   1
    1.1 Christomonismus westlicher Sakramentenlehre   1
       1.1.1 Der Vorwurf der Geistvergessenheit   1
       1.1.2 Die Entwicklung der Christozentrik in der lateinischen Tradition   6
    1.2 Erneuerungsversuche im 20. Jahrhundert   11
       1.2.1 Die ersten Spuren der Pneumatologie in frühen sakramententheologischen Schriften des 20. Jahrhunderts   11
          1.2.1.1 Die Liturgische Bewegung und Romano Guardini („Gemeinschafts-Gedanke") . .   12
          1.2.1.2 Die pneumatologische Christozentrik der Mysterientheologie Odo Casels   16
          1.2.1.3 Die Pneumatologie der vorkonziliaren Sakramententheologien von Edward Schillebeeckx und Karl Rahner   21
       1.2.2 Annäherung an die Pneumatologie und das trinitarische Mysterium   26
          1.2.2.1 Die systematische Pneumatologie von Yves Congar   26
             A. Eine christologische und eine ekklesiologische Pneumatologie   27
             B. Der epikletische Charakter der sakramentalen Ökonomie   30
             C. Manducatio spiritualis   33
             D. Die pneumatologische Logik der ‚je eigenen Teilhabe' an den Ämtern Jesu Christi   35
             E. Resümee   36
          1.2.2.2 Die trinitarisch profilierte Theologie von Hans Urs von Balthasar   37
             A. Die Ursakramentalität der Kirche   38

		B. Die institutionelle Dimension des Heiligen Geistes 40
		C. Die Sakramente als geistbestimmte Institution 43
		D. Resümee 47
	1.2.2.3	Der personologische Beitrag Heribert Mühlens 48
		A. Das personhafte »Wir« 49
		B. Personale Kausalität gegen Panchristismus 50
		C. Die Entsakralisierung der sakramentalen Zeichen 53
		D. Die pneumatologisch-trinitarische Erneuerung der Kirche 56
		E. Resümee 57

1.3 Der pneumatologisch-trinitarische Paradigmenwechsel des Vaticanum II 58
   1.3.1   Erste pneumatologische Ansätze in *Sacrosanctum Concilium* 59
   1.3.2   Die pneumatologischen Implikationen in der Lehre von der Kirche 62
          1.3.2.1 Die ekklesiologische Wende 62
          1.3.2.2 Die Communio-Ekklesiologie in »Lumen gentium« 64
   1.3.3   Die pneumatologisch-trinitarische Dimension der Sakramente in den nachkonziliaren ökumenischen Dialogen – Das ‚Lima-Papier' 1982 67
          Exkurs I: Thesenhafter Überblick über das pneumatologische Sakramentenverständnis in der orthodoxen und in der reformatorischen Tradition 71
          1. Die Pneumatologie und das Sakramentenverständnis in der orthodoxen Tradition 71
          2. Das pneumatologische Defizit der reformatorischen Sakramententheologie? 82
          3. Die pneumatologische Differenz zwischen reformatorischer und ostkirchlicher Tradition: 92

1.4 Neue Ausgangspunkte der Sakramentenlehre hinsichtlich der Pneumatologie 93

1.4.1 Die pneumatologische Universalisierung des Christusereignisses 94
  1.4.1.1 Erinnerung an die trinitarische Basis – gegen ‚relativierende' Modelle der Geist-Christologie 96
  1.4.1.2 Die Fragen einer eigenständigen Pneumatologie 100
1.4.2 Das Gnadenverständnis im Lichte der Pneumatologie 102
1.4.3 Die Notwendigkeit der pneumatologischen Amtsbegründung 105

2 Untersuchung pneumatologisch-trinitarisch konzipierter Gesamtentwürfe der gegenwärtigen Sakramentenlehre   111
 2.1 Der Geist als Vollender des Pascha-Mysteriums Christi – der pneumatologische Zugang aus der Mysterientheologie im Entwurf von WACŁAW HRYNIEWICZ 111
  2.1.1 Das Profil des Geistes im Grundsakrament der Kirche 117
   2.1.1.1 Theologisch-dogmatische Bestimmung der altchristlichen Pentekoste 117
   2.1.1.2 Die pneumatologische Aufwertung der Ekklesiologie 119
    A. Ecclesiologia paschalis – Corpus Trium . 120
    B. Die österliche Genese der Kirche 126
    C. Wesenseigenschaften der Kirche im Lichte der Pneumatologie 128
   2.1.1.3 Die Kirche als Wirkungsraum des Heiligen Geistes 130
    A. Souveränität des Geistes in der Kirche... 131
    B. Die ekklesiale Zeit der Heilsgeschichte im Heiligen Geist........... 133
    C. He koinonía tou Hagíou Pneumatos... . 136
    D. Charismatischer Charakter der Zugehörigkeit zur Kirche.......... 137
    E. Charisma und Institution 139
    F. Charismatisches Amtverständnis..... .. 143
    G. Ecclesia sancta – Ecclesia peccatrix 145
    H. Zwischen der Ekklesiologie des Kreuzes und der Glorie............ 148
    I. Die kenotische und epikletische Struktur der Kirche........... 152
   Resümee 156

2.1.2　Die pneumatologischen Implikationen der Theologie des Wortes 158
2.1.3　Der christologisch-pneumatologische Charakter der Sakramente 166
　　2.1.3.1 Die Aktualität der Theologie der Mysteriengegenwart 170
　　2.1.3.2 Die pneumatologische Erklärung der sakramentalen Heilsgegenwart 177
　　2.1.3.3 Die christologisch-epikletische Wirksamkeit der Sakramente 182
　　2.1.3.4 Das Mysterium des Pascha und der Pentekoste in den Initiationssakramenten ... 185
　　　　A. Die Taufe..................... 185
　　　　B. Der pentekostale Sinn der Firmung in der personalistischen Heilsoptik................ 193
　　　　C. Die eucharistische Zielsetzung der christlichen Mystagogie 203
　　2.1.3.5 Der österlich-epikletische Charakter des ganzen sakramentalen Lebens der Kirche　208
　　　　A. Die sieben Sakramente als Symbol der Universalität des Heiles..... .. 209
　　　　B. Die pneumatologische Dimension der übrigen Sakramente...... ... 212
　　　　　　a) Remissio omnium peccatorum 212
　　　　　　b) Das Sakrament des Ordo...... ... 214
　　　　　　c) Das Ehesakrament.......... 216
　　　　　　d) Die Krankensalbung........ ... 220
　　　　C. Andere ‚heilige Handlungen'...... ... 221
　　2.1.3.6 Die Gültigkeit und die Anerkennung des Sakramentes in der christologisch-pneumatologischen Perspektive: »*Supplet Christus, supplet Spiritus Sanctus*« 222
　　2.1.3.7 Der Geist in der liturgischen Erfahrung des österlich-pentekostalen Mysteriums 226
2.1.4　Die pneumatologische Eucharistielehre 232
　　2.1.4.1 Die österliche Stiftung des Sakramentes . . 235
　　　　A. Ordo resurrectionis des Sakramentalen . 237
　　　　B. Die Faktoren der österlichen Theologie der Eucharistie: Auferstehung – Geist – Leib............ 240

2.1.4.2 Die personale und relationale Ontologie der eucharistischen Wandlung 241
2.1.4.3 Die Wirkung des Heiligen Geistes im Sakrament der Eucharistie 247
   A. Der Heilige Geist im Mysterium der eucharistischen Verwandlung.... 249
      a) Der ursprüngliche Sinn der Epiklese 251
      b) Der epikletische Charakter der eucharistischen Verwandlung 253
      c) Transsignifikation kraft des Geistes – die personalistische Sicht der Eucharistie.... . 260
      d) Die eucharistische Anbetung und der Geist 262
      e) Die Souveränität des Heiligen Geistes und die Rolle des Priesters............ 262
   B. Die Wirkung des Geistes in der heiligen Kommunion.......... 264
2.1.4.4 Die eschatologisch-kosmische Dimension der Geistwirkung 270
Resümee 276
2.2 Das personalisierende Wirken des Heiligen Geistes in der sakramentalen Begegnung – Pneumatologisch-trinitarische Profilierung der Sakramente im Entwurf von LOTHAR LIES 280
  2.2.1 »Person in Person des Sohnes Gottes werden« – die Rolle des Geistes im sakramentalen Geschehen 283
    2.2.1.1 »Leib in Person« – das biblische Menschenbild 286
    2.2.1.2 »Leiblichkeit Gottes« – die inkarnatorische Voraussetzung der sakramentalen Begegnung 288
    2.2.1.3 Die Verbindungs-Rolle des Heiligen Geistes 291
    2.2.1.4 Das *perichoretische* Verhältnis der Sendungen des Sohnes und des Geistes 292
    2.2.1.5 Konkretisierung der Geistwirkung in der Eucharistiefeier 295
  2.2.2 Die einzelnen Sakramente in der pneumatologischen Optik 298

2.2.2.1 »Christus – der wahre Geistträger«: christologische Konkretion der Geistwirkung . . 298
    A. Taufe 300
    B. Firmung 301
    C. Eucharistie 305
        a) »Ein Leib im Heiligen Geist« 306
        b) »Logike thysia« – das Opfer im Geiste 307
    D. Buße 308
    E. Krankensalbung 311
    F. Priesterweihe 312
    G. Ehe 316
2.2.2.2 Epiklese: »Phänomenologie des Geistes« in der Liturgie der Sakramente 317
    2.2.2.2.1 *»Mit leeren Händen vor Gott«* – existenziell-theologische Bedeutung der Epiklese 317
    2.2.2.2.2 Die epikletischen Ausdrücklichkeiten in den liturgischen Vollzügen 321
        A. Taufe 322
        B. Firmung 324
        C. Eucharistiefeier 326
        D. Bußsakrament 328
        E. Krankensalbung 329
        F. Weihesakrament 331
        G. Ehesakrament 333
        H. Sakramentalien 334
2.2.2.3 Einige Grundaspekte einer pneumatologisch-trinitarischen Sakramentenlehre 335
    2.2.2.3.1 *Koinonia mit Gott in der Kirche* – communional-ekklesiale Wirksamkeit der Sakramente 336
        A. Taufe 338
        B. Firmung 340
        C. Eucharistiefeier 342
        D. Buße 343
        E. Krankensalbung 346
        F. Weihesakrament 348
        G. Ehe 350

2.2.2.3.2 Die Pneumatologie und die eschatologische Dimension aller Sakramente 352
Resümee 355
Exkurs II: Ausgewählte fremdsprachige Werke 360
1. »*Der Geist als der große Liturge* ...« – Entwurf von JEAN CORBON 361
2. »*Aktual-Präsenz des Mysteriums Christi* ...« – Entwurf von EDWARD J. KILMARTIN 362

3 Die pneumatologische Eingebung in den neueren sakramententheologischen Lehrbüchern   367
   3.1 Die »geistgewirkte Nähe Gottes« in den Sakramenten – pneumatologische Auslegung in der Sakramentenlehre von THEODOR SCHNEIDER 367
      3.1.1 Die geistgewirkte *Nähe Gottes*: das gläubige Unterwegssein im Geiste 369
      3.1.2 Qualifizierung des Sakramentes durch das Wort und das Pneuma: das »Wie« der Heilsvermittlung . 371
      3.1.3 Die Differenziertheitsfunktion des Pneuma 376
   3.2 Der Geist der Gebetsliturgie – pneumatologische Akzente in der Darstellung von HERBERT VORGRIMLER 377
   3.3 Der Geist als »kommunizierende Liebeskommunikation« – sakramententheologische Konkretion communional-kommunikativer Ekklesiologie im Entwurf von HANS OTMAR MEUFFELS 381
      3.3.1 Die Berücksichtigung der Rolle des Heiligen Geistes im Lichte eines trinitarisch artikulierten Glaubenshorizonts 381
      3.3.2 ,*Im Heiligen Geiste*' – das personale Medium 385
      3.3.3 *Agape*hermeneutik des Sakramentalen: ,Communio von Subjekten' 386
      3.3.4 Epikletisch-performative Einheit verbal-zeichenhafter Heilsstruktur: Pneumawirkung bei der ,*Decodierung*' symbolischer Medien 388
Resümee 392

4 Pneumatologische Grundsignaturen einer trinitarisch begründeten Sakramentenlehre   394
   Ertrag: Trinitarische Profilierung des Sakramentsverständnisses in der römisch-katholischen Theologie 394
   Trinitätstheologische Vorüberlegung: »Der Geist ist Person« 394

4.1 Der Heilige Geist und der *Ursprung* **der Sakramente** 401
    4.1.1 Trinitarischer Ursprung: ‚historisch'-theologische Grundlage der Einsetzung der Sakramente 401
    4.1.2 Dynamischer *Ursprung* jeder aktuellen sakramentalen Begegnung.................... 407
4.2 Der Heilige Geist als *Medium* des sakramentalen Geschehens 412
    4.2.1 Der pneumatologische Zugang zum personalen Verständnis der sakramentalen Gegenwart Jesu Christi 413
    4.2.2 Die Heils-Vergegenwärtigungsfrage: Epiklese und ‚performative Rede' 415
        (1) Der Geist: keine bloß unbestimmte Wirkkraft Gottes 417
        (2) Der Geist: dynamische Gabe Gottes 418
        (3) Der Sinn der Epiklese: Initiative Gottes (»mit leeren Händen vor Gott«) 419
        (4) Epiklese: Einladung zum Gebet in der Gemeinschaft................... 420
        (5) Der Geist der Koinonia 420
        (6) Der Geist der ‚liturgisch-kirchlichen Erfahrung' 422
    4.2.3 Nochmals das »Wie« der Heilsvergegenwärtigung: (nur) Wort und (oder auch) Sakrament – Versuch einer Richtungsweisung 424
    4.2.4 Heilsvergegenwärtigung – Bündelung begleitender Sachprobleme im pneumatologischen Kontext 431
        4.2.4.1 Kein Sakramentalismus: »Pneuma nicht nur im Sakrament« 432
            (1) Pneumawirken nicht sakramentalistisch bestimmt........... 432
            (2) Keine Parallelität: erst Geist – dann Sakrament................ 433
            (3) Notwendigkeit der Sakramente..... .. 434
            (4) Keine sakramentalistische Verengung – soziale Verantwortung........ ... 435
        4.2.4.2 Kein Automatismus: »Sakrament verfügt nicht über das göttliche Pneuma« 436
        4.2.4.3 »Entsakralisierung« des Dienstes an der Heilsvergegenwärtigung 437
            (1) Entsakralisierung des Kultischen.... .. 437
            (2) »In persona Christi et in persona ecclesiae«: ‚ikonisch-epikletische' Person des Amtsträgers..... .. 438

		(3) Spannung zwischen ordiniertem und nichtordiniertem Dienst 440

4.3 Der Heilige Geist – begleitend zum *Ziel* der sakramentalen Begegnung 443
    4.3.1 Die eschatologische Zielsetzung der Sakramente . . 443
        (1) Pneumatologia crucis 444
        (2) Der Heilige Geist – begleitend zum Ziel 445
        (3) Altruistisch Person werden – Eschatologie im Präsens 446
        (4) Aus der Perspektive der Vollendung 447
    4.3.2 Die kosmisch-universale Dimension 448

5 Epilog   453

5.1 Ergebnis und Ausblick 453
    These 1: Der Paraklet vergegenwärtigt „das Jetzt" des Heilsgeschehens 453
    These 2: Die sakramentale Gnade als personale Begegnung 454
    These 3: Der kommunikative Charakter des Kultischen . . 454
    These 4: Sakrament – prozesshaftes Geschehen 455
    These 5: Die dynamische Gegenwart des Herrn 455
    These 6: Keine Spiritualisierung des Heiles 456
    These 7: Sakramentale Existenz: alternativ zum (postmodernen) Heils-Individualismus 457
    These 8: Glaube – Wort – Sakrament: Partizipation an interpersonaler Wirklichkeit 458
    These 9: Die Hervorhebung der Epiklese 459
    These 10: Eschatologisch-kosmologische Komponente des sakramentalen Geschehens 460
5.2 Weitere Fragen aus pneumatologischer Sicht 461
5.3 Nachwort 463

Literaturverzeichnis   465

Namenregister   491

Hinführung zur Problemstellung

Vielfach ist bereits in wissenschaftlichen Publikationen besprochen worden, dass in den Sakramentenfeiern Jesus Christus als Stifter des Sakramentes eine zentrale Stellung einnimmt.[1] Dass aber auch dem Heiligen Geist in den Sakramenten eine ebenso große Bedeutung zukommt, wurde im Westen lange Zeit vergessen, rückt jedoch allmählich wieder – seit dem Zweiten Vatikanischen Konzil – mehr ins Bewusstsein.

Eine der Seiten des theologischen *Aggiornamento* im Vaticanum II war die Wiederentdeckung des Denkens vom Heiligen Geist. Wegen der oft diagnostizierten »Geistvergessenheit« des christlichen Glaubensverständnisses versuchte man die Frage zu beantworten, wie die wirksame Gegenwart des Geistes in den Glaubenden und in der Kirche als Gemeinschaft der Gläubigen erfahren, vorgestellt und theologisch (in Anthropologie, Pneumatologie und Gnadenlehre, Ekklesiologie und Sakramentenlehre) bestimmt werden kann.[2]

---

[1] Z.B. Edward SCHILLEBEECKX, Christus – Sakrament der Gottbegegnung (Mainz 1960); Karl RAHNER, Die Gegenwart Christi im Sakrament des Herrenmahles. Schriften zur Theologie IV (Einsiedeln 1960) 357–385; Armando CUVA, La presenza di Cristo nella liturgia (Roma 1973); DERS., La presenza di Cristo nelle celebrazioni liturgiche (Roma 1997); Leo SCHEFFCZYK, Jesus Christus – Ursakrament der Erlösung. Die Kirche das Ganzsakrament Jesu Christi; Peter KUHN, Die Sakramente der Kirche – siebenfältige Einheit, beide in: Hubert LUTHE (Hg), Christusbegegnung in den Sakramenten (Kevelaer 1981) 9–120. 121–199; Franziskus EISENBACH, Die Gegenwart Jesu Christi im Gottesdienst. Systematische Studien zur Liturgiekonstitution des Zweiten Vatikanischen Konzils (Mainz 1982); Harald WAGNER, „Einsetzung" der Sakramente durch Christus; Sprach- und Handlungssymbole Jesu als historischer Ort der Sakramentenentstehung; Christus, Sakrament der Gottesbegegnung, in: DERS., Dogmatik = Kohlhammer Studienbücher Theologie 18 (Stuttgart 2003) 280–287; Dorothea SATTLER/ Theodor SCHNEIDER, „Einsetzung" der Sakramente durch Jesus Christus. Eine Zwischenbilanz im ökumenischen Gespräch, in: Bernhard FRALING/ Helmut HOPING/ Juan Carlos SCANNONE (Hg), Kirche und Theologie im kulturellen Dialog (Freiburg 1994) 392–415; Gerhard Ludwig MÜLLER, Der Ursprung der Sakramente in Wirken und Schicksal Jesu Christi 654–656, in: DERS., Katholische Dogmatik. Für Studium und Praxis der Theologie (Freiburg-Basel-Wien ^{6}2005).

[2] Vgl. NITSCHE, Geistvergessenheit und die Wiederentdeckung des Heiligen Geistes 109–110, für: Bernhard NITSCHE, Geistvergessenheit und die Wiederentdeckung des Heiligen Geistes im Zweiten Vatikanischen Konzil, in: DERS. (Hg), Atem des sprechenden Gottes. Einführung in die Lehre vom Heiligen Geist (Regensburg 2003) 102–144, hier 109–110.
Es ist das folgende Zitierverfahren zu beachten: Bei den Arbeiten, die mehrmals zitiert werden, folgt beim ersten Zitieren nach dem Kurztitel einmalig der Langtitel der Arbeit.
– Der französische Theologe René LAURENTIN stellt fest, dass die treibende Kraft des Heiligen Geistes in der Kirche immer gegenwärtig gewesen ist und nicht erst nach dem II. Vatikanischen Konzil. Er spricht von der »pneumatologischen Unterentwicklung« in der katholischen Lehre und Praxis, nicht von »Geistvergessenheit«. Unter dem

Die Rehabilitierung des Geistdenkens im Konzil war deshalb von großer Bedeutung, weil es mit dieser Entscheidung zu einem theologischen Paradigmenwechsel kam.³ Besonders in der Ekklesiologie ist seither die pneumatologische Dimension zu berücksichtigen, denn das Thema »Geist und Kirche« ist zum zentralen Arbeitsfeld geworden.⁴

Das Konzil hat wichtige Signale zu einer pneumatologischen Reformulierung der seit dem I. Vaticanum dominierenden Lehre von der Kirche gegeben: *Kirche als Geistgeschöpf, als Sakrament des Geistes für die Welt, als geistliche Gemeinschaft in der Vielfalt der Geistgaben.*⁵ In diesen Themenkreis wurde auch die Sakramententheologie eingebunden: Nicht nur im Rahmen der Firmtheologie, sondern vor allem in der Eucharistielehre (Betonung der Epiklese in der römischen Liturgie) und beim Sakrament des Ordo (Bestimmung des Verhältnisses von Charisma und Amt) wird seither die pneumatologische Dimension präsenter und die Bedeutung des Heiligen Geistes hervorgehoben.⁶

Die Sakramente besitzen nämlich eine »epikletische Note«, die sich in das gesamte christliche Leben hinein fortsetzt. Dadurch wird die indikativische Auffassung der Sakramente und ihrer Wirksamkeit einer gewissen Korrektur ausgesetzt, sofern sie einem epikletisch-pneumatologischen Rahmen eingefügt und damit ihr tieferer Hintergrund deutlich wird: „Der sakramentale Indikativ wird (...) in der Bitte um das Kommen des Geistes verankert. In den Sakramenten nimmt die Bitte um das Kommen des Geistes eine höchst offizielle Form an.

Titel *La redécouverte de l'Esprit Saint et des charismes dans l'Eglise actuelle* bietet Laurentin einen Überblick über die theologische Behandlung des Geistes der modernen Zeit. Vgl. DERS. (Hg), L'Esprit Saint (Bruxelles 1978) 11–37.

³ Außer der katholischen Kirche, nämlich im Ökumenischen Rat der Kirchen, gab es noch vor dem Konzil den Paradigmenwechsel. Der Rat hat im Jahr 1961 seine bis dahin exklusiv christologisch orientierte Basisformel trinitarisch erweitert und bestimmt: Der ÖKR ist eine Gemeinschaft von Kirchen, die nicht nur den Heiland Jesus Christus anerkennt, sondern sie erfüllt ihre Berufung auch zur Ehre Gottes, des Vaters, des Sohnes und des Heiligen Geistes. – Zur Entwicklung dieser Basisformel von der christologisch-soteriologischen Zentrierung zur trinitarisch-doxologischen Ausrichtung siehe: Wolfdieter THEURER, Die trinitarische Basisformel des Ökumenischen Rates der Kirchen (Bergen-Enkheim 1967).

⁴ Vgl. HILBERATH, Pneumatologie 528, für: Bernd Jochen HILBERATH, Pneumatologie, in: Theodor SCHNEIDER (Hg), HDog² 1 (Düsseldorf 2002) 445–552, hier 528.

⁵ Vgl. HILBERATH, Pneumatologie 528.

⁶ HILBERATH verweist auf die Notwendigkeit der pneumatologischen Ausarbeitung einer Allgemeinen Sakramentenlehre, weil diese Dimension noch wenig im Blick sei. Zur Pneumatologie allgemein konstatiert der Autor: „Angesichts des immer noch bestehenden erheblichen Nachholbedarfs auf vielen Arbeitsfeldern der Geisttheologie ist es kaum verwunderlich, dass pneumatologische Gesamtentwürfe der Theologie bestenfalls als Arbeitsskizzen vorliegen und selbst systematisch ausgearbeitete Theologien des Heiligen Geistes nur von wenigen Theologen präsentiert werden." – HILBERATH, Pneumatologie 528.

Hier engagiert sich die »ecclesia orans« (...). Alles sakramentale Handeln der Kirche entspringt dem Geist, ist von ihm geleitet und inspiriert. Der Geist ist Ursprung, Medium und Ziel des sakramentalen Geschehens zugleich."[7] In dieser Sicht erscheint auch die ganze Kirche in einem anderen Lichte: nicht mehr als Hüterin und Verwalterin des Geistes, sondern viel mehr als dessen Empfängerin.

Die Verbindung von Christologie und Pneumatologie stellt aber nicht nur das epikletische Moment des sakramentalen Geschehens in einen neuen Horizont, sondern entschärft auch traditionelle Fragestellungen der Sakramententheologie, z.B. die Frage nach der Einsetzung, dem Spender, dem Christusbezug oder dem Charakter einzelner Sakramente.[8] Denn „die christologische und ekklesiologische Perspektive in der Frage der Notwendigkeit, der Einsetzung, der Siebenzahl oder des Spenders der Sakramente haben sicher ihr gutes Recht, sie bedürfen aber einer pneumatologischen Auffüllung, wenn sie nicht gewissen monistischen Verkürzungen zum Opfer fallen sollen. Der Geist stellt das unerläßliche Bindeglied zwischen Christus und der Kirche, zwischen der Kirche des Anfangs und späterer Zeit, zwischen dem Einst und Heute, zwischen Schrift und Tradition, zwischen Traditionen und dem Leben dar".[9]

Die ‚Pneumatologisierung' der katholischen Theologie in und nach dem II. Vatikanum ist grundsätzlich ein Versuch, den bisher herrschenden Christomonismus im Kirchendenken, das die Kirche als verlängerteInkarnation Christi oder als irdischen Christus begreift[10], sowie den vornehmlich abstrakt-spekulativen Charakter der Trinitätslehre[11] und

---

[7] SCHÜTZ, Einführung in die Pneumatologie 289–290, für: Christian SCHÜTZ, Einführung in die Pneumatologie (Darmstadt 1985) 289–290.
[8] Vgl. SCHÜTZ, Einführung in die Pneumatologie 27.
[9] SCHÜTZ, Einführung in die Pneumatologie 290.
[10] In der Enzyklika *Mystici corporis* PIUS' XII. von 1943 wurde ein solches christomonistisches Kirchenmodell entfaltet. Die Kirche wurde als eine hierarchisch gegliederte Gesellschaft charakterisiert, in der die ordinierten Dienste aus einer ontologischen Identifikation mit Jesus Christus heraus konzipiert wurden. Der Heilige Geist spielte bei dieser Identifikation keine Rolle. Die Amtsträger traten als amtlich-institutionelle Vermittler zwischen Gott und die Menschen. – Vgl. NITSCHE, Geistvergessenheit und die Wiederentdeckung des Heiligen Geistes 113.
Die neugewonnene pneumatologische Perspektive sollte das einseitig geprägte christozentrische Kirchenmodell decodieren, welches den Heiligen Geist amtstheologisch domestiziert und „die ekklesiale Bedeutung des Geistwirkens im Werk der Gläubigen entweder auf den Bereich des subjektiven Sakramentsempfangs, die mystisch-private Frömmigkeit oder eben auf den öffentlichen Sektor der caritativen Armen- und Krankenfürsorge eingeschränkt [hat]." – Ebd. 112.
[11] Kurz nach dem Konzil wies Joseph RATZINGER darauf hin, dass der vornehmlich abstrakt-spekulative Charakter der Trinitätslehre sowie die weitgehende Identifizierung von Geist und Amt schließlich auch eine Geistvergessenheit bewirkten, weil der Heilige Geist in der Erfahrungswelt der Menschen zunehmend ortlos und in der Theologie

die Geringschätzung des Wirkens des Geistes im Glaubensleben[12] zu überwinden. Diese Aufgabe scheint für die pneumatologisch dimensionierte Theologie lösbar zu sein, indem das eigentümliche Profil der trinitarischen Personen stärker akzentuiert wird. In der nachkonziliaren Zeit sieht man deutlich dieses Bemühen u.a. in der in die Richtung der *Communio*-Ekklesiologie initiierten Entwicklung des theologischen Denkens.

Die Beziehung der gegenwärtigen Theologie zu dem in der altkirchlichen Tradition zutage tretenden trinitarischen Dogma ist jedoch nicht problemlos. Wie in der Forschung gezeigt wurde, stellten die Aufklärung und die Theologie des 19. Jahrhunderts die Trinitätslehre als Ausgangspunkt der gesamten Theologie in Frage.[13] Die Zurücknahme der Trinitätslehre im Gesamtgefüge der Theologie hat zugleich die zwischen dem trinitarischen Dogma und der Sakramententheologie bestehende feste Verbindung unterbrochen – besonders auf evangelischer Seite[14]; in der orthodoxen Tradition dagegen blieb die Beziehung zwischen den Sakramenten und dem trinitarischen Dogma erhalten.

Wie kann aber die Sakramentenlehre oder Ekklesiologie bei ihrer Reflexion über das Sakramentale nach dem Wirken des Heiligen Geistes oder nach einer nur schwer fassbaren Unterscheidung im Heilswirken von Vater, Sohn und Geist fragen? Was besagt eigentlich die pneumatologische Dimension des sakramentalen Geschehens in der Kirche? Warum ist es so wichtig, die Sakramente auch in der Perspektive der Dreipersonalität Gottes als Orte gegenseitiger Begegnung und Kommunikation theologisch zu betrachten?

Eine pneumatologisch dimensionierte Sakramententheologie will diese Fragen beleuchten. Die pneumatologische Reflexion, die auch zugleich eine Reflexion der trinitarischen Differenziertheit des einen Gottes ist, versucht vor allem das personale Verständnis der Sakramente zu

vielfach funktionslos geworden war. Er verlor den Bezug zur geschichtlich erfahrbaren Wirklichkeit und fristete vor allem in der Erbauungsliteratur sein kümmerliches Dasein. – Joseph RATZINGER, Einführung in das Christentum. Vorlesungen über das Glaubensbekenntnis (München 1968) 276f.

[12] Im Glaubensbewusstsein vieler Christen ist der Heilige Geist und das Personensein Gottes kaum zu finden. Nicht wenige Theologen vermuten, dass es zwischen dem Vordringen des Atheismus in der modernen Welt und dem Fehlen einer Theologie und Praxis des Heiligen Geistes eine Verbindung gibt. – Siehe dazu: José COMBLIN, Der Heilige Geist (Düsseldorf 1988) 82.

[13] Wolfhart PANNENBERG spricht von einem Paradigmenwechsel in der Grundlegung der Dogmatik, der sich mit Schleiermacher an der Wende des 19. Jahrhunderts ereignet hat. Siehe: Wolfhart PANNENBERG, Systematische Theologie 1 (Göttingen 1988) 55–56.
 – Eeva MARTIKAINEN zeigt z.B., wie in der Lutherforschung, die im 19. Jahrhundert aufkam, die Anwendung der transzendentalen Methode zu einer Ausschaltung des klassischen Dogmas geführt hat. Siehe: Eeva MARTIKAINEN, Doctrina. Studien zu Luthers Begriff der Lehre = Schriften der Luther-Agricola Gesellschaft 26 (Helsinki 1992) 9–25.

[14] Matti KOTIRANTA, Das Trinitarische Dogma als verbindender Faktor für das liturgische Erbe der Kirchen, in: Kerygma und Dogma 40 (1994) 115–142, hier 116. Vgl. auch: Udo KERN, Sakramente in trinitarischer Perspektive, in: Lutherische Kirche in der Welt. Jahrbuch des Martin-Luther-Bundes 987 (53:2006) 68–100.

erläutern, welches als *Hineinnahme in die Lebensbewegung* und das Verhältnis *Jesu zum Vater im Heiligen Geist* interpretiert werden kann.

Für eine in diese Richtung orientierte Theologie der Sakramente lauten demzufolge die weiteren Fragen: Was für eine Bedeutung hat für die bisherige christomonistische, nur einseitig am Inkarnationsmodell ausgerichtete Lehre ein pneumatologisches Gegengewicht im Rahmen einer am Leben des dreieinigen Gottes orientierten Communio-Theologie? Welche Fehlentwicklungen der Sakramententheorie und -praxis entstanden in der Theologie (vor allem der westlichen) in Folge eines pneumatologischen Defizits und der so genannten ‚Trinitätsvergessenheit'? Hat nicht die Überbetonung der Wesenseinheit in der westlichen Trinitätslehre die relationale Eigenständigkeit der Personen zu sehr zurücktreten lassen?[15] Welche Impulse aus der Lehre der östlichen Tradition vom Heiligen Geist kann, soll oder muss sogar eine westlich-katholische Sakramententheologie übernehmen und integrieren?[16]

Die Frage nach dem *Profil des Geistes in den Sakramenten* ist natürlich nicht zugleich die Frage nach dem Ganzen der sakramentalen Wirklichkeit[17]; es geht nicht so sehr um die Frage nach der selbstverständlichen christologisch-inkarnatorischen Basis des Sakramentalen (in) der Kirche[18]. Die pneumatologische Frage ist in erster Linie nicht die Frage nach dem Inhalt, danach, wo die traditionelle Theologie den Ort des Heiligen Geistes sehen wollte (als Gnade, als Tugend, als Quasihabitus Subjekt der Rechtfertigung und Heiligung), sondern nach dem Wirken (präziser: Mitwirken) des Heiligen Geistes im sakramentalen Geschehen.

---

[15] Vgl. Joseph RATZINGER, Gott und die Welt (Stuttgart-München 2000) 95: „Zum Menschen gehört, dass er ein relationales Wesen ist (...). Er ist kein autarkes, in sich allein gerundetes Wesen, keine Insel des Seins, sondern seinem Wesen nach Beziehung. Und gerade in dieser Grundstruktur ist Gott abgebildet. Denn es ist ein Gott, der in seinem Wesen ebenfalls Beziehung ist, wie uns der Dreifaltigkeitsglaube lehrt."

[16] Eine ausführliche Darstellung der Grundlagen und der Entwicklungsgeschichte des orthodoxen Sakramentenverständnisses, sowohl Einendes wie Trennendes in den Auffassungen von Orient und Okzident, bietet die Arbeit von Robert HOTZ: *Sakramente im Wechselspiel zwischen Ost und West*, für: Robert HOTZ, Sakramente im Wechselspiel zwischen Ost und West = ÖTh 2 (Zürich-Köln-Gütersloh 1979). – Der Autor weist nicht nur auf die getrennten Wege in Ost und West für Begriffsverwendung und Wesensmerkmale des sakramentalen Geschehens hin, sondern auch auf die Möglichkeiten gegenseitiger Beeinflussung und Annäherung (insbesondere katholischerseits durch die Öffnung gegenüber den östlichen Traditionen).

[17] Das formulierte Thema der Arbeit drückt offensichtlich eine programmatische Absicht aus: nämlich die Sakramentenlehre viel stärker als bisher im systemprägenden Kontext der Pneumatologie anzusiedeln, d.h. vor allem die trinitarische Wirklichkeit des Geistes, dessen personale Eigentümlichkeit und eigenständiges Mit-Wirken wiederzugewinnen und die soziale Identität des Glaubens aufzubauen.

[18] Trotzdem will die Theologie des Geistes bei der Herkunftsfrage und dem Stiftungsgeschehen der Sakramente ein kritisches Korrektiv gegenüber einer christomonistischen Herleitung und einem historisierenden Missverständnis ihrer Einsetzung sein.

Das Profil des Geistes ist dementsprechend eher (wenngleich nicht nur) auf der Seite des subjektiven Mitwirkens der Empfänger zu entdecken. Die Wirkung der dritten Person Gottes ist nämlich prinzipiell erkennbar und sichtbar im Glauben des Empfängers, der ihre Gabe und ihr Werk ist. Der Geist selbst ist es, der den Glaubenden befähigt, die Sakramente aufzunehmen. Die pneumatologische Dimension der Sakramente wird aber auch auf der Seite des Spenders gesucht, dessen ekklesiologische Einordnung in die Gemeinschaft des Geistes von großer Bedeutung zu sein scheint.

Im theologischen Dialog zwischen Katholischer und Orthodoxer Kirche wird das Sakrament – in allgemein anerkannter epikletischer Struktur – interpretiert als *„die vom Geist ermöglichte und getragene, eben sakramentale Daseinsweise Christi bei [den Menschen], als die in der Kirche konkret werdende Gestalt des Miteinander- und Ineinanderwirkens von Sohn und Geist."*[19]

Für die Sakramentenlehre bleibt dadurch eine schwierige Frage: Ist der Geist als Gabe nur Inhalt der Sakramente, oder ist er ihr eigentlicher Spender; ist der Geist und der dreieinige Gott zugleich ein wirklicher Spender, zumindest Mitspender, und Mitwirker der Sakramente?

Eine eigenständige Ökonomie des Geistes in den Sakramenten wurde lange Zeit in der westlichen Theologie nicht herausgearbeitet, denn die Erneuerung der Sakramententheologie orientierte sich ausdrücklich am Geheimnis Christi. Die pneumatologisch dimensionierte Sakramententheologie fragt deswegen neu nach dem eigenständigen Profil des Geistwirkens in den Sakramenten.

Die Eigenständigkeit der Ökonomie des Geistes wird aber weder als vollständige Unabhängigkeit von noch als vollständige Parallelität zur Ökonomie Christi gesehen; sie versucht nur das Gesandtsein des Geistes und dessen Wirken vor der ‚Funktionalisierung' für das Werk Christi zu bewahren. Eine große Möglichkeit findet sie für einen solchen Weg in der Betonung der Personalität des Geistes.

---

[19] FREITAG, Sakramentenlehre und Pneumatologie 301, für: Josef FREITAG, Sakramentenlehre und Pneumatologie, in: DERS., Geist-Vergessen – Geist-Erinnern. Vladimir Losskys Pneumatologie als Herausforderung westlicher Theologie = StSS 15 (Würzburg 1995) 255–302, hier 301.

Skizze des Vorhabens

Die vorliegende Arbeit will versuchen, die wiedergewonnene pneumatologische (präziser: pneumatologisch-trinitarische[20]) Dimension in der katholischen Sakramentenlehre am Beispiel der zeitgenössischen Gesamtdarstellungen wahrzunehmen und die Konsequenzen für die dogmatisch-systematische Reflexion über die Sakramente aufzuzeigen.

Im ersten Kapitel wird in einem historischen Überblick die Problematik des pneumatologischen Defizits im Sakramentenverständnis der westlichen Theologie vorgestellt. Es wird zu zeigen sein, wie sich die christomonistische Sicht der Sakramententheologie durchgesetzt hat und wie es zu den ersten Erneuerungsversuchen im 20. Jahrhundert kam. Eine besonders wichtige Rolle in dieser Zeit gewann die Liturgische Bewegung (mit Romano Guardini) und die Mysterientheologie Odo Casels (wenn auch noch stark christozentrisch, so gibt es in ihr doch schon ‚die ersten Spuren' einer pneumatologischen Denkweise).

Die Auseinandersetzung mit dem von der orthodoxen Seite gegen die lateinisch-westliche Theologie erhobenen Vorwurf des Christomonismus ermöglichte u.a. Yves Congar eine eigene (d.h. katholische Position repräsentierende) Erarbeitung des pneumatologischen Denkens. Es wird in unserer Arbeit darauf hingedeutet, wie relevant seine Theologie[21] für die Erneuerung der Sakramentenlehre und wie bedeutsam sie als Etappe

---

[20] Yves CONGAR wiederholt in seinem monumentalen Werk über den Heiligen Geist ein paar Mal deutlich, dass die Pneumatologie sich vom breiten trinitarischen Kontext nie isolieren sollte: „La santé de la pneumatologie, c'est la réference à l'œuvre du Christ et à la parole de Dieu". – Vgl. DERS., Je crois en l'Esprit Saint 2 (Paris 1980) 24; auch 53. 237. 267–268; Je crois en l'Esprit Saint 3 (Paris 1980) 272–273.
– Deshalb spricht das II. Vatikanum auch von einem pneumatologisch-trinitarischen Paradigmenwechsel, denn ein gesundes theologisches Denken setzt immer eine integrale trinitarische Perspektive voraus. Die trinitarische Logik des christlichen Mysteriums bewahrt vor jeder Art unrealistischer (nur eschatologisch geprägter, glorreicher, ohne den Zugang zur trinitarischen Kreuztheologie bleibender) Pneumatologien.

[21] Die Besprechung der Theologie von Yves Congar findet hier (im 1. Kapitel) ihren Platz, weil sie vor allem eine einflussreiche Wirkung in der (Vor)Zeit des II. Vatikanums hatte. Sie könnte aber auch im 2. Kapitel ausgelegt werden, denn das letzte Werk von Congar *Je crois en l'Esprit Saint (Paris 1979–1980)* liegt in demselben Zeitraum wie die (in diesem Kapitel vorgestellten) Werke von J. Corbon (1980) und W. Hryniewicz (1982-1991). Wir können aber Yves Congar mit Sicherheit – von der historischen Bedeutung her – als einen Pionier und Wegbereiter des pneumatologischen Denkens in der westlichen Theologie des 20. Jahrhunderts bezeichnen, die anderen dann als die weiterführenden Denker – deshalb diese Trennung im Konzept unserer Vorstellung. (In unserer Arbeit erweist sich die Theologie Congars als eine grundlegende Basis der pneumatologischen Auslegung der Sakramente besonders im Entwurf Hryniewicz's).

der ‚Geist-Erinnerung' im Westen war – zusammen mit zwei anderen einflussreichen Theologien, die das pneumatologisch-trinitarische Denken im katholischen Raum entwickelt haben (die von Hans Urs von Balthasar und die von Heribert Mühlen).

In diesem Teil der Arbeit wird auch die pneumatologische Wende des II. Vatikanums analysiert – allerdings nur in den Konstitutionen *Sacrosanctum Concilium* und *Lumen Gentium*, weil es dort zur konziliaren Aussage über die Sakramente kam. Die ekklesiologische Problematik des Konzils wird nur im Kontext der Sakramente – nicht in ganzer Breite und Komplexität zahlreicher Fragen der Lehre von Kirche – berücksichtigt.

Die Wiederentdeckung des Heiligen Geistes im Konzil und der pneumatologisch-trinitarische Paradigmenwechsel in der Ekklesiologie führte in der nachkonziliaren Zeit tatsächlich zu einer pneumatologischen Reformulierung der Sakramentenlehre. Die Bemühungen um ein pneumatologisch-trinitarisches Verständnis der Sakramente waren besonders sichtbar in den ökumenischen Bewegungen. Unter verschiedenen Beiträgen aus ökumenischen Dialogen zu pneumatologischen Neuansätzen im Sakramentenverständnis hat die Konvergenzerklärung *Taufe, Eucharistie und Amt (das »Lima-Papier« von 1982)* dies am ausdrücklichsten und weitgehendsten aufgegriffen, und darum gilt sie als »Kristallisationspunkt ökumenischer Bemühungen« in dieser Problematik.[22]

Die Besprechung dieses Dokumentes, wie auch eine Schilderung der (aufgrund der Pneumatologie) notwendigen Erweiterung der christologischen Sakramenten-, Gnaden- und Amtsbegründung, wird das erste Kapitel abschließen.

Das zweite Kapitel bildet den Hauptteil der Untersuchung. Es wird seine Hauptaufgabe sein, eine Betrachtung der pneumatologisch-trinitarisch konzipierten sakramententheologischen Entwürfe der Gegenwart vorzustellen. Diese Spezifizierung soll unterstreichen, dass die in diesem Kapitel ausgewählten Entwürfe *im Ganzen* pneumatologisch-trinitarisch durchdacht sind und in allen ihren Teilen *ausdrücklich* über eine pneumatologische Basis, eine pneumatologisch-trinitarische Grundlinie für die Auslegung des Konzepts verfügen.

Trotz der vielen und guten Neuansätze in der Sakramentenlehre macht sich – nach Lothar Lies' Urteil – ein gewisser theologischer Mangel in Richtung eines Verlustes des christlich-trinitarischen Gottesbildes bemerkbar. Der Innsbrucker Theologe verweist auf eine gefährliche Trinitätsvergessenheit der neueren Sakramententheologien, dass man den

---

[22] FREITAG, Sakramentenlehre und Pneumatologie 275.

Glauben an die Trinität kaum oder nur zum Teil braucht, um Sakramententheologie zu betreiben.[23] Seiner Meinung nach trauen sich viele sakramententheologische Konzepte „nicht so recht, ‚theologisch' zu sein" (d.h. stringenter vom ‚theologischen' Gottesbild bestimmt, d.h. von Gott her – und das heißt vom dreifaltigen Gott her) und sie müssen sich anthropologisch geben.[24] Er bedauert, dass die Sakramente in vielen Ansätzen nur ekklesiologisch und christologisch ausgerichtet sind und dass sie in einer Zeit, in welcher die Theologie in Begegnungsmodellen gedacht wird, auf den ‚fehlenden' trinitarischen Gott hinweisen.[25] Lies fordert die Erarbeitung einer trinitarischen Anthropologie, einer trinitarischen Christologie und einer trinitarischen Ekklesiologie, die auch eine trinitarische Sakramententheologie ermöglichen könnten. Denn die pneumatologisch-trinitarisch dimensionierte Sakramentenlehre gebe die Möglichkeit, die Sakramente aus ihrer ‚theologischen' Isolierung zu befreien und in ihrem Bereich das tiefste und eigentliche Geheimnis des christlichen Glaubens – den dreifaltigen Gott – ans Licht zu bringen.[26]

Diese Aufgabe scheint immer noch ganz neu in der durch ‚Geistvergessenheit' und ‚Trinitätsvergessenheit' etikettierten westlichen Theologie zu sein, weil keine frühere Epoche eine ausdrücklich trinitarische Sakramententheologie geliefert hat.

Es gibt in unserer Zeit nur wenige Arbeiten, die versucht haben, ein solches Modell zu entwickeln. Der Innsbrucker Liturgiewissenschaftler Hans Bernard Meyer (1991) bestätigt die mangelnde Zahl solcher Entwürfe, die aufgrund der theologischen Traditionen des Ostens wie des Westens umfassend eine systematische, konsequent pneumatologisch-trinitarisch aufgebaute Theologie des christlichen Gottesdienstes und der Sakramente bieten und deshalb auch ökumenisch von großem

---

[23] LIES, Trinitätsvergessenheit 290–291, für: Lothar LIES, Trinitätsvergessenheit gegenwärtiger Sakramententheologie?, in: ZKTh 105 (1983) 290–314. 415–429, hier 290–291.
[24] Siehe: LIES, Trinitätsvergessenheit 295.
[25] LIES, Trinitätsvergessenheit 429.
[26] Bertram STUBENRAUCH fügt hinzu: „Fragwürdige exegetische und theologische Vorurteile, die alles Trinitarische als unbiblisch diffamieren, haben sich in den vergangenen Jahrzehnten geradezu verheerend auf kirchliche Verkündigung ausgewirkt. Dadurch ist sie flach und langweilig geworden. Wenn es nicht gelingt, den dreifaltigen Gott aus seiner feierlichen Isolation zu befreien, wird sich an diesem Zustand auch nichts ändern. Helfen Bilder, Symbole oder Gesten weiter?" – In: DERS., Dreifaltigkeit (Regensburg 2002) 130.

Wert sind.[27] Er zählt auf: die trinitarisch ausgerichtete Sakramentenlehre (1990) von Lothar Lies[28]; die trinitarische Theologie der Liturgie und

[27] Hans Bernard MEYER, Eine trinitarische Theologie der Liturgie und der Sakramente, in: ZKTh 113 (1991) 24-38.
– In der neusten Ausgabe von *Sacramenta – Bibliographia internationalis, continuatio (Roma 2002; Maksymilijan ŽITNIK)* gibt es im Register zur Theologie vom Heiligen Geist oder zur Theologie der Trinität eher Aufsätze, die vor allem die einzelnen Aspekte der Sakramentenlehre (oder ein Sakrament) aus der pneumatologischen Sicht besprechen; aber es fehlen die Gesamtdarstellungen – zumindest in unserem Sprachgebiet. Die registrierten Beiträge und Arbeiten (auch in der ersten Ausgabe der *Bibliographia internationalis: Roma 1992)* sind überwiegend auf Theologie der Liturgie bezogen; wenige von ihnen sind systematisch-dogmatischer Natur, wie z.B. VILLALÓN J. R., L'Esprit Saint dans l'Economie Sacramentelle (Rom 1970), DERS., Sacrements dans l'Esprit (Paris 1977), DAVIES J.G., The Spirit, the Church and the Sacraments (London 1954), GROOT J.C., De Heilige Geest en de sacramenten, in: Genade en Kerk. Studies ten dienste van het gesprek Rome – Reformatie (Utrecht 1953) 295–330, MOLTMANN J., Die Kirche in der Kraft des Geistes. Ein Beitrag zur messianischen Ekklesiologie (München 1975): Die Sendung des Geistes als das Sakrament des Reiches 224–231. Die Taufe 252–268. Das Herrenmahl 268–286. Der Gottesdienst 287–302, SCHÜTZ C., Einführung in die Pneumatologie (Darmstadt 1985): Kirche als Sakrament des Geistes 252–265. Der Heilige Geist in der Liturgie 285–288. Der Heilige Geist in den Sakramenten 288–298, Lo Spirito Santo. La Chiesa e i Sacramenti (Documento ecumenico del gruppo di Dombes), in: Unitas(R) 36 (1981) 27–59, MACHETA K., Pneumatologiczny wymiar sakramentologii św. Ambrożego [Dimension pneumatologique de la sacramentologie de S. Ambroise], in: VoxPatrum 7 (1987) 261–282, OÑATIBIA I., Por una mayor recuperación de la dimensión pneumatológica de los sacramentos, in: Phase 16 (1976) 425–439.
– Einige der registrierten Aufsätze über Einzelaspekte der Sakramentenlehre, über die Theologie der Liturgie in Zusammenhang mit der Pneumatologie (viele kommen von außerhalb unseres Sprachgebiets):
FALSINI R., Lo Spirito Santo nella Chiesa, nei sacramenti, nella vita (Milano 1998); FERRARO G., Lo Spirito Santo e i segni sacramentali, in: RivPastLiturg 207 (1998) 47–53, 208 (1998) 46–52; GONZÀLEZ CONGIL R., El Espíritu Santo en la economía sacramental de la Iglesia (Referencia especial a los sacramentos), in: RevEspTeol 59 (1999) 59–84; KIZHAKKEPARAMPIL I., The Invocation of the Holy Spirit as Constitutive of the Sacraments According to Cardinal Yves Congar (Roma 1995); CUVA A., Vita nello Spirito e celebrazione eucaristica. Note di spiritualità liturgica (Città del Vaticano 1994); FUENTE A.G., El Espíritu Santo y los Sacramentos, in: Ang. 55 (1978) 366–414; VANHOUTTE K., Kome over ons uw Geest. De aanvoeping van de Geest in de sacramenten, in: TijdLiturg 82 (1998) 59–81; ALIAGA GIRBÉS E., El Espíritu Santo que en lo Liturgia, in: AnalValent 24 (1998) 1–23; DE MIGUEL GONZÁLEZ J.M., Celebrar en el Espíritu Santo. Actitudes, gestos, símbolos, in: Salmant 46 (1999) 313–348; DECYK J., Rok liturgiczny naznaczony Duchem Świętym [L'année liturgique marquée de l'Esprit Saint], in: Bobolanum 10 (1999) 21–32; LODI E., Lo Spirito Santo nelle Liturgia (Bologna 1997); LUTZ G., O Espírito Santo e o corpo na Liturgia, in: RevCulturaTeol 6 (1998, 22) 35–42; POIRÉ M.J., L'Esprit qui sanctifie les dons et l'Église, in: MDieu 201 (1995) 35–55; STARIĆ A., Duh Sveti i shvaćanje sakramenata u novom Katekizmu Katoličke Crkve [Heiliger Geist und Sakramente im neuen Katechismus], in: Diacovensia 2 (1994) 178–188; REYMOND B., Entre effusions, épiclèses et codes culturels: le Saint-Esprit dans le culte, in: RevThPh 124 (1992) 139–156; RUSSO R., Presencia y acción del Espíritu Santo en la liturgia, in: Soleriana 23 (1998) 103–132; RYAN V., The Spirit of Liturgical Prayer, in: DocLife 45 (1995) 365–372; TRIACCA A.M., Il dono dello Spirito Santo nella celebrazione liturgica, in: RivLiturg 82 (1995) 125–142; DERS., Spirito Santo – Liturgia – Chiesa. Contributo per una pneumatologia liturgica, in: EcclOrans 12 (1995) 207–243; VEGLIANTI T., La liturgia attività dello spirito nel cuore della Chiesa (Roma 1998); SPADA D., Pneumatologia e inculturazione, in: Trinità in

der Sakramente (1988) von Edward J. Kilmartin[29] und das Buch von Jean Corbon: *Liturgie de source* (1980) – übersetzt und eingeleitet von Hans Urs von Balthasar, welches aber weniger umfassend ist und vor allem nur die ostkirchliche Tradition berücksichtigt[30]. H.B. Meyer kannte jedoch nicht die Arbeit des polnischen katholischen Theologen und bedeutenden Kenners der östlichen Tradition, Wacław Hryniewicz. Diese Arbeit von Hryniewicz ist 1987 in Lublin als zweiter Teil des großen Werkes *Theologia paschalis* erschienen[31].

In diesem Teil der Arbeit werden die pneumatologisch-trinitarisch konzipierten Modelle der Sakramentenlehre von Wacław Hryniewicz und von Lothar Lies ausführlicher vorgestellt. Kurz gehen wir dann auch auf die Schriften von Jean Corbon und Edward J. Kilmartin ein.

contesto (Roma 1994) 325–342; MARSILI S., Mistero di Cristo e liturgia nello Spirito (Città del Vaticano 1986); COLOMINA TORNER J., Reflexiones pneumatológicas trinitarias y mariológicas desde la litutgia hispánica, in: EphMariol 47 (1997) 399–412; PAPANDREOU D., Die ökumenische und pneumatologische Dimension der orthodoxen Liturgie, in: K. SCHLEMMER (Hg), Gemeinsame Liturgie in getrennten Kirchen? (Freiburg 1991) 35–52; CASTELLANO J, Presenza ed azione dello Spirito Santo nella liturgia, in: Lo Spirito Santo nella vita spirituale (Roma 1981) 113–142; DALMAIS I.H., Le Saint Esprit dans la liturgie et dans la vie spirituelle des Églises syriennes, in: C. KANNENGIESSER, Y. MARCHASSON (Hg), Humanisme et foi chrétienne. Mélanges scientifiques du centenaire de l'Institut catholique de Paris (Paris 1976) 579–585; JACOBS P., Pneumatische Realpräsenz bei Calvin, in: RevHistPhRel 44 (1964) 389–401; MEIJER J.A.J., L'Esprit Saint dans la vie liturgique orientale, in: QuestLiturg 67 (1986) 128–142; RICHTER K., Der Geist Gottes in der Liturgie, in: KatechBl 103 (1978) 849–854; RINAUDO S., La liturgia epifania dello Spirito. Iniziazione all'esperienza dello Spirito Santo nella celebrazione del mistero cristiano (Torino 1980); SARTORI D., Lo Spirito Santo artefice della salvezza cristiana nella celebrazione liturgica, in: La salvezza oggi (Roma 1989) 471–482; SCHLEMMER K., Heiliger Geist und Liturgie, in: ErbeAuftrag 63 (1987) 411–420; DERS., Populo congregato. Die Liturgie als Sichtbarwerden von Communio in der Kraft des Heiligen Geistes, in: J. SCHREINER, K. WITTSTADT (Hg), Communio Sanctorum. Einheit der Christen – Einheit der Kirche = FS P.W. SCHEELE (Würzburg 1988) 534–552; SCHULZ H.J., Entwurf einer eucharistischen Ekklesiologie aus der gemeinsamen liturgischen Überlieferung der Kirchen des Ostens und des Westens, in: J. MADEY (Hg), Die Kirche in der Sicht der Christenheit des Ostens und des Westens. Ein orthodox-katholisches Symposion (Paderborn 1974) 64–94; DERS., Wandlung im ostkirchlich-liturgischen Verständnis. Eine Orientierung im Disput um Transsubstantiation und Transsignifikation, in: Cath(M) 40 (1986) 270–286; BOBRINSKOY B., Quelques réflexions sur la pneumatologie de culte, in: EphLiturg 90 (1976) 375–384; REGAN P., Pneumatological and Eschatological Aspects of Liturgical Celebration, in: Worship 51 (1977) 332–350; TRIACCA A.M., Pneumatologia, Epicletologia, o Paracletologia. Contributo alla comprensione dello Spirito Santo da alcune visuali della teologia liturgica, in: Sales 48 (1986) 67–107.

[28] Lothar LIES, Sakramententheologie. Eine personale Sicht (Graz-Wien-Köln 1990). Inzwischen ist das zweite Buch von ihm erschienen: DERS., Die Sakramente der Kirche. Ihre eucharistische Ausrichtung auf den dreifaltigen Gott (Innsbruck 2004).

[29] Edward J. KILMARTIN, Systematic Theology of Liturgy, in: DERS., Christian Liturgy: Theology and Practice 1 (Kansas City 1988).

[30] Jean CORBON, Liturgie de source (Paris 1980) – Deutsch: Liturgie aus dem Urquell. Übertr. und eingel. von H. U. von Balthasar – Theologia Romanica 12 (Einsiedeln 1981).

[31] Es ist sein Lebenswerk, das drei Bände (mit mehr als 1500 Seiten) umfasst: Wacław HRYNIEWICZ, Zarys chrześcijańskiej teologii paschalnej *[Une esquisse de la théologie pascale chrétienne]*: 1. Chrystus nasza Pascha *[Le Christ, notre Pâque]* (Lublin 1982); 2. Nasza

In diesen hervorgehobenen pneumatologisch-trinitarischen Gesamtdarstellungen wird die Frage nach der Rolle und dem Wirken des Heiligen Geistes im sakramentalen Geschehen sowie nach der Bedeutung der pneumatologischen Ergänzung für die inkarnatorisch-christologische Basis der sakramentalen Wirklichkeit (in) der Kirche beleuchtet.

Im dritten Kapitel stellt sich die schwierige Frage nach der Wahl eines Kriteriums für unsere weitere Suche. Die Problematik der pneumatologischen Ergänzung in der Sakramentenlehre und die Betrachtung der Sakramente aus der Perspektive der trinitarischen Theologie ist – obwohl mit unterschiedlicher Intensität – in vielen Beiträgen der gegenwärtigen Theologie sichtbar. Es mussten deswegen Beschränkungen für den Verlauf unserer Untersuchung auferlegt werden: eine erste Beschränkung, die für die gesamte Untersuchung, sowohl für das 2. wie auch für das 3. Kapitel gilt: es werden _nur_ jene Werke der gewählten Autoren berücksichtigt, die einen sakramententheologischen Gesamtentwurf bieten; eine zweite Beschränkung wirkt im 3. Kapitel: dort werden nur einige der neueren Lehrbücher des deutschsprachigen Raums untersucht.[32] In ihnen wird die pneumatologische Analyse durchgeführt, um das Profil des Geistes zu akzentuieren und die nachfolgend entstandenen Akzentverschiebungen im Sakramentenverständnis darzulegen. Dieser Schritt wird vollzogen am Beispiel der zeitgenössischen Sakramententheologien von

---

Pascha z Chrystusem [Notre Pâque avec le Christ] (Lublin 1987) – {hier: Ekklesiologie und Sakramententheologie}; 3. Pascha Chrystusa w dziejach człowieka i wszechświata [La Pâque du Christ dans l'histoire de l'home et du Cosmos] (Lublin 1991).

[32] Die Einstufung der Autoren und ihrer Werke in das 2. oder das 3. Kapitel hat nicht zum Ziel, eine Bewertung vorzunehmen. Die Entwürfe der katholischen Sakramentenlehre im 2. Kapitel sind Beispiele einer umfangreichen, aus den beiden Traditionen des Christentums schöpfenden pneumatologischen Reflexion über die Sakramente-Konzepte, die das ganze Modell in allen ihren Teilen ausdrücklich auf dem trinitarischen Gottesbild und der Theologie vom Heiligen Geist aufgebaut haben. Im 3. Kapitel werden die gegenwärtigen Konzepte der lateinischen Tradition vorgestellt werden, die sich auch mit der neugewonnenen pneumatologischen Frage auseinandersetzen mussten und bereits viele Komponenten und Dimensionen der Pneumatologie rezipiert haben. Es ergibt sich nur eine andere Perspektive für die interpretierende Formel eines Modells, welches in die Tiefe der beiden Theologien des Christentums geht (spezielle Forschung und längere Studien: siehe die Vorstellung der Autoren des 2. Kapitels); und es entsteht eine andere Ausgangsposition für einen Entwurf, der, in einer (eigenen) Tradition verankert, die Aufgabe übernimmt, sich der anderen Tradition zu öffnen, und der die bereits erreichten Kongruenzen zu rezipieren versucht (in unserem Fall geht es um die Entwürfe der teilweise ganz fern von östlicher Pneumatologie als ‚geist'- und ‚trinitätsvergessen' gebliebenen Theologie des Westens). Aus diesem Grund werden die sozusagen ‚westlich-östlichen' Entwürfe (die ‚überkonfessionelle' Absicht charakterisiert vor allem den Entwurf von Hryniewicz) in das 2. Kapitel und die ‚nur-westlichen' Modelle in das 3. Kapitel eingestuft, obwohl man eine ganz klare und eindeutige Grenze zwischen den beiden Gruppen dieser Einstufung nicht ziehen kann. Der einzige Grund zur Sonderung der Entwürfe des 2. Kapitels ist ihre konsequent starke pneumatologisch-trinitarische Auslegungsformel im ganzen Werk.

Theodor SCHNEIDER *(Zeichen der Nähe Gottes)*, von Herbert VORGRIMLER *(Sakramententheologie)* und von Hans Otmar MEUFFELS *(Kommunikative Sakramententheologie)*.[33]

Es wird an diesen Werken zu zeigen sein, wie die Theologie des Geistes in der katholischen Sakramentenlehre rezipiert wurde.

Das vierte Kapitel schließt die Untersuchung mit einer Darstellung des Ertrags des pneumatologischen Sakramentenverständnisses für die mögliche weitere theologische Entwicklung ab. Es werden einige pneumatologische Grundsignaturen einer trinitarisch dimensionierten Sakramentenlehre markiert, und es wird gefragt, ob der Heilige Geist eher als eine unbestimmte Kraft Gottes (oft christozentrisch-monistisch gedeutet) bzw. nur als ein Mittel im sakramentalen Heilsgeschehen, oder ob er vielmehr als aktiver Mitgründer der Sakramente (4.1), als aktiver Mitwirkender wie Mit-Spender in der sakramentalen Heilsvermittlung (4.2) und als der zum eschatologischen Ziel der sakramentalen Begegnungen führende Begleiter/Vollender (4.3) definiert werden kann.

In den Untersuchungen dieser Arbeit wird versucht, an den gewählten Gesamtentwürfen einige theologische Akzentverschiebungen in der Sakramentenlehre aus der Begegnung mit der Pneumatologie herauszuarbeiten.

Die Schwerpunkte dieser Aufgabe werden um die folgenden Themenbereiche kreisen:

1. die Pneuma-Christologie als Voraussetzung der Sakramententheologie und damit als Überwindung einer einseitigen inkarnatorisch-christomonistischen Interpretation;

2. die Herkunftsfrage der Sakramente – verstanden als Setzung in Relation im Gegensatz zu einer Historisierung/Ursprungsgeschehen: das ganze Christusgeschehen – der historische Jesus und der erhöhte Christus im Geist; Stiftungsgeschehen: vorösterliche Handlungen und nachpfingstliche Gemeinde;

3. die zentrale Stellung der Eucharistie;

4. die Wiederentdeckung der Epiklese;

5. die Logik der ‚je eigenen oder entsprechenden Teilhabe' des ganzen Volkes Gottes an den Ämtern Jesu Christi;

[33] Theodor SCHNEIDER, Zeichen der Nähe Gottes. Grundriß der Sakramententheologie. Durchgängig überarbeitet und ergänzt zusammen mit Dorothea Sattler (Mainz [8]2005).
Herbert VORGRIMLER, Sakramententheologie (Düsseldorf [3]1992/2002).
Hans Otmar MEUFFELS, Kommunikative Sakramententheologie (Freiburg-Basel-Wien 1995).

6. die personal-relationale Ontologie der Sakramente: Gott-Mensch-Begegnung – das Sakrament als Gleichnis der Communio Gottes und Agaperelation der Gott-menschlichen Perichorese;

7. die eschatologische Dynamik der Sakramente / die eschatologische Differenz zwischen dem Reich Gottes und der Kirche/;

8. die Sakramente in ihrer universal-kosmischen Dimension.

Ziel der vorliegenden Untersuchung ist eine kritische Bestandsaufnahme unverzichtbarer Elemente einer pneumatologisch dimensionierten Sakramentenlehre. Es wird zu zeigen sein, dass die Sakramente pneumatologisch zu entfalten sind und dass die trinitätstheologische Perspektive dabei vertieft werden muss.

Die pneumatologisch-trinitarische Deutung der Sakramente will vor allem betonen, dass das Sakramentenverständnis nicht in einer statischen Wesensbeschreibung erfasst werden sollte, sondern in der Dynamik *communial-dialogischer* Wirkkraft des Heiligen Geistes, denn „der Geist ist innertrinitarisch die ‚unio' bzw. ‚communio' von Vater und Sohn (...). Er öffnet die innertrinitarische Gemeinschaft auf den Menschen hin, um den Menschen mit Gott zu vereinen."[34]

Diese Arbeit will sich auch als Diskussionsbeitrag im ökumenischen Dialog verstehen. Der ökumenische Dialog wird somit als gegenseitige Hilfestellung bei der Verwirklichung der je eigenen Identität verstanden.

Gerade die Neuentdeckung der Pneumatologie und der trinitarisch dimensionierten Theologie in und nach dem II. Vatikanischen Konzil hofft, „die gemeinsame Basis der alten ungetrennten Kirche wieder zu tragen (...)" und dass „gebliebene Sackgassen ökumenischer Verständigung sich... öffnen".[35]

Deshalb will auch die in der Arbeit angestrebte Verwurzelung der Sakramentenlehre in der Pneumatologie zeigen, wie die lateinische Tradition durch das ökumenische Gespräch mit der orthodoxen Schwesterkirche ihr eigenes theologisches Profil korrigierend vertiefen könnte.

Der Verfasser ist sich durchaus bewusst, dass diese Arbeit keine systematische Präzisierung liefern kann. Die Pneumatologie ist für ihn Neuland, denn er kommt aus einem christozentrisch geprägten Umfeld, in welchem das göttliche Pneuma zwar in der Theologie erwähnt, aber nicht ausführlich (z.B. in einem eigenständigen Traktat) thematisiert

---

[34] JÜNEMANN 18, für: Augustinus JÜNEMANN, Kirche – Werkzeug des Geistes. Elemente einer pneumatologischen Ekklesiologie = TThSt 70 (Trier 2003) 18.

[35] POTTMEYER, Der Heilige Geist und die Kirche 45, für: Hermann J. POTTMEYER, Der Heilige Geist und die Kirche. Von einer christomonistischen zu einer trinitarischen Ekklesiologie, in: Tutzinger Studien 2 (1981) 45–55, hier 45.

wird. In der heimatlichen christlichen (sakramentalen) Praxis ist dieses Desideratum noch größer.

Diese Ausgangslage – zusätzlich zum Aspekt einer fremden Sprachkultur – erlaubt es ihm nicht zu behaupten, dass hier eine umfassende Beschreibung von Strukturen des Sakramentalen aus pneumatologischer Sicht folgen wird. Seine Aufgabe versteht der Autor eher als Einsetzen einiger Grenzsteine. Und diese Grenzsteine markieren auf der theologischen Landkarte lediglich ein großes Gebiet, welches weiterer und tieferer Studien bedarf.

1 Von der Geistvergessenheit zum pneumatischen Bewusstsein in der römisch-katholischen Sakramentenlehre

1.1 CHRISTOMONISMUS WESTLICHER SAKRAMENTENLEHRE

1.1.1 Der Vorwurf der Geistvergessenheit

Mit dem *Christomonismus* oder der *Geistvergessenheit* ist das „Zurücktreten und Verblassen des Geistwirkens im Bewusstsein der Theologen, ein ‚Verdunsten' der Pneumatologie zugunsten der Christologie"[1] gemeint.

Der Vorwurf des Christomonismus ist insbesondere im Kreis der orthodoxen Theologen entstanden und wird gegen die lateinisch-westliche Theologie erhoben, denn sie habe über eine ausschließliche Orientierung an Christus den Heiligen Geist und sein ihm eigenes, selbstständiges Wirken in der Heilsgeschichte vernachlässigt. Der Heilige Geist werde dem Sohn (die Pneumatologie der Christologie) so nach-, unter- oder eingeordnet, dass das Wirken des Geistes im Wirken des Sohnes auf- bzw. untergehe. Für die Orthodoxen hat dies soteriologische Konsequenzen, denn ohne ein eigenständiges Wirken des Geistes – durch die Ökonomie des Logos allein – werden die Menschen nicht vergöttlicht.[2]

---

[1] FREITAG, Geist-Vergessen – Geist-Erinnern 58, für: Josef FREITAG, Geist-Vergessen – Geist-Erinnern. Vladimir Losskys Pneumatologie als Herausforderung westlicher Theologie = StSS 15 (Würzburg 1995) 58.
  – Josef Freitag hat in seiner Studie eine Sichtung der Hauptströmungen westlicher Theologie im Blick auf die Kritik und Anregungen des russisch-orthodoxen Theologen unternommen. Vladimir LOSSKY (1903–1958) sei wohl der hartnäckigste Verfechter des Vorwurfs der ‚Geistvergessenheit' bzw. der Funktionalisierung des Geistwirkens für das Wirken Christi und habe diese Kritik auch am konsequentesten und weitesten positiv eingelöst und eine eigene Pneumatologie ausgearbeitet. Die Studie von J. Freitag fragt prinzipiell nach den Möglichkeiten der pneumatologisch orientierten Theologie des Westens: besonders nach dem Wirken des Geistes im Sinne seiner Eigenständigkeit – wie und wieweit kann das Wirken des Heiligen Geistes und dessen Eigenständigkeit im Heilswerk von dem Wirken Christi unterschieden werden und die Theologie bestimmen?
  – Diese Studie ist darum für unsere Arbeit von großer Bedeutung, weil sie anhand eines orthodoxen Theologen pneumatologische Defizite westlicher Theologie in ihren verschiedenen Traktaten überprüft und einen Ausblick auf die Aufgaben und möglichen Wege auch für die pneumatologisch orientierte westliche Sakramentenlehre gibt. Vor allem der Teil: *Sakramente und Pneumatologie (ebd. 255–302)* bietet eine Ausgangsposition und grundlegende Basis für unsere Suche.

[2] Die östliche Polemik gegen die Lateiner fasst André de HALLEUX sehr komprimiert zusammen: „Auf die Funktion der Verbindung zwischen den beiden anderen Personen reduziert und in seiner Existenz zum Schaden einer authentischen Perichorese

Die östliche Pneumatologie wirft der westlichen Theologie deutlich vor, die Sakralisierung der Hierarchie und die Ontologisierung der Institution einerseits (katholische Tradition), die ‚Privatisierung' des Wirkens des Heiligen Geistes als nur innere Kraft zu persönlicher Erlösung des einzelnen Gläubigen und nicht als Basis der einen Kirche andererseits (Reformationskirchen) bewirkt zu haben.[3] Sie will durch die Betonung der Epiklese des Heiligen Geistes und der trinitarischen Verankerung der theologischen Fragen in allen drei Personen Gottes das eigentliche Wesen der Kirche bewahren. Das Wirken Christi sieht sie in allen Aspekten des Glaubens im ständigen Zusammenhang mit der Pneumatologie als Einleitung des Werkes des Heiligen Geistes, „wobei der Geist dann das Heil im Herzen des Menschen und in der historischen Kirche vollendet".[4]

einseitig dem Sohn untergeordnet, verliert der Geist mit seiner hypostatischen Unabhängigkeit seine personale Fülle und seine ökonomische Aktivität. Von da an wird diese als bloßes Mittel zum Dienst an der Ökonomie des Sohnes verstanden – sei es auf kirchlicher oder persönlicher Ebene. Für den einzelnen wird die *imitatio Christi* und nicht mehr die Vergöttlichung durch den Geist zum Ziel des christlichen Lebens. In der Kirche erfährt sich (se trouve) das Volk Gottes dem Leib Christi unterworfen, das Charisma der Institution, die innere Freiheit der aufgezwungenen Autorität, das Prophetische der Härte des Gesetzes (juridisme), die Mystik der Scholastik, die Laien dem Klerus, das allgemeine Priestertum der amtlichen Hierarchie und schließlich das Bischofskollegium dem Primat des Papstes. Kraft selbstgeschaffener Erneuerung wurde der Geist von der Kirche vereinnahmt, die aus ihm den obersten Hüter der von Christus zugunsten seines Stellvertreters etablierten Ordnung gemacht hat, während die orthodoxe Kirche ihrerseits die gegenseitige Unterordnung und die fruchtbare Spannung zwischen der Ökonomie der Inkarnation und der von Pfingsten gewahrt hat." – DERS., Orthodoxie et Catholicisme: du personalisme en pneumatologie = RTL 6 (1975) 13f – zitiert nach: FREITAG, Geist-Vergessen – Geist-Erinnern 32.

[3] Vgl. FREITAG, Geist-Vergessen – Geist-Erinnern 34. Der Autor zeigt hier die Position der Orthodoxie am Beispiel des östlichen Theologen Nikos Angelos NISSIOTIS:
– „In beiden Fällen ist die trinitarische Grundlage der Theologie nicht voll anerkannt worden. Entweder wird die Kirche als Institution abgelehnt und von dem eigentlichen Ereignis losgelöst, da die Institution nicht als charismatisches Werk des Heiligen Geistes angesehen wird, oder die Institution wird als sakral und als unmittelbares Ergebnis des Auftrages Christi an Petrus und die elf Apostel betrachtet. In diesem Falle wird einer menschlichen Struktur göttliche Autorität verliehen und den Nachfolgern des Petrus und der elf Apostel als Vertretern dieser Struktur göttliche Vollmacht zugesprochen. Offensichtlich wird in beiden Fällen der Heilige Geist entweder als Mittler des rein persönlichen Heils Christi oder als Garant der vorgegebenen institutionellen Verfassung der Kirche angesehen, die auf göttlichem Recht beruht." – Nikos Angelos NISSIOTIS, Die Theologie der Ostkirche im Ökumenischen Dialog. Kirche und Welt in orthodoxer Sicht (Stuttgart 1968) 71 – zitiert nach: FREITAG, Geist-Vergessen – Geist-Erinnern 34.

[4] NISSIOTIS, Theologie der Ostkirche 64 – zitiert nach: FREITAG, Geist-Vergessen – Geist-Erinnern 34. – Zum Grundcharakter der ostkirchlichen Pneumatologie und seiner Methode siehe: Bertram STUBENRAUCH, Pneumatologie – Die Lehre vom Heiligen Geist 112–115, in: Wolfgang BEINERT (Hg), Glaubenszugänge. Lehrbuch der Katholischen Dogmatik 3 (Paderborn-München-Wien-Zürich 1995) 1–156, hier 112–115.

1.1 Christomonismus westlicher Sakramentenlehre

Einer der katholischen Theologen, der die Defizite westlicher Pneumatologie prüfte und deren Vertiefung wie Entfaltung als eine gebotene Aufgabe für die abendländische Theologie ansah, war Yves Congar: „Unsere Theologie sieht nicht genügend, daß die Sendung des Heiligen Geistes ihm eigen und ursprünglich ist. Sie hält sich ziemlich strikt an eine Theologie trinitarischer Appropriationen."[5] Eine katholische Pneumatologie sollte – so sein Vorschlag – die praktische Antwort auf kritische Vorwürfe des Ostens sein.

Yves Congar ist dem Vorwurf des Christomonismus nachgegangen, hat ihn auf die richtigen Proportionen reduziert und auf wichtige Tendenzen in der Geschichte der Theologie aufmerksam gemacht.[6] Im Bereich der Sakramentenlehre, der Gnadenlehre und der Ekklesiologie (westlicher Prägung) hat er deutlich auf die Durchsetzung einer primär christologisch orientierten Tendenz hingewiesen.

Die seit der Scholastik zu beobachtende christozentrische Artikulation der westlichen Sakramentenlehre bei gleichzeitigem Zurücktreten der Epiklese führte – nach Congars Einschätzung – tatsächlich dazu, dass man die in der Eucharistie gemeinte Gnade nur an die aktive Gegenwart Christi gebunden hat (später wird sie als durch die verwandelten Gaben selbst erwirkt verstanden). Die Rolle des Heiligen Geistes, der in den Kommunikanten das Heiligungswerk vollendet, war verschwunden. Im Verein mit dem Bemühen um genaueste Analyse der einzelnen Elemente des Sakramentes und des sakramentalen Geschehens wandte sich die

---

[5] Yves CONGAR, La pneumatologie dans la théologie catholique 251, in: RSPhTh 51 (1967) 250–258, hier 251 – zitiert nach: FREITAG, Geist-Vergessen – Geist-Erinnern 35.

[6] Vgl. FREITAG, Geist-Vergessen – Geist-Erinnern 35–39. – J. Freitag zeigt auf verschiedene Phasen in der Antwort Congars, denn obwohl er weitgehend der Kritik am Christomonismus zugestimmt hat, gibt es bei ihm auch deutliche Ablehnung, z.B. hält er die „glühende Übertragung des Ideals der Sobornost" in der pneumatologischen Ekklesiologie von Nissiotis für nicht hinreichend bewiesen (Yves CONGAR, Pneumatologie ou »christomonisme« dans la tradition latine, 42.58–61, in: Ecclesia a Spiritu Sancto: Mélanges théologiques Hommage à Mgr Gérard Philips = BEThL 27 (Gembloux 1970) 41–64, hier 42.58–61 – zitiert nach: FREITAG, Geist-Vergessen – Geist-Erinnern 35). – Die Kritik des Ostens hält Congar für übertrieben, weil eine Ökonomie des Geistes, die der Ökonomie Christi gegenüber autonom wäre, sich weder biblisch noch dogmatisch begründen ließe: „Der Heilige Geist wirkt kein anderes Werk als das Werk Christi; er schafft keinen anderen Leib als den Leib Christi (vgl. 1Kor 12,12f; Eph 4,13). Pneumatologie und Christologie halten sich sozusagen gegenseitig gesund." – Yves CONGAR, Systematische Pneumatologie 392, in: Peter EICHER (Hg), Neue Summe der Theologie 1 (Freiburg 1988/89) 379–406, hier 392. – Im Werk Congars *Der Heilige Geist* gibt es auch solche Ausführungen zum christologischen Kriterium der Pneumatologie. – DERS., Der Heilige Geist (Freiburg 1982) 304–306.

Reflexion immer mehr den Dingen selbst zu.[7] Das theologische Grundproblem lag in dem Weg und in der Weise der Übertragung der verwandelnden Kraft Christi (vom Abendmahlssaal) auf die dargebrachten Gaben. Der Westen löste dieses Problem nicht im Rückgriff auf das Wirken des Geistes, d.h. die Epiklese, sondern indem er den Priester als sakramentalen Repräsentanten Christi anerkannte, der diese Übertragung in Christi Namen vornehmen konnte.[8] Das Fehlen einer ausdrücklichen Epiklese im römischen Kanon hatte die Chancen für eine pneumatologische Eucharistielehre vermindert. Das Ergebnis war dadurch eine eingeengt christologische Sicht der Sakramente, speziell der Eucharistie und des Amtes.[9]

In der scholastischen Theologie der Gnade herrschte auch – so stellt Congar fest – eine christozentrische Entwicklung zur Lehre von der *gratia creata* und der *gratia capitis*. Da alle *gratia increata* immer als *gratia creata* wirkt, kann nur diese, nicht der Heilige Geist selbst, das Formprinzip der Heiligung sein. Der Geist galt nicht mehr als Prinzip des Lebens und der Einheit. Die Gnade der Einigung wurde seit der Scholastik als durch Christus, das Haupt der Kirche, aus seiner Fülle, als seine Gnade mitgeteilt verstanden.[10]

An der Vermittlung der Gnade hatte in diesem Verständnis der Geist keinen Anteil. Die objektive Erlösung Christi (*gratia capitis*) wurde von den Gliedern des Leibes, d.h. den Christen, angeeignet (*subjektive Erlösung*): entweder unsichtbar durch das Walten der übernatürlichen Gnade Christi oder sichtbar durch die Anwendung der von Christus verordneten Heilsmittel oder Sakramente. ‚Geistvergessenheit' christologischer Konzeption des Westens bedeutete in diesem Fall, dass *gratia creata*

---

[7] Y. CONGAR: „(...) von der bloßen Aussage der transzendenten Ursache geht sie im Verlangen nach Genauigkeit zur Untersuchung der Vermittlung über, von globaler und jedenfalls synthetischer Betrachtung zu einer Analyse der Elemente, selbst auf die Gefahr hin, sie zu trennen." – DERS., Pneumatologie ou »christomonisme« 49 – zitiert nach: FREITAG, Geist-Vergessen – Geist-Erinnern 36.

[8] CONGAR, Pneumatologie ou »christomonisme« 50f. – Nach: FREITAG, Geist-Vergessen – Geist-Erinnern 36; vgl. auch FREITAG, Geist-Vergessen – Geist-Erinnern 58.

[9] Nach: FREITAG, Geist-Vergessen – Geist-Erinnern 36.

[10] Nach: FREITAG, Geist-Vergessen – Geist-Erinnern 36: „Die Gnade der hypostatischen Union bedeutet die göttlich-unendliche, überfließende, vom Logos gewirkte Heiligung der menschlichen Natur. Diese Heiligung bleibt nicht nur, wie im Falle des Geistes, ablösbare Gabe, sondern wird geschaffene, menschliche Wirklichkeit, wird in Jesus Christus zur gratia creata. Aus dieser in Christus gegebenen Fülle der gratia creata empfangen wir alle, die wir gleicher, nämlich menschlicher Natur sind, wie Christus, von ihm, unserem Haupt, »Gnade über Gnade« (Joh 1,16), indem wir Glieder seines Leibes werden. [...] »Die heilbringende Kraft muß, ausgehend von der Gottheit Christi, durch seine Menschheit in die Sakramente fließen.« (Vgl. CONGAR, Pneumatologie ou »christomonisme« 56f. 59f). Diese Gnade, also die Gnade Christi, wirkt vergöttlichend". – Ebd. 36–37; vgl. auch FREITAG, Sakramentenlehre und Pneumatologie 257–259.

1.1 Christomonismus westlicher Sakramentenlehre

und *gratia capitis* im Geistwirken weder das »Wie« noch das »Was« der Gnade erklärte.[11]

Als leitend für das westliche Kirchenverständnis sieht Congar auch eine seit der Scholastik überwiegende christozentrische Grundlegung und Entfaltung der Theologie an. Die sakramentale Ekklesiologie wurde nämlich durch eine juridische ersetzt (die Kirche als *corpus mysticum* wurde nicht mehr pneumatologisch verstanden, und seit dem 19. Jahrhundert blieb die Rolle des Geistes nur die des Garanten für die Entscheidungen des Lehramtes und für die Kirche als Institution). Congar fordert deshalb einen pneumatologischen Beitrag und eine Ergänzung der christologischen Grundlagen westlicher Theologie, welche die Pneuma-Dimension in der Gnadenlehre, der Sakramentenlehre und der Ekklesiologie christozentrisch absorbiert hat.[12]

Walter Kasper bezeichnet heute nicht nur die kirchlich-rechtliche ‚Domestizierung' des Geistes als systematisch wirksamen Grund der ‚Geistvergessenheit', sondern er sieht noch ein zweites Motiv der ‚Geistvergessenheit' in der Eigenart westlicher Trinitätslehre, insofern sie von der einen Natur Gottes und nicht vom Vater oder den drei Personen (wie der Osten) auszugehen versucht. Dadurch gehe ein heilsgeschichtlich-konkretes in ein zeitüberhoben-metaphysisches Denken über, das dem Geist weder Ort noch Profil zu bieten vermöge. Er müsse so entweder innertrinitarisch oder in reiner Erbaulichkeit verschwinden.[13]

In demselben Motiv der ‚Geistvergessenheit' sieht auch Lothar Lies den Grund für die einseitige Entwicklung westlicher (trinitätsvergessener) Sakramententheologie.[14]

---

[11] Man wechselte innerhalb dieser Entwicklungslinie „von einem dynamischen, personengebundenen Standpunkt (der Akt Gottes) zu einem mehr statischen, verdinglichten über (eine gewisse übernatürliche Ontologie in uns)." Es folgte eine Verschiebung der Aufmerksamkeit „von der transzendenten res zum sichtbaren sacramentum." – Yves CONGAR, Die Lehre von der Kirche. Von Augustinus bis zum Abendländischen Schisma = HDG 3/3c (Freiburg-Basel-Wien 1971) 110.

[12] Nach: FREITAG, Geist-Vergessen – Geist-Erinnern 37–38.58.

[13] KASPER, Die Kirche als Sakrament des Geistes 18, für: Walter KASPER, Die Kirche als Sakrament des Geistes, in: DERS., Gerhard SAUTER, Kirche – Ort des Geistes = Ökumenische Forschungen, Erg. Abteilung: Kleine ökumenische Schriften 8 (Freiburg 1976) 13–55, 18.

– Für die ekklesiologische ‚Geistvergessenheit' verweist Kasper auf die Reaktionen der Kirche auf die jeweiligen Ausprägungen des Schwärmertums, z.B. auf die neutestamentlichen Enthusiasten Korinths, die Montanisten des 2./3. Jahrhunderts, die Donatisten im Afrika des 4./5. Jahrhunderts, die Fraticellen und Spiritualen im 13. Jahrhundert. – DERS., Die Kirche als Sakrament des Geistes 16f. 19f.

[14] LIES, Trinitätsvergessenheit 290–314. 415–429, für: Lothar LIES, Trinitätsvergessenheit gegenwärtiger Sakramententheologie?, in: ZKTh 105 (1983) 290–314. 415–429.

1.1.2 Die Entwicklung der Christozentrik in der lateinischen Tradition

Josef Freitag behauptet in seiner pneumatologischen Studie, dass seit Augustinus und seiner Lösung im Donatistenstreit um die Grundlage der Amtsvollmacht im Westen eine christozentrische Trendfestlegung der Sakramentenlehre erfolgte.[15] Der Grundsatz *Christus est, qui baptizat* führte – seiner Meinung nach – zu einer christuszentrierten Auffassung der Sakramente, die den Anteil des Geistes und der Kirche (die Epiklese) bereits ausblendete. Augustinus kritisierte die Haltung von Donatisten, die in ihrem Glauben an das konstitutive und verbindende Wirken des Geistes zwischen den Kontrahenten des sakramentalen Geschehens der Überzeugung waren, dass für die Mitteilung des Geistes der Geistbesitz entscheidend sei. Er betonte, dass nicht der menschliche, sondern der göttliche Spender den Geist vermittle und dass die Geistvermittlung aufgrund der in Christus begründeten Wirksamkeit des Priesteramtes (unabhängig von der Heiligkeit des Priesters) garantiert sei. Das Wesen und Wirken der Sakramente hat Augustinus auf Christus als Spender der Sakramente konzentriert. Und dadurch, dass die Fragen nach der Person des Spenders und den Minimalbedingungen seiner Spendefähigkeit in den Vordergrund traten, ging die Aufmerksamkeit für das Geistwirken und »sein unterscheidbares Profil« verloren.[16]

Auch in der Vorscholastik wird das Wirken des Geistes nicht thematisiert. Die Sakramentenlehre fragt vielmehr nach der Richtigkeit des Ritus und nach der genauen Tradierung seines Vollzugs.[17] Da die Suche nach Stiftungsworten oder -situationen mit dem Verweis auf den Stifter, Christus, wie dessen Intention und nicht die Auferstehung Christi und die Sendung des Geistes die wesentlichen Elemente des sakramentalen Geschehens bestimmen, tritt die pneumatologische Dimension der Sakramente deutlich zurück.[18] Die Betonung der Bedeutung des Ritus (die

---

[15] FREITAG, Geist-Vergessen – Geist-Erinnern 59. – Zu den Etappen und Faktoren des Geist-Vergessens westlicher Sakramententheologie siehe vor allem: DERS., Sakramentenlehre und Pneumatologie 256–259.

[16] FREITAG, Sakramentenlehre und Pneumatologie 256–257. – Der für den Westen so folgenreiche Donatismusstreit hat die Ostkirche hingegen nie beunruhigt oder beschäftigt. Für den Osten stand im Mittelpunkt nicht die Konzentration auf Christus als Spender der Sakramente, sondern die Synergie zwischen Heiligem Geist und Mensch. – Ebd.
  Zum »Donatistenstreit« und der Position des Augustinus siehe auch: Theodor SCHNEIDER, Zeichen der Nähe Gottes. Grundriß der Sakramententheologie. Durchgängig überarbeitet und ergänzt zusammen mit Dorothea Sattler (Mainz ^{8}2005) 77.

[17] Josef Freitag verweist auf die donastischen Ähnlichkeiten mit der germanischen Vorstellung vom Mann Gottes *(vir dei)* und dem rechten Ritenvollzug: „Der *Mann Gottes* kann nach germanischer Frömmigkeit göttliche Wirkkraft in dem Maß vermitteln, in dem er sie selbst zuvor – asketisch – erworben hat." – DERS., Sakramentenlehre und Pneumatologie 257.

[18] FREITAG, Sakramentenlehre und Pneumatologie 257.

1.1 Christomonismus westlicher Sakramentenlehre 7

»sichtbare Handlung« selbst und nicht »die Kraft unter der Hülle des Sakramentes«[19] wird wirksam) hat gewissermaßen zur Lehre *vom opus operatum* geführt.

In der Scholastik wird die Problematik der Sakramentenlehre im Rückgriff auf Augustinus und den aristotelischen Hylemorphismus analytisch und systematisch auf die konstitutiven zwei Grundelemente eines Sakramentes (Materie und Wort) konzentriert. Es wird die christologische Stiftung und Wirksamkeit der Sakramente durch die Spendeworte als Konstitutivum der Sakramente betont. Die Einsetzung der Sakramente erfolgt in dieser Sicht durch den irdischen Jesus und dadurch findet der nach dem Tod Jesu gesandte Heilige Geist in der Sakramententheologie keinen Platz. Aber nicht nur der Ursprung der Sakramente, sondern auch ihre Wirkung und Wirkweise sind christologisch statt pneumatologisch begründet, weil die Wirkkraft der Sakramente ausschließlich aus dem Verdienst Christi folgt. Die Lehre vom Handeln des Priesters *in persona Christi* bestätigt auch die christozentrische Positionierung der scholastischen Sakramentenlehre.[20]

Seither gibt es eine christomonistische Tendenz, weil das ganze sakramentale Geschehen nur auf die christologische Basis eingeschränkt wird, d.h. auf die Einsetzung und den Vollzug der Sakramente, die Christus zugeschrieben wird. Da die damalige Lehre eine Reflexion über andere Dimensionen des sakramentalen Geschehens nicht anstellte, fehlte dadurch immer mehr auch die pneumatologische Betrachtung der Sakramente, z.B. „bei dem Empfänger, dessen (mit-)konstitutive Disposition geistgewirkt ist; oder beim Spender, dessen ekklesiologische Einordnung in die Gemeinschaft des Geistes betont [werden muss]; oder übergreifend bei der Kirche als Subjekt der sakramentalen Feier, der Spender wie Empfänger als Glieder grundsätzlich, wenn auch differenziert, eingeordnet sind."[21]

In der Reformation wächst wiederum die ‚Geistvergessenheit' des sakramentalen Geschehens, weil sie mit ihrer strengen Bindung an den Wortlaut der Schrift und ihrer historisch-kritischen Bibelauslegung nur

---

[19] Für ISIDOR VON SEVILLA (+633) wirkt der Geist – vermittelt und garantiert durch die Kirche – unter der sichtbaren Hülle der Sakramente als dynamisches und wesentliches Element der Sakramente; seine Stellung hat sich aber nicht durchgesetzt. – FREITAG, Sakramentenlehre und Pneumatologie 257–258; vgl. Josef FINKENZELLER, Die Lehre von den Sakramenten im allgemeinen: Von der Schrift bis zur Scholastik = HDG 4/1a (Freiburg 1980) 69.
[20] FREITAG, Sakramentenlehre und Pneumatologie 258–259; vgl. FINKENZELLER, Die Lehre von den Sakramenten 68–93.
[21] FREITAG, Sakramentenlehre und Pneumatologie 258^{14}.

1 Sakramentenverständnis der kath. Lehre

die Stiftungsworte Jesu und deren Schriftbezeugung zum Kriterium der sakramentalen Richtigkeit gemacht hat.[22]

Das Tridentinum hat die Rolle des Heiligen Geistes in den Sakramenten nur implizit bei der Rechtfertigungslehre (Taufe und Buße) erwähnt. Die konziliare Definition der Sakramente als »Gnadenmittel«, die die von ihnen bezeichnete Gnade objektiv und unfehlbar vermitteln, verbunden mit den moraltheologischen und kirchenrechtlichen Fragen nach Minimalbedingungen bei Spender und Empfänger, Erlaubtheit

---

[22] Zu der Geistvergessenheit der reformatorischen Sakramentenlehre siehe: Exkurs I, 2 (102–107).
– Für LUTHER selbst gibt es eine pneumatologische Reflexion bei den Sakramenten. Er sieht das Wirken des Geistes in zweifacher Weise: Im Wort und Sakrament handelt der Geist äußerlich, im Glauben innerlich am Menschen. Einerseits sind Wort und Sakrament Instrumente, um den Geist zu geben, der den Glauben wirkt, andererseits sind sie Instrumente für das Wirken des Geistes, durch die er den Glauben wirkt.
Die lutherische Lehre, die entschieden die substanzielle Gegenwart des Leibes und Blutes Jesu Christi in den Elementen und so auch beim Essen und Trinken (manducatio oralis) betont, verweist also darauf, dass ein heilsamer Empfang dieser Gaben – und damit der eigentlichen Heilsgabe, nämlich Vergebung der Sünden und Beginn neuen Lebens – nur im Glauben stattfindet und dieser nur eine Gabe des Heiligen Geistes sein kann.
– In CALVINS Abendmahlslehre kommt es aufgrund des Streites »um die christologischen Vorentscheidungen« zu einer deutlichen Entfaltung der pneumatologischen Dimension des sakramentalen Geschehens. Die pneumatologische Lösung ist für Calvin notwendig zur Erklärung der Gemeinschaft mit Christus: Gott ‚besiegelt' sein allein heilbringendes Wort, indem er bei den Sakramenten durch den Heiligen Geist die Verbindung zwischen dem himmlischen Christus und den Gläubigen vermittelt werden lässt. Calvin erkennt die somatische Präsenz Jesu Christi nicht an – er plädiert für seine personale Gegenwart aufgrund seiner Verheißung durch die Wirksamkeit des Heiligen Geistes. Der Grund für diese Denkweise war die Überzeugung, dass der Logos nur einmal die menschliche Natur angenommen habe, die nach dem Tod und der Auferstehung Christi nicht mehr in den Sakramenten vergegenwärtigt sein könne. Der erhöhte Herr sei in den Sakramenten deshalb nur mit seiner göttlichen Natur präsent. Die eucharistische Gegenwart Christi im Heiligen Geist wurde in einem exklusiven Sinne verstanden, d.h. der Empfang des Leibes und des Blutes Christi wurde nur für die vom Geist Ergriffenen reserviert; die Ungläubigen haben nur das Zeichen der Gegenwart Christi empfangen. – Siehe: Karl LEHMANN, Wolfhart PANNENBERG (Hg), Lehrverurteilung – kirchentrennend? 1: Rechtfertigung, Sakramente und Amt im Zeitalter der Reformation und heute (Freiburg-Göttingen 1986) 94–108 = Abschnitt Abendmahl / Eucharistie: 2.1 und 2.2 aus „Die Gegenwart Jesu Christi im Sakrament der Eucharistie", hier 96; vgl. KOCH, Sakramentenlehre 343, für: Günter KOCH, Sakramentenlehre – Das Heil aus den Sakramenten, in: Wolfgang BEINERT (Hg), Glaubenszugänge. Lehrbuch der Katholischen Dogmatik 3 (Paderborn-München-Wien-Zürich 1995) 307–523, hier 343; vgl. FREITAG, Sakramentenlehre und Pneumatologie 259; auch: Ulrich KÜHN, Sakramente (Gütersloh 1985) 67–74. 121–129.

1.1 Christomonismus westlicher Sakramentenlehre

und Gültigkeit, Wirkung und Wirkweise der Sakramente, wird ein dogmatischer Maßstab bis ins 20. Jahrhundert[23] (im 19. Jahrhundert gelingen zwar einige Neuansätze – auch pneumatologisch orientiert – aber sie werden als Modernismus gebrandmarkt und vom kirchlichen Lehramt verurteilt[24]).

[23] Herbert VORGRIMLER, Sakramententheologie = LeTh 17 (Düsseldorf 1987) 79; vgl. Josef FINKENZELLER, Die Lehre von den Sakramenten im allgemeinen: Von der Reformation bis zur Gegenwart = HDG 4/1b (Freiburg 1981) 69f.

[24] Es geht vor allem um die konstruktive Auseinandersetzung mit den Anliegen der Reformation von Johannes Adam Möhler im Rahmen der Tübinger Schule und von Matthias Joseph Scheeben aus Köln.
– J.A. MÖHLER setzt neue Akzente für die Sakramentenlehre, indem er die Wirkung der Sakramente an das Heilswerk Christi zurückbindet und indem er die Bedeutung gläubiger Empfänglichkeit beim Empfänger der Sakramente einschätzt (*Symbolik* § 28). Pneumatologische Akzente findet man auch in seinem ‚frühen' Kirchenverständnis: „die Kirche als der eigentliche Ort der im Heiligen Geist präsentgehaltenen Christusüberlieferung" – Harald WAGNER, Möhler Johann Adam 192, in: DERS., Wilfried HÄRLE (Hg), Theologenlexikon. Von den Kirchenvätern bis zur Gegenwart (München ²1994) 191–193, hier 192; – Begeistert von der romantischen Bewegung und von ihrer Sehnsucht nach ‚Volk' und Gemeinschaft definiert Möhler den Geist Gottes als Garant von Gemeinschaft und Innerlichkeit. Die Einheit der Kirche „besteht durch ein unmittelbar und immerfort durch den göttlichen Geist bewegtes, sich durch liebende Wechselwirkung der Gläubigen erhaltendes und fortpflanzendes Leben" (*Die Einheit in der Kirche* § 4) – STUBENRAUCH, Pneumatologie 107.
– M. J. SCHEEBEN wiederum greift auf ältere Überlieferungselemente zurück, um die scholastische Lehre von der Kausalität der Sakramente zu relativieren: In den Sakramenten wirkt der Heilige Geist auf geheimnisvolle Weise die Teilhabe am göttlichen Leben. Die Sakramente sind darum Mysterien – Mysterien des Geistwirkens (*Die Mysterien des Christentums* § 82). Die Position Scheebens nähert sich der ostkirchlichen Tradition und dem Sakramentenverständnis Calvins. – KOCH, Sakramentenlehre 343–345.
– Seine pneumatologische Sensibilität für das Mysterium der Eucharistie dokumentiert z.B. die folgende Aussage, in welcher er einen engen Zusammenhang zwischen der Eucharistie und der Sendung des Heiligen Geistes erkennt:
»Obgleich der Heilige Geist vom Sohne gesandt wird und im Sohne zu uns kommt, so ist doch der Heilige Geist durch die stärkste aller Appropriationen zugleich der Konduktor, wodurch der Sohn in uns eingeführt wird. Als die Aspiration seiner Liebe treibt er den Sohn dazu, sich uns hinzugeben in der Inkarnation und in der Eucharistie; als die Flamme seiner heiligenden und einigenden Glutkraft bewirkt er im Schoße der Jungfrau den Ursprung, die hypostatische Union und die damit gegebene Heiligkeit der menschlichen Natur des Sohnes, und in der Eucharistie die Umwandlung der irdischen Substanz in die seines Fleisches und Blutes. Nach der hypostatischen Union und der Wandlung wohnt er alsdann mit seiner Glut und Lebenskraft, als aus dem Sohne hervorquellend, in dessen Fleisch und Blut, es mit seinem Wesen erfüllend, um es zu heiligen und zu verklären. In der Eucharistie namentlich verklärt und vergeistigt er es wie eine glühende Kohle, daß es in sich selbst lauteres Feuer, reiner Geist zu sein scheint. Sofort bedient er sich seiner als eines Werkzeuges, um seine heiligende und verklärende Kraft an allen zu offenbaren, die mit ihm in Berührung kommen, und als eines Konduktors, um sich allen denen mitzuteilen, die es in sich aufnehmen und genießen. Darum ist der Leib Christi *entsprungen* aus dem Feuer des Heiligen Geistes, als eine geistliche Gabe, die Gott uns schenkt, und die wir als Opfer darbringen – *durchdrungen und umgeben* vom Heiligen Geiste, der ihn so verklärt und vergeistigt, daß beide,

In der neoscholastischen Theologie herrschte eine stark christozentrische Sakramentenlehre: Die gesamte Realisierung und die Anwendung des Heils vollziehen sich ausschließlich – ohne Erwähnung des Heiligen Geistes – als *gratia Christi* kraft seiner *satisfactio vicaria*; „Grund- und Eckstein nicht nur der Gnaden-, sondern auch der Sakramentenlehre, ja der ganzen christlichen Ökonomie ist und bleibt aber das durch das bittere Leiden und Sterben Jesu Christi einmal vollzogene blutige Kreuzesopfer, dessen erlösende Kraft durch die Sakramente und das Meßopfer in vollen Strömen wie durch ebenso viele Kanäle in die Seelen der Menschen hineingeleitet wird."[25]

Es wird in dieser Zeit stark betont, dass das Heilswerk durch die sichtbaren Organe der Kirche geschieht; dass die Apostel amtlich und rituell die Gaben des Heiligen Geistes an die Gläubigen vermitteln. Das Sakrament als die *causa instrumentalis* in der Heilsanstalt der Kirche kann daher ohne Erwähnung des Geistwirkens abgehandelt werden.[26]

Der Geist kommt zwar im Zusammenhang der eucharistischen Epiklese und der Firmung vor, doch wird die Alleinwirksamkeit der Einsetzungsworte, d.h. eines Tuns Christi, für die Transsubstantiation nachgewiesen. Der Geist ist höchstens »Mitkonsekrator«, hauptsächlich aber für die »Fruchtbarkeit« der Kommunion zuständig. Er ist also in die christologische Linie eingeordnet. In der Firmung wird eigentlich nur die »Kraft des Heiligen Geistes« mitgeteilt.[27]

Die Geistvergessenheit der Neoscholastik wurde vor allem durch die eindeutige Dominanz des Wesensdenkens verursacht. Die Personeinheit ist die primäre Wahrheit, und auf ihr beruht in dieser Zeit die gesamte Erlösungslehre. Der personale Charakter dieser Einheit kommt aber nicht zur Geltung, sondern die Prägung des Wesens oder der Natur des Menschen bilden den Leitgedanken.[28] Die Identität des Geistes wird nur in einem passiven Vorgang und einem rein innertrinitarischen Wirken wahrgenommen. Der Geist wird nicht wirklich handelndes Subjekt. Er

---

das Feuer und die von ihm durchglühte Kohle, wie ein und dasselbe zu sein scheinen – und endlich *überfließend* vom Heiligen Geiste, insofern er dessen Duft im Opfer, dessen Lebenskraft im Genusse von sich ausströmt. Alle diese Beziehungen der Eucharistie zum Heiligen Geiste sind auf das Schönste ausgesprochen in dem Bilde der glühenden Kohle, womit die orientalischen Väter und Liturgien die Eucharistie so gerne bezeichnen« (*Die Mysterien des Christentums* § 75: Hg. von *Josef Häfer, Freiburg* [2] 1951, 436–437).

[25] Das Zitat als Beispiel der Theologie dieser Zeit: Joseph POHLE, Lehrbuch der Dogmatik 2 (Paderborn [3]1907) 329.

[26] Siehe: Bernhard BARTMANN, Lehrbuch der Dogmatik 2 = Theologische Bibliothek (Freiburg [6]1923) 13. 133.

[27] Siehe: POHLE, Lehrbuch der Dogmatik 3 (Paderborn [3]1908) 283–291.

[28] Siehe: Bernhard BARTMANN, Lehrbuch der Dogmatik 1 = Theologische Bibliothek (Freiburg [6]1923) 213.

erscheint nur als bloßer Vermittler des Werkes Christi und die subjektive Erlösung als bloßer Übertragungsvorgang, der an der vorgegebenen objektiven Erlösung nichts ändert.[29] Die Perspektive für die Sakramente blieb dadurch ‚geistvergessen' und juridisch: „Die objektive Erlösung wird hier zur subjektiven, die auf Golgotha erfolgte Heilsbegründung zur Heilsverwirklichung. (..) Denn nur Gott kann (...) die Fähigkeit verleihen, ein Teilhaben an der göttlichen Natur und ein Anrecht auf die Gott ausschließlich eigenen Güter mitzuteilen. Christus aber hatte sich durch seinen Opfertod die juridische Gewalt erworben, seine Verdienste mitzuteilen, somit auch alle zu diesem Zwecke geeigneten Mittel, deren vorzüglichste die Sakramente sind, zu gebrauchen. Hierin ist er aber der höchsten Vollmacht Gottes untergeordnet."[30]

Bis zur Zeit der theologischen Erneuerung am Anfang des 20. Jahrhunderts spielte der Heilige Geist in der ganzen westlichen Theologie keine wesentliche Rolle.[31] Überwiegend herrschte eine christomonistische Theologie. Besonders deutlich kam dies zum Ausdruck in der christozentrisch-hierarchisch entfalteten Ekklesiologie. Aber auch die christologische Artikulation der Sakramentenlehre – mit dem Bemühen um genaueste Analyse der einzelnen Elemente des Sakramentes – und die Entwicklung der Lehre von der *gratia creata* und der *gratia capitis* sind Beweise für die fehlende pneumatologische Dimension.

1.2 ERNEUERUNGSVERSUCHE IM 20. JAHRHUNDERT

1.2.1 Die ersten Spuren der Pneumatologie in frühen sakramententheologischen Schriften des 20. Jahrhunderts

Am Anfang des 20. Jahrhunderts wurde das monistische Bild der nachtridentinischen Kirche stärker in Frage gestellt, und zwar zuerst in der Erneuerungsbewegung, die in der Liturgie neue Ausdrucksformen suchte, um das Glaubensgefühl des ganzen Volkes besser ans Licht zu bringen.

---

[29] FREITAG, Geist-Vergessen – Geist-Erinnern 43–44.
[30] Artur LANDGRAF, *Art*. Sakramente 81–82, in: Michael BUCHBERGER (Hg), LThK 9 (Freiburg 1937) 80–89, hier 81–82.
[31] Das Wirken des Geistes wurde nur auf die innertrinitarische Wirklichkeit beschränkt – nach außen nur appropriiert. – FREITAG, Geist-Vergessen – Geist-Erinnern 57–58.
    – J. Freitag hat in seiner Studie nicht nur katholische Theologie, sondern auch die evangelische untersucht. Auch auf der evangelischen Seite könne man vor dem II. Vatikanum auch von ‚Geistvergessenheit' sprechen. – Siehe dazu: Evangelische Variationen von Geistvergessenheit, in: FREITAG, Geist-Vergessen – Geist-Erinnern 55–57. – Zu den katholischen Positionen: vgl. auch Alois KOTHGASSER, Die katholische Pneumatologie im Zwanzigsten Jahrhundert: Perspektiven, Strömungen, Motive, Ausblick, in: Credo in Spiritum Sanctum. Atti del Congresso Teologico Internazionale di Pneumatologia in occasione del 1600° anniversario del I Concilio di Costantinopoli e del 1550° anniversario del Concilio di Efeso *Roma, 22–26 marzo 1982* (Vatican City 1983) 611–659.

Inspiriert u.a. von Romano Guardini brachte diese Gruppe mit dem Gedanken von der Gemeinschaft das fruchtbare Ferment in die erstarrten Formen des Glaubens und des Betens. Sicherlich kann man in dieser Bewegung die Wirkung des Geistes feststellen und – implizit – vielleicht auch eine Spur der neugeweckten pneumatologischen Denkweise in der überwiegend christozentrisch oder sogar christomonistisch herrschenden Theologie und christlichen Praxis entdecken. Obwohl noch streng im christozentrischen Rahmen – wie z.B. bei Odo Casel – definiert, konnte das pneumatologische Element seither immer mehr zur Geltung kommen.

Um das ‚pneumatologisch-aufsteigende' Sakramentenverständnis vor dem II. Vatikanum sinnvoll analysieren zu können, ist es an diesem Punkt der Arbeit unumgänglich, auch den wichtigen Theologien von Edward Schillebeeckx und Karl Rahner näher zu kommen.

1.2.1.1 Die Liturgische Bewegung und Romano Guardini („Gemeinschafts-Gedanke")

Die liturgietheologischen Grundlagen der Liturgischen Bewegung des neunzehnten und zwanzigsten Jahrhunderts wurden geschaffen durch Arbeiten der Katholischen Tübinger Schule, namentlich von Johann Adam Möhler (1796–1838) und seinem Schüler Franz Anton Staudenmaier (1800–1856), sowie durch die Studien des Liturgiewissenschaftlers Valentin Thalhofer (1825–1891).[32]

Als einer der wenigen im »Zeitalter des Individualismus«, in welchem der Blick mehr „auf die angefochtenen Rechte und Vollmachten, auf die hierarchische Struktur, auf Lehrgewalt und Primat hin und weniger auf die heilige Gemeinschaft, deren inneres Gerüst jene Rechte und Vollmachten darstellen", gelenkt war, sah Johann Adam Möhler „mit dem Blick der Schrift und der Väter die mater Ecclesia als Gegenstand heiliger Begeisterung... als die Welt des neuen Lebens, das von Christus ausgeht."[33]

---

[32] Während sich das Interesse Johann Adam Möhlers an der Liturgie eher am Rande seines theologischen Denkens zeigt, geben Franz Anton Staudenmaier und Valentin Thalhofer eine wissenschaftliche Begründung der praktischen Theologie und in diesem Zusammenhang auch der Liturgik. – Vgl. KACZYNSKI, Kommentar zu *Sacrosanctum Concilium* 15–21, für: Reiner KACZYNSKI, Theologischer Kommentar zur Konstitution über die heilige Liturgie *Sacrosanctum Concilium*, in: Peter HÜNERMANN, Bernd Jochen HILBERATH (Hg), Herders Theologischer Kommentar zum Zweiten Vatikanischen Konzil 2 (Freiburg-Basel-Wien 2004) 1–227, hier 15–21.

[33] Vgl. Josef Andreas JUNGMANN, „Die Kirche im religiösen Leben der Gegenwart" – anlässlich des 100. Todestages von J.A. Möhler 375, in: Hermann TÜCHLE (Hg), Die eine Kirche. Zum Gedenken J. A. Möhlers 1838–1938 (Paderborn 1939) 373–390, 375.

Er beschreibt in seinem letzten großen Werk *Symbolik* die Kirche als „die von Christus gestiftete sichtbare Gemeinschaft aller Gläubigen, in welcher die von ihm während seines irdischen Lebens zur Entsündigung und Heiligung der Menschheit entwickelten Tätigkeiten unter der Leitung seines Geistes bis zum Weltende vermittels eines von ihm angeordneten, ununterbrochen währenden Apostolates fortgesetzt und alle Völker im Verlaufe der Zeiten zu Gott zurückgeführt werden."[34]

In der Menschwerdung des göttlichen Wortes sah Möhler den tiefsten Grund der Sichtbarkeit der Kirche und der Bestimmtheit ihrer Sendung: dass die Menschen, vom Geist geleitet, das Wort Gottes bis ans Ende der Zeiten weiter verkünden. Die sichtbare Kirche war für ihn „der unter den Menschen in menschlicher Form fortwährend erscheinende, stets sich erneuernde, ewig sich verjüngende Sohn Gottes, die andauernde Fleischwerdung desselben, so wie denn auch die Gläubigen in der Heiligen Schrift der Leib Christi genannt werden."[35]

Damit hat Möhler die Sicht der Kirche grundlegend verändert: Die Kirche bilden nicht nur Papst, Bischöfe, Priester und die übrigen Kleriker, denen die „Gläubigen" gegenüberstehen, so dass, wenn die Kirche betet und Gottesdienst feiert, dies allein der Klerus tut, während die „Gläubigen" sich dem Gebet des Klerus anschließen, dem vom Klerus gefeierten Gottesdienst nur beiwohnen können.[36] Mit diesem aus der Schrift, der Beschäftigung mit der frühen Kirche und dem Studium der Väter, vornehmlich der ersten drei Jahrhunderte, gewonnenen Verständnis der Kirche hat Möhler den Grund für das wichtigste Anliegen der liturgischen Erneuerung gelegt: „Der Gottesdienst ist unter tätiger Teilnahme der ganzen versammelten Gemeinde als Feier der Kirche zu begreifen und zu vollziehen."[37] Unter Bezugnahme auf die Alte Kirche – in ihr „erkannte man in allen Christen eine priesterliche Würde an"[38] – hat er die Lehre vom gemeinsamen Priestertum aller Getauften formuliert, indem er „von der Teilnahme aller Christen an dem Berufe der Geistlichen" spricht.[39] Unter anderem schreibt er dabei im Hinblick auf die Messfeier: „Die ganze Gemeinde opfert also in dem Priester, denn er

---

[34] MÖHLER, Symbolik 387, für: Johann Adam MÖHLER, Symbolik oder Darstellung der dogmatischen Gegensätze der Katholiken und Protestanten nach ihren öffentlichen Bekenntnisschriften, hg., eingel. und komm. v. Josef R. Geiselmann (Köln-Olten 1958) 387.
[35] MÖHLER, Symbolik 389.
[36] KACZYNSKI, Kommentar zu *Sacrosanctum Concilium* 16.
[37] KACZYNSKI, Kommentar zu *Sacrosanctum Concilium* 16–17.
[38] MÖHLER, Die Einheit in der Kirche 216, für: Johann Adam MÖHLER, Die Einheit in der Kirche oder das Princip des Katholicismus, dargestellt im Geiste der Kirchenväter der drei ersten Jahrhunderte (Tübingen 1825) 216.
[39] Vgl. MÖHLER, Die Einheit in der Kirche 346–363.

ist ihre Einheit, oder alle üben eine geistige Thätigkeit aus, die sich im Priester concentrirt und ausspricht."[40]

Man sieht in diesen Aussagen Möhlers, dass die pneumatologische Denkweise mit einigen Komponenten (z.B. das gemeinsame Feiern der Sakramente, das gemeinsame Priestertum, die Kirche als Gemeinschaft) schon damals der inkarnatorischen Interpretation der kirchlichen Sendung entgegenkam.[41]

Die liturgietheologischen Entwicklungen des 19. Jahrhunderts, soweit sie dem religiösen Individualismus entgegentraten und die Liturgie vor allem als Feier der Gemeinschaft betonten[42], haben eine neue Sicht der Kirche und damit zusammenhängend ein neues kirchliches Bewusstsein bewirkt. Aus der Entstehungszeit der liturgischen Bewegung im 20. Jahrhundert stammt das Wort »Demokratisierung der Liturgie« (von Lambert Beauduin)[43]. Dieses Ziel kristalisierte das Leitmotiv dieser Erneuerungs-Bewegung im Begriff von der »tätigen Teilnahme« (actuosa participatio).[44] Auch im Sinne des Wortes Pius' X. von der tätigen Teilnahme an den heiligen Mysterien und am öffentlichen und feierlichen Gebet der Kirche wurde die Überwindung des religiösen Individualismus im Gottesdienst gefordert, weil die gemeinschaftlich gefeierte Liturgie nicht mehr als Norm des Glaubens galt.[45]

Für die Überwindung des Individualismus und Subjektivismus im Kirchen- und Liturgieverständnis setzte sich in prägender Weise Romano Guardini (1885–1968) ein. Ihm ist es gelungen, durch den Gedanken von der Kirche als mystischem Leib Christi die Wirklichkeit der Kirche

---

[40] MÖHLER, Die Einheit in der Kirche 356.
[41] Vgl. auch zu den ekklesiologischen Ansätzen Möhlers: sowohl dem pneumatologischen als auch dem inkarnatorisch-christologischen, die für weitere Entfaltung katholischer Ekklesiologie (bis hin zum II. Vatikanum) richtungsweisend waren – Harald WAGNER, Die eine Kirche und die vielen Kirchen. Ekklesiologie und Symbolik beim jungen Möhler = BÖT 16 (Paderborn 1977). Siehe auch oben: Anm. 24.
[42] Vor allem: die liturgischtheologischen Neuansätze Franz Anton Staudenmaiers und Valentin Thalhofers. – Vgl. KACZYNSKI, Kommentar zu *Sacrosanctum Concilium* 17–21.
[43] Zitiert nach Oliver ROUSSEAU, Autour du jubilé du mouvement liturgique 1909–1959, in: QLP 40 (1959) 203–217208. – In: KACZYNSKI, Kommentar zu *Sacrosanctum Concilium* 25.
[44] Diesen Begriff hat Pius X. in Motu Proprio *Tra le sollecitudini* über die Kirchenmusik (22.11.1903) benutzt, in dem er die tätige Teilnahme an den heiligen Mysterien und am öffentlichen feierlichen Gebet der Kirche betonte. Der Papst hat auch die nächsten Reformschritte zur »tätigen Teilnahme« an der Liturgie veranlasst: z.B. die Abkehr von der alleinigen eucharistischen »Schaufrömmigkeit« durch das Dekret über den täglichen Empfang der Eucharistie und das Dekret über das Alter der Zulassung zum ersten Empfang der Eucharistie. – Vgl. KACZYNSKI, Kommentar zu *Sacrosanctum Concilium* 23–24.
[45] KACZYNSKI, Kommentar zu *Sacrosanctum Concilium* 25.

wieder als Inhalt des religiösen Lebens aufzuzeigen und den Gemeinschaftscharakter der gottesdienstlichen Versammlungen zu betonen.[46] Er kritisierte die Erscheinungsform der Kirche als „religiöse Zweck- und Rechtsanstalt" und die individualistische Auffassung der „Kommunion", des Sakramentes der Gemeinschaft.[47]

Bei Guardini zeigen sich auch erste Impulse für die pneumatologische Deutung der Kirche und der Liturgie, wenn er sagt: „Und eine wirkliche Macht ist vorhanden, welche diese große Lebenseinheit beherrscht, den Einzelnen in sie einfügt, ihn am gemeinsamen Leben teilnehmen läßt und darin erhält: der ‚Geist Christi', der Heilige Geist."[48]

Die Theologie Guardini's verhalf aber vor allem dazu, die religiöse Erfahrung der Zusammengehörigkeit des Volkes Gottes neu zu spüren: „Es gibt religiöse Gemeinschaft, und sie ist keine Ansammlung in sich beschlossener Einzelwesen, sondern eine die Einzelnen übergreifende Wirklichkeit: Kirche. Sie erfasst das Volk; sie erfasst die Menschheit. Sie zieht auch die Dinge, die ganze Welt in sich hinein. So erhält die Kirche wieder jene kosmische Weite der ersten Jahrhunderte und des Mittelalters. Das Bild von der Kirche, des ‚Corpus Christi mysticum', (...) gewinnt ganz neue Kraft".[49]

Dieses neugewonnene Kirchenbild hat die Liturgische Bewegung entscheidend geprägt, denn ihr wichtigstes Anliegen war es, den Menschen „so unmittelbar wie möglich auch an das innerste Wesen der Kirche, an ihren sakramentalen Charakter und an ihre heiligenden Funktionen heranzuführen".[50] Die Einseitigkeit dieses Bildes – d.h. ihr pneumatologisches Defizit – konnte damals vielleicht noch nicht erkannt werden. Die pneumatologische Korrektur dieser Ekklesiologie kam erst mit dem Bild *vom Ursakrament* und *vom pilgernden Volk Gottes* im II. Vatikanischen Konzil.

Für die katholische Sakramentenlehre war der Innovationsschub der Liturgischen Bewegung von großer Bedeutung. Sie wurde aus der Verengung auf moralische und kirchenrechtliche Bedingungen der Sakramentenspendung herausgeführt. Die Sakramente werden nicht mehr als isolierte Vollzüge im Leben der einzelnen Christen betrachtet, sondern als Heilsmysterien und Feiern der Gemeinschaft verstanden. Der bisherige gnadentheologische Ansatz bekam eine wichtige ekklesiologische Basis:

---

[46] Vor allem: Romano GUARDINI, Vom Sinn der Kirche. Fünf Vorträge (hier insbesondere der erste Vortrag über „Das Erwachen der Kirche in der Seele" 19–34) (Mainz 1922, [5]1990).
[47] Romano GUARDINI, Vom Sinn der Kirche (Mainz [5]1990) 22.
[48] Romano GUARDINI, Vom Geist der Liturgie (Freiburg u.a. 1957) 46.
[49] GUARDINI, Vom Sinn der Kirche 27f.
[50] Anton L. MAYER, Die geistesgeschichtliche Situation der liturgischen Erneuerung in der Gegenwart, in: ALW 4,1/2 (1955/56) 46.

16   1 Sakramentenverständnis der kath. Lehre

Die sakramentalen Vollzüge stellen keine eigene Sonderwelt der Gnade dar, sondern in ihnen und aus ihnen konstituiert sich die Kirche als Heilsgemeinschaft.[51] Diese ekklesiologische Dimensionierung der Sakramente könnte schon als eine wichtige Spur der aufsteigenden pneumatologischen Deutung der Wirklichkeit des Heiles bezeichnet werden. In diese Spur der theologischen Entwicklung trat auch die Reflexion Odo Casels ein.

1.2.1.2 Die pneumatologische Christozentrik der Mysterientheologie Odo Casels

Die Mysterientheologie Odo Casels (1886–1948) wuchs aus der Liturgischen Bewegung und dem neuerwachten Interesse an der Vätertheologie. Das wichtigste Anliegen Casels[52] war die Begründung der Gegenwart der Heilstat Jesu Christi, nicht die Reflexion über den sakramentalen Effectus („Gnade"). Die scholastische *effectus-Theorie*, d.h. die Vorstellung von „dinghafter" Gnade und deren Applikation im christlichen Leben, sollte überwunden werden. In einer theologischen Intuition der Mysteriengegenwart wollte der Autor ans Licht bringen, dass die Wirklichkeit des Heils „nicht durch bloße Applikation, sondern durch ein mystisch-reales Mitleben und Mitsterben mit Christus" erreicht wird.[53]

Das konkrete Christsein interpretiert Casel als personale Schicksalsgemeinschaft mit dem Auferstandenen, die sich durch die Sakramente und das Wirken des Heiligen Geistes verwirklicht.[54] Deswegen positioniert er die Mitte und Quelle der Sakramente in dem einen grundlegenden Heilsmysterium, dem Pascha-Geheimnis von Tod und Auferstehung Jesu Christi. Im Mitvollzug dieses »Kultmysteriums« werden die Gläubigen Christus ähnlich und können an seinem Leben Anteil gewinnen –

---

[51] Vgl. O'NEILL, Sakramententheologie 245f, für: Collman E. O'NEILL, Die Sakramententheologie 245f, in: Herbert VORGRIMLER, Robert VAN DER GUCHT (Hg), Bilanz der Theologie im 20. Jahrhundert 3 (Freiburg 1969/70) 244–294, 245f.

[52] Die Besprechung des Sakramentenverständnisses Odo Casels erhebt nicht den Anspruch, eine ausführliche Auslegung zu liefern. Es geht hier nur – wie bei den nächsten Autoren in diesem Teil unserer Arbeit – um einen Blick auf den pneumatologischen Aspekt der Sakramentsbegründung.
– Zu Casels Theologie, unter pneumatologischem Aspekt, vgl. vor allem: Arno SCHILSON, Theologie als Sakramententheologie. Die Mysterientheologie Odo Casels = TTS 18 (Mainz 1982); und die hervorragende Studie über die pneumatische Grundlegung der Mysterientheologie Casels : Maria Judith KRAHE, Der Herr ist der Geist: Studien zur Theologie Odo Casels (St. Ottilien 1986): 1. Das Mysterium Christi = Pietas Liturgica Studia 2; 2. Das Mysterium vom Pneuma Christi = Pietas Liturgica Studia 3.

[53] Odo CASEL, Mysteriengegenwart 174, in: JLW 8 (1929) 145–224, hier 174.

[54] Odo CASEL, Die Liturgie als Mysterienfeier (Freiburg ³1923) 125. Vgl. auch HÄUSSLING, Odo Casel – noch von Aktualität 362–366, für: Angelus A. HÄUSSLING, Odo Casel – noch von Aktualität?, in: ArchLiturgWiss 28 (1986) 357–387, bes. 362–366.

so seine Hauptthese.⁵⁵ In den mysterienhaften Feiern sieht der Autor die Mitte der christlichen Seinsweise, weil sie den Menschen real an Jesu Lebens-, Todes- und Auferstehungsgeschick binden: „Wie der Mensch Jesus selbst im Paschamysterium zum Pneuma geworden ist und Anteil am göttlichen Leben erhielt, so soll jeder Mensch durch ihn, durch den verklärten Gottmenschen und das ihm eigene und eignende Pneuma selbst eintreten in die göttliche Welt und damit im göttlichen Mysterium seine Erfüllung finden."⁵⁶

Die Sakramente, die das im Leiden, Sterben und Auferstehen Christi erwirkte Heil vermitteln sollen, gehen daher in Ursprung, Struktur und Wirken nicht nur auf Christus zurück, sondern auch auf den Heiligen Geist. Der Heilige Geist ist das Prinzip dieses Pascha-Mysteriums, das die Vergegenwärtigung und Teilhabe am Mysterium Christi in den Sakramenten ermöglicht. Dank der Kraft des Geistes werden die Christen dem sakramental vergegenwärtigten Christus ähnlich und nehmen am Gottes Leben teil.⁵⁷

Hier liegt das bleibende Verdienst Casels: seine christologisch-pneumatologische Deutung der Liturgie (der Sakramente) auf dem Hintergrund antiker Mysterienkulte als Vergegenwärtigung göttlichen Heilswirkens⁵⁸, obwohl das pneumatologische Element in seiner Theologie noch kein eigenständiges Profil bekam.

Die Pneumatologie Casels ist vielmehr an das ‚christologische Konstruktionsprinzip' seines Denkens gebunden.⁵⁹ Deswegen ergibt sich für Casel ein „christozentrisches und in der Konsequenz pneumatozentrisches Theologiekonzept"⁶⁰. Ein Grund dafür ist die nicht hinreichende

---

⁵⁵ Vgl. O'NEILL, Sakramententheologie 250f.
⁵⁶ Arno SCHILSON, Geist-Theologie als Mystagogie 377, in: ArchLiturgWiss 29 (1987) 375–384, 377.
⁵⁷ In diesem Gedanken Casels sieht man den Einfluss der griechischen Väter mit ihrer *theosis* des Menschen. Deswegen bezieht sich Casel so gerne auf die östliche Liturgie, die das Moment der Verwandlung durch die Sakramente betont. – HRYNIEWICZ, Nasza Pascha z Chrystusem 234¹²⁰; für: Wacław HRYNIEWICZ, Zarys chrześcijańskiej teologii paschalnej *[Une esquisse de la théologie pascale chrétienne]*: 2. Nasza Pascha z Chrystusem *[Notre Pâque avec le Christ]* = RTK 69 (Lublin 1987) 234¹²⁰.
⁵⁸ Vgl. KOCH, Sakramentenlehre 346–347.
⁵⁹ KRAHE, Der Herr ist der Geist. Das Mysterium vom Pneuma Christi 105f, für: Maria Judith KRAHE, Der Herr ist der Geist: Studien zur Theologie Odo Casels. 2: Das Mysterium vom Pneuma Christi = Pietas Liturgica-Studia 3 (St. Ottilien 1986) 105f.
⁶⁰ SCHILSON, Theologie als Sakramententheologie 110. – Die radikale Christozentrik Casels ist von seinem theozentrischen Heilsverständnis geprägt. In der »Hinwendung zum Mysterium«, die nicht das Anthropozentrische, Subjektive, Individuelle, Ethische, Juridische und Naturalistische betont, wie es die liberale Theologie getan hat, sondern die das Theozentrische, Objektive, Ganzheitliche, Gemeinschaftliche, Ontologische und Symbolische in den Vordergrund stellt, entwickelt Casel seine Denkform. – Siehe: LIES, Trinitätsvergessenheit 302.

Differenzierung des Pneumabegriffs.[61] Einmal definiert er den Geist als „*Gabe* an die erlöste Menschheit"[62]. In diesem Zusammenhang ist Pneuma „der göttliche Lebenshauch, aus dem das übernatürliche Leben hervorgeht; es ist Gott selbst, und zugleich bezeichnet es das göttliche Leben, das dem neuen Menschen innewohnt."[63] Ein anderes Mal bezeichnet Casel das Pneuma unter Berufung auf 2 Kor 3,17 als den verklärten und zu Gott erhobenen Christus.[64] Damit erklärt er seine Pneumatologie streng christologisch. Die radikale Christozentrik bestimmt sein ganzes Konzept, in welchem das eigentliche pneumatologische Element (das Wirken der dritten Person Gottes) kaum in Erscheinung tritt.

Die christologische Konzentration seines Konzepts umfasst allenfalls eine pneumatologische Komponente, insofern sie die Wirkung des verklärten Christus in eine Verbindung mit dem durchdringenden Geist setzt.[65] Durch das Pneuma bringt Casel u.a. die eschatologische Dimension in die Christologie: „Das Pneuma ist also die in der Auferstehung freigewordene Dynamis Gottes und muß von hier, d.h. aus dem Christusgeschehen, verstanden werden. Der neue Aion ist das Reich dieses Pneumas (...).“[66] Diese eschatologische Perspektive wird aber durch Casel nicht weiter ausgeführt.[67]

Ein anderes Problemfeld entsteht in der ungeklärten Pneumatologie Casels dadurch, dass er – wie schon erwähnt wurde – kaum das Pneuma als dritte göttliche Person in der Unterschiedenheit von Vater und Sohn bespricht. Dies bestätigt z.B. seine Deutung des Pfingstfestes, die eine streng christologische ist: im Mittelpunkt steht nicht die dritte Person der Trinität, sondern „der pneumatische Herr kommt selbst an Pfingsten zu seinen Gläubigen"[68]. Diese fehlende Reflexion über die trinitarische

---

[61] Vgl. SCHILSON, Theologie als Sakramententheologie 308–314. 319.
[62] Odo CASEL, Mysterium des Kreuzes (Paderborn 1954) 251.
[63] Odo CASEL, Das christliche Kultmysterium (Regensburg ⁴1960) 63.
[64] SCHILSON, Theologie als Sakramententheologie 309.
[65] HRYNIEWICZ, Nasza Pascha z Chrystusem 235.
[66] CASEL, Das christliche Kultmysterium 177.
[67] Im gesamten Entwurf Casels fehlt eine universalgeschichtlich orientierte Eschatologie und eine positive Einbeziehung von Welt und Geschichte. In diesem Punkt wird der Platonismus Casels besonders deutlich. – SCHILSON, Theologie als Sakramententheologie 309. 319; vgl. auch eine ähnliche Kritik bei Johann AUER, Allgemeine Sakramentenlehre und das Mysterium der Eucharistie, in: DERS., Joseph RATZINGER, Kleine Katholische Dogmatik VI (Regensburg ²1974) 59. Dort wird auch die fehlende Pneumatologie beklagt.
[68] KRAHE, Der Herr ist der Geist. Das Mysterium Christi 210, für: Maria Judith KRAHE, Der Herr ist der Geist: Studien zur Theologie Odo Casels. 1: Das Mysterium Christi = Pietas Liturgica-Studia 2 (St. Ottilien 1986) 210. – „Bei aller imponierenden Größe der pneumatischen Schau der Pentekoste als der Einheit von Erhöhung des gekreuzigten Herrn und Pneumasendung werden bestimmte Züge, die den Geist zwar in seiner unlösbaren Einheit mit Christus, *zugleich* aber auch in seiner Unterschiedenheit und

Differenzierung im Pneumabegriff erklärt sein theologisches Denkmodell, in welchem er die einheitsstiftende Funktion des Geistes vor seiner personalen Verschiedenheit und die strenge Einheit Gottes vor der trinitarisch-personalen Verschiedenheit bevorzugt.[69] Casel hält fest, dass Gottes Handlungen „ad extra" auf gleiche Weise jeder der drei göttlichen Personen zuzeigen sind, und konzentriert sich nur auf die heilsökonomische Wirkung des Pneumas.[70] Das Pneuma ist in seiner Sicht *vinculum caritatis*, die Gemeinschaftsgabe, die die Kirche konstituiert.[71] Es ist ihr Einheitsgrund, ihr Lebensprinzip und „Urquell all ihrer Betätigung"[72]. Damit bestimmt Casel den Rahmen seiner Pneumatologie. Seine Konzeption berücksichtigt nur die ekklesiale Dimension der Wirkung des Geistes, nicht dessen universale Funktion.

Die Rolle des Geistes im sakramentalen Geschehen wird demzufolge streng christologisch und ekklesiologisch bestimmt. Die Sakramente ereignen sich im Lebensraum des Pneumas, d.h. als Grundvollzüge der Kirche – weil die Kirche ganz getragen und durchwirkt vom Pneuma Christi den konkreten Lebensraum des sakramentalen Geschehens eröffnet. Und umgekehrt: auch die Kirche baut sich auf den Sakramenten auf, denn „das Pneuma Christi wirkt in *allen* Sakramenten; der pneumatische Herr wohnt und wirkt durch sie in der Kirche."[73]

Die Pneumatologie gewinnt bei Casel also keine eigene und eigenständige Bestimmtheit: die Kirche, ebenso wie das Pneuma, bleibt streng christologisch definiert. Die Kirche versteht Casel als »der mystische Leib Christi«; und das Pneuma wird in seinem Entwurf mit dem erhöhten Herrn identifiziert: „Jesus ist zum Kyrios Christus geworden und als solcher, als das Pneuma, die Seele der Kirche, seines mystischen Leibes."[74] Casel weist nicht deutlich darauf hin, dass die Einigung von Christus und Ekklesia durch das Wirken des Geistes als dritte göttliche Person geschieht. Seine Rede von der »physischen Einheit« von Christus und Ekklesia nähert sich deswegen gefährlich dem »Panchristismus«.[75] Man

---

Eigenart – dies gilt bereits für die Schrift – zeigen, ausgeblendet. Pfingsten – vordringlich als das Fest des erhöhten Herrn, der zum Pneuma geworden ist, gesehen – macht deutlich, daß Casel den Geist in streng christozentrischer Weise denkt. Damit ist bereits hier Eigenart und Grenze der Caselschen Pneumatologie unverkennbar". – Ebd. 212.

[69] SCHILSON, Theologie als Sakramententheologie 319–320.
[70] SCHILSON, Theologie als Sakramententheologie 309–310.
[71] Siehe: CASEL, Das christliche Kultmysterium 227.
[72] Odo CASEL, Die 7≅(46← 1ΛΦ∵∀ der antiken Mystik in christlich-liturgischer Umdeutung 41, in: JLW 4 (1924) 37–47, 41.
[73] CASEL, Mysteriengegenwart 164f; vgl. SCHILSON, Theologie als Sakramententheologie 311.
[74] CASEL, Mysteriengegenwart 155; vgl. SCHILSON, Theologie als Sakramententheologie 310–311.
[75] Siehe: KRAHE, Der Herr ist der Geist. Das Mysterium vom Pneuma Christi 134f.

spürt auch, dass die ekklesiologische, die christologische wie die pneumatologische Perspektive der Sakramententheologie Casels sich miteinander verschlingen. Sie wurden nicht konsequent als eigenständig herausgearbeitet.[76] Das Pneuma Christi trägt alles – nicht nur die Kirche und die Sakramente sind total auf sein Wirken verwiesen, sondern jede christliche Grunderfahrung ist vom Pneuma durchdrungen. Es fehlt im Caselschen Konzept eine wichtige Erklärung für die Differenz zwischen der objektiven und der subjektiven Seite des sakramentalen Geschehens, weil er alles menschliche Handeln als das im Pneuma Christi Geschehene betrachtet.[77]

Insgesamt könnte man zur ungeklärten Geistlehre Casels sagen, die Rolle des Heiligen Geistes verschwindet in der Christozentrik und in der christologischen Gestalt des Heils, denn das Pneuma ist vor allem Christus selbst als der erhöhte Herr, der durch das Pascha zum Pneuma gewordene Menschensohn. Das Wirken des Geistes ist auffallend dem christologisch-ekklesiologischen Rahmen zugeordnet, um die Teilnahme an „pneumatisch-göttlicher und so jederzeit sakramental zu repräsentierender Seinsweise" Christi zu erklären[78].

Nach Lothar Lies ist diese pneumatologische Christozentrik Casels im alexandrinischen Denken verankert. Der Logos als Symbol Gottes hebt bei den Alexandrinern Mensch, Geschichte und Welt in ihrer Pneumatisierung auf. Der Mensch verliert sein Selbst in der Begegnung mit Gott. Der Grund für den Verlust des Menschen und das Vergessen der heilsgeschichtlichen Dimension der Theologie[79] liegt bei diesem Denken gerade in der pneumatologischen Christologie: „Im Pneuma bringt sich der ganze Christus zur Gegenwart, im Pneuma zieht er uns in seine Gegenwart, wobei dann nicht mehr auszumachen ist, was die einzelnen Heilsereignisse des Lebens Jesu im sakramentalen Vollzug spezifisch bedeuten sollen."[80] Alle Vermittlungsweisen, auch die Sakramente, sind in der alexandrinischen Theologie nur so weit wichtig, wie sie sich und den Menschen in Gott hinein aufheben. Die Vereinigung der menschlichen mit der göttlichen Natur in der Person des Logos „scheint nicht Selbstverwirklichung, sondern Selbstaufgabe des Menschen zu bedeuten. Was

---

[76] SCHILSON, Theologie als Sakramententheologie 312.
[77] SCHILSON, Theologie als Sakramententheologie 311–313.
[78] SCHILSON, Theologie als Sakramententheologie 210. Vgl. auch KRAHE, Der Herr ist der Geist. Das Mysterium vom Pneuma Christi 354–357.
[79] Aber für Casel wie für die frühen Alexandriner sind die Sakramente Konzentrationen des Heilgeschehens. Sie lassen im Vollzug nur ihre „Außenseite" vergessen. Die Mitte bleibt „das Christusmysterium in seiner dynamischen Pneumatik." – LIES, Trinitätsvergessenheit 306.
[80] LIES, Trinitätsvergessenheit 306.

Erlösung des Menschen sein sollte, wird zu seiner Vernichtung. Die Teilhabe an Gott wird zum Sich-Verlieren an ihn, und wenngleich Casel ständig betont, die Teilhabe am göttlichen Leben sei Teilhabe am innertrinitarischen Leben Gottes, so ist diese Teilhabe im letzten doch ‚Aufgabe' des Menschen und nicht Geborgenheit in der trinitarischen Liebe."[81]

L. Lies meint, dass die Christozentrik Casels, die zugleich Pneumatozentrik und Ekklesiozentrik war, vor allem in der nicht konsequent durchdachten Trinitätstheologie ihren Grund hatte. Das trinitarische Denken könne aber vor jeder Art des Monismus oder Zentrismus bewahren, indem die reale Unterscheidung der Personen wie deren Einheit durchgehalten werde.[82] In der trinitarischen Perspektive werde die Christologie besser im Wirken der dritten Person Gottes berücksichtigt und aus ihrer ‚Isolierung' befreit. Trinitarisch gedacht solle sie „nicht nur die Menschheit Jesu und seine Gottheit je für sich" behandeln, sondern sie wie auch „deren Verbindung in der hypostatischen Union als Werk des Geistes". Auch die Sakramentenlehre solle nicht nur nach der Verbindung zwischen dem verklärten Christus und dem Menschen fragen, sondern auch nach „der Verbindung zwischen beiden und dem Geist". Die Geistlehre könne „das (...) Auseinanderfallen ebenso wie ein monophysitisches Ineinsfallen von Christus und Zeichen" verhindern[83].

In der trinitarischen Differenzierung, in der Akzentuierung der Personalität des Heiligen Geistes wie seiner aktiven eigenständigen Rolle könnte die ‚ungeklärte' Pneumatologie Casels – nach Lies' Urteil – einen Ausweg finden. Es wäre dadurch jedenfalls »das Prinzip der vermittelten Unmittelbarkeit«[84], dass zwischen dem Symbol und dem Symbolisierten keine reine Unmittelbarkeit entstehen darf, deutlicher ausgedrückt.

1.2.1.3 Die Pneumatologie der vorkonziliaren Sakramententheologien von Edward Schillebeeckx und Karl Rahner

Zu den bedeutendsten Theologen, die zur Erneuerung der Sakramentenlehre vor und in dem II. Vatikanischen Konzil mitgewirkt haben, gehören gewiss Edward Schillebeeckx und Karl Rahner. Ihre Theologien fragen allerdings nicht deutlich nach einer eigenständigen Wirkung des Heiligen Geistes im sakramentalen Geschehen.[85]

Für Schillebeeckx ist die ekklesiologische Verankerung der Sakramente, wie sie Casels Theologie entfaltet hat, auch selbstverständlich. Die

---

[81] LIES, Trinitätsvergessenheit 305.
[82] LIES, Trinitätsvergessenheit 307–308.
[83] LIES, Trinitätsvergessenheit 307–308.
[84] LIES, Trinitätsvergessenheit 307.
[85] Die Positionen dieser Theologen aus der pneumatologischen Perspektive werden nur partiell behandelt. Eine ausführliche Besprechung würde den Rahmen unserer Arbeit bei weitem überschreiten.

Sakramente gelten nicht mehr als einzelne Heilsmittel im Bereich der Gnadenlehre. Das ganze sakramentale Geschehen wird auch nicht mehr als punktueller Prozess, sondern als dynamischer, lebenslanger und eschatologischer Vorgang verstanden.

Auf der Basis der Menschwerdung des Logos konzipiert Schillebeeckx den ganzen Heilsbegriff als menschliche Begegnung, „da der göttliche Heilswille sich in der menschlichen Natur Christi ‚sakramentalisiert' hat und darin kraft des offenbarenden Logos erkennbar ist."[86] Demzufolge werden die Kategorien der Sakramentenlehre in seinem Entwurf nicht mehr aus dem Verhältnis von Dingen, sondern von Personen genommen. Christus selbst ist – seiner Meinung nach – das »Ursakrament« der Erlösung, „da in ihm zugleich der göttliche Anruf und die menschliche Antwort aufs höchste enthalten sind."[87] Dem Geist wird im Zusammenhang der christologischen Grundlegung zwar ein eigenes, personales Wirken zugesprochen, indem er die *objektive Tat Christi* für die Gläubigen aktualisiert. Die Quelle seiner eigenen Aktivität als der dritten Person der Trinität sieht Schillebeeckx aber im Erlösungswerk Christi.[88]

In seinem theologischen Konzept ist entscheidend, dass die sakramentale Wirklichkeit die gott-menschliche Struktur mit ihrer Leibwerdungsdimension in der Heilsvermittlung erhält. Die sakramentale Begegnung mit dem verherrlichten, den Geist sendenden Christus versteht Schillebeeckx analog zu allen menschlichen Begegnungen, welche immer leibhaftig bleiben.[89] Deswegen wird die Sendung des Geistes von ihm strikt auf Christus zurückgeführt, weil die christusunabhängige Rolle des Geistes nicht auf der Ebene der Personen gesucht wird, sondern auf der inkarnatorischen Basis der göttlichen und der menschlichen Natur.[90]

Im Amtsverständnis führte die ‚ungelöste' pneumatologische Frage, d.h. die Feststellung, dass die Pneumatologie nicht trinitarisch, sondern als Alternative zur Christologie konzipiert wurde, Schillebeeckx zum Pneumatomonismus. Es fehlt in seiner extrem pneumatischen Interpretation das christologische Gegengewicht in der Begründung des Amtes und seine trinitarische Ausweitung.[91] Das *sacramentum ordinis* ist in dieser Sicht nur „Konzentration des Geistcharismas", d.h. „eine spezifische, nämlich diakonale oder amtliche Zuspitzung oder Herauskristallisierung der *baptismalen Geistgabe*."[92] Das Charismatische ist also nicht aus

---

[86] O'NEILL, Sakramententheologie 257.
[87] O'NEILL, Sakramententheologie 257.
[88] Edward SCHILLEBEECKX, Christus Sakrament der Gottbegegnung (Mainz 1960) 34f.
[89] Vgl. O'NEILL, Sakramententheologie 257.
[90] FREITAG, Sakramentenlehre und Pneumatologie 266–267.
[91] Vgl. FREITAG, Geist-Vergessen – Geist-Erinnern 223–225.
[92] Edward SCHILLEBEECKX, Christliche Identität und kirchliches Amt. Ein Plädoyer für den Menschen in der Kirche (Düsseldorf 1985) 150. 147. Vgl. ebd. 229; 248–250.

1.2 Erneuerungsversuche im 20. Jahrhundert

der Amtskirche ableitbar, sondern die Amtskirche muss in der Geisttaufe aller verwurzelt verstanden werden, um das Subjektsein der Gläubigen zu ermöglichen.[93] Da Schillebeeckx den Logos nicht in Christus, sondern im Menschen Jesus als Priester und Mittler sieht, sichert die Kontinuität zwischen Jesus Christus und der Kirche grundlegend der Geist: „Das Amt ist nur ein *spezifisches* Zeichen dafür, nicht die Sache selbst."[94] Demzufolge kommt es bei Schillebeeckx zu einer überakzentuierten pneumatischen Deutung des Amtes, weil alles konkrete Wirken der Kirche dem Geist überlassen wird. Das Amt orientiert sich nicht direkt auf die Person Jesu Christi hin und repräsentiert ihn nicht. Es ist vor allem in funktional-soziologischen Kategorien definierbar: Die Amtsträger sind lediglich „Schrittmacher, Beseeler und evangelische Identifikationsgestalten für die ganze Gemeinde"[95].

Das kritische und unverfügbare christologische Gegenüber kommt in diesem Entwurf zu kurz, weil nicht die Person Christi, sondern die des Amtsträgers im Mittelpunkt der Gemeinde steht.[96] Es zeigt sich hier beispielhaft, wie wichtig die Harmonie des Christologischen mit dem Pneumatologischen (diese fehlt in Schillebeeckx' Sakramentenverständnis) und des Pneumatologischen mit dem Christologischen (diese fehlt in Schillebeeckx' Amtsverständnis) ist. Hier zeigt sich, wie problematisch die ‚ungelöste' pneumatologische Frage für die Theologie sein kann, wie einseitig eine extrem akzentuierte Pneumatologie ohne trinitarische Verankerung und Rückbindung bleiben kann. Gerade aus diesem Grund ist es so sinnvoll, eine trinitarische, nicht nur als Alternative zur Christologie konzipierte Pneumatologie zu entwickeln.

Karl Rahner (1904–1984) versteht die Sakramente in kirchlicher Vermittlung und Gestalt ähnlich wie Schillebeeckx – rein von Christus her.[97]

---

[93] SCHILLEBEECKX, Christliche Identität und kirchliches Amt 147.
[94] SCHILLEBEECKX, Christliche Identität und kirchliches Amt 147.
[95] SCHILLEBEECKX, Christliche Identität und kirchliches Amt 144.
[96] FREITAG, Geist-Vergessen – Geist-Erinnern 225.
[97] Kirche und Sakramente sind einander nicht nachgeordnet, sondern beide sind gleichursprünglich von Christus her. Die Kirche nennt Rahner als »Ursakrament« und die Sakramente als die höchsten Aktualitätsstufen des Wesens der Kirche. Das Bleiben Christi in der Kirche versteht Rahner aber nicht als Fortsetzung Christi, sondern als Strukturanalogie der Kirche zu Christus: „Die Kirche ist die amtliche Präsenz der Gnade Christi in der öffentlichen Geschichte der einen Menschheit." – Karl RAHNER, Kirche und Sakramente = QD 10 (Freiburg 1960), 18.22.38. – Sabine Pemsel-Maier kritisiert diese Position Rahners und verweist auf die nötige Grenze zwischen Christus und der Kirche: „Die Funktionsgleichheit kann leicht als Wesensgleichheit und damit die Kirche als ‚Prolongatur Christi' mißverstanden werden." Im inkarnatorischen Denken Rahners verliere Christus seine Funktion als kritisches Gegenüber der Kirche. „Dieses kritische Potential je neu zur Geltung zu bringen, wäre die besondere Aufgabe der Pneumatologie innerhalb der Ekklesiologie". – Sabine PEMSEL-MAIER, Rechtfertigung durch Kirche? Das Verhältnis von Kirche und Rechtfertigung in Entwürfen der neueren katholischen und evangelischen Theologie = StSySpTh 5 (Würzburg 1991) 118f.

Aus der Inkarnation empfangen sie ihre Struktur und Wirkweise. Das sakramentale Geschehen wird aus der Selbstmitteilung Gottes rein christologisch artikuliert, ohne den Heiligen Geist zu erwähnen: „Sein Wirken verbirgt sich unter der These vom *Bleiben* der siegreichen Präsenz der Gnade Christi, die in solcher Präsenz ein eschatologisches und daher wirksam bleibendes Ereignis ist."[98] Es gibt für Rahner keine eigene, selbstständige Mitteilung in der Sendung des Geistes, sondern sie ist die Fortsetzung bzw. bleibt im Dienst der Selbstmitteilung Gottes in Christus.[99] Er sieht das Wesen des Sakramentes in der Lehre vom *opus operatum*, d.h. im immer siegreichen Wirken Gottes und in der einbahnigen Bewegung von Gott zum Menschen.[100] Der Geist in der Rahnerschen Sakramententheologie wird nur dem inkarnatorisch-christologischen Gedankengang eingefügt und gewinnt kein eigenes Profil oder eine positiv-gestaltende Rolle.[101] Seine Funktion erschöpft sich darin, der Christologie ihre Wirklichkeit und Wirkung bleibend zu sichern. Nach dem Urteil Josef Freitags bleibt die Pneumatologie für Rahner „die ungenannte, implizierte ancilla, (...) die ministra oder das instrumentum christologiae."[102]

Der Rahnerschen Theologie im Ganzen fehlt aber nicht ein geist-theologisches Programm, denn im Zentrum seines Denkens steht der ostkirchlich-patristische Gedanke der Vergöttlichung des Menschen

---

[98] FREITAG, Sakramentenlehre und Pneumatologie 269.
[99] Zum Verhältnis von Sohn und Geist nach Karl Rahner siehe: FREITAG, Geist-Vergessen – Geist Erinnern 120–123.
[100] FREITAG, Sakramentenlehre und Pneumatologie 270. – Raphael Schulte ergänzt in diesem Punkt die Sicht Rahners gerade um die Gegenrichtung auf Gott hin, denn zum Wesen des Sakramentes gehöre auch die Umkehr und Hinkehr des Menschen zu Gott. Sakramente bedeuten für Schulte nicht nur die Selbstmitteilung Gottes in Christus an den Menschen, sondern auch dessen Glaubensantwort an Gott durch den Sohn im Geist. Es ist ein Versuch, eine christologische Sicht der Kirche und der Sakramente trinitarisch zu erweitern. Dementsprechend stellt Schulte – anders als Rahner – auch eine klare Differenzierung zwischen Christus und Kirche heraus. In dieser Differenz erfülle sich die Aufgabe des Geistes, dessen Wirken die Kirche mit Christus eine und die Menschen zu einer entsprechenden Antwort befähige. – Vgl. Raphael SCHULTE, Sakrament, in: SM (D) 4, 327–341 (1969), hier 334.339.
[101] Die Rolle des Heiligen Geistes bestimmt Rahner eher in einem Bitt-Gebet der Gemeinde zu Gott durch die Berufung auf den Namen Jesu des Gesalbten. Rahner zeigt in diesem Bereich die Einheit des Geistereignisses und des Christusereignisses. Dieser Geist – schreibt Rahner – „im Menschlichsten des Menschen, im Herzen, dieser Heilige Geist, tiefer als alle abgründige Bosheit, dieser starke Geist, der noch hinter all unserer Schwachheit wohnt, Er betet in uns. Er tritt mit unaussprechlichem Seufzen für uns ein. Er ist nicht nur der Gott, vor dem wir niederknien, Er wirkt in uns, mit uns, für uns." – Karl RAHNER, Von der Not und dem Segen des Gebets (Freiburg [9]1977) 35.
[102] FREITAG, Sakramentenlehre und Pneumatologie 269.

durch das Pneuma.[103] Obwohl er einerseits diese Gnade der Vergöttlichung strikt christologisch (als »gratia Christi«) interpretiert, gibt er seiner Theologie andererseits eine pneumatologische Voreinstellung, indem er über göttliche Universalität redet und den souveränen Heilswillen Gottes und seine Selbstmitteilung an den geschöpflichen Menschen zum systematischen Ausgangspunkt seiner Überlegungen macht.[104] Gerade der Ansatz Rahners von der gnädigen Selbstzuwendung Gottes zur ganzen Schöpfung bereitete die Sichtweise des II. Vatikanischen Konzils vom universalen Heilswillen Gottes (LG 14–16) und von dem eschatologisch differenzierten sakramentalen Wirken der Kirche vor.[105] Und Rahner ist es gelungen, den Gedanken von »doppelter Relativität oder Relationalität der Kirche« zu vermitteln: dass die Kirche relativ oder relational ist, indem sie „auf Gottes souveränes Geistwirken und seinen unbedingten Heilswillen hin" ausgerichtet ist und „ihre Erfüllung in der konkreten Zuwendung zu den Menschen" findet, unter denen Gottes Geist schon wirksam ist.[106]

Die Entwürfe von Schillebeeckx und Rahner sind Beispiele eines inkarnatorisch stark christologischen Ansatzes. Der epikletisch-dialogische Charakter der Sakramente versinkt in der dominierenden katabatischen Dimension.

Aus der pneumatologisch-trinitarischen Perspektive wendet sich jedoch eine kritische Frage an diese und an alle Theorien, die vom Menschen und dem Erfahrungshorizont ausgehen, nämlich die sakramententheologische Kernfrage nach der Differenz „zwischen dem Ewigkeitscharakter göttlichen Handelns (auch des erhöhten Herrn) und der Geschichtlichkeit des Erlösungswerkes Jesu, das vergangen, ein für allemal geschehen ist und als solches nicht an der Ewigkeit Gottes partizipieren kann."[107] Man sucht die Lösung in der scholastischen *effectus-Theorie* von *objektiver* und *subjektiver* Erlösung, aber sie erklärt letztendlich nicht deutlich das Wesentliche an Gottes Heilsplan: seine Selbstmitteilung als Gabe in der Annahme und in der antwortenden Liebe der Menschen.[108] Die

---

[103] NITSCHE, Geistvergessenheit und die Wiederentdeckung des Heiligen Geistes 103.
[104] NITSCHE, Geistvergessenheit und die Wiederentdeckung des Heiligen Geistes 103–104.
[105] Das Verständnis der Kirche als »Sakrament« des Heils in der konziliaren Konstitution *Lumen gentium* (LG 1. 48) wurde maßgeblich von Karl Rahner (»Zeichen«) und Otto Semmelroth (»Werkzeug«) beeinflusst. – Vgl. Theodor SCHNEIDER, Zeichen der Nähe Gottes. Grundriß der Sakramententheologie (Mainz ³1982) 41–54.
[106] NITSCHE, Geistvergessenheit und die Wiederentdeckung des Heiligen Geistes 105.
[107] MEYER, Eine trinitarische Theologie der Liturgie und der Sakramente 35.
[108] „Der glaubende Mensch sieht sich [bei Rahner] zwar aufgerufen, Sakramente mitzufeiern, aber dieser sein Einsatz vermag nur zu realisieren, was er schon längst anderswoher als eigenen zugewiesen erhielt, und die Gestalt des Herrn erscheint in der Geschichte einer menschlichen Existenz, die, weil vom Tod überholt, niemals mehr einer

aus der pneumatologisch-trinitarischen Perspektive konzipierten Erklärungsmodelle versuchen dieser Problematik näher zu kommen.

1.2.2 Annäherung an die Pneumatologie und das trinitarische Mysterium

Im katholischen Raum des 20. Jahrhunderts (in der Zeit um das Konzil herum) kam es zu einer Wiederbelebung der Pneumatologie, insbesondere durch die Aufsätze von Yves Congar, Hans Urs von Balthasar und Heribert Mühlen. Die Theologie des Heiligen Geistes und das trinitarische Geheimnis haben die Denkweise dieser Autoren stark geprägt. Verbunden hat sie das gleiche Ziel, das mysterienhafte Profil der Theologie zu vertiefen und die eigenen Modelle in der klaren pneumatologischen Differenzierung des christologischen Fundaments der Heilsökonomie wie in der trinitarischen Verankerung der Glaubensgeheimnisse zu basieren. Im Bereich der Sakramententheologie hoben sie deshalb auch die pneumatologische Frage hervor.

Wir versuchen – freilich nur beispielhaft – die charakteristischen Merkmale ihrer Theologien im Kontext unserer Suche nach dem pneumatologisch-trinitarischen Verständnis der Sakramenten vorzustellen. Diese Beschränkung ist durch den vorgegebenen Rahmen unserer Arbeit bedingt.

1.2.2.1 Die systematische Pneumatologie von Yves Congar

Der Dominikanerpater Yves Congar (1904–1995) hat in der vorkonziliaren und der eigentlichen konziliaren Zeit theologisch viel bewegt. In seinen vielen Vorträgen aus dieser Zeit lässt sich eine bedeutende Vorarbeit zu den ekklesiologischen Texten des Zweiten Vatikanischen Konzils erkennen. Als Begleiter des Konzils wurde er zugleich zum Motor und Innovator des nun eröffneten dynamischen Lernprozesses in der Kirche. Innovativ war seine immense theologische Arbeit besonders durch den Blick auf die große scholastische und patristische Tradition.[109] Die Erfahrung des Konzils wie auch die Begegnung mit der Orthodoxie haben das Hauptthema seiner ganzen Theologie kristallisiert. Sein Werk ist deutlich von dem Geheimnis des Heiligen Geistes durchdrungen.

Congar näherte sich dem systematischen Stellenwert des »Glaubens an den Heiligen Geist«[110]; und tatsächlich findet sich in seinen vielen

---

wirkmächtigen, befreienden, den Menschen jetzt berührenden Gegenwärtigkeit fähig scheint." – HÄUSSLING, Odo Casel – noch von Aktualität 380.

[109] Vgl. dazu Cornelis Th. M. van VLIET, Communio sacramentalis. Das Kirchenverständnis von Yves Congar (Mainz 1995).

[110] NITSCHE, Geistvergessenheit und die Wiederentdeckung des Heiligen Geistes 109.

Beiträgen das Denken von der Dritten Person Gottes in sorgfältiger Tiefe und Breite systematisiert.[111] Sein wichtigstes Werk ist sicherlich *Je crois en l'Esprit Saint (Paris 1979–1980)*, welches – zusammen mit *Une pneumatologie dogmatique (Paris 1982–1983)* – eine ausführliche Auslegung der katholischen Pneumatologie bietet. Für unsere These ist der dritte Teil dieses monumentalen Werkes von besonderer Bedeutung, in welchem die pneumatologische Analyse der sakramentalen Heilsökonomie durchgeführt wurde. In unserer Vorstellung der pneumatologischen Logik des Amtes werden überdies zwei weitere wichtige Beiträge Congars berücksichtigt: *Der Laie (Stuttgart 1957)* und *Priester und Laien im Dienst am Evangelium (Freiburg 1965)*.

A. Eine christologische und eine ekklesiologische Pneumatologie

Die heilsökonomische Pneumatologie Congars sucht ständig eine enge Verbindung zur Christologie und Ekklesiologie. Die Theologie vom Heiligen Geist sollte keine separate sein. Sie wird ‚nur' in das Christologische und in das Ekklesiologische hineinkomponiert, so dass diese beiden Elemente ihre (allerdings unerlässliche) Ergänzung erreichen.[112] In der

---

[111] Vor allem: La déification dans la tradition spirituelle de l'Orient d'après une étude récente (1935), in: DERS., Chrétiens en dialogue: Contributions catholiques à l'Oecuménisme = Unam Sanctam 50 (Paris 1964) 258–272; L'appel œcuménique et l'œuvre du Saint-Esprit, in: La Vie spirituelle 82 (1950) 5–12; Ecclesia de Trinitate, in: Irénikon 14 (1937) 131–146; Le Saint-Esprit et le Corps apostolique, réalisateurs de l'œuvre du Christ, in: DERS., Esquisses du Mystère de l'Église = Unam Sanctam 8 (Paris 1953), 129–179; La pneumatologie dans la théologie catholique, in: RSPhTh 51 (1967) 250–258; L'ecclesia ou la communaté chrétienne, sujet intégral de l'action liturgique, in: DERS., Jean Pierre JOSSUA (Hg), La Liturgie après Vatican II = Unam Sanctam 68 (Paris 1967) 241–282; Pneumatologie ou »christomonisme« dans la tradition latine, in: Ecclesia a Spiritu Sancto edocta : Mélanges théologiques Hommage à Mgr Gérard Philips = Bibliotheca Ephemeridum Theologicarum Lovaniensium 27 (Gembloux 1970) 41–64; Von Augustinus bis zum Abendländischen Schisma = HDG 3/3c (Freiburg 1971); La »réception« comme réalité ecclesiologique, in: RSPhTh 56 (1972) 369–403; Actualité d'une pneumatologie, in: Proche Orient Chrétien 23 (1973) 121–132; La Tri-unité de Dieu et l'Église (1974), in: DERS., Essais Œcuméniques (Paris 1984) 297–312; Je crois en l'Esprit Saint (Paris 1979–1980); Une pneumatologie dogmatique, in: Initiation à la pratique de la théologie. Publié sous la direction de Bernard *Lauret*; François *Refoulé* = II Dogmatique 1 (Paris 1982–1983) 483–516; Die christologischen und pneumatologischen Implikationen der Ekklesiologie des II. Vatikanums, in: Giuseppe ALBERIGO (Hg), Kirche im Wandel: Eine kritische Zwischenbilanz nach dem 2. Vatikanum (Düsseldorf 1982) 111–123; (Walter KERN), Geist und Heiliger Geist, in: Christlicher Glaube in moderner Gesellschaft 22 (1983) 60–116; Im Geist und im Feuer: Glaubensperspektiven (Freiburg 1987).
[112] Vgl. Yves CONGAR, Systematische Pneumatologie 385–402, in: Peter EICHER (Hg), Neue Summe der Theologie 1 (Freiburg 1988/89) 379–406, hier 385–402 [org. franz.: Yves CONGAR, Une pneumatologie dogmatique, in: Initiation à la pratique de la théologie. Publié sous la direction de Bernard *Lauret*; François *Refoulé* = II Dogmatique 1 (Paris 1982–1983) 483–516].

Diskussion mit den Orthodoxen über die Geistvergessenheit der westlichen Theologie hat Congar deutlich seine Position markiert, die in keinen Pneumatozentrismus oder -monismus verfiel (siehe oben 1.1.1). Die Heilsökonomie bleibt für ihn durch und durch christozentrisch, denn es gibt kein neues Heils-Zeitalter, das des Parakleten, nach der Ära Christi.

Die Rolle des Geistes sieht Congar in der Verinnerlichung und Personalisierung wie in der Universalisierung und Vollendung des durch Christus erworbenen ‚Gnadenschatzes'.[113] In der von Irenäus übernommenen Bezeichnung des Geistes als *communicatio Christi* unterstreicht er diese wichtige Funktion des Pneumas im Heilsgeschehen.[114]

Die gegenseitige Beziehung zwischen dem Geist als Hauch des Wortes und Christus ruht für Congar besonders klar auf der ekklesiologischen Ebene. Die christologische Basis der Heilsökonomie ist unbestritten: der Heilige Geist wirkt kein anderes Werk als das Werk Christi und schafft keinen anderen Leib als den Leib Christi (vgl. 1Kor 12,12f; Eph 4,13), aber in pneumatologischer Sicht ist Christus – so meint Congar – nicht nur der *Gründer* einer *societas perfecta*, die pyramidenförmig von der Spitze aus zur Basis hin absteigend aufgebaut ist. Die geschichtliche Gründergestalt Christi soll durch das in der Kirche fortdauernde Mysterium seiner verwandelten und pneumatisierten Menschheit ergänzt werden.[115] Denn die Kirche erkennt ihren Ursprung sowohl in der Sendung des Logos wie auch in der Sendung des Geistes – d.h. im christologischen Fundament wie in der pneumatologischen Belebung, in der Weiterführung und Vollendung der inkarnatorischen Strukturen durch den verklärten Christus in seinem ununterbrochenen Wirken als Geist.[116] Die Kirche will Congar nicht als eine „ungleiche hierarchische Gesellschaft" (societas) betrachten, sondern als „Gemeinschaft" (communio). Dadurch wird die Tatsache betont, dass die Kirche vom trinitarischen Geheimnis abhängt und dass ihr soziales Wesen ebenso wie ihre hierarchische Struktur ganz diesem Geheimnis untergeordnet sind.[117]

Er versucht folgendes Programm für eine pneumatologisch orientierte Ekklesiologie zu bestimmen: „Hier nur müssen wir zeigen, wie eine pneumatische Ekklesiologie, eine solche der Gemeinschaft also, den Juridismus, die Uniformität, eine rein pyramidale und demnach klerikale

---

[113] Vgl. Yves CONGAR, Der Heilige Geist (Freiburg-Basel-Wien 1982) 237–247 [org. franz. DERS., Je crois en l'Esprit Saint (Paris 1979–1980)]; DERS., Systematische Pneumatologie 398–402.
[114] CONGAR, Systematische Pneumatologie 398. – Genau zur pneumatologischen Christologie siehe: CONGAR, Systematische Pneumatologie 393–399.
[115] CONGAR, Systematische Pneumatologie 386–387.
[116] CONGAR, Systematische Pneumatologie 387.
[117] CONGAR, Systematische Pneumatologie 386–387. 390–392.

und paternalistische Logik ausräumt. Während ein vortrinitarischer Monotheismus diese Fehlentwicklungen begünstigt, ja sogar erzeugt, und eine rein christologische Logik eine Kirche priesterlicher Autorität entstehen läßt, anerkennt eine Kirche, die trinitarisch und pneumatologisch ausgerichtet ist, die Personen wie auch die einzelnen Gemeinden in ihrer Eigenschaft als *Subjekte*: Subjekte ihres Handelns, die Anteil haben an der Bestimmung ihrer Lebensregeln; Subjekte ihrer eigenen Geschichte, in der sie ihre eigenen Gaben und Charismen verwirklichen."[118]

Das organisch strukturierte und vom Geist belebte Volk Gottes als ganzes ist der Ausgangspunkt für die ekklesiologische Reflexion Congars. Das neutestamentliche Wort $\kappa o \iota \nu \omega \nu' \iota \alpha$ interessiert ihn im Sinne von $\mu \varepsilon \tau o \chi' h$ (Teilnahme) – als eine Gemeinschaft mit den Gütern, die von Gott kommen, oder mit Gott selbst und auch, durch diese an denselben Gütern entstandene Partizipation, eine Gemeinschaft untereinander.[119]

Die kirchliche Gemeinschaft ist in dieser Sicht also eine Gemeinschaft auch mit dem Heiligen Geist selbst: „Diese Beziehung nun – wo das Horizontale zwischen den Gläubigen aus dem Vertikalen mit Gott seinen Ursprung nimmt – ist ganz und gar an das Wirken des Heiligen Geistes gebunden. Er ist das Gemeinschaftsprinzip. Er, der alleinige, ist zu heiliger Belebung zuerst in Christus und dann in den Gläubigen und in seinem ganzen kirchlichen Leib."[120]

Diese Gemeinschaft im Geist will sich verstehen als eine Form des Austauschs, eine Art des Füreinanderseins aufgrund der Liebe, die besonders in der Kindertaufe zum Ausdruck kommt – wo das stellvertretende liebende Dasein der Anderen die Glaubensbasis des sakramentalen Geschehens bildet.[121]

Die Pneumatologie einer Kirche als Gemeinschaft von Personen ermöglicht es Congar auch, das ontologisch-christozentrische Amtsverständnis zu korrigieren. Ganz deutlich betont er, dass die ganze Kirche Zelebrant ihrer Liturgie und ihrer Sakramente ist, wobei die ordinierten Ämter ‚nur' dafür zu sorgen haben, dass die Kirche lebendig bleibt. In solcher korporativ-sakramentaler Perspektive einer Gemeinschaft von Personen können die Amtsträger ihre Vollmacht deshalb ‚nur' *in* der Gemeinde ausüben, nicht *über* ihr.[122]

---

[118] CONGAR, Systematische Pneumatologie 390.
[119] CONGAR, Systematische Pneumatologie 388.
[120] CONGAR, Systematische Pneumatologie 389; vgl. dazu: DERS., Der Heilige Geist 167–176.
[121] Vgl. CONGAR, Systematische Pneumatologie 389; DERS., Der Heilige Geist 489.
[122] CONGAR, Systematische Pneumatologie 391.

B. Der epikletische Charakter der sakramentalen Ökonomie

Congar wendet sich der Problematik der Epiklese vor allem bei der Besprechung der Eucharistie zu.[123] Die Rolle des Heiligen Geistes im Sakrament der Eucharistie legt er sowohl nach der westlichen wie auch nach der östlichen Tradition aus. Er vergleicht den liturgischen Ausdruck des eucharistischen Mysteriums in den beiden Riten und versucht den Wert der unterschiedlich geprägten Traditionen in der Perspektive ihrer sich ergänzenden Komplementarität zu klassifizieren.

Die sakramentale Heilsökonomie insgesamt verbindet er mit einer seiner wichtigsten Überlegungen: dass das ganze sakramentale Leben der Kirche epikletisch strukturiert ist.[124] Alles heilige Tun der Kirche, besonders die Wirksamkeit der Sakramente – und hier vor allem die Wandlung der eucharistischen Gaben in den Leib und das Blut Christi –, erfordert seiner Meinung nach eine Epiklese. Denn alles, was der Herr uns gibt, wird uns durch den Heiligen Geist geschenkt, und dies kommt in der Liturgie ganz besonders in der Epiklese zum Ausdruck. Der Geist ist der, der die Feier des Geheimnisses Christi in der Liturgie der Kirche belebt.

---

[123] Auf die Eucharistie bezieht Congar nämlich die weiteren Sakramente. Bei den Initiationssakramenten bringt er die epikletische Struktur im Glauben der Empfänger zum Ausdruck; beim Vorgang der Ordination akzentuiert er die Konstante des Geistwirkens: in der Beteiligung der Gemeinde bei der Wahl der Kandidaten; in der Versammlung der Vermittler des Geistes bei der Bischofsweihe; in der deprekativen Form des Weihgebets nach der Geste der Geistmitteilung. Auch in der trinitarischen Absolutionsformel im Bußsakrament wie in der johanneischen „Schlüsselgewalt" sieht Congar die epikletische Struktur enthalten. Im Sakrament der Ehe betont er die Rolle des Priesters in der östlichen Tradition bei der Krönung der Brautleute. Die östliche Liturgie hat hier deutlicher eine Parallele zur Anrufung des Heiligen Geistes bei der Eucharistiefeier bewahrt. Bei jeder Aktualisierung des christlichen Mysteriums fordert Congar eine epikletische Struktur, besonders bei der Wortverkündigung, in der die Wahrnehmung des Gotteswortes nur durch und im Geiste erfolgen kann. – Vgl. CONGAR, Der Heilige Geist 488–495.

[124] Die epikletische Struktur des Heils heißt vor allem, dass die irdischen Mittel ganz dem übernatürlichen, vergöttlichenden Handeln Gottes untergeordnet sind. Congar ist überzeugt, dass die Kirche – in allen ihren Instrumenten – eine sakramental-geistliche Natur bewahren muss, denn sie ist eine Institution im Geiste – durch dessen Wirken die Einheit der dreidimensionalen sakramentalen Zeit zustande gebracht wird (das gegenwärtige ‚Gedenken an das grundlegende Ereignis' der Vergangenheit im ‚prophetische[n] Zeichen der absoluten Zukunft' – CONGAR, Der Heilige Geist 494). Der Geist ist nämlich das Prinzip der ‚sakramentalen Zeit'. Durch ihn und in ihm erfüllt sich der biblische Sinn von »Gedächtnis«, indem das Vergangene der Heilsgeheimnisse gegenwärtig wird und das Zukünftige schon da ist. „Da der Geist in den Sakramenten wirkt, besitzen sie eine eigentümliche Dauer, in der das Vergangene, das Gegenwärtige und das Zukünftige einander nicht fremd und kalt gegenüberstehen (...). Und dies nicht nur durch ein Erinnern und Gedenken, sondern durch ein gegenwärtiges Wirken und eine wirkkräftige Gegenwart des Heilsgeheimnisses." – CONGAR, Systematische Pneumatologie 390.

Congar spricht sogar von der Konzelebration des Geistes, der gemeinsam mit der ganzen Kirche ruft: »Komm, Herr Jesus!« (Offb 22, 17.20).[125]

Alle Sakramente – nicht nur die Firmung[126] – sind deswegen auch Geistsakramente. Ihre inhaltliche Wirklichkeit und Wirksamkeit wird nicht ausschließlich christologisch bestimmt, sondern durch das doppelte Moment *Einsetzungsbericht-Epiklese*, denn sie spiegeln immer eine gewisse Dualität der beiden heilsökonomischen Sendungen wider: der des Sohnes und der des Geistes.

Congar versucht sich der falschen Problemstellung bei der Epiklese zu entziehen. Er fragt nicht nach dem genauen Zeitpunkt der eucharistischen Wandlung, weil dies zu einem Gegensatz zwischen Einsetzungsworten und epikletischem Gebet führen kann.[127] Für viel wichtiger hält er, den richtigen Sinn des eucharistischen Hochgebets zu bewahren, indem die Epiklese von der Anaphora als ganzer nicht getrennt wird. Er stützt sich hier auf die Väter des westsyrischen Bereichs, bei denen die Epiklese das ganze Hochgebet bedeutete.[128]

Die Epiklese des eucharistischen Hochgebets versteht Congar nicht in einem ‚exklusiv-pneumatologischen' Sinne. Sie steht im engen Zusammenhang mit der christologischen Anamnese und sichert dadurch die eucharistische Kontinuität der Inkarnation. Die Konsekration und Heiligung der Gaben unter dem Wirken des Heiligen Geistes ist nämlich christologisch-inkarnatorisch abgezielt: sie führt zur Einverleibung der Gläubigen in Christus. Der Geist vollzieht in den Gläubigen kein eigenes Werk, sondern die ‚Gnadenfrüchte' aus dem ‚Gedächtnis-Opfer'[129], das heißt das Werk Christi.

Die gegenseitige Bezogenheit des Christologischen und des Pneumatologischen begründet Congar grundsätzlich durch die biblische Tatsache, dass die Sendung des apostolischen Amtsdienstes und die des Heiligen Geistes sich miteinander verbinden und dass Jesus selbst vom Geist geheiligt und geleitet wurde.[130] Außerdem schöpft er die Argumente aus den liturgischen Traditionen von Johannes Chrysostomus und von Basilius. In diesen Liturgien sieht er gute Beispiele einer gegenseitigen Durchdringung der beiden Elemente: dort ist die Epiklese immer in die

---

[125] CONGAR, Systematische Pneumatologie 386.
[126] Ausführlich zum Sakrament der Firmung: CONGAR, Der Heilige Geist 454–463.
[127] Congar verweist auf den geschichtlichen Grund in der westlichen Entwicklung der eucharistischen Lehre, die zur Betonung der Wirksamkeit der Einsetzungsworte führte. Diese Tendenz wurde vor allem durch die Auseinandersetzung mit der Häresie des einseitigen Spiritualismus von Berengars von Tours veranlasst. Seither beruhte das Bemühen der westlichen Theologen auf juristisch genauer Bestimmung der Konsekration. – Vgl. CONGAR, Der Heilige Geist 477–478.
[128] Vgl. CONGAR, Der Heilige Geist 464–468, bes. 465^5.
[129] CONGAR, Der Heilige Geist 466.
[130] CONGAR, Der Heilige Geist 471.

Anamnese eingebettet und die Anamnese von der Epiklese nie isoliert.[131] Übrigens gewinnt Congar aus den Zeugnissen des Johannes Chrysostomus seine eigene Überzeugung, dass „die Konsekration durch den in der Epiklese angerufenen Geist und durch den die Worte Christi aussprechenden Priester" zustande kommt.[132]

Die gesamte Heilsökonomie will Congar auch in trinitarischer Struktur ausdrücken: dass das Gnadengeschehen eine schenkende Bewegung Gottes zu den Menschen ist, die vom Vater durch den Sohn im Heiligen Geist ausgeht, und eine antwortende Bewegung der Menschen zu Gott, die im Geist durch den Sohn zur Herrlichkeit des Vaters wiederaufsteigt.[133] Der eigentliche Zelebrant ist in dieser Sicht der verherrlichte menschgewordene Logos, der uns den Heiligen Geist als „die Frucht seiner Taufe und seines Paschas" mitteilt.[134]

Congar weist darauf hin, dass die östlichen Liturgien im Unterschied zu den westlichen mehr trinitarische Formulierungen enthalten und dass sie einen epikletisch ausgeprägten Stil im Ritus der verschiedenen Sakramente haben.[135] Ebenso unterstreicht er, dass im Osten die Heiligung der Elemente durch den Geist gegenüber dem ‚westlichen Interesse' für die Realpräsenz durch eine ontologische Verwandlung der Elemente einen klaren Vorrang hat. Diese pneumatologische Akzentuierung im Osten folgt nach Congar der theologischen Zielsetzung der ganzen orthodoxen Theologie, die grundsätzlich in der Idee der Vergöttlichung liegt. Deswegen richtet sich ihr Interesse auf „die aktuelle Herabkunft der Güter der eschatologischen Stadt kraft des Heiligen Geistes" und nicht so sehr, wie im Westen, auf „die seit der Inkarnation fortbestehende geschichtliche Kontinuität des durch Christus erworbenen Heils"[136].

Congar plädiert für eine gegenseitige Ergänzung der beiden Traditionen, so dass sie in aller Verschiedenheit eine einende Mitte finden, um

---

[131] Vgl. CONGAR, Der Heilige Geist 467. 468–470.
[132] CONGAR, Der Heilige Geist 470.
[133] Siehe: CONGAR, Der Heilige Geist 471. 475; vgl. auch: CONGAR, Systematische Pneumatologie 402: „Die Liturgie, in der die Kirche ihr Leben am sichtbarsten gestaltet und ausdrückt, wiederholt in der Hinwendung zu ihrer Quelle die Bewegung des Schenkens, die uns von der göttlichen Quelle erreicht. Denn sie ist beseelt von dem doxologischen Schema »Zum Vater – durch den Sohn – im Geist«". – Congar übernimmt diese Formulierungen von Gregor von Nyssa und Cyrill von Alexandrien – Gregorius, Ep. Ad Ablabium (PG 45, 125); Cyrill v. Alex., In Luc. XXII, 19 (PG 72, 908).
[134] CONGAR, Der Heilige Geist 474.
[135] Zum Vergleich zwischen dem Östlichen und Römischen Ritus siehe: CONGAR, Der Heilige Geist 472–473.
[136] CONGAR, Der Heilige Geist 473.

das ökumenische Profil des theologischen Denkens zu inspirieren.[137] Die großen Unterschiede zeigen sich nach seiner Ansicht eher in den Formen und Ausdrucksweisen der liturgischen Texte.[138] Das Gemeinsame und Verbindende in beiden Modellen bleibt unantastbar, nämlich die Nähe zum »Mysterium« des dreifaltigen Gottes, die sich in den Feiern der Sakramente aktualisiert.[139]

C. Manducatio spiritualis

Dem Heiligen Geist schreibt Congar nicht nur bei der Konsekration und Heiligung der Opfergaben eine Rolle zu, sondern auch beim Kommunionempfang der Gläubigen. Er stützt sich auf drei verschiedene geschichtliche Denkformen (die alexandrinische, die augustinische und die syrische), um den reichen Sinngehalt dieser Problematik zu erschließen.[140]

Besonders wichtig für Congar scheint die Auslegung des sechsten Kapitels des Johannes-Evangeliums bei Augustinus zu sein. Augustinus betont dort die Notwendigkeit der ‚geistigen' Erfassung der sakramentalen Wirklichkeit. Der Kommunionempfang ist eine »manducatio spiritualis« dessen, was das Sakrament bezeichnet. Nach Augustinus bezeichnet das Sakrament den ‚Gesamt-Christus'. Der Empfang ist nicht nur bloß die Teilhabe am sakramentalen Leib Christi, sondern im lebendigen Glauben an Christus auch eine Teilhabe am Geist, d.h. am kirchlichen Leib Christi, dessen Seele der Heilige Geist ist.[141] Der Heilige Geist macht die Kommunikanten lebendig und wirkt in ihnen die österliche Liebe. Denn der Leib Christi, im Zeichen des Brotes als ‚nur' sakramental präsent, bedarf einer unerlässlichen Belebung durch die Liebe.

---

[137] Der Epiklese schreibt Congar große ökumenische Bedeutung zu. Sie könnte zu einem Zeichen der Einheit und der Erneuerung der Kirchen werden. – Vgl. CONGAR, Der Heilige Geist 495.

[138] Mehr christologische Ausdruckweisen der lateinischen Tradition sind für Congar noch keine Beweise dafür, dass das pneumatologische Moment des sakramentalen Geschehens vergessen wurde. Die Gebete der römischen Liturgie enthielten vielleicht keine ausdrückliche (konsekratorische) Epiklese, aber ihre epikletische Bedeutung, besonders im sog. „Supplices", wurde bewahrt. Er führt eine Reihe von Zeugnissen an (Ambrosius, Augustinus, Sacramentarium Leonianum, Fulgentius von Ruspe, Papst Gelasius I., das Gregorianische Sakramentar, Isidor von Sevilla, Petrus Damiani, Thomas von Aquin u.a.), „wonach im Westen die Überzeugung, daß die Einsetzungsworte die Konsekration bewirken, stets mit der weiteren Überzeugung verbunden war, daß dabei auch der Heilige Geist mitwirke." – CONGAR, Der Heilige Geist 474–481, zit. 474.

[139] Vgl. CONGAR, Der Heilige Geist 321–324.

[140] Jede der Tendenzen versucht er im Kontext ihrer historischen Bedingungen und in der Atmosphäre ihres Kampfes gegen verschiedene häretische Strömungen zu sehen, um dadurch auch die Unterschiede erklärbar zu machen. – Vgl. CONGAR, Der Heilige Geist 481–486.

[141] CONGAR, Der Heilige Geist 482–483.

In der augustinischen Lehre heißt der Empfang des Sakramentes also das Hintreten in die Wirklichkeit des ‚Gesamt-Christus': die Annahme des sakramentalen Leibes Christi einerseits und die Teilhabe am Heiligen Geist andererseits, der als ‚Beseelungsprinzip' des Gesamt-Leibes Christi die Kommunizierenden auch zum kirchlichen Leib vereint.[142]

Congar betrachtet die Weiterentwicklung dieser Linie bei Petrus Lombardus und Thomas von Aquin, um die Rolle des Geistes im Empfang der Eucharistie näher zu erklären.

Thomas, wie vor ihm Petrus Lombardus, unterscheidet zwischen *manducatio spiritualis (res tantum)* und *manducatio sacramentalis (res et sacramentum)*. Unter *res* versteht er nicht mehr Christus selbst, sondern nur einen Aspekt des Sakramentes: entweder den persönlichen Leib Christi (die enthaltene Wirklichkeit) oder die Einheit der Kirche (die angestrebte, nicht enthaltene Wirklichkeit). *Manducatio spiritualis* bedeutet also nicht mehr die ‚geistige Erfassung' des Sakramentes als Voraussetzung für dessen Empfang, sondern bezeichnet „die letztlich angezielte geistliche Wirklichkeit".[143]

Wie Augustinus unterstreicht aber Thomas die Teilhabe der Gläubigen am Geist im geistlichen Empfang des Sakramentes: Wer geistig isst, wird am Heiligen Geist teil haben, der mit Christus vereint und zum mystischen Leib Christi macht. Der Geist spendet in der Kommunion den Glauben und die Liebe, damit der Gläubige mit Christus und mit seinem kirchlichen Leib vereint wird. Das Leben aus den Sakramenten bedeutet also eindeutig auch Zugehörigkeit zum mystischen Leib Christi. Und dieses Leben ist das Leben vom Geist, denn er wirkt die Einheit der Kirche.[144]

An der syrischen Tradition schätzt Congar besonders die dort vorhandene feste Verbindung zwischen dem Wirken des Geistes im eucharistischen Sakrament und seinem Wirken in der christologischen Heilsökonomie. Im Wirken desselben Geistes sieht diese Theologie die Parallelen zwischen dem Empfängnis Jesu, seiner Taufe, dem Abendmahl, der Auferstehung Christi und dem Geheimnis der Eucharistie. Denn mit demselben Geist, der über Jesus kam und ihn in alle Geheimnisse seines Lebens und seiner Sendung geführt hatte, sind auch die eucharistischen Gestalten erfüllt. Die syrische Liturgie drückt beim Empfang der Eucharistie deutlich aus, dass beim Empfang des Leibes und Blutes Christi auch der Heilige Geist, seine Gnade und seine Gabe der Unsterblichkeit empfangen wird.[145]

---

[142] CONGAR, Der Heilige Geist 482–483.
[143] CONGAR, Der Heilige Geist 483–484.
[144] CONGAR, Der Heilige Geist 484–485.
[145] Als Beispiel fügt Congar das Zeugnis aus dem „Testament unseres Herrn" (um 475) hinzu: „Der Leib Jesu Christi, der Heilige Geist, zur Heilung der Seele und des Leibes"

Die Reflexion über die »manducatio spiritualis«, in Bezug vor allem auf die augustinisch-thomanische Lehre, ermöglichte es Congar, deutlicher auszudrücken, dass die echten Voraussetzungen für den sakramentalen Kommunionempfang der lebendige Glaube und die belebende Liebe sind. Diese Gaben bringt im sakramentalen Geschehen der Heilige Geist mit sich. Die Wärme seiner lebendigen Liebe hat ihre Quelle im österlichen Geheimnis und findet ihre Verwirklichung im mystischen Leibe Christi.[146] Congar markiert dadurch den engen Zusammenhang zwischen der Eucharistie und der Einheit der Kirche.

D. Die pneumatologische Logik der ‚je eigenen Teilhabe' an den Ämtern Jesu Christi

Congar hat schon vor dem II. Vatikanischen Konzil viele Beiträge zum Apostolat der Christgläubigen publiziert.[147] Durch die Rückkehr zu Schrift, Patristik und der Theologie von Thomas von Aquin gelang es ihm, das nachtridentinische Kirchenbild in Frage zu stellen und die Rolle wie die Bedeutung des ‚Standes der Laien' in der Kirche hervorzuheben.[148]

Ausgehend vom biblischen Bild der Kirche als „messianisches Volk", als „messianische Gemeinschaft", versucht Congar den Begriff der ‚Laien' neu zu erläutern. Diesen Begriff hält er für einen Ehrentitel, weil er das „heilige Volk" der Heilsgeschichte bezeichnet.[149]

Im Sakrament der Taufe, durch die gemeinsame Teilnahme an der Sendung Gottes, sieht Congar den Grund für die fundamentale Würde der ‚Laien'. Sie stehen in der Ordnung der Christusnachfolge im persönlichen Handeln aus dem Geist und amtlich durch die Partizipation am Leitungsdienst.[150]

Auf der Linie der Apostelgeschichte *(Wählt ihr aus... und wir wollen sie einsetzen – vgl. Apg 6,3)* und der Traditio Apostolica Hippolyts bleibend,

---

(in: E.-P. Siman, L'expérience de l'Esprit par l'Église d'après la tradition syrienne d'Antioche, Paris 1971, 106). – CONGAR, Der Heilige Geist 485–486.

[146] Congar pointiert: „Jesus ist in uns, aber der Heilige Geist muß seinen Hauch, sein Feuer, seine Dynamik hinzufügen, damit die sakramentale Gegenwart Christi ihre Wirkung hervorbringt." – CONGAR, Der Heilige Geist 487–488.

[147] Vor allem: Yves CONGAR, Der Laie (Stuttgart 1957) und DERS., Priester und Laien im Dienst am Evangelium (Freiburg 1965).

[148] Ich stütze mich hier auch auf den Beitrag von NITSCHE, Geistvergessenheit und die Wiederentdeckung des Heiligen Geistes 105–109.

[149] Vgl. CONGAR, Der Laie 7–20; DERS., Priester und Laien 244–251.

[150] Nach: NITSCHE, Geistvergessenheit und die Wiederentdeckung des Heiligen Geistes 107.

hat Congar einige Strukturelemente zum dialogisch-partizipativen Verständnis der Ämter Jesu Christi eingefordert. Die Berufung der Christgläubigen als messianisches Volk Gottes bedeutet nämlich einen priesterlichen Dienst aller Getauften. Congar übernimmt die biblische Logik des Neuen Testamentes, wo „das Wort hiereus nur von Christus (besonders Hebräerbrief) oder den Gläubigen (Apokalypse) ausgesagt [wird]. Es bezieht sich niemals auf hierarchische Amtsträger."[151] In der Linie von Paulus (Röm 12,1) wie von Thomas von Aquinbezeichnet Congar den priesterlichen Dienst der Christen als ‚Hingabe an Gott und an den Nächsten': „Der Kult des Neuen Testaments ist ein Kult im Geist und in der Wahrheit (...). Er besteht im Sich-Darbringen der Menschen selbst."[152]

Die aktive Teilnahme am prophetischen Zeugnis in der Lehrverkündigung reserviert Congar zwar den ‚ex officio' Berufenen, aber zugleich verweist er in diesem Punkt auf die patristische Lehre aus der Schule des Vinzenz von Lerin von der „Unfehlbarkeit des Glaubens des christlichen Volkes in seiner Gesamtheit" wie auch auf die Idee vom „sensus fidelium"[153].

Die Teilhabe am königlichen Amt Christi durch den Leitungsdienst versteht Congar zuerst als „eine evangeliumsgemäße Selbstführung und Selbstbeherrschung, sodann die geistige Freiheit und die religiöse Selbstbestimmung der Christen in der Welt"[154]. Diese „königliche" Aufgabe der Christen sieht er aber in Bezug auf die „Vollmacht in der Kirche", auf die Teilhabe und Mitwirkung an Leitungsaufgaben. Konkret könnte diese Mitwirkung der ‚Laien' rekonstruiert werden u.a. „bei den Wahlen und der Besetzung kirchlicher Ämter", „auf den Konzilien", bei der Selbstgestaltung der christlichen Gemeinde oder für die „Vollzugsgewalt der Kirche".[155]

E. Resümee

Congar setzte sich mit aller Kraft für eine reich entfaltete Pneumatologie ein. Sie wurde aber in einen engen Zusammenhang mit der Christologie gebracht und als ein wesentlicher Inhalt der Ekklesiologie verstanden.[156] Durch die hervorgehobene Dynamik des Geistes wollte er nicht sagen, dass das christologische Element entkräftet werden muss. Im Gegenteil: dass das Pneumatologische Element ‚nur' innerhalb des

---

[151] CONGAR, Priester und Laien 85f.
[152] CONGAR, Priester und Laien 91.100.
[153] CONGAR, Der Laie 530–533. – Congar hebt auch die Bedeutung der Lehre von der „öffentlichen Meinung" im Volk Gottes hervor. Ebd., 387–393.
[154] NITSCHE, Geistvergessenheit und die Wiederentdeckung des Heiligen Geistes 108.
[155] CONGAR, Der Laie 386–430.
[156] Vgl. CONGAR, Systematische Pneumatologie 399.

Christologischen existieren kann und dass das Ganze des Heilsgeschehens ‚nur' in dieser gegenseitigen Zuordnung der beiden Elemente zum komplementär theologischen Ausdruck kommt. Denn die epikletische Strukturierung des sakramentalen Lebens der Kirche wird grundsätzlich durch die *einsetzende* Sendung des menschgewordenen Christus bestimmt, nicht durch die *verwandelnde* virtus Spiritus Sancti allein. Konkret gesagt: ohne das ‚*was*' (was bewirkt werden soll) wäre das Schweben des Pneumas ziellos und das Pneuma selbst – inhaltslos. Die Lehre vom Heiligen Geist ist in der Sicht Congars ganz klar keine isolierte im Gefüge der theologischen Disziplinen. Da in der ganzen Ökonomie Christologie und Pneumatologie zum göttlichen Heilswerk verbunden sind, stellt er der Pneumatologie die Aufgabe, ständig auf die Wahrheit des Herrn zurückzuweisen.[157]

Das Wichtigste in der pneumatologischen Einsicht Congars aus der sakramententheologischen Sicht scheint die konsequent durchdachte Differenzierung zu sein, dass Gott und sein Heil für uns (*res sacramenti*) der kirchlichen Zeichensetzung (*sacramentum*) immer konstitutiv vor- und übergeordnet ist.[158] Ganz auf der Linie von Thomas von Aquin[159] versuchte Congar einen Grundsatz für die theologische ‚Hierarchie der Wahrheiten' zu fassen, in der die vom Geist gewirkte Communio der Menschen mit Gott unbedingte Priorität hat.[160]

1.2.2.2 Die trinitarisch profilierte Theologie von Hans Urs von Balthasar

Die katholische Pneumatologie des 20. Jahrhunderts wurde in großem Maß auch durch die trinitarisch konzipierte Theologie von Hans Urs von Balthasar (1905–1988) belebt und entwickelt. Die Lebendigkeit des Denkens Balthasars hat viele Türen zur Betrachtung des Geistes geöffnet. In Anlehnung an Augustinus charakterisiert er die Personalität des Geistes als einende Liebe von Vater und Sohn. Sie tritt besonders in drei Erscheinungsweisen hervor: als »Ergebnis-Dasein« von Vater und Sohn,

---

[157] Vgl. CONGAR, Systematische Pneumatologie 399.
[158] Vgl. NITSCHE, Geistvergessenheit und die Wiederentdeckung des Heiligen Geistes 109.
[159] „Für den hl. Thomas ist die ganze Ordnung der Mittel auf das geistliche Ziel bezogen, sie ist ihm untergeordnet; (...) die irdische Hierarchie ist dem Leben der Erwählten untergeordnet." – Yves CONGAR, Le sens de l'„économie salutaire" dans la „théologie" de S. Thomas d'Aquin, in: E. ISERLOH, P. MANNS (Hg), Glaube und Geschichte 2 (Baden-Baden 1957) 73–122, hier 109.
[160] Vgl. dazu: Cornelis Th. M. van VLIET, Communio sacramentalis. Das Kirchenverständnis von Yves Congar (Mainz 1995) 23–31. – Das ekklesiologische Modell der Communio im Heiligen Geist ist für Congar eine klare Abgrenzung von jedem Modell der „Einförmigkeit und des Imperialismus" (CONGAR, Der Heilige Geist 495).

als »Verfügbarkeit« und als »personifizierte Freiheit«.[161] Als treue Liebe Gottes und die gegenseitige Hingabe und »personifizierte Intimität« von Vater und Sohn ist der Heilige Geist die größte Gnade und Würde.[162]

Hans Urs von Balthasar ist vielleicht kein Sakramententheologe, aber in seinem monumentalen Oeuvre gibt es wichtige Ausführungen zum *Profil des Geistes in der sakramentalen Heilsökonomie*[163].

Das sakramentale Leben der Kirche steht für Balthasar ganz unter dem Gesetz des Geistes, der das lebendige Prinzip ihres Wesens und ihrer sakramentalen Handlungen ist. In seiner Reflexion über die Kirche als Institution im Heiligen Geist wird das Wesen der Sakramente als *geistbestimmte Institution* bezeichnet. Die Institutionsseite der Kirche mit allen ihren »Instrumenten« (Erscheinungsweisen) versteht er nämlich als eine Modalität ihrer Geist-Dimension.

Unsere Reflexion wird hier in eine Richtung auf die *geist*gewirkte institutionelle Dimension der Kirche und deren Entfaltung in den Sakramenten geführt.[164] Zuerst aber wenden wir uns der pneumatologischen Auslegung des auf die Wirklichkeit der Kirche bezogenen Ursakramentalitätsbegriffs bei Balthasar zu.

A. Die Ursakramentalität der Kirche

Den Weg zum Vater bezeichnet Balthasar als kirchlich-christologisch und trinitarisch zugleich, der nur im Heiligen Geist beschreibbar ist.[165]

---

[161] Vgl. Hans Urs von BALTHASAR, Spiritus Creator. Skizzen zur Theologie III (Einsiedeln 1967) 97. 103. 106. 113–115. – In Anlehnung an Heribert Mühlen kommentiert Balthasar hier auch das personhafte »Wir« der göttlichen Personen: wie dieses »Wir-Sein« dem Geist eigen ist. (Zur Theologie H. Mühlens siehe den nächsten Punkt dieser Besprechung: 1.2.2.3).

[162] Das Pneuma als Gabe – meint der Autor – kann nicht nur als eine unpersönliche und dem Menschen verfügbare Kraft missverstanden werden. Es gibt in Gott keine Gabe ohne die Person des Geistes. Pneuma und pneumatische Wirkungen, Gnade und Gnadengaben kann man deshalb nicht scharf voneinander trennen. – Vgl. Hans Urs von BALTHASAR, Pneuma und Institution. Skizzen zur Theologie IV (Einsiedeln 1974) 228–229.

[163] Die Thematik *Kirche und Sakramente* ist besonders in *Pneuma und Institution* präsent. Überwiegend auf dieses Werk und auf *Spiritus Creator* wird unsere Betrachtung beschränkt.

– Hans Urs von Balthasar hat keine Monographie über den Heiligen Geist geschrieben. Die pneumatologischen Aussagen sind im ganzen Balthasarschen Werk verstreut. Das Werk *Spiritus Creator* ist ein Sammelband von verschiedenen Aufsätzen, die zum größten Teil schon anderweitig veröffentlicht sind.

[164] Die Pneumatologie Balthasars im Kontext der Sakramentenlehre wird hier natürlich nur fragmentarisch dargelegt. Bei dieser Aufgabe werden wir uns vor allem auf die Studie zur Pneumatologie Balthasars von Kossi K. Joseph Tossou stützen: Streben nach Vollendung. Eine Studie zur Pneumatologie im Werk Hans Urs von Balthasars (Münster 1982).

[165] Vgl. TOSSOU, Pneumatologie Balthasars 368, für Kossi K. Joseph TOSSOU, Streben nach Vollendung. Eine Studie zur Pneumatologie im Werk Hans Urs von Balthasars (Münster 1982) 368.

1.2 Erneuerungsversuche im 20. Jahrhundert

Die Frage nach dem Pneuma berührt dadurch sowohl seine Christologie[166] wie auch seine ekklesiologische Lehre. Balthasar sucht eine klare Einheit von Christologischem und Pneumatologischem in der Kirche, zugleich unterstreicht er dabei die spezifische Rolle des Geistes.[167] Dessen Rolle wird aber in einem engen Zusammenhang mit dem Christusereignis betrachtet. Der Geist erscheint bei Balthasar stets in christologischer Konstellation, denn die Mitte seiner Theologie – obwohl trinitarisch eingebettet – ist eindeutig christologisch.[168] In seiner ganzen Reflexion über die Kirche als Werk des Heiligen Geistes sieht man deutlich die starke Bindung des Pneumatischen an die christologische Stiftungsinstitution.

Trotz dieser unlösbaren Einheit mit Christus als ihrem Ursprung ist die Kirche mit ihm doch nicht identisch. Die Wirklichkeit der Kirche sieht Balthasar deswegen in zwei Aspekten zugleich: als *Kirchen-Präsenz-Christi* und als *Kirche-in-der-Nachfolge*.[169] Er will unterstreichen, dass die Kirche ihre Dynamik nicht von sich aus entwickelt, sondern der verwandelnden Kraft des Heiligen Geistes verdankt, ohne den ihre Angleichung an Christus nicht möglich wäre.

Deutlich unterscheiden sich bei Balthasar beide dennoch voneinander untrennbare Momente im Sein und Wesen der Kirche: das in der Selbsthingabe Christi Konstituierte („ex opere operato") und das in diesem Konstituiertsein zu vollziehende Moment („ex opere operantis"), welches noch ratifiziert werden muss.[170] In dieser Verfasstheit, indem die Kirche sich dem Recht Gottes in Bezug auf Christus und seinen Geist unterwerfen muss, ist sie (Ur-)Sakrament. Ihrer Sakramentalität folgend ist die Kirche zur inneren Dramatik der Selbsttranszendenz unter der Führung des Heiligen Geistes aufgerufen.[171]

---

[166] Die Sendungsexistenz Jesu Christi versteht Balthasar als geistbestimmte Dynamik. Für falsch hält er eine „geschichtslose, statische Wesenschristologie", die zuerst nach der Wesensverfassung Jesu als des menschgewordenen Gottes Wortes fragt und schon vor Beginn der Handlung über diese Wesensverfassung Bescheid weiß. Er sucht eine dynamische Formel der Auslegung für die Person Christi (wie auch für die anderen Personen) im Theodrama. Vgl. DERS., Theodramatik II. Die Personen des Spiels. 2. Teil: Die Personen in Christus (Einsiedeln 1978) 12. 136.

[167] Im Aufsatz *Hans Urs von Balthasar* schreibt Herbert Vorgrimler treffend: „Die Kirche ist pneumatologisch charakterisiert, da es der Geist Gottes ist, der die Kirche heiligt und in den Sendungen fruchtbar macht. Das wiederum bedeutet – christologisch – Teilnahme an der Lebensform Christi, nicht in angemaßter Nachfolge Christi, nicht als ob wir es nötig hätten, Ölberg zu spielen, sondern weil Jesus selbst schon immer Teilnehmer an seiner Lebensform wollte." – Herbert VORGRIMLER, Robert VAN DER GUCHT (Hg), Bilanz der Theologie im 20. Jahrhundert IV (Freiburg 1971) 122–142, hier 134.

[168] Siehe: TOSSOU, Pneumatologie Balthasars 47. 223–303.

[169] Vgl. TOSSOU, Pneumatologie Balthasars 352.

[170] Siehe: BALTHASAR, Theodramatik II/2 395.

[171] Siehe: BALTHASAR, Theodramatik II/2 402–405.

B. Die institutionelle Dimension des Heiligen Geistes

Balthasar versucht, eine Synthese zwischen einer *Kirche des Geistes* und einer *institutionellen Kirche* zu erreichen. Der Heilige Geist hat nämlich – in seiner Sicht – einen *Institutions-Charakter*[172]. Er „objektiviert sich (...) – für die Zeit der irdischen oikonomia – auch in der Form der kirchlichen Institution, um auf diesem Umweg den subjektiven Geist der Gläubigen in die Nachfolge Christi einzuüben und ihnen dessen unmittelbare Gegenwart zu sichern. Am Ende der Welt schwindet die unpersönliche Institution, um nur das lebendige Sakrament – den Sohn Gottes – übrigzulassen".[173]

Aufgrund der Tatsache, dass der Geist als Geist der Liebe des Vaters und des Sohnes derjenige ist, in dem diese in dem „innersten Wesen ihrer Subjektivität" „sich gegenseitig total überantworten", gibt der Geist wirklich „den letzten theologischen Grund ab für so etwas wie Institution in der Kirche".[174] Der Geist erweist sich als eine „Liebes-Institution", als das gegenseitige Übereignen von Vater und Sohn, „wodurch der Vater zum schenkenden Urquell der göttlichen Liebe, der Sohn zum empfangenden Ebenbild dieser Liebe wird".[175] In dieser hingebenden Liebesgemeinsamkeit erscheint die Person des Geistes als ein »Über-die-Geist-Wesenheit« von Vater und Sohn, ihre »objektivierte Liebe«[176] und ein sie Transzendierendes in einem »objektiven Mehr« als sie umgreifende personale Liebes-Einheit.[177] Der Geist ist „das Je-Mehr dessen, was im reinen Ineinandersein [des Vaters und des Sohnes] erhoffbar schien, das Je-Neuer, Je-Jünger, Je-Fruchtbarer Gottes".[178]

Analog zu der Selbstentäußerung des Sohnes in die Knechtsgestalt sieht Balthasar die institutionelle Gestalt der Kirche als eine Art kenotische Verfassung bzw. Erniedrigung an. Diese Verfassung entspricht seiner Meinung nach der »Enge« der Menschennatur gegenüber der souveränen Gottgestalt Christi: „Das Eingehen des Sohnes Gottes in die Enge der von der Sünde Adams geschwächten Menschengestalt ist in der Tat vergleichbar mit dem Eingewiesensein des vom Heiligen Geist belebten Christen in die Enge der kirchlichen Institution."[179]

---

[172] Vgl. dazu auch die Ausführungen Medard Kehls zur Problematik des Geistes bei Hans Urs von Balthasar: Medard KEHL, Kirche als Institution. Zur theologischen Begründung des institutionellen Charakters der Kirche in der neueren deutschsprachigen katholischen Ekklesiologie (Frankfurt a.M. 1976) 275ff.
[173] BALTHASAR, Theodramatik II/2 405.
[174] KEHL, Kirche als Institution 275.
[175] KEHL, Kirche als Institution 275.
[176] BALTHASAR, Spiritus Creator 97; zit. nach: TOSSOU, Pneumatologie Balthasars 42.
[177] TOSSOU, Pneumatologie Balthasars 42.
[178] BALTHASAR, Spiritus Creator 132; zit. nach: TOSSOU, Pneumatologie Balthasars 43.
[179] BALTHASAR, Pneuma und Institution 129.

1.2 Erneuerungsversuche im 20. Jahrhundert

In dieser Aussage über die »Enge der Institution« will Balthasar sicherlich den ambivalenten Charakter der Kirche in ihrer Zeitform unterstreichen und damit betonen, dass die Kirche angesichts ihres eschatologischen Zieles sich nicht mit den Äußerlichkeiten ihrer Geschichte identifizieren sollte.[180]

Die besondere Rolle des Geistes bestimmt Balthasar in der Aufgabe, dass in ihm und durch ihn die analoge Kenose der Institution an den Menschen vollzogen wird, um das Erreichen der in Christus neu gewonnenen Freiheit von der Nichtidentität der nachadamitischen Menschennatur zu ermöglichen.[181] Die Institution hat für ihn deswegen „den Charakter einer disciplina"[182], um den Menschen zu formen und zur charakterfesten Persönlichkeit heranzubilden.

Eine wahre Form der Kirchlichkeit versteht Balthasar im Wort „Magd des Geistes", das die kenotische Seinsweise der Kirche noch deutlicher macht. Diese Magdhaftigkeit will ekklesiologisch heißen: „Arm-Sein und Gefäß-Sein", und darin „sich belasten zu lassen mit der Frucht des Herrn."[183]

Der Heilige Geist ist in der Balthasarschen Konzeption auch »der eigentliche Konvergenzpunkt« in der Dialektik und Polarität zwischen dem institutionellen und dem charismatischen Pol.[184] Das heißt: die Kirche ist zugleich Institution und Inspiration, denn als Gemeinschaft enthüllt sie den subjektiven wie auch den objektiven Aspekt des Geistes.[185]

---

[180] TOSSOU, Pneumatologie Balthasars 361.
[181] Vgl. BALTHASAR, Pneuma und Institution 130; TOSSOU, Pneumatologie Balthasars 361–362.
[182] BALTHASAR, Pneuma und Institution 129.
[183] BALTHASAR, Pneuma und Institution 147.
[184] Dank des Geistes – meint der Autor – ist eine Synthese möglich, so dass die Kirche der Botschaft Christi ganz treu und doch auch ganz offen sein kann für die Fragen der Zeit, wie sie auch ganz Institution und ganz Charisma sein kann. – Vgl. BALTHASAR, Spiritus Creator 102: „In der Institution erblicken wir nicht hinreichend das Eigene des Geistes (obschon es darin ist), sondern, ihn vergessend, die bloße Stiftung des Sohnes als verlängerte Auswirkung seiner Sichtbarkeit, und im Charismatischen, wo uns der Geist sichtbar ist (obschon er es nicht ist), sehen wir vor allem die Sendungsgnaden Christi, die den Jünger beglaubigen. Und deshalb bleiben nicht nur die Außenstehenden, die auf die Kirche blicken, sondern wir Christen selber in einer äußerlichen und ganz vorläufigen Dialektik und Polarität zwischen dem institutionellen und dem charismatischen Pol."
Balthasar betont auch in diesem Zusammenhang, dass alles Pneumatische in der Kirche ‚christologisch gedeckt' sein muss: „Die christologische Grundlage aller Geistbewegung in der Kirche (...) bleibt Kriterium der Echtheit und der Unterscheidung der Geister." – DERS., Pneuma und Institution 230.
[185] Vgl. BALTHASAR, Pneuma und Institution 231: „In der Kirche Christi lebt der Heilige Geist immer zugleich als objektiver und subjektiver: als Institution oder Regel oder disciplina, und als Inspiration und liebender Gehorsam an den Vater und Kindschaftsgeist. Beides ist voneinander untrennbar, da wir unter dem Gesetz Christi stehen, der in uns Gestalt annehmen soll, und zwar nicht einmal nur als der auf Erden sich mühende

Balthasar stellt fest, dass viele Formen der äußeren Organisation der Kirche an mangelnder Lebendigkeit leiden und dass ihnen ihre ursprüngliche innere Inspirationskraft vom Geist Gottes wiedergegeben werden muss, damit „die objektiv gestalthafte Kirche nicht als ein starres, kerkerartiges Gerüst" erlebt wird, sondern als „ein pneumatisches Gebäude, in dem jeder sich als ein lebendiger Baustein einfügen soll (1Petr 2,5)."[186]

Das angestrebte Ideal der Kirche, d.h. die Einheit des kirchlichen Pneumas und der kirchlichen Institution, veranschaulicht Balthasar an den Gestalten von Heiligen. Denn ihnen ist es zu eigen – so meint er –, „kirchliches Pneuma und kirchliche Institution in keinen Gegensatz zu stellen, sondern die Einheit beider als Folge der Menschwerdung Gottes zu erkennen. Auch dort, wo sie Institutionelles zu kritisieren haben, weil die Erbsündeneigung des Menschen und seine Trägheit es immer wieder mißbraucht, tun sie es aus der wahren Einheit von Pneuma und Institution heraus. Für die Welt der Sakramente aus der Ehrfurcht vor deren Heiligkeit heraus, für die Sphäre des Amtes aus einer grundsätzlichen Gehorsamsbereitschaft heraus, die an bestimmten Stellen widersprechen, ja kontestieren kann, um das reine Gehorsamsverhältnis wiederherzustellen."[187]

Die Institution erscheint für Balthasar als ein wesentliches Element der Kirche und ein wichtiges „Mittel des Heiligen Geistes".[188] Die pneumatologische Frage der Institution stellt er aber in den Zusammenhang mit der lebendigen Gegenwart der „memoria Christi". Denn der Geist „erinnert" an das Geschehen Christi, und im „menschlich Greifbaren" garantiert er die Unmittelbarkeit der Gegenwart Christi, so „daß diese Gegenwart zugleich zeigt und vor dem Zugriff der Menschen und vor

---

Gottesknecht, sondern auch als der Auferstandene und zum Himmel Gefahrene (Eph 2,6), so daß unser Leben mit Christus zusammen in Gott verborgen ist."

[186] BALTHASAR, Pneuma und Institution 233.

[187] BALTHASAR, Pneuma und Institution 199f.

– Auch bei Joseph Ratzinger dient das pneumatologische Element dazu, die institutionskritisch artikulierten Spannungen aufzunehmen und in einer Neuausrichtung fruchtbar zu machen: „Wird das pneumatologische Element in der Kirche so von den geschichtlichen Ursprüngen her verstanden [dass die Kirche zwar auf Jesus zurückgeht, dennoch in ihrer konkreten Realität erst eine Setzung im Hl. Geist ist], so erweist es sich offensichtlich einem gängigen Vorurteil zum Trotz nicht als antiinstitutionalistisch, sondern als das Fundament, auf dem überhaupt zuallererst das Recht zur institutionellen Gestalt der Kirche aufruht. Daß das Fundament der Institution in der Kirche der Geist ist und jede direkte und ausschließliche Herleitung der Institution aus der Inkarnation unbiblisch wäre, hat nun auch seine bedeutsamen Folgen für die Institution: Sie schließt wesensnotwendig das Element des Geistes und der Freiheit ein, so daß es neben dem Amt das Charisma, neben der ‚Institution' das ‚Ereignis' nicht nur geben darf, sondern immer wieder auch geben muß." – Joseph RATZINGER, Art. Kirche, in: LThK² (Freiburg 1961) 173–183, 177.

[188] BALTHASAR, Theodramatik II/2 404.

jeder Entstellung schützt: eine Hülle oder Schatulle, die ihn enthält, ohne je mit ihm selber verwechselt werden zu können. Etwas, das ihn für die Glaubenden und Liebenden präsent macht, ohne daß man sich seiner auf magische Weise bemächtigen, sich an seiner göttlichen Freiheit vergreifen könnte. Etwas Dauerndes und jederzeit Aktuelles, das aber so beschaffen wäre, daß es als Ganzes ein Hinweis wäre auf seine jederzeit aktuelle Gegenwart, seine liebende Hingabe an jeden, sein persönliches Ansprechen eines jeden, sein Bereitstehen für jeden. Es gab hier kein anderes Mittel als das, was wir Einsetzung, auf lateinisch Institution nennen."[189]

Die geistbestimmte Institution der Kirche hat – in dieser Sicht – vor allem die Aufgabe, den Gläubigen im Heiligen Geist die Erfahrung der bleibenden Gegenwart des Auferstandenen zu ermöglichen. Die pneumatologische Dimension ist für das Institutionelle der Kirche auch eine ständige Erinnerung an die ‚Vorläufigkeit' ihrer Strukturen und an ihre eschatologische Zielsetzung.[190] Denn die Kirche ist keine von Christus abgelöste Eigengestalt. Als geisterfüllte »Nachbildung« der Gestalt Christi[191] ist sie eine relative, auf die Hauptgestalt der Offenbarung hinweisende, eine progressive und werdende Gestalt.[192]

C. Die Sakramente als geistbestimmte Institution

Die Sakramente, das kirchliche Amt, die Heilige Schrift, die Tradition und das Kirchenrecht sind nach Balthasar alle Verkörperungen der »institutionellen« Dimension des Heiligen Geistes.[193]

Balthasar schlägt ein trinitarisches Modell des Amtes vor. Im Verhältnis des Menschen Jesus zum Vater im Heiligen Geist sieht er das Vorbildliche für das *Führung-Sein* und *Geführt-Sein* in der Kirche: „Der Vater begleitet den Sohn in der Intimität der Liebe; der Geist des Vaters im Sohn ist Auftrag, Ortsanweisung, dadurch aber keineswegs personale Distanzierung (autoritäre Veramtlichung) des Vaters gegenüber dem Sohn. Im Leben Jesu ging das intime väterliche Geleit von vornherein

---

[189] Hans Urs von BALTHASAR, Die Kirche als Gegenwart Christi 38, in: W. SANDFUCHS (Hg), Die Kirche (Würzburg 1978) 37–47, hier 38.

[190] Vgl. BALTHASAR, Theodramatik II/2 405; BALTHASAR, Pneuma und Institution 231.

[191] Hans Urs von BALTHASAR, Herrlichkeit. Eine theologische Ästhetik III. 2/2: Neuer Bund (Einsiedeln 1969) 416ff; zit. nach: TOSSOU, Pneumatologie Balthasars 492.

[192] Siehe: Hans Urs von BALTHASAR, Herrlichkeit. Eine theologische Ästhetik I: Schau der Gestalt (Einsiedeln ²1967) 553–561.
– Das „Institutionelle in der Kirche ist nicht absolut, es ist relativ auf die Liebe, und die Liebe der Kirche wiederum ist nicht absolut, als wäre sie je vollendet, sondern progressiv auf eine erst werdende eschatologische Gestalt." – Ebd. 537; zit. nach: TOSSOU, Pneumatologie Balthasars 493.

[193] Vgl. TOSSOU, Pneumatologie Balthasars 412.

auf die Stunde der »Zerreißprobe« zu; diese Stunde kann für den Christen sich einmal als Zerreißprobe des Gehorsams an die Kirche (wo ein solcher wirklich erforderlich ist) darstellen. Das Leben der Heiligen mit ihren großen Charismen zeugt öffentlich dafür. Kein kirchlicher Vorgesetzter darf von sich aus die Rolle des Vaters am Ölberg spielen wollen; aber sein Gehorsam an Christus kann ihn vielleicht doch zuweilen in eine analoge Situation versetzen. Er wird dann erfahren, daß das Amt nicht nur schwere Last ist – das ist es immer –, sondern daß kirchliches Führen verdemütigend ist."[194]

In diesem Kontext hält Balthasar die Kritik an der Kirche für berechtigt, ebenso auch die Kontestation dort, wo das Amt sein Selbstverständnis als Repräsentation der Einheit des kirchlichen Gehorsams verloren hat.[195]

Das trinitarisch konzipierte Amtsverständnis bedeutet nicht zugleich, dass Balthasar seine konsequente theologische Linie der christologischen Konstellation verlässt.[196] Im Gegenteil: er betont, dass das Amt im Willen Christi und in der objektiven Heiligkeit der Kirche in Christus verwurzelt ist. In diesem christologischen Ursprung sieht Balthasar die eigentliche Einheit von »Nachfolge und Amt« und damit auch den »geistigen Mittelpunkt« der Kirche als Antwort auf den Ruf Christi zur Nachfolge.[197] Diese Antwort für die bleibende Gegenwart Christi aber wird seiner Meinung nach im Heiligen Geist getragen. Der Geist befähigt nämlich die christliche Existenz zu solcher Antwort und »kristallisiert« die Sendung der Amtsträger in der Liebe Christi im Sinne „einer Objektivierung, die der Verfassung der Weltzeit entspricht."[198]

Alle einzelnen Sakramente sieht Balthasar in der Perspektive desselben christologischen »Voraus«, welches sich auf das Ursprungsgeschehen der Kirche und die in ihr wesentlich bleibende Gegenwart Christi bezieht.[199] Die Sakramente verbürgen „das Voraus des Empfangs vor der von uns gegebenen Antwort und angemeldeten Forderung".[200]

Den Sinn dieses ursprünglichen christologischen ‚Voraus' als der Stiftung (Institution) der sakramentalen Wirklichkeit legt Balthasar deutlich am Beispiel der Eucharistie aus. In diesem Sakrament – so sein Kommentar – „erhält die Rede von der Kirche als Ur-Sakrament inmitten der

---

[194] BALTHASAR, Pneuma und Institution 154–155.
[195] BALTHASAR, Pneuma und Institution 154.
[196] Vgl. BALTHASAR, Die Kirche 39.
[197] TOSSOU, Pneumatologie Balthasars 416–417.
[198] TOSSOU, Pneumatologie Balthasars 417.
[199] TOSSOU, Pneumatologie Balthasars 419.
[200] Hans Urs von BALTHASAR, Die Wahrheit ist symphonisch. Aspekte des christlichen Pluralismus (Einsiedeln 1972) 61.

1.2 Erneuerungsversuche im 20. Jahrhundert

Welt, als »sacramentum mundi«, ihre Gültigkeit. Die äußere Organisation der Kirche, an der so viele Anstoß nehmen, ist dabei nichts anderes als die Darstellung der Lebendigkeit und Lebensfähigkeit jenes großen organischen Leibes, der vom gegenwärtigen Christus besessen und belebt wird. Man kann dies auch aus dem unauflöslichen Kreislauf ersehen, der zwischen Eucharistie und Kirche herrscht: Der eucharistische Leib Christi, der sich in der Liturgie der Gemeinde vergegenwärtigt, verleibt die daran teilnehmenden Gläubigen in Christi Wirklichkeit ein (...). Aber andererseits ist es immer die Kirche, als der vorweg existierende Leib Christi, die durch das ihr geschenkte Amt die eucharistische Gegenwart ihres Herrn erneuert: ,Die Eucharistie macht die Kirche, die Kirche macht die Eucharistie' (H. de Lubac)."[201]

Das christologische »Voraus« ist für Balthasar begründet in der Anamnesis des Quellereignisses des Kreuzes, weil am Kreuz in Christus die „erfolgte Gestaltwerdung Gottes in der Welt" geschah[202]. Das christologisch gestiftete Sakrament der Eucharistie versteht er aber zugleich als eine *geistbestimmte* und *geistgewirkte Institution*. Denn nur in und durch den Geist kann das Erwirken der am Kreuz geschehenen Gestaltwerdung Gottes weiterhin in der Geschichte präsent sein. Die Eucharistie (und die anderen Sakramente) steht deshalb in engem Zusammenhang sowohl mit Christus wie mit dem Heiligen Geist, „weil das Ganz-Kirchliche, das sich in der Eucharistie als die reale Gegenwart des Herrn erweist, mit dem Geist durchtränkt ist, welcher selber nur durch die eucharistische Hingabe wie ,verflüssigt' in Kirche und Welt ausgegossen wurde."[203]

In der folgenden Aussage bestätigt Balthasar diesen gegenseitigen Bezug zwischen dem Heiligen Geist und der Eucharistie: „Die Objektivierung des Geistes war die Voraussetzung für die Vollendung des kenotischen Gehorsams des Sohnes und damit für die Verflüssigung seiner ganzen Substanz in der Eucharistie, und eben diese Verflüssigung war wieder die Voraussetzung für die Freiwerdung des Geistes in die Kirche und durch sie in die Welt hinein."[204]

In der Balthasarschen Theologie kommt deutlich zum Ausdruck, dass die Sakramente die *geist*gewirkte institutionelle Dimension der Kirche entfalten. Als sichtbare Organe und Instrumente der Kirche-Institution dienen sie der leiblich-geistlichen Erfahrung Gottes. In ihnen erreicht das Institutionelle seine Qualität, indem dieses vom Geist ,durchtränkt' wird und dadurch die Wirklichkeit Christi vergegenwärtigen kann. Die

---

[201] BALTHASAR, Die Kirche 44.
[202] Hans Urs von BALTHASAR, Das Ganze im Fragment. Aspekte der Geschichtstheologie (Einsiedeln 1963) 97; zit. nach: TOSSOU, Pneumatologie Balthasars 489.
[203] TOSSOU, Pneumatologie Balthasars 420.
[204] BALTHASAR, Pneuma und Institution 154.

Kraft des Geistes ist jene, die in ihrer sichtbar-sakramentalen Struktur die „wesentliche Form der Gegenwart des Kreuzes" verleiht.[205]

Die Theologie vom Heiligen Geist hilft Balthasar, das objektive Institutions-Element der sakramentalen Heilökonomie immer mit der personalen Dimension der einzelnen Subjekte eng verbunden zu sehen. In der Wirksamkeit des Heiligen Geistes kann man eben die Synchronie und das Zusammenspiel zwischen Objektivität und Subjektivität genauer beobachten: „Es gibt im Raum der Kirche keinen ‚objektiven Geist', der nicht zugleich subjektiver Geist wäre. Der subjektive Geist ist der Heilige Geist des persönlichen Gottes als die Gegenwart des lebendigen Gottes. Insofern dieser konkreteste Liebesvollzug für jede personale Liebe im Raum von Kirche und Welt das normative Urbild und die ermöglichende Wirklichkeit ist, ist dieser subjektive Geist zugleich objektiver Geist."[206]

Eine besonders wichtige Rolle des Heiligen Geistes sieht Balthasar bei der Universalisierung des Christusgeschehens, indem der Geist die eschatologische Dimension der Heilsgeschichte eröffnet. Balthasars Pneumatologie betont deutlich diese universale und universalisierte Offenheit der Heilsökonomie und das im Heiligen Geist realisierbare dynamische »Aufeinander-Zugehen« von »Fragment« (Mensch) und »Ganzem« (Gott).[207] Und die Sakramente, wie die christliche Sendung in die Welt, sind die konkreten Formen dieser Universalisierung des Lebens und der Heilstaten Christi. In den Sakramenten begegnet uns die »Dauerform« Christi, weil Christus in ihnen als „der sein irdisches Leben Auslegende, Offenbarende, Schenkende und insofern es Mitsichbringende, Vergegenwärtigende, Repräsentierende auftritt."[208]

Der Heilige Geist bestimmt qualitativ diese gnädige Zuwendung Christi im sakramentalen Akt, weil durch ihn „die urbildliche Prägekraft des gottmenschlichen Lebens zur Geltung kommt"[209], und er gibt den Sakramenten eine eschatologische Ausrichtung.[210] Das Vorzuverweisen auf die Vollendung in den sakramentalen Begegnungen mit dem Herrn ist eine besondere Funktion des »Spiritus Creator«. Denn er ist „das subsistierende Ereignis, der Auslöser, der die wartende Form mit dem unendlichen Inhalt erfüllt. Er ist der Herr der Sakramente, weil er amtlich und personal zugleich ist."[211]

---

[205] Hans Urs von BALTHASAR, Katholisch. Aspekte des Mysteriums (Einsiedeln 1975) 42; zit. nach: TOSSOU, Pneumatologie Balthasars 423.
[206] BALTHASAR, Das Ganze im Fragment 212.
[207] Vgl. TOSSOU, Pneumatologie Balthasars 425–526.
[208] Hans Urs von BALTHASAR, Theologie der Geschichte. Neue Fassung (Einsiedeln 1959) 71.
[209] BALTHASAR, Theologie der Geschichte 72.
[210] Vgl. TOSSOU, Pneumatologie Balthasars 454.
[211] BALTHASAR, Theologie der Geschichte 75; zit. nach: TOSSOU, Pneumatologie Balthasars 454–455.

D. Resümee

Im Ganzen versteht Balthasar das Wirken des Geistes als Voraussetzung, Begleitung und Vollendung des Werkes Christi.[212] Die »christologische Konstellation« seines Gesamtentwurfs stellt einen engen Zusammenhang zwischen den Personen des Logos und des Geistes und ihrem Wirken her. Das Entscheidende seines Denkens liegt im Vater-Sohn-Verhältnis, das im Heiligen Geist konstituiert ist.

Die Balthasarsche Theologie akzentuiert die Perichorese der heilsökonomischen Rollen und des Wirkens von Sohn und Geist: die beiden Ökonomien durchdringen sich, und sie sind untrennbar – anders als im Modell der Monarchie des Ostens. Die Ökonomie des Geistes wird nicht als vollständige Parallelität zur Ökonomie Christi gesehen. Dem Geist kommt keine völlig eigenständige oder unabhängige Funktion in Abgrenzung von derjenigen Christi zu. Balthasar nennt den Geist treffend den »Unbekannten jenseits des Wortes«[213], der sich in seiner Anonymität und Selbstlosigkeit als Geist der Liebe offenbart: „Er verbindet Vater und Sohn, ist ihr gemeinsames *Wir*, und wird in die Herzen der Menschen ausgegossen, wodurch sie zum Wir der Kirche und der einen Menschheit werden (Röm 5,5)."[214]

Es gibt schon in diesem Punkt unserer Arbeit eine wichtige Antwort auf die am Anfang – im Kontext des Vorwurfs der Geistvergessenheit im Westen – gestellten Fragen: Das eigenständige Profil des Geistes in der (sakramentalen) Heilsökonomie ist kein isoliertes und unabhängiges, sondern in der »christologischen Inklusion« bestimmt.

Die Betonung der Beteiligung der Ökonomie des Geistes an der des Sohnes ermöglicht Balthasar aber, eine pneumatologische Entfaltung der Christologie und die pneumatologische Durchführung der christozentrischen Soteriologie zu entwickeln.

In den sakramentalen Begegnungen erwächst – nach Balthasar – im Heiligen Geist dem Glaubenden jene »Antwortgestalt« auf die am Kreuz geschehene Erlösung, die die Kirche im Ganzen ist und sein soll. Die Sakramente und das Amt als Entfaltungen der geistbestimmten Kirche-Institution „gewähren eine subjektiv nicht einholbare *Vor*gabe an Heiligkeit, aus der und auf die hin alle subjektive Heiligkeit orientiert ist."[215] Diese subjektive Heiligung des Menschen ordnet Balthasar aber in eine breite ekklesiologische Perspektive ein: Sie ist „nicht nur ein Mehr an persönlicher Heiligkeit oder Vergöttlichung, vielmehr geht diese immer mit einem tieferen Hineinwachsen und Eingefügtwerden in die Kirche

---

[212] Vgl. FREITAG, Geist-Vergessen – Geist-Erinnern 143–156.
[213] BALTHASAR, Spiritus Creator 95.
[214] Michael SCHULZ, Hans Urs von Balthasar begegnen (Augsburg 2002) 140.
[215] FREITAG, Geist-Vergessen – Geist-Erinnern 152.

einher, mit einem Wachsen und Zusammenwachsen des Leibes Christi."[216] In diesem ekklesiologischen Element der sakramentalen Heilsordnung wird also das pneumatologische Denken Balthasars nur bestätigt.

Durch die eschatologische Akzentsetzung in der sakramentalen Heilsökonomie versucht Balthasar die ‚aktive' persönliche Verantwortung für den Glauben zu wecken. Die Teilnahme an der mysterialen Sinnfülle des Lebens und am Subjektsein Christi fordert nämlich die Verwandlung der menschlichen Existenz und die Entwicklung zum Selbst-Subjektsein. Die wahre Sendungsexistenz der Christen sollte deshalb so »christushaft« werden, dass diese „den eschatologischen Glanz in die Welt und ihre Geschichte hinein vermittelt."[217] Diese eschatologische Ausrichtung der Sakramente kann man aber mit Balthasar nicht nur christologisch denken, sondern trinitarisch-pneumatologisch, weil die eschatologische Kraft den Heiligen Geist und seine Wirksamkeit mitbringt.

1.2.2.3 Der personologische Beitrag Heribert Mühlens

Neubesinnung auf den Geist im katholischen Bereich führte auch Heribert Mühlen zu systematisch-theologischen Neuansätzen.[218] In das theologische Umfeld des Zweiten Vatikanischen Konzils schreibt sich insbesondere seine pneumatologische Reflexion über ein neuerwachtes kirchliches »Wir-Gefühl« ein.[219]

---

[216] FREITAG, Geist-Vergessen – Geist-Erinnern 153.

[217] BALTHASAR, Herrlichkeit III. 2/2 489; zit. nach: TOSSOU, Pneumatologie Balthasars 468.

[218] Heribert Mühlen kann als der Hauptvertreter der katholischen Pneumatologie im deutschsprachigen Raum (in dieser Zeit) gelten. Zu seinen wichtigsten Beiträgen gehören: Der Heilige Geist als Person in der Trinität, bei der Inkarnation und im Gnadenbund: Ich – Du – Wir (Münster ³1968); Una Mystica Persona. Die Kirche als das Mysterium der heilsgeschichtlichen Identität des Heiligen Geistes in Christus und den Christen: Eine Person in vielen Personen (München-Paderborn-Wien 1964); Die abendländische Seinsfrage als der Tod Gottes und der Aufgang einer neuen Gotteserfahrung (Pederborn ²1968); Die Veränderlichkeit Gottes als Horizont einer zukünftigen Christologie (Münster 1969); Entsakralisierung. Ein epochales Schlagwort in seiner Bedeutung für die Zukunft der christlichen Kirchen (Paderborn ²1970); Die Erneuerung des christlichen Glaubens. Charisma – Geist – Befreiung (München ²1976); Einübung in die christliche Grunderfahrung I/II (Mainz 1976). – Weitere Literatur bei: Johannes B. BANAWIRATMA, Der Heilige Geist in der Theologie von Heribert Mühlen. Versuch einer Darstellung und Würdigung (Frankfurt 1981).

[219] Besonders wichtig für die Pneumatologie Heribert Mühlens ist sein Hauptwerk: Una Mystica Persona.
– Die Ausführungen Mühlens über das personhafte »Wir« des Geistes oder über das »Ich-Du-Wir« im Geiste wurden durch das Werk Dietrichs von Hildebrand (Metaphysik der Gemeinschaft, Regensburg 1955) angeregt. Ähnliche personale Kategorien waren bereits bei Serge Boulgakov (Le Paraclet, Aubier, Paris 1944) anzutreffen.

A. Das personhafte »Wir«

Der Heilige Geist – in der personologischen Sichtweise Mühlens – ist das innertrinitarische »Wir« der Gottheit, die innige Verbindung von Vater und Sohn »in Person«, das »Wir in Person«[220]; und er ist zugleich auch die »göttliche Selbstweggabe«, das »Außer-Sich-Sein« Gottes.[221] Die heilsgeschichtliche Funktion Gottes im Heiligen Geist beruht darauf, dass er die Gemeinschaftserfahrung der Menschen zum Sinnbild der göttlichen Communio macht: zum Zeichen der Einheit und zugleich der Unterschiedenheit vieler.[222] Die Kirche ist demzufolge das pneumatische Sakrament dieser Einheit: „Sie ist das Geheimnis des einen Geistes in den vielen Geistträgern, der *einen Person in den vielen Personen* und so einer rein innerweltlich nicht abzuleitenden Sozialisation und Wir-Erfahrung".[223]

Diese Reflexion ermöglichte nicht nur eine Renaissance der Pneumatologie im Zweiten Vatikanischen Konzil, sondern sie führte auch die Pneumatologie in der nachkonziliaren Entwicklung aus dem theologischen Schattendasein heraus, um ihr einen Platz als integrierender Bestandteil der ganzen Theologie zu sichern.[224] Direkt in der Gnadenlehre – dadurch auch in der Sakramentenlehre – wurde das dinglich-magische Missverständnis wie die individualistische Verkürzung der Gnade (der Sakramente) überwunden, indem es gelang, „die soziale, das heißt gemeinschaftsstiftende Dimension des Geistes in Schöpfung, Kirche und Liturgie hervorzuheben".[225]

Von diesem personologischen Verständnis des Geistes her kam es nicht nur zu einer Revision des statischen Gottesbildes, sondern auch zur heilsökonomischen Positionierung des innertrinitarischen Pneumas.

---

[220] „Der Heilige Geist ist als Person eine Person in zwei Personen (...). [Er] ist die Einheit vom Vater und vom Sohn in Person, er ist gewissermaßen die innergöttliche Perichorese in Person. Die Unterschiedenheit des Hl. Geistes vom Vater und vom Sohne zeigt sich gerade darin, daß er die absolute Nähe zweier Unterschiedenheiten selbst als Person ist." – MÜHLEN, Der Heilige Geist als Person (Münster ³1968) 164.

[221] MÜHLEN, Soziale Geisterfahrung 254, für: Heribert MÜHLEN, Soziale Geisterfahrung als Antwort auf eine einseitige Gotteslehre, in: DERS., Claus HEITMANN (Hg), Erfahrung und Theologie des Heiligen Geistes (Hamburg-München 1974) 253–272, hier 254.

[222] STUBENRAUCH, Pneumatologie 118.124–126.

[223] MÜHLEN, Soziale Geisterfahrung 255.

[224] In der nachkonziliaren Diskussion wird die Lehre vom Heiligen Geist als nur in einem lediglich gesonderten Kapitel der Dogmatik bestimmt nicht mehr akzeptabel. Karl Lehmann stellt fest: „Die Wirklichkeit des Parakleten steht im Mittelpunkt der ganzen christlichen Theologie und erträgt keine Regionalisierung." – Karl LEHMANN, Heiliger Geist, Befreiung zum Menschsein – Teilhabe am göttlichen Leben. Tendenzen gegenwärtiger Gnadenlehre 202, in: Walter KASPER (Hg), Gegenwart des Geistes. Aspekte der Pneumatologie = QD 85 (Freiburg u.a.1979) 181–204, hier 202.

[225] STUBENRAUCH, Pneumatologie 118.

Der Heilige Geist ist der, der die Realität der Selbstweggabe in Gott spiegelt: als »eine Person in vielen Personen«, d.h. in Christus und in den Christen. Auf dem ekklesiologischen Boden heißt das, dass die Kirche „das Mysterium der Identität (Einheit) der ungeschaffenen Gnade (des Hl. Geistes) bei gleichzeitiger Nicht-Identität der geschaffenen Gnade in Christus und uns" ist.[226]

In diesem Konzept zeigt sich deutlich die personale Funktion des Geistes. Auch eine gewisse Eigenständigkeit des Geistes wird ausgedrückt, indem Mühlen behauptet: „Derselbe Geist, der in Jesus wirksam ist, wohnt den Christen ein, dadurch nehmen sie an der Gnadenfülle Jesu teil. Diese Teilnahme ist das personale Sich-Verhalten des Menschen gegenüber Gott, und zwar im Geist, durch Christus zum Vater."[227]

Aus diesen pneumatologischen Zusammenhängen zeigt sich, wie wirksam und fruchtbar der Begriff des »Wir« für die Erhellung der heilsökonomischen Wirklichkeit und die Realisierung christlichen Lebens sein kann.[228]

B. Personale Kausalität gegen Panchristismus

Mühlen sieht die eigentümliche Funktion des Heiligen Geistes in seinem differenzierten Handeln, nämlich bei der eschatologischen Differenzierung zwischen Christus und der Kirche und bei der Unterscheidung zwischen Christus und den Christen.[229]

Hinsichtlich der erstgenannten Differenz behauptet Mühlen, die Kirche sei nicht die Fortsetzung der Inkarnation, sondern das heilsgeschichtliche Fortwirken der Salbung Christi durch den Geist. Das Mysterium der Salbung Christi mit dem Heiligen Geist unterscheidet er konsequent von dem Mysterium der Inkarnation, um die eigenständige personale Rolle des Geistes in der Differenzierung zwischen dem Geheimnis Christi und dem Geheimnis der Kirche ans Licht zu bringen.[230] Seiner

---

[226] MÜHLEN, Una Mystica Persona (Paderborn ³1968) 211. 215.
[227] BANAWIRATMA, Der Heilige Geist in der Theologie von Mühlen 79, für: Johannes B. BANAWIRATMA, Der Heilige Geist in der Theologie von Heribert Mühlen. Versuch einer Darstellung und Würdigung (Frankfurt 1981) 79.
[228] Vgl. SCHÜTZ, Einführung in die Pneumatologie 136.
[229] Vgl. FREITAG, Geist-Vergessen – Geist-Erinnern 124–133.
[230] Für Mühlen ist die Salbung Jesu entscheidend. Sie ist das existenzielle Prinzip der Kirche. Der Geist setzt diese Salbung Jesu analog in der Kirche fort, indem er die ohne ihn im Inkarnationsgeschehen konstituierte Person Jesu Christi mit den vielen menschlichen Personen verbindet (später hat Mühlen diese Stellung durch die Konzeption Balthasars von trinitarischer Inversion revidiert; er gesteht dem Geist eine aktive Rolle auch im Inkarnationsgeschehen zu, nicht aber eine personbildende. - Vgl. FREITAG, Geist-Vergessen – Geist-Erinnern 124. 132). – Die Salbung Jesu und das Pfingstereignis verweisen deshalb auf die pneumatologische Dimension der Kirchenentstehung. Gleichzeitig unterstreicht die Salbung – mehr als die Geistsendung – die Beziehung der Kirche zum historischen (vorösterlichen) Jesus. Der konzipierte Unterschied zwischen

1.2 Erneuerungsversuche im 20. Jahrhundert

Meinung nach ist die Inkarnation die heilsökonomische Erscheinungsweise des Sohnes und die Salbung Christi „das Mysterium der heilsökonomischen Erscheinungsweise des Hl. Geistes"[231]. Die Kirche verdankt sich deswegen nicht nur der Stiftung Christi, sondern auch dem Wirken des Geistes, denn sie „besteht in der Teilhabe an der Salbung Christi, d.h. im Fortwirken des Geistes an den Christen."[232] Diese Sicht sollte jeden christomonistischen Horizont der Ekklesiologie verhindern.

Der Geist spielt auch eine mit-entscheidende Rolle in der Konstitution der Kirche, indem er die Menschen in den Leib Christi einfügt und sie als Personen mit der Person Christi verbindet. Die Einheit des kirchlichen Leibes Christi als Gemeinschaft von Personen stellt Mühlen in eine klare Differenz zum Modell von personaler Einheit der göttlichen und menschlichen Natur in Christus.[233] Hier spricht er von der zweiten Differenzierung in und durch den Geist.

Die Begnadung des Menschen ist nach Mühlen nicht ein bloßes Einverleibtwerden in den Leib Christi, weil man dadurch in die Gefahr der Vorstellung vom Aufgehen des einzelnen Christen in der Kirche und in Christus *(Panchristismus)* geraten kann. Deshalb versucht er, diese Begnadung mit der heilsgeschichtlichen Salbung Christi vom Geist zu verknüpfen.[234] Es gelingt ihm mit diesem Gedanken einerseits, die Einmaligkeit des Mysteriums der Inkarnation und der Person Christi zu betonen, und andererseits, die Verbundenheit Christi mit allen Menschen (durch die Geistsalbung) zu garantieren. Christus ist mit den Menschen also nicht nur durch die menschliche Natur verbunden, sondern auch in der personalen Dimension durch einen und denselben Geist Gottes, der als dieselbe *ungeschaffene Gnade* Christus und den Christen gegeben ist. Der Geist als Person verbindet den Erlöser mit den Erlösten und macht als

---

der Salbung und der Inkarnation will vor allem die personale Wirkung des Heiligen Geistes in der Kirche und in der Welt wiederherstellen und hervorheben. Problematisch scheint es aber hier, die überzeugenden biblischen Beweise für ein solches Denken zu finden, dass die Salbung sich wirklich von der Inkarnation unterscheidet. Die Evangelien nämlich wechseln oft das Thema der Salbung mit dem Thema der Inkarnation. Ihre Interpretationen gehen nicht in die Richtung einer gegenseitigen Ergänzung. Johannes, der vom inkarnierten Wort-Logos spricht, erwähnt keine Salbung, obwohl er den personalen Charakter des Geistes in seinem Evangelium sehr betont. Und die anderen Autoren sind sich auch nicht einig, indem sie die Salbung in den verschiedenen Momenten des Lebens Jesu platzieren (Lk 1–2: Inkarnation; Mt, Lk, Mk: Taufe; Apg 2.10; Paulus: Auferstehung; Hebr: Himmelfahrt). – Vgl. HRYNIEWICZ, Nasza Pascha z Chrystusem 70–71.

[231] MÜHLEN, Der Heilige Geist als Person (Münster ³1968) 175.
[232] FREITAG, Geist-Vergessen – Geist-Erinnern 124–125.
[233] FREITAG, Geist-Vergessen – Geist-Erinnern 126.
[234] Vgl. MÜHLEN, Una Mystica Persona 216–286; nach: FREITAG, Geist-Vergessen – Geist-Erinnern 127.

»*diese eine Person in vielen Personen*« die heilsgeschichtliche Identität der Christen aus.

Die Unterscheidung zwischen Christus und dem Geschöpf auf der Ebene der Auswirkung der ungeschaffenen Gnade ist im Konzept Mühlens bewahrt, weil Christus als Mensch – so seine Erklärung – die Fülle der geschaffenen Gnade besitzt und die Christen nur einen bestimmten Anteil erhalten.[235]

Das Wirken des Geistes bezeichnet Mühlen nicht mit den gnadentheologischen Kategorien (wie z.B. Ursachlichkeit). Diese reserviert er dem Inkarnationsgeschehen.[236] Er beschreibt das Wirken des Heiligen Geistes mit der Kategorie der *personalen Kausalität*. Das Wort *personal* beinhaltet dabei dreierlei: „daß eine Person *sich selbst* verhält, daß sie sich auf eine andere *Person* hin verhält und daß damit eine bundesgemäße personale Hingabe verbunden ist"[237].

Das Wirken des Geistes ruft in den Adressaten ihre *personale* Reaktion hervor: es intensiviert ihr personales Verhalten, ihre personale Hingabe und vertieft den gemeinsamen Bund. Die empfangende Person wird dadurch stärker personal in sich selbst und in ihrer Welt.

Die *personale Kausalität* drückt nicht die Bedeutung aus, dass der Geist das Personsein der anderen herstellt, sondern dass sein Wirken es voraussetzt. Es wird in dieser Kategorie betont, dass die Wirkung des Geistes auf die innere personale Mitte des Subjektiven zielt. Die bewirkte Person wird „nicht als Objekt oder von außen ‚bearbeitet', sondern verändert sich als Subjekt von innen, insofern sie als Person angesprochen und ‚geweckt' wird. Jedes Sichverändern oder Verändertwerden der Person ist immer auch Selbstveränderung. Personale Kausalität erweckt, erweitert und vertieft das Personsein und das personale Wirken der Ziel-, aber auch der Ursprungsperson."[238]

---

[235] Der Heilige Geist ist ein und derselbe in Christus und in den Christen auf der Ebene des Personseins (personal), aber als geschaffene Gnade bleibt er anders (d.h. differenziert) in Christus und in den Christen. Dies hängt zusammen mit der Vermittlung dieser Gnade durch Christus. Christus tritt den Menschen personal gegenüber und verhält sich personal theandrisch: „Indem Jesus als Mensch sich zu uns personal verhält, sendet er uns zugleich seiner göttlichen Natur nach den Hl. Geist, und indem er uns seinen, ihm eigenen Hl. Geist sendet, verhält er sich zugleich auch seiner Menschheit nach personal zu uns. Die letzte und tiefste Wirkung dieses theandrischen Sich-Verhaltens Jesu zu uns ist die Mitteilung der ‚geschaffenen' Gnade an uns und durch alle drei göttlichen Personen, und zwar so, daß unsere Gnadengabe eine Teilnahme an den Gnadengaben Jesu sind, an seiner ‚Salbung'. Auf dieser Weise wird der Bund des Vaters mit uns in uns wirksam." – MÜHLEN, Una Mystica Persona 309; zit. nach: FREITAG, Geist-Vergessen – Geist-Erinnern 129.
[236] FREITAG, Geist-Vergessen – Geist-Erinnern 127.
[237] MÜHLEN, Der Heilige Geist als Person (Münster [5]1988) 9. 36.
[238] FREITAG, Geist-Vergessen – Geist-Erinnern 128.

Hier erarbeitet Mühlen eine pneumatologische Erklärung für das ekklesiale Prinzip und Modell der einenden Verschiedenheit. Der Geist vereint die Personen unterscheidend, d.h. durch das personale Verhältnis wirkt er unterschiedlich in vielen Personen und vertieft ihre personalen Unterschiede, aber er verbindet sie zugleich als Verschiedene in ihrer Einzigkeit, und fügt die Verschiedenheiten der vielen Personen zu einem neuen Ganzen ineinander.[239] Dank der pneumatologischen Lösung wird die Differenz zwischen Christus und den Christen hier sichtbar, denn die einzelnen Personen sind nicht in der Person Christi oder in der Kirche aufgehoben.

Diese Erklärung unterstreicht logischerweise auch ein personales (personologisches) Verständnis der Gnade. Anteil an der Fülle der Gnade in Christus wird verstanden als „eine Teilhabe am principium personale der Gnade in Christus, am Geist, der, wie in Christus, so auch in den Christen zur jeweils personalen Auswirkung und so zur Fülle der gratiae creatae sich auswirken kann – in den geschaffenen, unterschiedenen Personen und durch sie."[240]

Die gratia capitis, die Christus den Gliedern seines Leibes mitteilt, ist der Heilige Geist selber in der Fortsetzung der Geistsalbung Jesu.

C. Die Entsakralisierung der sakramentalen Zeichen

Das pneumatologische Profil der christlichen Existenz wird in der Theologie Mühlens auch unter dem Aspekt der *Erneuerung* und *Entsakralisierung* entfaltet.[241] Diese Reflexion ist für die Sakramentenlehre von großer Bedeutung, weil sie zugleich eine wichtige Reflexion über die pneumatologische Relativierung des Amtes und über die Personalisierung wie Pneumatisierung der sakramentalen Zeichen und des Wortes ist.

Mit der *Entsakralisierung* meint Mühlen nicht die Abschaffung der Dimension des Sakralen, sondern eine kritische und notwendige Funktion gegen die Verabsolutierung oder Übertreibung des Sakralisierten. Sie ist deswegen zugleich eine *Resakralisierung* im Sinne der *Pneumatisierung*, indem man die pneumatische Faszination zur Geltung kommen lässt.[242]

---

[239] FREITAG, Geist-Vergessen – Geist-Erinnern 128–129.
[240] FREITAG, Geist-Vergessen – Geist-Erinnern 129.
[241] Vgl. BANAWIRATMA, Der Heilige Geist in der Theologie von Mühlen 115–165; Vgl. MÜHLEN, Entsakralisierung. Ein epochales Schlagwort in seiner Bedeutung für die Zukunft der christlichen Kirchen (Paderborn ²1970); DERS., Die Erneuerung des christlichen Glaubens. Charisma – Geist – Befreiung (München ²1976).
[242] BANAWIRATMA, Der Heilige Geist in der Theologie von Mühlen 124–125.

Mühlen spricht von *Entsakralisierung* im Kontext der relativen Autonomie des *welthaft Sakralen* vor dem *gnadenhaft Sakralen*, um den Unterschied zwischen diesen beiden Dimensionen klar zu machen. Die Entsakralisierung soll ein kritischer Prozess gegen alle Tendenzen zur Verabsolutierung des gnadenhaft-Sakralen sein, wenn diese versucht, sich zu verselbstständigen oder die konstitutive Hingeordnetheit alles Geschaffenen auf Gott und die relative Autonomie der Welterfahrung zu verdecken oder zurückzudrängen. Aber auch umgekehrt: die Entsakralisierung als kritischer Prozess ist notwendig immer auch dort, wo die Erfahrung von Welt die Gnadenerfahrung verdeckt oder zurückdrängt.[243]

Mühlen macht auf eine gewisse *Eindeutigkeit* der sakramentalen Zeichen aufmerksam. Denn als das gnadenhaft-Sakrale sind sie durch die Eindeutigkeit des Heilsangebotes Gottes bestimmt. Die Sakramente zeigen sich deswegen *eindeutig* vor allem in ihrem Ursprung, wo das Wort der heiligen Schrift direkt oder indirekt „die Urform aller Sakralisierung der transzendentalen Gnadenerfahrung" ist.[244] Auch die Gestalt der Sakramente, d.h. das welthafte Element in Wasser, Öl, Brot, Wein, in der ehelichen Hingabe und in der persönlichen Umkehr, ist im Vollzug der Sakramente völlig *eindeutig* auf den heiligen Gott bezogen. Denn die sakramentalen Zeichen weisen auf das, was sie selber nicht sind und ausgesondert aus dem Alltäglichen in Erscheinung bringen, das ganz Neue, nämlich „das Angebot der sich erbarmenden Liebe Gottes"[245].

Diese *eindeutige* Bestimmtheit der sakramentalen Zeichen kann aber nach Mühlen vom Menschen missbraucht und von der *Zweideutigkeit* der Welt bedroht werden. Deshalb ist es ihm besonders wichtig, dass die sakramentalen Zeichen *entsakralisiert*, d.h. vor der Vermischung mit der *Doxa der Welt* bewahrt werden.[246]

Die Bedrohung in der Verwechslung der *Doxa der Gnade* mit der *Doxa der Welt* sieht Mühlen vor allem im kirchlichen Dienst. Für das Amtverständnis hebt er seine pneumatologische bzw. trinitarische Reflexion mit ihren konkreten (,entsakralisierten') Implikationen hervor.

Er versucht vor allem die epochale Umwandlung der alttestamentlichen Sakralerfahrung des Priestertums in der Person Jesu Christi näher zu erläutern.[247] In Jesus Christus wurde seiner Meinung nach die Sakralerfahrung ausdrücklich ,*hominisiert*', d.h. die Dialektik von ,Anziehung' und ,Entzug', die einst im Erlebnis der Doxa Jahwes gegeben war, wird seither auf seine Person, die des Gesandten Gottes, konzentriert. Das neutestamentliche Verständnis der Sakralerfahrung führt demzufolge

---

[243] Vgl. BANAWIRATMA, Der Heilige Geist in der Theologie von Mühlen 132–135.
[244] MÜHLEN, Entsakralisierung 173.
[245] MÜHLEN, Entsakralisierung 172.
[246] BANAWIRATMA, Der Heilige Geist in der Theologie von Mühlen 133–134.
[247] Vgl. MÜHLEN, Entsakralisierung 264–345.

zur ‚*Enttimorisierung*' der Doxa Gottes, weil in der Person Jesu Christi das Moment der ‚Anziehung' den Primat vor dem Moment ‚Entzug' hat.²⁴⁸ Diese *Personalisierung* der Sakralerfahrung wird zugleich ihre *Pneumatisierung* sein, denn die Doxa Gottes ist seit der *Tat Christi* in der Gemeinschaft der Gläubigen, in deren Herzen der Heilige Geist wohnt (vgl. Gal 4,6; Röm 8,15), erfahrbar.

Mühlen kritisiert bei diesem Problemfeld jede Form der ‚*Rejudaisierung*' der Sakralerfahrung, die ihren Ausdruck im „wachsende[n] Verständnis der Eucharistie als Opfer" und in einer „einseitige[n] Zuordnung des Priestertums zu diesem"²⁴⁹ findet. Ebenso kritisch sieht er die Eingrenzung der Sakralerfahrung auf das kirchliche Amt, worin die Stellung des Gemeindevorstehers der stärkeren Betonung des Modells von Einheit und Ordnung dient und dadurch unvermeidlich die pneumatisch-charismatische »Be-Geisterung« der Gemeinde nivelliert.²⁵⁰ In diesem Punkt fordert er vor allem die Ergänzung der Formel *in persona Christi* durch die *in persona ecclesiae*, um die Eingrenzung der Sakralerfahrung auf das kultisch-liturgische Handeln des Priesters zu vermeiden und seine pseudosakrale amtliche Autorität zurückzuweisen.²⁵¹

Das kirchliche Dienstamt stellt er in den Rahmen „der pneumatischen Sakralerfahrung, in der alle sich aufgrund ihrer je eigenen Charismen gegenseitig die lebendige Erfahrung des lebendigen Gottes vermitteln"²⁵². Der Vollzug dieses Dienstes in der Kirche sollte immer ein Vollzug der ganzen Kirche sein, weil die Handlung *in persona Christi* niemals ‚isoliert' oder selbstständig ohne die *in persona ecclesiae* realisiert werden kann.

Die pneumatologische Reformulierung des Amtsverständnisses ‚enttimorisiert' somit die „väterlich-initiative" Autorität der Priester und schlägt eine „brüderlich-subsidiäre" Ausübung des Amtes als Dienst an den anderen Diensten (Charismen) vor, so dass die echte Sakralerfahrung glückt.²⁵³

Durch das pneumatische Prinzip der Kirche personalisiert Mühlen das kirchliche Amt. Gemeint ist, dass der Geist immer »unser« Geist ist und im »Wir« der Kirche in Erscheinung tritt: „Je dialogaler, auf das Ganze der Kirche bezogen, und je sachlicher, von ‚vernünftigen' Beweisgründen ausgehend, der Vorgang der Entscheidungsfindung ist, umso

---

²⁴⁸ Vgl. BANAWIRATMA, Der Heilige Geist in der Theologie von Mühlen 141–145.
²⁴⁹ MÜHLEN, Entsakralisierung 354. – Als historisches Beispiel dieser Position dient Mühlen die Formulierung des Konzils von Trient, die sich auf den alttestamentlichen Opferdienst bezog und keineswegs auf das sakrale Verhältnis der Gläubigen untereinander (ebd. 368–376).
²⁵⁰ MÜHLEN, Entsakralisierung 354.
²⁵¹ Vgl. MÜHLEN, Entsakralisierung 378. 385–396.
²⁵² BANAWIRATMA, Der Heilige Geist in der Theologie von Mühlen 147.
²⁵³ BANAWIRATMA, Der Heilige Geist in der Theologie von Mühlen 147.

pneumatischer ist er."[254] Deshalb muss das Amt in den Horizont der Sakralität des vom Heiligen Geist geheiligten, ganzen Volkes integriert werden.

Die Sakralität des Amtsträgers kann also von keiner Besonderheit gekennzeichnet werden. In der pneumatischen Perspektive der Sakralerfahrung besteht die Besonderheit der Berufung zum kirchlichen Dienst *nur* darin, „daß sie amtlich zum Dienst an den anderen Diensten bevollmächtigt, und zwar durch die amtliche Verkündigung des Wortes und die Feier des eucharistischen Versöhnungsmahles. In diesem Verständnis ist weder das Dienstamt noch sein Träger sakraler als der Mitmensch bzw. der ‚Nächste'."[255] Die Sakralität des Priesters drückt sich deswegen ‚nur' durch seine »Gesandt-Sein-Existenz« aus: „Er hat das unbegreifliche Geheimnis, das wir Gott nennen, zu künden, zu repräsentieren und in seiner priesterlichen Existenz zu bezeugen."[256]

Aufgrund dieser Überlegungen Mühlens – durch den pneumatologischen Horizont – wird die sakrale Gotteserfahrung aller Mitglieder leichter sichtbar und die Stellvertretung Christi mit der Stellvertretung der Kirche besser harmonisiert. „Die Ordination als ein Vorgang der Sakralisierung oder Intensivierung der Hingeordnetheit auf den heiligen Gott, auf das Geheimnis des Evangeliums ist deshalb niemals eine Wirklichkeit ‚für sich'. Der Priester appelliert erinnernd an das, was dem Menschen konstitutiv ist, nämlich die Sakralität, die auch kraft des allgemeinen Heilswillens Gottes schon in jedem Menschen gegenwärtig ist."[257]

D. Die pneumatologisch-trinitarische Erneuerung der Kirche

Das christliche Leben will Mühlen nicht pneumatozentrisch, als Gegensatz zur Christozentrik, bezeichnen. Die ekklesiale Heilig-Geist-Frömmigkeit[258] versteht er in trinitarischer Perspektive, „da ja der Heilige Geist nichts anderes als schlechthinnige Vermittlung durch Christus zum Vater hin" ist.[259]

Mühlen hält aber ein Bewusstmachen der Wirksamkeit des Heiligen Geistes in der Kirche für notwendig, weil die Unmittelbarkeit unseres Verhältnisses zu Christus sich im Geist ereignet. Einen Schritt in der Erfüllung dieser Aufgabe sieht er z.B. dort, wo die Wirklichkeit des Geistes

---

[254] MÜHLEN, Entsakralisierung 426.
[255] MÜHLEN, Entsakralisierung 408.
[256] MÜHLEN, Entsakralisierung 444.
[257] BANAWIRATMA, Der Heilige Geist in der Theologie von Mühlen 148.
[258] Vgl. MÜHLEN, Una Mystica Persona 587–598.
[259] MÜHLEN, Una Mystica Persona 596.

als »einer Person in vielen Personen« im ekklesial-sakramentalen ‚Wir-Sagen' zum Ausdruck kommt: Lasset *uns* beten, *wir* loben dich, *wir* preisen dich, *wir* beten dich an, *wir* bitten dich, *wir* bringen das Brot und den Kelch usw.[260]

Mühlen fordert auch eine charismatisch-missionarische Erneuerung der Kirche. Seine Reflexion über die Charismen ist ein Versuch, in den Gläubigen ihre Befähigung zum gemeinsamen Priestertum zu erwecken.[261] Durch den missionarischen Charakter der Liturgie in den Gebetsgottesdiensten will er insbesondere die soziale Dimension des Glaubens und der Gotteserfahrung betonen. Die Wirkung des Geistes Christi – so seine Überzeugung – ist nämlich in der »Wir-Erfahrung« durch die Pfingstgnade in der Firmerneuerung anwesend und spürbar.

Diese charismatische Erneuerungs-Erfahrung durch die Geistesgaben Gottes könnte nach Mühlen auch zu einer erneuerten und intensivierten Annahme des bleibenden Angebotes Gottes in den Sakramenten führen.[262]

E. Resümee

Der pneumatologische Ansatz von Heribert Mühlen ist für die katholische Theologie von großer Bedeutung. Mit seinen Ideen wurde eine tragfähige Basis für ein vertieftes Denken über das Wirken des Heiligen Geistes geschaffen.

Das Verhältnis zwischen der Ökonomie des Sohnes und der Ökonomie des Geistes in der Mühlenschen Konzeption ist gewissermaßen ein Maßstab für die katholische Pneumatologie geworden. Durch die betonte personale Identität des Geistes liegt sein Denken nahe der Orthodoxie, aber es bleibt letztendlich bei christologischer westlicher Konkretion.[263]

Mühlen wehrt sich gegen jede Art des Christomonismus[264], aber zugleich gerät er auch nicht in eine Pneumatozentrik. Der Geist gewinnt also seine eigene, eigenständige Funktion, aber nur in der durch Christus eröffneten Heilsordnung. Im Rahmen der Christologie nämlich ‚erreicht' das Pneumatologische sein eigenes und unterschiedenes Profil. Entscheidend für diese Position Mühlens ist der Punkt der Auslegung *des Filioque*. Im »Wir-Akt« von Vater und Sohn sieht er die Eigenart des

---

[260] BANAWIRATMA, Der Heilige Geist in der Theologie von Mühlen 156.
[261] Vgl. MÜHLEN, Die Erneuerung des christlichen Glaubens 234–250.
[262] Vgl. BANAWIRATMA, Der Heilige Geist in der Theologie von Mühlen 158–165.
[263] Vgl. FREITAG, Geist-Vergessen – Geist-Erinnern 130–135.
[264] Vor allem durch seine ekklesiologische Konzeption, die er inkarnatorischen Modellen entgegengesetzt hat. Die Kirche verstand er als Kontinuität der Salbung Jesu durch den Heiligen Geist (siehe oben Anm. 230), indem derselbe Geist die vielen menschlichen Personen untereinander und mit Christus in *una mystica persona* vereinigt.

Geistes, weil er die beiden Personen durch sein Peronsein verbindet. Daher muss der Geist als verbindende Person vom Vater und vom Sohn ausgehen.

Als Charakteristikum der Pneumatologie Mühlens kann vielleicht die Kategorie *der personalen Kausalität* gelten, die zu erklären versucht, wie sich die Einheit und die Differenz zwischen Christus und den Christen in der Person des Geistes *unvermischt* und *ungetrennt* ergänzen.[265]

Besondere Bedeutung gewann auch Mühlens Reflexion über »das personhafte Wir« des Heiligen Geistes, weil sie der Ekklesiologie in der Zeit des II. Vatikanums und nach dem Konzil wichtige Impulse gegeben hat. Dieser Beitrag führte die nachkonziliare Theologie u.a. zu einem stärker personalen Gnaden- und Sakramentenverständnis.

Sicherlich gelang es Mühlen, die Bedeutung der Pneumatologie für das christliche Leben zu erläutern. Die Theologie vom Heiligen Geist verhalf ihm vor allem dazu, einen notwendigen kritischen Prozess der Entsakralisierung in der Welt der Gotteserfahrung einzuführen, um das wahrhaft Sakrale zu suchen und neu zu beleuchten. Er war der Meinung, dass der ursprüngliche Ort der Erfahrung des Sakralen die Begegnung von Person zu Person bzw. die Erfahrung der gesellschaftlichen Wir-Gemeinschaft ist, weil der Grundcharakter des Sakralen sich ursprünglich in der personalen Begegnung zeigt.

Wie fruchtbar diese Ideen für die Sakramentenlehre sein konnten, wird unsere Untersuchung – u.a. in dem auf der personalen Kategorie der Begegnung aufbauenden Entwurf von Lothar Lies – zeigen.

1.3 DER PNEUMATOLOGISCH-TRINITARISCHE PARADIGMENWECHSEL DES VATICANUM II

Am 25. Januar 1959 hat Papst Johannes XXIII. die Einberufung eines Konzils angekündigt, das er als ein neues Pfingsten für die Kirche erhofft und verstanden hatte. Im Gefolge des II. Vatikanischen Konzils begann eine ungeahnte und vielfältig angestoßene Erneuerung der Pneumatologie. Viele Motive, Gründe und Strömungen haben zu einem wachsenden Interesse des Westens an der Pneumatologie, ihrer Erneuerung, Vertiefung und Neugewichtung geführt. Vor allem die Wende der katholischen Kirche zur Ökumene im Vaticanum II wurde als großes Zeichen und Wirken des Heiligen Geistes wahrgenommen. Durch die ökumenische Öffnung kam es zu den hoffnungsvollen zwischenkirchlichen Dialogen und gemeinsamer theologischer Arbeit. Das Bemühen um die Einheit aller Christen führte u.a. dazu, dass die katholische Kirche ihr Selbstverständnis entsprechend neu artikulierte.

---

[265] Vgl. FREITAG, Geist-Vergessen – Geist-Erinnern 130–135.

1.3 Der pneumatologisch-trinitarische Paradigmenwechsel

Die im Konzil erfolgte Akzentuierung der pneumatologischen Frage hat zu einem theologischen Paradigmenwechsel geführt. Obwohl dieser Wechsel besonders in der Ekklesiologie seinen Schwerpunkt hatte, ist es uns wichtig, die für die Thematik dieser Arbeit bedeutsamsten ekklesiologischen Ergebnisse dieser Diskussion zu skizzieren, denn in diese pneumatologisch-trinitarische Umwandlung wurde auch die Sakramententheologie eingebunden.

1.3.1 Erste pneumatologische Ansätze in Sacrosanctum Concilium

Das Vaticanum II hat sich hauptsächlich in der Liturgiekonstitution *Sacrosanctum Concilium* mit den Sakramenten befasst. Mit den grundlegenden Prinzipien und Zielen der ganzen liturgischen Reform hat sich auch das Sakramentenverständnis verändert. Die Auflösung aller rituellen Erstarrung, die Wiederherstellung des Wortgottesdienstes als Verkündigung des Gotteswortes an den Menschen, der dialogische Charakter der ganzen liturgischen Feier und die Betonung des gemeinsamen Dienstes des Gottesvolkes haben eine wichtige Basis für die Erneuerung der Sakramententheologie gebildet.[266]

Das Konzil definiert sein Liturgie- und Sakramentenverständnis vor allem durch den Rückgriff auf die Mysterientheologie Odo Casels (SC 5–12). Liturgie – und damit auch die Feiern der Sakramente – sind nunmehr als sakramentliche Feiern des Pascha-Mysteriums zu verstehen. Diese Konzeption hat deutlich die neuscholastische Verengung der Gültigkeit der Sakramente auf das Minimum von Materie und Form aufgebrochen und eine dialogische Sicht der Liturgie zurückgewonnen.[267] Dieses Mysterium wird aber noch überwiegend nur in christologischen Erlösungsgeschehnissen berücksichtigt, in Tod, Auferstehung und Himmelfahrt (SC 5), denn die Geistsendung scheint kein integraler Teil des Pascha-Mysteriums zu sein – nicht seine Vollendung, sondern nur seine Manifestation.[268]

---

[266] Vgl. RICHTER, Die Liturgiekonstitution 24–27, für: Klemens RICHTER, Die Liturgiekonstitution des Zweiten Vatikanischen Konzils: Ziele, Widerstände, Würdigung, in: Klemens RICHTER, Thomas STERNBERG (Hg), Liturgiereform – eine bleibende Aufgabe. 40 Jahre Konzilskonstitution über die heilige Liturgie (Münster 2004) 23–51, hier 24–27.
[267] Vgl. RICHTER, Die Liturgiekonstitution 35.
[268] Vgl. FREITAG, Sakramentenlehre und Pneumatologie 271–272.

Obwohl die pneumatologischen Elemente für das Sakramentenverständnis nicht prägend entfaltet wurden[269], leistet dennoch die konziliare Konstitution unexakt die pneumatologische Reorientierung der Sakramentenlehre, indem sie z.B. das praktische Wirken des Geistes im Volk Gottes in den Blick nimmt und auf diesem Wege die Sendung und Berufung des ganzen Gottesvolkes mit der »vollen, bewussten und tätigen Teilnahme« (SC 14) kraft des Geistes herausstellt.[270] Die Wiederentdeckung des Geistes in der Liturgiekonstitution geschieht auch dort (indirekt), wo die Konstitution die Sakramente in den Zusammenhang der Liturgie stellt. Diese gesamtliturgische Einbettung der Sakramente und ihre ekklesiologische Verankerung wird nach dem Konzil nicht nur

---

[269] Die Liturgiekonstitution *Sacrosanctum Concilium*, das erste große Reformdokument des Konzils, steht am Beginn einer theologischen Entwicklung und ist weithin noch von christomonistischem Denken der lateinischen Tradition bestimmt. Erst die theologischen Interventionen der unierten Bischöfe führten zur Aufnahme einiger Passagen über das Wirken des Heiligen Geistes, „die aber aufs Ganze gesehen eher den peinlichen Mangel widerspiegeln und Ausdruck einer konzeptionellen Verlegenheit sind, als dass sie eine hinreichende pneumatologische Bestimmung der Liturgie eröffnen." Im Hintergrund herrschte noch die grundlegende Einsicht Papst Leos XIII., dass der Heilige Geist in den Gerechten wohnt und Christus »das Haupt der Kirche«, der Heilige Geist aber »ihre Seele« ist. – NITSCHE, Geistvergessenheit und die Wiederentdeckung des Heiligen Geistes 117–118; vgl. auch KACZYNSKI, Kommentar zu *Sacrosanctum Concilium* 65, für: Reiner KACZYNSKI, Theologischer Kommentar zur Konstitution über die heilige Liturgie *Sacrosanctum Concilium*, in: Peter HÜNERMANN, Bernd Jochen HILBERATH (Hg), Herders Theologischer Kommentar zum Zweiten Vatikanischen Konzil 2 (Freiburg-Basel-Wien 2004) 1–227, hier 65.
– Die liturgische Reform bleibt im christozentrischen und kultisch-sazerdotalen Horizont. In der Wesensbeschreibung der Liturgie (SC 7) fehlt die Erwähnung des Heiligen Geistes. „Der Bund zwischen Gott und den Menschen wird aber aktualisiert nicht nur *durch* Christus, sondern auch *im* Heiligen Geist. Liturgie wird vollzogen im Heiligen Geist, der ebenso wie in Jesu priesterlichem Wirken auch in dem der Kirche gegenwärtig ist. Heilsvermittlung geschieht in der Kirche *durch* Christus *im* Heiligen Geist und die Gottesdienst feiernde Kirche wendet sich an den Vater *durch* Christus *im* Heiligen Geist." – KACZYNSKI, Kommentar zu *Sacrosanctum Concilium* 71. – Bei der Eucharistie (SC 47–58) und den anderen Sakramenten (SC 59–82) findet der Geist auch keine Erwähnung. Der Heilige Geist findet Platz in Form von Einschüben oder als Anhang, z.B. in der Form: »All das geschieht in der Kraft des Heiligen Geistes« (SC 5. 6). – KACZYNSKI, 65. – Der diagnostizierte geisttheologische Mangel wurde erst in der Kirchenkonstitution aufgefangen: »Auf vornehmste Weise wird aber unsere Einheit mit der himmlischen Kirche verwirklicht, wenn wir, besonders in der heiligen Liturgie, in der *die Kraft des Heiligen Geistes durch die sakramentalen Zeichen auf uns einwirkt*, das Lob der göttlichen Majestät im gemeinsamen Jubel verkünden« (LG 50).

[270] Vgl. NITSCHE, Geistvergessenheit und die Wiederentdeckung des Heiligen Geistes 117–119; vgl. auch: GUARDINI, Vom Geist der Liturgie 20: „Das Ich der Liturgie ist vielmehr das Ganze der gläubigen Gemeinschaft". – Hier sieht man, wie fruchtbar für die konziliare Erneuerung der Liturgie die vorkonziliare Liturgische Bewegung mit ihrem Impulsgeber, Romano Guardini, war.

1.3 Der pneumatologisch-trinitarische Paradigmenwechsel 61

zur Veränderung der einzelnen sakramentalen Spendeformeln[271], sondern auch zu einer strukturellen Reform der Sakramentenspendung[272] führen.

[271] Der ostkirchliche Einfluss ist in der nachkonziliaren Liturgiereform spürbar z.B. in der Reformulierung der Gebete zur *Segnung des Taufwassers*. Sie wurden in Form und Inhalt bewusst trinitarisch gestaltet. – Vgl. HOTZ, Sakramente im Wechselspiel zwischen Ost und West 244–261.287–300.
– Auch die neue Formel zur *Firmspendung* lautet: *N., accipe signaculum Doni Spiritus Sancti.* Bedeutsam ist hier die Abkehr von der früheren Formel: *Signo te crucis et confirmo te chrismate salutis.* Es gibt nicht mehr die christologisch-amtliche Formulierung (der menschliche Spender in indikativischer Form), sondern eine deprekativ-epikletische, die sich in imperativischer Form ausdrückt. – Vgl. Bruno KLEINHEYER, Sakramentliche Feiern 1: Die Feiern der Eingliederung in die Kirche = HLit 7,1 (Regensburg 1989) 229f.
– Das Weihegebet des *Ordinationssakramentes* hat auch eine deutliche epikletische Strukturierung und den Heiligen Geist selbst als sakramentale Gabe. – Vgl. Bruno KLEINHEYER, Sakramentliche Feiern 2: Ordinationen und Beauftragungen – Riten um Ehe und Familie – Feier geistlicher Gemeinschaften – Die Sterbe- und Begräbnisliturgie – Die Benediktionen – Der Exorzismus = HLit 8 (Regensburg 1984) 48–58.
– Die nachkonziliare *Absolutionsformel* spricht die Sündenvergebung explizit dem Geist zu: „*Gott, der barmherzige Vater, hat durch den Tod und die Auferstehung seines Sohnes die Welt mit sich versöhnt und den heiligen Geist gesandt zur Vergebung der Sünden. Durch den Dienst der Kirche schenke er dir Verzeihung und Frieden. So spreche ich dich los von deinen Sünden im Namen des Vaters und des Sohnes und des Heiligen Geistes. Amen*" – Liturgische Institute: Salzburg–Trier–Zürich (Hg), Kleines Rituale (Zürich-Freiburg 1980) 51f. – Unterstrichen wird die Lossprechung durch die Geste der Handausstreckung oder -auflegung. Im Ganzen kommt deutlich statt der früheren juridischen Sprechweise die ekklesiologische Dimension des Sakramentes zum Ausdruck.
– In den *deutschen Trauformeln* gibt es auch eine Veränderung: Das Gebet des Priesters bekommt einen trinitarischen Abschluss: „*Im Namen des Vaters und des Sohnes und des Heiligen Geistes*". – Kleines Rituale 64–67. In polnischen Formeln – ähnlich.
– Im Sakrament der *Krankensalbung* sind Dank- und Weihegebet über das Öl auch bewusst trinitarisch und im Stil einer Eulogie gestaltet. Die neue Spendeformel erwähnt ausdrücklich den Heiligen Geist: „*Durch diese heilige Salbung helfe dir der Herr in seinem reichen Erbarmen, er stehe dir bei mit der Kraft des Heiligen Geistes. Amen*" (Bei der Salbung der Stirn – Kleines Rituale 92). Auch die danach folgende Oration bittet um die Kraft des Heiligen Geistes. – Vgl. FREITAG, Sakramentenlehre und Pneumatologie 273.

[272] Es entstanden neue Liturgien mit epikletischem Weihegebet. Die Epiklese gehört zum Wesensbestandteil jeder »heiligen Handlung« und macht die Laien zu Ko-Liturgen – gegen eine Klerikalisierung des Priestertums. – HOTZ, Sakramente im Wechselspiel zwischen Ost und West 235–261.
– Die liturgischen Gebete des Segens erhalten eine trinitarische Differenzierung und anamnetisch- epikletische Struktur. – Vgl. dazu auch: Winfried HAUNERLAND, Zur sakramententheologischen Relevanz anamnetisch-epikletischer »Hochgebete« in der Sakramentenliturgie, in: Pastoralblatt 47 (1995) 39–46.
– Sakramentenspendung und -empfang sind trinitarische Liturgie geworden, denn die Geistwirkung wie auch die Beteiligung der ganzen Trinität kommen im sakramentalen Geschehen zum Ausdruck. „Am deutlichsten schlägt sich die Berücksichtigung des Heiligen Geistes in den neuen eucharistischen Hochgebeten nieder, die alle eine Epiklese zum Einsetzungsbericht und eine Epiklese für die Einswerdung (Kommunion) der Gläubigen enthalten." – FREITAG, Sakramentenlehre und Pneumatologie 274. – Am ausführlichsten, eindrücklichsten und klarsten wird das im ostkirchlich inspirierten und an der Basiliusliturgie ausgerichteten 4. Hochgebet formuliert: *»Damit wir nicht*

Die pneumatologische Bewusstwerdung der nachkonziliaren Sakramentenliturgie dokumentiert z.B. der Artikel *Heiliger Geist* im Pastoralliturgischen Handlexikon: „Die dritte göttliche Person, die die Versammlung der Gläubigen zum fortlebenden Herrenleib und Ort der Gottesbegegnung macht und so die Feier der Liturgie ermöglicht (...). Ein und derselbe Geist, der in allen die verschiedenen Gaben wirkt, schafft so aus den vielen Gliedern den einen Leib, den einen Bau (1Kor 12; Eph 4), er macht die Gemeinde zum Ort des Zugangs zum Vater (Eph 2,18), zum heiligen Tempel (1Kor 3,16; Eph 2,20.22). Der Heilige Geist ist damit der Ermöglichungsgrund allen Gottesdienstes; ohne ihn keine Verkündigung des Gotteswortes; ohne ihn kein Gebet, ohne ihn keine Eucharistie; ‚all das geschieht in der Kraft des Heiligen Geistes' (LK 6)."[273]

1.3.2 Die pneumatologischen Implikationen in der Lehre von der Kirche

1.3.2.1 Die ekklesiologische Wende

Infolge der liturgischen Erneuerung, die zur Subjektwerdung aller in der Kirche beigetragen hat, eröffnete sich die nächste große Diskussion der Konzilsväter: über die Ekklesiologie. Es kamen während des

---

mehr uns selber leben, sondern ihm, der für uns gestorben und auferstanden ist, hat er von dir, Vater, als erste Gabe für alle, die glauben, den Heiligen Geist gesandt, der das Werk deines Sohnes auf Erden weiterführt und alle Heiligung vollendet. So bitten wir dich, Vater: Der Geist heilige diese Gaben, damit sie uns werden Leib und Blut unseres Herrn Jesus Christus«. Nach dem Einsetzungsbericht und der Anamnese: »*Gib, daß alle, die Anteil erhalten an dem einen Brot und dem einen Kelch, ein Leib werden im Heiligen Geist, eine lebendige Opfergabe in Christus zum Lob deiner Herrlichkeit*«. – Vgl. NITSCHE, Geistvergessenheit und die Wiederentdeckung des Heiligen Geistes 119.

– J. Freitag verweist auch auf die epikletische Übersetzung des Römischen Hochgebetes im Deutschen Messbuch. Der Römische Messkanon, der keine eigene Epiklese, sondern nur die Bitte um Segen und die Annahme der Gaben formuliert, hat in der deutschen Übersetzung durch Auflösung der lateinischen Satzkonstruktion eine ausdrückliche Erwähnung des Geistes erhalten: »Schenke, o Gott, diesen Gaben Segen in Fülle und nimm sie zu eigen an. Mache sie uns zum wahren Opfer *im Geiste*, das dir wohlgefällt: zum Leib und Blut deines Sohnes, unseres Herrn Jesus Christus.« Der Autor bestätigt eine ähnliche »epikletische« Übersetzung in der englischen und spanischen Version. In der italienischen oder französischen dagegen gibt es keine Erwähnung des Heiligen Geistes. – FREITAG, Sakramentenlehre und Pneumatologie 274. – Die polnische Version behält auch eine pneumatologische Ausdrucksweise: »Prosimy Cię, Boże, uświęć tę Ofiarę pełnią swojego błogosławieństwa, mocą *Twojego Ducha [kraft Deines Geistes = Gottes Geistes]* uczyń ją doskonałą i miłą sobie, aby się stała dla nas Ciałem i Krwią Twojego umiłowanego Syna, naszego Pana Jezusa Chrystusa.« – Mszał z czytaniami (Katowice ²1993) 670.

[273] Adolf ADAM, Rupert BERGER (Hg), Pastoralliturgisches Handlexikon (Freiburg 1980) 199.

1.3 Der pneumatologisch-trinitarische Paradigmenwechsel

Konzils zwei Modelle der Ekklesiologie zur Geltung, eine hierarchisch-christologische und eine pneumatologische Sicht.[274]

Die christomonistische Definition von Kirche kennzeichnet – nach Hermann J. Pottmeyer – eine fünffache Vor- bzw. Über-Ordnung: *erstens* der Gesamtkirche vor der Ortskirche, *zweitens* des Amtsträgers vor der Gemeinde, *drittens* der monarchischen vor der kollegialen Amtsstruktur, *viertens* des ordinierten Dienstes vor den Charismen sowie *fünftens* der Einheit vor der Vielfalt.[275] In dieser Sicht wurde der Geist nur als das Mittel für Christi Wirken gesehen: „Die Gründung der Kirche ist im Keim vollzogen mit der Bestellung der Apostel." Die Sendung Jesu hat unmittelbar die Kirche übernommen, denn sie ist „begründet in der Identität mit seiner Sendung, gefordert durch die angekündigte Sanktion, gewährleistet durch Christi Beistand und die Sendung des Hl. Geistes, beansprucht von den Aposteln, bestätigt durch Wunder. (...) Die uneingeschränkt übertragene Sendung Jesu gibt den Aposteln auch die Jurisdiktionsgewalt; wie er üben sie in seinem Namen gesetzgeberische, richtende und vollziehende Gewalt aus, die Jesus ihnen ausdrücklich erteilt hatte." Jesus selbst hat „die sichtbare religiöse Gesellschaft gegründet, unter hierarchischer (heiliger, d.h. von Gott kommender und zu Gott führender) u. monarchischer Autorität, die er seine Kirche nennen konnte. (...) Die Apostelkirche (...) ist die Bestätigung und Fortführung der hierarchischen Autoritätskirche Christi."[276]

Im christozentrischen Bild der Kirche ist ihr Ursprung und ihre Gründung das Werk des Gottmenschen, das der Heilige Geist lediglich ausführt: „Weil Christus (...) alles durch den Heiligen Geist wirkt, wird dieser *die Seele des Leibes Christi* genannt: vom Vater und Sohn wird er gehaucht und von beiden, weil es so von Christus verdient und erfleht, der Kirche gesandt (...)."[277]

Die pneumatologisch orientierte Reflexion der Konzilsväter wollte dieses christomonistisch maßgebende Kirchenbild durch die Rückkehr

---

[274] Vgl. HILBERATH, Communio hierarchica 202–219, für: Bernd Jochen HILBERATH, Communio hierarchica, in: ThQ 177 (1997) 202–219.
   Zur Entwicklungsgeschichte des ekklesiologischen Wendepunkts siehe: Matthäus BERNARDS, Zur Lehre von der Kirche als Sakrament. Beobachtungen aus der Theologie des 19. und 20. Jahrhunderts, in: MThZ 20 (1969) 29–54. Zu den Konzilsaussagen siehe: Heinrich DÖRING, Grundriß der Ekklesiologie. Zentrale Aspekte des katholischen Selbstverständnisses und ihre ökumenische Relevanz = Grundrisse 6 (Darmstadt 1986) 106–112.

[275] Vgl. Hermann J. POTTMEYER, Der eine Geist als Prinzip der Einheit der Kirche in Vielfalt. Auswege aus einer christomonistischen Ekklesiologie, in: Pastoraltheologische Informationen 5 (1985) 253–284, hier 255. – Siehe auch: DERS., Der Heilige Geist und die Kirche 45–55.

[276] Ludwig KÖSTERS, Art. Kirche 971–973, in: Michael BUCHBERGER (Hg), LThK 5 (Freiburg 1933) 968–982, hier 971–973.

[277] KÖSTERS, Kirche 977.

vor allem zu Thomas von Aquin sowie zur Schrift und Patristik aufbrechen.[278] Dadurch wird die Rolle und Bedeutung der Laien im Zusammenhang einer Gesamtschau von der Kirche als »messianischer Gemeinschaft« angemessen erfasst, die Teilhabe aller Getauften an der Sendung der Kirche profiliert, die Berufung der Christgläubigen als »messianisches Volk Gottes« durch ihren priesterlichen Dienst, ihren Anteil am prophetischen Zeugnis der Kirche und ihre Teilhabe und Mitwirkung an Leitungsaufgaben näher bestimmt und die Struktur des Amtes prinzipiell als Dienst (*ministerium, diakonia*) gekennzeichnet.

Diese Hauptakzente eines auf den ekklesiologischen Aspekten und Konsequenzen beruhenden Denkens vom Heiligen Geist erlaubten es, die fundamentale theologische »Hierarchie der Wahrheiten« in ein neues klareres Licht zu stellen, dass Gott und sein Heil für die Gläubigen (*res sacramenti*) der kirchlichen Zeichensetzung (*sacramentum*) immer konstitutiv vor- und übergeordnet ist.[279] Die pneumatologische Reformulierung der ekklesiologischen Prinzipien versuchte vor allem, neu auf die unbedingte Priorität der vom Geist gewirkten Gemeinschaft (*communio*) der Menschen mit Gott zu zielen.

1.3.2.2 Die Communio-Ekklesiologie in »Lumen gentium«

In LG 8 kommt es zu einer der bedeutendsten Aussagen des Konzils: Die eine Kirche Christi »subsistit in Ecclesia catholica«, ist aber mit dieser nicht mehr exklusiv deckungsgleich.[280] Das vorkonziliarchristomonistische Kirchenbild mit seinem Anspruch auf eine ‚objektive' Manifestation des göttlichen Willens in der heiligen Gesellschaft Christi, die mit der römisch-katholischen Kirche identisch ist, wird dadurch ‚relativiert'. Diese Aussage ist ein ‚Zeichen des Übergangs' zu einer stärker pneumatologischen Sicht der Kirche, die von der gemeinsamen Erwählung im Heiligen Geist her denkt.[281]

---

[278] Bei den Vätern und in der mittelalterlichen Schule sind die Sendung Christi und die Sendung des Geistes gleichrangig. Thomas von Aquin hatte noch ein pneumatologisches Verständnis der Kirche. Ganz im biblischen Sinne verstand er, dass das Gesetz des Neuen Bundes die *gratia Spiritus sancti* ist, dass der Geist selber die gegenwärtige Wirklichkeit Jesu Christi ist. – KASPER, Die Kirche als Sakrament des Geistes 14.

[279] NITSCHE, Geistvergessenheit und die Wiederentdeckung des Heiligen Geistes 106–109.

[280] Jürgen Moltmann sieht diesen Schritt als besonders wichtig an, denn die Wirksamkeit des Geistes, der jede einzelne Kirche im guten Sinne relativiert, bringe der Theologie viel mehr als irgendeine Diskussion über verschiedene Einheitsmodelle. – Vgl. Jürgen MOLTMANN, Der Geist des Lebens. Eine ganzheitliche Pneumatologie (München 1991) 16.

[281] NITSCHE, Geistvergessenheit und die Wiederentdeckung des Heiligen Geistes 119.

1.3 Der pneumatologisch-trinitarische Paradigmenwechsel

Die Konstitution des Konzils *Lumen gentium* spricht über die Kirche in erster Linie nicht mehr mit institutionell-monarchischen Bildern, sondern beschreibt ihr Wesen vielmehr mit den Begriffen pneumatischer und spiritueller Natur wie »Mysterium« oder »Sakrament«.

Das Konzil betont, dass die Kirche »in Christus gleichsam Sakrament« (LG 1) sei. Mit den paulinischen Leitbegriffen vom »Volk Gottes« des Vaters, vom »Leib Christi« und vom »Tempel des Heiligen Geistes« (LG 2-4) wird aber die sakramentale Wirklichkeit der Kirche pneumatologisch umgewendet und trinitarisch eingebunden.[282]

Der Heilige Geist ist das göttliche »Lebens-« und »Kraftprinzip«, das Anteil an Jesus Christus, am göttlichen Vater und der dreieinen göttlichen Lebensgemeinschaft schenkt. Kraft dieses Geistes ist die Kirche »das von der Gemeinschaft des Vaters und des Sohnes und des Heiligen Geistes her geeinte Volk« (LG 4). Einen ähnlichen Ausdruck der trinitarischen Begründung der Kirche – vielleicht in einer noch vertieferten Form – findet man im Dekret über den Ökumenismus, wo die dynamische Lebensgemeinschaft des dreieinen Gottes als Urbild der Kirche und die Kirche als dessen Abbild vorgestellt wird (UR 2).

Diese pneumatologischen Akzente setzt auch die Kirchenkonstitution, indem sie die Rolle des Heiligen Geistes für die Einheit der Kirche betont: »Der Geist eint durch sich und durch seine Kraft wie durch die innere Verbindung der Glieder den Leib« (LG 7).[283]

In der zum Leitbegriff konziliarer Ekklesiologie gewordenen Metapher »Volk Gottes« wird die patrozentrische Priorität des Handelns Gottes unterstrichen, dass der Vater kraft des Heiligen Geistes sein Volk erwählt und durch es in der Menschengeschichte handelt. Die Kirche will auch auf ihre Bescheidenheit verweisen, indem sie die eschatologische Differenz zwischen dem Reich Gottes und ihr selbst betont. Sie ist nur ein »Zeichen und Werkzeug« für das Reich Gottes (LG 1). Diese Sichtweise zeigt den geschichtlich-dynamischen, pilgernden Charakter der Kirche und stellt sie in einen Erneuerungsprozess: Als *ecclesia semper reformanda* soll die Kirche »unter der Wirksamkeit des Heiligen Geistes nicht aufhören, sich selbst zu erneuern« (LG 9).[284]

Die Kirchenkonstitution *Lumen gentium* hat durch ihre Grundfiguren und Prinzipien insgesamt eine neue Perspektive ekklesiologischen Denkens eröffnet. Durch eine zurückhaltende Entsprechung zwischen

---

[282] NITSCHE, Geistvergessenheit und die Wiederentdeckung des Heiligen Geistes 119–120. Siehe auch: POTTMEYER, Der Heilige Geist und die Kirche 51–54.

[283] Ausführlich dazu: Valentino MARALDI, Lo spirito e la sposa. Il ruolo ecclesiale dello Spirito Santo dal Vaticano I alla Lumen gentium del Vaticano II (Casale Monferrato 1997) 181–375.

[284] NITSCHE, Geistvergessenheit und die Wiederentdeckung des Heiligen Geistes 122–123.

Inkarnation des Logos in Jesus und dem Kirchewerden des Geistes (LG 8) entstand eine legitime Vielfalt für die Kirche.[285] In den unterschiedlichen biblischen Bildern kam ein mehr partizipativ-communionales Selbstverständnis der Kirche zur Geltung, und das vorkonziliar-christomonistische Kirchenbild konnte durch ein pneumatologisch-trinitarisches ersetzt werden. Als das im Geist erwählte Volk Gottes kann die Kirche die innere Identität der gemeinsamen Sendung durch Taufe und Firmung genauer erkennen und verwirklichen (LG 10; 33). In der Konstitution wird bewusst das vorangestellt, was allen im Anteil an dem Haupt der Kirche und an den Ämtern Christi (Priester, Prophet, Hirte) gemeinsam ist.[286]

Die Kirche ist »Sakrament des Geistes«, denn der dreieine Gott kraft des Geistes ist der erste und der letzte Grund für die Kirche, deren Glieder sich Jesus Christus gleich gestalten lassen sollen.[287] Als Volk Gottes in der Nachfolge Christi kraft des Heiligen Geistes ist sie auch das »Sakrament der Gemeinschaft des dreieinen Gottes«, das »Sakrament der Communio Gottes«.[288]

In der nachkonziliaren Diskussion hat sich der Leitgedanke von *Lumen gentium* »Volk Gottes« durchgesetzt. Die Neuausrichtung der Theologie zielt eindeutig auf eine trinitarisch dimensionierte Communio-Ekklesiologie. So ergibt sich unter der Perspektive einer erneuerten Theologie des Heiligen Geistes von unterschiedlichen Ausgangspunkten her eine Sicht der Kirche als Gemeinschaft, die auf Kommunikation angewiesen ist. Die kirchlichen Herrschaftsverhältnisse (der Triumphalismus, der Klerikalismus und der Juridismus) werden durch das Leitbild einer gemeinsamen *partizipatio* und *communio* aller statusmäßig Gleichgestellten konsequent überwunden.[289]

---

[285] NITSCHE, Geistvergessenheit und die Wiederentdeckung des Heiligen Geistes 121.
[286] NITSCHE, Geistvergessenheit und die Wiederentdeckung des Heiligen Geistes 123.
[287] KASPER, Die Kirche als Sakrament des Geistes; vgl. KEHL, Kirche – Sakrament des Geistes bes. 160f., für: Medard KEHL, Kirche – Sakrament des Geistes, in: Walter KASPER (Hg), Gegenwart des Geistes. Aspekte der Pneumatologie = QD 85 (Freiburg u.a. 1979) 155–180, hier 160f.
[288] Medard KEHL, Die Kirche. Eine katholische Ekklesiologie (Würzburg 1992) 138; vgl. auch Bernhard NITSCHE, Die Analogie zwischen dem trinitarischen Gottesbild und der communialen Struktur von Kirche. Desiderat eines Forschungsprogrammes zur Communio-Ekklesiologie, in: Bernd Jochen HILBERATH (Hg), Communio – Ideal oder Zerrbild von Kommunikation = QD 176 (Freiburg u.a. 1999) 81–114.
[289] Die pneumatologisch-trinitarische Perspektive der Ekklesiologie ist in den nachkonziliaren theologischen Beiträgen präsent, z.B. bei: Yves CONGAR, Die Lehre von der Kirche. Von Augustinus bis zum Abendländischen Schisma = HDG 3/3c (Freiburg-Basel-Wien 1971); Walter KASPER, Kirche als Sakrament des Geistes, in: DERS., Gerhard SAUTER, Kirche – Ort des Geistes = Ökumenische Forschungen, Erg. Abteilung: Kleine ökumenische Schriften 8 (Freiburg 1976) 13–55; Hermann Josef POTTMEYER, Der Heilige Geist und die Kirche. Von einer christomonistischen zu einer trinitarischen

Die Kirche wird als „die die trinitarische Liebe Gottes abbildende und bezeugende Gemeinschaft der Gläubigen" gesehen, in der „die Personen kraft des Geistes Christi nicht mehr durch ihr Gegeneinander, sondern durch ihr Miteinander und Füreinander definiert sind".[290] Die Communio ist aber damit nicht eine bloße Aufhebung des Eigenseins und Eigenrechts der einzelnen Person, „sondern bringt es im Wegschenken des Eigenen und im Empfangen des Anderen zur Erfüllung. Communio ist also Persongemeinschaft und wahrt den Primat der je einmaligen Person. Diese findet ihre Erfüllung aber nicht im individualistischen Haben, sondern im Geben und damit im Teilhabegewähren am Eigenen."[291]

1.3.3 Die pneumatologisch-trinitarische Dimension der Sakramente in den nachkonziliaren ökumenischen Dialogen – Das ‚Lima-Papier' 1982

Eines der Ergebnisse der (vor-)konziliaren Erneuerungsbewegung in der Theologie war die Öffnung der lateinischen Kirche für die orthodoxe Tradition.[292] Durch diese vom Heiligen Geist inspirierte ökumenische

---

Ekklesiologie, in: Tutzinger Studien 2 (1981) 45–55; Miguel GARIJO-GUEMBE, Gemeinschaft der Heiligen: Grund, Wesen und Struktur der Kirche (Düsseldorf 1988); Medard KEHL, Kirche – Sakrament des Geistes, in: Walter KASPER (Hg), Gegenwart des Geistes. Aspekte der Pneumatologie = QD 85 (Freiburg 1979) 155–180; DERS., Die Kirche. Eine katholische Ekklesiologie (Würzburg 1992); Bernd Jochen HILBERATH, Kirche als communio. Beschwörungsformel oder Projektbeschreibung, in: ThQ 174 (1994) 45–65; Jürgen WERBICK, Kirche. Ein ekklesiologischer Entwurf für Studium und Praxis (Freiburg 1994); Peter HÜNERMANN, Ekklesiologie im Präsens (Münster 1995); Harald WAGNER, Dogmatik: Kirche als Gemeinschaft und Kommunikation 76–125 (Stuttgart 2003); DERS., Das Amt im Kontext der Communio-Ekklesiologie, in: Cath(M) 50 (1996) 34–44; Gisbert GRESHAKE, Der dreieine Gott. Eine trinitarische Theologie (Freiburg 1997).

[290] WIEDENHOFER, Ekklesiologie 113, für: Siegfried WIEDENHOFER, Ekklesiologie 113, in: Theodor SCHNEIDER (Hg), HDog² 2 (Düsseldorf 2002) 47–154, hier 113.
— Die Einheit der Personen in der Kirche kommt aus der ‚Logik' des Bekenntnisses zum trinitarischen Gott: sie gründet in Gott und ist durch Sohn und Geist vermittelt (die Kirche als das gesamte Resultat des trinitarischen Heilshandelns Gottes). Es ist „die ‚Logik' des sich mitteilenden trinitarischen Gottes, der in die Singularität der Geschichte eingeht und mit seinem Geist überall am Werk ist". – HÜNERMANN, Kommentar zu Lumen gentium 403, für: Peter HÜNERMANN, Theologischer Kommentar zur dogmatischen Konstitution über die Kirche Lumen gentium, in: DERS., Bernd Jochen HILBERATH (Hg), Herders Theologischer Kommentar zum Zweiten Vatikanischen Konzil 2 (Freiburg-Basel-Wien 2004) 263–582, hier 403.

[291] Walter KASPER, Der Gott Jesu Christi (Mainz 1982) 374.

[292] Im Ökumenismusdekret (UR 14–17) kommt zum Ausdruck, dass die lateinische Kirche sich der orthodoxen Tradition im Konzil nicht nur geöffnet, sondern sie als eigene, katholische Tradition angenommen hat, aus der sie als lateinische Kirche selbst geschöpft habe.

Bewegung hat die katholische Kirche ihr Selbstverständnis neu artikuliert. Die konziliare Wiederentdeckung der Ortskirche, der Kollegialität der Bischöfe, der eucharistischen Ekklesiologie[293] (des epikletischen Charakters der eucharistischen Liturgie) und des synodalen Lebens wären ohne die aufgenommenen Impulse aus der orthodoxen Theologie kaum denkbar gewesen.[294] Diese Erfahrung ließ katholischerseits die Entfaltung der Pneumatologie zu einem Desiderat werden, das auch kirchenamtlich eingefordert wurde.[295]

Die ökumenischen Dialoge im Gefolge des Konzils arbeiten die pneumatologische Dimension und die trinitarischen Elemente der Sakramente deutlicher heraus. Als Dialogergebnisse bezeugen sie, dass die genauere pneumatologische Bestimmung der Sakramente als eine notwendige theologische Richtung zu gelten hat.

Unter verschiedenen Beiträgen aus ökumenischen Dialogen zu pneumatologischen Neuansätzen im Sakramentenverständnis hat die Konvergenzerklärung *Taufe, Eucharistie und Amt (»Lima-Papier« von 1982)* dies am ausdrücklichsten und weitgehendsten aufgegriffen, und darum gilt sie als »Kristallisationspunkt ökumenischer Bemühungen«[296] in dieser Problematik[297].

---

[293] Es liegt nahe, nachkonziliar von einer eucharistischen Ekklesiologie zu sprechen. Walter Kasper merkt zum Schreiben Johannes Pauls II. »Über das Geheimnis und die Verehrung der heiligsten Eucharistie« von 1980 kommentierend an: Es ergebe sich „insgesamt eine sakramentale, ja eine eucharistische Konzeption der Kirche. (...) Diese Konzeption entspricht ganz der Sicht der Kirchenväter. (...) Die Ostkirche hat diese Sicht bis heute lebendig bewahrt. Der Westen hat vor allem im 2. Jahrtausend eine mehr individualistische und juridische Sicht entwickelt. (...) Man braucht kein Prophet zu sein, um zu sagen, dass eine solche eucharistische Konzeption der Kirche ökumenisch von weitreichenden Konsequenzen ist." – Walter KASPER, Ein Leib und ein Geist werden in Christus. Schreiben über die Eucharistie Papst Johannes Paul II. (Freiburg 1980) 80f.

[294] FREITAG, Geist-Vergessen – Geist-Erinnern 15.

[295] Z.B. die Mahnung von Paul VI. in der Generalaudienz vom 6.7.1973: „Auf die Christologie und insbesondere auf die Ekklesiologie des Konzils muß ein neues Studium und ein neuer Kult des Heiligen Geistes folgen als unerläßliche Ergänzung zur Lehre des Konzils." – Zitiert nach: FREITAG, Geist- Vergessen – Geist-Erinnern 15.

[296] FREITAG, Sakramentenlehre und Pneumatologie 275. – Die Konvergenzerklärung (Lima 1982) ist für die damalige Zeit im gewissen Sinne eine Krönung aller aus verschiedenen bi- und multilateralen Dialogen stammenden Bemühungen der Bewegung für Glaube und Kirchenverfassung.

[297] Die anderen bi- und multilateralen Dialoge haben andere Schwerpunkte gesetzt. Z.B. der innerwestliche reformatorisch-katholische Dialog über die Sakramente im *Ökumenischen Arbeitskreis evangelischer und katholischer Theologen* hat in der Studie (1986) *Lehrverurteilungen – kirchentrennend? Rechtfertigung, Sakramente und Amt im Zeitalter der Reformation und heute (hg. von K. Lehmann und W. Pannenberg)* mehr die historischen Kontroversen der Sakramentenlehre aufgearbeitet. Die Pneumatologie als neue Perspektive und Herausforderung der Sakramentenlehre konnte dadurch für die Überwindung der historischen Gegensätze keine entscheidende Rolle spielen.

1.3 Der pneumatologisch-trinitarische Paradigmenwechsel

Das Lima-Papier versteht die Sakramente epikletisch und trinitarisch (als Gabe Gottes für sein Volk[298] mit einem ausdrücklichen Bezug auf alle Personen der Trinität). In der Taufe wird das Ostergeheimnis von Christi Tod und Auferstehung und die Teilhabe an ihm untrennbar mit der Pfingstgabe des Heiligen Geistes verbunden, um das gemeinsame Wirken des Sohnes und des Geistes zu unterstreichen.[299]

Die pneumatologische Dimension der Eucharistie wird deutlich in trinitarischer, ekklesiologischer und eschatologischer Strukturierung des sakramentalen Geschehens ausgelegt.[300] Das Zentrum der Eucharistie bildet die Gegenwart Christi, aber »der primäre Ursprung und die letztliche Erfüllung des eucharistischen Geschehens« ist der Vater. Und die »unermeßliche Kraft der Liebe« des Heiligen Geistes ist es, die dieses Geschehen ermöglicht. Indem der Heilige Geist »im eucharistischen Mahl den gekreuzigten und auferstandenen Christus vergegenwärtigt« und »die Verheißung der Einsetzungsworte erfüllt«, macht er das sakramentale Geschehen weiterhin wirksam.[301]

Trinitarische Deutung der Eucharistie drückt unmittelbar den epikletischen Charakter der ganzen sakramentalen Handlung aus, weil »sie ganz vom Wirken des Geistes abhängt«[302], und führt auch zur eschatologischen Dimension dieses Sakramentes: »Der Heilige Geist gibt uns durch die Eucharistie einen Vorgeschmack des Reiches Gottes: Die Kirche empfängt das Leben der neuen Schöpfung und die Zusicherung der Wiederkehr des Herrn«[303].

Im Amtsverständnis fragt das Dokument ähnlich nach der eigenen Rolle des Geistes neben dem Wirken Christi. Gegenüber einem rein christologischen Verständnis wird das pneumatologische Moment des Amtes nicht in Konkurrenz, sondern in Kongruenz zueinander gestellt. Das Amt wird nicht als persönlicher Besitz des Ordinierten, sondern als dessen Verantwortung vor Gott und vor der (für die) Gemeinschaft der

---

[298] Vgl. B1, E1.2, M5.39, in: DwÜ 1, 545–585 (das ganze Dokument). – Das Dokument Konvergenzerklärung *Taufe, Eucharistie und Amt* (Lima 1982) wird unter den international verwendeten englischen Kürzeln B (Baptism = Taufe), E (Eucharist = Eucharistie), M (Ministry = Amt) mit Abschnittzahl zitiert.

[299] Vgl. B 14.

[300] Die Eucharistie als Danksagung an den Vater (E 3–4), Anamnese oder Gedächtnis (Mémorial) Christi (E 5–13), Anrufung des Geistes (E 14–18), Gemeinschaft (Communio) der Gläubigen (E 19–21), Mahl des Gottesreiches (E 22–26).

[301] E 14. – Der Kommentar des Dokuments zu dieser Stelle unterstreicht: „Damit soll nicht die eucharistische Gegenwart spiritualisiert, sondern die unauflösbare Einheit zwischen dem Sohn und dem Geist bekräftigt werden. (...) Es besteht eine wesenhafte Verbindung zwischen den Einsetzungsworten, der Verheißung Christi, und der Epiklese, der Anrufung des Heiligen Geistes, in der Liturgie."

[302] E 16.

[303] E 18.

Gläubigen definiert.[304] Daher hat das Amt seinen Ort in (nicht vor oder über) der Kirche. Es wird eindeutig im Rahmen der Ekklesiologie bestimmt und unter der Leitung des Geistes auf *communio* ausgerichtet. Sein Vollzug konkretisiert sich in der Gemeinschaft der Kirche und in ihr muss er erkannt und anerkannt werden.[305]

Das pneumatologische Amtsverständnis kommt in diesem Dokument auch durch die Betonung der Sakramentalität des Amtes (seine pneumatische Dimension) zum Ausdruck, durch die Erwähnung seiner vielgestaltigen Form, seiner mehr universalen Struktur (M 19) und durch die Anpassung der Ämter an kontextuelle Bedürfnisse (M 22).[306]

Die Konvergenzerklärung *Taufe, Eucharistie und Amt* mit ihrer trinitarischen Grundlegung und pneumatologischen Explikationen hat zwischen den verschiedenen theologischen Traditionen deutliche Annäherungen und auch Übereinstimmungen erzielt.[307]

Die sakramententheologischen Ergebnisse des Dokumentes können wir mit Josef Freitag zusammenfassen: Die Sakramente mit ihrer christologischen Basis wurden in einen ergänzten, umfassenderen, trinitarisch artikulierten Glaubenshorizont hineingeführt. Der dreieinige Gott scheint der eigentliche Spender der Sakramente zu sein. Daher ist der Geist auch „ein wirklicher *Spender*, zumindest Mitspender und Mitwirker der Sakramente" und durch ihn wird „die *Struktur* des einen Mysteriums, nämlich des göttlichen Heilshandelns in Christus, nach dessen Tod weitergeführt und die Sakramentalität des gegenwärtigen Handelns Gottes möglich und wirklich."[308]

---

[304] Durch das pneumatologische Verständnis verändert sich die Sicht der Autorität in der Kirche. Sie ist nicht in einem rein christologisch-‚objektivierenden' Denkschema zu deuten, sondern sie hat eine trinitarische Verwurzelung und Zuordnung: „Die Autorität des ordinierten Amtsträgers ist begründet in Jesus Christus, der sie vom Vater (Mt 28, 18) empfangen hat und den er sie durch den Heiligen Geist im Akt der Ordination verleiht« (M 15). – Vgl. auch M 16: »Daher dürfen ordinierte Amtsträger weder Autokraten noch unpersönliche Funktionäre sein. (...) Nur wenn sie Antwort und Anerkennung der Gemeinschaft suchen, kann ihre Autorität vor Entstellungen durch Isolation und Herrschaft geschützt werden. Sie manifestieren und üben die Autorität Christi in der Weise aus, in der Christus selbst die Autorität Gottes der Welt offenbarte: indem sie ihr Leben der Gemeinschaft völlig widmen. (...) Autorität in der Kirche kann nur authentisch sein, wo sie diesem Modell zu entsprechen sucht«.

[305] Diese Momente der ekklesiologischen ‚Abhängigkeit' der Amtsträger sind sichtbar z.B. in der Annerkennung der Auswahl der Kandidaten durch die Gemeinschaft (M 7c, 40 und 45); in der Ordination durch die Anrufung des Heiligen Geistes und Handauflegung als einem Akt der ganzen Gemeinschaft, weil sie die Zuordnung der Glieder untereinander neu prägt (M 41 und 44). – Vgl. FREITAG, Sakramentenlehre und Pneumatologie 278–279.

[306] FREITAG, Sakramentenlehre und Pneumatologie 280.

[307] Natürlich bleiben in einigen Fragen auch ungelöste Divergenzen. Am größten im Amtsverständnis – vgl. Max THURIAN (Hg), Ökumenische Perspektiven von Taufe, Eucharistie und Amt = Faith and Order Paper 116 (Frankfurt a.M.-Paderborn 1983).

[308] FREITAG, Sakramentenlehre und Pneumatologie 283.

1.3 Der pneumatologisch-trinitarische Paradigmenwechsel

Exkurs I: Thesenhafter Überblick über das pneumatologische Sakramentenverständnis in der orthodoxen und in der reformatorischen Tradition

1. Die Pneumatologie und das Sakramentenverständnis in der orthodoxen Tradition

Der schweizerische Jesuit Robert Hotz hat in der Arbeit *Sakramente im Wechselspiel zwischen Ost und West* eine hervorragende ausführliche Darstellung der Grundlagen und der Entwicklungsgeschichte des orthodoxen Sakramentenverständnisses, sowohl Einendes wie Trennendes in den Auffassungen von Orient und Okzident, dargeboten.[309]

Der Autor weist nicht nur auf die getrennten Wege in Ost und West für Begriffsverwendung und Wesensmerkmale des sakramentalen Geschehens hin, sondern auch auf die Möglichkeiten gegenseitiger Beeinflussung und Annäherung (insbesondere katholischerseits durch die Öffnung gegenüber den östlichen Traditionen).

Im Folgenden werden – im kurzen Überblick – die wichtigsten Merkmale der orthodoxen Pneumatologie vorgestellt und die Rolle des Heiligen Geistes in der orthodoxen Liturgie der Sakramente mit den entscheidenden Punkten markiert.[310]

---

[309] Robert HOTZ, Sakramente im Wechselspiel zwischen Ost und West = ÖTh 2 (Zürich-Köln-Gütersloh 1979). – Die ganze Studie hat 5 Teile: I. Teil (17–63) – Vorstellung der Begriffe *mysterion* und *sacramentum* (in der Heiligen Schrift; der Einfluss der platonischen Kategorien auf die Denkweise der Kirchenväter); II. Teil (65–107) – Die geschichtliche Entwicklung der Sakramentenlehre im Westen (der Einfluss der aristotelischen Kategorien; die Lehre des Thomas von Aquin; die Ansichten Luthers und der Reformatoren; die Stellungnahme des Tridentinischen Konzils); III. Teil (109–170) – Die orthodoxe Lehre von den Sakramenten (vor allem im Blick auf ihre Abhängigkeit von der lateinischen Scholastik in der postreformatorischen Zeit); IV. Teil (171–300) – Darstellung der ‚Mysterien' als der Kontinuität des Heilswerkes Christi im Heiligen Geiste (die Rolle der neuen orthodoxen Ekklesiologie; die pneumatologische Dimension der Sakramente; die Sieben-Zahl als Symbol der Ganzheit; der Wendepunkt in der Entwicklung der christlichen Sakramentenlehre); V. Teil (301–342) – Bibliographie und ausführlicher Personen- und Sach-Index.

[310] Hier stütze ich mich vor allem auf: Robert HOTZ, Sakramente im Wechselspiel zwischen Ost und West = ÖTh 2 (Zürich-Köln-Gütersloh 1979); Nikos Angelos NISSIOTIS, Die Theologie der Ostkirche im Ökumenischen Dialog. Kirche und Welt in orthodoxer Sicht (Stuttgart 1968); Wacław HRYNIEWICZ, Człowiek w mocy Ducha Świętego. Zarys pneumatologii ojców wschodnich, in: ZNAK 277–278 (1977) 775–793; DERS., Pneumatologia a eklezjologia, in: CT 2 (1977) 33–59; DERS., Der pneumatologische Aspekt der Kirche aus orthodoxer Sicht, in: Cath(M) 31 (1977) 122–150; Zygfryd GLAESER, Eucharystia w dialogu. Wokół bilateralnych uzgodnień doktrynalnych Kościoła prawosławnego na temat Eucharystii = Ekumenizm i Integracja 15 (Opole 2007): hier eine wichtige Besprechung der Dokumente über die Eucharistie, die aus den bilateralen Dialogen der Orthodoxen Kirche entstanden (orthodox- römischkatholischer Dialog: USA, Deutschland, Frankreich, Schweiz; orthodox-altkatholischer, - anglikanischer, - lutherischer, -reformatorischer und -evangelischer Dialog); Theodor NIKOLAOU, Das

Pneumatologie des Ostens:

Die Pneumatologie – behauptet der orthodoxe Theologe Nikos Nissiotis – „ist wie ein frischer Wind, der sich erhebt gegen den theologischen Rationalismus, gegen die Verschulung und Verwissenschaftlichung der Theologie, gegen die Absicherung durch das systematische Denken, durch Normen, Gesetze und das daraus entstandene kanonische Recht. [...] Die Pneumatologie ist radikale Auflehnung [...] jegliches Wissens. Gott ist ausschließlich Erfahrung, er manifestiert sich durch das Charisma der Glossolalie oder durch das Schweigen"[311]. John Meyendorff setzt fort: „Die Theologie des Heiligen Geistes ist diejenige, welche sich nur mit allergrößter Schwierigkeit in ein vorgefasstes systematisches Schema fügt."[312] Ihre Aufgabe ist außerdem höchst delikat: sie läuft Gefahr, innerhalb der Trinität zu trennen, obwohl sie lediglich unterscheiden dürfte.[313]

Das Reden über den Heiligen Geist weist erstens triadologischen, zweitens ekklesiologischen und drittens soteriologischen Charakter seines Wirkens auf.

Die trinitarische Pneumatologie:

- Der trinitarische Kontext: Der Vater als Person ist das Prinzip für die Einheit der übrigen göttlichen Personen (Monarchianismus):

Wirken des Heiligen Geistes in der Predigt des Evangeliums und in der Feier der Sakramente 44–54, Athanasios BASDEKIS, Das Wirken des Heiligen Geistes im Leben der Christen, insbesondere nach Apostel Paulus und Johannes Chrysostomos 68–80, beide in: Heinz Joachim HELD, Klaus SCHWARZ (Hg), Das Wirken des Heiligen Geistes in der Erfahrung der Kirche. Achter bilateraler theologischer Dialog zwischen dem Ökumenischen Patriarchat von Konstantinopel und der Evangelischen Kirche in Deutschland vom 28. September bis 7. Oktober 1987 in Hohenwart = Studienheft 21 (Hermannsburg 1995) 44–54. 68–80; Theodor NIKOLAOU, Teilhabe am Mysterium der Kirche. Eine Analyse der Gespräche zwischen dem Ökumenischen Patriarchat und EKD, in: ÖR 30 (1981) 433ff.; R. ERNI, Pneumatologie und triadologische Ekklesiologie in ihrer Bedeutung für Struktur und Leben der Kirche. Ein Beitrag aus der Sicht der orthodoxen Theologie, in: US (1981) 226–241; Krzysztof STANIECKI, Trójca Święta w patrystycznej nauce Zachodu i Wschodu, in: Andrzej CZAJA, Piotr JASKÓŁA (Hg), Wokół tajemnicy Trójcy Świętej = Sympozja 39 (Opole 2000) 25–71; Jan Sergiusz GAJEK, Eucharystia i ekumeniczna diakonia kultury. Perspektywa białoruska [L'Eucaristia e la diakonia ecumenica di cultura. Prospettiva bielorussa], in: Piotr JASKÓŁA, Rajmund PORADA (Hg), Wspólna Eucharystia – cel ekumenii = Ekumenizm i Integracja 12 (Opole 2005) 99–107.

[311] Nikos A. NISSIOTIS, Berufen zur Einheit. Oder: Die epikletische Bedeutung der kirchlichen Gemeinschaft, in: ÖR 26 (1977) 297–313, hier 299–300.

[312] John MEYENDORFF, Die Theologie des Heiligen Geistes (Zusammenfassung), in: IEF-Rundbrief 15 (1984) 16.

[313] Vgl. Johannes ZIZIOULAS, Christologie, Pneumatologie und kirchliche Institutionen aus orthodoxer Sicht, in: G. ALBERIGO, Y. CONGAR, H.J. POTTMEYER (Hg), Kirche im Wandel. Eine kritische Zwischenbilanz nach dem Zweiten Vatikanum (Düsseldorf 1982) 124–140, hier 129.

1.3 Der pneumatologisch-trinitarische Paradigmenwechsel

der Sohn und der Geist – die den Vater offenbarenden Personen; keine *relatio oppositionis*, nur Trias-, keine Duo-Relationen.

- Der Geist hat seine Existenz genauso wie der Sohn allein vom Vater.[314]

- Der Geist ist nicht *nexus amoris* des Vaters und des Sohnes, sondern der Mitliebende mit dem Vater und der Mitgeliebte mit dem Sohn.

- Die Schöpfungs- und Erlösungstat – das eine trinitarische Wirken Gottes; der Geist ist wesensgleich[315] mit dem Vater und dem Sohn.

- Die eine, heilige und vollkommene Trinität besitzt eine ἐνέργεια, ein Wirken: Der Heilige Geist offenbart das Wirken (die Energie bzw. Energien) des Vaters und des Sohnes[316]; dieses, an sich eine,

---

[314] Der trinitarische Aspekt des Wirkens des Heiligen Geistes und besonders die Tatsache, dass das Wirken der Natur Gottes zugeschrieben, jedoch von ihr unterschieden wird, bewahrt vor dem *Filioquismus* im innertrinitarischen Bereich. *Denn die Existenzweise einer jeden der drei Personen (der Vater ist ungezeugt, der Sohn ist gezeugt und der Heilige Geist geht aus) bezieht sich einerseits auf das Wesen Gottes, gehört aber andererseits nicht wie das Wesen und die ihm entsprechende Energie den drei Personen gemeinsam. Sie ist vielmehr das, was einer jeden Person zukommt und ihr Eigenes bleibt. Das Ausgehen des Heiligen Geistes vom Vater als seine ureigenste, gleichewige, hypostatische Existenzweise läßt sich nicht dahingehend erweitern, daß er auch vom Sohne ausgeht (filioque), weil dann das, was nur einer Hypostase zukommt, zu etwas Gemeinsamem erklärt würde. Will man aber dem biblisch-patristischen Grundsatz treu bleiben, daß es in Gott das* κοινόν *(gemeinsam, gemeinschaftlich) und das* ἀκοινώνητον *(nicht-gemeinsam, nicht-übertragbar, eigen) gibt, so ist der Ausgang des Heiligen Geistes entweder vom Vater allein oder von dem Vater, dem Sohne und dem Heiligen Geist. Würde nun der Heilige Geist vom Vater und vom Sohne ausgehen, so wären diese beiden Personen der Existenzgrund des Heiligen Geistes und hätten somit etwas gemeinsam, was der dritten Person mangeln würde. Und wäre andererseits der Ausgang von allen drei Personen, so würde man den Heiligen Geist zur Ursache der eigenen Existenz erklären. Aber nur der Vater als Ursache und Quelle der Gottheit ist und kann der Existenzgrund des Sohnes (er wird von ihm gezeugt) und des Heiligen Geistes (er geht vom Vater aus) sein. Beides, Zeugung und Ausgang, geschehen vor der Zeit. Charakteristisch dafür ist die einzige biblische Stelle, die den Ausgang lehrt: Joh 15,26. Das zeitlose Präsens* (ἐκπορεύεται) *dieser Stelle verdeutlicht den Unterschied zwischen dem allgemeingültigen Ausgang vom Vater und der Sendung in der Zukunft* (πέμψω, *Futur), in der Zeit durch den Sohn. Die Person des Vaters ist Ursache und Quelle in der Gottheit.*
– In: Theodor NIKOLAOU, Das Wirken des Heiligen Geistes in der Predigt des Evangeliums und in der Feier der Sakramente 47.

[315] Vgl. ATHANASIUS VON ALEXANDRIEN (Serap. I, 2, 17, 23, 24, 28, in: PG 28, 532–533. 550–572, 584. 588. 593); BASILIUS DER GROSSE (De Spiritu Sancto I, 2, in: PG 32, 69–72). Zu den größten Autoritäten der östlichen Pneumatologie gehören bis heute außer ihm auch die zwei anderen großen Kappadokier (GREGOR VON NYSSA und GREGOR VON NAZIANZ) und KYRILL VON ALEXANDRIEN.

[316] Nach der klassischen Formulierung von Athanasius dem Großen „wirkt (ποιεῖ) der Vater alles durch den Logos *im Heiligen Geist*" (*Ep. ad Serap. I, 28*). – In: Theodor NIKOLAOU, Das Wirken des Heiligen Geistes in der Predigt des Evangeliums und in der Feier der Sakramente 44.

trinitarische Wirken[317] wird auch – aufgrund der Erfahrung der göttlichen Energie durch den Menschen ‚im Geiste' – einfach Wirken des Heiligen Geistes genannt[318].

- Theologie ‚der ganzen Wahrheit' *(J16,13: eis ten alétheian pásan)* – Theologie des Trinitätsmysteriums: der Geist offenbart das Mysterium der Dreieinigkeit und deren Gegenwart im Menschen.

Das Werk des Geistes und des Sohnes

- Die Gegenseitigkeit und Untrennbarkeit in der Schöpfungs- und Erlösungsökonomie: Christus ist der Erlöser, und der Heilige Geist ist derjenige, der den Menschen teilhaben lässt an der Sohnschaft des Vaters[319]; die Beziehung zwischen Sohn und Heiligem Geist hat jedenfalls einen soteriologischen Charakter.[320]

---

[317] Das trinitarisch gedeutete Wirken des Heiligen Geistes weist von vornherein jede christomonistische und jede pneumatomonistische Tendenz in der Theologie zurück (vgl. Montanismus, Messalianismus, evangelikale oder freikirchliche Gruppierungen).

[318] Das Wirken (und die Existenz) Gottes offenbart sich den Menschen im gesamten Mysterium des Heilsplanes ($\mu\nu\sigma\tau\acute{\eta}\rho\iota o\nu$ $o\iota\kappa o\nu o\mu\acute{\iota}\alpha\varsigma$): von der Schöpfung und der Vorsehung Gottes bis zu der Menschwerdung des Logos Gottes und der Erfahrung des Heils Christi in der Kirche schon jetzt und vor allem im Eschaton. Die menschliche Gotteserkenntnis beschränkt sich auf das Wirken (die Energien) Gottes – Gottes Wesen unterliegt demgegenüber nicht dem menschlichen Verstand (apophatische Kategorien: unendlich, unbegrenzt, unbegreifbar, ohne Gestalt usw.). Es handelt sich aber nicht um Trennung zwischen dem unzugänglichen Wesen Gottes und den dem Menschen zugänglichen Energien Gottes, sondern um eine Unterscheidung zwischen Wesen und Energie Gottes. Die Energie kommt dem gemeinsamen Wesen und der gegenseitigen Durchdringung der Trinität und nicht den drei Personen zu, sodass die Einfachheit und Einheit Gottes bewahrt wird. Diese göttliche Energie ist „nichts anderes als der göttliche Wille, die göttliche Macht, Gnade, Liebe, Erleuchtung, Vorsehung, das göttliche Licht, die göttlichen Charismen und Gaben schlechthin, durch die Gott sich dem Menschen offenbart und mit ihm eint. Sie ist also Gott in seinem Wirken im Mysterium der Oikonomia. Sie ist das, was gewöhnlich und verkürzt Wirken des Heiligen Geistes genannt wird. Aber dieses Wirken ist das Wirken der Heiligen Trinität." – Theodor NIKOLAOU, Das Wirken des Heiligen Geistes in der Predigt des Evangeliums und in der Feier der Sakramente 45–46. 47.

[319] Das Wirken des Heiligen Geistes ist „die unmittelbare, durch den Fortgang des Herrn bedingte, aber gleichzeitig unbedingt notwendige Fortsetzung seines Werkes". Das Werk des Heiligen Geistes richtet sich an diejenigen, „die dem Herrn gefolgt waren und weiterhin folgen, und mithin an die Gemeinschaft der Gläubigen, die Kirche. Dieses Werk bedeutet einerseits ἔλεγχος (Prüfung, Nachprüfung, Kontrolle, Aufdeckung) der falschen Meinung der Menschen über Sünde, Gerechtigkeit Gottes und Gericht, und andererseits Führung ‚in alle Wahrheit'. Dieses näherhin als Werk des Heiligen Geistes spezifizierte ist allerdings von dem Werk Christi und schließlich dem Werk des Vaters nicht zu trennen." – Theodor NIKOLAOU, Das Wirken des Heiligen Geistes in der Predigt des Evangeliums und in der Feier der Sakramente 44.

[320] Die Pneumatologie ist im Grunde genommen die Personalisierung (Aneignung) des Mysteriums Christi durch die Gläubigen. Im orthodoxen Gottesdienst ist diese enge Verbindung von Christologie und Pneumatologie in der Feier der Eucharistie, des Opfers Christi, die einen durchwegs pneumatologischen Charakter hat, besonders deutlich festgehalten, vor allem im Gebet der Epiklese. – Vgl. Athanasios BASDEKIS, Das Wirken des Heiligen Geistes im Leben der Christen, insbesondere nach Apostel Paulus und Johannes Chrysostomos 72, in: Heinz Joachim HELD, Klaus SCHWARZ (Hg), Das Wirken des Heiligen Geistes in der Erfahrung der Kirche. Achter bilateraler theologischer

1.3 Der pneumatologisch-trinitarische Paradigmenwechsel

- Die gewisse Eigenständigkeit des Geistes: die Pentekoste ist keine bloße Verlängerung der Inkarnation, sondern der zweite Akt des Vaters, in welchem das Ziel der Erlösungstat Christi erscheint.[321]

- Das Heilsmysterium beruht einerseits auf der Einverleibung der Menschheit in Christus und andererseits auf der personalen und freiwilligen Begegnung des Einzelnen mit Gott im Geist.

- Die Person des Geistes als des Gebers unterscheidet sich von seinen ungeschaffenen Gaben *(enérgeiai)*[322].

- Dank der Menschwerdung Christi ist die Menschheit annahmefähig für die Gaben des Geistes, der die Gegenwart Christi in den Glaubenden verinnerlicht.

- Der Geist bleibt in der irdischen Ökonomie unerkennbar; er hat kein sichtbares Bild von sich selbst – er ist ‚das Bild des Sohnes'[323] und offenbart sich durch die Heiligen – *tópos ton hagíon* (die Geisterfüllten sind *tópos oikeíos* des Geistes).

Der Heilige und Heilende Geist

- Der Geist ist die personifizierte Heiligkeit Gottes *(Panágion)*.

- *Théosis*: das Ziel der Heiligung durch die ständige Umkehr (Askese, Kontemplation) und die sukzessive Erleuchtung des Menschen im Geist *(hagiasmoú génesis)*.

- Der Geist ist *phos neotón* aller Getauften, nicht nur der Charismatiker.

- Die Rolle des Geistes in der Heilsgeschichte: die Heiligung der Menschen in ihrer Vielfalt und Verschiedenheit – er initiiert den

Dialog zwischen dem Ökumenischen Patriarchat von Konstantinopel und der Evangelischen Kirche in Deutschland vom 28. September bis 7. Oktober 1987 in Hohenwart = Studienheft 21 (Hermannsburg 1995) 68–80, hier 72.

[321] Aber die Rolle Christi im Erlösungsgeheimnis muss immer zentral sein. „[D]ie Heilsökonomie, insofern sie Geschichte angenommen hat und eine Geschichte besitzt, [ist nämlich] *nur eine*, und das ist *Christusereignis*. Sogar ‚Ereignisse' wie Pfingsten, die auf den ersten Blick einen ausschließlich pneumatologischen Charakter zu haben scheinen, sollten auf das Christusereignis bezogen werden, damit sie als Teil der Heils*geschichte* qualifiziert werden können. Sonst hören sie auf, pneumatologisch zu sein im eigentlichen Sinn." – ZIZIOULAS, Christologie, Pneumatologie und kirchliche Institutionen aus orthodoxer Sicht 129.

[322] Die griechischen Väter unterscheiden in Gott ein unzugängliches Wesen, drei Personen und ‚die ungeschaffenen Energien', durch welche Gott sich den Geschöpfen mitteilt. Diese Idee hat im 14. Jh. vor allem GREGOR PALAMAS entwickelt.

[323] BASILIUS DER GROSSE, De Spiritu Sancto IX, 28, in: PG 32, 109.

ersten Kontakt des Menschen mit Gott, wodurch – existenziell, nicht chronologisch – die Erkenntnis Christi und durch ihn die Erkenntnis des Vaters folgt[324].

Die Kirche als Raum des Geistwirkens

- Die Pneumatologie ist in der Kirche eine ontologische Kategorie; das Pfingstereignis ist in der Kirche konstituierendes Ereignis (von Christus instituiert – vom Heiligen Geist konstituiert).

- Die personale Sendung des Geistes am Pfingsttag – als Anfang der ekklesialen *missio* in die Welt; das Wirken des Geistes in der Kirche ist somit eine unmittelbare Fortsetzung und Verwirklichung aller Vollmacht Jesu Christi.

- Der trinitarische Aspekt des Wirkens des Heiligen Geistes ist für die Kirche wesentlich und konstitutiv: Die Kirche spiegelt die Fülle des Lebens der Heiligen Trinität wider; das Wirken des Heiligen Geistes ist ein Mysterium der Oikonomia, der kirchlichen Gotteserkenntnis und Gemeinschaft mit Gott und untereinander[325].

- Das Amt der Apostel partizipiert an dem Amt Jesu Christi nicht im Sinne einer juridischen Vertretung oder Bevollmächtigung, sondern vielmehr kraft der pneumatischen Befähigung und Parusie des Herrn bei ihnen („alle Tage bis an der Welt Ende' – Mt 28,20)[326]; die pneumatische Gabe der Apostolizität ist die ekklesial wesentliche und unverzichtbare Übertragung des Sendungsbewusstseins und der Verantwortung der Apostel auf die Amtsträger, die jedoch diese mit ihren Ortskirchen teilen.[327]

---

[324] Vgl. John MEYENDORFF, Byzantine Theology (New York 1974) 168.

[325] Das Wirken des Geistes ist kirchenstiftend, denn er „vereinigt die versammelten Gläubigen, einschließlich des Priesters, mit dem Sohn und dem Vater und macht daraus den mystischen Leib des Herrn." – Theodor NIKOLAOU, Das Wirken des Heiligen Geistes in der Predigt des Evangeliums und in der Feier der Sakramente 51.

[326] Alle Aktivitäten der Kirche müssen auf die Gegenwart und das Wirken des Heiligen Geistes zurückgeführt werden. Die pneumatologische Dimension ist es, welche die Kirche im Bereich des Mysteriums und des Charismatischen sein lässt und den Gedanken einer institutionalisierten oder nur mit Macht ausgestatteten Kirche relativiert.

[327] „Die Gabe des ordinierten Amtes macht sicherlich die Legitimität und Notwendigkeit anderer Charismen in der Kirche nicht streitig, und genauso wenig schließt sie diese aus. [...] Wie die Durchsetzung des Amtes des Bischofs, des Presbyters und des Diakons das Werk des Heiligen Geistes darstellt, ist es ebenso der Heilige Geist, der den ganzen Leib Christi *stets, unmittelbar* und *auf vielfältige Weise* auferbaut, belebt und beschenkt. Dieses Wirken und die Gaben des Heiligen Geistes werden [...] durch die Priester nicht eingeschränkt. Vielmehr *bedient sich der Heilige Geist ihrer* und führt sie, wohin er will. Der Heilige Geist, betont Nikolaos Kabasilas, ‚vervollkommnet die Mysteria *durch* die Hand und die Zunge der Priester'" (*Explication de la divine liturgie 28, 2, in: SCh 4 bis,*

1.3 Der pneumatologisch-trinitarische Paradigmenwechsel

- Der Geist befähigt die Menschen, Jünger Christi zu sein, und macht sie zu Zeugen ($μάρτυς$).

- Die Verkündigung des Evangeliums[328] und die Sakramente sind besondere ‚Mittel' der vergöttlichenden Wirkung des Heiligen Geistes; in den sakramentalen und liturgischen Mysterien enthüllen sich seine verwandelnden ‚Energien'.[329]

- Der eucharistische Leib des verklärten Christus *(sóma pneumatikón)* enthüllt das Geheimnis der Vergöttlichung der ganzen Menschheit.

- Die ekklesiologische Bedeutung der Charismen – die personale Dimension der Glaubenden und deren Mitwirkung mit dem Heiligen Geist *(Synergismus)*.

---

178). – Nach: Theodor NIKOLAOU, Das Wirken des Heiligen Geistes in der Predigt des Evangeliums und in der Feier der Sakramente 48–49.

[328] Das Wirken des Heiligen Geistes im Verkünden des Evangeliums regt zum Glauben an und führt zum Heil des Menschen. Das Heil selbst aber, das nicht bloß eine kognitive, intellektuelle Erkenntnis ist, verlangt nach einer tieferen unaussprechlichen Erkenntnis. Zu dieser Erkenntnis wird der Mensch durch den Heiligen Geist u.a. im Verkünden des Evangeliums geführt. Das Wirken des Heiligen Geistes beschränkt sich aber nicht nur auf die Predigt. Der Ausdruck des Wirkens und der Gabe des Geistes für die Gotteserkenntnis kann in verschiedenen anderen Formen des Wortes gefunden werden:
Die Predigt des Evangeliums berührt das Amt des Lehrers, deckt sich aber nicht voll damit. Denn die Predigt ist nur eine, wenn auch zentrale Form der Lehre. Ähnlich lehrreich können sich auch erweisen: das Katechumenat, der Religionsunterricht, das christliche Gedicht, der christliche Hymnus, die theologische Abhandlung, der theologische Vortrag, das Vorbild eines jeden Menschen und besonders das der Mönche, die auf konsequente Weise die Nachfolge Christi zu verwirklichen suchen, das Gebet im Sinne des sogenannten Wortgottesdienstes usw.
– Theodor NIKOLAOU, Das Wirken des Heiligen Geistes in der Predigt des Evangeliums und in der Feier der Sakramente 50. 52.

[329] In der Feier der Sakramente, die das Evangelium in einer intensiveren und existenzielleren Weise verkünden, gipfelt und vervollkommnet sich die Erkenntnis des Mysteriums Gottes und verwirklicht sich die innige, gnadenhafte Vereinigung des Menschen mit Gott. In den Sakramenten nimmt Gott Wohnung im Menschen, und der Mensch wird neu geboren und geformt in Christus. Und diese Vereinigung beginnt nicht erst in der zukünftigen Welt, sondern schon jetzt – im liturgischen Leben der Kirche, obwohl sie ihre Vollendung im Eschaton erst erwartet.
Die Feier und die Spendung – im Gegensatz zu der Predigt – ist ausschließlich den Bischöfen und den von ihnen ermächtigten Priestern vorbehalten. Die Anteilnahme der Laien an den Sakramenten ist zwar ‚eingeschränkt' und fast ‚passiv', aber ihre Anwesenheit und Teilnahme an den sakramentalen Handlungen bedeutet auch eine Darbringung der ‚geistlichen Opfer' für den ‚Bau des geistlichen Hauses' und ist die Verwirklichung der Kirche. – Vgl. Theodor NIKOLAOU, Das Wirken des Heiligen Geistes in der Predigt des Evangeliums und in der Feier der Sakramente 51. 52.

Die pneumatologische Anthropologie:

- Das Geheimnis des Menschseins wird nicht nur in Christus, sondern auch im Heiligen Geist erleuchtet; Vergöttlichung – Teilnahme am göttlichen Leben.

- Die östliche Heilskonzeption beruht auf der Wiedergewinnung der Fähigkeit zur Angleichung an Gott – daher solche soteriologische Kategorien wie die Teilnahme *(méthexis)* oder die Vereinigung *(koinonía)* mit dem vergöttlichen Menschsein des Logos[330].

- Der Heilige Geist erwirkt die *méthexis* und die *koinonía*.

- Das Spezifikum des Geistwirkens – *teleiotikè aitía* – er führt die Geschöpfe zu ihrer Vollendung in der Vereinigung mit Gott; er belebt die ganze Schöpfung und promulgiert in ihr die eschatologische Verwandlung des ganzen Kosmos.

- Die griechische Tradition verweist darauf, dass die Teilnahme am göttlichen Leben integral zur menschlichen Natur gehört; deswegen kann der Mensch die authentische Freiheit und das wahre Leben nur dank des Heiligen Geistes erreichen, der ihn am Leben des dreieinen Gottes teilnehmen lässt; die verwandelnde Wirkung des Geistes gehört zum ‚natürlichen' Plan Gottes, nicht zur Sphäre der außerordentlichen Aktivitäten (Wunder).

- Die Definition des Menschen ist nicht so sehr durch seinen Sündenfall oder seine Unfreiheit bestimmt als vielmehr durch das Ziel, zu dem er in Christus und im Heiligen Geist berufen wurde.

---

[330] Der Urgrund der Vergöttlichung des Menschen bildet die Menschwerdung Christi. Das christologische Dogma des hypostatischen Union ist der Grundstein und die Basis der Vereinigung des Menschen mit Gott, worauf das sakramentale Leben der Kirche beruht, und zugleich das Ziel, welches dasselbe Leben verfolgt.
– Vladimir LOSSKY hebt in diesem Zusammenhang die Tatsache hervor, dass Christus durch die Annahme der menschlichen Natur die Einheit der Natur wiederhergestellt hat. Diese Einheit der Natur ist der eine Leib Christi; sie ist die Identität der Gläubigen mit dem Leib Christi, mit jener Heilswirklichkeit, die kraft der Selbsterschließung Gottes in Jesus Christus zum Lebensraum des Menschen wird. Indem der Mensch mit Hilfe des Parakleten diesen Lebensraum beschreitet, tritt er in seine personhafte Existenz, in sein natürliches und ursprüngliches Verhältnis mit Gott ein; er erfährt die Liebe Gottes, auf Grund derer er "Mensch wurde, damit wir vergöttlicht werden".
Ohne die Union der göttlichen Natur mit der menschlichen in Jesus Christus wäre also unsere Einverleibung durch die Sakramente in den Leib Christi, die Erfahrung der göttlichen Energien und die Gemeinschaft mit Gott nicht denkbar. Weil Gott Mensch wurde, die menschliche Natur rettete und einigte, kann der Mensch dieser Einheit und des Wirkens des Heiligen Geistes im kirchlichen Leben teilhaftig werden. – Vladimir LOSSKY, Die mystische Theologie der morgenländischen Kirche (Graz-Wien-Köln 1962) 223; nach: Theodor NIKOLAOU, Das Wirken des Heiligen Geistes in der Predigt des Evangeliums und in der Feier der Sakramente 52.

1.3 Der pneumatologisch-trinitarische Paradigmenwechsel

- Sein Weg der *théosis* ist ein Weg der pneumatischen Erkenntnis *(anábasis)*, um das zu werden, was er dank der Erlösung schon in der Tiefe seiner Existenz geworden ist *(kainè ktísis)*.

- Das Ziel der ganzen christlichen Existenz ist also eine bewusste und persönliche Erfahrung der Gegenwart und Wirkung des Heiligen Geistes: denn er ist ‚die Leiter unseres Aufstiegs zu Gott'[331], ‚ein Geist der Erkenntnis', der zur ‚Schau' Gottes befähigt[332].

Pneumatologie und Sakramentenlehre:

- Betont wird die lebendige Sensibilität für das Symbol- und Bilddenken – um den Inhalt auszudrücken, der die normale Tragfähigkeit des menschlichen Sprach-Wortes übersteigt.[333]

- **Theologie des Bildes**, der Ikone: die Denkweise ist in den (neo-)platonischen Kategorien (Urbild-Bild) verankert; die Termini *symbolon, eikon, homoioma, typos, antitypos* werden realistisch betrachtet.

- **Dynamische Bedeutung** des *mysterion*[334] – dank der wirkenden Kraft des Geistes verwirklicht es die reale Gegenwart des Urbildes, die aber noch verhüllt bleibt.

[331] IRENÄUS, Adv. haer. III, 24, 1. – Zit. nach: Wacław HRYNIEWICZ, Człowiek w mocy Ducha Świętego. Zarys pneumatologii ojców wschodnich, in: ZNAK 277–278 (1977) 775–793, hier 792.
[332] BASILIUS DER GROSSE, De Spiritu Sancto XVIII, 47, in: PG 32, 153.
[333] Bezogen vor allem auf: Robert HOTZ, Sakramente im Wechselspiel zwischen Ost und West = ÖTh 2 (Zürich-Köln-Gütersloh 1979); Wacław HRYNIEWICZ, Duch Święty, sakramenty, człowiek. Ku spotkaniu tradycji chrześcijaństwa Wschodu i Zachodu, in: ZNAK 316 (1980) 1203–1220; DERS., Eucharystia – sakrament paschalny, in: AK 101/447 (1983) 231–248; DERS., Diakonia Pneumatos. Refleksje ekumeniczne nad ważnością i uznaniem sakramentu w perspektywie paschalnej, in: AK 104/455–456 (1985) 173–189; Theodor NIKOLAOU, Das Wirken des Heiligen Geistes in der Predigt des Evangeliums und in der Feier der Sakramente, in: Heinz Joachim HELD, Klaus SCHWARZ (Hg), Das Wirken des Heiligen Geistes in der Erfahrung der Kirche. Achter bilateraler theologischer Dialog zwischen dem Ökumenischen Patriarchat von Konstantinopel und der Evangelischen Kirche in Deutschland vom 28. September bis 7. Oktober 1987 in Hohenwart = Studienheft 21 (Hermannsburg 1995), 44–54; Grigorios LARENTZAKIS, Die Früchte des Heiligen Geistes im Leben der Kirche 124–125, in: Heinz Joachim HELD, Klaus SCHWARZ (Hg), Leben aus der Kraft des Heiligen Geistes. Neunter bilateraler theologischer Dialog zwischen dem Ökumenischen Patriarchat von Konstantinopel und der Evangelischen Kirche in Deutschland vom 26. Mai bis 4. Juni 1990 in Kreta = Studienheft 21 (Hermannsburg 1995) 113–126; Jan S. GAJEK, Eucharystia sakramentem Ducha (Warszawa 1984).
[334] Thomas BREMER betont, dass u.a. aus diesem Begriff ein grundsätzlicher theologischer Unterschied zwischen Ost und West im Sakramentenverständnis resultiert. Mit westlichem *sacramentum* meint er aber einen eher juristisch geprägten Terminus, der nach einer exakten Eingrenzung und Bestimmung verlangt – was vor alem seit der posttridentinischen Theologie im katholischen Raum propagiert wurde (die nach dem Vaticanum II reformulierte neuere Sakramentenlehre versucht diese Sicht – auch dank der

- Die »**göttliche Liturgie**«[335]: ihre Unverfügbarkeit – das Prinzip der Unbeliebigkeit, d.h. das Hineintreten in ein Größeres, das letztlich aus der Offenbarung stammt, der Respekt vor der Vorgängigkeit; der Westen demgegenüber berücksichtigt stärker das geschichtliche Element – die »gewordene Liturgie« (das Werden in organischem Wachsen)[336].

- **Kosmische Symbolik** der materiellen Elemente (Wasser, Öl, Brot, Wein) – ihre sakramentale Verwandlung nicht so sehr im Schema der Wirkungs-Ursächlichkeit betrachtet, sondern eher als Epiphanie und Antizipation der eschatologischen Verwandlung des ganzen Kosmos (Muster-Ursächlichkeit); die Sakramente sind vor allem ‚Zeichen' der Manifestation Gottes *(epiphaneia)* und der Wirkung der vergöttlichenden Energien des Heiligen Geistes – erst dann sind sie die eine christliche Existenz begleitenden und unterstützenden ‚Heilsmittel'; die Sieben-Zahl als Symbol der Ganzheit, Universalität und Fülle[337].

- **Die Idee der kosmischen Liturgie**: Die Sakramente synthetisieren und einigen *(sym-bolon)* die ganze Wirklichkeit.

- Sakramentenlehre verankert in der patristischen Tradition – der besondere Akzent liegt auf den **pneumatologischen** und **kosmischen** Dimensionen des sakramentalen Kultes der Kirche *(kainè ktísis)*, welcher sich vor allem in der Eucharistie unter der Wirkung des Heiligen Geistes realisiert.

wiedergewonnenen pneumatologischen Akzente - zu ändern). *Mysterion* dagegen – gegenüber einer solchen erstarrten Definition von Sakrament – verweist auf den geheimnisvollen und unbegreiflichen Aspekt von Gottes Wirken; es ist daher ein dynamischer Begriff, der nicht in feste Kategorien gefasst werden kann. – Siehe: Thomas BREMER, „Ausgehen von dem, was uns gemeinsam ist". Überlegungen zum theologischen Dialog zwischen orthodoxer und katholischer Kirche, in: Cath(M) (2003) 69–81, bes. 78.

[335] Ausdruck der Orthodoxie im Sinne des ‚richtigen Lobes' als Heilsvollzug, als Doxa und als Drama. – Vgl. Lothar LIES, Die Theologie in den Bereichen der Ostkirchen, auf: http://histheol.uibk.ac.at/lies/lehre/vorlesosttheol.pdf (URL 01.11.2006) 1–17, hier 1.

[336] Vgl. Joseph RATZINGER / BENEDIKT XVI., Der Geist der Liturgie. Eine Einführung (Sonderausgabe: Freiburg 2000/2006) 137–146, bes. 142. 144.

[337] Das liturgische Leben ist Realisierung, Aktualisierung und Nachvollzug in der Kirche des einen und großen Mysteriums Jesu Christi: seiner Fleischwerdung, seiner Verkündigung, seines Todes, seiner Auferstehung und seiner Aufnahme in die Herrlichkeit. Da die Sakramente das Leben im Geiste (das Heil und die Vergöttlichung des Menschen) bewirken, umfasst das sakramentale Leben aus diesem Grund nicht nur bestimmte sakramentale Handlungen, obgleich einige davon wichtiger als andere sind. Aus orthodoxer Sicht sind die lateinischen Ausdrücke unzutreffend, wenn der Ausdruck *‚ex opere operato'* auf bloß sieben Sakramente beschränkt wird und den übrigen liturgischen Handlungen nur eine Wirksamkeit *‚ex opere operantis'* zuerkannt wird. Vor allem das epikletische Element – der Hinblick auf das Wirken des Heiligen Geistes – macht die Unterscheidung zwischen den verschiedenen liturgischen Handlungen schwer. – Vgl. Theodor NIKOLAOU, Die Sakramentsmystik bei Nikolaus Kabasilas, in: KNA- Ökumenische Information 20 (1979) 7–8.

1.3 Der pneumatologisch-trinitarische Paradigmenwechsel

- Die Pentekoste als Zielsetzung der Inkarnation und des Pascha Christi (‚Christus als der Große Wegbereiter des Heiligen Geistes'[338]): die Kirche als besondere Ökonomie des Geistes.

- **Epikletische, deprekative und doxologische** Struktur der Kirche und der sakramentalen Geschehnisse[339]; Epiklese als Anrufung des Heiligen Geistes durch die Gemeinde um die Heiligung der Gaben und die Wiederherstellung der durch den Sündenfall zerstörten Relation zwischen Schöpfer und Geschöpf (Urbild-Bild-Denken) verstanden; sie ist – aufgrund der Tatsache, dass der Geist zugleich der Geber und die Gabe ist – ein immer erhörtes Gebet.[340]

- Die Eucharistie: Pascha Christi und Pentekoste des Heiligen Geistes – das endgültige Ziel der Herabsendung des Heiligen Geistes auf die Glaubenden ist ihre ‚Kommunion im Geiste' *(koinonía tou Pneúmatos)* und ‚Speisung seines Feuers', denn die verwandelnden und belebenden ‚Energien' des Heiligen Geistes vereinigen mit dem Sohn und dem Vater.

- Eucharistie: ist nicht nur ein Sakrament in der Kirche, sondern das Sakrament der Kirche selbst, welches sie bildet, erneuert und ihre wahren Dimensionen enthüllt.
  Die neueren orthodoxen Lehrbücher vermeiden die Rede vom Sakrament als von ‚einem Objekt', „das mit gewissen Eigenschaften und Fähigkeiten wie auch mit gewissen Kräften und einer Entelechie, d.h. mit einer gewissen Macht, die durch es vermittelt wird, ausgestattet ist. Das Konzept der Gnade selbst [wäre dadurch] objektiviert und kanalisiert; jedes Sakrament [würde] zu einem ‚Kanal' und einem

---

[338] Paul EVDOKIMOV, L'Esprit Saint dans la tradition orthodoxe (Paris 1969) 89.

[339] Sie unterstreicht die Tatsache, dass der eigentlich Handelnde Jesus Christus ist und bleibt, der auf das flehende Gebet der versammelten Gläubigen hört und den Heiligen Geist herabsteigen und wirken lässt.
– Besonders stark war die epikletische Vision der sakramentalen Heilsökonomie in der sogenannten *Philokalia*-Tradition. Der Akzent liegt in ihr auf der ständigen Anrufung des Geistes und der Erfahrung seiner Gegenwart in der Gemeinschaft der Glaubenden. Die Kirche ist der Ort der immerwährenden Pentekoste; sie ist ganz mit dem Geist erfüllt, denn ihre Entstehung verdankt sich der Epiklese Christi zum Vater. Diese Strömung der östlichen Spiritualität hatte einen großen Einfluss – so ähnlich wie die Lehre der griechischen Kirchenväter – auf die orthodoxe Vision der Mysterien und ihre gesamte Sakramentenlehre. – Vgl. Wacław HRYNIEWICZ, Prawosławny wkład do współczesnej refleksji ekumenicznej, in: CollTh 47/2 (1977) 33–39. 42–43.
– Auch die frühsyrische Tradition enthält eine solche starke epikletische Prägung. – Vgl. Emmanuel-Pataq SIMAN, L'expérience de l'Esprit par l'Eglise d'après la tradition syrienne d'Antioche = Théologie historique 15 (Paris 1971); Irénée-Henri DALMAIS, L'Esprit Saint et le mystère du salut dans les épiclèses eucharistiques syriennes, in: EL 90 (1976) 227–242; Jean CORBON, Liturgie de source (Paris 1980).

[340] EVDOKIMOV, L'Esprit Saint 100–101: *„Die Epiklese ist das liturgische Bekenntnis des Dogmas und die spirituelle Anwendung der Theologie des Heiligen Geistes"*.

‚Instrument' der Gnade".

Mit der Entdeckung und Betonung der ekklesiologischen Dimension der Eucharistie dagegen wird „die Eucharistie nun nicht mehr vordringlich als eine Sache, ta agia, betrachtet, sondern als eine Handlung, eine Liturgie, d.h. als ein Akt der glaubenden Gemeinde.... Die Eucharistie ist somit nicht nur ta agia, sondern auch of agioi, die Gemeinschaft (communio) der Heiligen".[341]

- Stark **eschatologische** Dimension.[342]

- **Synergismus**: Der Empfang der heiligenden und vergöttlichenden Gnade des Geistes bedarf des eigenen Beitrags des Menschen – die ständige Prüfung, die christliche Existenz in Übereinstimmung mit dem Willen des Herrn zu bringen, denn das Wirken des Heiligen Geistes in den Sakramenten wird entsprechend der Gesinnung und der Lebensführung entweder zum Heil oder auch zum Gericht (,Zurechtweisung' – vgl. 1Kor 11,27–32)[343].

Insgesamt:

Die orthodoxe Dogmatik versteht die *Sakramente als perichoretische Durchdringung alles Geschaffenen durch den göttlichen Geistlogos.*

Das umfassende Basissakrament ist für sie die *‚Vereinigung Gottes mit der gesamten Schöpfung'*, wie sie in der Weise perichoretischer Durchdringung alles Geschaffenen durch den göttlichen Geistlogos Realität hat.[344]

2. Das pneumatologische Defizit der reformatorischen Sakramententheologie?

---

[341] Johannes ZIZIOULAS, Die Eucharistie in der neuzeitlichen orthodoxen Theologie 166. 172, in: Die Anrufung des Heiligen Geistes im Abendmahl = Beiheft zur Ökumenischen Rundschau 31 (1977) 163–179, hier 166. 172.

[342] Nach orthodoxem Verständnis erfahren die Gläubigen in der Feier der Sakramente die Heilstaten Gottes. In den Sakramenten vollzieht die Kirche das Leben in Christus und überwindet durch das Wirken des Heiligen Geistes die Welt (Joh 16,23) und das vergängliche, irdische Leben.
„Denn wie in einem Hause die Lampe nicht länger die Blicke auf sich lenkt, wenn die Sonnenstrahlen hineindringen, deren Glanz sieghaft alles überstrahlt, so verhält es sich auch mit diesem Erdenleben. Wenn durch die Sakramente der Glanz des künftigen Lebens hereintritt und in den Seelen Wohnung nimmt, dann überwältigt er das Leben im Fleische und verdunkelt die Schönheit und den Glanz dieser Welt. Und das ist das Leben im Pneuma."
– *Nikolaos KABASILAS, De vita in Christo I, in: PG 150,504 C.*

[343] Vgl. Theodor NIKOLAOU, Das Wirken des Heiligen Geistes in der Predigt des Evangeliums und in der Feier der Sakramente 54.

[344] Siehe: Dumitru STANILOAE, Orthodoxe Dogmatik III = Ökumenische Theologie 16 (Zürich-Gütersloh 1995) 13.

1.3 Der pneumatologisch-trinitarische Paradigmenwechsel

Die ökumenischen Gespräche der letzten Jahrzehnte haben die Evangelische Kirche u.a. zur deutlichen Formulierung ihrer Lehre über den Heiligen Geist und dessen Rolle in der sakramentalen Heilsökonomie geführt. Insbesondere im bilateralen theologischen Dialog mit dem Ökumenischen Patriarchat von Konstantinopel hat sie bewiesen, dass von dem Vorwurf eines ‚Christomonismus' in der reformatorischen Theologie Abstand genommen werden muss.

Hans Friedrich Geißer (Wettingen, Schweiz), ein Teilnehmer am theologischen Dialog der Evangelischen Kirche mit dem Ökumenischen Patriarchat von Konstantinopel, weist darauf hin, dass das reformatorische Reden vom Heiligen Geist sich in einer Krisensituation und aus der Erfahrung eines geistlichen Neuaufbruchs artikulierte. Luther selbst – betont Geißer – hat die Krise darin erblickt, *„daß der Heilige Geist nicht dagewesen ist"*, und *„darum... auch keine christliche Kirche"*. Es wurden – nach Luther – zwar die übernatürlichen Kräfte einer geschaffenen Gnade angeboten, und es gab Ämter, die diese Kräfte austeilten und sich dafür auf den Heiligen Geist berufen konnten, aber es hat niemand Christus als einen Herrn oder den Heiligen Geist als den, der heilig macht, erkannt:

> *Das heißt, niemand hat geglaubt, daß Christus so unser Herr sei, daß er uns ohne unsere Werke und Verdienste einen solchen Schatz gewonnen und uns dem Vater angenehm gemacht hat. Woran hat es denn gefehlt? Daran, daß der Heilige Geist nicht dagewesen ist, der das geoffenbart hätte und es hätte predigen lassen. Sondern Menschen und böse Geister sind dagewesen, die uns gelehrt haben, durch unsere Werke selig zu werden und Gnade zu erlangen. Darum ist es keine christliche Kirche (gewesen). Denn wo man nicht von Christus predigt, da ist kein Heiliger Geist, der die Kirche schafft, beruft und sammelt, außerhalb derer niemand zu dem Herrn Christus kommen kann.*[345]

Geißer fragt kritisch:

> *Befinden wir uns in unserer westlichen Kirche und Gesellschaft nicht wieder in einer akuten Krisensituation? Geisterfahrungen sind gefragt, innerhalb und außerhalb der Kirche. Aber erfahren wir das Evangelium von Jesus Christus, dem Sohn Gottes, das Wirken Gottes, des Heiligen Geistes, des Spiritus Creator? Oder machen wir nur enttäuschende Erfahrungen mit unseren eigenen geschaffenen Kräften, mit unseren Werken, unseren Verwirklichungen*

---

[345] Großer Katechismus 1529, in: BSLK 655, 15–33. – Zitiert nach: Hans Friedrich GEISSER, Das Wirken des Heiligen Geistes in der Predigt des Evangeliums und der Feier der Sakramente 27, in: Heinz Joachim HELD, Klaus SCHWARZ (Hg), Das Wirken des Heiligen Geistes in der Erfahrung der Kirche. Achter bilateraler theologischer Dialog zwischen dem Ökumenischen Patriarchat von Konstantinopel und der Evangelischen Kirche in Deutschland vom 28. September bis 7. Oktober 1987 in Hohenwart = Studienheft 21 (Hermannsburg 1995) 27–41, hier 27.

und Schöpfungen? Erfahren wir das Wirken des Heiligen Geistes so, daß wir unser eigenes Werk unterscheiden lernen von der Heiligung, die er wirkt, und daß wir unser Tun und Erleiden durch ihn heiligen lassen?

Um in einer solchen Situation Weisung zu erhalten, suchen wir evangelischen Christen, Pfarrer und Theologen uns an der reformatorischen Lehre zu orientieren. Aber leidet sie nicht gerade selbst an einem pneumatologischen Mangel? Und ist dieses Defizit nicht eben verursacht durch eine Überbetonung der Christologie? Gehört dazu nicht auch ein sakramentales Defizit und eine einseitige Worttheologie? An der eben zitierten Stelle aus den Bekenntnisschriften argumentiert Luther ja eigentümlicherweise in einer doppelten Richtung. Zuerst sagt er: ‚Der Heilige Geist ist nicht dagewesen', darum gab es keine Predigt des Evangeliums, der befreienden Heilsbotschaft von Jesus Christus. Dann wieder heißt es: Wo nicht richtig von Jesus Christus gepredigt wird, ‚da ist kein Heiliger Geist' und auch keine christliche Kirche. [...] aus dem Großen Katechismus vernehmen [wir], daß der Heilige Geist das Amt der Christusverkündigung gerade durch die Kirche ausübt. Immer aber muß der Inhalt dieser Verkündigung Jesus Christus sein![346]

Im Blick auf das Wirken des Heiligen Geistes in der Erfahrung der Kirche ergaben sich in den ökumenischen Dialogbegegnungen aus der Sicht der evangelischen Teilnehmer die folgenden pneumatologischen Ergebnisse[347]:

I. Der Heilige Geist ist Gott in Person, der in der Kirche wirkt, obwohl er sich an sie nicht bindet.

---

[346] GEISSER, Das Wirken des Heiligen Geistes in der Predigt des Evangeliums und in der Feier der Sakramente 27–28.

[347] Bezogen vor allem auf die Beiträge der Teilnehmer am achten theologischen Dialog zwischen der Evangelischen Kirche in Deutschland und dem Ökumenischen Patriarchat von Konstantinopel (Hohenwart 1987): Hans Friedrich GEISSER, Das Wirken des Heiligen Geistes in der Predigt und in der Feier der Sakramente (27–41); Hans Joachim HELD, Das Wirken des Heiligen Geistes in der Predigt des Evangeliums und in der Feier der heiligen Sakramente (42–43); Jürgen BECKER, Das Wirken des Heiligen Geistes und die Prüfung der Geister in den urchristlichen Zeugnissen (81–86); Klaus ENGELHARDT, Das Wirken des Heiligen Geistes und die Prüfung der Geister jenseits des Neuen Testamentes (87–92), alle in: Heinz Joachim HELD, Klaus SCHWARZ (Hg), Das Wirken des Heiligen Geistes in der Erfahrung der Kirche. Achter bilateraler theologischer Dialog zwischen dem Ökumenischen Patriarchat von Konstantinopel und der Evangelischen Kirche in Deutschland vom 28. September bis 7. Oktober 1987 in Hohenwart = Studienheft 21 (Hermannsburg 1995).

Außerdem auch: Udo KERN, Sakramente in trinitarischer Perspektive, in: Lutherische Kirche in der Welt. Jahrbuch des Martin-Luther-Bundes 987 (53:2006) 68–100; W. SCHNEEMELCHER, Die Epiklese bei den griechischen Vätern, in: Die Anrufung des Heiligen Geistes im Abendmahl. Viertes Theologisches Gespräch zwischen dem Ökumenischen Patriarchat und der Evangelischen Kirche in Deutschland [...] (Frankfurt 1977) 68–94; und zum pneumatologischen Defizit reformatorischer Theologie auch: Hans Martin BARTH, Die Lehre vom Heiligen Geist in reformatorischer und ostkirchlicher Tradition, in: ÖR 45 (1996) 54–68.

1.3 Der pneumatologisch-trinitarische Paradigmenwechsel

II. Die Kirche – die Verkündigung des Evangeliums und die Sakramentsfeier – ist seine Schöpfung und Ort seines Wirkens (der Raum der Heiligung).

III. Der Geist ist es, der Christus erkennen lässt und in ein Leben in Gemeinschaft mit Gott führt, der die ‚Vertrautheit' mit ihm schenkt, sich in einem christusgemäßen Leben erweist und die ‚Verherrlichung' des Menschen in Christus bewirkt.

Die wichtigsten Aussagen der reformatorischen Lehre über das Wirken des Heiligen Geistes in der sakramentalen Vermittlung der Kirche unterstreichen die Tatsache, dass der Heilige Geist:

1. Gott ist als der ‚Heiligmacher';
2. die Menschen heiligt, indem er sie der Kirche einverleibt;
3. in der Kirche die Vergebung der Sünden erwirkt;
4. im Verlauf des Christenlebens in die Vollendung des ewigen Lebens führt;
5. sein Amt (Werk) in der irdischen Heilsgeschichte der Kirche durch die Verkündigung des Evangeliums und die Feier der Sakramente vollzieht;
6. durch sein Wirken alles zu Christus und durch Christus zum Vater bringt.

Ad 1: Der Heilige Geist als der ‚Heiligmacher'
Diese These entspricht der personalen Sicht des Heiles. Sie betont, dass das gegenwärtige Handeln Christi am Menschen und im Menschen nur im gegenwärtigen Wirken des Heiligen Geistes geschehen kann. Denn um die Gegenwart der Person im Wirken auszudrücken, muss gerade vom Heiligen Geist gesprochen und nicht mit den scholastischen Kategorien von Wirkungen im Bereich des Geschaffenen und mit den Kausalfaktoren argumentiert werden.

Die Heiligung ist das Werk (das Amt) des Heiligen Geistes[348], und sie steht im Gegensatz zur Selbstheiligung durch menschliche Werke und geschaffene Kräfte.

---

[348] LUTHER interpretiert das Wesen und Wirken des Heiligen Geistes von seinen wichtigsten biblischen Namen und seiner hauptsächlichen Aufgabe her. Der Heilige Geist ist nämlich der, der „heilig macht", „der uns geheiligt hat und immer noch heiligt". Daher hat er einen solchen Namen: sein „Amt" ist die Heiligung; und daher heißt er „ein Heiliger oder Heiligmacher". – BSLK 653,32 – 654,9. Man sieht hier bei Luther die große Nähe zur Auslegung des BASILEIOS DES GROSSEN, der das personunterscheidende Merkmal des Heiligen Geistes gerade durch $'α γ' ι α σ μ' ο ς$ bestimmt hat: Weil er

> *Zwar gilt, ‚daß den Glauben und die Seligkeit in uns nicht die Werke, sondern allein der Geist Gottes... erhalte'. Wohl aber sind ‚die guten Werke Zeugen' von der ‚Gegenwärtigkeit und Einwohnung' des Heiligen Geistes. Ja, ‚sobald der Heilige Geist... durchs Wort und die heiligen Sakramente solches sein Werk der Wiedergeburt und Erneuerung in uns angefangen hat, so ist es gewiß, daß wir durch die Kraft des Heiligen Geistes mitwirken können und sollen, wiewohl noch in großer Schwachheit – solches aber nicht aus unseren fleischlichen, natürlichen Kräften, sondern aus den neuen Kräften und Gaben, die der Heilige Geist in der Bekehrung in uns angefangen hat' – also nicht wie zwei gleichartige geschaffene Kausalitäten, nicht ‚wie zwei Pferde miteinander einen Wagen ziehen'.*[349]

> *Die geistliche Erfahrung (der Heiligung): in Wiedergeburt, Erleuchtung und Erneuerung, in Anfechtung und geistlichem Kampf, in der Gewissheit des künftigen herrlichen Sieges kann sich nicht auf die Gefühle der einzelnen glaubenden Subjekte und auf deren individuelle Geisterlebnisse stützen. Gegenüber einem solchen Vertrauen auf isolierte geschöpfliche Regungen und Anstrengungen bleibt die reformatorische Lehre misstrauisch. Sie verweist auf das Hören des Wortes Gottes: ‚Denn von der Gegenwärtigkeit, den Wirkungen und den Gaben des Heiligen Geistes soll und kann man nicht allewege ex sensu – wie und wenn man's im Herzen empfindet – urteilen. Sondern weil's oft mit großer Schwachheit verdeckt wird und zugeht, sollen wir aus und nach der Verheißung gewiß sein, daß das gepredigte und gehörte Wort Gottes ein Amt und Werk des Heiligen Geistes sei, dadurch er in unseren Herzen kräftig ist und wirkt (2Kor 2,14ff.).'*[350]

> *Das geistliche Empfangen der Sakramente ist für die reformierte Lehre, insbesondere nach Calvin, gerade nicht ein Werk des kreatürlichen Geistes (d.h. des menschlichen Bewusstseins, der subjektiven Gläubigkeit oder auch des Gemeinschaftsvollzugs). Es erhält vielmehr vollen realen Gehalt durch das Wirken des Heiligen Geistes selbst. Der Heilige Geist ist in Person die göttliche Wirklichkeit, die Christus mit den Gläubigen vereint. Darum verbindet er im Abendmahl die Feiernden, die hier unten auf Erden leiblich Brot und Wein empfangen, mit Leib und Blut*

---

der ist, der heiligt und nicht selbst geheiligt wird, gehört er nicht zur Kreatur. Er ist der Ursprung aller Heiligung *(De spiritu sancto IX,22; XIX, 48, in: SC 17/2, 322,9; 324, 20f.26f.; 416,14–17)*. – Nach: GEISSER, Das Wirken des Heiligen Geistes in der Predigt des Evangeliums und in der Feier der Sakramente 35.

[349] Konkordienformel [FC], Epitome IV „Von guten Werken", in: BSLK 789,4–9; FC, Solida Declaratio [SD] II „Vom freien Willen", in: BSLK 897,37–898,4; 898,14–20. – Nach: GEISSER, Das Wirken des Heiligen Geistes in der Predigt des Evangeliums und in der Feier der Sakramente 30.

[350] FC, SD II, in: BSLK 893,30–894,9. – Nach: GEISSER, Das Wirken des Heiligen Geistes in der Predigt des Evangeliums und in der Feier der Sakramente 31.

1.3 Der pneumatologisch-trinitarische Paradigmenwechsel

> *Christi, die sich nach reformierter Auffassung seit der Himmelfahrt an einem bestimmten Ort droben im Himmel befinden. Durch den Heiligen Geist kommt also für die Glaubenden im Mahl eine reale Gegenwart des Leibes und Blutes Jesu Christi zustande, nur dass diese Gegenwart nicht in den Elementen von Brot und Wein lokalisiert erscheint. So heißt es z.B. in der 76. Frage des Heidelberger Katechismus:*
>
> *'Was heißt, den gekreuzigten Leib Christi essen und sein vergossenes Blut trinken? – Es heißt nicht allein, mit gläubigem Herzen das ganze Leiden und Sterben Christi annehmen und dadurch Vergebung der Sünder und ewiges Leben bekommen, sondern auch daneben, durch den Heiligen Geist, der zugleich in Christus und uns wohnt, so mit seinem gebenedeiten (= gesegneten) Leib je mehr und mehr vereinigt werden, daß wir, obgleich er im Himmel und wir auf Erden sind, dennoch Fleisch von seinem Fleisch und Bein von seinem Bein sind und von einem Geist (wie die Glieder unseres Leibes von einer Seele) ewig leben und regiert werden.'*[351]

Ad 2: Der Heilige Geist heiligt die Menschen durch ihre Einverleibung der Kirche
Der Heilige Geist vollbringt die Heiligung durch die *sancta ecclesia catholica*, die *communio sanctorum*.

In diese heilige Gemeinde sind die Menschen durch den Heiligen Geist zusammenberufen.

Kirche als ‚Gemeinschaft der Heiligen' ist die neue grundlegende Relation, die der Heilige Geist geschaffen hat.

Ad 3: Der Heilige Geist und Vergebung der Sünden
Im Vollzug der Heiligung wird durch den Geist in der Kirche die Vergebung der Sünden ausgeteilt.

Gegen die gestörte Relation zu Gott und zu den Mitgeschöpfen wird durch den einen Geist – so geschieht die neue Sozialisation der Heiligung – das Leben von der Vergebung der Sünden geschenkt und die Christen zueinander in Bewegung gesetzt.

---

[351] CALVIN, Institutio IV 17,5–12.29–33 (Einleitung und Kommentar: H.F. GEISSER). – Nach: GEISSER, Das Wirken des Heiligen Geistes in der Predigt des Evangeliums und in der Feier der Sakramente 34–35.
– Kritisch zur ‚ungelösten' Pneumatologie Calvins siehe die Untersuchung des Entwurfs von W. HRYNIEWICZ – 260–262; auch die Stellungnahme der katholischen und evangelischen Theologen im 1. Kapitel – 31[22]. Vgl. auch Werner KRUSCHE, Das Wirken des Heiligen Geistes nach Calvin (Berlin 1957); ausführlicher: Piotr JASKÓŁA, »Spiritus Effector«. Nauka Jana Kalwina o roli Ducha Świętego w misterium zbawienia. Studium dogmatyczno-ekumeniczne [Johannes Calvins Lehre von der Rolle des Heiligen Geistes im Heilsmysterium. Eine dogmatisch-ökumenische Untersuchung] (Opole 1994).

> *‚Darum ist alles in der Christenheit dazu bestimmt, daß man da täglich durch Wort und Zeichen lauter Vergebung der Sünden hole, um unser Gewissen zu trösten und aufzurichten, solange wir hier leben. So bewirkt es der Heilige Geist, daß, obgleich wir Sünde haben, sie uns doch nicht schaden kann, weil wir in der Christenheit sind, wo lauter Vergebung der Sünde ist: sowohl daß Gott uns vergibt, wie daß wir uns untereinander vergeben, tragen und aufhelfen.'*[352]

In diesem Amt wird der Heilige Geist die Menschen lebenslang – bis an den Jüngsten Tag – begleiten.

> *‚Denn für jetzt bleiben wir erst halb und halb rein und heilig; deshalb muß der Heilige Geist immerfort an uns arbeiten durch das Wort und täglich Vergebung austeilen bis in jenes Leben, wo es keine Vergebung mehr geben wird...'.*

> *‚Aber der Heilige Geist treibt sein Werk ohne Unterlaß bis an den Jüngsten Tag. Dazu hat er auf Erden eine Gemeinde eingerichtet, durch die er alles redet und tut. Denn er hat seine Christenheit noch nicht vollständig zusammengebracht und hat die Vergebung noch nicht ganz ausgeteilt. Darum glauben wir an den, der uns täglich herzuholt durch das Wort und den Glauben gibt, mehrt und stärkt durch eben dasselbe Wort und die Vergebung der Sünde, damit er uns, wenn das alles ausgeführt ist und wir dabei bleiben und der Welt und allem Unglück absterben, am Ende ganz und ewig heilig mache, worauf wir jetzt dank dem Wort im Glauben warten'.*[353]

Ad 4: Der Heilige Geist führt in die ewige Vollendung
Das Absterben des alten Menschen, der Übergang vom Tod zum Leben, an welchem der Heilige Geist wirkt, scheint in der eschatologischen Perspektive schon der Anbruch des Sieges zu sein.

Die ganz durch den Geist verherrlichten und verklärten Geschöpfe werden selbst zu leuchtenden Geistträgern – d.h. zu den von Gott dem Heiligen Geist Getragenen und zu den aus der schenkenden Gemeinschaft mit dem Dreieinigen Gott Lebenden.

Ad 5: Das Amt des Heiligen Geistes in der Wortverkündigung und Sakramentsfeier
Die Kirche trägt einen jeden Christen durch das Wort Gottes, welches der Heilige Geist offenbart und zu erfüllen fordert.

---

[352] BSLK 658,25–35. – Nach: GEISSER, Das Wirken des Heiligen Geistes in der Predigt des Evangeliums und in der Feier der Sakramente 37.

[353] BSLK 659,7–11; 659,47–660,13. – Nach: GEISSER, Das Wirken des Heiligen Geistes in der Predigt des Evangeliums und in der Feier der Sakramente 37.

1.3 Der pneumatologisch-trinitarische Paradigmenwechsel

Der Heilige Geist ist es, der in der Ausübung seines Heiligungsamtes selbst durch die Kirche ‚predigt' und ‚das Wort führt'.[354]

In dem Wort der Verkündigung wird der Heilige Geist den Menschen gegeben – denn er ist Person und Gabe in einem.[355]

Durch die Sakramente und die Trostworte des ganzen Evangeliums geschieht die Vergebung der Sünden.

Taufe und Abendmahl sind die eigentlichen Sakramente, aber nicht nur aus historischen Gründen, sondern vielmehr darum, dass sie in besonderer Weise das Werk des Heiligen Geistes an der christlichen Existenz bezeichnen und vollziehen.

Die Taufe verheißt für die gesamte *vita christiana* Vergebung der Sünden und Erneuerung durch den Heiligen Geist: der Christ erfährt die Erneuerung im Heiligen Geist durch eine ständige Rückkehr zur Taufe und eine ständige Übung der Buße – das empfangene Sakrament ist deshalb nichts Vergangenes, sondern etwas stets im Christenleben Gegenwärtiges.[356]

Im Abendmahl wird die Teilhabe an Christus durch den Heiligen Geist als gegenwärtige Wirklichkeit erneuert, immer neu zugeeignet und weiter gemehrt.[357]

Dieses Sakrament kann nach lutherischer Auffassung zwar nicht in zeitlicher Distanz bleiben, aber es ist der eschatologischen Dimension nicht entzogen: es ist in besonderer Weise das Sakrament für das Ende des irdischen Lebens, ein *Transitus* des Gottesvolkes.[358]

Die eschatologischen Elemente des Abendmahles wurden in der evangelischen Lehre in den letzten Jahrzehnten – aufgrund der pneumatologisch-trinitarischen Reflexion in den ökumenischen Dialogen[359] – deutlicher herausgearbeitet.

---

[354] BSLK 654,16; 657,45. – Nach: GEISSER, Das Wirken des Heiligen Geistes in der Predigt des Evangeliums und in der Feier der Sakramente 40.

[355] Die anglikanische Theologie betont in diesem Punkt eine ihrer Grundthesen, nämlich, dass der Heilige Geist als Person zu verstehen, nicht von seinen Gaben zu trennen und auch nicht quantitativ zu empfangen ist. – Vgl. z.B. John Gordon DAVIES, The Spirit, The Church, and The Sacraments (London 1954).

[356] Vgl. BSLK 704,19–705,39; 705,47–706,26; 706,31–707,37. – Nach: GEISSER, Das Wirken des Heiligen Geistes in der Predigt des Evangeliums und in der Feier der Sakramente 39.

[357] Vgl. BSLK 712,11–26; 721,8–722,4. – Nach: GEISSER, Das Wirken des Heiligen Geistes in der Predigt des Evangeliums und in der Feier der Sakramente 39.

[358] Vgl. WA 6, 572,23–34; 6, 528,36–529,6; 535,8–16. – Nach: GEISSER, Das Wirken des Heiligen Geistes in der Predigt des Evangeliums und in der Feier der Sakramente 39–40.

[359] Unter anderen:

Für die Relation zwischen dem Abendmahl und dem Heiligen Geist ergaben sich die folgenden pneumatologischen Ergebnisse[360]:

- Dank des Heiligen Geistes (nicht allein aufgrund des Glaubens) vergegenwärtigen sich in der Eucharistie die Heilsgeheimnisse Christi.
- Das eucharistische Geschehen vollzieht sich im/durch den Heiligen Geist.
- Dem Heiligen Geist ist die eucharistische Verwandlung zu verdanken.
- Der Heilige Geist sichert der Eucharistie ihre Fruchtbarkeit.
- In der Eucharistie führt der Heilige Geist zur eschatologischen Vollendung.

Ad 6: Der Heilige Geist bringt alles zu Christus und durch Christus zum Vater

Das heiligende Wirken des Geistes steht immer in einer engen Beziehung zu Jesus Christus:

- Der Heilige Geist bringt die Menschen zu dem Herrn Christus und durch Christus für ewig heim zum Vater, dem einen göttlichen Ursprung, und

---

- Groupe des Dombes. Vers une même foi eucharistique? Accord entre catholiques et protestants (Taizé 1972) 15–35; Accord doctrinal sur l'Eucharistie, Unité chrétienne, in: Pages documentaires 26 (1972) 7–12; Accord pastoral: La signification de l'Eucharistie, in: Pages documentaires 26 (1972) 13–15;
- An Agreed Statement on Eucharistic Doctrine. Anglican-Roman Catholic International Commission (Windsor 1971), in: Modern Eucharistic Agreement (London ²1974) 23–31;
- Die Eucharistie, in: Accra 1974. Sitzung der Kommission für Glauben und Kirchenverfassung. Berichte. Reden. Dokumente = Beiheft zur Ökumenische Rundschau 27 (1975); Foi et Constitution. Conseil Oecuménique. La réconciliation des Églises. Baptême. Eucharistie. Ministère (Taizé 1974) 27–45;
- Das lutherisch-katholische Dokument aus Liebfrauenberg (1977);
- Heinz Joachim HELD, Klaus SCHWARZ (Hg), Das Wirken des Heiligen Geistes in der Erfahrung der Kirche. Achter bilateraler theologischer Dialog zwischen dem Ökumenischen Patriarchat von Konstantinopel und der Evangelischen Kirche in Deutschland vom 28. September bis 7. Oktober 1987 in Hohenwart = Studienheft 21 (Hermannsburg 1995) 24–108;
- Heinz Joachim HELD, Klaus SCHWARZ (Hg), Leben aus der Kraft des Heiligen Geistes. Neunter bilateraler theologischer Dialog zwischen dem Ökumenischen Patriarchat von Konstantinopel und der Evangelischen Kirche in Deutschland vom 26. Mai bis 4. Juni 1990 in Kreta = Studienheft 21 (Hermannsburg 1995) 109–185.

[360] Vgl. u.a.: Stanisław C. NAPIÓRKOWSKI, Duch Święty a Eucharystia według katolicko-protestanckich uzgodnień doktrynalnych na temat Eucharystii, in: ZNAK 277–278 (1977) 794–803.

1.3 Der pneumatologisch-trinitarische Paradigmenwechsel   91

- durch den Heiligen Geist allein wird Jesus Christus, sein Heil als ein Geschenk, zu uns gebracht.
  „Denn er [Gott] hat uns eben dazu geschaffen, daß er uns erlöste und heiligte. Und über das hinaus, daß er uns alles gegeben und zugelegt hatte, was im Himmel und auf Erden ist, hat er uns auch seinen Sohn und seinen Heiligen Geist gegeben, um uns durch dieselben zu sich zu bringen". Nun können „wir hier sehen, wie sich Gott ganz und gar, mit allem, das er hat und vermag, uns zur Hilfe und zum Beistand gibt zum Halten der zehn Gebote: der Vater alle Kreaturen, Christus alle seine Werke, der Heilige Geist alle seine Gaben".[361]

Problematisches:

Aus der Sicht der Orthodoxen (und der Katholiken) wird der Vorwurf eines pneumatologischen Defizits bei der reformatorischen Tradition erhoben, denn das heilende Wirken des Heiligen Geistes wird in ihr allzu sehr auf eine christologische Funktion zentriert oder gar beschränkt.

Problematisch scheint ihnen auch die Überakzentuierung des sakramentalen Charakters des Predigt-Wortes, welches die eigentliche Mitte des sakramentalen Lebens dieser Kirche bildet und die sakramentalen Zeichen oft – besonders in der Praxis – unterschätzen oder ganz nivellieren.

Der große Unterschied besteht vor allem darin, dass nach orthodoxer (und katholischer) Lehre das Priestertum ein Sakrament wie Taufe, Eucharistie und andere ist. Nach lutherischer Auffassung besitzt die Ordination zum kirchlichen Amt nur sakramentalen Charakter, weil der Sakramentsbegriff ausschließlich auf Taufe und Eucharistie anwendbar ist.[362]

Es entsteht deswegen in diesem Punkt eine kritische Frage an die Evangelische Kirche:

Warum die Ordination nicht als Sakrament gelten kann, obwohl bei ihr um die Wirkung Gottes bzw. des Heiligen Geistes unter Handauflegung, innerhalb der Gemeinde – im gottesdienstlichen Tun der Kirche –, gebetet wird? Gilt die durch diese Ordination vermittelte Fähigkeit, die Sakramente zu verwalten und das Wort zu verkündigen, nicht bis zum Lebensende des

---

[361] Luthers Credo-Auslegung BSLK 660,18–21. 32–38; 661,37–42. – Nach: GEISSER, Das Wirken des Heiligen Geistes in der Predigt des Evangeliums und in der Feier der Sakramente 41.

[362] Vgl. Das kirchliche Amt und die apostolische Sukzession. Neunter bilateraler Theologischer Dialog zwischen der Russischen Orthodoxen Kirche und der Evangelischen Kirche in Deutschland vom 12. bis 17. Oktober 1981 im Schloß Schwanberg bei Kitzingen, hg. v. Kirchlichen Außenamt der Evangelischen Kirche in Deutschland (Studienheft 16), Beiheft zur Ökumenischen Rundschau 49 (Frankfurt 1984) 28.

Ordinierten, d.h. auch nach seiner Pensionierung und Entbindung von einer konkreten Gemeinde? Und wenn ein Ordinierter aus irgendeinem Grund suspendiert wird und nach einer bestimmten Zeit oder irgendwelcher Rehabilitierung zum Dienst wieder zugelassen wird, ist dann eine neue Ordination erforderlich, oder ist seine Ordination nach wie vor wirksam?[363]

Die Frage nach der Sakramentalität der Weihen könnte für die evangelische Theologie lösbar sein, indem sie die Stiftungsworte des historischen Jesus auch pneumatologisch zu erklären versucht und damit den Sakramentsbegriff weiter fasst; denn wenn die Theologie dem Amt die Dimension des Heiligen Geistes nicht abstreitet, bejaht sie implizit seine Sakramentalität.[364]

3. Die pneumatologische Differenz zwischen reformatorischer und ostkirchlicher Tradition:[365]

1. In der Rede vom Heiligen Geist geht die evangelische Theologie von den biblischen Aussagen, die orthodoxe Theologie stärker vom altkirchlichen Dogma aus.

2. Die reformatorische Tradition erfasst den Heiligen Geist eher als eigenständige Kraft, während ihn die Ostkirchen stärker in seiner trinitarischen Eingebundenheit wahrnehmen.

3. Nach reformatorischer Tradition verdankt sich dem Wirken des Heiligen Geistes vor allem der Glaube an Jesus Christus, während die ostkirchliche Tradition umfassender von den Gaben des Heiligen Geistes spricht.

4. Nach reformatorischer Theologie ist der Heilige Geist vor allem dadurch zu charakterisieren, dass er die Beziehung zu Jesus Christus herstellt, während die ostkirchliche Theologie die durch den Heiligen Geist bewirkte Einbeziehung des Glaubenden in das trinitarische Geschehen betont.

[363] Nach: Grigorios LARENTZAKIS, Die Früchte des Heiligen Geistes im Leben der Kirche 124–125, in: Heinz Joachim HELD, Klaus SCHWARZ (Hg), Leben aus der Kraft des Heiligen Geistes. Neunter bilateraler theologischer Dialog zwischen dem Ökumenischen Patriarchat von Konstantinopel und der Evangelischen Kirche in Deutschland vom 26. Mai bis 4. Juni 1990 in Kreta = Studienheft 21 (Hermannsburg 1995) 113–126, hier 124–125.

[364] Vgl. A. MÜLLER, Amt als Kriterium der Kirchlichkeit? Kirchlichkeit als Kriterium des Amtes?, in: Theologische Berichte 9 (Zürich 1980) 97–128, 118. – Zur neuesten Diskussion über protestantische Perspektiven auf die sakramentale Qualität des presbyteralen Amtes siehe z.B.: Ottmar FUCHS, Das Presbyteramt in ökumenischer Perspektive, in: Peter HÜNERMANN, Bernd Jochen HILBERATH (Hg), Herders Theologischer Kommentar zum Zweiten Vatikanischen Konzil 5 (Freiburg-Basel-Wien 2006) 229–238; auch: Dorothea SATTLER, Die Sakramentalität des kirchlichen Amtes. Ökumenische Anliegen, in: Sabine DEMEL u.a. (Hg), Im Dienst der Gemeinde. Wirklichkeit und Zukunftsgestalt der kirchlichen Ämter (Münster 2002) 49–63.

[365] Anhand: Hans Martin BARTH, Die Lehre vom Heiligen Geist in reformatorischer und ostkirchlicher Tradition, in: ÖR 45 (1996) 54–68 (ich folge dem Autor bis in die Wortwahl).

5. Da der Glaube die Beziehung des einzelnen Menschen zu Christus herstellt, kommt nach reformatorischer Auffassung dem Wirken des Heiligen Geistes am einzelnen Glaubenden besondere Bedeutung zu; nach ostkirchlicher Auffassung dagegen bezieht sich das Wirken des Heiligen Geistes von vornherein auf Gemeinschaft, auf die Gesamtheit der Kirche, ja der ganzen Menschheit.

6. Der Heilige Geist leitet den Glaubenden nach reformatorischer Auffassung in die Freiheit, nach orthodoxer Sicht in die Geborgenheit.

7. Nach evangelischem Verständnis führt der durch den Heiligen Geist vermittelte Glaube in den Kampf, ins Leiden und in die Unscheinbarkeit, während er nach orthodoxem Verständnis auf den Weg zu progressiv aufgefasster Heiligung und Vergöttlichung leitet.

8. Der Heilige Geist kann nach evangelischer Auffassung nur von Menschen, nach orthodoxer Auffassung jedoch auch von der außermenschlichen Kreatur empfangen werden.

9. Wenn der Heilige Geist die Beziehung zwischen Christus und den Glaubenden herstellt, wie dies nach evangelischer Auffassung der Fall ist, dann geschieht dies vornehmlich durch das auf das Bewusstsein bezogene Wort und nicht in gleicher Weise, wie es nach orthodoxer Sicht zu verstehen ist, durch die nonverbalen Elemente von Sakramenten, Bildern und liturgischen Handlungen.

10. Die unterschiedlichen pneumatologischen Perspektiven der reformatorischen bzw. der ostkirchlichen Tradition zeigen sich in besonderer Deutlichkeit bei der Frage, ob der Heilige Geist vom Vater „und vom Sohn" oder aber zusammen mit dem Sohn „vom Vater" ausgeht.

1.4 NEUE AUSGANGSPUNKTE DER SAKRAMENTENLEHRE HINSICHTLICH DER PNEUMATOLOGIE

Die ekklesiologischen Leitbilder des II. Vatikanischen Konzils – die Kirche als Leib Christi, als Volk Gottes des Vaters und als Tempel des Heiligen Geistes – haben in neuer Weise versucht, eine notwendige, sich gegenseitig in ihren eigenen Elementen ergänzende Komplementarität sowie eine mehrseitige und differenzierte Sichtweise der Kirche zur

94   1 Sakramentenverständnis der kath. Lehre

Geltung zu bringen. In diesen Bildern spiegelt sich ein breiter und betont universaler Horizont auch für die aus der Ekklesiologie konzipierte und in ihr verankerte Sakramentenlehre. Die christologische Basis des sakramentalen Geschehens wird stärker in den pneumatologisch-trinitarischen Dimensionen rezipiert.

Das Motiv für das Programm einer pneumatologisch-trinitarischen Sakramentenlehre ist deswegen nicht nur mit der Perichorese der beiden Naturen in Christus verbunden, sondern auch mit dem In- und Zueinander der drei Personen in Gott.[366]

1.4.1 Die pneumatologische Universalisierung des Christusereignisses

In einem Programm pneumatologischer Revidierung der westlichen Theologie hat Yves Congar vor allem eine pneumatische Christologie gefordert, „das heißt ein Erfassen der Rolle des Geistes im messianischen Leben Jesu, in der Auferstehung und Verherrlichung, die ihn zum Herrn gemacht und seine hypostatisch dem ewigen Sohn geeinte Menschheit von der *forma servi* in die *forma Dei* verwandelt hat. Denn so ist jetzt die Menschheit des Herrn ganz vom Geist durchdrungen, pneumatisiert, fähig, den Geist mitzuteilen und als Geist zu wirken (vgl. Apg 10,38; Röm 1,4; 1Kor 15,45; 2Kor 3,17).“[367] Die Rolle des Geistes sollte nicht durch die Theologie von der *geschaffenen Gnade* und der *gratia capitis* ersetzt werden, sondern die echt unbestreitbar christologischen Grundlagen der Heilsökonomie müssen durch einen pneumatologischen Beitrag ergänzt werden.

Der neue Lösungsversuch, »das Christusereignis als Tat des Heiligen Geistes« angemessen zu verdeutlichen, ist in der katholischen Theologie[368] u.a. – wie dies in Abschnitt 1.2.2.3 unserer Arbeit dargestellt wurde – Heribert Mühlen gelungen. Ausgehend vom biblisch begründeten

---

[366] Vgl. Michael SCHMAUS, *Art.* Perichorese, in: LThK² 8 (Freiburg 1963) 274–276.
[367] CONGAR, Systematische Pneumatologie 385. 387.
[368] In der Theologie der Ostkirche ist eine wahre Christologie ohne Pneumatologie undenkbar, weil sie überhaupt nur als pneumatologische Christologie möglich ist. Diese ‚Abhängigkeit' liefert die trinitarische Basis der östlichen Tradition, wo Christus auf den Geist und der Heilige Geist in der Heilsökonomie auf Christus gegenseitig bezogen ist. Viele konstruktive Versuche einer komplexen Geist-Christologie entstanden vor allem am Anfang des 20. Jahrhunderts. Zu den wichtigsten Beiträgen gehören die Werke der berühmten Theologen wie: Sergej Bulgakow (+1944): *Du Verbe Incarné (Paris 1943)*; *Le Paraclet (Paris 1946)*; Vladimir Lossky (+1958): *Théologie mystique de l'Eglise d'Orient (Paris 1944)* 131–169; Paul Evdokimov (+1970): *L'Esprit Saint dans la tradition orthodoxe (Paris 1969) bes. 41ff.88ff*; Johannes D. Zizioulas: *Die pneumatologische Dimension der Kirche*, in: Communio(D) 2 (1973) 133–147; Olivier Clément: *Transfigurer le temps (Neuchâtel-Paris 1959)* 97–136 und Nikos A. Nissiotis: *Die Theologie der Ostkirche im Ökumenischen Dialog (Stuttgart 1968)* 64–85. – Siehe dazu: Wacław HRYNIEWICZ, Der pneumatologische Aspekt der Kirche aus orthodoxer Sicht, in: Cath(M) 31 (1977) 122–150, bes. 125ff; DERS., The Centrality of Christ in Orthodox Theology, in: CollTh 46 (1976) 153–168.

1.4 Neue Ausgangspunkte hinsichtlich der Pneumatologie 95

»pneumatologischen Vorverständnis der Christologie«, zeigt er überzeugend »die heilsgeschichtliche Fortdauer des Christusereignisses im Geistereignis« auf und weist einer konsequenten »pneumatologischen Christologie« den Weg.[369]

Die pneumatologische Universalisierung der Christologie[370] scheint deswegen eine der wichtigsten Voraussetzungen für eine pneumatologisch-trinitarisch dimensionierte Theologie (auch der Sakramente) zu sein. Im Bekenntnis zu Jesus Christus wird nicht nur „die Bestimmtheit, Unverwechselbarkeit und Unterschiedenheit des Christlichen" gesehen, sondern auch dessen „universale Offenheit und weltweite Verantwortung", die der Kirche zu Universalität und echter Katholizität verhelfen kann.[371]

Eine aus der Korrelation von historischem Jesus und erhöhtem Christus begründete Pneuma-Christologie will von Christus »gemäß dem Fleisch« und von Christus »gemäß dem Geist« (vgl. Röm 1,3f) sprechen. Die Mysterien Jesu Christi werden nicht statisch als punktuelle Ereignisse der Erlösung verstanden, sondern in einer umfassenden Perspektive der durch den Geist dynamisch und lebendig bleibenden Heilsgeschichte.[372] Das Wesen Gottes wird auch nicht als eine statische, metaphysisch in der Fülle ihres Seins geschlossene Größe verstanden, sondern vielmehr als ein dynamisches »Sein im Werden«.

Diese Dynamik begründet die bleibende Relationalität des göttlichen Seins, dessen Wesen im »Sein beim anderen«, »mit dem anderen« und »für den anderen« konstituiert wird. In Jesus Christus offenbart sich dieses »Gottes Sein im Werden« auch in Bezug auf die Menschen, und deswegen ist die Trinitätslehre auch eine grundlegende Voraussetzung der Christologie.[373]

---

[369] Heribert MÜHLEN, Das Christusereignis als Tat des Heiligen Geistes, in: MySal III/2 (Einsiedeln-Zürich-Köln 1969) 513–545; DERS., Der Heilige Geist als Person: In der Trinität, bei der Inkarnation und im Gnadenbund. Ich – Du – Wir (Münster ²1967) 170–240; DERS., Una Mystica Persona. Die Kirche als das Mysterium der Identität des Heiligen Geistes in Christus und den Christen: Eine Person in vielen Personen (München-Paderborn-Wien ²1967) 216–286.

[370] In der nachkonziliaren Zeit ist dieses Thema spürbar insbesondere bei W. KASPER (Jesus der Christus, 1974; Aufgaben der Christologie heute, 1974); – aber auch bei H. DE LUBAC, H.U. VON BALTHASAR, H. VOLK, K. BARTH, J. MOLTMANN, W. PANNENBERG ist diese theologische Reflexion präsent (im breiten Kontext der ganzen Problematik vom Verhältnis zwischen Christologie und Pneumatologie in der Heilsökonomie).

[371] KASPER, Aufgaben der Christologie 134, für: Walter KASPER, Aufgaben der Christologie heute, in: Arno SCHILSON, Walter KASPER (Hg), Christologie im Präsens. Kritische Sichtung neuerer Entwürfe (Freiburg u.a. ²1977) 133–151, 134.

[372] Vgl. KASPER, Aufgaben der Christologie 137–139.143.

[373] Vgl. KASPER, Aufgaben der Christologie 144.

Das dynamische Verständnis des Wesens Gottes verlangt die pneumatologische Umorientierung der Theologie, denn der Geist bezeugt das Innerste in Gott, »die persongewordene Freiheit Gottes« und »Überfluss seiner Liebe«, die eben bei sich ist, indem sie sich mitteilt und wegschenkt.[374] Der Geist manifestiert »das Gottes Sein im Werden« in Jesus Christus und ermöglicht es, dass die einmalige Geschichte Jesu ihre universale Bedeutung bekommt, indem er das Wort und Werk Christi vergegenwärtigt und alle Wirklichkeit in die Wirklichkeit Christi integriert. Durch den Geist gerade und im Geist ist Jesus Christus das *concretum universale* der Heilsökonomie.[375]

Dem Geist kommt auch eine eigenständige Rolle bei der Vermittlung zwischen Gott und Mensch in Jesus Christus *(gratia unionis)* wie zwischen Jesus Christus und den Menschen *(gratia capitis)* zu.[376] Der Geist ist deswegen nicht nur der Gesandte des Logos, sondern er hat seine eigene soteriologische Rolle, indem die Menschen durch sein Wirken Jesus Christus gleichgestellt werden und zugleich Zugang zum Vater haben.

1.4.1.1 Erinnerung an die trinitarische Basis – gegen ‚relativierende' Modelle der Geist-Christologie

Die pneumatologische Wende des Konzils bedeutet nicht zugleich einen Pneuma-Zentrismus in der Theologie, der den Rückbezug zu Jesus Christus aus den Augen verliert und Gottes Heilsgeheimnis inhaltlich unbestimmt werden lässt.[377] Es wird immer eine komplementäre Synthese

---

[374] KASPER, Die Kirche als Sakrament des Geistes 33–34.
[375] KASPER, Die Kirche als Sakrament des Geistes 32. – Vgl. auch FREITAG, Geist-Vergessen – Geist-Erinnern 137–142.
[376] KASPER, Aufgaben der Christologie 149.
[377] NITSCHE, Geistvergessenheit und die Wiederentdeckung des Heiligen Geistes 116; vgl. KASPER, Aufgaben der Christologie 147.149–150; DERS., Die Kirche als Sakrament des Geistes 14–25: der Autor verweist u.a. auf die in der Theologiegeschichte erschienenen Strömungen einseitiger Geisttheologie mit falscher Verhältnisbestimmung von Christologie und Pneumatologie.

1.4 Neue Ausgangspunkte hinsichtlich der Pneumatologie

zwischen Christologie und Pneumatologie[378] betont, denn ein geisttheologisches Programm (...) versteht den ostkirchlich-patristischen Gedanken der Vergöttlichung des Menschen durch das Pneuma immer noch als »gratia Christi« (vgl. 1 Kor 12,3; Joh 14,26).[379]

Der Satz »Der Kyrios ist der Geist« (2 Kor 3,17) ist nicht eine Gleichsetzung des Erhöhten mit dem Geist, sondern die christologische Interpretation des Pneuma-Wirkens. Der erhöhte Herr kommt der Glaubensgemeinschaft nahe im Geist: ist gegenwärtig durch den Geist und daher als der Geist im Menschen wirksam.[380]

[378] Es gibt in neuerer Zeit zwei Hauptströmungen der so genannten Geistchristologie, die sich klar unterscheiden: „a) ‚relativierende' Modelle, die das trinitarische Gottesverständnis ablehnen und Jesus als eine ‚Geist-Person' oder ‚geisterfüllte Person' auffassen [Newman, John Hick, Borg]; b) ‚integrale' Modelle, die die Fülle des Mysteriums Christi durch eine dezidiert pneumatologische Orientierung interpretieren [v. Balthasar, Moltmann, Kasper]." – Mohan DOSS, *Art.* Geist-Christologie, in: LThK³ 11 (Freiburg-Basel-Rom-Wien 2001) 87.

– Die erste Strömung relativiert das Christusereignis zu einer besonders intensiven Epiphanie des sich stets und überall mehr oder weniger offenbarenden Gottes, wo Logos und Pneuma die nur noch verbal voneinander unterschiedenen Wirkweisen Gottes nach außen sind. Die zweite Strömung betont dagegen, dass der Heilige Geist keine ungeschichtliche Selbstmitteilung Gottes neben der geschichtlichen des Christusereignisses ist, sondern dass das Pfingstfest die Vollendung des Christusfestes und der Heilige Geist in Jesus Christus sichtbar und erfahrbar ist als Universalisierung des Christusereignisses. – Vgl. MENKE, Das Kriterium des Christseins 16–20, für: Karl-Heinz MENKE, Das Kriterium des Christseins. Grundriss der Gnadenlehre (Regensburg 2003) 16–20.

– Eine konsequent durchgeführte Christologie ‚von unten', um in Ergänzung der Logos-Christologie die Geist-Christologie in Erinnerung zu bringen, hat Piet SCHOONENBERG herausgearbeitet (vor allem in der Studie: Der Geist, das Wort und der Sohn. Eine Geist-Christologie, Regensburg 1992). Der Autor hat die Bedeutung des Heiligen Geistes im Christusereignis und für den Aufbau einer Christologie stark unterstrichen. Die in der Überlieferung vorherrschende Christologie schien ihm „zu statisch, zu wenig beziehungsreich und geschichtlich, zu wenig solidarisch also mit der Erfahrung des heutigen Menschen von Beziehung, von Dialog, von Prozeß und Geschichte" zu sein. Darum wurde seine Achtsamkeit auf die Dynamik des Geistes in der Geschichte des Glaubens hervorgehoben *(Gotthard FUCHS, Rezension).* Aber die trinitätstheologischen Implikationen seiner Geist-Christologie sind umstritten. Problematisch bleibt vor allem die Auffassung Schoonenbergs, dass Gott erst im Christusereignis dreipersönlich wird. Es wird ihm oft eine ‚Auflösung' der immanenten Trinität in der heilsgeschichtlichen Trinität vorgeworfen, weil für ihn das Wort und der Geist in der Präexistenz noch nicht völlig Person sind. – Vgl. Benjamin WENTSELS, De Heilige Geest, de Kerk en de Laatse Dingen. De persoon en het werk van de Heilige Geest, Dogmatiek deel 4a (Kampen 1995) 128[99]; Gotthard FUCHS, *Rezension:* P. Schoonenberg, Der Geist, das Wort und der Sohn. Eine Geist-Christologie, in: Informationen für Religionslehrerinnen und Religionslehrer, hg. vom Bistum Limburg 1 (1993) 41f.; Birgit BLANKENBERG, Gottes Geist in der Theologie Piet Schoonenbergs (Mainz 2000); Wilhelm ZAUNER, Schoonenberg, in: LfTK³ 9 (Sonderausgabe: Freiburg-Basel-Wien 2006) 214.

[379] NITSCHE, Geistvergessenheit und die Wiederentdeckung des Heiligen Geistes 103; vgl. CONGAR, Systematische Pneumatologie 395–399.

[380] NOSSOL, Der Geist als Gegenwart Jesu Christi 140, für: Alfons NOSSOL, Der Geist als Gegenwart Jesu Christi, in: Walter KASPER (Hg), Gegenwart des Geistes. Aspekte der Pneumatologie = QD 85 (Freiburg u.a.1979) 132–154, hier 140. – A. Nossol versucht

Das Bekenntnis »Jesus ist der Herr« (1 Kor 12,3) wird auch zum Kriterium des Geistes: „Unter den vielen Geistern, die den Menschen umtreiben (1 Kor 2,12; 12,10; 2 Kor 11,4), unter den vielen bewußtseinsbildenden Kräften, die ihm begegnen, weist sich der Geist Gottes dadurch aus, daß er Menschen veranlaßt, sich zu dem gekreuzigten Jesus als zu ihrem Herrn zu bekennen. Weil sich im Geist Christus selbst den Menschen zuwendet, bekundet die Zuwendung zu ihm umgekehrt, daß in ihnen wirklich der Geist Gottes am Werk ist. In derselben Weise führt der Geist Gottes, und nur er, zur Erkenntnis Gottes (1 Kor 2,10–16)."[381]

Für die systematische Betrachtung der Sakramente bedeutet dies, dass ihre sakramentale Wirklichkeit eine sozusagen ‚theozentrische Ellipse' mit zwei Grundpolen zieht: dem christologischen Pol und, daraus folgend, dem pneumatologischen Pol.[382] Wie in einer Ellipse eben müssen beide Dimensionen, aufeinander bezogen, das Ganze der sakramentalen Ökonomie bestimmen, denn Christusereignis und Geistverheißung gehören unabdingbar zusammen.

Jede systematische Reflexion über die Sakramente hat deshalb das Christologische und das Pneumatologische zu bedenken. Wird der eine oder der andere Pol vergessen, kommt es zu einer Verengung des Sakramentenverständnisses. Die Sakramente – ähnlich wie die Kirche[383] – als Heilszeichen leben zugleich vom Christusereignis und der Geistverheißung.[384]

---

in seinem Beitrag die Wege der Christologie zu einer pneumatologischen Umorientierung nach dem Konzil zu skizzieren, zeigt die wichtigsten Elemente einer pneumatologisch orientierten Christologie auf und weist auf die pneumatologische Dimension einer integralen Christologie hin.

[381] NOSSOL, Der Geist als Gegenwart Jesu Christi 140.

[382] Diese Beschreibung entspricht auch der trinitarischen Lehre von zwei Sendungen Gottes: die des Christus und die des Geistes. – Vgl. MÜLLER, Die christologisch-pneumatologische Sicht der Sakramente 40–44, für: Wolfgang W. MÜLLER, Die christologisch-pneumatologische Sicht der Sakramente, 40–44, in: DERS., Gnade in Welt. Eine symboltheologische Sakramentenskizze = ThFW 2 (Münster-Hamburg-Berlin-London 2002) 40–44.

[383] Auf der ekklesiologischen Ebene ist die gegenseitige Zuordnung und Durchdringung der christologischen Basis und der pneumatologischen Dimension deutlich zu sehen, indem die Bezeichnung *Kirche als Sakrament Jesu Christi* immer im Vordergrund der zweiten Formulierung *Kirche als Sakrament des Geistes* steht. M. Kehl stellt fest: „Als vermittelndes »Worin« des Heilsgeschehens tritt der Geist also nur in Verbindung mit dem »Wovonher« (Jesus Christus) und dem »Woraufhin« des Heils (die versöhnte Menschheit) auf, nicht jedoch in einer von ihnen irgendwie ablösbaren und von uns direkt anzielbaren Selbstständigkeit. Aber gerade *in* dieser unlösbaren Verbindung liegt die unrückführbare personale Eigentümlichkeit und Eigenständigkeit des Geistes als Vermittlung." – KEHL, Kirche – Sakrament des Geistes 156–161, hier 158.

[384] Vgl. MÜLLER, Die christologisch-pneumatologische Sicht der Sakramente 40.

1.4 Neue Ausgangspunkte hinsichtlich der Pneumatologie 99

Der christologische Pol bezeichnet die »objektive Substanz« des Heilsgeschehens – die inkarnatorische Grundstruktur der biblischen Offenbarung, dass sich in der Menschwerdung Jesu Christi das Heil Gottes im wahrsten Sinn des Wortes verleiblicht hat und dass die Sakramente auf das göttliche Heil, das in der historischen Person und im Handeln Jesu von Nazaret den Menschen zugesprochen wird, hinweisen und daran partizipieren.[385]

In den Sakramenten lebt aber nicht nur der menschgewordene Sohn Gottes, sondern auch der durch die Kraft des Heiligen Geistes verklärte Gottmensch. Das Lebensschicksal Jesu ist in seiner dynamisch-pneumatischen Kraft spürbar, weil der sich in Christus geoffenbarte Gott der Welt und den Menschen im Erhöhten (im Geist) nahe ist. Deswegen sind die sakramentale Wirklichkeit in ihrem Wesen sowie das Leben aus und mit den Sakramenten „nicht nur an das historische Tun und Leben Jesu gebunden, sondern beziehen sich wesentlich auch auf dessen Tod und Auferstehung. Gerade dadurch werden die Sakramente zu Heilszeichen, dass sich Gott selbst in der Auferstehung endgültig zu der Botschaft seines Sohnes bekannt hat. Durch die Auferstehung wurde den Menschen jedoch auch der Geist Gottes verheißen, der – johanneisch gesprochen – andere Tröster, der Paraklet genannt wird (Joh 14, 16). Jedes sakramentale Tun hat [deswegen] seine Berechtigung durch diesen pneumatologischen Pol."[386]

Das Zusammenspiel von christologischem und pneumatologischem Pol sollte also auf dem ständigen Gleichgewicht und der gegenseitigen Komplementarität beider Komponenten beruhen. Die Überakzentuierung oder Nivellierung eines der beiden würde in der Folge zu den Fehlformen der sakramentalen Praxis in der Kirche führen.

Wenn der christologische Pol fehlt, indem die Sakramente ihren Kontakt zum irdischen Leben Jesu Christi verlieren, kann leicht eine unrealistische Pneumatologie[387] wie auch jede Art von Ideologie oder Willkür[388] verursacht werden.

---

[385] Vgl. MÜLLER, Die christologisch-pneumatologische Sicht der Sakramente 40–41.
[386] MÜLLER, Die christologisch-pneumatologische Sicht der Sakramente 42.
[387] Verschiedene Formen des Pneuma-Zentrismus (z.B. manche nur eschatologisch geprägte, glorreiche, ohne Zugang zur Kreuztheologie definierte Pneumatologien der Orthodoxie).
[388] Die Theologiegeschichte kennt eine ideologisch verzweckte Sakramentenpraxis: z.B. in einigen reformatorischen Kirchen die Praxis, auf den Namen bedeutender Menschen zu taufen (z.B. auf Johann Wolfgang von Goethe, auf Jeremias Gotthelf). – MÜLLER, Die christologisch-pneumatologische Sicht der Sakramente 42.
 – Die Sakramente können auch ohne Christus – ohne Gebundensein an die Einmaligkeit des Lebens Jesu – leicht im Sinne eines moralisierenden Erziehungs- und Züchtigungsinstruments missverstanden werden, das nicht mehr in Verbindung mit der Heils-Zusage Gottes an den Menschen gesehen wird. – Ebd. 42.

100   1 Sakramentenverständnis der kath. Lehre

Falls aber der pneumatologische Pol fehlt, kann die sakramentale Wirklichkeit einerseits zu christomonistischer Einseitigkeit des Kirchenverständnisses führen, anderseits selbst magisch verstanden werden.[389] Eine wichtige Rolle gewinnt die pneumatologische Struktur der Sakramente also dann, wenn sie das Objektive des sakramentalen Geschehens (= den christologischen Pol) mit dem subjektiven Pol (= dem im Menschen: »ich glaube«) zusammenbindet[390] und wenn sie den eigentlich religiösen (d.h. nicht magischen) und kommunikativen Charakter der Sakramente unterstreicht. Sie fragt auch nach Möglichkeiten der geschichtlichen Entfaltung dessen, was die geschichtliche Offenbarung als Heilszusage den Menschen historisch vermittelt und mitgeteilt hat.[391]

1.4.1.2 Die Fragen einer eigenständigen Pneumatologie

In der Diskussion über ein »integrales« Modell der Geist-Christologie[392] als Voraussetzung der erneuerten Sakramentenlehre fragt aber die Pneumatologie nach innertrinitarischer Eigenart und außentrinitarischer Eigenfunktion des Heiligen Geistes.

Die Rede vom Pneuma soll nicht die Christozentrik und die nur christologische Gestalt des Heils betonen, für welche das Pauluswort: »Der Kyrios ist das Pneuma« (2 Kor 3,17) eine Grundlage ist. Bei einer solchen christologisch entworfenen Pneumatologie wäre der Heilige Geist als Person durchaus mitgenannt, stünde aber als solche nicht im Vordergrund der Betrachtung. Diese Stellung verrät jedoch die klassische Trinitätslehre, wenn sie das Pneuma nur in seiner dynamischen Gestalt

---

[389] W.W. Müller zählt drei charakteristische Merkmale für ein magisches Verständnis der Sakramente auf: (1) die Meinung, der materielle Vollzug des sakramentalen Zeichens wirke automatisch; (2) die Meinung, der Sakramentenempfang bringe eine wunderbare materielle Wirkung hervor; (3) die Meinung, der analoge Charakter des Sakraments gehe verloren. – DERS., Die christologisch-pneumatologische Sicht der Sakramente 42. – Zu neuerer Diskussion und Auseinandersetzung mit dem Phänomen der Magie aus einer personalen Sicht der Sakramententheologie siehe: DERS., Sakrament und/oder Magie? Anfragen an die postmoderne Sakramententheologie, in: ThG 41 (1998) 185–195.

[390] Dazu auch W.W. Müller: „In dieser christologisch-pneumatologischen Sicht zeigen sich die Sakramente zugleich in ihrer ekklesialen Struktur. (...) Das sakramentale Tun der Kirche besteht darin, dass in den objektiven Gegebenheiten des Glaubens an Jesus Christus und an seine Geistverheißung das subjektive Annehmen der Heils-Gabe durch das Individuum erfolgt." – DERS., Die christologisch-pneumatologische Sicht der Sakramente 40.

[391] Vgl. MÜLLER, Die christologisch-pneumatologische Sicht der Sakramente 43. – Diese geschichtliche Entwicklung der Sakramente ist bis auf den heutigen Tag nicht abgeschlossen, sondern vollzieht sich immer wieder neu im Volk Gottes. In diesem Punkt sieht W.W. Müller die Basis für die aktuellen Fragen der Sakramentenlehre, die kontrovers debattiert werden, „beispielsweise die Frage nach dem Firmalter, die Frage der Zulassung Geschiedener zu den Sakramenten, die Beichtpastoral (...)." – Ebd. 42.

[392] Siehe oben Anm. 377 (und 376).

1.4 Neue Ausgangspunkte hinsichtlich der Pneumatologie

ohne Berücksichtigung der personalen Dimension zeigt. Das Pneuma ist in solcher Sichtweise vor allem Christus selbst als der erhöhte Herr, der zum Pneuma geworden ist (2 Kor 3,17). Die Pneumatologie bleibt somit immer an die Christologie und das Werk des Geistes immer an das Werk Christi gebunden.[393]

Der Heilige Geist ist aber nicht der durch das Pascha zum Pneuma gewordene Menschensohn.[394] Die paulinische Aussage (»der Herr ist der Geist«) manifestiert lediglich das eschatologische, bereits in Jesus Christus erreichte Ziel der Wirksamkeit des Geistes, dessen weitere Aufgabe es ist, die übrige Wirklichkeit an Christi Wort und Werk zu erinnern und sie in die endzeitlich erfüllte Wirklichkeit Jesu Christi zu integrieren.[395]

Im sakramententheologischen Bereich stellen sich für die Pneumatologie deswegen die schwierigen Fragen nach der Rolle des Heiligen Geistes für die konkrete Heilsvermittlung bzw. -realisierung, d.h. nach der Durchführung der göttlichen Ökonomie: Welche Beachtung finden das Wirken des Geistes, seine Eigenständigkeit, sein Wesen und seine Person im sakramentalen Geschehen? Haben die Sakramente den Geist als Gabe nur zum Inhalt oder zum eigentlichen Spender? Ist der Geist und der dreieinige Gott zugleich ein wirklicher Spender, zumindest aber Mitspender und Mitwirker der Sakramente?

Eine mögliche Antwort wird in der Theologie des trinitarischen Personseins Gottes gesucht, insbesondere in der Personalität des Geistes, denn „gerade an der »Person« des Heiligen Geistes kann (...) ein Grundzug des Personseins deutlich werden: Er ist nicht nur der Condilectus, der mitgeliebte Dritte, in dem sich die Zweisamkeit der wechselseitigen Liebe von Vater und Sohn überschreitet und öffnet (...). Er ist eher noch der dem Ineinandersein, der Perichorese von Vater und Sohn vollkommen Raum Gewährende, dessen Selbstsein sich in dem selbstlosen Ermöglichen des Ineinanderseins realisiert."[396]

In diesem Urbild des Personseins – nicht vom Selbstvollzug des autonomen Subjekts verstanden, sondern im »Dasein für andere«: als der immer schon eröffnete »Raum interpersonaler Begegnung in Person«[397] – wird das eigenständige Profil der Person des Geistes deutlich sichtbar,

---

[393] Vgl. KRAHE, Der Herr ist der Geist. Das Mysterium vom Pneuma Christi 354–357.
[394] Zu der Verhältnisbestimmung von Christus und Geist siehe: KASPER, Aufgaben der Christologie 147–149; DERS., Die Kirche als Sakrament des Geistes 30–34.
[395] KASPER, Aufgaben der Christologie 148. – Siehe auch: HILBERATH, Pneumatologie 466–467, 473–474.
[396] HILBERATH, Pneumatologie 535–536.
[397] HILBERATH, Pneumatologie 536.

denn er geht nicht nachträglich aus den sich konstituierenden Personen des Vaters und des Sohnes als der dritte hervor.[398]

1.4.2 Das Gnadenverständnis im Lichte der Pneumatologie

Die Bedeutung einer pneumatologisch und trinitarisch strukturierten Gnadenlehre liegt in der Neugewinnung des Vorrangs der ungeschaffenen Gnade vor der geschaffenen. Die Gnade wird nicht als Akzidenz oder Zuständlichkeit im oder am Menschen, sondern als Verhältnis von Person zu Person – als die Selbstmitteilung Gottes bzw. Teilhabe am göttlichen Leben verstanden.[399] Die Gnade wird als „Präsenz des personalen, heilschaffenden Gottes gesehen"[400].

Die pneumatologisch-trinitarische Deutung unterstreicht die personale Ebene des Gnadengeschehens. Einerseits wird die Personhaftigkeit des Geistes betont, weil gerade durch und in seiner Person die Teilnahme der Menschen an der göttlichen Natur konkret wirklich wird. Der Geist als das personhafte Wir Gottes ermöglicht eben als solches die communio mit und zwischen den Menschen. Andererseits wird die Personalität des Menschen ans Licht gebracht, denn sie ist gerade die Voraussetzung der Selbstmitteilung Gottes.[401]

Obwohl die personalen Kategorien den Vorrang vor den ontologisch-sachhaften gewinnen, wird dem Menschen in seinem Personsein die

---

[398] In den Sakramententheologien der nachkonziliaren Zeit gewinnt die pneumatologische Dimension eine immer größere Bedeutung. Die Autoren rezipieren in ihren Werken – mit unterschiedlicher Intensität – die pneumatologische Umorientierung der Theologie. Das pneumatologisch orientierte Sakramentenverständnis äußert sich bei ihnen durch eine vieldimensionale Prägung. Dementsprechend weisen sie auf mehrere Komponenten hin, die zu den Wesensmerkmalen einer pneuma-zentrierten Sakramentenlehre gehören können. *Das Profil des Geistes* ist in ihren Beiträgen dann erkennbar, wenn sie die personal-trinitarische Dimension der Sakramente, ihre ekklesial-liturgische Ortung, ihren dialogischen und dynamischen Charakter, die gemeinschaftliche und kommunikative Seite des sakramentalen Geschehens oder seine eschatologische Komponente zum Ausdruck bringen.

[399] Vgl. Harald WAGNER, Dogmatik = Kohlhammer Studienbücher Theologie 18 (Stuttgart 2003) 259. – Zum Verhältnis von Gnadenlehre und Pneumatologie siehe: Heribert MÜHLEN, Gnadenlehre, in: Herbert VORGRIMLER, Robert VAN DER GUCHT (Hg), Bilanz der Theologie im 20. Jahrhundert 3 (Freiburg 1969/70) 143–192; Karl LEHMANN, Heiliger Geist, Befreiung zum Menschsein – Teilhabe am göttlichen Leben. Tendenzen gegenwärtiger Gnadenlehre, in: Walter KASPER (Hg), Gegenwart des Geistes. Aspekte der Pneumatologie = QD 85 (Freiburg u.a. 1979) 181–204; Christian SCHÜTZ, Anmerkungen zur Neuorientierung der Gnadenlehre, in: MySal Ergänzungsband: Arbeitshilfen und Weiterführungen (Zürich 1981) 355–363; Gisbert GRESHAKE, Heilsverständnis heute: Ein Problembericht, in: DERS., Gottes Heil – Glück des Menschen (Freiburg 1983) 15–49; DERS., Zum gegenwärtigen Stand der Gnadentheologie, in: DERS., Geschenkte Freiheit: Einführung in die Gnadenlehre (Freiburg ⁵1992) 123–142.

[400] GRESHAKE, Heilsverständnis heute 19f.

[401] Vgl. FREITAG, Geist-Vergessen – Geist-Erinnern 306. 414.

1.4 Neue Ausgangspunkte hinsichtlich der Pneumatologie

Leib-Dimension nicht genommen werden. Der Mensch wird als leibhaft verfasste Person, als *Leib in Person* definiert, weil der Leib für ihn den Zugang zu den anderen Personen eröffnet.[402]

Die Voraussetzung, dass die personale Begegnung mit dem dreifaltigen Gott für den Menschen auch eine leibhaftige sein muss, bringt die trinitarische Konzeption des Gnadengeschehens in einen engen Zusammenhang mit der inkarnatorisch geleiteten Theologie. In der Menschwerdung Jesu ist die Begegnung des Menschen (als des *Leibes in Person*) mit Christus als Person eröffnet. Und die Rolle des Geistes besteht darin, den Menschen zur Person des Sohnes hinzuführen.

Die Erkenntnis des Christus als des Sohnes des Vaters kann nämlich nur kraft der dritten Person der Trinität gelingen. Der Geist macht die Menschen, durch leibhafte Eingliederung in den Leib des Sohnes, zu Personen im Personraum des Sohnes.[403] Diese Eingliederung hat den Sinn, „uns über die Person des Geistes in die Person des Sohnes Gottes einbeziehen zu lassen und so Person in Person zu werden. Letztlich gibt die dreifaltige Personalität den Lebensraum ab, in dem wir – wenn wir als Leib in Person in die Kirche aufgenommen sind – von Gott her zu leben und unsterblich zu werden beginnen. Hier ist auch unser Modell der Erlösung des Menschen ausgesprochen. Die Erlösung des Menschen ist nicht, sich seines Leibes entkleiden zu lassen; die Erlösung ist vielmehr, als Leib in Person die Verbundenheit mit dem Leibe Christi zu finden und in Gemeinschaft mit diesem Leibe eben die Kirche zu bilden, um so in der Person des Geistes von der Person des ewigen Logos umgriffen zu werden und Person in Person, letztlich Person in der Dreipersonalität Gottes zu werden."[404]

Zusammenfassend kann man sagen, dass in der pneumatologisch-trinitarischen Konzeption der Gnadenlehre das christologische Element durch das pneumatologische korrigierend und unschädlich ergänzt wird.

Das pneumatologische Gnadenverständnis basiert nicht nur auf der inkarnatorischen Einigung menschlicher und göttlicher Natur Christi und deren Applikation im Glaubensleben der Menschen, denn der Geist

---

[402] Vgl. LIES, Sakramententheologie 55–57, für: Lothar LIES, Sakramententheologie. Eine personale Sicht (Graz 1990) 55–57.

[403] FREITAG, Geist-Vergessen – Geist-Erinnern 299: „Demnach wird Christus vor allem inkarnatorisch-leiblich erfahren, der Geist aber konkret personal, indem er Person in der Person Christi sein läßt; der Geist verhilft dazu, Existenzgrund und Identität in der Person des Sohnes zu finden. Der Geist wird also im personalen Verhältnis zu Christus erfahren, konkret im Mitvollzug der doppelt-einen Bewegung Christi, der Selbsthingabe an die Menschen (ein Leib werden im Heiligen Geist) und an den Vater (eine Opfergabe in Christus)."

[404] LIES, Sakramententheologie 198.

kommt ins Spiel, indem die Gnadenvermittlung auch als ein personales Geschehen charakterisiert wird.

Der explizite Bezug auf den Heiligen Geist wird erneut in der westlichen Theologie zur Grundlinie und zum Prinzip der Gnadenlehre.[405]

---

[405] Bis zur Erneuerung der Gnadenlehre im 20. Jahrhundert sah der Westen die Topoi eines ausdrücklichen Rückgriffs auf den Heiligen Geist eher in der Lehre von den Charismen, von den Gaben oder Früchten des Geistes und von der Einwohnung Gottes im Gerechten. Das waren aber nur Teilstücke, keine Grundlinie der Gnadenlehre. – FREITAG, Geist-Vergessen – Geist-Erinnern 304.

– Als prägend für die nachkonziliare theologische Diskussion über die Erneuerung der Gnadenlehre hinsichtlich der Pneumatologie könnte der Beitrag von Karl LEHMANN: *Heiliger Geist, Befreiung zum Menschsein – Teilhabe am göttlichen Leben* gelten. Der Autor weist auf mögliche Lösungsversuche in der dogmatischen Entfaltung des Wirkens des Geistes hin. Vor allem sei die Betonung des personalen Charakters der Gnade notwendig, wie sie durch die Selbstmitteilung des dreipersönlichen Gottes an das Geschöpf geschenkt wird, um sie von der gefährlichen Nähe zu Kategorien des »Dinghaften« und des Akzidentellen zu befreien (ebd. 182). Er stellt fest, dass die Rede von der »gratia creata« westlicher Tradition die Pneumatologie ersetzte, und bedauert, dass die dynamische Gegenwart des Geistes durch die Lehre von der Zuständlichkeit der geschaffenen Gnade abgelöst wurde (ebd. 202). Die Pneumatologie könnte – so sein Hinweis – eine neue »Wir-Erfahrung« in der Kirche zurückgewinnen, wo das Geschenkte immer zugunsten der anderen zuteil wird (ebd. 203), und die eschatologische Komponente des Christseins („antizipatorische und fragmentarische Struktur der Gnade" mit ihrem dynamischen Gehalt) besser zum Ausdruck bringen: „Die Pneumatologie erlaubt eine wahre Gegenwart des Heils, ohne die noch ausstehende Vollendung und das Seufzen der Kreatur verschleiern zu müssen. Der Zusammenhang von Pneuma-Gnade, Zeugnis und Sendung des Christen muß neu zurückgewonnen werden" (ebd. 184; 203).

Für die theologische Behandlung der Sakramente sieht Lehmann die Verbindung zwischen Gnadentheologie, Christologie, Ekklesiologie und Trinitätslehre als nötig an, um die Spaltungen zwischen „dem Begriff einer innerlichen, unsichtbaren Rechtfertigungsgnade" und „der verleiblichten, zeichenhaft-symbolischen und sakramentalen Gnade" zu nivellieren (ebd. 183). Zur Begründung fügt er die wichtige Aussage von Joseph LOOSEN an:

> *Der Gottesgeist einigt uns mit Dreifaltigkeit, Christus und Kirche zugleich. Trinitarische, christologische und ekklesiologische Funktion der Gnade sind danach untrennbar. Unsere Aufnahme in die Kirche ist Aufnahme in den Herrn, und unsere Aufnahme in den Herrn ist Aufnahme in die innergöttliche Gemeinschaft. Und es ist Aufnahme in das unmittelbare Zueinander und Ineinander der trinitarischen Personen. Sie selber geben sich, so wie sie sind, mit dem, was sie haben. (...) Das volle trinitarische Verständnis der Gnade ergibt sich erst dann, wenn der ekklesiologische, der christologische und der trinitätstheologische Gesichtspunkt nicht hintereinander und nicht nebeneinander, sondern ineinander erscheinen. (...) Der dreipersönliche Gott will nur in der Lehre und im Leben Christi in der Gestalt der Kirche für uns da sein. Und die Antwort, die wir durch den Geist im Sohn dem Vater erteilen, ist eine Antwort, die wir in der Kirche und durch die Kirche an Gott richten. Darauf zielt die äußere Offenbarung Gottes hin, dafür soll uns die Gnade innerlich öffnen.*

Die Lehre von der Gnade als Relation Gottes zu den Menschen kann somit die Vorstellung von einer quasi ‚habitualen' Wirklichkeit im Menschen übersteigen und versuchen, auch das Problem personaler Freiheit tiefer zu erläutern.

1.4.3 Die Notwendigkeit der pneumatologischen Amtsbegründung[406]

Lange Zeit im Laufe der dogmengeschichtlichen Entwicklung funktionierte in der westlichen Sakramenten- und Amtstheologie das trennende und der christomonistischen Sicht untergeordnete Schema von objektiver und subjektiver Erlösung, wie von amtlicher Funktion und personaler Existenz des Amtsträgers. Die priesterlich amtliche Gewalt ging ganz auf Christus zurück und verblieb in einer eigentümlichen Objektivität, weil der als bloße Kraft im Amt empfangene Geist kein eigenes und personales Einwirken auf die Person der Funktionsträger hatte.

Dieses einseitige Amtsverständnis wurde von der Überzeugung begleitet, dass der Geist als geschenkte Gabe nicht personal wirkt (er ist nicht der personal Wirkende im Amtsträger; er wirkt in den Sakramenten nur auf die Natur des Menschen) und dass der Geist für die Sendung Christi nicht mit-konstitutiv ist.[407] Der christologischen ‚objektiven' Begründung

---

– Diese Aussagen – von K. Lehmann und von J. Loosen – können als **programmatisch und richtungsweisend für die pneumatologisch zentrierten Modifikationen und die spätere Entwicklung innerhalb des Kanons der klassischen sowohl Gnaden- wie auch Sakramentenlehre** bezeichnet werden. [Karl LEHMANN, Heiliger Geist, Befreiung zum Menschsein – Teilhabe am göttlichen Leben. Tendenzen gegenwärtiger Gnadenlehre, in: Walter KASPER (Hg), Gegenwart des Geistes. Aspekte der Pneumatologie = QD 85 (Freiburg u.a.1979) 181–204; Joseph LOOSEN, Ekklesiologische, christologische und trinitätstheologische Elemente im Glaubensbegriff 101[98], in: Johann AUER, Hermann VOLK (Hg), Theologie in Geschichte und Gegenwart. FS Michael Schmaus (München 1957) 89–102, hier 101[98] – zitiert nach K. Lehmann].

[406] Die Sakramente sind keine individuellen Ereignisse auf dem Glaubensweg der Einzelnen, sondern sie werden im gesamten Gefüge der versammelten Ortskirche vollzogen. Die Frage nach *dem Profil des Geistes in den Sakramenten* bedarf deshalb auch einer pneumatologischen Reflexion über die Konstitution und Rolle der aktiv beteiligten Sakramentenspender.

– Eine gute kompakte Darstellung dieser Problematik bietet der Beitrag von Harald WAGNER: *Das Amt im Kontext der Communio-Ekklesiologie*, in: Cath(M) 50 (1996) 34–44. – Die beiden das Amt konstituierenden Formeln: »In persona Christi« und »In persona Ecclesiae« definierend, verweist der Autor auf die Relevanz der neuen Funktions- und Ortsbestimmung des Amtes (»*Wegweiser in dem Kommunikationsgeschehen der Kirche zu sein, damit sich mehr und mehr die Communio realisiere*« – ebd. 44), die dem Selbstverständnis der Kirche des Konzils entspricht.

[407] Die Vermittlung vollzieht sich aber in Christus durch den Geist. Jesus wird im Geist gesandt, „so daß er als Christus auch selbst Subjekt seiner Sendung ist", und gerade darin wird der Geist mit-konstitutiv für die Sendung Christi (auch der Kirche und des Amtes) und für den Gesandten als eigenständig Handelnden. Der Geist initiiert und konkretisiert doch das Gesandtwerden des Amtsträgers, denn seine Sendung „erschöpft

des Amtes kam die pneumatologisch-ekklesiologische (die auf die ‚subjektive' Dimension der Personen bezogene) Ergänzung nicht entgegen.

Die pneumatologische Frage der Amtstheologie ist die Frage nach der pneumatischen Ergänzung der ‚Wirklichkeit des Amtes' und zugleich nach der notwendigen trinitarischen Zuordnung der christologischen und pneumatologischen Dimension des Amtes. Sie will die einseitige christologische Grundlegung des Amtes in der katholischen Theologie (rechtliches Stiftungsmodell, Vollmachtsweitergabe von Christus an Petrus, vom Papst an die Bischöfe und Priester, und andere christozentrische Verengungen) pneumatologisch weiten und ausbalancieren.

Die trinitarisch geprägte Communio-Ekklesiologie des II. Vatikanum fordert solche entsprechende Bemühungen um die trinitarische und pneumatologische Analyse des Amtes. Der Dienst des Amtes kann nämlich nicht nur in christologischer ‚Objektivität' bestimmt werden, sondern auch durch den vielfältigen und reichen Zusammenhang von Beziehungen, die aus der innergöttlichen Trinität kommen.[408] Das Amt (als Sakrament und Sendung) ist selbst – ähnlich wie die Kirche – trinitarisch zu verankern und zu differenzieren.[409]

Das pneumatologisch und trinitarisch strukturierte Amt fordert vor allem eine ekklesiologische (vom Wesen der Kirche hergeleitete) Begründung des Amtes, nicht nur eine funktionale oder sakramentalistische. Die trinitarische Verwurzelung der Kirche erlaubt es nicht mehr, das kirchliche Amt allein christologisch („hierarchologisch") oder von der Theorie der *societas perfecta* her zu begründen.[410]

Die frühere Konzeption des unmittelbaren Bezugs der Amtsträger zu Christus führte in der Folge zu verschiedenen Fehlentwicklungen: wie z.B. der Autonomisierung des ordinierten Amtes, einer Isolierung von

---

sich nicht in bloß juridischer Beauftragung, in bloßer missio canonica". – FREITAG, Geist-Vergessen – Geist-Erinnern 219.

[408] Papst Johannes Paul II. bringt diesen Gedanken zum Ausdruck im Anschluss an die Bischofssynode über die Priesterausbildung (1991): „'Die priesterliche Identität – schreiben die Synodenväter – hat wie jede christliche Identität ihren Ursprung in der göttlichen Trinität', die sich den Menschen in Christus offenbart und selbst mitteilt, indem sie in ihm und durch den Geist die Kirche als ‚Keim und Anfang des Reiches' darstellt." – Pastores dabo vobis 12 (Nachsynodales Apostolisches Schreiben *Pastores dabo vobis von Johannes Paul II.* an die Bischöfe, Priester und Gläubigen über die Priesterausbildung im Kontext der Gegenwart, 25. März 1992), in: VAS 105, 26. – Die Communio-Ekklesiologie scheint den Synodenvätern für das Verständnis der Identität der Amtsträger und ihrer Sendung im Volk Gottes und in der Welt entscheidend zu sein.

– Eine Reflexion über die Gnade des Weihesakraments in pneumatologischer Sicht (theologisch, pastoral, spirituell) entfaltet J. Freitag: Sakramentale Sendung: Gabe und Aufgabe des sacramentum ordinis = PWB 29 (Freiburg 1990).

[409] Vgl. FREITAG, Geist-Vergessen – Geist-Erinnern 218–220. 250–254.

[410] Vgl. FREITAG, Geist-Vergessen – Geist-Erinnern 215–217.

der Gemeinde oder der Abwertung der Laien. Das ordinierte kirchliche Amt soll darum zugleich christologisch und pneumatologisch-ekklesiologisch verstanden werden.[411] Die Formel „*In persona Christi*" braucht die ergänzende Formel „*In persona ecclesiae*", um vorzuweisen, dass der Priester sowohl ein Repräsentant der Gegenwart Christi wie auch ein Repräsentant der mit vielfältigen Gaben des Heiligen Geistes erfüllten Gemeinde ist und dass seine Funktion der Christusrepräsentation nur in der Kirche wirkt und nie zur Trennung von ihr (als Repräsentation vor oder außerhalb der Kirche) führen kann.[412]

Das II. Vatikanische Konzil begann das komplexe Strukturmuster von charismatischer und amtlicher Struktur der Kirche wiederherzustellen und das ordinierte kirchliche Amt wieder deutlicher in das Ganze der Kirche und in die Vielfalt der Dienste und Ämter einzuordnen.[413] Die neuere Reflexion über das Amt in der Kirche folgt aus der konziliaren Theologie des *Lumen gentium*. Das Kapitel über das Volk Gottes ist so von großem Gewicht für ein vertieftes, modernes Verständnis von der Kirche, dass auch das Amtsverständnis revidiert werden musste. Die *Volk-Gottes*-Theologie fordert nämlich deutlich eine pneumatologische Artikulation des Amtes[414] und die Teilnahme aller Mitglieder der Kirche an der Sendung Jesu Christi und an seinen Ämtern[415].

[411] Die geistige Gegenwart Jesu Christi in der Gemeinschaft soll streng als $б ≅ 4 < T < \because \forall$ begriffen werden, also nicht allein von ihrer juridisch-institutionellen Struktur aus, sondern vom personal-ekklesialen Bereich her. Daher ist das Amt definierbar als eine Wesensstruktur der Gemeinschaft. Im Sichtbar-Inkarnatorischen (juridisch-institutionelle Struktur) soll die Gemeinde dem Unsichtbar-Pneumatischen begegnen. Beide Dimensionen sind nämlich integrale Elemente (im Sinne einer echten »realitas complexa«) für das fundamental-dynamische Amtsverständnis. – Wacław HRYNIEWICZ, Człowiek w mocy Ducha Świętego. Zarys pneumatologii Ojców wschodnich (Der Mensch in der Kraft des Heiligen Geistes. Abriss der Pneumatologie der östlichen Kirchenväter), in: Znak 277-278 (1977) 775-793, bes. 782ff.

[412] Vgl. WAGNER, Das Amt im Kontext der Communio 40-44. – Eine besondere Aufgabe des Amtes (die aus der »representatio Ecclesiae« folgende) sieht der Autor nicht nur in der Stiftung der Gemeinschaft und im Dienst an der Communio innerhalb der Kirche, sondern auch im Auftrag zur Kenose, d.h. zur Überschreitung »des institutionell Vorgegebenen« und zu demütiger Suche des Heils auch außerhalb von sichtbarer Kirche. Dieser *kenotische* Auftrag sollte in der »Anerkennung dessen, daß die Kirche nur von einer „necessitas medii" ist, nicht von einer „necessitas finis"« seine Begründung haben (ebd. 43).

[413] Vgl. WIEDENHOFER, Ekklesiologie 106-109.

[414] Das Konzil brachte das Amt pneumatologisch differenziert zur Sprache und in einen umfassenden trinitarischen Zusammenhang u.a. in LG 28, PO 2 oder AG 2-4. Besonders wichtig für die konziliare Aussage ist die trinitarische Verwurzelung des Amtes im ersten Kapitel des Missionsdekretes: „Die pilgernde Kirche ist ihrem Wesen nach ‚missionarisch', da sie selbst ihren Ursprung aus der Sendung des Sohnes und der Sendung des Geistes herleitet gemäß dem Plan des Vaters" (AG 2). „Der Heilige Geist eint die ganze Kirche (…) in Gemeinschaft und Dienstleitungen (…), indem er die kirchlichen Einrichtungen (…) lebendig macht und ebendiesen Geist der Sendung, durch den Christus selbst getrieben worden war, in die Herzen der Gläubigen einträufelt" (AG 4).

[415] Siehe: HÜNERMANN, Kommentar zu *Lumen gentium* 405. – Die Laien werden systematisch aufgewertet: Sechsmal betont die Konstitution, dass der Laie am königlichen,

Die konziliare Lehre versucht grundsätzlich im Amt eine mehr universale Struktur und relationale Größe zu sehen – die Sendung der Apostel repräsentiert die Sendung der gesamten Kirche.[416]

Es wird im Konzil auch die geistige Gegenwart des Herrn und die Sakramentalität des Dienstes im Amt (nicht nur die „Einsetzung" oder „Legimitation" des Sakramentes) neu thematisiert[417], denn in der Neuscholastik gab es keine Ausführungen über die pneumatische Präsenz des erhöhten Herrn und sein Wirken in den Amtsträgern.[418]

Im (Sakramenten- und) Amtsverständnis steht die Konstitution *Lumen gentium* mit ihrer Charakteristik der Kirche als *Volk Gottes* aber nur an einem theologischen Anfang. Denn die Sakramente zeigen noch nicht das Wesen des Volkes Gottes; sie definieren sich nicht als kommunikative Handlungen, Gemeinschaftsvollzüge und Feiern des Volkes Gottes. Im Blickfeld stehen immer noch die Einzelnen als Empfänger der Sakramente, und bei der Charakterisierung der Kirche dominiert die Sicht der Amtsträger, d.h. der Blick auf die Gläubigen, insofern sie auf die Dienste der Amtsträger angewiesen sind.[419] Es wird in der Kirchenkonstitution z.B. bei der Ordination nicht wahrgenommen, dass das Volk Gottes als priesterliche Gemeinschaft agierendes Handlungssubjekt auch in diesem Sakrament wirksam ist.[420]

In der nachkonziliaren Theologie wurde aber eine konsequente Entfaltung der konziliaren Amtstheologie – eine pneumatologisch und in der Theologie der Trinität verankerte Artikulation des Amtes – herausgearbeitet. Sie ist u.a. bei Gisbert Greshake zu finden.

In seiner Reflexion[421] bringt Greshake die beiden Formeln *repraesentatio Christi* und *repraesentatio ecclesiae* in einen engen Zusammenhang, um

---

priesterlichen und prophetischen Amt Christi teilhat (LG 10.11.12.34.35.36). Die Taufe wird in ihrer grundlegenden Bedeutung wiedererkannt: Durch sie gibt es eine wahre Gleichheit aller Gläubigen und eine enge Beziehung untereinander (LG 32). Im Rahmen der Wiederentdeckung der Verschiedenheit der Geistesgaben (LG 4.7.12.13) sehen sich die Laien auch zu kirchlichen Diensten berufen (LG 18.33; vgl. AA 10.22; AG 15). – WIEDENHOFER, Ekklesiologie 107.

[416] Vgl. HÜNERMANN, Kommentar zu *Lumen gentium* 410–411. – Die Reihenfolge der Kapitel II und III der Konstitution demonstriert die deutliche Absicht, die Hierarchie in das Volk Gottes und nicht vor das Volk Gottes zu stellen.

[417] In der sakramentalen Verleihung wie im sakramentalen Inhalt des Amtes wird auch eine pneumatische, nicht nur christologische Wirklichkeit sichtbar. In der Gabe und der Gnade der sakramentalen Ordination wird der Geist selber gesehen – *sacra potestas* als die sakramentale Heiligungsgewalt und die Jurisdiktion. – Vgl. FREITAG, Geist-Vergessen – Geist-Erinnern 217–218.

[418] Vgl. HÜNERMANN, Kommentar zu *Lumen gentium* 414–415.

[419] Vgl. HÜNERMANN, Kommentar zu *Lumen gentium* 380.

[420] Vgl. HÜNERMANN, Kommentar zu *Lumen gentium* 381.

[421] Vor allem: Gisbert GRESHAKE, Priestersein: Zur Theologie und Spiritualität des priesterlichen Amtes (Freiburg 1982).

das nötige Gleichgewicht zwischen der christologischen und der pneumatologischen Dimension des Amtes zu bestimmen.[422]

Die historischen einseitigen Fehlentwicklungen der Amtstheologie, wie z.b. hierarchisierende und verabsolutierende Tendenzen der *repraesentatio Christi*, benötigen seiner Meinung nach eine wirklich trinitarische Zuordnung.[423] Der pneumatische Modus und der trinitarische Horizont macht nämlich deutlich, dass für das Amt nicht nur seine sakramentalchristologische Fundierung, sondern auch seine ekklesial vermittelnde pneumatische Dimension prägend ist.

Das Amt versteht Greshake als kirchliches Amt und als solches an die Zustimmung der Gemeinschaft gebunden, d.h. die Befähigung zur *repraesentatio Christi* empfängt der Kandidat in der sakramentalen Ordination unter dem epikletischen Gebet der Gemeinde.

Die Repräsentation Christi bleibt deshalb immer eine verschränkte Repräsentation, weil der Priester »im Namen der Kirche« durch den Geist sakramental befähigt wird, »im Namen« oder »in Person Christi« zu handeln, und er diesen Dienst nicht anders als im Sinne der Kirche ausüben kann.[424]

---

[422] „Wird das Amt nur christologisch verstanden, steht es isoliert unter dem Vorzeichen von auctoritas und potestas (Christi). Wird es ausschließlich pneumatologisch begriffen, ist es *ein* Dienst unter den anderen geistgewirkten Diensten innerhalb der Kirche. Weil aber die Kirche das unteilbare Werk des Dreieinigen Gottes ist, wird sie vom Vater begründet als ein Volk, das zwar eins ist (im Heiligen Geist) und das doch in seiner Gestalt so *strukturiert* ist, daß in seiner Einheit der Vorrang Christi, sein Wort und sein Heil im Amt sakramental-greifbar in Erscheinung tritt. Zum Verständnis des Amtes kann man also weder ausgehen von Christus allein her (Tendenz der westlichen Theologie), noch allein von der charismatischen Gemeinde als Werk des Geistes her (Gefahr der reformierten Amtstheologie), sondern vom Vater, der Christus *und* Geist in untrennbarer Einheit sendet, um sein Volk zu schaffen, das aufgrund des zwei-einen Wirkens von Christus und Geist von vornherein und nicht erst nachträglich eins ist in der Differenz (nicht nur verschiedener Dienste – das auch! – sondern) verschiedener ‚ordines', in denen das Amt als Amt gegenüber dem Laientum sakramental die Sendung Christi zu vergegenwärtigen hat, das Laientum aber den Empfang des Heilswerkes Christi bezeugt und dessen innere geistgewirkte Fruchtbarkeit zur Geltung bringt und an Kirche und Welt weitergibt". – GRESHAKE, Priestersein 92f, für: Gisbert GRESHAKE, Priestersein: Zur Theologie und Spiritualität des priesterlichen Amtes (Freiburg ⁵1991) 92f.
[423] Vgl. GRESHAKE, Priestersein 82–104.
[424] Vgl. GRESHAKE, Priestersein 81. 83–89. – Vgl. zu diesem Thema auch die Studie von J. Freitag: Geist-Vergessen – Geist-Erinnern 223–250. Der Autor bespricht die theologischen Ansätze zu einem pneumatologisch artikulierten Amtsverständnis bei einigen Theologen: Edward SCHILLEBEECKX (Vorwurf des Pneumatomonismus – siehe J. Freitag, ebd.), Gisbert GRESHAKE, Hervé LEGRAND, Jean Marie Roger TILLARD, wie auch die Beiträge zum pneumatischen Verständnis des Amtes aus ökumenischen Dialogen.

In der folgenden Untersuchung der sakramententheologischen Entwürfe des katholischen Raums versuchen wir die Rezeption der gerade vorgestellten Voraussetzungen der Sakramentenlehre (Universalisierung des Christusereignisses – Personalisierung des Gnadengeschehens – stärkere ekklesiologische Dimensionierung des Amtsdienstes) ans Licht zu bringen, um zu beweisen, dass das Sakramentenverständnis ohne Pneumatologie nicht mehr denkbar ist.

2 Untersuchung pneumatologisch-trinitarisch konzipierter Gesamtentwürfe der gegenwärtigen Sakramentenlehre

Dieser Teil der Arbeit enthält zwei ausführliche Besprechungen der neueren pneumatologisch-trinitarisch dimensionierten Gesamtentwürfe der römisch-katholischen Sakramententheologie – von Wacław Hryniewicz und von Lothar Lies – und anschließend (in einem Exkurs) kurze Bemerkungen über die Entwürfe von Jean Corbon und von Edward J. Kilmartin.

2.1 DER GEIST ALS VOLLENDER DES PASCHA-MYSTERIUMS CHRISTI – DER PNEUMATOLOGISCHE ZUGANG AUS DER MYSTERIENTHEOLOGIE IM ENTWURF VON WACŁAW HRYNIEWICZ

Der sakramententheologische Entwurf von Wacław Hryniewicz ist in das Gefüge seines Monumentalwerkes *Theologia paschalis* hineinkomponiert.[1] Auf der *Theologie der Auferstehung* basierend, versucht der Autor

---

[1] Wacław HRYNIEWICZ, Zarys chrześcijańskiej teologii paschalnej *[Une esquisse de la théologie pascale chrétienne]*: 2. Nasza Pascha z Chrystusem *[Notre Pâque avec le Christ]* = RTK 69 (Lublin 1987).

Wacław HRYNIEWICZ ist Inhaber des Lehrstuhls für vergleichende und ökumenische Theologie an der Katholischen Universität Lublin und Mitglied der Theologischen Dialogkommission der katholischen und der orthodoxen Kirche. Durch zahlreiche Veröffentlichungen in polnischer, aber auch deutscher, englischer und französischer Sprache ist er weit über seinen Wirkungskreis hinaus bekannt geworden.

„Als [...] wohl bedeutendster Ansatz in der polnischen Theologie der letzten Jahre ist das am Paschamysterium und an der Ökumene orientierte Denken von Wacław Hryniewicz von der Katholischen Universität Lublin zu nennen. Würde man seine Arbeiten ins Englische oder Deutsche übersetzen, könnten sie einen erheblichen Einfluss auf die Theologie außerhalb der polnischen Grenzen gewinnen." – Elżbieta ADAMIAK, Józef MAJEWSKI, Ein beachtliches Kapital. Die theologische Landschaft im heutigen Polen, in: HerKorr 58/6 (Juni 2004) 296–302, hier 301.

Sein Werk *Theologia paschalis*, welches auch eine pneumatologische Reflexion über die Sakramente enthält, ist eine Trilogie, die sich mit der *Theologie der Auferstehung* befasst. Er versucht zu zeigen, dass die Heilskraft des *Mysterium paschale* keine der Vergangenheit ist, sondern dass sie die Menschen aller Generationen erreicht. Diese Überzeugung schöpft der Autor aus der frühchristlichen Theologie und Spiritualität des *Pascha-Mysteriums Christi* und des *Pentekoste-Mysteriums des Heiligen Geistes*.

Die Nähe zu den frühchristlichen Traditionen ist für Hryniewicz ein wichtiger ökumenischer Faktor seiner Forschung. Der Autor versucht, einen Entwurf der gemeinsamen (im Sinne von ‚überkonfessioneller', ‚gesamtchristlicher') *Theologia paschalis* zu skizzieren. Im kritischen Gespräch, aber auch im offenen Dialog (der nicht dem Relativismus dient, sondern der Suche nach der möglichen Ergänzung und der notwendigen gegenseitigen Korrektur) überschreitet er bewusst die konfessionellen Grenzen.

aufgrund der theologischen Traditionen des Westens wie des Ostens[2] eine systematische, konsequent trinitarisch aufgebaute Theologie der Sakramente vorzustellen, denn die Christologie wird durch die pneumatologische Dimension ergänzt oder revidiert.

Dem Heiligen Geist wird in der *Theologia paschalis* eine aktive Rolle in allen Mysterien Christi, von der Inkarnation bis zu seinem Tod und seiner Erhöhung, zugeschrieben. Der Geist ist der, den der verherrlichte Herr sendet, um die Kirche zu konstituieren. Dieser durch die verklärte Menschheit Christi vermittelte Akt der Geistsendung – zwar ein für allemal geschehen – ereignet sich in der Geschichte, aber vor allem je neu, wenn das Wort Gottes und die Sakramente gefeiert werden.

Der Heilige Geist ist in der Sicht des Autors die Sakramentsgnade schlechthin, die der auferstandene Herr den Gläubigen mitteilt. Dank seiner Wirkung sind die Menschen in die Gottessohnschaft Christi einbezogen und dadurch zu Kindern des Vaters gemacht. Derselbe Geist, der im Inkarnationsgeschehen am Werk war, heiligt jetzt die Menschen, die die Geistgabe des Vaters, gesendet durch den erhöhten Christus, annehmen.

Die Sakramente versteht Hryniewicz als Mysterienfeiern der in der Heilsgeschichte geoffenbarten und in der Heilsökonomie verwirklichten Selbstmitteilung des dreieinen Gottes, die sich in der Liturgie vollziehen. Das sakramentale Mysterium gründet für ihn sowohl in der Person

---

Nicht nur die gängigen katholischen Autoren (u.a. Congar, Balthasar, Mühlen, Rahner, Schillebeeckx) und evangelische (u.a. Pannenberg, Moltmann) werden in seine Untersuchung einbezogen, sondern auch orthodoxe Theologen (u.a. Evdokimov, Bulgakow, Bobrinskoy, Clément, Afanasjew, Zizioulas), selbst dann, wenn ihre Veröffentlichungen nur in griechischer oder russischer Sprache vorliegen.

Ausgangspunkt seiner Theologie ist das *Pascha-Mysterium* als Zentrum der Heilsgeschichte. Dem Pascha-Mysterium Christi im Glauben und in der Verkündigung der apostolischen Kirche (wobei der Befund der Heiligen Schrift und der ältesten Glaubensformeln eine große Rolle spielt), in der Kirche der Väter und in den späteren Zeiten bis hin zum Vaticanum II, wie auch in der östlichen Christenheit ist der erste Band seines monumentalen Werkes gewidmet. Von diesem systematischen Ansatz her entwickelt der Autor (im zweiten Band) in einem kritisch-prüfenden Gespräch mit der theologischen Tradition der Ost- und der Westkirche eine pneumatologisch erweiterte Ekklesiologie und Theologie der Sakramente. Der letzte Band bespricht das *Mysterium paschale* im Kontext von Anthropologie, Eschatologie und Kosmologie.

Von der Bibel her und im Blick auf die gesamte theologische Tradition des Ostens wie des Westens versucht Hryniewicz die in unserer Zeit bewusst gewordenen Einseitigkeiten der scholastischen und die Verengungen der nachreformatorischen Theologie zu überwinden.

Wichtig für unser Thema ist seine Reflexion über das Verhältnis von Glaube und Sakrament wie über die ekklesiologische, christologische und pneumatologische Dimension der Sakramente. Sie ist ein Versuch, »die vergessenen Wahrheiten« der Theologie vom Heiligen Geist wiederzubeleben.

[2] Aus diesem Grund ist der Entwurf auch ökumenisch von großem Wert.

Jesu Christi wie auch in der Person des Geistes, der im Leben und Sterben Jesu gegenwärtig war und danach den Menschen zuteil wurde: als heiligende vom Vater durch den Gottmenschen Jesus Christus der Welt geschenkte Liebe und von der Welt durch Christus den Vater verherrlichende Antwort der Liebe.

Die liturgische Feier der Kirche, die der erhöhte Herr durch die pfingstliche Geistsendung als seinen Leib konstituiert hat, ist – so betont der Autor – der sakramentale Vollzug der himmlischen Liturgie, wo die *communio* der vollendeten Gerechten mit Gott ihre höchstmögliche Verwirklichung im auferstandenen Herrn findet. Sie ist Wesensvollzug der Kirche als Leib und Braut Christi, die sich lobpreisend, dankend und bittend für Gottes Gabe öffnet und sie vom Vater durch Christus im Heiligen Geist empfängt. Diese anabatisch-katabatische Struktur kommt in den konkreten Sakramentenfeiern besonders deutlich zum Ausdruck, deren Zentrum die Eucharistie ist: In je verschiedenen Lebenssituationen wird im Zusammenwirken von Geist und Kirche die Heilsökonomie des Erlösungswerkes gefeiert, wird Gott verherrlicht und die Gemeinde geheiligt. Dabei spielen die Amtsträger eine spezifische Rolle als Verkünder der frohen Botschaft und Repräsentanten Christi, der das Sakrament der gottmenschlichen Liebe ist. Sie üben aber ihr Amt nicht gegenüber, sondern in und für die Kirche aus als sakramentale Repräsentation des trinitarischen Geheimnisses der Kirche.

Hryniewiczs Hauptanliegen ist es, den personal-relationalen Charakter der Sakramente sowie die Bedeutung der Pneumatologie für das Verständnis der trinitarischen Struktur der Kirche, für die Feier der Sakramente, in der die Kirche als *Sakrament des Geistes* erscheint, zu betonen – und das ist Ausgangspunkt für seine Theologie der einzelnen Sakramente. Sie alle gewinnen ihre inhaltliche Bestimmung durch das je nach Situation verschieden akzentuierte Gedächtnis des Christusereignisses, ihr Ziel aber ist die durch Christus im Heiligen Geist gewährte Teilhabe und in der Kraft des Geistes vollzogene Annahme des göttlichen Lebens.

In den Ausführungen über den Sakramentsbegriff geht es dem Autor vor allem darum zu zeigen, wie die trinitarisch-dialogische Struktur der gesamten Heilsökonomie – gegenüber der auf das äußere Zeichen konzentrierten Sicht der Scholastik und allen Verengungen der postreformatorischen Ära – zum Tragen kommen muss. In diesem Zusammenhang finden sich u.a. wichtige und erhellende Aussagen über die Angemessenheit der epikletischen oder Gebets-Gestalt der Sakramente. Denn die epikletische Struktur hebt den dialogischen Charakter des sakramentalen Geschehens hervor.

Hryniewicz bemüht sich in seiner Studie zu zeigen, dass die Deszendenz- und Aszendenztheologie einander ergänzende Ausgangspunkte für das Verständnis des Heilsmysteriums bzw. der Heilsökonomie und damit auch der Sakramente sind. Die katabatische Dimension bedarf nämlich seiner Meinung nach dringend der epikletischen Ergänzung, so dass der Gebetscharakter der Sakramente nicht verloren geht. Die trinitarische Sicht der Sakramente ist für den Autor vor allem in der Schrift (Geist- oder Aszendenzchristologie), bei den Kirchenvätern (insbesondere im Osten) und in der frühchristlichen Liturgie (Geistepiklese) begründet.

Die Sakramente – wie schon erwähnt wurde – sind Mysterien, in denen das Geheimnis des Pascha Christi stets in der Kirche fortdauern und sich in den Gläubigen verwirklichen kann.³ Die eschatologische Komponente spielt in dem Konzept eine wichtige Rolle, denn sie verleiht dem Pascha-Mysterium einen beständigen Charakter, so dass es allezeit bis zur Vollendung der Heilsgeschichte in der Kirche und in den Sakramenten vergegenwärtigt wird. Gott hat Christus „für uns" (Röm 4,25) hingegeben und auferweckt und in ihm, unserem Eschaton, die ‚letzte Wirklichkeit' eröffnet. Das Heil der Menschen beruht seither darauf, dass sie sich mit ihm – in seinem Pascha-Mysterium – vereinigen. Die permanente Aktualpräsenz des Pascha Christi gibt der Kirche, ihrer Struktur, ihren Sakramenten und ihrer ganzen Existenz die sinnvolle Kraft und Erfüllung. Christus selber, durch seinen heilsvollen *Pascha-Transitus* zum Vater, ist eben zur existenziellen Lebensmitte, zum Quell und zur Erfüllung der Menschen geworden.⁴

Den Teil, welcher der sakramentalen Heilsökonomie gewidmet ist, betitelt Hryniewicz: *»Unser Pascha mit Christus«*. Er spielt hier mit den biblischen Bezeichnungen: *en Christo, syn Christo* und *en Pneumati*. Die sakramentale Wirklichkeit »unseres Pascha mit Christus« entsteht nämlich *in Christo, per Christum* und *in Spiritu*. Durch diese Bezeichnungen will der Autor die geheimnisvolle Existenz- und Lebensgemeinschaft der Menschen mit dem Auferstandenen kraft seines Geistes ausdrücken, und er versucht in ihnen die Bestimmtheit für sein ganzes Konzept zu finden.

---

³ Das Pascha denkt Hryniewicz als einen dynamischen Prozess. Im Pascha drückt sich der verborgene Prozess des Werdens aus. Es ist nicht nur das bloße Faktum des Todes und der Auferstehung Christi. Es ist *passio* und *transitus* zugleich – ein Übergang von Leiden und Tod zur Auferstehung und dem ewigen Leben. Hryniewicz stützt sich auf die augustinische Interpretation, in der eine Synthese und ein Gleichgewicht zwischen *passio* und *transitus* im Pascha-Mysterium hergestellt wurde. – Vgl. HRYNIEWICZ, Nasza Pascha z Chrystusem 37; für: Wacław HRYNIEWICZ, Zarys chrześcijańskiej teologii paschalnej *[Une esquisse de la théologie pascale chrétienne]*: 2. Nasza Pascha z Chrystusem *[Notre Pâque avec le Christ]* = RTK 69 (Lublin 1987) 37.
⁴ Vgl. HRYNIEWICZ, Nasza Pascha z Chrystusem 47–49.

Diese Formeln haben nach Hryniewicz einen starken ekklesiologischen Charakter, denn sie bezeichnen den doppelten Charakter des österlichen Lebens der Kirche: einerseits das neue Leben mit Christus *(en Christo)*, die Verbindung mit seinem ganzen Schicksal *(syn Christo)*, und andererseits das Leben im Geist *(en Pneumati)*.

Der Sinn der Formel *en Christo* erfüllt sich in der direkten Relation der Gläubigen mit dem Auferstandenen. Der Auferstandene bildet die geistige und existenzielle Lebenssphäre des Menschen, in welcher der Mensch seine gänzliche Erneuerung erfahren kann. Die Kirche aber partizipiert nicht nur am Dasein und Leben des Auferstandenen, sondern auch am erlösenden Akt seines Todes und seiner Auerstehung. Darum nennt Paulus so oft auch eine andere christologische Formel, die vom Pascha der Menschen mit Christus *(syn Christo)* spricht.

In dieser Idee der Partizipation – betont Hryniewicz – entschlüsselt das Pascha-Mysterium seine dynamische Komponente. Es geht um die Partizipation im erlösenden Akt des Pascha Christi, dessen Anfang das Sakrament der Taufe ist. Durch das sakramentale Leben der Kirche verwirklicht sich das Geheimnis der Todes- und Lebensgemeinschaft mit Christus, das Mitsterben und Mitauferstehen mit ihm. Denn das Leiden Jesu hat einen inkludierenden Charakter, und der Weg für die menschliche Mitwirkung *(synergeia)*, die aus der unbegrenzten menschlichen Solidarität Jesu mit der ganzen Menschheit folgt, bleibt immer offen (1Kor 3,9; 2Kor 6,1). Die Souveränität und Exklusivität der Gottessohnschaft in Christus verknüpft sich hier also paradoxerweise mit dem Moment der Inklusivität in seiner menschlichen Solidarität mit den Menschen. Jesus akzeptiert die Bitte um den Anteil am Kelch des Leidens (Mk 10,38–39), und gewissermaßen – wie z.B. beim Tod seines Freundes Lazarus – schließt er die Betroffenen in die Erfahrung der Gottverlassenheit ein, die er selbst in der Kreuzesstunde erfahren wird. Denn das Moment der Mit-Anteilnahme und des Mitleidens, aus dem *Mysterium paschale* hervorgehend, gehört zum Wesen der kirchlichen Existenz und ihrer Sendung.[5]

Es gibt aber noch – bemerkt Hryniewicz – die Relation zwischen der Kirche und dem Heiligen Geist. Die pneumatologische Formel *en Pneumati* verdeutlicht die Tatsache, dass wir außer durch die Teilnahme an der Gemeinschaft mit dem Auferstandenen auch durch die Gemeinschaft mit dem Heiligen Geist beschenkt sind. Er wohnt in unseren Herzen (Röm 5,5; 8,9.11; 2Kor 1,22; Gal 4,6), unser Leib ist sein Tempel (1Kor 3,16; 6,19). *En Christo* ist daher untrennbar von *en Pneumati*. Die Kirche ist „der Leib und die Fülle" (Eph 1,23) Christi, er ist ihr Erlöser und Haupt, aber sie ist auch von dem Heiligen Geist durchdrungen, der

---

[5] Vgl. HRYNIEWICZ, Nasza Pascha z Chrystusem 84.

die Menschen mit Christus vereinigt und sie ihm angleicht. Ohne den Geist Christi (Röm 8,9) gibt es nämlich keine Zugehörigkeit zu Christus. Hryniewicz betont zugleich, dass der Geist seine *missio* aber mit wundervoller Diskretion und Uneigennützigkeit erfüllt. In einem gewissen Sinne ist er die personifizierte Demut Gottes. Er steht in totaler Hingabe; und das ist eine der dominierenden Eigenschaften seiner geheimnisvollen Wirkung im ganzen Werk Christi.

Die Zugehörigkeit zu Christus und seine Gegenwart in den Glaubenden ist zugleich mit der Gegenwart des Geistes verbunden. Denn die Aufnahme in die Gemeinschaft der Kirche durch die Taufe vollzieht sich in einem Geist *(en hení Pneúmati – 1 Kor 12,13)*. Das neue Leben der Kirche im Auferstandenen ist auch ein Leben im Geist *(dzomen Pneumati – Gal 5,25)*, der die Menschen belebt *(to Pneuma dzoopoieí – Gal 3,6)*. Der Geist ist es, der unser Menschsein verwandelt und unsere Teilnahme am Geheimnis des verklärten Menschseins Christi ermöglicht.[6]

Die christologisch-inkarnatorische Basis der sakramentalen Heilsökonomie wird bei Hryniewicz konsequent durch die pneumatologische Dimension ergänzt. Sein Konzept liegt auf der Linie einer positiven Entfaltung der Mysterientheologie Odo Casels; einer positiven – weil sie durch die pneumatologische Sicht die erforderliche Ergänzung mitbringt. Der Autor behauptet nämlich, dass man ohne pneumatologisches Bewusstsein die Theologie so bilde, als ob in der Heilsgeschichte nur eine Gottessendung *(missio divina)* existiere – die des Logos. Das wiedergewonnene pneumatologische Prinzip besagt deswegen, dass die einzige Heilsökonomie de facto eine Ökonomie des Sohnes und des Geistes ist (*en Christo* wie *syn Christo* sind von *en Pneumati* untrennbar wie Tod und Auferstehung Christi vom Pfingstmysterium).

In unserer Vorstellung werden die pneumatologischen Momente der sakramentalen Wirklichkeit der Kirche im Rahmen dieses Entwurfs dargelegt werden. Um die zentrale Analyse der pneumatologischen Dimension in den einzelnen Sakramenten durchzuführen, wird zuerst die pneumatologisch-trinitarische Perspektive der Ekklesiologie erläutert. Denn aus dem Verständnis der Kirche entsteht die komplementärere Interpretation der sakramentalen Geschehnisse.

---

[6] Vgl. HRYNIEWICZ, Nasza Pascha z Chrystusem 72–74.

2.1.1 Das Profil des Geistes im Grundsakrament der Kirche

2.1.1.1 Theologisch-dogmatische Bestimmung der altchristlichen Pentekoste

Die pneumatologisch-trinitarische Dimension der sakramentalen Heilsökonomie im Konzept Hryniewiczs wächst aus der frühchristlichen Logik der untrennbaren Einheit zwischen dem Pascha-Mysterium und dem Mysterium der Pentekoste. Hryniewicz macht auf die frühchristliche Tradition aufmerksam, in welcher das Mysterium Jesu Christi als eine integrale Ganzheit gefeiert wurde. Das christologische und das pneumatologische Moment wurde in der altkirchlichen Heilsvision eng miteinander verbunden.[7]

Die frühchristliche Kirche hat z.B. die Pentekoste nicht exklusiv pneumatologisch verstanden als Fest der Geistsendung, sondern im breiten Sinne als ein Fest, das die ganze österliche Zeit umfasst. Die Kirche der ersten Jahrhunderte hat nämlich die österliche Zeit der 50 Tage als den einen Tag der Neuschöpfung im erhöhten Christus gefeiert, und der letzte Tag der Pentekoste hatte einen anderen Sinn als heute. Er war nicht ausschließlich der Tag des Pfingstereignisses, denn dieses Geheimnis wurde in der ganzen österlichen Zeit gefeiert. Er war ein Tag, der die österliche Freude der Kirche abschloss.[8]

In der Pentekoste wurde also sowohl die Erhöhung des Gekreuzigten wie auch die Gabe des Geistes gefeiert. Der Tod Jesu blieb in dieser Vision die zentrale Erlösungstat Gottes, und das Pascha Christi war die Achse der ganzen österlichen Zelebration; aber die Christen damals hatten erst in der Pentekoste ein richtiges Fest gesehen, weil in ihr die Erlösung der Menschen vollzogen und die Gabe des Lebens geschenkt wurde. Die »selige Pentekoste« war ein rituelles Symbol des neuen Lebens, das der Welt in Christus geschenkt wurde.

Der Inhalt der Pentekoste wurde dementsprechend bestimmt durch die Auferstehung Christi einerseits und durch die österliche Gabe Christi im erteilten Heiligen Geist wie durch die Erwartung der Parusie andererseits. Die grundlegende Basis dieses Festes war die neutestamentliche Theologie des Kreuzes und die Theologie der glorreichen Erhöhung. Deswegen bildeten die Mysterien des Pascha und der Pentekoste in der

---

[7] Vgl. HRYNIEWICZ, Chrystus nasza Pascha 162–164; für: Wacław HRYNIEWICZ, Zarys chrześcijańskiej teologii paschalnej *[Une esquisse de la théologie pascale chrétienne]*: 1. Chrystus nasza Pascha *[Le Christ, notre Pâque]* = RTK 60 (Lublin 1982) 162–164.

[8] EUSEBIUS VON CÄSAREA *(Pentekoste ist das Siegel [episphragizetai] des ganzen paschalen Zeitraums – De soll. paschali 5, in: PG 24, 699)*, ATHANASIUS VON ALEXANDRIEN *(Ep. fest. 3,6; 4,5)*, THEOPHILUS VON ALEXANDRIEN *(Ep. fest. 20, in: CSEL 55, 181)* und AUGUSTINUS *(Ep. 55,32)* bezeichnen die Pentekoste als Zeitraum der 50 österlichen Tage. – Vgl. HRYNIEWICZ, Nasza Pascha z Chrystusem 39.

frühchristlichen Theologie das eine, gemeinsame Heilsmysterium, und sie waren zugleich das eine und dasselbe große Fest, gewissermaßen ein einziger Tag, der mit dem Pascha Christi begann und im Zeitraum der 50 Tage der Pentekoste andauerte.[9]

Der Kern der altkirchlichen Pentekoste war also die Zelebration der Erhöhung Christi. Diese Feier umfasste die Auferstehung Christi, seine Himmelfahrt und die Sendung des Heiligen Geistes (die Parusie des Geistes), wie auch die Erwartung der glorreichen Parusie. Die Pentekoste war ein liturgisches Symbol der Gegenwart des erhöhten Herrn in der Kirche und der erwartungsvollen Hoffnung der Glaubenden auf seine Wiederkunft und darauf, dass das noch verborgen bleibende Kult-Mysterium sich definitiv verwirklicht. So integral wurde das pentekostale Mysterium im Frühchristentum verstanden.

Die ursprüngliche Konzeption dieses christlichen Festes beruhte auf dem tiefen dogmatischen Verständnis für die Einheit des ganzen Heilsmysteriums Christi, angefangen in der Inkarnation Jesu und vollzogen in seinem Tod und seiner Erhöhung, die umfing: seine Auferstehung (Himmelfahrt), seine Verehrung durch den Vater, die Gabe des Heiligen Geistes und seine Herrschaft als König des Alls. Diese integrale Heilskonzeption schöpfte vor allem aus der neutestamentlichen Theologie des Paulus und des Johannes.[10]

Die dogmentheologische Entwicklung des altkirchlichen Mysteriums der Pentekoste zeigt deutlich, dass die christologische Bedeutung parallel zur pneumatologischen Dimension und in einer Relation der gegenseitigen Abhängigkeit stand. Die Frühkirche akzentuierte in der Pentekoste zuerst das christologische Moment, um in diesem Fest vor allem die Freude des Auferstehungsglaubens *(laetissimum spatium)* auszudrücken. Es war die Feier der Erhöhung Christi und der geistigen Gegenwart des Auferstandenen bei den Jüngern und zugleich die Feier der Gegenwart seines Geistes in der Kirche in der eschatologischen Perspektive. Das Mysterium der Erhöhung Christi und der Erwartung seiner Wiederkunft war der wesentliche Inhalt der Pentekoste. Diese christologisch-soteriologische Dimension wurde auch durch die pneumatologische Bedeutung ergänzt, die aber nicht zentral war. Obwohl es seit dem 5. Jahrhundert zur Dominanz des pneumatologischen Inhaltes kam,[11] ist das christologische Motiv in der patristischen Sicht immer geblieben[12]; denn

---

[9] Vgl. HRYNIEWICZ, Chrystus nasza Pascha 163.

[10] Nach den Zeugnissen des EUSEBIUS VON CÄSAREA und ATHANASIUS überdauerte diese altkirchliche Konzeption bis zur 2. Hälfte des 4. Jahrhunderts. – Vgl. HRYNIEWICZ, Chrystus nasza Pascha 164[80].

[11] Die APOSTOLISCHEN KONSTITUTIONEN (Ende des 4. Jahrhunderts) sprechen vom Abschließen der Ökonomie Christi *(8,33,3)*, d.h. von der Himmelfahrt am 40. Tag und von der Pentekoste (am 50. Tag) als Pfingstereignis *(5,20,2 und 4)*. – Vgl. HRYNIEWICZ, Nasza Pascha z Chrystusem 40.

[12] AMBROSIUS schreibt von der Pentekoste: „*pentecoste, quando resurrectionis gloriam celebramus ad instar futuri*" *(Expos. Evang. sec. Lucam 10,34, in: CChrL 14,335)*. Er verweist auf die ursprüngliche Bedeutung der Pentekoste (als die ganze österliche Zeit der 50 Tage) in

diese Epoche konnte die Einheit der österlichen und der pentekostalen Dimension im Heilsmysterium bewahren. Unterschiedlich wurden nur die Akzente gesetzt; dadurch gab es aber immer wieder ein neues, anderes geistiges Klima im Erlebnis des Mysteriums.[13]

Das Pascha-Mysterium und das Mysterium der Pentekoste will Hryniewicz – wie die altkirchliche Tradition – als eine untrennbare Ganzheit betrachten: denn dem Pascha ohne Pentekoste wäre die Dynamik entzogen, und die Pentekoste ohne Pascha würde den tiefsten Sinn verlieren.

Allein die Redeweise vom Mysterium des Pascha *und* der Pentekoste, aufgrund der Konjunktion „*und*", ist nach Hryniewicz nicht ganz präzis. Es geht doch um das österliche Geheimnis, das ganz vom Heiligen Geist durchdrungen ist. Man sollte deswegen eher sagen: *pentekostales Pascha*, d.h. ein Pascha, das gleichzeitig auch das Geheimnis von Pfingsten ist.[14] Diese theologische Sprachpräzision bringt klar zum Ausdruck, dass das Heilswerk des Sohnes und das Wirken des Geistes untrennbar sind. Sie entspricht der neutestamentlichen Offenbarungslogik des trinitarischen Gottes und verdeutlicht, dass das österlich-pentekostale Mysterium ein christologisch-pneumatologisches Zentrum des Glaubens ist.

Diese trinitarische Logik ist für Hryniewicz zum unerlässlichen hermeneutischen Prinzip für alle Geheimnisse der Offenbarung geworden, und sie ist für ihn vor allem dann wichtig, wenn von der sakramentalen Heilsökonomie (der Kirche und der einzelnen Sakramente) gesprochen wird.

2.1.1.2 Die pneumatologische Aufwertung der Ekklesiologie

Die Sakramente und die Kirche sind eng miteinander verbunden und fest auf einander bezogen. Das, was die Kirche ist, zeigt gleichzeitig das Wesen und den Sinn der sakramentalen Zeichen. Aus diesem Grunde ist es uns wichtig, vor der direkten Reflexion über die Sakramente auch den pneumatologischen Akzenten des Grundsakramentes der Kirche im Entwurf Hryniewiczs Beachtung zu schenken.

In den Sakramenten der Kirche sieht Hryniewicz – treu seiner gesamten Konzeption der *Theologia paschalis* – die Verlängerung der Heilsrolle des im *Mysterium paschale* ontisch verwandelten und verklärten Menschseins Christi. Der verklärte Christus ist es, der seine Präsenz weiterhin unter den sakramentalen Zeichen schenkt. Mit E. Schillebeeckx unterstreicht Hryniewicz die Tatsache, dass die sakramentalen Heilszeichen als sichtbare Rückgabe der Erlösung der Grund und das Recht für das

---

der Erhöhung Christi und in der Antizipation des Gottesreiches. – Vgl. HRYNIEWICZ, Nasza Pascha z Chrystusem 41.
[13] Vgl. HRYNIEWICZ, Nasza Pascha z Chrystusem 41.
[14] Vgl. HRYNIEWICZ, Nasza Pascha z Chrystusem 41.

weitere Existieren des Menschseins Christi nach seiner vollbrachten Erlösungstat sind.[15]

Und der Geist ist jener – sagt Hryniewicz –, der die Kirche in die Wirklichkeit des Ur-Sakramentes einschließt und sie zu einer sakramentalen Wirklichkeit macht. Er bleibt die geheimnisvolle Verbindung zwischen Christus und den einzelnen Personen und wird zum ontischen Bund der Ganzheit.

Die Kirche als ‚bloßes' Sakrament des wirkenden Geistes verweist mit ihrer ganzen Existenz auf die eschatologische Wirklichkeit des Reiches Gottes. Aber als lebendiges Zeichen des Geistes zeigt sie zugleich auf die reale Nähe Gottes in den Strukturen der gegenwärtigen Heilsordnung: durch das Zeugnis vom Evangelium Christi *(martyria)*, durch die sakramentalen Handlungen *(leiturgia)* und durch den Dienst für die Nächsten *(diakonia)*. Der Geist als der souveräne Herr der Kirche verwandelt die Gemeinschaft der Menschen in den lebendigen Leib Christi. Die Aufgabe der Kirche ist es, sich von den Inspirationen des Geistes zu beeinflussen zu lassen.

A. Ecclesiologia paschalis – Corpus Trium

Das *Mysterium paschale* kraft des Heiligen Geistes wird zum ekklesialen Mysterium. In der verklärten Menschheit Christi ist es gegenwärtig und den Menschen zugänglich als Konsequenz der in der Inkarnation initiierten und im Kreuz wie in der Auferstehung vollzogenen Solidarität Christi mit der Menschheit.

Die *ecclesiologia paschalis* sucht die Erklärung für den engen Zusammenhang des Auferstandenen mit der Kirche. Darum lässt sie sich bewusst von der Logik des Pascha und der Pentekoste leiten. Solche Ekklesiologie ist gewissermaßen *nur* eine Verlängerung der Christologie, der Soteriologie und der Pneumatologie.

Hryniewicz betont ausdrücklich, dass die Ekklesiologie nicht der selbstständige, unabhängige Abschnitt der theologischen Reflexion ist.[16] Sie hat eher einen *relationalen* Charakter. Die Frage nach dem Wesen

---

[15] Vgl. Edward SCHILLEBEECKX, Chrystus – Sakrament spotkania z Bogiem (Kraków 1966) 68–69; Vgl. HRYNIEWICZ, Nasza Pascha z Chrystusem 227–228.

[16] Mit YVES CONGAR verweist Hryniewicz auf die Gefahr eines *Ekklesiozentrismus*, wenn die Lehre von der Kirche die richtigen Proportionen und den Bezug zu den anderen Dimensionen des christlichen Mysteriums verliert. Es geht um eine gewisse *Absolutisierung* der Kirche durch deren Trennung vom Ganzen des Glaubens und um eine *Favorisierung* der ekklesialen Dimension durch den ihr gegebenen Primat in der *Hierarchie der Wahrheiten*. Durch die Rückkehr zu den biblischen und patristischen Quellen hat aber das II. Vatikanum die ekklesiologische Konzentration der Theologie gebrochen und die theozentrische wiedergewonnen. Die Pneumatologie ist nicht mehr eine Funktion oder ein Überbau der Ekklesiologie. – Vgl. CONGAR, Je crois en l'Esprit Saint 2 (Paris 1979–1980) 266; HRYNIEWICZ, Nasza Pascha z Chrystusem 54–55.

der Kirche ist die Frage nach den Relationen, welche die Kirche mit der ganzen Lehre von der Trinität verbindet, besonders mit der Christologie und der Pneumatologie. Die Geschichte der Kirche ist für den Autor eine trinitarische Geschichte Gottes mit den Menschen; deshalb kann die sichtbare Wirklichkeit der Kirche kein primäres oder letztgültiges Wort der Ekklesiologie sein.[17]

Die Verankerung des ekklesiologischen Wesens in Christus und im Heiligen Geist ist nach Hryniewicz darum so wichtig, weil infolgedessen sofort die Versuchung ausgeschlossen wird, eine selbständige ekklesiologische Ontologie zu konstruieren. Die ‚Fülle' der Kirche muss sich dem trinitarischen Gott verdanken, weil Christus in der Kirche durch seinen Geist wirkt: das Wort Christi und seine Sakramente, in denen der Geist selber wirkt, schenken das Licht des Heiligen Geistes. Die christologische Dimension muss sich deshalb mit der pneumatologischen untrennbar verbinden, so wie Irenäus dies formuliert hat: »*communicatio Christi, id est Spiritus Sanctus*«.[18] Für Hryniewicz gibt es also – wenn überhaupt eine – die trinitarische, die österliche und die charismatische Ontologie der Kirche.[19]

Die *ecclesiologia paschalis* ist im Entwurf Hryniewiczs eine relationale Ekklesiologie. Der Sinn der Kirche entschlüsselt sich im Lichte ihrer konstitutiven Relationen zum trinitarischen Gott und zu den Menschen. Das, was in den scholastischen Kategorien als die schwächste Art des Seins behauptet wurde *(relatio)*, wird in der *ecclesiologia paschalis* zur grundlegenden Interpretationsformel, die das Sein der Kirche in deren *Proexistenz* erscheinen lässt.

Die mysteriale Wirklichkeit der Kirche verlangt in diesem Horizont nach einer Aufklärung darüber, wo sich die Kirche in einer permanenten Relation zur Geschichte Christi, aus welcher sie entstand, und zur Geschichte der Welt, die sie kraft des Heiligen Geistes verwandeln sollte, befindet.[20]

Der Bund zwischen dem Auferstandenen und der Kirche, dessen Realität und tiefer Grund, kann in dieser theologischen Perspektive – so meint Hryniewicz – eigentlich nur in der Sprache der intimen interpersonalen Beziehungen ausgedrückt werden. Die biblische Personifikation der Kirche als geliebte Frau, als Braut, schildert seiner Meinung nach etwas aus dem definitiven Geheimnis und dem letzten Ziel der kirchlichen Sendung. Dies bezeugt das letzte Wort der Bibel mit dem Bild der rufenden Braut des Herrn, die sich im epikletischen Erbeten nach

---

[17] Vgl. HRYNIEWICZ, Nasza Pascha z Chrystusem 52–53.
[18] *Adv. haer. III 24, 1, in: SCh 211, 472.* – Nach: HRYNIEWICZ, Nasza Pascha z Chrystusem 52.
[19] Vgl. HRYNIEWICZ, Nasza Pascha z Chrystusem 52.
[20] Vgl. HRYNIEWICZ, Nasza Pascha z Chrystusem 56.

der Vollendung der Zeit sehnt (vgl. Offb 22,17). Auch die österlichen Begegnungen der Menschen mit Christus sind für Hryniewicz die Beweise dafür, dass das Geheimnis der Kirche sich durch ihre Relation zum Auferstandenen verwirklicht. Die Gemeinschaft der Christen ist nicht nur eine hierarchische Institution, sondern auch eine interpersonale Gemeinschaft, in welcher jede Person in einem innigen Verhältnis mit dem Auferstandenen verbunden bleibt.[21]

Der untrennbare Bund zwischen Christus und der Kirche hat seine Besiegelung im Pfingstereignis. Hryniewicz unterstreicht die wichtige Rolle des Geistes im Mysterium der Kirche, der die Kirche reinigt, sie belebt, heiligt und durch verschiedene Charismen beschenkt. Der Heilige Geist ist für ihn der, welcher die Gemeinschaft der Glaubenden durch das Mysterium des Todes und der Auferstehung Christi führt, welches sie in sich erleben muss, um zur eschatologischen Fülle zu gelangen.[22]

Die trinitarische Perspektive der *ecclesiologia paschalis* steht für den Autor nicht im Widerspruch zur Inkarnation. Die Kirche ist der Leib Christi, nicht der Leib des Geistes und überhaupt nicht der Leib des Vaters. Aber durch die Formel Tertullians »*corpus Trium*« will er die frühchristliche Tradition neu zum Ausdruck bringen, dass die Kirche ihren Bezugskreis zur ganzen Trinität erweitert und der Begriff des Leibes in einem breiteren Kontext verstanden werden kann. Hryniewicz bemerkt, dass das II. Vatikanum sich auf diese patristische Idee bezogen hat, obwohl es nicht vom »*corpus Trium*« spricht, sondern vom »*Volk des dreifaltigen Gottes*« (vgl. LG 4).[23]

Der trinitarische Gedankengang folgt – in der Sicht des Autors – aus der ekklesiologischen Regel der Komplementarität, nach der die zu Christus gewendete kirchliche Gemeinschaft auch dank der Kraft des Heiligen Geistes lebt. Die neue Gemeinschaft des Volkes Gottes ist eine Manifestation des Heiligen Geistes, seiner Energien, die den Weg der Neuschöpfung eröffnen. Deshalb postuliert Hryniewicz eine Ergänzung und Korrektur aller inkarnatorischen Modelle der Ekklesiologie aus der österlichen Perspektive. Die Kirche kann nur in einer weiten Analogie zum Mysterium der Inkarnation stehen. Sie baut ihr Wesen nicht nur auf dem Mysterium der Menschwerdung Jesu auf, sondern auch auf dem Pascha-Mysterium und dem Pfingstereignis, weil eine direkte Kontinuität der Inkarnation – ihre bloße Verlängerung in die Gestalt der Kirche – den Unterschied zwischen Christus und der Kirche verdunkeln würde.

Nach Hryniewicz berücksichtigte die inkarnatorische Linie die personale Rolle des Heiligen Geistes im Entstehen und im Dasein der Kirche

---

[21] Vgl. HRYNIEWICZ, Nasza Pascha z Chrystusem 56–57.
[22] Vgl. HRYNIEWICZ, Nasza Pascha z Chrystusem 60–61.
[23] Vgl. HRYNIEWICZ, Nasza Pascha z Chrystusem 61–62.

nicht genug. Die Definition von der Kirche als »quasi altera Christi persona« *(Mystici corporis, 1943)* konnte leicht die Differenz zu Christus vergessen lassen oder sie ganz nivellieren, und die gegenseitige Beziehung zwischen Christus und der Kirche hat in dieser Sicht einen einseitig organischen und konstanten Charakter angenommen. Hryniewicz betont, dass in Christus doch das *unantastbare Anderssein* bleibt. Es besteht im Wesentlichen in der Einmaligkeit des Inkarnations-Geheimnisses, des Kreuzes, in der Radikalität seiner Sendung und seiner Ansprüche und im eschatologischen Novum seiner Auferstehung. Der Kirche fällt es schwer, dies anzunehmen, denn sie ist diesem *Anderssein* Christi nicht gewachsen. Die Rolle Christi als ihr Herr und Erlöser beruht außerdem darauf, dass er sie auch richtet. Die Priorität kommt dementsprechend Christus allein zu; er bestimmt seinen »mystischen Leib« und nicht die Kirche.[24]

Die Schwäche des inkarnatorischen Modells besteht für Hryniewicz darin, dass es die Souveränität Christi und seine Freiheit gegenüber der Kirche beseitigt. Es ordnet zu sehr die eigene Wirkung des Geistes dem Werk Christi unter. Die Wirkung des Geistes in der Kirche ist aber etwas mehr als die Kontinuität der Inkarnation des Logos. Die Wirkung des Geistes ist die Folge der Erfüllung der Inkarnation im österlichen Mysterium – als Konsequenz der Hingabe Jesu am Kreuz und seiner Auferstehung. Die Relation zwischen Christus, dem Heiligen Geist und der Kirche muss deswegen im Lichte des ganzen Heilsmysteriums gesehen werden. Für Hryniewicz ist es unzureichend, sie nur in den Anfängen des Geheimnisses Christi und der Kirche zu betrachten – in der Inkarnation und in der befreienden Wirkung des irdischen Jesus. Denn diese Relation erreicht ihre volle Dynamik erst im österlichen Lichte der End-Erfüllung des Mysteriums Jesu: in seinem Tod, seiner Auferstehung und Erhöhung.

Hryniewicz gibt zu, dass der christologische Artikel des Glaubens für die Ekklesiologie die entscheidende Bedeutung hat, aber – dessen ungeachtet – eine Bedeutung inklusiver Art. Christus ist zwar das Zentrum der Offenbarung und der Prüfstein des 1. und des 3. Artikels des Glaubens und die Christologie infolgedessen der Ausgangspunkt für die Ekklesiologie, um sich der ganzen – trinitarischen – Wahrheit zu nähern. Aber nur aus dieser trinitarischen Ganzheit kann die christologische Mitte der Ekklesiologie erklärt werden, denn das christologische Zentrum hat sein Recht und seine Basis im trinitarischen Mysterium. Der 2. Artikel des Glaubens schlägt eine Brücke zur Erfüllung des 1. im 3. Artikel: Durch Christus verwirklicht sich das Reich Gottes in der Kraft des Heiligen Geistes, dessen Ort die Kirche und die Welt ist.[25]

---

[24] Vgl. HRYNIEWICZ, Nasza Pascha z Chrystusem 68.
[25] Vgl. HRYNIEWICZ, Nasza Pascha z Chrystusem 71–72.

Hryniewicz rezipiert aus der östlichen Tradition, die durch die ‚Pneumatologisierung' der Christologie die Sensibilität für die Wirkung des Geistes im ganzen Leben der Kirche stets gepflegt hat, die pneumatologischen und charismatischen Elemente der Ekklesiologie und versucht, dadurch die christomonistische Prägung der westlichen Sichtweise zu entschärfen. Die östliche Pneumatologie scheint ihm aber nicht ganz problemlos zu sein. Denn sie basiert eher auf den geistlichen spirituellen Erfahrungen und ist keine exakt spekulative Domäne. Es gibt in ihr viel mehr Zeugnisse aus dem Bereich der Liturgie, Spiritualität und Frömmigkeit als aus den systematischen Disziplinen, denn sie ist vor allem eine mystische Theologie der religiösen Erfahrung.[26]

Die westliche Theologie kann grundsätzlich – meint Hryniewicz – die Überlegungen über den Zusammenhang der Pneumatologie mit der Christologie und mit der Ekklesiologie akzeptieren, aber nicht vorbehaltlos. Die erhabene pneumatologische Vision muss realistisch auch das dunkle Unterwegs-Sein der ‚sündigen' Pilger-Kirche mitdenken. Der Geist ist nämlich auch jener, der die Kirche und den Menschen von der Sünde und den verschiedenen Fesseln befreit. Der Autor versteht in diesem Punkt die Distanzierung der protestantischen Theologie, die z.B. nicht akzeptieren kann, dass in einigen orthodoxen Konzepten in der Hervorhebung der eschatologischen Wirkweise des Heiligen Geistes das Kreuzereignis ganz verschwiegen wird. Er teilt die Meinung J. Moltmanns, der u.a. darauf aufmerksam gemacht hat, dass bei N.A. Nissiotis, einem der bedeutendsten Theologen der Orthodoxie, in der Präsentation der pneumatologischen Christologie als der ekklesiologischen Grundlage das biblische Motiv der Hingabe Christi am Kreuz *("diá Pnématos aioníou"* – *Hebr 9,14*) ganz gefehlt hat.[27] Deswegen sollte die pneumatologische Christologie als grundlegende Basis der Ekklesiologie das Motiv der Vergöttlichung der Menschheit Christi kraft des auferweckenden Geistes mit der Tatsache des Todes und der Gottverlassenheit Jesu im Gleichgewicht bewahren.

Dies sollte nach Hryniewicz das Postulat und die Grundlage einer trinitarischen *ecclesiologia paschalis* bleiben, die als pneumatologisch dimensioniert nicht aufhören darf, gleichzeitig eine Theologie des Kreuzes zu sein. Eine echte Ekklesiologie muss mit der realistischen Lage des Menschen rechnen. Die reformatorische Rechtfertigungslehre ist deshalb für den Autor gewissermaßen eine Warnung vor der Gefahr, dass die reale Kirche mit dem idealisierten Bild von ihr verschleiert wird. Andererseits sollte die pneumatologische Tradition des Ostens deutlicher den

---

[26] Vgl. HRYNIEWICZ, Nasza Pascha z Chrystusem 63.
[27] Jürgen MOLTMANN, Kirche in der Kraft des Geistes (München 1975) 52; Nikos A. NISSIOTIS, Die Theologie der Ostkirche im Ökumenischen Dialog (Stuttgart 1968) 67ff. – Siehe: HRYNIEWICZ, Nasza Pascha z Chrystusem 63–64.

ekklesiologischen Konzepten zeigen, dass die Rechtfertigungslehre die Ziele der Erlösungstat Christi nicht ausschöpft. Denn durch die Rechtfertigung eröffnet sich für den Menschen die Dimension der Wirkung des heiligenden Geistes. Der Artikel des Glaubens von der Rechtfertigung und der Befreiung zum neuen Leben sollte nach Hryniewicz eine ekklesiologische Grundlage bleiben, aber nur wenn zugleich die Artikel vom Heiligen Geist und seinen eschatologischen Werken einbezogen werden.[28]

Das Prinzip der Komplementarität und der Konvergenz in der Ekklesiologie ist für den Autor ökumenisch hoffnungsvoll. Dieses Prinzip kann einerseits vor den christomonistischen Tendenzen bewahren und auf der anderer Seite behilflich sein, sich jeder Gefahr des Pneumatomonismus zu entziehen. Er meint, dass die trinitarische Sicht der Ekklesiologie eine breitere theologische Perspektive und die Chance für eine treuere Bewahrung der Logik der biblischen Offenbarung gibt.[29] Der Zusammenhang der Trinität mit der Ekklesiologie unterstreicht zugleich auch deutlicher die trinitarische Dimension des *Mysterium paschale*. Das Geheimnis der Kirche erscheint in diesem breiteren Kontext als eine Partizipation am Mysterium des dreieinigen Gottes, dem die ganze Priorität gehört. Nicht die Kirche hat eine *missio* in der Welt zu erfüllen, sondern diese *missio*, die aus der Sendung Christi und der Sendung des Geistes hervorgeht, bildet die Kirche und kann in der Kirche verlängert werden. Die Kirche verfügt nicht über das österliche Geheimnis Christi oder über den Heiligen Geist. Das Geheimnis Christi ist größer als die Wirklichkeit der Kirche, und der Geist Gottes steht über ihr. Und der Geist ist jener, der über die Kirche im Wort Gottes, im Glauben der Menschen, in den Sakramenten und in den eingerichteten Diensten verfügt. Dieses trinitarische Bewusstsein kann in der Sicht des Autors vor der Absolutisierung der Kirche – in ihrer Gestalt und in ihren Aufgaben – bewahren.

Es gibt für Hryniewicz konkrete Implikationen, die aus dem integral verstandenen *Mysterium paschale* folgen; aus dem Faktum, dass die Kirche sowohl an der heilbringenden Sendung Christi wie auch an der heiligenden und verwandelnden Wirkung des Heiligen Geistes partizipiert.

Die protestantische Ekklesiologie kann z.B. nicht ohne weiteres behaupten, die Kirche sei dort, wo das reine Evangelium verkündet wird und die Sakramente gemäß dem Evangelium verwaltet werden. Es fehle dieser Behauptung die pneumatologische Perspektive.

---

[28] Vgl. MOLTMANN, Kirche 51–52; HRYNIEWICZ, Nasza Pascha z Chrystusem 64–65.
[29] Vgl. HRYNIEWICZ, Nasza Pascha z Chrystusem 64–65.

Und in allen Theologien muss man sich der Tatsache bewusst bleiben, dass die Kirche der ganzen Menschheit und der Welt dienend untergeordnet ist. Gott sortiert nicht die Menschheit, um das Volk Gottes zu erwählen. Die Sendung Christi und die des Geistes fordern die Kirche zum Dienst am Heil der ganzen Welt und an jedem einzelnen Menschen auf, denn die christliche Hoffnung ist nicht eine Hoffnung, die sich vom Schicksal der ganzen Schöpfung trennen darf.[30]

B. Die österliche Genese der Kirche

Die Entstehung der Kirche will Hryniewicz nicht mit einem exklusiven Zeitpunkt verbinden. Diese Frage hat für ihn ontologischen Charakter, keinen chronologischen. Die *ecclesiologia paschalis* sieht die Konstituierung der Kirche in einem dynamischen Prozess, der sich in allen Etappen des Lebens Jesu Christi entwickelte. Das entscheidende Moment legt sie aber auf das Pascha- und Pfingst-Mysterium, auf das *mysterium crucis* und das *mysterium resurrectionis*.[31] Das Lukas-Evangelium, das am deutlichsten pneumatologisch orientiert ist, spricht von der Taufe „mit dem Heiligen Geiste und mit Feuer" (3,16) und vom Kommen Christi, „um Feuer auf die Erde zu werfen" (12,49).

Die letzte Formulierung des Evangelisten interpretiert Hryniewicz pneumatologisch. Jesus musste zuerst mit der Taufe des Feuers getauft werden (vgl. Mk 10,38), so dass aus seinem Inneren die Ströme von lebendigem Wasser fließen konnten (J 7,38). Die Kirche ist *paschalisch* und *pentekostal*; das christologische und das pneumatologische Element verknüpfen sich in ihr eng miteinander als zwei Phasen desselben und des einzigen Mysteriums. Und in der Entstehung der Kirche spiegelt sich diese enge Verknüpfung der beiden Dimensionen wider.

Das Geheimnis des Todes Jesu ist nach Hryniewicz bereits der »Ort der Entstehung« der Kirche. Die Kirche entsteht aus der unerhörten Liebe *(eros manikos)* Gottes als Gemeinschaft, die „immer eifriger am Werk des Herrn teilnimmt" (1Kor 15,58), am „Dienst der Versöhnung" (2Kor 5,18), welcher auch „der Dienst des Geistes" (2 Kor 3,8) ist. Der Dienst des Geistes ist nichts anderes als Teilnahme im Geiste am priesterlichen Amt Christi, welches in der Hingabe am Kreuz kraft des ewigen Geistes seine Vollendung fand (vgl. Hebr 9,14).

In dieser österlichen Darbringung Christi sieht der Autor den *locus theologicus* des gemeinsamen Priestertums aller Gläubigen. Das neue Volk ist ein Volk der Darbringung, der Hingabe, der Stellvertretung, der Proexistenz und der gegenseitigen Förderung. Der neue Tempel des

---

[30] Vgl. HRYNIEWICZ, Nasza Pascha z Chrystusem 66–67.
[31] Vgl. HRYNIEWICZ, Nasza Pascha z Chrystusem 75–83.

Menschseins Christi, der sich für alle Menschen hingab, wird zum Lebensquell der neuen Gemeinschaft. Der dargebrachte Leib wird zum »Ort und Raum«, in dem die ganze Menschheit umfangen wird. Die neue Gemeinschaft kann aber nur der neue Geist versammeln, der der Welt mit dem letzten Atem des Gekreuzigten gegeben wurde. Hryniewicz stützt sich hier auf die Theologie des Johannes-Evangeliums, wo es keine Verzögerung zur Sendung des Geistes gibt. Der Auferstandene verteilt die Gabe des Geistes am Ostertag, denn die Gemeinschaft ist darauf schon vorbereitet, und dieser Geist ist zur Vergebung der Sünden gegeben (vgl. J 20,22–23), um die Gemeinschaft der Kirche stets von allem, was sie zerstört und trennt, zu befreien.[32]

Der österliche Charakter des Pfingstereignisses und dessen wesentlicher Zusammenhang mit der Auferstehung Christi bestätigt, dass die Kirche jedes der Heilsereignisse zu ihrer Konstitution braucht, weil sie alle das eine Heilsmysterium bilden.[33]

In der orthodoxen Theologie sieht Hryniewicz stärker das pentekostale Moment in der Diskussion über die Herkunft der Kirche präsent. Die östliche Tradition – mit ihrer eucharistischen Ekklesiologie – betont, dass am Pfingsttag unter der Leitung des Petrus die erste Eucharistie in der Gemeinschaft der Christen gefeiert wurde.[34] Aufgrund der Eucharistiefeier nimmt der Pfingsttag in der orthodoxen Theologie bei der Frage nach der Genese der Kirche an Bedeutung zu. Unabhängig von den unzureichenden Beweisen der Bibel ist für die Orthodoxie Pfingsten das Fest der definitiven Offenbarung der Dreifaltigkeit und zugleich der Kirche, die als Ikone des dreieinigen Gottes ins Dasein berufen wurde und die immer neu das sakramentale Erleben ihres eigenen Pascha und ihrer eigenen Pentekoste in der Eucharistie erfahren kann.

Unabhängig davon, ob nach den biblischen Zeugnissen zu Pfingsten die Geburt der Kirche oder nur ihre Manifestation geschah, gelingt der östlichen Tradition – bemerkt Hryniewicz – die pneumatologische Aufwertung der Kirche. Der Zusammenhang der Kirche mit dem Mysterium der Pentekoste ist nämlich unbestritten. An Pfingsten erscheint die Kirche als Geschöpf des Heiligen Geistes; es wird an diesem Festtag die Taufe gespendet (Apg 2,38.41) und vielleicht die erste Eucharistie gefeiert und in der Zungengabe die Verheißung der Erlösungsfülle der Menschheit im eschatologischen Äon gegeben.[35] Im Sinne des Johannes-Evangeliums kann man annehmen, so der Vorschlag Hryniewiczs, dass

---

[32] Vgl. HRYNIEWICZ, Nasza Pascha z Chrystusem 77–80.
[33] Vgl. HRYNIEWICZ, Chrystus nasza Pascha 273–378.
[34] Vgl. Nikolaj AFANASJEW, Trapieza Gospodnia (Pariż 1952) 16. 50; Vgl. HRYNIEWICZ, Nasza Pascha z Chrystusem 82.
[35] Vgl. HRYNIEWICZ, Nasza Pascha z Chrystusem 82–83.

die Entstehung der Kirche letztlich nur im Kontext der Liebe des dreieinigen Gottes zur Welt erklärt werden kann. Der Kern der kirchlichen Sendung beruht gerade auch darauf, dass die Kirche diese Liebe Gottes verkündet, vergegenwärtigt und weiter gibt. Die Proexistenz ist die Erklärung der Kirche für ihre Mitwirkung unter den Menschen und in der Welt. Die österliche *Exodus*-Bewegung aus sich selbst zu den anderen verwirklicht das Heilsgeheimnis der Kirche. Die frühchristliche Kirche – betont Hryniewicz – verstand sich als der gemeinsame Weg (vgl. Apg 9,2; 18,25; 19,9.23; 22,4; 24,14.22) all derer, die der Sache Christi vertrauen und gestärkt durch die Kraft des Geistes an seinem Mysterium teilnehmen. Die synodale Dimension der Kirche sollte der entsprechende Ausdruck für diese gemeinsame Partizipation am Geheimnis Christi und des Heiligen Geistes sein.[36]

C. Wesenseigenschaften der Kirche im Lichte der Pneumatologie

Hryniewicz ist überzeugt, dass die Einheit, die Heiligkeit, die Katholizität und die Apostolizität der Kirche – die ohnehin ihren Platz im 3. Artikel des Glaubens *(et in Spiritum Sanctum)* haben – ihre erfülltere Erklärung erst in der trinitarischen Perspektive erhalten. Die Eigenschaften der Kirche kann man nur verstehen unter der Voraussetzung, dass Gott in der Geschichte der Menschheit gegenwärtig und wirksam ist. Sie wachsen – betont der Autor – aus dem Auferstehungsglauben und aus der Überzeugung von der realen Wirksamkeit Gottes im Heiligen Geist; denn sie drücken in sich den engen Zusammenhang zwischen dem Mysterium der Kirche und der ganzen Ökonomie des Sohnes und des Geistes aus.

Die Eigenschaften der Kirche versteht Hryniewicz also als Wirkweisen des auferstandenen Christus und des Heiligen Geistes.

Der Geist versammelt die Kirche und führt sie zur Einheit. Sie ist die „Einheit des Geistes" (Eph 4,3).

Die Heiligkeit der Kirche ist die Heiligkeit Christi und des Geistes. Der Quell der Heiligkeit ist die heiligende Wirkung Christi und des Geistes.

Die Katholizität der Kirche folgt aus der universalen Bedeutung der Erhöhung des Auferstandenen. Denn die Kirche ist dort, wo der Auferstandene da ist und wo der Geist wirkt: *ubi Christus – ibi Ecclesia, ubi Spiritus – ibi Ecclesia*. Die Katholizität der Kirche versteht der Autor als Teilnahme an der universalen Wirkung Christi und des Geistes. Sie ist »der Geist des Ganzen«; sie heißt »Ja sagen zum ganzen Gott, zum ganzen Christus, zur ganzen Schrift, zur ganzen Kirche, zum ganzen Kosmos«.[37]

[36] Vgl. HRYNIEWICZ, Nasza Pascha z Chrystusem 86.
[37] Der Ausdruck von Friedrich HEILER *(Die Einheit von Evangelisch und Katholisch,* in: DERS., *Im Ringen um die Kirche. Gesammelte Aufsätze und Vorträge 2, München 1931, 386).* – Nach: HRYNIEWICZ, Nasza Pascha z Chrystusem 90.

Katholizität heißt in dieser Sicht vor allem Überwindung der Grenze des Raums und der Zeit, weil das Mysterium der Auferstehung und der Pentekoste ein absolutes Novum in die zeit-räumliche Dimension gebracht hat. Es entstand durch das österlich-pfingstliche Mysterium eine neue innere Zielsetzung und eine neue Kraft des Wirkens, und deswegen gibt es nicht mehr den Raum, der trennt, und die Zeit, die den Tod mitbringt. Die Katholizität der Kirche bedeutet also die Teilnahme am österlichen Sieg Christi und der Gegenwart des Geistes, der alles ergründet, „auch die Tiefen Gottes" (1Kor 2,10).

Der Autor weist ausdrücklich darauf hin, dass das Mysterium von Pfingsten in sich selbst bereits ein Ruf zur Universalität und Katholizität der Kirche ist. Denn die Gaben des Geistes sind immer zum Gute der Gemeinschaft (1 Kor 12,7) verteilt. Dadurch drückt sich in der Katholizität die wichtige Aufgabe der Kirche aus, die notwendige Kooperation der erhaltenen Charismen, deren Austausch unter den verschiedenen Gemeinden (Ortskirchen, Ländern, Traditionen, Kulturen) zu ermöglichen.

Die Apostolizität der Kirche sollte man – aus der Sicht des Autors – auch nicht ohne die Beziehung zum Auferstandenen und dem Heiligen Geist erfassen. Die *missio* der Apostel ist nämlich die Kontinuität der Sendung Christi: „Wie mich der Vater gesandt hat, so sende ich euch" (J 20,21), und der Quell der apostolischen Kraft ist der Geist: „Empfangt den Heiligen Geist" (J 20,22).

Die österliche und die pentekostale Interpretation der Eigenschaften der Kirche hält Hryniewicz darum für wichtig, weil sie vor dem Ekklesiozentrismus zu bewahren versucht. Die *ecclesiologia paschalis* relativiert nämlich – im positiven Sinne – die Kirche, indem sie ihre Wirklichkeit österlich-eschatologisch dimensioniert und im trinitarischen Mysterium Gottes verankert. Um das Mysterium der Kirche ganz zu verstehen, unterstreicht der Autor, muss man es auch aus der Perspektive der Eschatologie sehen.[38] Denn die Wesenseigenschaften tragen in sich einen dynamischen Imperativ zum *Werden der Kirche*. Die eschatologische *missio* des Geistes mobilisiert daher die Kirche zur Annahme der Aufgaben, die sich in den Wesenseigenschaften definiert haben und welche stets neuer Verwirklichung bedürfen.[39]

---

[38] Hier stützt sich der Autor auf die folgenden Ansätze: W. PANNENBERG, Apostolizität und Katholizität der Kirche in der Perspektive der Eschatologie, in: ThLZ (1965) 97–112; DERS., Die Bedeutung der Eschatologie für das Verständnis der Apostolizität und Katholizität der Kirche, in: DERS., Katholizität und Apostolizität (Göttingen 1971) 92–109; J. MOLTMANN, Kirche in der Kraft des Geistes (München 1975) 338–340; Johannes D. ZIZIOULAS, La continuité avec les origines apostoliques dans la conscience théologique des Eglises orthodoxes, in: Ist (1974) 65–94; Y. CONGAR, Je crois (2) 55–68. – Siehe: HRYNIEWICZ, Nasza Pascha z Chrystusem 88–90.

[39] Vgl. HRYNIEWICZ, Nasza Pascha z Chrystusem 86–90.

Andererseits sollte diese österlich-eschatologische Dimensionierung der Kirche – betont Hryniewicz – in der engen Korrespondenz zur *ecclesiologia crucis* stehen. Denn die eschatologische Perspektive darf auf keinen Fall den kenotischen Charakter der realen Kirche ausblenden oder das *genus diaconicum* Christi (Lk 22,27) aus den Augen verlieren.

2.1.1.3 Die Kirche als Wirkungsraum des Heiligen Geistes

Hryniewicz thematisiert *das Profil der Geist-Gegenwart* in der sakramentalen Wirklichkeit der Kirche in den folgenden Aspekten: *der Souveränität des Heiligen Geistes* über die Kirche; *der ekklesialen Zeit* der Heilsgeschichte unter der Führung *des Heiligen Geistes*; der Kirche als *charismatisch-institutionelle Gemeinschaft im Heiligen Geist* in ihrer *kenotisch-epikletischen Struktur.*[40]

In seiner Sicht ist der Geist der, welcher die menschliche Freiheit inspiriert und zum Zeugnis vom Gekreuzigten und Auferstandenen befähigt. Durch den Dienst der Kirche führt der Geist die Christen zum neuen Glaubensleben. Bis zur Wiederkunft des Herrn hat er seine Liebe und Kraft an die Gemeinschaft der Glaubenden gebunden, damit sie vor der Welt bekennen kann: Jesus sei der Herr (vgl. 1Kor 12, 3).[41]

Die Reflexion über die Rolle des Heiligen Geistes im Mysterium der Kirche will Hryniewicz durch eine kreative Synthese der christologischen und der pneumatologischen Dimension entwickeln, die ihre Anfänge bei den Kirchenvätern wie Irenäus, Athanasius, Cyrill von Alexandrien oder Basilius dem Großen hat. Er distanziert sich von den monistischen, exklusiv-inkarnatorischen Modellen der Christologie, in welchen die Rolle des Geistes funktional und als untergeordnet verstanden ist[42], aber gleichzeitig warnt er vor dem pneumatologischen Extremismus, in dem die trinitarische Logik der ganzen Heilsökonomie nicht eingehalten wird. Dem Geist schreibt der Autor zwar eine eigene Rolle im Heilsmysterium zu, aber mit gleicher Konsequenz wie beim Christomonismus lehnt er alle pneumatozentrischen Tendenzen ab, die von einer besonderen Ökonomie des Geistes sprechen wollen. Er ist der Meinung, dass in einer reifen ekklesiologischen Synthese die pneumatologische Dimension keinen autonomen Charakter haben kann.

---

[40] Vgl. HRYNIEWICZ, Nasza Pascha z Chrystusem 92–180.
[41] Vgl. Gustave MARTELET, Zmartwychwstanie, Eucharystia, człowiek (Warszawa 1976) 226. – Nach: HRYNIEWICZ, Nasza Pascha z Chrystusem 92.
[42] Siehe auch: Wacław HRYNIEWICZ, Pneumatologia a eklezjologia, in: CT 2 (1977) 36–37.

Auf der anderen Seite wird in seinem Entwurf die Rolle des Geistes nicht nur minimalistisch in der Belebung oder in der Führung der Kirche betrachtet. Die pneumatologische Dimension sieht er als ein konstitutives Element des Mysteriums der Kirche, denn der Geist, der den Leib Christi als Tempel seiner Gegenwart bildet, ist an der Entstehung wie an der Existenz der Kirche ganz beteiligt.[43]

Sich auf den orthodoxen Theologen B. Bobrinskoy stützend, verweist Hryniewicz auf die Bedeutsamkeit der christologisch-pneumatologischen Dimensionierung der Ekklesiologie für die Erklärung der Rolle des Geistes im personalen Mysterium Christi und im Mysterium der Kirche. Die Theologie muss seiner Meinung nach von der Fülle des Heiles und des neuen Lebens der Menschen im dreieinigen Gott reden; von der Fülle des Geistes in Christus, vom Dasein Christi im Geist, von der Übergabe des Geistes durch Christus in der Kirche, von der Einwohnung des Geistes im Menschen und dessen Angleichung an Christus, in der sich der tiefste existenzielle Sinn des Menschen enthüllen kann.[44]

Da das Mysterium der Kirche die chronologische Linie der historischen Entwicklung übersteigt, sieht Hryniewicz im paulinischen Begriff *soma pneumatikon* (1 Kor 15,44), der in der Auferstehungstheologie bei Paulus (vgl. 1 Tes 4,14; Phil 3,10–21) eine gewisse ekklesiologische Komponente beinhaltet, die vorstellbare Synthese der christologischen und der pneumatologischen Dimension der Kirche.[45]

A. Souveränität des Geistes in der Kirche

Mit der Aussage Irenäus': „*Ubi enim Ecclesia, ibi et Spiritus Dei; et ubi Spiritus Dei, illic Ecclesia et omnis gratia: Spiritus autem veritas*"[46] fragt Hryniewicz nach der Beziehung des Geistes zur Kirche: Ist die Gegenwart des Geistes bedingt durch die Kirche? Oder bestimmt und verwirklicht der Geist selbst die Gegenwart der Kirche?

---

[43] Vgl. HRYNIEWICZ, Nasza Pascha z Chrystusem 92–94.
  Hryniewicz stützt sich hier auch auf die Position J. Moltmanns, der die aktive Rolle des Geistes im ganzen Leben Jesu, in seinem Tod und seiner Auferstehung bestimmt – und auch in der Gemeinschaft der Glaubenden und in der Welt – wodurch er sich von der früheren evangelischen Theologie, welche die Rolle des Heiligen Geistes zur subjektiven Aneignung des Heiles reduziert, völlig distanziert hat:
  „*Die Geschichte Christi und die Geschichte des Heiligen Geistes sind vielmehr so ineinander verwoben, dass eine pneumatologische Christologie mit Notwendigkeit zu einer christologischen Pneumatologie führt*" (J. Moltmann, Kirche 262).

[44] Vgl. B. BOBRINSKOY, Le „Filioque" hier et aujourd'hui, in: Contacts 117 (1982) 23–24. – Nach: HRYNIEWICZ, Nasza Pascha z Chrystusem 93.

[45] Vgl. auch: ZIZIOULAS, Die pneumatologische Dimension 133.

[46] *Adv. haer. III* 24,1, in: *SCh 211*, 474. – Nach: HRYNIEWICZ, Nasza Pascha z Chrystusem 94–95.

Diese Fragen, die bereits die Frühgeschichte des Christentums – besonders in der Diskussion über die Gültigkeit der Taufe in den häretischen Gemeinden – begleitet haben, versucht Hryniewicz in der Verbindung der beiden Aspekte zu beantworten: dass die Kirche zwar ein Raum des Geist-Wirkens und der Gegenwart des Geistes in den verschiedenen Charismen und Diensten ist, aber die Initiative und Priorität in der Heilsordnung allein dem Heiligen Geist gehört, denn kein Mensch und keine konkrete Gemeinschaft hat ein exklusives Recht auf seine Gegenwart und seine Wirkung.

Hryniewicz setzt sich kritisch sowohl mit der katholischen Position der gegenreformatorischen Theologie auseinander, die die Gegenwart des Geistes ganz von der Kirche abhängig gemacht hat, wie auch mit solchen protestantischen Tendenzen, welche die absolute Priorität des Geistes und die Souveränität seiner Wirkung favorisieren. Genauso kritisch bewertet er jene charismatischen Bewegungen der Moderne, die die offizielle, institutionelle Seite der Kirche ganz zu vergessen versuchen. Die souveräne Wirkung des Geistes macht eine direkte Erfahrung seiner Charismen zwar möglich, aber der Geist Gottes lässt die Charismatiker nicht eine separate, von den ekklesialen Formen getrennte, pur geistliche Gemeinschaft oder eine neue, neben der existierenden, autonome Kirche bilden.

Hryniewicz unterstreicht, dass die Erfahrung des Heiligen Geistes nicht nur eine geistliche Internalisierung oder ein individuelles Erlebnis bedeuten kann, denn dies würde nicht der Theologie des Volkes Gottes als Ganzheit entsprechen. Die Kirche ist nämlich nicht nur der Raum der Geist-Wirkung und der Geist-Erfahrung, sondern zugleich der Leib Christi und das Sakrament des Heils mit der eingebetteten sichtbaren Dimension der irdischen Existenz.[47]

Mit dem orthodoxen Theologen P. Evdokimov (+1970) unterscheidet Hryniewicz zwischen der kanonischen Grenze und der charismatischen Grenze des Geist-Wirkens in der Kirche. Er ist der Meinung, dass man nur behaupten kann, wo die Kirche ist, nicht aber, wo sie nicht existiert. Der souveräne Geist Gottes kann jedoch alle eingerichteten Grenzen überwinden, um die verschiedenen Aspekte des Glaubens ergänzend und einend zu einer differenzierten Fülle zu bringen.[48]

Im Sinne der Worte des Irenäus hält Hryniewicz die Zugehörigkeit zur Kirche als notwendig für die Annahme des Heiligen Geistes. Denn das echte Leben aus dem Geist beruht auf der Teilnahme am Leib Christi

---

[47] Vgl. HRYNIEWICZ, Nasza Pascha z Chrystusem 98–99.
[48] Vgl. Paul EVDOKIMOV, Prawosławie (Warszawa 1964) 383–385; Vgl. HRYNIEWICZ, Nasza Pascha z Chrystusem 96.

und auf dem Bemühen um dessen Einheit. Die Priorität ist die des Geistes, denn er führt in die Kirche, in den einen Leib Christi, ein (vgl. 1Kor 12,13; Eph 4,4). Der Geist ist nicht der Geist der Kirche, sondern der souveräne Geist Gottes. Gott sendet ihn stets zu den Menschen, um jede Person mit ihrer individuellen Geschichte, ihrer unantastbaren Freiheit, Intimität, Sensibilität und ihren unvergleichbaren Erfahrungen in die Gemeinschaft mit den anderen Personen zu führen.[49]

Die Einheit im Geiste als *Einheit in der Verschiedenheit* und *in der Vielfältigkeit* der unterschiedlichen Personen ist für Hryniewicz eine dynamische Größe, in statu nascendi, und hat einen eschatologischen Charakter (Offb 21,3; 1Kor 15,28). Denn der Geist Gottes ist eine eschatologische Person, eine noch erwartete und noch verborgene. Die Erfahrung des Geistes in der Kirche ist deshalb nur eine Erfahrung seiner ersten Gaben *("ten aparchèn tou Pneumatos" – Röm 8,23)* und nur ein Vorausgeschmack der Gabenfülle *("ton arrabôna tou Pneumatos" – 2Kor 1,22; 5,5; Eph 1,14)*.

Den Vergleich, dass der Geist eine ähnliche Rolle wie die Seele im menschlichen Leib spielt, hält Hryniewicz für unzureichend. Der Heilige Geist ist doch der Kyrios und Schöpfer des Lebens *(ton Kyrion, ton Zôopoion)*. Es ist nicht präzis, den Geist als Seele der Kirche zu denken, denn aufgrund seiner Souveränität und Transzendenz bildet er mit der Kirche – obwohl er sie vom Innern durchdringt und belebt wie auch zum Tempel der Gegenwart Christi macht – keine substantielle Ganzheit.

B. Die ekklesiale Zeit der Heilsgeschichte im Heiligen Geist

Die ekklesiologische, sakramentale und liturgische Dimension der Pneumatologie stellt Hryniewicz in die trinitarische Perspektive, um sich der Gefahr jedes Monismus zu entziehen. Ganz im Sinne der Theologie von Yves Congar bezieht er die Pneumatologie entscheidend auf das Werk Christi und das Wort Gottes. Der Heilige Geist ist jedoch der Geist Christi, und darum ist auch jede Phase der Heilsgeschichte mit der Wirkung von Christus wie vom Geist verbunden.

Die überakzentuierte Pneumatologie durch die geweckten eschatologischen Hoffnungen kann nach Hryniewicz leicht die Trinitätslehre und Ekklesiologie entstellen. Kritisch bewertet der Autor solche Ideen, wie z.B. »*Ecclesia spiritualis*«, »*Evangelium aeternum*« oder »*religio omnino libera et spiritualis*«, die die eschatologische Wirklichkeit historisieren und sie – in der Überzeugung von der starken Wirkung des Geistes – beschleunigen möchten, aber dadurch verraten sie nur ihre utopische Denkweise.[50]

Den Weg der kirchlichen Sendung sieht Hryniewicz in einem klaren Gleichgewicht zwischen dem trinitarischen Bild Gottes, der Christologie

---

[49] Vgl. HRYNIEWICZ, Nasza Pascha z Chrystusem 96–97.
[50] Vgl. HRYNIEWICZ, Nasza Pascha z Chrystusem 100.

und der Pneumatologie.⁵¹ Die Ökonomie des Heiles ist nämlich nur die des dreieinigen Gottes: *„Per manus enim Patris, hoc est per Filium et Spiritum"*⁵².

Hryniewicz beruft sich besonders auf die biblische Theologie von Paulus und von Johannes, die das Wirken des Geistes eng mit dem Wirken Christi verbindet (1Kor 12,3; J 14,26; 16,13–14). Für authentisch hält er eine solche Pneumatologie, die sich durch das klare christologische Kriterium bezeichnet, wie umgekehrt: eine authentische Christologie sollte auch das pneumatologische Kriterium erfüllen. Bildhaft pointiert Hryniewicz: Ohne den Geist wäre das Wort des Evangeliums wie *ein Samen ohne Wasser und Licht*. Aber ohne das Wort wäre der Geist lediglich *Wasser und Licht ohne den Samen*.

Die enge gegenseitige Verbundenheit des Sohnes und des Geistes verhindert aber nicht, die spezifischen Eigenschaften der beiden Personen Gottes in ihrer Wirkung zu markieren. Im Geiste drückt sich insbesondere – so Hryniewiczs Sicht – die Relation Gottes zur menschlichen Freiheit aus (vgl. J 3,8; 2 Kor 3,17). An der »Gabe Gottes« (J 4,10), die Christus selbst ist, kann der Mensch dank des Geistes persönlich teilhaben. Der Geist schließt den Menschen zum Evangelium auf und führt das Wort Christi in die Tiefe des menschlichen Herzens ein. Der Geist spielt im Raum der Freiheit des Menschen, weil das Wort Christi nach der freien Entscheidung des Menschen verlangt. Er ergründet die persönlichsten Akte des Menschen und inspiriert seine freien Entscheidungen. Deshalb schreibt ihm das Neue Testament – betont Hryniewicz – die Rolle des Initiators zu, weil mit ihm die Kraft *des Sich-Öffnens* an die Existenz des Anderen gebunden ist. Er ist jener, der immer voraus ist, der ruft, der zuvorkommt und anzieht. Er steht am Ursprung aller Geschehnisse, aber er ist auch der Quell des Neuen, der alles in die Zukunft und die eschatologische Vollendung zieht.

---

⁵¹ Er schließt sich der Aussage von P. EVDOKIMOV an, der die orthodoxe Theologie gegen den Vorwurf des Pneumatomonismus verteidigt und auch für das gesunde theologische Denken in der integralen trinitarischen Perspektive plädiert:

> *„Die orthodoxe Tradition ist achtsam für die ‚unaussprechlichen Seufzer' des Heiligen Geistes und platziert ihre Theologie unter das Zeichen der Epiklese. Der Sohn bittet den Vater um die Sendung des Geistes, um seine Missio, Missio des Wortes, zu vollenden. In dieser Weise erscheint Christus als der Große Vorläufer des Parakleten. Für jeden Theologen ist es mehr verlockend seine Theologie christozentrisch zu betreiben, was aber gut der Kenose des Geistes entspricht. Diese Kenose selbst schließt jeden Pneumatomonismus ab"* (DERS., *Prawosławie* 45 – eigene Übersetz.).

– Nach: HRYNIEWICZ, *Nasza Pascha z Chrystusem* 101.

⁵² IRÄNEUS, Adv. haer. V 6,1, in: SCh 153, 72. – An einer anderen Stelle heißt es: *„Per manus Dei, hoc est Filii et Spiritus"* – gr. *„dia tôn cheirôn tou Theoù, toutestin Hioù kai Pneúmatos"* (Adv. haer. V 28,4, in: SCh 153, 360). – Nach: HRYNIEWICZ, *Nasza Pascha z Chrystusem* 101.

2.1 Der Geist als Vollender des Pascha-Mysteriums Christi

Hryniewicz schließt sich den bekannten Worten des orthodoxen Metropoliten aus Lattaki, Ignacy Hazim, an, der vom Wesen des Heiligen Geistes bei der IV. Versammlung des Weltrats der Kirchen in Uppsala (1968) bezeugte:

In seiner Person ist der Geist das wirkende Novum in der Welt. Er ist die Gegenwart Gottes mit uns, auf die er selber uns verweist (vgl. Röm 8,16). Ohne ihn ist Gott fern, Christus gehört der Vergangenheit, das Evangelium bleibt toter Buchstabe, die Kirche – gewöhnliche Organisation, die Macht – Dominanz, die Missio – Propaganda, der Kult – bloße Erinnerung, und die Taten der Christen – sklavische Moralität. Aber in ihm, und durch das unerlässliche Mitwirken des Menschen, erhebt sich die Welt und stöhnt in den Geburtswehen des Reiches Gottes, der Mensch kämpft gegen ‚den Leib', der Auferstandene ist ganz nahe, das Evangelium ist lebensgestaltende Kraft, die Kirche – das Zeichen der trinitarischen Gemeinschaft, die Macht – befreiender Dienst, die Missio – Pfingsten, die Liturgie – vergegenwärtigende Anamnese und Antizipation, und die Taten der Menschen erfahren die Gnade der Vergöttlichung. Der Heilige Geist macht es, dass die Parusie sich in der sakramentalen und als vollmystische Realität verstandenen Epiklese nähert; er ruft zum Dasein, spricht durch die Propheten, schließt alles in den Dialog ein; selbst ‚ausgegossen in den Herzen' bildet er die Gemeinschaft und zieht sie zur Wiederkunft des Herrn. Er ist ‚der Herr und macht lebendig' (Symbol von Nizäa-Konstantinopel). Durch ihn ruft die Kirche und die Welt mit ihrem ganzen Dasein: ‚Komm, Herr Jesus!' (Offb 22,17–20).[53]

In dieser Aussage sieht Hryniewicz eine essentielle Beschreibung der Rolle des Geistes in der Aktualisierung des Pascha-Mysteriums in den Menschen, in der Kirche und im ganzen Kosmos. Denn dank des Geistes strebt die ganze Schöpfung nach der eschatologischen Vollendung ihres eigenen Geheimnisses. Der Heilige Geist bewirkt es, dass das einzigartige und unwiederholbare Geheimnis Christi Annahme findet und durch die Mitwirkung der menschlichen Freiheit Heilsfrüchte bringt. In ihm begegnet das schon einmalig und unwiderruflich Geschehene dem Unerwarteten und Neuen in der Geschichte jedes einzelnen Menschen.

Es ist für Hryniewicz ganz deutlich in dieser Sicht, dass die Zeit Christi die Zeit des Geistes geworden ist. Durch das pentekostale Geheimnis des Pascha-Mysteriums wird die Kirche dem Novum des Geistes geöffnet, auch ihre institutionelle und organisatorische Dimension, und die Welt stets in die eschatologische Dynamik der Neuschöpfung geführt.[54]

---

[53] IGNACE IV, La Résurrection et l'homme d'aujourd'hui (Paris 1982) 36–37. – Eigene Übersetz. – nach: HRYNIEWICZ, Nasza Pascha z Chrystusem 103–104.
[54] Vgl. HRYNIEWICZ, Nasza Pascha z Chrystusem 104.

Hryniewicz sieht im Geist Gottes den Mitgründer der Kirche. Er ist nicht jener, der die in Christus definitiv begründete und bestimmte Institution nur belebt. Der Autor verweist auf die Benennungen des Geistes bei den Kirchenvätern, die ihn als Gründer, Führer und Verteidiger der Kirche sahen.[55] Auf der anderen Seite ist es Hryniewicz klar, dass trotz der aktiven Wirkung des Geistes im Mysterium der Kirche seine Person geheimnisvoll bleibt. Als voll zutreffend empfindet Hryniewicz die Bezeichnung H.U. von Balthasars vom Heiligen Geist: »der Unbekannte jenseits des Wortes«, weil seine Gegenwart im Geheimnis des menschgewordenen Logos verborgen ist. Man kann ihn nur durch seine Wirkung erkennen, welche stets auf die Wahrheit des Sohnes Gottes hinweist. Der Geist fordert nämlich die Menschen dazu auf, dass sie auf den Logos – wie dies Balthasar ausdrückte – nicht ausschließlich mit den logischen (und philo-logischen) Augen blicken, sondern mit den pneumatischen.[56]

C. He koinonía tou Hagíou Pneumatos

Im Sinne der paulinischen Theologie versteht Hryniewicz die Gabe des göttlichen Lebens, die der Geist erteilt; nämlich als Leben der Gemeinschaft der göttlichen Personen. In der trinitarischen Gemeinschaft sieht er den Grund für die Relation des Geistes mit der Gemeinschaft der Kirche, der er das Leben erteilt und die er eint.[57]

Die paulinische Formel »*he koinonía tou Hagíou Pneumatos*« (2Kor 13,13) legt Hryniewicz mit vielen Bedeutungsnuancen aus: als »die Gabe der Einheit des Geistes«, »der Bund im Geiste«, »die Einigung, die Gemeinschaft im Heiligen Geist« und »die gemeinsame Teilnahme im Heiligen Geist«. Im *genitivus subjectivus* dieser Formel liegt für den Autor der Hinweis darauf, dass es um die Gemeinschaft geht, deren Quell und Initiator der Heilige Geist ist. Als Geist bleibt er souverän und durchdringt alles; er ist einer in allen, einigt die Personen der Menschen, ohne ihre Intimität und Freiheit abzuqualifizieren. Und als solcher ist er das Prinzip der Verbundenheit und Einigung zwischen Gott und den Menschen. Wohnend in ihren Herzen (Gal 4,6; 2Kor 1,22; 3,2–3; Röm 5,5), bildet er die Gemeinschaft der Kirche (vgl. 1Kor 3,16; 6,19; 2Kor 6,16). Durch die Gabe des Glaubens wie durch die Sakramente der Taufe und der Eucharistie schließt der Geist die Menschen – pneumatisch, aber real – in die Teilnahme am Leib Christi ein. Im eucharistischen Kontext kommt es aber nach Hryniewicz am deutlichsten zum Ausdruck, dass *koinonía*

---

[55] Z.B. bei DIDYMUS VON ALEXANDRIEN (Enarr. in Ep. II S. Petri 3,5, in: PG 39, 1174). – Nach: HRYNIEWICZ, Nasza Pascha z Chrystusem 102.
[56] Vgl. Hans Urs von BALTHASAR, Mysterium salutis 3,2: Das Christusereignis (Leipzig 1969) 262; vgl. HRYNIEWICZ, Nasza Pascha z Chrystusem 103.
[57] Vgl. HRYNIEWICZ, Nasza Pascha z Chrystusem 104–109.

tou Hagíou Pneumatos die Teilnahme am ganzen trinitarischen Mysterium gibt.⁵⁸

Der Glaube an den Heiligen Geist wird gemäß dem Apostolischen Glaubensbekenntnis – betont der Autor – mit dem Glauben an die Kirche als *communio sancti et sanctae* gebunden, die sich um das Mysterium der Eucharistie *(sancta)* versammelt, und an die Vergebung der Sünden, die schon im Sakrament der Taufe geschieht. In der Taufe, die „eine Bitte an Gott um ein reines Gewissen aufgrund der Auferstehung Jesu Christi" (1Petr 3,21) ist, verwandelt der Geist den Getauften und schließt ihn in die Gemeinschaft der Glaubenden ein. Der Glaube an den Geist wie das Leben im Geist heißt auch das Leben mit der hoffnungsvollen Erwartung auf die Erfüllung aller Wirklichkeit und auf die Teilnahme am Leben Gottes.⁵⁹

Der Zusammenhang der Geschehnisse im 3. Glaubensartikel erlaubt nach Hryniewicz von der Kirche zu reden als Werk des *Spiritus Creators* oder als *creatura Spiritus*. Das Bekenntnis, dass der Geist in der Kirche gegenwärtig ist und dass er wirkt, sollte zugleich ein Bekenntnis sein, dass Gott in der Menschheitsgeschichte gegenwärtig ist. Dank dieser Gegenwart Gottes kann die Geschichte zur Heilsgeschichte werden.

Das pneumatologische Glaubensbekenntnis versteht Hryniewicz in christologischer Zentrierung. Die Rede vom Heiligen Geist ist für ihn vor allem der Ausdruck des Glaubens an den erhöhten Christus und an seine Gegenwart in der Kirche. Der Glaube an den Geist bestätigt vor allem die Tatsache, dass die Kraft des Pascha-Mysteriums nicht in der Vergangenheit geblieben ist, sondern alle Generationen der Menschen umfasst. Diese starke Überzeugung schöpft Hryniewicz aus der österlichen Theologie und Spiritualität des Frühchristentums.

D. Charismatischer Charakter der Zugehörigkeit zur Kirche

Hryniewicz ist überzeugt, dass es leicht zu den Fehlentwicklungen in der Theologie (dem Kirchenverständnis; dem Sakramentenverständnis) wie in der Praxis christlichen Lebens kommen kann, wenn die Wirkung des Geistes nicht berücksichtigt oder vernachlässigt wird. Er bewertet kritisch die theologische Entwicklung des Westens, wo der Blick für die gegenseitige Abhängigkeit zwischen der Pneumatologie und der Ekklesiologie verloren ging. In der folgenden Aussage von O. Clément bekräftigt er auch seine eigene Überzeugung:

---

⁵⁸ Vgl. HRYNIEWICZ, Nasza Pascha z Chrystusem 105.
⁵⁹ Vgl. Theodor SCHNEIDER, Das Bekenntnis zum Heiligen Geist als Rede von der Kirche. Zum theologischen Ort der Kirche im Glaubensbekenntnis, in: US (1981) 210–225; Vgl. HRYNIEWICZ, Nasza Pascha z Chrystusem 106.

> *Durch die Furcht vor dem Leben und vor der persönlichen Freiheit verschloss sich [die Kirche] im rituellen Moralismus im Osten, und im juridischen im Westen. Deshalb weht der Geist an der Peripherie der Kirche hin, manchmal auch gegen sie – in lautem Ruf nach kreativem Leben, nach Gerechtigkeit, nach Einigung und Schönheit. Aber die Prophetie – ohne die Verwurzelung in der Eucharistie und ohne deren erweckende Kraft – wird sich an der Mauer des Nichts früher oder später zerstören.*[60]

Die Theologie vom Heiligen Geist sollte nach Hryniewicz keineswegs zum Traktat von der Gnade reduziert werden, indem sie durch die Idee der *gratia creata* ersetzt wird. Es ist ihm bewusst, dass die klassischen Traktate der Gnade oft von abstrakten, entfernten Wirklichkeiten unterrichteten, ohne den personalen Charakter der Relation zwischen Gott und Mensch erwähnt zu haben. Die moderne Gnadentheologie sollte deshalb deutlicher den Glauben an den Geist als Glauben an dessen Heilswirkung in der Kirche, im Menschen und in der Welt zum Ausdruck bringen, um die einseitigen, der Pneumatologie ermangelnden Modelle der inkarnatorischen Gnadentheologie zu ergänzen.

Den Ruf der Kirche nach der Gegenwart des Geistes »*Veni Creator Spiritus*« versteht Hryniewicz nicht anders als den Ruf nach der Nähe Gottes im alltäglichen Leben der Christen. Die Kirche braucht den Helfer und den Beistand, um den Weg der Nachfolge Christi immer neu und immer weiter betreten zu können. Der Geist hilft den Menschen, die Worte Christi stets neu in Kraft zu setzten; er erinnert an sie: „Denn er wird nicht aus sich selbst heraus reden, sondern er wird sagen, was er hört (...). Er wird mich verherrlichen" (Joh 16,13–14). Die Begegnung der Menschen mit Christus, der der Weg *(he hodós – Joh 14,6)* ist, bedarf der Unterstützung vom Heiligen Geist, der der Führer und Begleiter auf diesem Wege *(ho hodegos)* ist.[61]

Die tiefe Verbundenheit mit dem Geist macht die Person Christi zum absolut relationalen Wesen, zur Person im engsten Sinne, die in der Relation zu den anderen existiert. Diese personale Beziehung hat Christus nicht nur zum Heiligen Geist, sondern in ihm zu allen Menschen. Dank des Geistes kann sich in der Kirche das Geheimnis der Personalisierung der menschlichen Existenz verwirklichen. Denn die Teilnahme am Leib Christi und die Gemeinschaft im Heiligen Geist heißt das Ausgehen aus sich selbst *(ekstasis)*, die Verbreiterung der Lebensbasis des Individuums in viele personale Beziehungen zu den anderen.

Die Kirche hat ihre eigene Ontologie, die sich in der Sicht Hryniewiczs vor allem in den personalen und relationalen Kategorien ausdrückt.

---

[60] Olivier CLÉMENT, Je crois en l'Esprit Saint, in: Contacts 117 (1982) 44–45; Vgl. HRYNIEWICZ, Nasza Pascha z Chrystusem 107.
[61] Vgl. HRYNIEWICZ, Nasza Pascha z Chrystusem 108.

Denn das Geheimnis der echten Gemeinschaft *(koinonia)* hängt eng vom Geheimnis der menschlichen Person ab. Das Personsein – heißt eine lebendige Verbundenheit und Gemeinschaft mit den anderen Personen. Die geschenkte Freiheit im Geiste bedeutet demzufolge die Befreiung des Menschen von sich selbst (vom Individualismus), sein Sich-Öffnen zur Gemeinschaft.

Die Zugehörigkeit zu der Kirche allein hat für Hryniewicz etwas aus dem Charisma (vgl. 1 Kor 12), denn jedes Glied ist angewiesen auf die anderen Glieder; jeder ist er selbst, indem seine Relationen zu den anderen eingehalten werden; das Dasein des Einzelnen ist zum Guten der ganzen Gemeinschaft gewendet.

Die authentische Existenz der Kirche im Geist wird deshalb zu einer ‚ekstatischen' und relationalen Existenz, d.h. zur ganz personalen Existenz.[62] Der Parákletos sichert also nicht nur die Verbindung zu den geschehenen Heilstaten Christi, sondern auch die einzelnen Personen und die ganze Kirche werden für die neuen Situationen geöffnet, neue Beziehungen werden gebildet, die Vergangenheit gegenwärtig gemacht.

Dank der Präsenz des Geistes wird durch die stets wachsende zeitliche Entfernung von der Tat Christi das Zeugnis der Kirche nicht entkräftet. Hryniewicz betont, dass das ganze Novum des Neuen Bundes *diakonia tou Pneumatos* (2 Kor 3,8) ist, wo alles durch den Geist durchdrungen und belebt und nicht durch tote Buchstaben gefesselt wird. In diesem Sinne versteht Hryniewicz die paulinische Aussage von Christus, dass er Geist ist.

Unabhängig von den Interpretationen bleiben seiner Meinung nach für die Ekklesiologie dieselben Konsequenzen: dass der Geist einen – im Verhältnis zum Alten Bund – neuen Raum der Freiheit bildet und dass er radikal die Grundlage der christlichen Existenz verwandelt, wie das Paulus ausdrücklich formuliert hatte: „Wir alle spiegeln mit enthülltem Angesicht die Herrlichkeit des Herrn *(ten doxan Kyriou)* wider und werden so in sein eigenes Bild verwandelt, von Herrlichkeit zu Herrlichkeit *(apo dóxes eis dóxan)*, durch den Geist des Herrn" (2 Kor 3,18).

E. Charisma und Institution

Die beiden Dimensionen werden im Entwurf Hryniewiczs nicht gegenübergestellt, weil eine radikale Trennung des Charismas von der Institution (dem Apostolat, den ‚Heilsmitteln') in seiner Sicht als Zerstörung der Sakramentalität und der Einheit der Kirche bewertet werden muss. Ohne eine pneumatische, charismatische und mysteriale Dimension ist für ihn die Wirklichkeit der Kirche nicht definierbar. Aber eine Isolierung des Charismas von der Institution lehnt er auch ab, weil dies

---

[62] Vgl. HRYNIEWICZ, Nasza Pascha z Chrystusem 108.

für die Gemeinde jedenfalls eine Fehlentwicklung verursachen könnte. Die beiden Dimensionen sollen sich gegenseitig ergänzen und gemeinsam dem einen Ziel dienen, ohne irgendeine Unterstellung oder Reduzierung auszulösen. Wie schwierig es aber ist, das Gleichgewicht zwischen ihnen zu bewahren, ist Hryniewicz ganz bewusst.[63]

Mit den Gedanken des Johannes Chrysostomus bringt der Autor zum Ausdruck die enge Verbindung zwischen dem Heiligen Geist und alledem, was zum Heil der Menschen in der Kirche geschieht: Der Geist offenbart nämlich den Gläubigen Christus. Dank des Pfingstereignisses vollzieht sich in der Kirche das eucharistische Opfer. Er ist die Vergebung der Sünden. Durch ihn können wir uns zu Gott wie zum Vater wenden und beten. Der Geist ist der Geber der Weisheit und des Wissens in der Kirche. Er verteilt die Funktionen der Hirten und der Lehrer. Seine Gegenwart macht die Kirche zum einen Leib und zu einer Ganzheit.[64]

Hryniewicz versucht bei diesem Thema *Charisma und Institution* vor allem, den Unterschied zwischen der episkopalen Funktion der Nachfolger der Apostel und der Einmaligkeit des Apostelamts im Neuen Testament zu markieren. Man kann seiner Meinung nach beim Bischofsamt nicht von einer direkten Kontinuität der apostolischen Würde wie des apostolischen Dienstes sprechen, denn sie waren einmalig und nicht zu übergeben. Den Dienst der *Presbyteroi* oder der *Episkopoi* könnte man deshalb eher als Verlängerung des Aposteldienstes verstehen. Die Presbyteroi übernahmen also von den Aposteln die Rolle der Vorsteher, um die Eucharistie in der lokalen Kirche zu zelebrieren.[65] Im Bischofsamt, das nicht ohne Inspiration des Heiligen Geistes geformt wurde, gibt es – so betont der Autor – lediglich eine gewisse Analogie zum Apostelamt.[66]

---

[63] Der Autor verweist auf die nachkonziliaren Tendenzen bei einigen Theologen, die den charismatischen Aspekt aufgrund der vorherigen Dominanz der institutionellen und autoritären Elemente überakzentuiert haben: z.B. H. KÜNG, Charyzmatyczna struktura Kościoła, in: Conc 1–10 (1965–66) 281–293; G. HASENHÜTTL, Charisma. Ordnungsprinzip der Kirche (Freiburg 1969).
[64] Vgl. JOHANNES CHRYSOSTOMUS, Hom. I in Pentecost. 4, in: PG 50, 458–459. – Nach: HRYNIEWICZ, Nasza Pascha z Chrystusem 113–114.
[65] Vgl. Wacław HRYNIEWICZ, Sukcesja apostolska w świetle współczesnej teologii prawosławnej, in: CT 1 (1974) 25–42; auch: Peter PLANK, Die Eucharistieversammlung als Kirche. Zur Entstehung und Entfaltung der eucharistischen Ekklesiologie N. Afanasjews (Würzburg 1980).
[66] Hryniewicz stützt sich auf die Formulierung von E. Rückstuhl, der das Bischofsamt als »eine pneumatische Analogieschöpfung zum Apostelamt« definiert: E. RÜCKSTUHL, Einmaligkeit und Nachfolge der Apostel, in: ErA (1971) 240–253, hier 247; Vgl. HRYNIEWICZ, Nasza Pascha z Chrystusem 111.

Hryniewicz plädiert für einen charismatischen Vollzug des Dienstamtes. Er weist ausdrücklich darauf hin, dass im theologischen Dialog zwischen der Römisch-Katholischen und der Orthodoxen Kirche der Bischof als »*Diener des Geistes*« bezeichnet wird, dessen Aufgabe im Erkennen der Charismen und in der Sorge für ihre Verwirklichung zum Besten aller liegt. Dem Dokument dieser Kirchen folgend, heißt es: Der Bischof „stellt sich in den Dienst für die vom Heiligen Geist stammenden Initiativen, damit nichts daran gehindert wird, die *koinonia* zu bauen."[67]

Hryniewicz erinnert an die neutestamentlichen Zeugnisse, die von der Intervention des Heiligen Geistes bei der Erwählung der konkreten Menschen für die spezielle *missio* in der Kirche (Apg 13,1–3; 1 Tm 1,18) wie vom ihnen durch die Handauflegung übertragenen Charisma (1 Tm 4,14; 2 Tm 1,6) berichten. Der Heilige Geist inspiriert nach diesen Berichten die Wahl der Berufenen und befähigt sie zum anvertrauten Werk (vgl. Apg 6,3), was später in der christlichen Tradition durch die Gebetsbitte um den Heiligen Geist während des Weiheritus ausgedrückt wird.[68]

Hryniewicz spricht vom *ikonischen* Charakter der kirchlichen Institutionen, in denen der Geist die Treue der Kirche zum apostolischen Glauben vergewissert. Die kirchlichen Institutionen sind nur die ‚Hilfsmittel' zur Bewahrung dieser Treue. In diesem Kontext versteht Hryniewicz die Einsetzung der zwölf Apostel (Mk 3,14) als Anstoß des neuen Volkes Gottes. Die Apostel stehen am Anfang – bei der Berufung der Kirche, und sie werden auch als Richter in der eschatologischen Fülle der Zeit die Treue der Kirche beurteilen (Mt 19,28; Lk 22,30; vgl. 1 Kor 6,2). Sie sind die Zeugen des Anfangs, des Ursprungs der Kirche, und als solche erscheinen sie am Ende ihrer *missio*, wodurch – im Gerichtsmotiv – der eschatologische Aspekt der Apostolizität der Kirche hervorgehoben wird. Der Geist wurde gegeben, damit die Kirche sich von der Treue zu ihrem Anfang nicht abwendet und damit sie ihre Sendung nicht unterschlägt (vgl. Mt 16,18). Diesen Sinn unterstreicht Hryniewicz durch den Begriff *indefectibilitas Ecclesiae*, der als unerschütterliche Treue zum Zeugnis der Apostel in Bezug auf die ganze Existenz der Kirche zu verstehen und von der pneumatologischen und der eschatologischen Dimension nicht zu trennen ist.

Die pneumatologische Sichtweise ist – so akzentuiert Hryniewicz – darum von großer Bedeutung, weil sie die Kirche vor der Versuchung

---

[67] Dokument Międzynarodowej Komisji Mieszanej do Dialogu Teologicznego między Kościołem Rzymskokatolickim i Kościołem Prawosławnym pt. *Misterium Kościoła i Eucharystii w świetle tajemnicy Trójcy Świętej*, II 3, in: AK 99/442 (1982) 453 (eigene Übersetzung). – Nach: HRYNIEWICZ, Nasza Pascha z Chrystusem 111.

[68] Vgl. HRYNIEWICZ, Nasza Pascha z Chrystusem 111–112.

bewahrt, nur auf menschlichen Kräften und Mitteln oder organisatorischen Strukturen zu ruhen. Das Bewusstsein, dass die Kirche eine Gemeinschaft im Heiligen Geist ist, macht deutlich, dass das Sichtbare dem unsichtbaren Mysterium dient und den Regeln des Geistes untergeordnet ist. Nur in solcher Optik kann die Kirche eine charismatische Gemeinschaft sein.

Hryniewicz unterstreicht den *ikonischen* und eschatologischen Charakter der kirchlichen Institutionen, denn das Kriterium ihrer Wirkung ist vor allem das in Bezug auf das Geheimnis des dreieinigen Gottes erfahrbare Mysterium der Eucharistie. Die sichtbaren Strukturen können nichts anderes widerspiegeln als die Wirklichkeit des Heilsmysteriums. In deren Vermittlung besteht ihre Funktion und in dieser Aufgabe erfüllt sich durchgehend ihr Sinn.[69] In diesem Punkt stellt sich Hryniewicz unter den Einfluss der östlichen Tradition, die dieses Moment der Widerspiegelung der mysterialen Wirklichkeit deutlich exponiert. Sie lehrt, dass man auf die institutionellen Strukturen der Kirche stets im Lichte des zentralen Mysteriums, der Eucharistie, blicken sollte.

Das Sakrament der Eucharistie als ein österlich-pneumatologisches Geheimnis besagt nämlich in seiner eschatologischen Dimensionierung am ausdrücklichsten, dass die ekklesialen Institutionen mit ihren natürlichen ‚Aussagekräften' lediglich *ikonisch* die mysteriale Wirklichkeit widerspiegeln. Die Ontologie und die innere Zielsetzung der ekklesiologischen Institutionen sind nicht in der Institution als solcher enthalten, sondern in ihrer Relation zum Mysterium des dreieinigen Gottes, welches sich in ihnen vergegenwärtigt. Sie sind nur eine Ikone, die das Reich Gottes widerspiegelt und es antizipiert. In der Geschichte allein können sie nicht ihre letzte Begründung für ihre Rolle finden, denn ihre Existenz verdanken sie der Beziehung zur eschatologischen Wirklichkeit. Durch diese Beziehung bekommen die kirchlichen Institutionen ihren sakramentalen Charakter. Da ihre Vermittlungs-Rolle sich in der Spannung zwischen dem historischen ‚Schon' und dem eschatologischen ‚Noch nicht' verwirklicht, verlieren sie zugleich ihre Selbstständigkeit und ihre individuelle Ontologie.

In den Institutionen sieht Hryniewicz also eine relationale Wirklichkeit. Sie existieren nur in einer epikletischen Weise, d.h. in ständiger Abhängigkeit vom Gebet der ganzen Gemeinde, die den Heiligen Geist

---

[69] Diesen Gedanken hat Hryniewicz als Mitglied der Internationalen Kommission zum theologischen Dialog zwischen der Römisch-Katholischen und der Orthodoxen Kirche in das Projekt der 3. Arbeitskommission (Chevetogne 1980) und danach in den Text des Koordinationskomitees (Venedig 1981) eingeführt, was später im Enddokument der Kommission (*Das Mysterium der Kirche und der Eucharistie im Lichte des Geheimnisses vom Dreifaltigen Gott II 1, 452*) zum Ausdruck kam.

ruft. Der Geist nämlich bedingt die Existenz der Kirche, und gleichzeitig öffnet er die ekklesialen Institutionen für die eschatologische Perspektive der Erfüllung des Reiches Gottes. Der Geist allein hat die Kraft, die Barriere der trennenden Zeit zwischen ‚Schon' und ‚Noch nicht' zu durchbrechen. Als Person, die seine Kraft erst in der eschatologischen ‚Zeit' offenbaren wird, weist er auf die Grenze der Geschichte hin und enthüllt den ikonischen Charakter aller Institutionen der Kirche. Ihre Finalität finden sie – unterstreicht der Autor – nur im Bezug zum Heiligen Geist und in der sakramentalen Anrufung seiner Gegenwart durch das Gebet der Kirche.[70]

Hryniewicz sieht in der pneumatologischen Dimension der kirchlichen Institutionen den Ausdruck ihrer Transzendenz zur linearen Entwicklung der Geschichte und zu den verschiedenen zeitbedingten Ereignissen. Denn der Geist als *Spiritus Consummator* schließt die institutionellen Strukturen der Kirche in die Relation zu den *Eschata* ein und verbindet sie mit dem Geheimnis der Vollendung der ganzen Geschichte und der ganzen Schöpfung. Das eschatologische Endschicksal prägt deswegen das Mysterium der Kirche auch durch den epikletischen und relationalen Charakter ihrer Institutionen.[71]

F. Charismatisches Amtverständnis

Zu den wesentlichen Elementen der ekklesiologischen Ontologie zählt Hryniewicz die priesterliche Würde des ganzen Volkes. Unbestritten bleibt für ihn die neutestamentliche Optik, in der alle Getauften „Priester vor Gott" (Offb 1,6; vgl. 1 Petr 2,9) sind. Das Priestertum ist das gemeinsame Priestertum *(hierateuma)* aller, die geglaubt haben und getauft wurden. Der Autor betont, dass der Dienst der Vorsteher des Volkes nirgendwo im Neuen Testament als Priestertum bezeichnet wird.

Hryniewicz versteht die Vorbehalte der orthodoxen Theologen, die in der Bezeichnung für das spezielle Charisma durch den traditionellen Begriff »Priester« Unklarheit und Verwirrung sehen.[72] Es entsteht nämlich leicht der Eindruck, dass das »hierarchische« Priestertum eine höhere Stufe des allgemeinen Priestertums ist.

Hryniewicz will im Neuen Testament die Norm auch für die Terminologie sehen und das hierarchische Amt nicht mit dem Wort »Priester«

---

[70] Hryniewicz schließt sich hier den Gedanken von J. ZIZIOULAS an *(Cristologia, pneumatologia e istituzioni ecclesiastiche: un punto di vista ortodosso, in: Cristianesimo nella storia 1 (1981) 111–127, bes. 123–124: „Il carattere »iconico« delle istituzioni ecclesiali");* vgl. HRYNIEWICZ, Nasza Pascha z Chrystusem 115.

[71] Vgl. ZIZIOULAS, Die pneumatologische Dimension 136-137; 141.144, in: Communio(D) 2 (1973) 133–147. – Nach: HRYNIEWICZ, Nasza Pascha z Chrystusem 115.

[72] Z.B. Nikolaj AFANASJEW, Das allgemeine Priestertum, in: EKH (1935) 334–340. – Nach: HRYNIEWICZ, Nasza Pascha z Chrystusem 116.

(»Priestertum«) verbinden. Das Amt sollte bezeichnet werden als Charisma und Dienst des Vorsitzes, so dass die Rede von *»potestas sacra«* vermieden wird. Solche Terminologie entspräche seiner Meinung nach besser dem neutestamentlichen Inhalt als die Formulierung des II. Vatikanums: *sacerdotium commune, sacerdotium ministeriale seu hierarchicum (LG 10. 26).* Diese terminologische Korrektur hat für den Autor große ökumenische Relevanz, besonders im Dialog mit den Kirchen, die aus der Reformation hervorgingen.

In dieser Korrektur sieht Hryniewicz eine bessere Ausdrucksweise für die gegenseitige Beziehung zwischen der institutionellen und der charismatischen Dimension der Kirche. Die hierarchische Funktion (das »Amt«) ist nämlich ein besonderes Charisma, das aus dem gemeinsamen Priestertum wächst und dessen besondere Form ist. Das *sacerdotium ministeriale* als Kontinuität des apostolischen Charismas ist darum in den Kategorien des Dienstes *(ergon diakonías)* auszulegen und als Vorsteherdienst bei der Feier der Sakramente.

In der Sicht Hryniewiczs erscheint das kirchliche Amt also nicht als Gegensatz zum Charisma, sondern als dessen besondere Art. Er sieht in der Gabe des Heiligen Geistes ein konstitutives Element des christlichen *hierateuma* (sowohl des gemeinsamen, wie auch des ‚hierarchischen'). Das bischöfliche Amt versteht der Autor nicht anders als den charismatischen Dienst des Vorstehens und der pastoralen Sorge. Das, was institutionell in diesem Amt bezeichnet ist, wird kraft des Geistes charismatisch; und das Charismatische wird gleichzeitig institutionell. In diesem Sinne sollte Bischof ein Charismatiker sein.

Dies ist für Hryniewicz die Schlussfolgerung der Worte des Irenäus: *»Ubi enim Ecclesia, ibi et Spiritus Dei, et ubi Spiritus Dei, illic Ecclesia«*, die zwar stark pneumatologisch wirken, aber eine christologische Zentrierung beinhalten. Denn der Geist, der „weht, wo er will" (Joh 3,8), geht von Christus aus: „er wird von dem, was mein ist, nehmen und es euch verkünden" (Joh 16,14). Der Geist verwirklicht das Geheimnis Christi am bestimmten Ort und in der bestimmten Zeit insbesondere durch das Mysterium der Eucharistie. Das Mysterium der Eucharistie ist die komplementärste Synthese des Pascha und der Pentekoste, der christologischen und der pneumatologischen Dimension, und somit der institutionellen und der charismatischen Dimension in der Kirche.

Hryniewicz weist darauf hin, dass die Erfahrung des Geistes (mit seinen verschiedenen Gaben: wie Prophetie, Zungenreden) in den frühchristlichen Gemeinden während der eucharistischen Versammlung, d.h. während der Anamnese Christi, geschah. Auch bei Paulus – merkt er an – wurden die Hinweise zum charismatischen Leben, d.h. zum Leben im Heiligen Geist, immer im eucharistischen Kontext gegeben (1

Kor 10,16–17; 11,17–34; 12,1 ff; 14,1 ff).[73] Später wurde die besondere Verantwortung für das charismatische Leben der Kirche den Bischöfen anvertraut, weil sie in der eucharistischen Versammlung den Vorsitz hatten.

Hryniewicz hofft, dass diese frühchristliche Optik den gegenwärtigen Aufwertungsversuchen der charismatischen Dimension der Kirche helfen kann. Entscheidend ist für ihn, dass die Überwindung der gegenseitigen Spannung zwischen *Charisma* und *Institution* in gesunder Synthese der Christologie mit der Pneumatologie gesucht wird. In diesem dogmatischen Punkt schätzt der Autor besonders die Position des orthodoxen Theologen Nikolaj Afanasjew, der sich den Studien über das charismatische Leben im Frühchristentum zugewandt und dessen theologisches Denken die konfessionellen Grenzen weit überschritten hatte. Afanasjew schrieb nämlich dem Charisma des Vorstehers in der Person des Bischofs eine große Bedeutung zu. Er glaubte, dass dieses Charisma zum ontologischen Wesen der Kirche gehört und dass es das einzige Charisma ist, das die Kirche bewahren muss, wenn sie ihrem Wesen treu bleiben will.[74]

G. Ecclesia sancta – Ecclesia peccatrix

Im Bekenntnis, dass die Kirche heilig ist, versteht der Autor den Ausdruck der Sakramentalität der Kirche und deren bleibende Verbundenheit mit Christus und dem Heiligen Geist.[75] Durch das österliche und pentekostale Mysterium wurde die Welt in die eschatologische Heilssituation eingeführt und durch die Entstehung der mysterialen Wirklichkeit, der Kirche, die schon der Auftakt der Neuschöpfung ist, ihr ontologischer Status verändert.

Die Heiligung verdankt die Kirche – betont Hryniewicz – Christus, welcher der Quell und die Mitte des Neuen Volkes ist, und dem Heiligen Geist, der als „Geist der Heiligkeit" sie in der Kirche vollzieht (Röm 1,4; vgl. 2 Thess 2,13).

Die pneumatologische Begründung ist für den Autor vor allem eschatologisch bedingt. Der heiligende Geist, der schon die erste Gabe der eschatologischen Wirklichkeit (Röm 8,23; 2 Kor 1,22; 5,5; Eph 1,14) ist, bestimmt die ganze Existenz der Kirche in diesem Sinne, dass in ihm

---

[73] Vgl. auch Johannes ZIZIOULAS, L'Eucharistie: quelques aspects bibliques, in: DERS., L'Eucharistie (Paris 1970) 11–74, bes. 45–47; HRYNIEWICZ, Nasza Pascha z Chrystusem 117.
[74] Für die Gleichsetzung des prophetischen Charismas mit dem Charisma des Vorstehens seit dem 2. Jahrhundert hatte Afanasjew kein Verständnis. Er war der Meinung, dass die Prophetie nicht wie das Lehr-Charisma oder der Dienst der Evangeliumsverkündigung an das Charisma des Vorstehens gebunden werden soll. – Vgl. HRYNIEWICZ, Nasza Pascha z Chrystusem 118.
[75] Vgl. HRYNIEWICZ, Nasza Pascha z Chrystusem 119–145.

die wirkliche Kraft der Wandlung für das Leben der Gläubigen zugänglich ist (Röm 8,5.9). Diese heiligende Wandlung der Menschen (und der ganzen Welt) durch den Geist der eschatologischen Vollendung ist eben der Existenzgrund der Kirche. Sie vollzieht sich aber in der vollen Freiheit des Glaubens, denn der Geist heiligt die Kirche dann, indem die Menschen „sich vom Geist Gottes leiten lassen" (Röm 8,14).

Die Kraft des Geistes erscheint aber – unterstreicht Hryniewicz – Hand in Hand mit der menschlichen Schwachheit und Sündhaftigkeit. Denn der Heilige Geist „nimmt sich auch (...) unserer Schwachheit an" (Röm 8,16.26). Der Autor betrachtet die ekklesiale Wirklichkeit nicht nur aus der eschatologischen Perspektive der Erfüllung, sondern berücksichtigt auch die ganz reale, mit Schwachheit und Sünde beladene Gestalt der Kirche. Es ist für ihn unbestritten, dass die Wirkung Christi und des Geistes die natürlichen Neigungen der Menschen nicht automatisch ändert. Der Mensch kann nämlich mit seiner Schuld verursachen, dass die ‚heilige Kirche' eine sündige wird.

Hryniewicz spricht deutlich von *Ecclesia peccatrix* und entfernt sich von allen platonisierenden Visionen, die lediglich von der Kirche der Sünder zu sprechen wagen und nicht von der sündigen Kirche.[76] Hier stützt er sich auf die Positionen deutscher Theologen (K. Rahner, H.U. von Balthasar, J. Stöhr, Th. Schneider und H. Vorgrimler), die deutlich von der *Sündhaftigkeit der Kirche* als von einem Zustand der religiösen Kondition der Kirche sprechen.[77] Die Kirche ist sündig und sie ist das Subjekt der Schuld ihrer Glieder, wenngleich in einem anderen Sinne als die einzelne Person. Die Schuld der Menschen wird zur Schuld der Kirche selbst. Der Gegensatz wäre nach Hryniewicz ein Ausdruck der Inkonsequenz oder der Reduktion des Kirchenbildes zum abstrakten Ideal.[78]

Der Autor meint, dass die Kirchenväter – aufgrund ihrer spezifischen theologischen Sprache, die mehr Zuneigung zum paradoxen Denken hatte – viel mutiger von der Sündhaftigkeit der Kirche sprachen.[79] Mit

---

[76] Als platonisch bezeichnet Hryniewicz die Sicht von Ch. JOURNET (L'Eglise du Verbe Incarné 904ff) und Y. CONGAR (Die Wesenseigenschaften der Kirche, in: MySal 4,1, 468–471; Sainte Eglise. Etudes et approches ecclésiologiques, Paris 1963, 155–180; Je crois II, 80: „la sainte Eglise des pécheurs").

[77] K. RAHNER (Sündige Kirche nach den Dekreten des Zweiten Vatikanischen Konzils. Schriften VI, 321–347; Kirche der Sünder. Schriften VI, 301–320, bes. 308–309); H.U. VON BALTHASAR (Casta meretrix, in: DERS., Sponsa Verbi 203–305); J. STÖHR (Heilige Kirche – sündige Kirche, in: MThZ 1967, 119–142); Th. SCHNEIDER (Gott ist die Gabe, 71); H. VORGRIMLER (Der Kampf des Christen mit der Sünde, in: MySal V, 382–383).

[78] Vgl. HRYNIEWICZ, Nasza Pascha z Chrystusem 129–130.

[79] Z.B. HILAR AUS POITIERS, De mysteriis 2,9, in: CSEL 65,35; AUGUSTINUS, Enarr. in Ps. 60,6, in: PL 36,871; 85,4. PL 37,1084; DERS., Sermo 138,6, in: PL 38,766; 188,4. PL 38,1005; 191,3. PL 38,1010; ORIGENES – Kommentar zu Hld, in: SCh 37. – Siehe H.U. VON BALTHASAR, Origenes. Geist und Feuer (Salzburg 1938) 221 ff.

2.1 Der Geist als Vollender des Pascha-Mysteriums Christi   147

dem orthodoxen Theologen O. Clément erinnert Hryniewicz an die Worte des Origenes, dass die Kirche „eine Dirne ist, die Christus durch sein Blut nicht aufhört zu reinigen, um sie zur unbefleckten Braut zu machen"[80]. Die Glieder der Kirche sind die Sünder, denen die Schuld vergeben wurde, die aber die *»schreckliche Pädagogik des Abgrunds« (»la pédagogie terrible de l'abîme«)* erlebten und noch erleben.[81] Es ist aber ein solcher Abgrund, in dessen Tiefe Christus als Sieger der Hölle nicht aufhört, die Furcht in die Zuversicht, die Hoffnungslosigkeit in die neue Hoffnung zu verwandeln. Hryniewicz sieht in dem Übergang von der Sünde in die Heiligkeit das größte Pascha der Kirche. Sie ist heilig, weil die Kraft des Auferstandenen sie von der Sklaverei der Sünde befreit hatte und weil sie stets im Feuer des Geistes gereinigt wird. Aus sich selbst – so pointiert der Autor – wäre die Kirche nur eine sündige Kirche. Diese Überzeugung haben seiner Meinung nach am deutlichsten die Väter des Frühchristentums vermittelt, die sich dieses – trotz der Einpflanzung in das österlich-pentekostale Mysterium – sündigen Zustands der Kirche ganz bewusst waren.

Im Paradoxon *Ecclesia immaculata ex maculatis* sieht Hryniewicz vor allem die Botschaft, dass Gott trotz der Untreue der Menschen seine Gabe nicht zurücknimmt. Die Gabe Gottes selbst ist das Gericht für die Menschen. Dieses Motiv erscheint für ihn sehr deutlich in der Feier der Eucharistie. Die Eucharistie ist die Mahnung, dass „das Gericht beim Haus Gottes beginnt" (1 Petr 4,17). In den ältesten christlichen Anaphoren findet er die oft wiederholte Bitte, dass die Teilnahme am Leib und Blut Christi sich nicht zum Gericht und Verdammnis wende. Diese Bitte wurde in den ältesten Epiklesen vor allem an den Heiligen Geist gerichtet als Ausdruck des Glaubens, dass ohne die belebende Wirkung des Geistes die Kirche dem Herrn kein Zeugnis in der Welt ablegen könnte.

Das Frühchristentum hat in der Sicht des Autors ziemlich stark betont, dass *Ecclesia maculatis* als *Communio mixta* stets der verwandelnden Kraft des Auferstandenen und des »reinigenden Feuers« des Heiligen Geistes bedarf. Die Kirchenväter sagten nämlich deutlich, dass die Kirche noch nicht – wie das die Montanisten, die Novatianer, die Donatisten oder die Messalianer und ihre Nachfolger gedacht hatten – die Gemeinschaft der Heiligen *(Ecclesia immaculata)* ist.[82] Sie wussten aber auch, dass die

---

[80] Zit. nach: HRYNIEWICZ, Nasza Pascha z Chrystusem 123.
[81] Vgl. Olivier CLÉMENT, L'homme comme lieu théologique, in: Contacts 68 (1969) 304. – Nach: HRYNIEWICZ, Nasza Pascha z Chrystusem 123.
[82] Vgl. DS 1201–1206, 1220–1224, 2408, 2474–2478; OPTAT AUS MILEVE, De schismate donatistarum 7, in: CSEL 26,158–182.

in ihren Gliedern schwache und sündige Kirche durch den Zusammenhang mit dem Geheimnis der trinitarischen Gottes und dem österlich-pentekostalen Mysterium ihre Berufung zur Heiligkeit ausstrahlt.[83]

Hryniewicz versucht, in der Perspektive der realen *conditio humana* sein ganzes Projekt der Ekklesiologie zu verankern. Die Kirche soll sich seiner Meinung nach nicht von den schwachen Menschen distanzieren, weil daran stets das Prinzip »der ekklesiologischen Ökonomie« erinnert. Durch die Menschwerdung Christi hat Gott sich selbst den Menschen zugewandt *(synkatabasis)* und im Pascha-Mysterium seine stetige Bereitschaft zum Vergeben und Lieben mitgeteilt. »Die ekklesiologische Ökonomie« soll deswegen vor allem diese so oft in der östlichen Liturgie gepriesene *philantrôpía* Gottes widerspiegeln.[84]

Der Übergang von der *communio peccatorum* zur *communio sanctorum* als die wesentliche Dimension des Pascha der Kirche ist – betont der Autor – kein einmaliges Ereignis, weil die Menschen immer neu die Kraft benötigen, um die eigene Freiheit zu gestalten. Dieses Pascha ist ein dauerhafter Prozess – im Sinne der Worte: *Ecclesia sancta et semper purificanda.*

Die katholische und orthodoxe Ekklesiologie hat lange Zeit – unterstreicht Hryniewicz – die Sündhaftigkeit der Kirche nicht thematisiert. Es wurde nur gesagt, dass die Sünden der einzelnen Personen die objektive Heiligkeit der Sakramente, der Lehre und der Institution nicht annullieren. Betont wurde vor allem, dass die Kirche über eine große heiligende Kraft verfügt, dass sie einflussreich für das Heil der Menschen ist, dass zu ihr eine endlose Reihe der Heiligen und Märtyrer gehört. Die Kirche schien in dieser Sicht fast als personifizierte Heiligkeit, als perfekte und unabhängige Meisterin, die dem Volk zu dessen Führung gegeben wurde, aber das Volk hat sich mit ihr nicht identifiziert. Es fehlte in dieser Konzeption die offene Stellung zur Schuldigkeit und Sündhaftigkeit der ganzen Kirche. Die protestantische Theologie dringt nach Hryniewicz mit vollem Recht auf die entsprechende Sensibilisierung für diese Problematik.[85]

H. Zwischen der Ekklesiologie des Kreuzes und der Glorie

---

[83] Von diesem Paradoxon sprechen zahlreiche Quellen des patristischen Denkens: Z.B. ORIGENES, In Ezechielem hom. 1,11, in: GCS 33,335; DERS., In Judices hom. 8,5, in: GCS 30,514; AUGUSTINUS, De fide et operibus 5, in: PL 40,201; DERS., Sermo 250,2, in: PL 38,1164–1165.
– DIONYSIOS AUS CHARTRES, viele frühchristliche Autoren zusammenfassend, sagt treffend: „*ipsa Ecclesia dicitur sancta et deformata, virgo et meretrix*" *(In Cant. 18).* – Zit. nach: HRYNIEWICZ, Nasza Pascha z Chrystusem 126[167].

[84] Vgl. Wacław HRYNIEWICZ, Zasada „ekonomii eklezjalnej" w życiu i teologii prawosławia, in: RTK 6 (1981) 137–152; DERS., Nasza Pascha z Chrystusem 126.

[85] Vgl. HRYNIEWICZ, Nasza Pascha z Chrystusem 131.

2.1 Der Geist als Vollender des Pascha-Mysteriums Christi

Der Autor sucht in seinem ekklesiologischen Konzept eine Synthese zwischen der Kreuztheologie und der Theologie der Auferstehung. Die protestantische Kritik an manchen Positionen der katholischen oder orthodoxen Ekklesiologie hält er für berechtigt, indem die Kirche nur in der Perspektive ‚von oben', als objektive Heilsinstitution, betrachtet wird. Hryniewicz nimmt diese Kritik ernst, weil er die Aufgabe im Blick hat, eine allgemeinchristliche Sicht der sakramentalen Heilsökonomie zu konzipieren.[86]

Die *ecclesiologia gloriae* darf seiner Meinung nach nicht vorzeitig so stark präsent sein, dass der kenotische Charakter der Kirche verloren ginge. Die *ecclesiologia gloriae* ist vor allem die Ekklesiologie der eschatologischen Erfüllung. Und deshalb neigt sie leicht dazu, dass der pilgernde und dienende Charakter der Kirche, die provisorische, vorübergehende, mit dem Leid und der menschlichen Schuld gekennzeichnete Gestalt ihrer Existenz vergessen wird. Die Gefahr liegt nach Hryniewicz darin, dass diese Konzeption der Kirche einen solchen eschatologischen Inhalt zuschreibt, der jetzt nur dem Heiligen Geist eigen ist.

Hryniewicz plädiert in seiner *ecclesiologia paschalis* für ein klares Gleichgewicht zwischen der *ecclesiologia crucis* und der *ecclesiologia gloriae*. In dieser Sicht ist die Kirche eine Gemeinschaft der Sünder, die Gott stets zur Umkehr und zu einer Wandlung aufruft, die in der östlichen Tradition im Begriff der Vergöttlichung ausgedrückt wird. Diese Bekehrung und Verwandlung, vorbereitet und vollzogen durch das reinigende Feuer des Heiligen Geistes, geschieht durch die Teilnahme am *Mysterium paschale*.

Hryniewicz verweist auf die vorliegende Distanz zwischen der jetzigen sakramentalen Teilnahme und dem eschatologischen Stand der Glorie und Erfüllung, die immer beachtet werden muss. Die Kirche würde geradezu ihre Glaubwürdigkeit verlieren, wenn sie in ihrer geschichtlichen Sendung dem Einfluss der harten Prinzipien der *ecclesiologia crucis* nicht ausgesetzt wäre. Die Kirche kann sich nur (!) – so die ausdrückliche Betonung des Autors – der Kraft Christi und des Heiligen Geistes rühmen, welche sie befreit und vor der Veruntreuung gegen Gott rettet. Die Kirche soll immer ihre Schuld bekennen und sich über die immer neu geschenkte und erfahrene Vergebung freuen.

Dieser Perspektive ist es nach Meinung Hryniewiczs gut gelungen, dass im Vordergrund die einzige Glorie der Kirche erscheint, die der Heiligkeit Gottes. In richtigen Proportionen spricht sie von der *conditio humana*, von der Bedeutung des Objektiven und des Institutionellen in der Heilsordnung.

Der pneumatologische Akzent liegt darin, dass die Kirche stets auf die reinigende und von Schuld und Sünde befreiende Kraft des Heiligen

---

[86] Vgl. HRYNIEWICZ, Nasza Pascha z Chrystusem 132–133.

Geistes angewiesen ist. Denn ihre ganze Existenz ist eine um Gottes Erbarmen im Heiligen Geist flehende.[87] Durch die Betonung der gegenseitigen Abhängigkeit und des Angewiesenseins für die *ecclesiologia crucis* und die *ecclesiologia gloriae* versucht Hryniewicz, das Thema der Heiligkeit und der Sündhaftigkeit der Kirche neu zu interpretieren. Das Bekenntnis zur Heiligkeit der Kirche, welches zu der Vision der glorreichen Ekklesiologie tendiert, soll vor allem nicht die Dimension der Pilgerschaft der sündhaften Kirche überschatten. Mit K. Rahner konstatiert der Autor, dass gerade diese, besonders von der protestantischen Theologie betonte Dimension der ekklesialen Existenz entscheidend für die ganze Doktrin von der Kirche und dem Leben der einzelnen Personen sein sollte.[88] Die ekklesiologische Vision darf in diesem Paradoxon der Gleichzeitigkeit des Kreuzes und der Auferstehung, der Geschichtlichkeit und der eschatologischen Zukunft, keine der Seiten favorisieren oder vernachlässigen. Alle ihre Implikationen sollen aus der lutherischen Maxime *simul iustus et peccator* hervorgehen, denn nur wenn das Schicksal des Gekreuzigten im Vordergrund steht, kann die Kirche eine Gemeinschaft mit dem Auferstandenen bleiben. In dieser Sicht halten sich für Hryniewicz die Dimension, die die protestantische Tradition *communio sanctorum* nennt, und die Dimension der *congregatio peccatorum* in einem guten Zusammenhang.

Das Prinzip *simul iustus et peccator* liegt aber – erinnert der Autor – mehr auf der subjektiven Dimension der christlichen Existenz. Die objektive Tat der Erlösung, die Heiligung des Menschen und seine Vergöttlichung, ist seiner Meinung nach doch viel größer als der subjektive Glaube und die subjektive Erfahrung der Heilsbotschaft im Menschen, denn die *conditio humana* wurde im Pascha Christi definitiv verwandelt. Infolgedessen kann der erneuerte und verwandelte Mensch nicht im gleichen Grad Sünder sein.

Hryniewicz meint also, dass die Heiligkeit und die Sündhaftigkeit nicht nebeneinander – gleichberechtigt wie in einer statischen Dialektik – existieren, weil dadurch die christliche Lehre von Rechtfertigung, Heiligung und Vergöttlichung in Frage gestellt wäre. Die Unsicherheit des Menschen, dass er nicht gerechtfertigt ist, bekräftigt zwar die existenzielle Erfahrung seiner Sündhaftigkeit. Aber diese Erfahrung widerspricht nicht der Tatsache, dass er schon erlöst und geheiligt wurde.

Das christliche Paradoxon ist nach Hryniewicz dann zu überwinden, wenn der Mensch sich ganz Gott anvertraut. Der christliche Weg ist ein

---

[87] Vgl. HRYNIEWICZ, Chrystus nasza Pascha 374; DERS., Nasza Pascha z Chrystusem 132–133.
[88] Vgl. K. RAHNER, Sündige Kirche nach den Dekreten des Zweiten Vatikanischen Konzils. Schriften VI, 321–347, hier 330; Vgl. HRYNIEWICZ, Nasza Pascha z Chrystusem 133.

2.1 Der Geist als Vollender des Pascha-Mysteriums Christi   151

Weg der unbegrenzten Hoffnung und des Vertrauens, dass „Gott größer ist als unser Herz" (1 Joh 3,20). Die Hoffnung kann die Angst um eigenes Heil überwinden, obwohl sie das Gefühl der Unsicherheit und das Empfinden der eigenen Sündhaftigkeit nicht ganz auszulöschen vermag. Denn der Stand der Gnade ist nie ein sicherer Habitus – ohne personale und persönliche Furcht vor dem Verlust. Deshalb muss der Mensch immer neu die Gnade der Heiligung in sich bestätigen und die Gabe des Heiligen Geistes empfangen. Denn er ist nie ganz sicher, dass er dies schon im genügenden Maß tut.

Hryniewicz stellt die Reflexion über die Sündhaftigkeit der Kirche in die österliche Perspektive. Er versucht das Paradoxon von sündiger und gleichzeitig heiliger Kirche auf der paschalen Ebene zu lösen. Im Pascha-Mysterium kann man nämlich bereits den sicheren Sieg Christi und die unwiderrufliche Wende in die Richtung der Neuschöpfung wahrnehmen. Die Heiligkeit der Kirche beruht auf diesem österlichen Sieg Christi. Es ist eine Wirklichkeit, die nicht nur im objektiven, sondern auch im subjektiven Sinne – betont Hryniewicz – geworden ist. Sie ist nicht nur die eschatologische Hoffnung *(iustus in spe)*, denn die *renovatio mundi* hat bereits im Pascha-Mysterium und im Pfingstereignis angefangen. Das kann aber für die Kirche nicht heißen, dass ihre Teilnahme an der Kenose, der Armut und dem Leiden Christi ausgeschlossen ist. Sie kämpft immer noch gegen die Versuchungen des Fleisches. Sie leidet immer noch unter eigener Schwachheit und manifestiert in diesem Leiden das Kreuz Jesu und nimmt an seinem Leiden teil. Aber das entscheidend Prägende für das Wesen und die Konstitution der Kirche ist das gesetzte Ziel der Teilnahme an der eschatologischen Gemeinschaft der Erlösten.

Die eschatologische Zielsetzung führt den Autor nicht zu einem idealisierten Kirchenbild. Er ist überzeugt, dass man nicht bei der idealen Vorstellung des Christentums stehen bleiben kann, ohne sich von der konkreten Gestalt der leidenden Kirche einnehmen zu lassen. Die christliche Berufung heißt für ihn auch die freiwillige Übernahme eines Teils der Sündhaftigkeit der Kirche, um sie mitzutragen.[89]

Die Beziehung zwischen der Heiligkeit und der Sündhaftigkeit will der Autor nicht als neutral bezeichnen. Sie sind seiner Meinung nach nicht zwei gleichrangige Wahlmöglichkeiten, weil die Kirche von ihrer Natur her zur Heiligkeit gedrängt ist. Trotz aller ihrer Unvollkommenheit ist die Sendung der Kirche vor allem eine Manifestation der Heiligkeit, der Wahrheit und der Gnade Gottes in der Welt, wie ein Raum der Gegenwart des erhöhten Herrn und der Wirkung des Heiligen Geistes. Um sich dieser Aufgabe wenden zu können, ruft die Kirche stets im epikletischen Gebet nach der Anwesenheit des heiligenden Geistes,

---

[89] Vgl. HRYNIEWICZ, Nasza Pascha z Chrystusem 139–142.

weil seine Gabe wie die Gabe des ganzen österlichen Mysteriums definitiv über die Heiligkeit der Kirche entscheidet.

Dem Heiligen Geist schreibt Hryniewicz die Rolle zu, die Ausstrahlung der Heiligkeit in die Kirche zu lenken. Er wirkt durch die Menschen, die nicht lediglich an sich, an ihre persönliche Entwicklung denken, sondern sich in ihrer Hingabe und in ihrem Dienst gewissermaßen verloren haben. Das Leben solcher Menschen kann zur Verwandlung der anderen beitragen und dadurch die Gegenwart und die Heiligkeit Gottes im Leben der Kirche erscheinen lassen.

Trotz der Sünde – so die Position Hryniewiczs – bewahrt die Kirche ihren sakramental-eucharistischen Charakter. Denn wie bei der Eucharistie der Glaube benötigt wird, so bedarf man auch des Glaubens bei der Betrachtung der realen Gestalt der Kirche, um die Gegenwart Christi zu erkennen. Die durch die Schuld verformte Gestalt der Kirche radikalisiert nur – meint der Autor – die Not des Glaubens und auch die Not des Mitleidens mit ihr, um sie nie anzuklagen.[90]

I. Die kenotische und epikletische Struktur der Kirche

Hryniewicz ist überzeugt davon, dass die *forma servi* der einzig berechtigte Modus der Existenz der Kirche sein kann.[91] Sie folgt dem Glauben an die Gegenwart des Auferstandenen und dem Vertrauen auf die Wirkung des Heiligen Geistes. Dass die nur aus dem *genus maiestaticum* konstruierte Ekklesiologie diesem Glauben widerspricht, betont Hryniewicz in seiner Reflexion ganz deutlich. Das *genus diaconicum* der Menschwerdung Jesu und seines Pascha verleiht der Kirche unwiderruflich eine kenotische Gestalt.

Die kenotische Dimension, die zum authentischen Menschsein Jesu gehört, hat nach Hryniewicz nicht nur eine ethische Bedeutung, sondern ist der ontische Inhalt, und sie gehört integral zur durch das Wort angenommenen menschlichen Natur. Deshalb kann das Mysterium der Menschwerdung nicht vom Pascha-Mysterium getrennt werden.[92]

Die epikletische Struktur der Kirche wächst – so betont Hryniewicz – aus dem Vertrauen in die Wirkung des Geistes Gottes, welches die ekklesiologische Vision des Volkes Gottes sich entwickeln lässt. Die Kirche ist – pneumatologisch betrachtet – berufen, den Menschen zu einem freien Menschsein zu verhelfen. In der Kirche ist der ‚Ort' der Befreiung zur Freiheit, die die Gabe des Heiligen Geistes ist (2 Kor 3,17). Die geschenkte Freiheit wird zugleich zum Prinzip der Gleichheit aller in der Kirche. Dort, wo die Kirche die kenotische Gestalt Christi nachahmt (Phil 2,5),

---

[90] Vgl. HRYNIEWICZ, Nasza Pascha z Chrystusem 144.
[91] Vgl. HRYNIEWICZ, Nasza Pascha z Chrystusem 146–170.
[92] Vgl. HRYNIEWICZ, Nasza Pascha z Chrystusem 148–149.

wirkt die Kraft des Heiligen Geistes: „Es gibt nicht mehr Juden und Griechen, nicht Sklaven und Freie, nicht Mann und Frau; denn ihr alle seid »einer« in Christus Jesus" (Gal 3,28; vgl. Röm 10,12; 1 Kor 12,13); alle bekennen den einen Herrn und alle sind „mit dem einen Geist getränkt" (1 Kor 12,13).

Das österliche Opfer Christi ist in der Sicht des Autors die Grundbasis für die Teilnahme am gemeinsamen Priestertum, und die Erhöhung Christi – der Grund für die königliche Würde aller Gläubigen. Die Berufung der Gemeinschaft der Gläubigen sieht er in der Aufgabe, im Sinne des österlichen Opfers Jesu priesterlich zu existieren. Sie muss solidarisch das Leiden der Menschen teilen und sich mit den Verlassenen, Bedürftigen und Unterdrückten identifizieren. Zu dieser Aufgabe verpflichtet sie nämlich die *forma servi* Jesu, die der Kirche durch ihn selbst anvertraut wurde.

Die ‚Priorität der Armen' in der Kirche versteht der Autor als Folge des österlichen Mysteriums Christi. Das österliche Ethos, das die Nähe sowohl zum auferstandenen wie zum gekreuzigten Christus sucht, ruft die Kirche seiner Meinung nach dazu auf, die Gegenwart Christi nicht nur in den Sakramenten und in der Verkündigung des Evangeliums zu erkennen, sondern auch die Gemeinschaft mit dem Gekreuzigten in den Armen gleich zu pflegen. Hryniewicz schließt sich der kritischen Aussage J. Moltmanns an, dass der apokalyptische Christus als der arme, der hungernde und der verlassene Richter der Welt meistens draußen, vor der Tür der Kirche und der Gesellschaft stand,[93] um zu sagen, dass man sich in der Ekklesiologie nicht nur auf die Vollmacht des Erhöhten berufen kann. Denn die österliche Logik verlangt einen Ausgleich. Für die Sakramentenlehre z.B. heißt dies: – die authentische Begegnung mit Christus im Wort und in den sakramentalen Zeichen führt immer zu den leidenden und unterdrückten Mitmenschen; – die Kirche soll in den sakramentalen Feiern nicht in den idealen Ton verfallen, sondern soll sich die reale Wirklichkeit des Lebens vor Augen halten; – nur in einer solchen Kirche, die dem Gekreuzigten nahe steht, ist die Gegenwart des Erhöhten im Wort und in den Sakramenten zu finden.

Die Kirche muss, menschlich gesehen, – unterstreicht Hryniewicz – schwach bleiben, denn wenn sie sich dem Triumphalismus zuneigt, wird sie sich selbst widersprechen. Der Reichtum, die Erhabenheit und die Privilegien, die jede Gesellschaft verderben, ist nicht das Prinzip der Kirche, die eine Kirche nicht nur für die Armen, sondern der Armen sein soll – ohne jeden Anspruch, schon hier auf der Erde das Reich Gottes

---

[93] Vgl. MOLTMANN, Kirche 146; HRYNIEWICZ, Nasza Pascha z Chrystusem 154.

basteln zu wollen. Ihre Aufgabe ist es, durch den Dienst und das Leiden, im flehenden Gebet sich selbst und die Welt auf das Kommen des Reiches Gottes vorzubereiten.

Hryniewicz schätzt die Sensibilität der protestantischen Theologie in diesem Bereich, die deutlich macht, dass die Kirche sich ständig in allen ihren sakral-institutionellen Dimensionen kritisch prüfen lassen muss. Er gibt zu, dass die innere Logik der Rechtfertigungslehre auch der normative und richtungsweisende Modus des Kirchenbildes sein muss. In einem solchen Bild dürfen die Amtsträger nur als personifizierte Werkzeuge im Dienst der Kirche erscheinen, weil die Kompetenz allein dem auferstandenen Herrn und dem Heiligen Geist gehört.

Die kenotische Struktur der Kirche ist nach Hryniewicz darum von großer Relevanz, weil sie erinnernd stets darauf verweist, dass Gott die absolute Priorität im Mysterium der Kirche hat. Das *genus diaconicum* muss die grundsätzliche Gestalt und Form der Kirchenexistenz bleiben, um die Gefahr des Anspruchs zu vermeiden, die Attribute des erhöhten Kyrios schon jetzt innezuhaben. Dies sollte sich nach Hryniewicz sowohl auf die Heilsvermittlung (Sakramentenpraxis), wie auch auf die Doktrin und die rechtlich-kanonische Sphäre der Kirche beziehen. Dem Wort Gottes muss die entscheidende *norma normans* für alle Lebensbereiche der kirchlichen Existenz zugestanden werden, obwohl die katholische Theologie und östliche Tradition sofort betonen werden – meint der Autor –, dass die Bibel das Buch der Kirche ist und durch sie interpretiert werden muss.

Hryniewicz sieht in der Logik der Rechtfertigungslehre eine wichtige Impulsquelle für die prüfende Kritik, die notwendige Korrektur und die belebende Erneuerung des Kirchenbildes.[94] Auf der anderen Seite sieht er das Zeugnis der östlichen Tradition, dass die Priorität in der Kirche dem Mysterium gehört, das über jeder historischen Bekenntnisaussage oder dogmatischen Entscheidung steht.

Beide Dimensionen will Hryniewicz zusammen denken. Er sucht für die theologische Interpretation der ekklesiologischen Wirklichkeit ein solches Modell, das die bisherigen Erklärungen und positiven Ergebnisse für eine neue Perspektive öffnen könnte – wie einst das epochale Interpretationsmodell der Rechtfertigungslehre. Die christliche Theologie braucht – seiner Meinung nach – eben ein solches Modell, das vor allem von den konfessionellen Verengungen und kirchlichen Egoismen frei ist.

---

[94] Vgl. Wacław HRYNIEWICZ, Rola Tradycji w interpretacji teologicznej. Analiza współczesnych poglądów dogmatyczno-ekumenicznych (Lublin 1976) 87–222.

2.1 Der Geist als Vollender des Pascha-Mysteriums Christi

Hryniewicz sieht in der österlichen Existenz Christi das Vorbild für die Existenz der Kirche – auch für ihre institutional-hierarchischen Strukturen. Die sakramental-sichtbare Wirklichkeit der Kirche als zeitlich bedingt hat einen ‚relativen' Charakter, weil nicht die Kirche selbst verkündigt wird, sondern das kommende Reich Gottes und das Geheimnis des dreieinigen Gottes. Die eschatologische Orientierung der Geschichte relativiert im guten Sinne – unterstreicht Hryniewicz – jede definitive Form der Institutionalisierung in der Kirche. Sie schärft den Blick auf das Wesentliche – das Mysterium des trinitarischen Gottes, welches das Ziel und der Sinn für den Menschen, die Welt und die Kirche ist.

Die eschatologische Dimensionierung der Kirchenexistenz und die kenotische Gestalt ihrer irdischen Sendung sind Merkmale der *ecclesiologia paschalis* Hryniewiczs. Die kenotische Dimension heißt für ihn aber nicht, dass die Kirche nicht mehr das sakramentale Zeichen und die Ikone des Auferstandenen in der Welt ist.[95]

Den kenotischen Zustand des Daseins der Kirche, der durch die konkreten existenziellen Erfahrungen der Menschen bestätigt wird, versteht der Autor als einen Ruf der ganzen Gemeinschaft der Glaubenden, der zugleich auf Gottes erbarmende Kraft wie auf Gottes führende Gegenwart im Mysterium der Kirche gerichtet ist.

Der epikletische Ruf nach dem Geist Gottes ist für Hryniewicz von entscheidender Bedeutung. Die Epiklese ist nämlich nicht nur eine zentrale Kategorie des kirchlichen Betens, sondern der ganzen Wirklichkeit der Kirche. In ihr drückt sich aus, dass die Kirche keinen Anlass zum Triumphalismus, zur Selbstzufriedenheit oder Selbständigkeit hat, weil sie aufgrund ihrer Erbärmlichkeit und ihrer Abhängigkeit vom trinitarischen Gott stets darauf ‚angewiesen' ist, den Namen Gottes zu rufen. Die epikletische Struktur verbindet auch stark die kenotische Dimension der Kirche mit ihrer *forma servi*.[96] Die Präsenz des Heiligen Geistes in der Kirche und in den Menschen ist nämlich auch einer kenotischen und dienenden Natur. Die Kenose des Geistes als Kontinuität der heilenden Kenose der Menschwerdung und des Todes Christi besteht vor allem darin, dass der Geist, der keine – wie der Logos – zeitliche Existenzweise hat, immer wieder neu ins Dasein der Kirche und jedes Menschen herabsteigt und dass er – ohne eine pure menschliche Natur, wie der Logos, angenommen zu haben – existierend in verschiedenen Personen auch

---

[95] Vgl. HRYNIEWICZ, Nasza Pascha z Chrystusem 175–179.
[96] Hryniewicz stützt sich auf die Position N.A, Nissiotis', die auf die ekklesiologischen und ökumenischen Implikationen der Epiklese verweist: Nikos A. NISSIOTIS, Die epikletische Bedeutung der kirchlichen Gemeinschaft, in: ÖR (1977) 297–313; Vgl. HRYNIEWICZ, Nasza Pascha z Chrystusem 176.

ihre Begrenztheit und Sündhaftigkeit erfährt. Deshalb kann seine Kenose – so meint der Autor – gewissermaßen noch größer als die Kenose des Logos sein.[97]

Die Verfassung der Kirche in ihrer *forma servi* erscheint dem Autor als eine große Chance, sehr überzeugend die ‚Demut Gottes' verkünden zu können.[98] Andererseits fordert der Glaube an eine solche ‚demütige' Kirche auch die Überwindung jeder übertriebenen Art der Kritik, der kalten Distanz oder Gleichgültigkeit, denn die ganze Logik der Kenose Gottes in seinem Sohn und in seinem Geist spricht über die Erniedrigung und die Akzeptanz der Realität mit allen ihren Begrenzungen und Schwachheiten; sie spricht nicht über den idealen Zustand des Menschen und seiner Welt.

Der Glaube an die Kirche fordert deswegen – so das Fazit des ekklesiologischen Teils der sakramentalen Heilsökonomie im Entwurf Hryniewiczs – die Akzeptanz ihrer realen Wirklichkeit – oft in der kenotischen Gestalt. Es muss ein Glaube sein, der auch die Demut des Intellektes fordert, denn der große Schatz bleibt immer in den zerbrechlichen Gefäßen (vgl. 2 Kor 4,7) und im armseligen Leib (Phil 3,21). Das Pascha-Mysterium bestätigt für den Autor nur diese Logik.[99]

Resümee

Hryniewiczs Anliegen war es vor allem, dass die Ekklesiologie sich aus ökumenischen Gründen bewusst um eine tiefere Verankerung in der frühchristlichen Pascha-Tradition bemüht. Er ist überzeugt davon, dass die authentische Erfahrung des Mysteriums der Kirche ohne den mitgedachten Zusammenhang mit dem Mysterium des Heiligen Geistes nicht möglich ist. Im Frühchristentum entdeckte er dieses tiefe Bewusstsein, dass die Kirche sich unter der Wirkung des Geistes befindet und dass er die ganze Kirche mit seiner Kraft stets erfüllt.

Die Wirkung des auferstandenen Christus und die Wirkung des Heiligen Geistes sind in der Sicht des Autors durch Gegenseitigkeit gekennzeichnet. Es soll zwischen ihnen keine dualistische Trennung eingeführt werden: denn die Kirche als Institution stiftet nicht nur Christus selbst, und ihre charismatische Dimension ist nicht nur das Werk des Heiligen Geistes. Sie ist die Frucht des einen doppeltdimensionierten Wirkens: „Der Herr aber ist der Geist, und wo der Geist des Herrn wirkt, da ist

---

[97] Vgl. HRYNIEWICZ, Nasza Pascha z Chrystusem 176.
[98] Dieses Thema findet Hryniewicz besonders häufig bei AUGUSTINUS: Enchiridion c.108, in: PL 40,283; Sermo 51,4–5, in: PL 38,336; Sermo 117,17, in: PL 38,671). Vgl. auch: François VARILLON, L'humilité de Dieu (Paris 1974); DERS., Bóg pokorny i cierpiący, in: ZNAK 286–287 (1978) 549–560. – In: HRYNIEWICZ, Nasza Pascha z Chrystusem 176–177.
[99] Vgl. HRYNIEWICZ, Nasza Pascha z Chrystusem 176–178.

Freiheit" (2 Kor 3,17). Die Kirche Jesu Christi ist also die Kirche des Heiligen Geistes.[100]

Christus und der Geist, unterschiedlich als Personen, – unterstreicht der Autor – bleiben in der Wirkung einig, die für die menschliche Erfahrung unteilbar bleibt. Die Erfahrung von Christus ist zugleich die Erfahrung des Geistes ‚in unseren Herzen', weil *en Christo* und *en Pneumati* jeweils an die Stelle des anderen treten können. Aus dieser biblischen Perspektive verweist Hryniewicz auf die notwendige Komplementarität der christologischen und der pneumatologischen Dimension in den ekklesiologischen Modellen, vor allem in der Relation zwischen dem Charisma und der Institution.

Der Heilige Geist – hat der Autor hervorhoben – ist nicht der unterwürfige Hüter der Beständigkeit der Institution der Kirche. Der Geist erneuert ständig das Antlitz der Kirche und macht alles neu durch seine schöpferische und unbegrenzte Kraft. Seine Gegenwart lässt die Kirche nicht in einem Prozess der Stagnation erstarren. Diese Überzeugung schöpft der Autor aus dem biblischen Bild vom lebendigen, fließenden, reinen Wasser, das den Geist Gottes und seine Wirkung symbolisiert. Die Gegenwart des Geistes lehnt also alle Leblosigkeit und Erstarrung ab.

Die paulinische Ermahnung: „Löscht den Geist nicht aus" (1 Thess 5,19) hat für Hryniewicz eine tiefe ekklesiologische Implikation. Denn die ständige Offenheit für die Wirkung des Geistes ermöglicht es der Kirche, dass sie sich immer neu als pentekostale Gemeinschaft verwirklichen kann, d.h. das werden, was sie von Natur aus bereits ist: das sich stets erneuernd vollziehende Ereignis von Pfingsten – das Sakrament des Geistes.

Das ganze Modell der *ecclesiologia paschalis* wollte Hryniewicz unter fünf Prinzipien stellen, durch welche das Bild der *in forma servi* pilgernden Kirche entsteht.[101] Diese Regeln bestimmen sein ganzes ekklesiologisches Panorama:

a) das Prinzip des Mysteriums (das österliche Mysterium im Zentrum der Kirchenexistenz)

b) das Prinzip des geistlichen Wachstums

c) das Paradoxon der gegenseitigen Spannungen und auch Konflikte: Christologie – Pneumatologie; Charisma – Institution; historisches ‚schon' – eschatologisches ‚noch nicht'

---

[100] Vgl. Nikolaj AFANASJEW, Cerkow Ducha Swiatogo (Pariż 1971); E. BEHR-SIGEL, L'Eglise de Saint-Esprit, in: Contacts 93 (1976) 263–269; HRYNIEWICZ, Nasza Pascha z Chrystusem 109.
[101] Vgl. HRYNIEWICZ, Nasza Pascha z Chrystusem 179.

d) das Recht zur Schwachheit *(Ecclesia peccatrix)*

e) das Prinzip der Erneuerung *(Ecclesia semper reformanda)*.

Die aus dem frühchristlichen Bild der Kirche gewachsene österliche Ekklesiologie Hryniewiczs ist vor allem darum anerkennenswert, weil der Autor dieses Kirchenverständnis in einer organischen Einheit und Dynamik neu zu entwickeln versucht hat. Es ist ihm gelungen, die mysteriale Dimension der Kirche neu zu gewinnen, so dass die ekklesiale Wirklichkeit im Mysterium der Trinität verankert ist und auf den Sendungen des Logos wie des Geistes basiert. Alle institutionellen Elemente sind in solcher Konzeption lediglich eine Widerspiegelung oder eine Ikone der mysterialen Wirklichkeit und ihr ganz untergeordnet.

Für die Erkenntnis der Mysteriengegenwart verweist Hryniewicz auf eine besondere Methode, die vor allem auf der religiösen Erfahrung beruht, wie das die östliche Tradition stark vertritt: „Komm und schau, denn niemand kann die Kirche anders erkennen als durch die Erfahrung, die Gnade und die Teilnahme an ihrem Leben" (Bulgakow)[102].

Die entscheidenden Erfahrungsorte der mysterialen Heilswirklichkeit sind für den Autor die Sakramente und das Wort des Evangeliums.

2.1.2 Die pneumatologischen Implikationen der Theologie des Wortes

Die Reflexion über die Sakramente beginnt Hryniewicz mit dem Kapitel über die Theologie des Wortes, die er als eigenes und konstitutives Thema der Sakramentenlehre betrachtet.[103]

Wie in der Auslegung zu den einzelnen Sakramenten versucht Hryniewicz auch in der Theologie des Wortes auf dem trinitarischen Mysterium zu basieren und neben den christologischen Elementen gleichermaßen die pneumatologische Dimension hervorzuheben.

Das Wort und die Sakramente verwirklichen das eine und dasselbe Mysterium Christi, welches aber – betont der Autor – nicht ohne Wirkung des Geistes vorzustellen ist. Die Aktualisierung des Mysteriums Christi im Leben der Kirche bedarf nämlich einer Epiklese, der ständigen Anrufung des Heiligen Geistes, weil das ganze Leben der Kirche einen epikletischen Charakter hat.[104]

Der Geist Gottes enthüllt die Geheimnisse Christi und lässt den Menschen die Kraft des kommenden Reich Gottes in den Sakramenten und

---

[102] DERS., Prawosławije. Oczerki uczenija prawosławnoj Cerkwi (Pariż 1965) 33. – Nach: HRYNIEWICZ, Nasza Pascha z Chrystusem 180.

[103] Vgl. HRYNIEWICZ, Nasza Pascha z Chrystusem 181–214.

[104] Das wachsende Bewusstsein dieser ekklesiologisch-pneumatologischen Wahrheit in allen christlichen Konfessionen hat nach Hryniewicz in sich eine große ökumenische Relevanz.

im Wort des Evangeliums erfahren, wodurch die Geschichte der Kirche zur Geschichte des Dreieinigen Gottes und zur mit dessen Gegenwart durchdrungenen Neuschöpfung wird.

Hryniewicz trennt die Gegenwart Christi nicht von der Gegenwart des Geistes in der Kirche. Seiner Meinung nach gibt es zwar spezifische Eigenschaften der beiden Personen Gottes, aber grundsätzlich existiert durch die Person des Sohnes und des Geistes dieselbe Gegenwart Gottes im Mysterium der Kirche.

Das Wort Gottes und die Sakramente sind in seiner Sicht Epiphanie-Zeichen des sich offenbarten Mysteriums Gottes, die das unsichtbare Antlitz des liebenden Gottes enthüllen. In ihnen ist der auferstandene Christus kraft seines Geistes stets gegenwärtig. Die Verkündigung des Wortes hat Heilskraft in sich, weil dadurch Christus selbst spricht und kraft des Heiligen Geistes wirkt. Deswegen nennt Hryniewicz – nach P. Evdokimov – die Bibel »wörtliche Ikone Christi«[105], weil sie immer mit der Gegenwart Christi erfüllt ist. Sie hat einen liturgischen und eucharistischen Charakter, denn sie ist das Buch der Kirche Christi. Hier geht es um ein Lesen, welches nur in der Gemeinschaft, unter den anderen, geschehen kann. Dank der inneren Erleuchtung und des Zeugnisses des Heiligen Geistes stellt das Wort der Bibel die Gläubigen in die Gegenwart Christi, die immer mit dem Wirken des Heiligen Geistes verbunden ist.

Auf diese Weise – durch das Mysterium des Pascha und des Pfingsten – sind für Hryniewicz die Prinzipien einer Worttheologie bestimmt. Die Verkündigung des Evangeliums Christi im Heiligen Geist führt zur dynamischen Erwartung der eschatologischen Heilswirklichkeit. Dank des Geistes durchdringt die eschatologische Zukunft die Geschichte der Menschen schon jetzt. Seine Dynamik gibt dem Verkündigungswort die Kraft für das Zeugnis und die Kraft der Durchdringung bis in die existenziell tiefsten Ebenen des Menschen.[106]

Ohne die belebende Kraft des Geistes wäre das Wort des Evangeliums – meint der Autor – nur ein toter Buchstabe und das ganze Christentum nur eine Rechtsangelegenheit.[107] Anknüpfend an die pneumatologische Sensibilität der östlichen Tradition wagt Hryniewicz zu sagen, dass das Christentum von seinem Wesen her eigentlich eine Geist-Religion ist. Er meint dies im paulinischen Sinne: ein Bündnis im Geiste, das nicht in ein

---

[105] EVDOKIMOV, Prawosławie 211; Vgl. HRYNIEWICZ, Nasza Pascha z Chrystusem 185.
[106] Vgl. HRYNIEWICZ, Nasza Pascha z Chrystusem 188–189.
[107] Vgl. HRYNIEWICZ, Nasza Pascha z Chrystusem 189: Christus hat den Vater um die immerwerdende Gegenwart des Parakleten für die Gläubigen (vgl. Joh 14,16) gebeten. Der Geist bleibt bei den Gläubigen und er ist in ihnen (vgl. Joh 14,17); er lehrt sie und erinnert sie an alles (vgl. Joh 14,26), wie er sie auch in die ganze Wahrheit (Joh 16,13) führt.

System der toten Buchstaben umstrukturiert ist, denn „der Buchstabe tötet, der Geist aber macht lebendig" (2 Kor 3,6).

Diesen Gedanken von Paulus macht Hryniewicz zum Kern der Reflexion über die Worttheologie. Die Verkündigung des Wortes Christi, das zugleich das Wort des Vaters ist, kann nämlich nur kraft des Heiligen Geistes die Herzen der Menschen erreichen. Solches lebendiges Wort hat die Kraft, aus dem geistlichen Tod zu erwecken und mit neuem Leben zu erfüllen. Der Buchstabe kann dagegen nie allein retten, sondern nur das Wort, welches zum Reden des Heiligen Geistes geworden ist. Die Verkündigung des Evangeliums – betont Hryniewicz – geschieht nicht nur durch das Wort, „sondern auch mit Macht und mit dem Heiligen Geist und mit voller Gewissheit" (1 Thess 1,5).

Den christologischen Sinn des Evangeliums enthüllt gerade der Heilige Geist, der der Geist Christi ist. Um das Wort zu verstehen, ist daher die Zuwendung zum Herrn nötig, dessen Wirkung die Wirkung des Geistes ist (vgl. 2 Kor 3,16–17).

Die Rolle des Geistes (,im Heiligen Geist') bezeichnet Hryniewicz als *communicatio Christi*.[108] Denn die durch Christus geschenkte Teilnahme am Leben Gottes bleibt immer das Werk des Heiligen Geistes. Über dieses zentrale Geheimnis spricht die Heilige Schrift. Und dementsprechend sollte die Verkündigung nicht als Übergabe der Doktrin verstanden werden, sondern als Manifestation und Proklamation des in seiner eschatologischen Zielsetzung dynamisch gewordenen österlichen Geschehens.

Hryniewicz betont die Position von J. Moltmann, dass die christliche Verkündigung mit der Auferstehung des Gekreuzigten und der Erhöhung Christi zum Herrn der kommenden Welt beginnen sollte. Das Evangelium verkündet nämlich die eschatologische Herrschaft des Auferstandenen über die Welt und befreit deswegen auch den Menschen, weil es in ihm den Glauben und die Hoffnung auf die Erfüllung des Heils weckt. Die Auferweckung Christi bleibt deshalb der integrale Teil der Verkündigung, denn sie führt das Wort Gottes „nach vorne, ins Novum der verheißenen Zukunft hinein".[109]

Der eschatologische Zukunftshorizont der christlichen Verkündigung und der ganzen Sendung ist zugleich eine universale Zuwendung zu allen Menschen. Denn das Wort des Evangeliums weckt die Hoffnung auf

---

[108] Hier stützt sich Hryniewicz auf die Bezeichnung von Irenäus: „*Communicatio Christi, id est Spiritus Sanctus*" (Adv. haer. III 24,1. SCh 211,472; vgl. HRYNIEWICZ, Nasza Pascha z Chrystusem 190.

[109] Jürgen MOLTMANN, Theologie der Hoffnung (München [7]1968) 277; vgl. HRYNIEWICZ, Nasza Pascha z Chrystusem 191.

2.1 Der Geist als Vollender des Pascha-Mysteriums Christi

die universale Heilszukunft der ganzen Welt. Diese eschatologische Missio hat seinen Anfang und Quell im Pascha- und Pfingstereignis.[110]

Die Rolle des Geistes im Werk der Verkündigung des Wortes Christi versucht Hryniewicz auch im Sinne des johanneischen Evangeliums zu interpretieren, wonach dem Geist, ähnlich wie den Aposteln, die Rolle der Zeugnisabgabe von Christus zugeteilt ist (vgl. Joh 15,26–27). Der Geist Gottes bestätigt die vollzogenen Heilstaten Christi und proklamiert ihre lebendige Kraft neu.

Die Verkündigung des Evangeliums Christi versteht der Autor als Werk des Geistes, weil sie nicht auf den menschlichen Kräften der Apostel und seiner Nachfolger basiert, sondern sie vollzieht sich in der Kraft des Heiligen Geistes (Apg 4,31; 1 Petr 1,12; 1 Thess 1,5; Hebr 2,4). Die apostolische Sendung und ihr Dienst kann deswegen als „der Dienst des Geistes" (2 Kor 3,8) bezeichnet werden, denn die ganze Apostelgeschichte bezeugt deutlich, wie die Zeugniskraft des Heiligen Geistes bei der apostolischen Verkündigung mitgewirkt hat.

Durch das Wort der Verkündigung – betont Hryniewicz – nimmt der Mensch teil am Mysterium Christi und am Geheimnis der Geistsendung. Der Geist ist derjenige, der das Wort Gottes lebendig macht und ihm die Heilskraft verleiht. In diesem Kontext versteht Hryniewicz die folgende Aussage des II. Vatikanums: „Die Kirche hat die göttlichen Schriften wie auch den Herrenleib selbst immer verehrt, weil sie, vor allem in der heiligen Liturgie, nicht aufhört, vom Tisch sowohl des Wortes Gottes als auch des Leibes Christi das Brot des Lebens zu nehmen und den Gläubigen darzureichen" (DV 21,1).

Der Autor ist der Meinung, dass die Heilige Schrift im Leben der Kirche im gewissen Sinne ‚zum Sakrament' geworden ist. Sie lässt *„die Stimme des Heiligen Geistes durchtönen"* (DV 21,1), so dass die Kirche Christi immer eine *a Sancto Spiritu edocta* Kirche ist (DV 23,1). Diese Belehrung vom Heiligen Geist bezieht sich seiner Meinung nach nicht nur auf die Ursprünge der Kirche („*Apostoli... lumine Spiritus veritatis edocti"* – DV 19,1), sondern auf ihre ganze Existenz. Denn durch den Geist hallt *„die lebendige Stimme des Evangeliums in der Kirche und durch sie in der Welt"* wider (DV 8,4).

Diese pneumatologischen Implikationen des Wortes Gottes aus der konziliaren Konstitution *Dei Verbum* bekräftigen die Sicht Hryniewiczs, dass das Christentum nicht die Religion ‚der toten Buchstaben' ist. Der Heilige Geist bewahrt nämlich die Heilige Schrift vor der Erstarrung und macht sie immer neu zum lebendigen Wort der Erlösung in Christus. Das

---

[110] Vgl. HRYNIEWICZ, Nasza Pascha z Chrystusem 192.

Geheimnis des Wortes Gottes bindet daher gleichermaßen das Pascha-Mysterium und das Mysterium der Pentekoste an sich, weil es das mit der österlichen Kraft Christi und des Geistes erfüllte Wort ist.[111]

Die Verkündigung des Evangeliums ist in der österlichen Perspektive also eine mittels des proklamierten Wortes klare Tat des Heiligen Geistes. Dieses Wort benötigt die Gegenwart und die Wirkung des Geistes, weil die Verkündigung des Evangeliums stets auf die Epiklese des Geistes angewiesen ist. Der Geist offenbart nämlich den Menschen im verkündeten Wort Gottes das Mysterium Christi, und nur er kann das Herz des Hörenden öffnen (Apg 16,14).

Dieses Moment der Worttheologie – meint Hryniewicz – betont die ganze westliche und östliche Tradition. Entscheidend ist ‚die Salbung' des Menschen im Glauben, die vom Heiligen Geist kommt (1 Joh 2, 20.27). Das Wort hat deswegen eine sakramentale Struktur. Die äußere Form beinhaltet in sich die verborgene mysteriale Wirklichkeit, die im Menschen die innere Wandlung vollzieht. Darum gleicht das Wort Gottes im gewissen Sinne dem Mysterium der Eucharistie.

Um die sakramentale Gestalt des Wortes hervorzuheben, macht Hryniewicz – sich auf Thomas von Aquin beziehend – auf die mittelalterliche Bezeichnung *gratia praedicationis*[112] für die Verkündigung des Evangeliums aufmerksam. Diese Gnade wurde als echtes apostolisches Charisma verstanden und ihre Wirkung durch die Erfahrungen der Prediger bestätigt, indem sie über das innerliche Reden des Geistes berichten.[113]

Hryniewicz zieht daraus die Folgerung, dass die Prediger das Wort Gottes sozusagen ‚eucharistisch' verkünden. Die verkündete Botschaft vom Tod Jesu (1 Kor 11,26) schließt nämlich die Hörenden in die Gegenwart Christi ein und stellt die Menschen vor das Antlitz des Gekreuzigten und des Auferstandenen, um sie zur Versöhnung aufzurufen (vgl. 2 Kor 5,20). Der Verkünder zusammen mit dem Verkündeten wird infolgedessen zum ‚Sakrament' der Gegenwart Jesu und zum ‚Ort' der Begegnung Jesu mit den Menschen.[114]

In der syrischen Tradition entdeckt Hryniewicz die Spuren der engen Verbundenheit zwischen dem Heiligen Geist und dem Wort solcher ‚eucharistischen' Verkündigung. Der Geist wird hier als Quell der Wirksamkeit für das Wort Gottes wie als dessen belebende und vergöttlichende Kraft betrachtet. Die syrischen Theologen nennen ihn Offenbarer,

---

[111] Vgl. HRYNIEWICZ, Nasza Pascha z Chrystusem 193.

[112] THOMAS VON AQUINO (III q. 7 a. 7). Er spricht oft auch über die *gratia sermonis* (I–II q. 111 a. 4; II–II q. 177 a. 1). – Nach: HRYNIEWICZ, Nasza Pascha z Chrystusem 194.

[113] Wie das Papst GREGOR I. DER GROSSE behauptete: „*Habent ergo electi praedicatores experientiam Spiritus in se loquentis [...] nam et subito instruuntur et repente fervescunt et in momento replentur [...]*" – In libr. I Reg. 4,122, in: PL 79,267).

[114] Vgl. HRYNIEWICZ, Nasza Pascha z Chrystusem 196.

2.1 Der Geist als Vollender des Pascha-Mysteriums Christi

Zeuge und Kraft des Evangeliums Christi. Die Wirkung des Geistes führt ihrer Meinung nach zur Internalisierung des Geheimnisses Christi im Leben der Gläubigen. In der existenziellen Tiefe des Menschen erinnert die Gegenwart des Geistes an Christi Werk. Unter seiner Wirkung wird das Wort Gottes so prägend, dass das Evangelium zur Salbung im menschlichen Herzen geworden ist.

Der Geist wird in dieser Tradition – unterstreicht Hryniewicz – verstanden als der Promotor und der absolute Herr der Verkündigung, weil er selbst die Menschen – wie alle Propheten der Heilsgeschichte, insbesondere Jesus –, zur Verkündigung beruft, belehrt, erleuchtet, salbt und sie mit dem Wort des Heiles zu den Menschen der ganzen Welt sendet. U.a. aus diesem Prioritätsgrund benennen die Syrer gerne den Geist als »Ozean der Weisheit«[115]. Sie glauben auch, dass der Geist den Berufenen ständig seine Kraft für das treue Zeugnis gibt, dass sie die eigene Angst und Schwachheit überwinden und das damit verbundene Leid ertragen.[116]

Die Wirkung des Geistes betonen die syrischen Theologen auch in seiner Rolle als die des Parakleten, indem er seine Aufgabe als Anwalt des von der Welt immer wieder verworfenen Christus erfüllt. In diesem Kontext verleiht die syrische Theologie dem Geist gerne die mütterlichen Eigenschaften des Mitfühlens und der Zärtlichkeit gegenüber allen Verkündern des Evangeliums.[117] Seine Gegenwart bedeutet ihrer Meinung nach viel mehr als die Gegenwart eines der Geschwister oder eines Freundes.

Hryniewicz bemerkt auch eine wichtige Verknüpfung der Theologie des Wortes mit der Pneumatologie, die sich in großem Maße der Reformation und dem protestantischen Denken verdankt.[118]

Die Reformatoren behaupten, die Gabe des Geistes werde den Gläubigen im Wort Gottes verliehen, denn das Wort sei der Ort seiner Gegenwart in der Welt; es sei sein Werkzeug, durch welches er die Menschen bekehrt, öffnet, erneuert und ihnen das Leben schenkt.

Solus verbum ist in diesem Kontext für die protestantischen Theologen eine Verlängerung des *solus Christus* und des *solus Spiritus*. Sie sehen im Wort der Verkündigung die besondere Gabe des Heiligen Geistes und unterstreichen, dass das Wort gerade die Heilsgnade und die Gegenwart

---

[115] Emmanuel-Pataq SIMAN, L'expérience de l'Esprit par l'Eglise d'après la tradition syrienne d'Antioche (Paris 1971) 185–213. – Nach: HRYNIEWICZ, Nasza Pascha z Chrystusem 194.

[116] Vgl. HRYNIEWICZ, Nasza Pascha z Chrystusem 194.

[117] Das Substantiv Geist *(ruho)* wurde z.B. in der alten syrischen Tradition als feminin ausgedrückt: Vgl. APHRAATES, Demonstratio XVII: *de virginitate et sanctitate*, in: PSyr I 839. – Nach: HRYNIEWICZ, Nasza Pascha z Chrystusem 194–195.

[118] Vgl. HRYNIEWICZ, Nasza Pascha z Chrystusem 195.

des Geistes bringe, die der Mensch in seinem antwortenden Glauben erfahren kann. Deshalb sprechen sie auch gerne über den sakramentalen Charakter des Wortes, wonach das Wort des Evangeliums in sich die Gegenwart Christi und des Heiligen Geistes enthält.

Hryniewicz formuliert das geisterfüllte Wort des Evangeliums Christi als »vorausgehende Form der Parusie«, wobei Parusie nicht nur die Wiederkunft, sondern zugleich die Gegenwart bedeutet.[119] Im Wort der Verkündigung geht Christus seiner definitiven Wiederkunft, die zugleich die Parusie des Geistes sein wird, voraus. Das Wort der Verkündigung – obwohl es mit der eschatologischen Heilsfülle nicht gleichgesetzt werden kann – ist schon der Anfang der endgültigen Wirklichkeit.

Das dynamische Wort des Heiles vergleicht Hryniewicz mit dem biblischen Ausdruck von den ersten Gaben des Geistes (vgl. 2 Kor 1,22; 5,5; Eph 1,14). Die österliche Kraft des Evangeliums versteht er als die charismatische und die eschatologische Kraft der neuen Schöpfung, die mit voller Hoffnung den Auferstandenen erwartet. Hier – in der Reflexion über die sakramentale Gestalt und befreiende Kraft des Wortes Gottes – befindet sich Hryniewicz sowohl mit J. Moltmann, der das Evangelium »das Sakrament der Zukunft«[120] nannte, wie auch mit K. Rahner, der das Wort als Ausdruck der eschatologischen Gegenwart in der Menschheitsgeschichte verstanden hatte[121], völlig in Einklang.

Hryniewicz versucht die sakramentale Natur des Wortes vor allem durch die Zeugnisse der Kirchenväter zu verdeutlichen. Für die Kirchenväter war die Heilige Schrift nämlich Christus selber. Jedes biblische Wort führe in ihrer Sicht zu dem, der es gesagt hatte, und es stelle den Menschen in dessen Gegenwart. Die Lektüre der Schrift hatte bei den Vätern immer eine sakramentale Perspektive, denn sie verspeisten das Wort wie das eucharistische Brot und wie den eucharistischen Wein.[122] Sie glaubten fest daran, dass das Wort der Verkündigung im Mund der glaubenden und Gott verehrenden Kirche durch die Wirkung des Heiligen Geistes das ganze Heilsgeheimnis Christi vergegenwärtigt.

Hryniewicz meint, dass die katholische Sakramentenlehre aufgrund dieses sakramentalen Verständnisses des Wortes – welches schon bei den Vätern des Frühchristentums präsent war – mit Recht den sakramentalen Charakter der Buße und der Ehe, obwohl die beiden Sakramente nur auf dem Wort basieren, bewahrt habe. Dies wächst – seiner Meinung nach – aus der Überzeugung, dass das Wesen der Sakramente auf dem Wort

---

[119] Vgl. HRYNIEWICZ, Nasza Pascha z Chrystusem 201.
[120] MOLTMANN, Kirche 245.
[121] Vgl. Karl RAHNER, Wort und Eucharistie. Schriften IV 316 ff; DERS. Was ist ein Sakrament? Schriften X 381–384.
[122] Vgl. Paul EVDOKIMOV, Le buisson ardent (Paris 1981) 75; DERS, Prawosławie 210–211. – Nach: HRYNIEWICZ, Nasza Pascha z Chrystusem 203.

beruht und dass das materielle Element eine eher untergeordnete Rolle spielt, eine Funktion der Konkretisierung.

In diesem Kontext bezeichnet Hryniewicz das Sakrament als ein spezifisches Heilsgeschehen, welches Wortcharakter hat, weil eben durch das Wort das Heilsgeschehen ausgedrückt und verwirklicht worden ist. Das im Wort bezeugte und bekannte Glauben des Menschen sollte – in seiner Sicht – die entscheidende Mitte des sakramentalen Geschehens sein.[123] Er weist darauf hin, dass die Kirchenväter oft behauptet haben, dass die Sakramente außer einem irdischen Element (Wasser, Öl, Brot, Wein, Handauflegung), welches durch die symbolische Handlung der Liturgie ausgedrückt ist, auch ein himmlisches, besonders mit dem Pneuma des Logos verbundenes Element beinhalten. Sie betonten, dass dank des epikletischen Gebets der Kirche dieses himmlische Element (der Geist) auf das materielle Element herabkommt und durch das sakramentale Wort des bezeugten Glaubens der Kirche die symbolische Tat der Menschen zum Ort der Gegenwart des auferstandenen Christus wird, der die Menschen mit der Kraft des Geistes verwandelt.

In diesem Sinne haben die Kirchenväter – so schätzt der Autor – höheren Wert im sakramentalen Wort als in der sakramentalen Handlung allein gesehen, denn das Wort wurde als die schon unter den Menschen gegenwärtige und ihnen erteilte Heilswirklichkeit verstanden. Im Wort Gottes sahen sie ein schöpferisches Wort, das die neuen Fakten zum Dasein ruft. In der sakramentalen Handlung hat es eine ‚sichtbare Gestalt' erhalten, um sich der Zuwendung Christi, seiner österlichen Kraft wie der Gegenwart des Heiligen Geistes zu vergewissern.[124]

Hryniewicz betont in dieser Betrachtung deutlich, dass die Theologie der Sakramente die Rolle des Wortes niemals gering schätzen dürfe. Die Theologie des Wortes kann seiner Meinung nach sowohl ein Ausgangspunkt wie auch eine der Grundbasen des christlichen Sakramentenverständnisses sein. Wenn die Kirche selbst das Sakrament der Erlösung ist, dann verwirklicht sich schon im Wort ihrer Verkündigung – meint er – eine gewisse Art der realen Heilsgegenwart des auferstandenen Christus und des Heiligen Geistes.

Hryniewicz ist ganz überzeugt davon, dass nur in dieser Relation zum auferstandenen Christus und dem Heiligen Geist das Wort der Verkündigung zum Wort des Heiles wird. Denn das Wort hat diese Heilskraft nicht in sich selbst. Das Wort ist nur der Modus für die Relation zwischen den Personen. Die griechischen Väter haben – bemerkt er – stets betont,

---

[123] Vgl. HRYNIEWICZ, Nasza Pascha z Chrystusem 204.
[124] Vgl. HRYNIEWICZ, Nasza Pascha z Chrystusem 205.

es gehe nicht um irgendeine Person Gottes in der Inkarnation, der vollsten Konkretisierung der Heilsgegenwart Gottes, sondern um die des Logos. Ihre Theologie ist für Hryniewicz immer noch ein lauter Ruf nach der Vertiefung der Worttheologie als Heilswirklichkeit. Da die Menschwerdung sich im österlichen Mysterium erfüllt, muss die Theologie des Wortes deshalb sich nicht nur mit der Theologie der Inkarnation verbinden, sondern auch mit der Pascha- und Pentekoste-Theologie.

Die österliche Perspektive, die bewusst die Verbindung zwischen dem österlich-pentekostalen Mysterium und der ekklesiologischen Wirklichkeit sucht, relativiert im guten Sinne – meint Hryniewicz – die Unterschiede bei den verschiedenen Daseins- und Gegenwartsformen Christi und des Geistes. Denn sowohl das Wort der verkündeten Kirche, die die eschatologische Heilsgegenwart in der Welt repräsentiert, wie auch die Sakramente – obwohl auf eine andere und mehr spezifische Weise – sind ‚Orte' derselben Wirklichkeit Gottes.

Die Betonung der wesentlichen Einheit und des verbindlichen Zusammenhangs zwischen dem Wort und dem Sakrament kann – nach Hryniewicz – die eine und selbe österliche Kraft des in der Kirche gegenwärtigen Heils transparenter präsentieren. Die Diskussion über die verschiedensten Formen der Gegenwart des Heiles in der Kirche muss aber immer in der Perspektive des trinitarischen Mysteriums Gottes relativiert werden. Das ganze Leben der Kirche, ihr Wort und ihre Sakramente – obwohl in verschiedenen Gestalten geformt – bezeugen nämlich denselben mysterialen Inhalt, dass das Heil die umsonst geschenkte Gabe Gottes ist.[125]

Hryniewicz plädiert für eine österlich-pentekostale Perspektive der Theologie des Wortes, weil die Verkündigung des Evangeliums nicht bei der Erlösungsbedürftigkeit des sündigen Menschen bleiben oder nur die Rechtfertigungslehre betreiben sollte, wo die individuelle Dimension die gemeinschaftliche und ekklesiale Vision des Heilsgeheimnisses verdunkelt. Die in der Dynamik des Pascha- und Pfingstmysteriums verankerte Worttheologie versucht deswegen einen Schritt weiter zu machen, indem sie auch die positive und lichtvolle Aussicht des Heiles eröffnet.[126]

2.1.3 Der christologisch-pneumatologische Charakter der Sakramente

Aus der frühchristlichen Tradition schöpft Hryniewicz die Überzeugung von der Sakramentalität des ganzen Mysteriums Christi in der Kirche. Als positiv bewertet er die Annäherung der Sakramentenlehre an die Christologie und Ekklesiologie in dieser Optik. Das Heilsmysterium versucht

---

[125] Vgl. HRYNIEWICZ, Nasza Pascha z Chrystusem 206–207.
[126] Vgl. HRYNIEWICZ, Nasza Pascha z Chrystusem 211.

2.1 Der Geist als Vollender des Pascha-Mysteriums Christi

er aber auch in der pneumatologischen Dimension anzusiedeln. Denn der Heilige Geist spielt seiner Meinung nach eine unverwechselbare Rolle in der sakramentalen Ökonomie.

Wie im ganzen Mysterium Christi wirkt der Geist in der sakramentalen Wirklichkeit der Kirche, weil seine Gegenwart jeden Kontakt Gottes mit dem Menschen durchdringt: in Christus, wie in der Kirche und in ihren Sakramenten.[127]

Die Rede von Christus als Ursakrament der Nähe Gottes basiert im Hryniewiczs Konzept auf der Erhöhungs-Christologie. Der Ausgangspunkt dieser theologischen Methode ist das österliche Mysterium Christi – der Kern der apostolischen Verkündigung. In dieser Perspektive des apostolischen Ur-Kerygmas vom Tod und der Erhöhung Christi weitet er seine Reflexion auf die anderen Geheimnisse der Existenz und der Sendung Jesu aus.[128]

Das Bekenntnis zum österlichen Geschehen ist für Hryniewicz zugleich ein Bekenntnis zur Heilswirkung Gottes und seiner Nähe. Die verklärte Existenz Christi beweist nämlich die Sache Gottes und lässt die verwandelnde Kraft des Heiligen Geistes erscheinen. Deshalb ist Christus der eigentliche ‚Ort' der Begegnung der Menschen mit Gott.

Der Autor versucht in seinem Konzept die christologische Definition des Sakramentes konsequent durch die pneumatologische Dimension zu ergänzen. Er will dadurch die Einseitigkeiten vermeiden, die aus der ausschließlich christologischen Begründung hervorgehen.

Ein rein-christologisches Sakramentenverständnis fand er z.B. auf der evangelischen Seite bei Karl Barth, der das einzige Sakrament in der Menschwerdung und der Menschheit Christi sah[129]. Hryniewicz meint, dass die Grundbasis des Sakramentes sich nicht nur in der Inkarnation definieren lassen kann. Denn die Aufgabe der Christen beruht nicht nur auf der ‚Bestätigung' der Wirklichkeit dieses ‚einzigen' Sakramentes der Menschwerdung durch die Verkündigung, durch die Taufe oder das Abendmahl – wenn diese ‚Bestätigung' nicht die Vergegenwärtigung, sondern lediglich eine Zelebration mit dem Antwortcharakter (auf das eine und einzige Sakrament in Christus) bedeutet.

Hryniewicz bestreitet auf keinen Fall das radikal christologische Anliegen Barths: Christus die absolute Priorität vor der Wirklichkeit der Kirche zu geben. Er meint aber, dass die Akzentuierung der Souveränität

---

[127] Vgl. HRYNIEWICZ, Nasza Pascha z Chrystusem 215.
[128] Vgl. HRYNIEWICZ, Chrystus nasza Pascha 89 ff.
[129] Z.B.: „Menschheit Jesu Christi als solche [...] das erste Sakrament"; Menschwerdung als „ein, einziges, ein für allemal vollzogenes Sakrament" – Karl BARTH, Kirchliche Dogmatik (2,1) 58; (4,2) 59.

Gottes und seiner Unverfügbarkeit seitens des Menschen allein ungenügend ist. Dies ist besonders in der Sphäre des Kultes und des spirituellen Lebens spürbar.

Die Gefahr besteht nach Hryniewicz vor allem darin, dass die sichtbare Wirklichkeit des Heils minimalisiert oder ganz nivelliert und die mysteriale Dimension der Liturgie verkannt wird. In solcher Sicht hätte der liturgische Kult nämlich keine größere Bedeutung, weil die Liturgie nicht als das lebendige Zentrum des christlichen Lebens betrachtet wird; und die Dimension des spirituellen Lebens würde verkümmern, weil die Wege der Rechtfertigungslehre und der Lebenspraxis sich trennen. Den Platz des liturgischen Kultes übernehmen demzufolge die Diskussionen in den Aktivitätsgruppen, die sich total auf die ‚Außen-Sendung' (auf die Not der Welt bezogene Diakonie) konzentrieren. Zwar wird die Funktion der Verkündigung in der Liturgie betont, aber mehr als eine religiöse oder ethische Belehrung. Das Bewusstsein des in der Liturgie sich vergegenwärtigenden Mysteriums Christi tritt kaum in Erscheinung.

Diese Entwicklung – meint Hryniewicz – verliert deutlich die Sicht von Paulus: „Als Diener Christi soll man uns betrachten und als Verwalter von Geheimnissen Gottes *[oikonómous mysteríon Theou]*" (1 Kor 4,1). Er plädiert deswegen für eine solche Kirche, die, sich dem biblischen Begriff »mysterion« annähernd, auch die Aufgabe der Verwaltung von Geheimnissen Gottes mitzutragen versucht, um die Trennung zwischen dem Kult und der Lebenspraxis zu vermeiden.[130]

Die christologische Interpretation des Sakramentes, die mehr oder weniger die Konvergenzbasis zwischen der katholischen und der protestantischen Theologie ist, verweist zwar auf den gemeinsamen Anfang und den wesentlichen Inhalt der sakramentalen Handlungen. Es bleiben in dieser Interpretation aber – meint Hryniewicz – die unbeachteten Zusammenhänge zwischen der sakramentalen Ökonomie und der Pneumatologie, auf welche die östliche Tradition aufmerksam macht.

Er verweist auf die Notwendigkeit der trinitarischen Perspektive für die Reflexion über das *mysterion* und das *sacramentum*.[131] Aus der trinitarischen Sicht wird nämlich nicht nur das christologische Element hervorgehoben, sondern auch die eschatologische Gabe des Heiligen Geistes.

Das Wort *mysterion* stellt Hryniewicz deswegen neben einen anderen biblischen Begriff, *apokálypsis* (vgl. Röm 16,24–25; 1 Kor 2,7.10; Kol 1,26; Eph 3,9), um die reale und erfahrbare Wirklichkeit der Nähe Gottes als

---

[130] Hier referiert Hryniewicz u.a. die Position von P. TILLICH (*Der Protestantismus als Kritik und Gestaltung 7,* Stuttgart 1962). Er verweist in diesem Kontext auch auf das Bemühen der protestantischen Theologie um die Neugewinnung der biblischen Theologie des Mysteriums (z.B. bei J. MOLTMANN, *Kirche in der Kraft des Geistes, München 1975,* 228–231, 287–302).

[131] Vgl. HRYNIEWICZ, Nasza Pascha z Chrystusem 220.

2.1 Der Geist als Vollender des Pascha-Mysteriums Christi 169

eng mit dem eschatologischen Geheimnis Gottes verbunden zu deuten. Dank der Wirkung des Geistes *en mysterio* wird dieses eschatologische Heil im Wort der Verkündigung, im Glauben und in den sakramentalen Zeichen real präsent. Der Inhalt des *mysterion* wird deshalb nicht nur zur Christologie begrenzt, weil seine eschatologische Dimension auf das sich offenbarende Mysterium des Dreieinigen Gottes verweist. Das *mysterion* beinhaltet vielmehr – unterstreicht der Autor – neben dem Christologischen auch das Eschatologische, das Pneumatologische und das Ekklesiologische, weil alle Dimensionen auf das eine und dasselbe Mysterium Gottes hinweisen, das in der Sendung Christi und des Geistes in Erscheinung trat.

Die christologische Interpretation des *mysterion* (und folglich auch des *sacramentum*) wäre also zu eng. Hryniewicz plädiert für die konsequente Ergänzung der Inkarnationstheologie durch die eschatologischen Perspektiven, die das Pascha-Mysterium zusammen mit dem Geheimnis der Pentekoste markiert. Denn der christologisch und ekklesiologisch definierte Sakramentenbegriff: »Christus als das einzige Sakrament Gottes« oder »Christus als Ursakrament« drückt nicht die Ganzheit der trinitarisch-eschatologischen Perspektive der Offenbarung aus.[132] Dieser Sicht, die nur bei der Analogie zwischen Christus und den Sakramenten der Kirche bleibt, fehlt seiner Meinung nach die eschatologische Dimensionierung.

Mit J. Moltmann ist sich Hryniewicz darin einig, dass das aus den biblischen Begriffen *mysterion* und *apokálypsis* konzipierte Sakramentenverständnis zu einer eschatologischen Christologie, Pneumatologie und Ekklesiologie führen muss.[133] Die eschatologische Dimensionierung der Kirche und des Sakramentes kann nämlich konsequenter auf die überschreitende, stets ‚größere' Wirklichkeit des Reiches Gottes hinweisen. Sie zeigt die Rolle des Geistes deutlicher, denn eben als eschatologische Gabe Gottes bekräftigt er die Kirche, so dass sie durch den Glauben, die Verkündigung des Wortes und den Vollzug der Sakramente zu einer Gemeinschaft wird. Der Geist ist es, der die Geschichte der Menschheit zur eschatologischen Vollendung hinführt. Deswegen ist das *mysterion* und das *Ursakrament* nicht Christus allein, sondern Christus in der untrennbaren Verbundenheit mit dem Heiligen Geist. Diese Konsequenz zieht Hryniewicz aus der trinitarischen Logik der ganzen Heilsökonomie.[134]

Deswegen wird in seinem Konzept aus dem trinitarischen Geheimnis die pneumatologische Christologie wie die pneumatologische Ekklesiologie (mit der zu ihr gehörenden Sakramentenlehre) entwickelt: durch

---

[132] Vgl. HRYNIEWICZ, Nasza Pascha z Chrystusem 220–221.
[133] Vgl. MOLTMANN, Kirche 230; HRYNIEWICZ, Nasza Pascha z Chrystusem 221.
[134] Vgl. HRYNIEWICZ, Nasza Pascha z Chrystusem 221.

die Wirkung des Heiligen Geistes wird die Kirche zur Gemeinschaft des Neuen Bundes und der Neue Bund wird im Geiste zur eschatologischen und unvergänglichen Größe; die Annahme des Geistes macht die Menschen zu den lebendigen Gliedern des Leibes Christi, und seine Salbung und sein Siegel (vgl. 2 Kor 1,21–22; Eph 1,13–14; 4,30) bewahrt sie für den Tag der Vollendung.

Das Bild vom Aufdruck mit dem Siegel des Heiligen Geistes in den Menschen hat für Hryniewicz eine soteriologische Bedeutung. Die Besiegelung verweist symbolisch darauf, dass das in Christus vollzogene Werk in Erfüllung gehen und das durch die Gegenwart des Geistes erfüllte Leben der Christen zur eschatologischen Fülle in Christus gelangen kann: Denn „durch ihn [Christus] habt ihr das Siegel des verheißenen Heiligen Geistes empfangen (…) [als] der erste Anteil des Erbes (…), der Erlösung" („en hô esphragísthete to Pneumati […] eis apolytrosin" – Eph 1,13–14)[135]. Sich auf Paulus berufend, verweist Hryniewicz auch auf den personalen Inhalt dieser Symbolik: Es ist nämlich nicht nur die Bekräftigung der Werte (vgl. Röm 15,8; 1 Kor 1,6; Phil 1,7), sondern die Bekräftigung der in das Geheimnis und das Schicksal Christi eingeschlossenen Person.

Die Idee der Besiegelung mit dem Heiligen Geist hilft Hryniewicz besonders bei der Interpretation des Taufsakramentes. Das Siegel des Geistes versteht er als Konkretisierung des biblischen Gedankens vom unlöslichen Bund zwischen Gott und den Menschen. Wie das Siegel ein gewisses Bild aufdrückt, so drückt der Geist das Bild Christi den Menschen auf, denn er ist der Geist Christi.

In dieser Überlegung charakterisiert Hryniewicz das Spezifikum der Wirkung des Heiligen Geistes in der sakramentalen Heilsökonomie: Das Siegel des Geistes ist das Bild des Christus, d.h. die ganze christliche Existenz ist ein Leben im Geiste, das ein Leben in Christus ist. Der Geist ist es, der den Menschen das Leben Christi zu leben ermöglicht und der sie einst zur Auferweckung in Christus führen wird.[136]

2.1.3.1 Die Aktualität der Theologie der Mysteriengegenwart

Hryniewicz schließt sich der genialen Intuition Odo Casels von der *Mysteriengegenwart* an[137], um zu sagen, dass die Erlösungstaten Christi, sein Tod und seine Auferstehung, in den Sakramenten (und nicht nur in den

---

[135] Oder: „Beleidigt nicht den Heiligen Geist Gottes, dessen Siegel ihr tragt für den Tag der Erlösung" (*„en ho esphragísthete eis heméran apolytrôseos"* – Eph 4,30).
[136] Vgl. HRYNIEWICZ, Nasza Pascha z Chrystusem 222–223.
[137] Vgl. HRYNIEWICZ, Nasza Pascha z Chrystusem 231–254.
  „Casels Stärke ist die geniale Intuition. Er hat mit erstaunlicher Einfühlungsgabe in antikes Denken und Empfinden seine Lehre formuliert." – Johannes BETZ, Die Eucharistie in der Zeit der griechischen Väter 1/1: Die Aktualpräsenz der Person und des Heilswerkes

moral-mystischen Erfahrungen des Menschen) wirklich und real gegenwärtig sind. Er versucht die Mysterientheologie aber auch in der pneumatologischen Perspektive zu verankern und dadurch die Aktualität dieser Theologie neu zu begründen.

Bei Casel schätzt Hryniewicz vor allem die originale Aktualisierung der frühchristlichen Tradition, die in der patristischen Mystagogie seine Wurzeln hat, und dass er sich mit einer neuen Denkform, die frei vom philosophischen und theologischen Rationalismus war, zum *mysterion* gewendet hat. Es war ganz wichtig, dass die Diskussion in der Sakramentenlehre nicht mehr einen spekulativ-theoretischen Charakter pflegte und nicht nur um die scholastischen oder neoscholastischen Kategorien kreiste. Die Idee von der Mysteriengegenwart hat sich nämlich mehr auf die sakramentalen Handlungen konzentriert, um den Menschen in das lebendige Erlebnis des Heilsmysteriums einzuführen.

Die Größe der Mysterientheologie besteht nach Hryniewicz darin, dass sie eine ganzheitliche Vision des Geheimnisses Christi darstellen und im Kultmysterium den ganzen Menschen umfassen konnte. Diese theologische Denkform hat deutlich gezeigt, dass die theologische Argumentation sich nicht in der rational-diskursiven Methode oder in der logischen Deduktion wie in der spekulativ-rigorosen Begriffsanalyse erschöpft.[138]

Hryniewicz betont, dass die Vision der Mysteriengegenwart grundsätzlich auf der Ebene des Beschenkt-Werdens durch den Heiligen Geist zu interpretieren ist. Sie übersteigt nämlich die Möglichkeiten des menschlichen Intellekts und hat deswegen einen mystagogischen Charakter. Als treffend bezeichnet er die Aussage Casels: „Nur der »Pneumatiker«, d.h. der mit dem Leben des dreifaltigen Gottes Erfüllte, kann wahrhaft Theologe sein, d.h. ein »über und aus Gott Redender«, ein wahrer »theologos«."[139]

Das mystagogische Zentrum dieser Theologie – bemerkt Hryniewicz – bildet der mit dem Pneuma Gottes verbundene, auferstandene Christus, der in der Liturgie kraft seiner Erlösungstat gegenwärtig wird. Es ist keine individuelle Mystik, sondern christozentrische Mystagogie mit ekklesialem und liturgischem Charakter, die in den Sakramenten erfahrbar ist. Die Wahrheit enthüllt sich durch die Zelebration des Mysteriums Christi und die Teilnahme an den sakramentalen Handlungen. Auf

---

Jesu im Abendmahl nach der vorephesinischen griechischen Patristik (Freiburg 1955), 247;
„[...] die vielleicht fruchtbarste theologische Idee unseres Jahrhunderts." – Joseph RATZINGER, Die sakramentale Begründung christlicher Existenz (Meitingen ⁴1973) 5.

[138] Vgl. HRYNIEWICZ, Nasza Pascha z Chrystusem 255.
[139] Odo CASEL, Glaube, Gnosis und Mysterium, in: JLW (1941) 155–305, hier 172.

dem Weg der Erfahrung und der direkten Berührung mit der Wahrheit, nicht der intellektuellen Deduktion, kann der Mensch zur Begegnung mit dem Geheimnis des dreieinigen Gottes gelangen und seinen existenziellen Sinn vertiefen.[140] Hryniewicz stützt sich in diesem Punkt auch auf die modernen Ergebnisse der linguistischen Philosophie, die den engen Zusammenhang zwischen Worten und Handlungen unterstreichen[141], um den Sinn der Perzeption der christlichen Wahrheit in der liturgischen Zelebration und das Verständnis der Teilnahme durch den Glauben am Vollzug des Heilsmysteriums zu erläutern.[142]

Der Autor schließt sich auch einiger Kritik an der Konzeption Casels an. Mit A. Schilson[143] behauptet er, dass die platonisierende Zuneigung Casels einen doketistischen Beigeschmack hinterlassen konnte und dass seine einseitige Konzentration auf die pneumatisch-eschatologische Dimension des Heilsmysteriums, die stark auf das verklärte Menschsein Christi bezogen war, die irdischen Geheimnisse Jesu vernachlässigte. Die historische Wirklichkeit der Taten Jesu hatte nämlich bei Casel keinen konkreten Ereignis-charakter, und sie wurde nur zu einem in ihr verdeckten überzeitlichen Kern – mit seinem ewigen Wert – reduziert. Die Sakramente konnten deswegen nicht die konkrete, einmalige, historische Heilstat Christi vergegenwärtigen, sondern eher die in ihr enthaltene feste göttliche Wirklichkeit.[144] Hryniewicz fügt aber hinzu, dass diese Kritik an der platonisierenden Tendenz Casels nicht ganz berechtigt ist und einseitig sein kann, denn die griechischen Kirchenväter, an deren Denken Casel anknüpft, haben die platonische Kategorie »Vorbildidee – Abbild« nicht auf die statischen Wirklichkeiten bezogen, sondern auf die dynamischen Geschehnisse und Prozesse.[145]

Hryniewiczs Anliegen ist es, die Diskussion über die Theologie der Mysteriengegenwart weiterzuführen. Seiner Meinung nach kann die Mysterientheologie ihre Aktualität bewahren, indem die pneumatologische Dimension des Mysteriengedankens stärker berücksichtigt wird. Denn Casel befasste sich – nach Hryniewiczs Urteil – ausschließlich mit den Heilstaten Christi. Das Thema der eucharistischen Epiklese war zwar bei

---

[140] Vgl. HRYNIEWICZ, Nasza Pascha z Chrystusem 255.258.
[141] Vgl. J.L. AUSTIN, How to Do Things with Words (Oxford 1962); DERS., Religious Commitment and the Logical Status of Doctrines, in: RST (1973) 38–48; D. EVANS, The Logic of Self-Involvement. A Philosophical Study of Everyday Language with Special Reference to the Christian Use of Language about God as Creator (London 1963); F. FERRÉ, Language, Logic and God (New York 1961).
[142] Vgl. HRYNIEWICZ, Nasza Pascha z Chrystusem 258–259.
[143] Vgl. A. SCHILSON, Theologie als Sakramententheologie. Die Mysterientheologie Odo Casels (Mainz 1982) 27–41, 292–301; HRYNIEWICZ, Nasza Pascha z Chrystusem 245–249.
[144] Vgl. HRYNIEWICZ, Nasza Pascha z Chrystusem 246.
[145] Vgl. HRYNIEWICZ, Nasza Pascha z Chrystusem 246–249.

ihm präsent, aber das Pfingstereignis wurde nicht integral mit dem österlichen Geheimnis durchdacht.

Hier beobachtet Hryniewicz die fehlende Konsequenz im Caselschen Konzept, weil die Christologie und Soteriologie nicht mit der Pneumatologie verbunden wurden. Eine integrale Mysterientheologie ohne enge Beziehung zwischen dem Pascha- und dem Pfingstereignis ist für ihn aber kaum vorstellbar.

Bei E. Schillebeeckx, zum Beispiel, sieht Hryniewicz mehr integrales Denken als bei Casel. Denn Schillebeeckx betont nicht nur die ‚ewige' Aktualität der Erlösungstat Christi, sondern das Pascha-Mysterium und das Pfingstereignis werden auch als ‚ewigdauernde' Geheimnisse bezeichnet.[146] Für Schillebeeckx ist der verklärte Leib Christi das ‚ewigdauernde' Zeichen des ‚ewigen Pascha Christi' wie der ‚ewigen Sendung des Heiligen Geistes'.[147] Er schließt also das Pfingsten aus den Heilsgeschehnissen, die sich im sakramentalen Mysterium der Kirche verwirklichen, nicht aus. Die Pentekoste ist in seiner Sicht auch die theandrische Tat Christi. Christus nämlich als der verklärte Kyrios ist es, der den Heiligen Geist vom Vater sendet.

Schillebeeckx' Idee vom ‚ewigdauernden' Mysterium des Pascha Christi und der Pentekoste des Heiligen Geistes will Hryniewicz weiter denken, um die überzeitliche Dimension der Heilsgegenwart und ihre ‚ewige' Aktualität zu betonen. Die Bezogenheit auf die Zeit und den Raum, die aus der Inkarnation folgen, versucht er durch die überzeitliche Dimension des Pascha- und Pfingstmysteriums zu ergänzen. Diese Verbindung braucht der Autor, um die Gegenwart des pneumatisch-personalen Inhalts der Heilsereignisse und die Gegenwart der Heilstaten Christi in der sakramentalen Zelebration zu erklären.

Hryniewicz versucht zu zeigen, dass in der lebendigen Person des Auferstandenen das Heilsmysterium dauert und dass es folglich ein ‚ewigdauerndes' Mysterium ist.[148] Anhand der Denkweise Schillebeeckx' sucht er die Begründung dafür. Schillebeeckx meint nämlich, dass von der Mysteriengegenwart in den Sakramenten nur die Rede sein kann, wenn das mysteriale, ‚ewigdauernde', übergeschichtliche *Elementum* schon in der

---

[146] Vgl. SCHILLEBEECKX, Chrystus sakrament spotkania z Bogiem (Kraków 1966) 80. 84.
[147] Vgl. SCHILLEBEECKX, Chrystus sakrament spotkania z Bogiem 197.
[148] Vgl. HRYNIEWICZ, Nasza Pascha z Chrystusem 259–273.

historischen Wirkung Jesu erkennbar ist.¹⁴⁹ Die Bedeutung dieses übergeschichtlichen *Elementum*-s kann man nach Schillebeeckx aus dem Kontext der ewigdauernden Akten Christi entschlüsseln, von denen er behauptet, dass sie alle – wie der Akt seines Kreuzesopfers – einen leiblich-geistigen Charakter haben.¹⁵⁰ Sie dauern ‚ewig', weil sie im Tod und in der Auferstehung verklärt wurden: „Die historischen Geheimnisse des Lebens Christi sind die menschliche Realisationsform der erlösenden Trinität, weil sie die personalen Taten des Gott-Menschen waren. Deshalb beinhalten sie in der verklärten Existenz des Herrn etwas, was dauert und für immer bleibt. Das Heilsgeheimnis des Kultes, d.h. die Erlösungstat Christi, ist, wie dies der Hebräerbrief vielmal unterstreicht, eine durch den verklärten Modus stets aktuelle Wirklichkeit."¹⁵¹

Schillebeeckx spricht, im Unterschied zu Casel, – bemerkt Hryniewicz – nicht über die Vergegenwärtigung der historischen Taten aus der Vergangenheit. Er betont dagegen den ‚ewigdauernden' und unzerstörbaren Charakter der historischen Geschehnisse, die als ‚ewigdauerndes' Mysterium in den Sakramenten gegenwärtig sind und die durch das verklärte Menschsein Christi wirken.¹⁵²

Das schwierige Problemfeld der gegenseitigen Relation zwischen Ewigkeit und Zeitlichkeit versucht Hryniewicz auch mit der Hilfe der Mysterientheorie zu beleuchten, wonach die Zeit als eine begrenzte Wirklichkeit lediglich einen provisorischen und vergänglichen Charakter hat und die Ewigkeit ontisch frei von jeder Art der Begrenzung ist. Die Ewigkeit ist eine erfüllte, verwandelte und ‚auferstandene' Zeit¹⁵³. Und jeder Heilsakt Gottes *(kairos)* ist als seine Gabe, seine Intervention und sein Eintritt in die Zeit zu verstehen.

Kairos – betont Hryniewicz – ist zugleich das von Gott geschenkte Moment der freiwilligen Entscheidung des Menschen und dessen Antwort. Die Heilsakte Gottes, die aus der menschlichen Sicht die vergangenen

---

¹⁴⁹ Vgl. SCHILLEBEECKX, Chrystus sakrament spotkania z Bogiem 82.
¹⁵⁰ Vgl. SCHILLEBEECKX, Chrystus sakrament spotkania z Bogiem 85¹⁶: *„der Akt des Kreuzesopfers mit seinem leiblich-geistlichen Charakter ist stets in Christus gegenwärtig. Dieser Akt wirkt in den Sakramenten".*
¹⁵¹ Vgl. SCHILLEBEECKX, Chrystus sakrament spotkania z Bogiem 85.
¹⁵² Hryniewicz gesteht, dass die Reflexion Schillebeeckx', die sich auf das göttliche Personsein Christi und auf die Konsequenzen der Inkarnation konzentriert, mit der Idee der Teilnahme der menschlichen Akte Jesu an der Ewigkeit des göttlichen Logos vielleicht nicht problemlos ist (z.B. das Dilemma: was wirkt und vergegenwärtigt sich in den Sakramenten: Heilstaten Christi oder das in historischen Taten ‚ewigdauernde' Geheimnis), aber im Ganzen hebt er die Originalität seiner theologischen Intuition hervor. – Vgl. HRYNIEWICZ, Nasza Pascha z Chrystusem 263–265.
¹⁵³ Hier ist der Gedanke K. RAHNERS präsent: *„eine Auferstehung der Zeit in Ewigkeit"* – Trost der Zeit. Schriften III, 187.

oder zukünftigen Geheimnisse sind, manifestieren das die Zeit übersteigende Mysterium. Trotz der historischen Konkretion enthüllen sie die überzeitliche Dimension und befreien von der zeitlichen Begrenztheit.

Der Heilsakt ist – in dieser Sicht – eine Spiegelung des ewigen Mysteriums Gottes in den irdischen Dimensionen von Zeit und Raum. Durch die Kraft des Geistes Gottes wird im sakramentalen Mysterium die Ewigkeit in der Zeit vergegenwärtigt. Denn das Mysterium ist eine österliche Wirklichkeit, ein dynamischer Übergang von der Zeit in die Ewigkeit. Es enthält zwei Dimensionen: die irdisch-historische und die überzeitliche. In ihrer Durchdringung wird die unendliche Entfernung des transzendenten Gottes von dem zeitlich existierenden Geschöpf überwunden, obwohl die Befreiung von den bisherigen Begrenzungen nicht die endgültige Befreiung ist. Das Mysterium ist eben nicht die letztliche Wirklichkeit, sondern der Weg zur eschatologischen Erfüllung.

Das in der Zeit vollzogene Mysterium Christi – betont Hryniewicz – übersteigt die zeitliche Dimension vor allem deswegen, weil das Menschsein Christi und die in ihm vollzogenen Heilsakte nicht nur den Rahmen der historischen Zeit umfassen. Die Bibel bestätigt dies in der Rede von der Einzigartigkeit der Heilstaten Christi, ihrer Unwiederholbarkeit und besonders ihrer Einmaligkeit (*ephapax* – Röm 6,10; Hebr 9,12.26.27; 1Petr 3,18), die im Sinne des endgültigen und auf die eschatologische Erfüllung der Zeit bezogenen Entschlusses verstanden werden muss.[154]

Im Mysterium Christi verbindet sich also die zeitlich-historische mit der überzeitlich-eschatologischen Dimension. Das Erlösungswerk vollzog sich in der historischen Zeit, aber es hat in der Ewigkeit seinen Anfang und seine letzte Erfüllung. Dies bezeugt nach Hryniewicz z.B. die biblische Idee vom ‚unvergänglichen Priestertum' (Hebr 7) des auferstandenen Christus, der den Gläubigen aller Zeiten Anteil am ewigen Heil gibt (Hebr 5,9). Dank der Teilnahme und der Vereinigung mit Christus in den sakramentalen Feiern ist der Übergang *(Pascha)* von Tod zu Leben wie von Zeit zu Ewigkeit für den Menschen ermöglicht.

Der Autor behauptet, dass die Aufgabe der Sakramente nicht so sehr in der Vergegenwärtigung des Heilsmysteriums liegt als in der Befreiung der Menschen von der Herrschaft der Zeit, um ihnen den Kontakt mit dem überzeitlichen Akt des Übergangs Christi und die Gemeinschaft mit ihm, dem Gekreuzigten und Auferstandenen, zu ermöglichen. Diese Befreiung soll nicht ein Abbau der geschichtlich-zeitlichen Heilsdimension bedeuten, sondern nur auf die Tatsache verweisen, dass der Mensch nicht zur historischen Vergangenheit rückkehren muss, weil er durch

---

[154] Die sich vollziehende Heilstat Gottes *(kairos)* hat deswegen immer Gerichts-Charakter. Im Kreuzmysterium ist schon die Gegenwart des Gerichts, das gleichzeitig ein erwartetes zukünftiges Geschehen ist. – Vgl. HRYNIEWICZ, Nasza Pascha z Chrystusem 265–269.

die Teilnahme an den Sakramenten der Erlösung gegenwärtig ist. Im Heilsakt des Auferstandenen und in ihm selbst ist diese Erlösung für alle Zeit gegenwärtig.[155]

Der besondere Wert der Mysterientheologie besteht nach Hryniewicz darin, dass sie alle Heilsgeschehnisse als verschiedene Phasen einer Ganzheit betrachtet und in die Wirklichkeit des einen Mysteriums bindet. Das bindende Element ist der Inhalt der Heilsökonomie. Jedes Heilsgeheimnis ist zwar historisch einmalig, aber als Akt und als Geschehen dauert es für immer.

Hryniewicz erklärt die Gegenwart der Heilstaten Christi mit der lateinischen Formel *actuatio perdurans*. Die Menschwerdung Jesu wie sein Tod und seine Erhöhung, obwohl einmalig in der Zeit und in der Geschichte vollzogen, aktualisieren sich stets und gewinnen die ewige Dauer durch ihren unverwechselbaren Inhalt: die Hingabe Gottes und seine ständige Proexistenz. Das Heilsmysterium Christi hat deswegen außer der Relation zur Geschichte und der Zeit auch einen überzeitlichen Charakter, um jede Zeit in der sakramentalen Zelebration aktuell existieren zu lassen.

Diese Präsenz Christi ist für Hryniewicz nicht die Aktualisierung einer überzeitlichen Idee oder des ethischen Inhaltes, sondern sie wirkt in der Liturgie. Die liturgische Vergegenwärtigung kann nicht bloß die Vergegenwärtigung der Effekte der Heilstaten bedeuten, denn der paschale Akt Christi dauert in der Liturgie der Sakramente als ein Geschehen in seinem wesentlichen, heilbringenden und ontischen Inhalt.

Die ewigdauernde Präsenz Christi folgt aus dem Akt seiner Liebe zum Vater und seiner Hingabe an die Menschen. Die paulinischen Worte: „die Liebe hört niemals auf" (1 Kor 13,8) haben nach Hryniewicz ihre volle Bedeutung und ihren Sinn vor allem in Bezug auf das österliche Mysterium Christi. Denn es ist ein Mysterium einer Liebe „bis zur Vollendung" (Joh 13,1).[156]

Die Teilnahme am Heilsgeschehen, die untrennbar von der Einigung, Partizipation und Communio mit dem Auferstandenen ist, verdeckt in der Sicht des Autors nicht die anthropologischen Elemente. Die Sakramente sind grundsätzlich die Feiern dessen, was der Auferstandene in seinem Erlösungsakt den Menschen geschenkt hat: die Lebenshingabe für sie. Und diese Erlösungstat wird in der Kraft des Heiligen Geistes vergegenwärtigt.

Die überhistorische Kraft des Geistes – meint Hryniewicz – ist es, die die diachronische Vergegenwärtigung des Mysteriums Christi im Laufe

---

[155] Diese Ansicht übernimmt Hryniewicz von Viktor WARNACH (Agape. Die Liebe als Grundmotiv der neutestamentlichen Theologie, Düsseldorf 1952, 389–391; Taufe und Christusgeschehen nach Röm 6, in: ALW 1954, 284–366, hier 353–361).
[156] Vgl. HRYNIEWICZ, Nasza Pascha z Chrystusem 270–272.

der menschlichen Geschichte ermöglicht. Dank der Auferstehung Christi und der Kraft des Heiligen Geistes vergegenwärtigt sich nämlich in den Sakramenten die Lebenshingabe Jesu, die ein großer Appell an die Menschen zu ihrer Freiheit und zu ihrem Glauben bleibt.[157]

Die pneumatologische Dynamik des österlichen Mysteriums und seine eschatologische Zielsetzung eröffnet den Menschen auch eine neue Weite des Horizonts, indem sie die Grenzen ihrer irdischen Erwartungen zerbricht.

2.1.3.2 Die pneumatologische Erklärung der sakramentalen Heilsgegenwart

Hryniewicz entwickelt eine Theologie des Mysteriums, wie schon erwähnt wurde, die in sich eine pneumatologische Perspektive enthält. Das schwierige Problemfeld der Mysteriengegenwart versucht er deswegen auch pneumatologisch zu erläutern. Die solidarische Einigung zwischen Christus und den Menschen im inkarnatorischen Geheimnis (die ontologische Inklusion) wird in seinem Entwurf durch den Aspekt der Geistgegenwart und dessen Wirkung ergänzt, denn die Einverleibung der Menschen in Christus hat – seiner Meinung nach – unbestreitbar auch eine pneumatologische Dimension (die pneumatologische Inklusion).[158]

Hryniewicz beobachtet zuerst bei den theologischen Konzepten die fehlende Diskussion über den Zusammenhang zwischen der Pneumatologie und der Mysterientheologie. Besonders fällt ihm dies im monumentalen Werk Congars *Je crois en l'Esprit Saint* auf, in welchem diese Problematik ganz fehlt, obwohl dem Thema *der Heilige Geist und die Sakramente* der zweite Teil des dritten Bandes gewidmet wurde.[159]

Der Autor folgt vor allem der Position von J.R. Villalón, der in der Pneumatologie eine formende Basisstruktur für die Intuitionen Casels sucht.[160] Hryniewicz schließt sich der Überzeugung Villalóns vom »pneumatologischen Prinzip« der Sakramente ein[161]. Die beiden Autoren sind überzeugt, ohne pneumatologisches Bewusstsein bilde man die Theologie so, als ob in der Heilsgeschichte nur eine Sendung Gottes *(missio*

---

[157] Vgl. HRYNIEWICZ, Nasza Pascha z Chrystusem 273.
[158] Vgl. HRYNIEWICZ, Nasza Pascha z Chrystusem 273–283.
[159] Paris 1979–1980 (III) 279–351.
[160] „*Une théologie de l'Esprit peut seule former la base révélée suffisante pour que soient plus soigneusement organisées les intuitions de Dom O. Casel et des théologiens avec lesquels il dialogua.*" – Jose R. VILLALÓN, Sacrements dans l'Esprit. Existence humaine et théologie existentielle (Paris 1977) 418.
[161] „*[...] pour résoudre presque tous les problèmes soulevés par la ‚théologie des Mystères' de l'école de Maria-Laach, il suffit d'introduire le principe pneumatologique des sacrements.*" – VILLALÓN, Sacrements dans l'Esprit 416.

divina) existiere – die des Logos. Das pneumatologische Prinzip soll unterstreichen, dass die einzige Heilsökonomie *de facto* eine Ökonomie des Sohnes und des Geistes ist (*en Christo* und *syn Christo* sind nicht trennbar von *en Pneumati* wie Tod und Auferstehung Christi vom Pfingstmysterium).

Hryniewicz registriert in einigen ökumenischen Dokumenten zwar das Thema: *die Rolle des Heiligen Geistes in der sakramentalen Heilsökonomie*. Nach seiner Schätzung gab es in den 80er Jahren aber nur allgemeine Behauptungen, wie z.b., dass alle Sakramente „die Akte des Geistes" sind[162] oder dass sie einen epikletischen Charakter haben. Diese theologische Rede verweist für ihn auf nichts anderes als auf die Gegenwart Christi allein.

Ein konsequent pneumatologisch durchdachtes Element findet der Autor erst im *Dokument der Gruppe aus Dombes (1979)*, welches dem Heiligen Geist, der Kirche und den Sakramenten gewidmet wurde. Es wird hier gesagt, dass die im Sakrament bezeichnete Wirklichkeit des Erlösungswerks Christi sich dank des Geistes in der Handlung der Kirche verwirklicht[163].

Hryniewicz unterstreicht die Bedeutung dieses Zusammenhangs zwischen dem sich verwirklichenden Erlösungswerk Christi und dem Heiligen Geist und baut auf ihn die Lösung für die Frage der Mysteriengegenwart in den sakramentalen Handlungen der Kirche.

Das Pfingstereignis ist in der Sicht des Autors der deutlichste Beweis für die unvergängliche Aktualität der Heilsgeheimnisse Christi. Denn die Gegenwart des Auferstandenen in der nachösterlichen Zeit verdankt sich vor allem der Wirkung des Heiligen Geistes. Die Heilstaten Jesu sind nur *in Spiritu* greifbar; und die personale Teilnahme an ihnen wird im Geist Gottes ermöglicht, indem die Heilsakte Christi durch seine personale Wirkung zu den Akten der Kirche und jedes einzelnen Menschen werden. Der Geist als Akt der vom Inneren her verwandelnden Liebe ist es, der den menschlichen Akten Christi die transzendente, immerwährende Form gibt, welche in den sichtbaren Zeichen der Sakramente erscheinen kann.

Die Rolle des Geistes bei der sakramentalen Vergegenwärtigung des Mysteriums Christi versucht Hryniewicz mit Hilfe einiger biblischer Kategorien und Ideen zu erläutern.

---

[162] Międzynarodowa Komisja Mieszana do Dialogu Teologicznego między Kościołem Rzymskokatolickim i Kościołem prawosławnym. Misterium Kościoła i Eucharystii w świetle tajemnicy Trójcy Świętej I 5, in: AK 442 (1982) 450 (eigene Übersetzung).

[163] Ns 99: „*Le sacrement tient sa réalité du fait que l'œuvre salutaire de Jésus-Christ s'y exerce en même temps qu'elle s'y exprime. Grâce à l'Esprit, l'action sacramentelle de l'Eglise réalise ce qu'elle signifie.*" – Groupe des Dombes, L'Esprit Saint, l'Eglise et les sacrements (Taizé 1979) 63.

2.1 Der Geist als Vollender des Pascha-Mysteriums Christi

Der Autor geht davon aus, dass der Neue Bund ein Bund im Geiste (vgl. 2 Kor 3,6) und ein Bund der inneren Umwandlung des Menschen in eine neue Wirklichkeit (vgl. 2 Kor 5,17) ist. Denn Gott hat mit dem Heiligen Geist nicht nur Christus ‚gesalbt' (vgl. Apg 10,38), sondern die ganze Gemeinschaft des Bundes und jeden einzelnen Glaubenden (vgl. 2 Kor 1,21–22; 1 Joh 2,20.27). Durch den Geist wird die Teilnahme an dieser neuen Wirklichkeit, am Leben und Geschick Jesu Christi ermöglicht.

Die Wirkung des Geistes – betont Hryniewicz – hat einen personalen Charakter (vgl. 1 Kor 12,11). Sie ist zwar von Natur aus transzendent und übergeschichtlich, aber geschichtlich war sie im Geschick Christi, und so kann sie auch im Geschick der Kirche und der einzelnen Menschen sein. Der Geist hat das Menschsein Christi darum umgewandelt, damit dieses verwandelte und verklärte Menschsein jedem einzelnen Menschen die Erlösungstat zugänglich machen kann und dadurch zur Quelle der Verwandlung der ganzen Menschheit wird.[164]

Die Wirkung des Geistes im Geschick Christi hat ihre Kontinuität im Leben der Kirche. Denn das Geistwirken – unterstreicht der Autor – beruht nicht nur auf der Erhebung des österlichen Mysteriums zur Sphäre des immerwährenden ‚Jetzt'.[165] Die Gegenwart des Geistes spielt auch eine wichtige Rolle in der sakramentalen Ökonomie der Kirche.

Der Geist ist es, der die Heilsakte des Gott-Menschen über die Geschichte hebt. Sie werden – auf der anderen Seite – durch seine Wirkung in die Menschheitsgeschichte einverleibt und auf der Ebene der menschlichen Freiheit verwirklicht. Der Geist, der die göttlichen Heilstaten Christi gleichzeitig zu den Taten des Menschseins Jesu verwandelt, macht auch die Kirche und jeden Gläubigen zu ‚lebendigen Sakramenten der Akte Christi'[166].

Die Rolle des Geistes besteht im Wesentlichen also darin, dass die im Menschsein Jesu vollzogenen Heilsakte auch Akte der Kirche und Akte jedes Menschen sein können.

Hryniewicz versucht, sich durch diese pneumatologische Perspektive dem schwierigen Problemfeld der Vergegenwärtigung der Heilstaten Christi anzunähern. Er betrachtet die thomistische Kategorie *virtus divina* als unzureichend für die Erklärung der Mysteriengegenwart, weil sie der göttlichen Ursächlichkeit keinen Namen gibt und sich nicht als Geist identifiziert.[167] In der Person des Geistes sieht Hryniewicz den ‚Ort', durch den alle Wirkungen Gottes, seine Heilshandlungen und seine an

---

[164] Vgl. HRYNIEWICZ, Chrystus nasza Pascha 406 ff.
[165] Vgl. HRYNIEWICZ, Chrystus nasza Pascha 374.
[166] Hier die Anknüpfung Hryniewiczs an VILLALÓN: Sacrements dans l'Esprit 417.
[167] Vgl. HRYNIEWICZ, Nasza Pascha z Chrystusem 277–279.

die Menschen verliehenen Dienste und Charismen hindurchgehen.[168] Und diesem Geist schreibt er die volle Souveränität – im Sinne der protestantischen *Unverfügbarkeit* – zu. Der Geist allein verleiht die aus dem verklärten Menschsein Jesu und aus den in ihm enthaltenen Heilsakten hervorgehende Kraft, welche die Menschen reinigt, verwandelt und erlöst. In diesem Geist versammelt sich die Kirche als Gemeinschaft des Auferstandenen. Denn als ‚eine Person in vielen Personen' wirkt er weiter in der Gemeinschaft der Gläubigen – auf dieselbe Weise wie im durch ihn gesalbten Christus.[169]

Eine zentrale Bedeutung für die pneumatologische Begründung der Mysteriengegenwart hat für Hryniewicz die Stelle aus dem Hebräerbrief 9,14, wo die Rede von der Teilnahme ‚*des ewigen Geistes*' am österlichen Geschehen Christi ist. In diesem pneumatologischen Text findet er eine richtungsweisende Erklärung für die Unvorläufigkeit des österlichen Heilsmysteriums in den sakramentalen Handlungen der Kirche.

Der Vers Hebr 9,14 ist nämlich der einzige im Neuen Testament, der vom „Blut Christi, der sich selbst kraft ewigen Geistes *[dia Pneumatos aioniou]* Gott als makelloses Opfer dargebracht hat", spricht.

Für Hryniewicz von besonderer dogmatischer Bedeutung ist die Bezogenheit des Begriffs *Pneumatos aioniou* auf das zeitliche Geschehen. Im nächstliegenden Kontext zum Vers Hebr 9,14 – bemerkt der Autor – befindet sich noch zweimal derselbe Terminus *aionios* (*aionia lytrosis* – Hebr 9,12; *aionia kleronomia* – Hebr 9,15), um die Perspektive der unbegrenzten Dauer zu verdeutlichen. Es wird hier also klar festgestellt, dass das ‚ein für allemal' vollzogene, unwiederholbare Pascha-Geschehen Christi eine ewige, sich in die unbegrenzte Zukunft verlängernde Dauer hat, denn Christus hat sich Gott durch ‚*den ewigen Geist*' dargebracht, d.h. sein Tod wurde stark von der Kraft des Geistes durchdrungen.

In der biblischen Aussage, dass Christus durch „die Kraft unzerstörbaren Lebens" Priester geworden ist (Hebr 7,16), sieht Hryniewicz auch eine Hindeutung auf die Salbung Jesu durch die Kraft des Höchsten, welche die des Heiligen Geistes sein könnte. Denn der Geist ist die Kraft und das Zeichen des Neuen Bundes.[170] Er vergegenwärtigt das österliche Geheimnis und macht es annahmefähig für die Gläubigen aller Zeiten, weil seine Wirkung das Zeitliche überschreitet.

---

[168] Hier die Anknüpfung Hryniewiczs an VILLALÓN: Sacrements dans l'Esprit 380–381.

[169] Hryniewicz übernimmt die personologische Sicht H. MÜHLENS und ganz im Sinne seiner Denkweise unterstreicht er auch das Personsein des Geistes und sein Wirken als Person in vielen Personen in der ekklesiologischen Wirklichkeit. – Vgl. HRYNIEWICZ, Nasza Pascha z Chrystusem 279.

[170] Hryniewicz sieht die Parallele zu Lk 1,35: „*Der Heilige Geist wird über dich kommen, und die Kraft des Höchsten wird dich überschatten.*"

2.1 Der Geist als Vollender des Pascha-Mysteriums Christi

Hryniewicz findet in Vers Hebr 9,14 neue Interpretationsmöglichkeiten für die Theologie der Mysteriengegenwart. Es ist ein pneumatologischer Auslegungsversuch, obwohl der Autor sich bewusst ist, dass der Literalsinn dieser biblischen Stelle keine eindeutige Identifizierung zwischen dem ‚ewigen Geist' und der Person des Heiligen Geistes liefert. Hryniewicz hält aber die pneumatologische Interpretation des Begriffs ‚ewiger Geist' auf der theologischen Ebene für möglich.

Wenn der Heilige Geist also nicht nur am Erhöhungsgeschehen Christi teilgenommen hatte, sondern auch in dessen Darbringung am Kreuz[171], dann kann – meint der Autor – die Kraft desselben Geistes die Menschen auch nicht nur mit dem erhöhten Herrn einigen, sondern mit allen seinen Heilstaten, die in der zeitlichen Dimension seiner geschichtlichen Existenz vollzogen wurden.

In der sakramentalen Ökonomie sind die Menschen schon in diese im ‚ewigen Geist' begonnene Wirklichkeit des Definitiven eingeschlossen. Durch die geschenkten ‚ersten Gaben des Geistes' (*„ten aparchèn tou Pneumatos"* – Röm 8,23; *„ton arrabòna tou Pneumatos"* – 2 Kor 1,22; 5,5) durchkreuzt nämlich der Mensch die Dimension des Überzeitlichen und des Transzendenten.

Die Rolle des Heiligen Geistes in dieser schwierigen Problematik der Vergegenwärtigung der Heilstaten Christi versucht Hryniewicz weiter mit Hilfe des Begriffs der »pneumatologischen Inklusion« zu erklären.[172]

Dieser Begriff sollte mit dem pneumatologischen Aspekt die patristische Idee der Einverleibung der ganzen Menschheit in Christus aufgrund seiner Menschenwerdung ergänzen. Der Akzent in der pneumatologischen Inklusion liegt aber auf dem Kreuzgeschehen. Die ontologische Inklusion der griechischen Väter, mit der Konzentration auf die Einverleibung ins Menschsein Christi, wird hier durch das pneumatologische Moment ergänzt. Die Rolle des Geistes wird folglich nicht nur bei der Menschwerdung berücksichtigt, sondern auch im österlichen Mysterium Christi. Denn die Teilnahme des Geistes am Kreuzgeschehen und seine Mitwirkung im höchsten Akt der Erlösung (Hebr 9,14: *cooperante Spiritu Sancto*) macht das Dasein aller Menschen in Christus, in seinem Menschsein, im Kreuz verständlicher. Dieses dank des Geistes gegebene Dasein der Menschen beim österlichen Opfer Jesu ermöglicht ihnen

---

[171] Von *cooperante Spiritu Sancto* spricht z.B. eines der Gebete vor der Kommunion in der römischen Liturgie: „*Herr Jesus Christus, Sohn des lebendiges Gottes, dem Willen des Vaters gehorsam, hast du im Heiligen Geist durch deinen Tod der Welt das Leben geschenkt [...].*" – Die Feier der Heiligen Messe. Messbuch. Für die Bistümer des deutschen Sprachgebietes. Authentische Ausgabe für den liturgischen Gebrauch. Teil II: Das Messbuch deutsch für alle Tage des Jahres außer der Karwoche (Einsiedeln 1975) 520.

[172] Diesen Begriff findet Hryniewicz schon bei F. Malmberg und H. Mühlen. – Vgl. F. MALMBERG, Ein Leib – Ein Geist (Freiburg 1960) 136–137, 223–243, 272; H. MÜHLEN, Una Mystica Persona § 7 (10), § 8 (98).

auch die Partizipation am Mysterium der Erlösung, denn die Teilnahme des Geistes am Opfer Jesu ist zugleich die Antizipation seiner Gegenwart und seiner Wirkung bei denen, die sich im Laufe der Geschichte der Erlösungsgabe einschließen.

Es geht aber – unterstreicht Hryniewicz – nicht so sehr um die Partizipation aufgrund der ontologischen Verbindung, sondern um eine solche Einschließung, die dem personalen Wesen des Geistes und seinem sich auf der personalen Ebene der vielen Personen vollziehenden Wirken entspricht. Die pneumatologische Inklusion akzentuiert nämlich die einende Wirkweise der Person des Geistes in Christus und in den Gläubigen: dass der am Kreuzopfer Jesu mitwirkende ‚ewige Geist' auf der personalen Ebene (denn er ist *die eine Person in vielen Personen*) alle in sich einbeziehen kann, die an diesem österlichen Geschehen zu jeder Zeit teilnehmen werden. Die Gegenwart des Geistes an der Erlösungstat Christi ist deswegen die Basis für die immerwährende Heilsgegenwart in der sakramentalen Ökonomie der Kirche.

Diesen Erklärungsversuch hält Hryniewicz auf keinen Fall für ausreichend. Er sieht aber im Begriff der pneumatologischen Inklusion eine Möglichkeit, die uns dem Geheimnis der Mysteriengegenwart annähern kann, weil die aufgrund des Inkarnationsmysteriums solidarische Vereinigung Christi mit der ganzen Menschheit durch die pneumatologische Dimension einen neuen Aspekt erhielt.[173]

2.1.3.3 Die christologisch-epikletische Wirksamkeit der Sakramente

Hryniewicz sagt, dass – einerseits – die Pentekoste das Pascha-Mysterium vollendet, weil der Geist die Parusie Christi vorbereitet, er Christus offenbart und ihn in der Gemeinschaft der Kirche vergegenwärtigt, und dass es – andererseits – die Rückrelation gibt: der auferstandene Christus bittet seit dem Pfingstereignis stets den Vater um die Sendung des Heiligen Geistes (vgl. Joh 14,16).

Der verklärte Herr sendet den Geist vom Vater und wird zum Geber des Geistes im ganzen sakramentalen Leben der Kirche. Es ist seither eine ständig dauernde Pentekoste. Sie macht die Zeit der Kirche zur neuen Heilsordnung, wo der Geist die sakramentale und pneumatische Gegenwart des auferstandenen Christus verwirklicht. Der Heilige Geist enthüllt stets das Antlitz des Auferstandenen und vergegenwärtigt ihn sakramental, um die österliche Pädagogik Gottes in der Kirche und in der Welt fortzusetzen.

---

[173] Vgl. HRYNIEWICZ, Nasza Pascha z Chrystusem 282–283.

2.1 Der Geist als Vollender des Pascha-Mysteriums Christi 183

Das Mysterium der Pentekoste vollendet stets – auch in der Sphäre der Sakramente – das österliche Geheimnis Christi. Gerade dank der sakramentalen Geschehnisse – betont der Autor – kann das pfingstliche Ereignis in der Kirche immer neu andauern. Durch die Gegenwart und Wirkung des Geistes verwirklicht sich in den Sakramenten u.a. das eschatologische Ziel der Heilsökonomie: „Ich bin gekommen, um Feuer (= des Heiligen Geistes) auf die Erde zu werfen. Wie froh wäre ich, es würde schon brennen!" (Lk 12,49). Hryniewicz legt diese biblische Stelle pneumatologisch aus, weil die pneumatologische Empfindlichkeit von Lukas (in seinem ganzen Evangelium: vgl. Lk 1,15.35.41.67; 2,25–26; 3,16–22; 4,1.14.18; 10,21; 11,13 u.a.) eine solche Interpretation erlaubt.

Die sakramententheologische Formel *ex opere operato* versucht Hryniewicz einerseits positiv zu erläutern – als die Gnadengabe des erhöhten Christus, der zuverlässig kraft des österlichen Mysteriums wirkt. In diesem Sinne interpretiert Hryniewicz diese Formel als *ex opere Christi* – das Sakrament ist der personale Akt des Auferstandenen.

Auf der anderen Seite sucht Hryniewicz die Verbindung der christologischen Formel *ex opere operato* mit der pneumatologischen Ergänzung *ex opere Spiritus Sancti*, um das Pascha-Mysterium und das Mysterium der Pentekoste in der untrennbaren Einheit zu sichern. *Ex opere operato* als *ex opere Christi* und *ex opere Spiritus Sancti* verdeutlicht nämlich die Tatsache, dass das verklärte Menschsein Christi das charakterfeste Zeichen des österlichen wie des pfingstlichen Mysteriums ist.

Hryniewicz versucht sich in seiner Deutung immer an der trinitarischen Offenbarungslogik zu orientieren und die Beteiligung aller Personen Gottes im sakramentalen Geschehen hervorzuheben. In jedem sakramentalen Tun der Kirche akzentuiert er die trinitarisch-epikletische Strukturierung des Heils: die an Gott Vater gerichtete Bitte um die Sendung des Heiligen Geistes durch den Sohn auf die Gemeinde der Gläubigen, auf den einzelnen Menschen oder irgendwelche Gabe, die zur Heilsvermittlung geeignet ist. Denn diese epikletische Zuneigung charakterisiert seiner Meinung nach die ganze Liturgie.

Die Formel *ex opere Spiritus Sancti* bringt für den Autor zum Ausdruck, dass das epikletische Gebet immer erhört wird. Dieses pneumatologische Moment – meint der Autor – entscheidet über die verlässliche Gegenwart und Wirkung der Gnade mit. Deshalb kann *ex opere operato* nicht nur *ex opere Christi* als *ex actione Christi* verstanden werden, sondern auch *ex opere et ex actione Spiritus Sancti*.

Für Hryniewicz ist das nichts anderes als sakramentale Widerspiegelung oder sakramentale Ikone des Pascha- und des Pfingst-Mysteriums. Die Wirksamkeit der Sakramente erscheint als Folge der sakramentalen

Gegenwart des österlichen Geheimnisses und des pfingstlichen Ereignisses.

Der Autor ist überzeugt, dass diese Sicht den christologischen Sinn der westlichen Tradition und die pneumatologische Sensibilität der östlichen Dogmatik in eine feste Verbindung bringen kann.[174] Er betont zugleich, dass diese christologisch-pneumatologische Bestimmung der Wirksamkeit der Sakramente nichts mit sakramentaler Magie zu tun hat. Die Souveränität des Geistes Gottes und dessen Freiheit im Prozess des Sich-Schenkens sind unantastbar. Der sakramentale Weg der Kommunikation zwischen Gott und Mensch hat aber den im Willen Christi begründeten Charakter einer gewissen ‚Verlässlichkeit', indem Christus den Menschen im liturgischen Vollzug der Kirche die Gabe des Heiligen Geistes schenkt. Diese ‚Verlässlichkeit' ist nämlich die Folge der Sohnschaft Christi. Der erhöhte Christus als der vollkommene Priester tritt für die Menschen vor Gott allezeit ein (Hebr 7,25), und der liebende Vater antwortet durch die geschenkte Gabe des Heiligen Geistes. Auf diese Weise realisiert sich in der Kirche das österlich-pfingstliche Heilsgeheimnis.

Die Sakramente – wie die folgende Analyse zeigen wird – interpretiert Hryniewicz grundsätzlich als Zeichen der Nähe Gottes, die eine trinitarische Vision des Christentums in den konkreten Heils- und Gnadensituationen ausbreiten.[175] Die sakramentalen Geschehnisse spiegeln das durch den dreieinigen Gott in Christus vollzogene Heilsmysterium. Die Wirkung des Geistes führt ins Geheimnis der Vaterschaft und der Sohnschaft Gottes. Sie ergänzt die Wirkung des Sohnes so weit, dass die Vollziehung des Werkes Christi sich ganz der verwandelnden Kraft des Heiligen Geistes verdankt.

Die trinitarische Dimensionierung der Wirksamkeit der Sakramente ist für den Autor deswegen von großer Bedeutung, denn sie unterstreicht zugleich den epikletischen Charakter der sakramentalen Ökonomie. Immer wieder betont er, dass das Wort und die sakramentale Handlung eine an den Vater gerichtete Bitte der Kirche ist, denn er ist der Geber jedes vollkommenen Geschenkes, das von oben kommt (Jak 1,17). Diese kirchliche Bitte ist zugleich die Bitte Christi – d.h. im gewissen Sinne eine Verlängerung seiner Ur-Bitte zum Vater um die Gabe des Geistes (vgl. Joh 14,16).

Aufgrund dieser Epiklese Christi kann also das Sakrament verlässlich wirken. Deswegen definiert die östliche Tradition das Wesen der Kirche – bemerkt Hryniewicz – eben in der epikletischen Perspektive: als eine

---

[174] Vgl. HRYNIEWICZ, Nasza Pascha z Chrystusem 223–224.
[175] Vgl. HRYNIEWICZ, Nasza Pascha z Chrystusem 225.

– kraft der in Christus vollzogenen Erlösung – ständige Anrufung des Vaters um den Heiligen Geist.[176]

Die sakramententheologische Bedeutung der Epiklese besteht vor allem darin, dass die Wirksamkeit der dem österlichen Mysterium Christi angenäherten Sakramente als Wirksamkeit *ex verbo invocante* begründet wird.[177]

2.1.3.4 Das Mysterium des Pascha und der Pentekoste in den Initiationssakramenten

Die *sacramenta maiora* zählt Hryniewicz zu den besonderen Zeichen des Pascha- und des Pfingstmysteriums. Das Ziel der Sakramente wird in seinem Konzept ganz im österlichen Sinne als Verwandlung der menschlichen Existenz bezeichnet; dass das christliche Leben in seiner Ganzheit zum Pascha – zum Übergang zu Gott – wird. Im sakramentalen Geschehen sieht der Autor den im menschlichen Glauben sich eröffnenden Zugang zum Reichtum des österlichen Heilsgeheimnisses.[178]

Die österliche Sakramentenlehre Hryniewiczs ist eine Ableitung der Soteriologie und Ekklesiologie, die mit einem stark betonten epikletischen Charakter bezeichnet ist. Der Autor ist der Meinung, dass der Sinn der christlichen Mystagogie nur durch die integrale österliche Perspektive, welche auch die pentekostale Dimension umfasst, enthüllt werden kann.

Er betont, dass der enge Zusammenhang der Christologie mit der Pneumatologie auch in der sakramentalen Ökonomie sichtbar wird, indem jedem Sakrament das Kennzeichen der epikletischen Anrufung nach der Geistgegenwart *(pneumatophòros)* zugeschrieben wird. Das sakramentale Leben der Kirche streckt sich nämlich in der Zeit des Geistes aus, weil die Heilsökonomie nach dem Pascha-Geschehen nicht nur christologisch, sondern auch pneumatologisch und letztendlich trinitarisch ist. Aber weder Christologie noch die Pneumatologie – unterstreicht Hryniewicz – hat einen exklusiven Charakter. Die beiden Dimensionen bedürfen der gegenseitigen Ergänzung, weil die Wirkung Christi und die Wirkung des Geistes sich durchdringen.[179]

A. Die Taufe

---

[176] Vgl. Nikos NISSIOTIS, Berufen zur Einheit. Oder: Die epikletische Bedeutung der kirchlichen Gemeinschaft, in: ÖR 26 (1977) 297–313, hier 303. – Nach: HRYNIEWICZ, Nasza Pascha z Chrystusem 226.
[177] Vgl. HRYNIEWICZ, Nasza Pascha z Chrystusem 226.
[178] Vgl. HRYNIEWICZ, Nasza Pascha z Chrystusem 285.
[179] Vgl. HRYNIEWICZ, Nasza Pascha z Chrystusem 287.

Hinsichtlich der pneumatologischen Frage schildert Hryniewicz in seinem Entwurf einige charakteristische Merkmale der christlichen Tauftheologie. Das Sakrament versteht er nicht als ein punktualistisches Ereignis, sondern als einen dauerhaften Prozess mit vielen dynamischen Phasen. Die Taufe ist in seiner Sicht kein Augenblicksgeschehen, in welchem man plötzlich die Dunkelheit der Sünde verlässt und die Helligkeit der Gnade Gottes genießt.

Dank der pneumatologischen Perspektive kann – meint Hryniewicz – das Moment der Sakramentannahme durch die Phasen der vorgehenden Vorbereitung und der nachgehenden Vertiefung erweitert werden. Die äußere Übermittlung des Sakramentes in der liturgischen Zeremonie setzt nämlich die innere Wirkung des Heiligen Geistes voraus, die den zeitlichen Rahmen und jede Beschränkung überschreitet.

Die Teilnahme des Geistes am sakramentalen Geschehen bedeutet also seine Wirkung im Leben des Menschen *vor* der Taufe (hier bezieht sich der Autor vor allem auf das frühchristliche Modell des Katechumenats), *während* der Taufe und *nach* der Spendung des Sakramentes.[180]

In der Vorbereitungszeit liegt die entscheidende Phase – betont der Autor – in der Umkehr des Menschen (das frühchristliche Modell). Diese Entscheidung trifft der Mensch nicht allein, mit seinen eigenen Kräften. Sie ist die erste Gabe des Geistes und die Frucht seiner Wirkung wie die Frucht der antwortenden Freiheit des Menschen.

Die *metanoia* wird in der östlichen Tradition – bemerkt Hryniewicz – als wirklicher Anfang der Auferweckung zum neuen Leben gesehen. Deshalb nennen die Orthodoxen das Sakrament der Taufe ‚kleine Auferweckung'.[181] Der Zusammenhang mit der Auferweckung setzt die österliche Struktur des Sakramentes voraus. Die Taufe ist in dieser Sicht die Vereinigung des Menschen mit dem Geschick des Auferstandenen und die unbegreifliche Verwandlung des ganzen menschlichen Daseins kraft des Heiligen Geistes (vgl. Joh 3,5; Tit 3,5). Im Geist vollzieht sich das Pascha des Getauften. Das in der Taufe geschenkte neue Leben ist durch die Gegenwart und Wirkung des Geistes so durchdrungen, dass sich dem Menschen die Perspektive der Heilsfülle öffnet, die sich im ganzen Leben des Getauften, bis zu seiner Vollendung in Tod und Auferstehung, entwickeln wird.

---

[180] Vgl. Lima-Dokument: BEM, Baptism (5) 2.
[181] Vgl. B. BOBRINSKOY, Le mystère pascal du baptême, in: Baptême sacrement d'unité (Paris 1971) 122, 124 („*semences de résurrection*"); E. THEODOROU, Die Entwicklung des Initiationsritus in der byzantinischen Kirche, in: E. Ch. SUTTNER (Hg), Taufe und Firmung (Regensburg 1971) 141–151. – Nach: HRYNIEWICZ, Nasza Pascha z Chrystusem 288.

2.1 Der Geist als Vollender des Pascha-Mysteriums Christi

Hier ist die Rolle und die Wirkung des Geistes nach dem Empfang des Taufsakramentes angedeutet. Er führt den Getauften in die Tiefe der inneren *metanoia*, so dass er die Ansprüche der im Sakrament geschenkten neuen Existenz erfüllen kann.

Hryniewicz verbindet das christologische und das pneumatologische Element der Tauftheologie, indem er bei dem Eintauchen ins Mysterium des Todes und der Auferstehung Christi zugleich von dem Eintauchen in das Mysterium der Geistgegenwart spricht – entsprechend der paulinischen Aussage: „Durch den einen Geist wurden wir in der Taufe alle in einen einzigen Leib aufgenommen, [...] und alle wurden wir mit dem einen Geist getränkt" (1 Kor 12,13). Der Katechumene wird zum Christ – unterstreicht er – nicht nur durch den Glauben an Jesus, den Erlöser, sondern auch durch die Gabe des Geistes Christi (Röm 8,9ff; 1 Kor 6,11; Gal 4,6; Tit 3,5), die sich untrennbar mit der Taufwaschung verbindet.[182]

Um die Rolle des Geistes im Sakrament der Taufe weiter zu erläutern, bezieht sich Hryniewicz auf den bindenden Zusammenhang zwischen dem Geist und der biblischen Symbolik des Wassers. Die Reinigung und Erneuerung des Menschen in der Taufe vollzieht sich nämlich auch in der Kraft des Heiligen Geistes.

Ein besonderes Zeugnis dafür gibt dem Autor die Symbolik des Johannesevangeliums vom lebendigen und fließenden Wasser, welches auf die Person und Wirkung des Heiligen Geistes verweist (vgl. Joh 3,5; 4,13–14; 7,37–39).[183] In der Theologie des Johannes ist die Taufe aus dem Wasser und die Gabe des Geistes eine Ganzheit. Die Heiligung des Menschen folgt zwar aus dem Wasser der Taufe, aber das Sakrament wird letztlich vom Heiligen Geist vollzogen. Denn die christliche Taufe ist eine Taufe aus dem Wasser und aus dem Heiligen Geist (vgl. Joh 3,5; auch Tit 3,5).

Die Zeugnisse von Irenäus und Cyprian, wonach der Christ vermittels der Taufe aus dem Wasser den Heiligen Geist empfängt (*„baptisma esse*

---

[182] Hryniewicz verweist auf die interessante Formulierung *Spiritus baptizat* der ökumenischen Kommission im Dokument von Accra (1974), welches als Vorlage für das Lima-Dokument (1982) galt. Diese Formulierung musste aber letztlich zu riskant sein, ohne die ausreichende Bestätigung im Neuen Testament oder in der christlichen Tradition, denn sie wurde nicht ins Schlussdokument aufgenommen.
Nr. 3 dieses Dokumentes von Accra lautet: „[...] *der Geist selbst tauft uns in den einen Leib. In unserer Taufe schließt uns der Geist der Pentekoste in den Leib Christi, der die Kirche ist, ein. In der Taufe ist der Geist der Schenkende und zugleich der Gegebene."* – Vgl. HRYNIEWICZ, Nasza Pascha z Chrystusem 290–291.

[183] Hryniewicz stützt sich auf die folgenden Autoren: I. de la POTTERIE, „Naître de l'eau et naître de l'Esprit". Le texte baptismal de Jn 3,5, in: La vie selon l'Esprit, condition du chrétien (Paris 1965) 31–63; F. PORSCH, Pneuma und Wort. Ein exegetischer Beitrag zur Pneumatologie des Johannesevangeliums (Frankfurt a.M. 1974) 53–81, 83–135; CONGAR, Je crois (I) 75–78; A. JANKOWSKI, Duch Dokonawca. Nowy Testament o posłannictwie eschatologicznym Ducha Świętego (Katowice 1983) 76–80.

sine Spiritu non potest"[184]), bestätigen Hryniewicz diese theologische Linie. Der entstandene liturgische Ritus, in welchem durch die Anrufung des Geistes und durch das Eintauchen der Osterkerze als Symbol des anwesenden Auferstandenen das Taufwasser geweiht wird, bringt ihm auch deutlich zum Ausdruck, dass die Gegenwart Christi und die Geistwirkung zusammengehören und dass der christologische Sinn des Sakramentes sich mit der pneumatologischen Dimension verbindet. Die Taufe ist also nicht nur die Sündenvergebung und die Aufnahme ins Geschick Christi, sondern auch die Gabe des Geistes.

Im Kontext des Sakramentes der Taufe setzt sich Hryniewicz auch mit der Spiritualität der Pfingstbewegungen auseinander, die oft von der Taufe aus dem oder im Heiligen Geist sprechen.[185]

Bemerkenswert scheint ihm bei diesen pentekostalen Bewegungen die Vertiefung der Theologie der Taufe in ihrer pneumatologischen Dimension. Sie unterscheiden die Taufe aus dem Wasser von der Taufe im Geist. Die erste bezieht sich nur auf die Wiedergeburt und die Umkehr des Menschen. Und die Taufe im Geist als Heiligung und Erfüllung mit dem Heiligen Geist sollte in ihrer Sicht eine weitere Etappe im Prozess des christlichen Wachstums sein.

Hryniewicz stellt gegenüber solchen Auffassungen die Sicht des Neuen Testaments vor, in der keine Rede von der Taufe im Geist ist. Es gibt nur den Ausdruck „*baptizein en Pneumati*" (Mk 1,8; Joh 1,33; Apg 1,5; 11,16), um den Unterschied zwischen der Johannestaufe und der Taufe Jesu zu markieren. Das Verb *baptizein* bezieht sich aber ausdrücklich – betont Hryniewicz – auf die durch den Heiligen Geist gesalbte Person Jesu, der selbst im Geist taufen wird. Es bezieht sich auf keinen Ritus, sondern auf die ganze Person Jesu und seine Sendung, die sich in der Taufe des Todes erfüllt und die eschatologische Zeit des Heiligen Geistes eröffnet hat. Dieser pneumatologisch-eschatologische Charakter der Sendung Jesu wird noch durch die Symbolik des Feuers betont, die das Motiv des Gerichts und der Reinigung enthält (vgl. Mt 3,11; Lk 3,16).

Als problematisch bei den Pfingstbewegungen sieht Hryniewicz, dass sie sich exklusiv auf die Apostelgeschichte als Interpretationsnorm aller neutestamentlichen Aussagen über die Person des Heiligen Geistes berufen. In diesem Bibelbuch finden die Pfingstbewegungen nämlich die Argumentation für die Unterscheidung zwischen der Taufe aus dem Wasser und der Taufe im Heiligen Geist, weil „Gott, der die Heiden kennt, [...] ihnen ebenso wie uns den Heiligen Geist gab" (Apg 15,8). Sie betonen, dass Pfingsten nicht nur in Jerusalem (Apg 4,31), sondern auch in

---

[184] CYPRIAN, Ep. 74,5, in: PL 3,1177–1178; vgl. IRENÄUS, Adv. Haer. III 17,2, in: SCh 211,332; V 11,2, in: SCh 153,138. – Nach: HRYNIEWICZ, Nasza Pascha z Chrystusem 291.

[185] Vgl. HRYNIEWICZ, Nasza Pascha z Chrystusem 292–296.

Samarien (8,14–17) und bei den Heiden (10,44–47; 19,1–7) geschehen ist und dass die Gabe des Geistes ‚unabhängig' von der Taufe gegeben wurde Apg 10,44; 10,47–48; 11,15). Die souveräne Initiative des Heiligen Geistes scheint ihrer Meinung nach auch in der Taufe des Johannesjünger betont zu sein, indem sie von Paulus auf den Namen Jesu, des Herrn, getauft und danach mit der Gabe des Heiligen Geistes (Zungenreden) beschenkt wurden (Apg 19,5–6).

Für Hryniewicz ist die Argumentation der Pfingstkirchen für die notwendige Trennung der Taufe aus dem Wasser von der Taufe aus dem Geist unzureichend. Er sieht in der Apostelgeschichte den engen Zusammenhang der Soteriologie mit der Pneumatologie, der Gabe des Geistes mit dem in der Taufe bekennenden Glauben an Jesus, den Herrn.

Der Weg zum Christsein beruht seiner Meinung nach sowohl auf dem Glauben an Christus, wie auch auf der Aufnahme der Gabe des Heiligen Geistes. Die Schriften des Paulus, die aus der theologischen Sicht für ihn eine größere Bedeutung als die Konstruktionen des Autors der Apostelgeschichte hat, bezeugen deutlich, dass beide Faktoren über das Christsein entscheiden müssen.

Hryniewicz ist – gemeinsam mit P. Schoonenberg, M.A. Chevallier und J.D.G. Dunn – der Meinung, dass ein solches Verständnis der Taufe im Geist, welches in ihr eine ganz neue geistliche Erfahrung sucht, keine biblische oder patristische Grundlage hat.[186] Der biblischen oder patristischen Denkweise ist in seiner Sicht eine ‚separate' Pneumatologie ganz fremd: den Geist empfängt nämlich der, der sich taufen lässt. Die Taufe aus dem Wasser, die in ihrer Symbolik zwar auf die ‚ersten' Etappen des christlichen Weges verweist (auf die Umkehr und den Übergang vom Tod zum Leben), ist aber untrennbar an die Taufe aus dem Geist gebunden, welche die Teilnahme an der eschatologischen Wirklichkeit des Heiles ermöglicht. Die Taufwasser ist also nicht nur der Anlass zum Gebet um die Geisttaufe, denn das Neue Testament spricht eindeutig gegen die Trennung des Heiligen Geistes von der auf den Namen Christi vollzogenen Wassertaufe.[187]

Hryniewicz postuliert deswegen, den Begriff *Taufe im Geist* durch den Begriff *Erneuerung im Geist* oder *Erfüllung mit dem Geist* zu ersetzen, was

---

[186] Alle Autoren nehmen eine kritische Stellung zu der einseitigen Interpretation der Pfingstbewegungen ein, welche die Apostelgeschichte als *norma normans* verstehen. – P. SCHOONENBERG, Le baptême d'Esprit Saint, in: L'expérience de l'Esprit. Mélanges E. Schillebeeckx (Paris 1976) 7–96, hier 7 ff; M.A. CHEVALLIER, Souffle de Dieu. Le Saint-Esprit dans Le Nouveau Testament 1 (Paris 1978) 209; J.D.G. DUNN, Jesus and the Spirit (London 1975) 121, 191; Y. CONGAR, Je crois (II) 250–251.

[187] Vgl. auch Raymund SCHWAGER, Wassertaufe, ein Gebet um die Geisttaufe?, in: ZKTh (1978) 36–61; Vgl. HRYNIEWICZ, Nasza Pascha z Chrystusem 294.

auch die katholische Charismatische Bewegung anbietet. Diese *Erneuerung im Geist* würde dann vor allem bedeuten: eine bewusste und gewünschte Bestätigung der früher angenommenen Sakramente der Taufe und der Firmung; eine Besiegelung des sakramentalen Pascha aus der einzigen Taufe und der sakramentalen Pentekoste aus der Firmung. Und der Gestus der Handauflegung in den charismatischen Bewegungen sollte auch keinen neuen sakramentalen Ritus bestimmen, sondern nur als Gestus der geschwisterlichen Vermittlung und Teilung der Glaubensgabe verstanden werden.

Die Rede von der *Erneuerung im Heiligen Geist* bleibt dadurch ‚nur' eine spezifische Interpretation der pentekostalen Erfahrung, die im Sakrament der Taufe ihren Ursprung hat. Sie ist aber auch eine gewisse Ausdrucksform der tiefen Sehnsucht nach der Erfahrung des Geistes, der die existenzielle Umkehr ermöglichen und den Glauben lebendiger und enthusiastischer machen kann.[188] Die Sehnsucht nach dem Geist ist eine Sehnsucht nach der Aktualisierung des Pfingstwunders, danach dass die Erfahrung der Nähe des Auferstandenen und der verwandelnden Kraft des Heiligen Geistes neue Kraft und Wärme auf dem Glaubensweg gibt und dass das christliche Leben aus den Sakramenten der Taufe und der Firmung gute Früchte bringt.[189]

Dem Heiligen Geist spricht Hryniewicz die Rolle des wahren Mystagogen bei der Taufinitiation zu.[190] Denn ohne den Geist – stellt er fest – kann der Mensch kein Christ werden. Der Mensch empfängt den Geist durch den Glauben an Jesus als Herrn und Erlöser. In der Antwort auf diesen Glauben des Menschen sendet Gott seinen Geist. Die Taufe ist deswegen ein Sakrament der Gabe des Heiligen Geistes und des Glaubensbekennens *(sacramentum fidei)*. Der Glaube ist nicht die Bedingung des Sakramentes oder sein äußerer Zusatz. Als Werk des Geistes gehört er zum Wesen der Taufe.

Um die Verbindung zwischen Glaube und Taufe zu verdeutlichen, stützt sich Hryniewicz auf die Aussage von Basilius dem Großen: „Glaube und Taufe, diese zwei Modi des Heiles, sind miteinander vereinigt und untrennbar. Wenn der Glaube in der Taufe seine Vollkommenheit erreicht, basiert die Taufe auf dem Glauben"[191]. Diesen Zusammenhang

---

[188] Hryniewicz erinnert an den in der katholischen wie in der orthodoxen Kirche gebliebenen Brauch, das monastische Leben eine „zweite Taufe" zu nennen. Im monastischen Ideal verwurzelt ist einerseits das konsequente Engagement für das abgelegte Taufversprechen, andererseits ist dieses Ideal die Folge des ‚Geist-Hungers'. – Vgl. HRYNIEWICZ, Nasza Pascha z Chrystusem 294–295.

[189] Vgl. Hans L. MARTENSEN, Baptême et vie chrétienne (Paris 1982). – Nach: HRYNIEWICZ, Nasza Pascha z Chrystusem 295–296.

[190] Vgl. HRYNIEWICZ, Nasza Pascha z Chrystusem 296–299.

[191] BASILIUS DER GROSSE, De Spiritu Sancto 12,28, in: SCh 17 bis, 346. – Nach: HRYNIEWICZ, Nasza Pascha z Chrystusem 298.

deutet Hryniewicz weiter in einem dynamischen Sinne. Das Miteinander von Glaube und Taufe ist für ihn keine statische, punktualistische oder geschlossene Größe. Denn der Glaube führt immer wieder neu in die Tiefe des Taufmysteriums und die Taufe selbst gibt dem Glauben eine neue Dynamik im Prozess des christlichen Wachstums.[192]

In dieser Perspektive bleibt die Taufe eine immerwährende Epiklese; eine ständige Anrufung des Geistes und „eine Bitte an Gott um ein reines Gewissen aufgrund der Auferstehung Jesu Christi" (1P 3,21). Sie ist ein Prozess der ständigen Umkehrung zum österlichen Leben, die der Geist Gottes vollzieht. Der Geist befähigt die Menschen zur Antwort auf die Forderung des Evangeliums und verbindet sie mit dem Geschick Jesu Christi so, dass die Taufe für sie zur ‚persönlichen Pentekoste' wird.[193] Der Auferstandene erteilt den Getauften seinen Geist aber nicht nur bei der christlichen Initiation im Sakrament der Taufe, sondern wird ihn immer neu in die Gemeinschaft der Kirche, insbesondere beim Mysterium der Eucharistie, senden. Die Taufepiklese hat nämlich ihre Vollendung – betont der Autor – in der eucharistischen Epiklese.

Die Rolle des Heiligen Geistes im Sakrament der Taufe zielt darauf ab, dass er den Getauften in die intime Nähe des Dreieinigen Gottes einführt und ihm Anteil an dessen Leben gibt. Dank seiner Wirkung wird das Taufsakrament (wie jedes andere Sakrament) zum Sakrament der Nähe Gottes, so dass Gott als Vater, als Sohn und als Geist genannt werden kann. Anderseits führt der Geist den Getauften zur Gemeinschaft der Kirche. Das Sakrament der Taufe als Gabe des Geistes ist das Tor des neuen Lebens und zugleich das Tor der Kirche. Von der Kirche nämlich erhält der Katechumene das Symbol des Glaubens und ihr gibt er es in der Taufe zurück *(redditio symboli)*.

Hryniewicz verweist dadurch darauf, dass der in der Taufe bezeugte Glaube an den trinitarischen Gott keine individuelle oder isolierte Gabe, sondern eine gemeinschaftliche ist. Das ganze Mysterium des Taufsakramentes ist kein isoliertes Heilsmittel, das nur die Individuen im Blick hat. Es hat eine ekklesiale, missionarische und auch eine kosmische Dimension (vgl. Mt 28,18–19; Mk 16,15–16; Apg 1,8). Die Taufe überschreitet die Ziele der einzelnen Person – ihre Befreiung von Sünde oder ihr individuelles Heil, wie auch die ekklesiale Dimension ihrer Eingliederung

---

[192] Der Autor basiert hier vor allem auf: T. SCHNEIDER, Zeichen der Nähe Gottes. Grundriss der Sakramententheologie (Mainz 1979) 94–98; W. KASPER, Glaube und Taufe, in: DERS. (Hg), Christsein ohne Entscheidung? – oder: Soll die Kirche Kinder taufen? (Mainz 1970) 129–159; K. LEHMANN, Gegenwart des Glaubens (Mainz 1974) 201–238. – Nach: HRYNIEWICZ, Nasza Pascha z Chrystusem 298–299.

[193] Nach: B. BOBRINSKOY, Le mystère pascal du baptême, in: Baptême, sacrement d'unité (Paris 1971) 85–144, hier 125: *„une Pentecôte personnelle"*.

in die Gemeinschaft der Gläubigen –, denn das Schicksal der ganzen Menschheit und des ganzen Kosmos ist mit der Taufe verbunden.

Diese missionarische und kosmische Dimension der Taufe ergibt sich nach Hryniewicz aus der österlichen und pentekostalen Interpretationsweise. Er stimmt dem orthodoxen Theologen A. Schmemann völlig zu, der auf diese vergessenen Dimensionen in der Theologie der Taufe aufmerksam gemacht hat:

> *Ekklesiologie wird immer zur Ekklesiolatrie, wenn ihr die kosmische Dimension (für das Leben der Welt) nicht zugegeben wird und wenn sie nicht als eine gewisse Form der christlichen ‚Kosmologie' verstanden wird. Sie macht die Kirche zum Sein ‚in sich', und nicht zur neuen Relation zu Gott, zum Menschen und zur Welt. Es ist nicht ‚Ekklesiologie', die der Taufe den echten Sinn verleiht. Denn der ursprüngliche und grundsätzliche Sinn der Kirche wird gerade in der Taufe und durch sie enthüllt.*[194]

Hryniewicz versucht also die Tauftheologie stark in der eschatologischen Perspektive des Pascha- und des Pentekoste-Mysteriums zu verankern. Er stützt sich dabei auf die frühchristliche Theologie der Kirchenväter, die das Sakrament der Taufe im Lichte der Auferstehung Christi und der Gabe von Pfingsten ausgelegt haben. Die christliche Erfahrung des Heiligen Geistes haben sie unerlässlich mit der Taufe verbunden, weil in diesem Sakrament – ihrer Meinung nach – der Ursprung jeder pentekostalen Erfahrbarkeit war.

Durch die pneumatologische Dimensionierung der Taufe will der Autor vor allem die eschatologische Nähe Gottes zum Ausdruck bringen. Mit J. Moltmann denkt er an den eschatologischen Sinn dieses Sakramentes, der aus dem eschatologischen Verständnis des Evangeliums als der Botschaft vom Gekreuzigten und Auferstandenen hervorgeht. Die Taufe mit ihrem eschatologischen und pneumatologischen Charakter (die eschatologische Gabe des Geistes) ist nach den beiden Autoren eine ‚praktizierte Eschatologie'[195]. Denn einerseits ist das Sakrament ein Zeichen des Weltgerichts und auf der anderen Seite – paradoxerweise – die Befreiung von dem Gericht: „Wer mein Wort hört und dem glaubt, der mich gesandt hat, hat das ewige Leben; er kommt nicht ins Gericht, sondern ist aus dem Tod ins Leben hinübergegangen" (Joh 5,24).[196] Das

---

[194] Alexander SCHMEMANN, Pour la vie du monde (Paris 1969) 80. – In: HRYNIEWICZ, Nasza Pascha z Chrystusem 299.

[195] J. MOLTMANN, Kirche in der Kraft des Geistes (München 1975) 261; HRYNIEWICZ, Nasza Pascha z Chrystusem 301.

[196] Dieses Paradoxon ist in der orthodoxen Theologie ein *„traditionelles Element der sakramentalen Katechese"* – B. BOBRINSKOY, Le mystère pascal du baptême, in: Baptême, sacrement d'unité (Paris 1971) 85–144, hier 134; HRYNIEWICZ, Nasza Pascha z Chrystusem 301.

Taufsakrament bleibt also ein gewisses Versprechen, dass der Getaufte dem Gericht entgehen wird (vgl. Apg 2,40.46; Tit 3,5; 1P 3,20–21). Diese Gewissheit folgt in der Sicht der beiden Autoren aus der sakramentalen Teilnahme am Tod Jesu, der in sich ein Gericht über Sünde und Tod bereits gewesen ist.[197]

B. Der pentekostale Sinn der Firmung in der personalistischen Heilsoptik

Hryniewicz plädiert für die Einheit aller Initiationssakramente, wie sie im Modell der altkirchlichen Mystagogie bewahrt war. Er hat aber ein großes Verständnis für beide Wege der christlichen Theologie, die anders im Westen und anders im Osten die Ganzheit der Taufe, der Firmung und der Eucharistie konzipiert und entwickelt haben.[198] Der Autor lässt nämlich zu, dass der Kern der Theologie ein Recht auf die weitere Entwicklung hat.[199] Eine auf den Zeugnissen nur einer bestimmten Zeitperiode basierende Interpretation könnte seiner Meinung nach leicht dem Fehler des Anachronismus unterliegen. Denn in der frühchristlichen Theologie darf nicht nach einer Lösung für jene Problematik gesucht werden, die erst in späteren Jahrhunderten auftauchte.

Im Frühchristentum – setzt Hryniewicz fort – wurden die Initiationssakramente zwar als eine komplexe Ganzheit konzipiert, aber es gab schon damals z.B. einige mit der Taufe verbundene oder nach ihr vollzogene Handlungen (Handauflegung, Salbung), die später zum Kern der theologischen Entwicklung für das einzelne Sakrament der Firmung im Westen geworden sind. Unbestritten bleibt für Hryniewicz aber, dass diese Handlungen – obwohl ihnen in der altkirchlichen Praxis eine große Bedeutung zugeschrieben wurde – tatsächlich auf das zentrale Geschehen im Sakrament der Taufe zielten. Auch der pneumatologische Sinn dieser Handlungen wurde – seiner Meinung nach – ganz auf die Theologie der Taufe bezogen.

In dieser gegenseitigen Zugehörigkeit und der engen Verbundenheit der Tauftheologie mit den pneumatologischen Elementen sieht Hryniewicz die Größe der altchristlichen integralen Mysterientheologie, die als

---

[197] Vgl. HRYNIEWICZ, Nasza Pascha z Chrystusem 302.

[198] Hryniewicz hat den Entstehungsprozess der Firmung untersucht, der im Westen mit der Absonderung vom Ritus der ganzheitlichen Mystagogie des Frühchristentums verbunden war. Die westliche Theologie des Firmungssakramentes stützte sich vor allem auf die Pfingsthomilie des PSEUDO-EUSEBIUS VON GALLIEN (5. Jahrhundert). Dieser Autor behauptete, das Sakrament der Firmung befähige zum geistlichen Kampf und erteile die Weisheit ‚gemäß dem Geist', die sich stets der Weisheit ‚gemäß der Welt' widersetzt. Diese Homilie wurde rezipiert u.a. im DECRETUM GRATIANI (1140), in den Sentenzen des PETRUS LOMBARDUS (Sent. IV dist. 7), wie auch bei THOMAS VON AQUIN (STh III q. 65). – Vgl. HRYNIEWICZ, Nasza Pascha z Chrystusem 303. 307.

[199] Vgl. auch: „Denn das Große und Schöne an der Kirche ist, daß sie wächst, daß sie reift, daß sie das Geheimnis tiefer begreift. Insofern hat die neue Entwicklung [...] durchaus als Ausdruck der Ehrfurcht ihr Recht und ihre guten Gründe." – Joseph RATZINGER, Eucharistie – Mitte der Kirche. Vier Predigten (Donauwörth ²2005) 44.

an das Paschageheimnis gerichtete zugleich im Mysterium der Pentekoste ihre Ergänzung suchte.[200] Er nimmt deswegen aus dieser altchristlichen Konzeption der Mystagogie die Interpretationsnorm für seine theologische Reflexion über die Initiationssakramente. Sie hilft ihm vor allem, die Firmung im Zusammenhang mit dem Taufsakrament zu denken.

Die Taufe ist in dieser Optik das Eintauchen im Geist und im Feuer (Mt 3,11; Lk 3,16), denn seit Pfingsten ruht der Geist auf allen Jüngern Christi. Das Neue Testament spricht zwar – bemerkt Hryniewicz – von der inneren Salbung aller Getauften (2 Kor 1,21–22; 1 J 2,20.27), aber dies kann noch kein Beweis dafür sein, dass die Firmung schon in der Zeit der Apostel allen Getauften gespendet wurde.

Der Autor sieht im Neuen Testament kein ausdrückliches Zeugnis für das spezielle Sakrament der Erteilung des Geistes durch den Salbungsritus. Das Neue Testament differenziert – in seiner Sicht – lediglich zwischen der Funktion des Geistes in der Taufe (Joh 3,5; Tit 3,5) und den charismatischen Gaben des Geistes für die Gemeinschaft der Gläubigen (Röm 12,6–8; 1Kor 12,4–11; Eph 4,1–13) oder spricht von der Geisterteilung durch die Handauflegung im Fall eines Mangels an Glauben oder Lehre (Apg 8,17; 19,1–7).

In den Zeugnissen der Kirchenväter bis zum 4. Jahrhundert beobachtet Hryniewicz, dass es zwischen der Taufe und der Eucharistie in der christlichen Mystagogie keinen besonderen Ritus mit einem pneumatologischen Charakter gab[201], obwohl die östliche Kirche sich der Wirkung des Geistes bei der christlichen Initiation immer bewusst wurde[202]. Erst nach dem Konzil von Konstantinopel (381), in welchem die Gottheit des Heiligen Geistes bestätigt wurde, kam es zur pneumatologischen Wende in der östlichen Tradition, die auch die Entwicklung der Theologie der postbaptysmalen Salbung mit sich gebracht hat.[203]

---

[200] Vgl. HRYNIEWICZ, Nasza Pascha z Chrystusem 307.

[201] Vgl. B. NEUNHEUSER, Taufe und Firmung (Freiburg 1956) 67–70; B. BOTTE, Le baptême dans l'Eglise syrienne, in: OrSyr (1956) 156–184; I.H. DALMAIS, Die Initiationsriten: Taufe und Firmung, in: HOK 415–425; B. BOBRINSKOY, La chrismation, in: Contacts 120 (1982) 339. – Nach: HRYNIEWICZ, Nasza Pascha z Chrystusem 305.

[202] Ein Ausdruck dafür war z.B. der praebaptismale Ritus der Salbung und Wasserweihung durch die Anrufung des Geistes. Die Taufe wurde als das neue Pfingsten verstanden und die Eucharistie – besonders in der syrischen Tradition – als Sakrament ‚des Feuers und des Geistes' benannt. – Vgl. HRYNIEWICZ, Nasza Pascha z Chrystusem 306.

[203] Hryniewicz geht es hier besonders um das Zeugnis des CYRILL VON JERUSALEM und seine III. Mystagogie-Katechese (*SCh 126,120–133*), die ganz der Salbung (*peri chrismatos*) gewidmet ist. Die Salbung nach der Taufe sollte gemäß dem Zeugnis des Cyrill die Abbildung der Salbung mit dem Heiligen Geist darstellen (*to anitítypon*), die Christus empfing, und den Gläubigen Anteil am Geheimnis Christi schenken (*métochoi tou Christoù*). – Vgl. HRYNIEWICZ, Nasza Pascha z Chrystusem 306.

2.1 Der Geist als Vollender des Pascha-Mysteriums Christi

Für die Entstehung des Salbungsritus, der die Grundlage des Firmungssakramentes bildet, waren – nach Hryniewicz – außer dieser nachkonziliaren theologischen Wende (381) auch die ekklesiologischen Gründe (Rezeption der Häretiker) wie die spirituellen Prinzipien (Zusammenhang zwischen der Symbolik der Salbung und der belebenden Kraft des göttlichen Pneuma) von Einfluss.[204]

Die Firmung versteht der Autor nicht als eine in sich geschlossene Sakramentswirklichkeit. Sie verweist zwar auf einen besonderen Ort der Geistgegenwart in der Kirche und vergegenwärtigt seine unsichtbare Wirkung. Der Heilige Geist und sein Wirken bleibt aber souverän und unabhängig von der sakramentalen Liturgie und wird nicht nur auf sie allein begrenzt.

Das Sakrament der Firmung als solches gehört nach Hryniewicz zur Pädagogik des neuen Lebens, das der Kirche des Auferstandenen anvertraut wurde. Obwohl die Taufe das entscheidende Moment des Christseins ist, beweist dieses Sakrament, dass die christliche Tradition keinem sakramentalen Minimalismus gefolgt ist. Es bringt nämlich in sich zum Ausdruck, dass es einen Prozess der inneren Aufhellung durch den Heiligen Geist, „den großen Pädagogen des Glaubens und den Aufklärer"[205], nötig hat. Denn in diesem Sakrament führt der Geist den Menschen zur existenziellen Umkehr und zur Anlehnung an Christus. Er lässt seit dem ersten Moment der Verwurzelung in Christus bis zur letzten Taufe im Tod das neue Leben im Menschen wachsen; er verwandelt es und richtet den Menschen stets auf das Geheimnis des eucharistischen Pascha und der eucharistischen Pentekoste.[206]

Das Sakrament der Firmung hat – so unterstreicht der Autor – den Charakter einer gewissen Abhängigkeit und Zweitrangigkeit in der Konstellation der christlichen Mystagogie. Da die Taufe und die Eucharistie das Zentrum der sakramentalen Initiation bilden, kann man deswegen die Theologie der Firmung in ihrer pneumatologischen Dimension nicht ohne Bezug auf die österliche Theologie der Taufe entwickeln. Die Firmungstheologie ist gewissermaßen eine Ableitung und Ergänzung der Tauftheologie.[207] Sie will das Sakrament der Firmung aber nicht

---

[204] Die Zeugnisse dafür z.B. bei HIPPOLYT (*Traditio apostolica 20. 21; Comm. in Danielem 1,16,3*); TERTULLIAN (*De baptismo 7. PL 1, 1207*); AMBROSIUS (*De sacr. 2,24; 3,1; 3,8.10; De mysteriis 29. 42*). – Nach: HRYNIEWICZ, Nasza Pascha z Chrystusem 306–307.

[205] Diese außergewöhnliche Bezeichnung des Heiligen Geistes stammt aus dem Apokryph: ACTA SYRIACA THOMAE Nr. 121, 157 (*Acta apocrypha II 2. Leipzig 1903, 231–267*). – Nach: HRYNIEWICZ, Nasza Pascha z Chrystusem 308.

[206] Vgl. HRYNIEWICZ, Nasza Pascha z Chrystusem 308.

[207] Vgl. auch: H. KÜNG, Die Firmung als Vollendung der Taufe, in: ThQ (1974) 36–37; Was ist Firmung? (Einsiedeln 1976) 30 ff; Die Kirche (Freiburg 1967) 181–244; J. AMOUGO-ATANGANA, Ein Sakrament des Geistempfangs? Zum Verhältnis von Taufe und Firmung (Freiburg 1974) 281–286; HRYNIEWICZ, Nasza Pascha z Chrystusem 308.

nur auf die äußeren postbaptismalen Riten reduzieren, sondern unterstreicht die innere inhaltliche Zugehörigkeit der Firmung zur Taufe. Hryniewicz plädiert für eine Konzeption, die theologisch von einem einzigen Sakrament spricht und nur auf der liturgischen Ebene eine Trennung zwischen Taufe und Firmung zulässt.[208]

Den pentekostalen Sinn der Firmung – bemerkt Hryniewicz – drückt selbst die aus dem byzantinischen Ritus des 4/5. Jahrhunderts stammende Salbungsformel aus: *Accipe signaculum doni Spiritus Sancti*. Sie erinnert an das Pfingstgeschehen der Urkirche und besagt deutlich, dass die Gabe dieses Sakramentes der Heilige Geist selbst ist.

Der Autor versucht das Spezifikum dieser Gabe des Geistes zu erklären, welche auch im Sakrament der Taufe geschenkt wird. In der Taufe und in der Firmung geht es seiner Meinung nach nicht um die verschiedenen Intensitätsstufen der Geistgegenwart oder deren Wirkung. Denn der Geist Gottes ist nicht eine der vielen Gaben Gottes, die neben die Gabe der Befreiung, der Vergebung der Sünden, der Erneuerung, der Rechtfertigung, der göttlichen Kindschaft oder der Vergöttlichung gestellt werden kann. Die Gabe Gottes ist eine ungeteilte Gabe, wie das Heilsmysterium ein ungeteiltes Mysterium ist. Sie hat einen personalen Charakter, weil die im Sakrament geschenkte Gabe die Person des Geistes Gottes schlechthin ist.

Hryniewicz geht davon aus, dass das Heilsgeheimnis der christlichen Mystagogie – auch in seiner Aktualisierung – integral begriffen wird. Er versucht bei den sakramentalen Ereignissen nur von den verschiedenen Aspekten eines und desselben Heilsgeheimnisses zu reden. Diese Integrität erlaubt ihm einerseits, die Pneumatologie mit der Christologie eng zusammen zu denken: der Heilige Geist ist die eschatologische Heilsgabe, die untrennbar mit dem messianischen Werk Jesu Christi verbunden ist, und andererseits die personale Sicht der sakramentalen Ökonomie zu unterstreichen: denn die Gabe des Heilsmysteriums als eine personale Wirklichkeit widerspricht allen ‚reistischen' Interpretationskonstruktionen.[209]

---

[208] Hier übernimmt Hryniewicz den Gedanken von Karl Rahner, der von einem Sakrament mit zwei Stufen gesprochen hat. – Vgl. K. RAHNER, Was ist ein Sakrament? Schriften X 377–391; auch siehe: J. AMOUGOU-ATANGANA, Ein Sakrament des Geistempfangs 279. 284. – Nach: HRYNIEWICZ, Nasza Pascha z Chrystusem 308–309.

[209] Hryniewicz äußert sich kritisch zur Stellung H. MÜHLENS, der in die eine Heilsgabe eine Abtrennung eingeführt hat. Der Umkehr und der Wassertaufe schrieb er die Sündenvergebung zu, der Geisttaufe die Erteilung der charismatischen Gaben. Nach der Auffassung Mühlens dient die Taufe der eigenen Erlösung, die Firmung dagegen dem Dienst an der Gemeinde. Demzufolge würden die charismatischen Gaben nur den Gefirmten (den Katholiken und Orthodoxen) erteilt und nicht allen Getauften. – Vgl. H. MÜHLEN, Die Firmung als geschichtliche Fortdauer der urkirchlichen Geisterfahrung,

2.1 Der Geist als Vollender des Pascha-Mysteriums Christi

Bestimmend für den ganzen theologischen Entwurf Hryniewiczs ist nämlich die personalistische Optik der Heilswirklichkeit. Die Person des Auferstandenen selbst, die in der Kraft des Heiligen Geistes die Verwandlung der menschlichen Existenz und der ganzen Welt vollzieht, ist die Heilsrealität. In der sakramententheologischen Sprache heißt dies genauer: das Menschsein Christi wurde durch seinen Tod und seine Auferstehung zum *sacramentum fundamentale et universale* der ganzen Menschheit.

Mit der Kategorie der personalen Ursächlichkeit und der Kategorie der interpersonalen Begegnung konzipiert Hryniewicz seine Soteriologie. Der gekreuzigte und auferstandene Christus verwandelt durch seine Gegenwart und seine personale Wirkung den Menschen und befreit ihn von der Verschlossenheit, indem er ihm den Raum der interpersonalen Begegnung eröffnet. Die Heilserfahrung hat deswegen einen interpersonalen, dialogischen Charakter. In Beziehung zu den Personen Gottes und den menschlichen Personen entsteht die Heilssituation des einzelnen Menschen, der in dieser Begegnung seine Existenz durch eine neue Sinnbezogenheit bestimmen kann oder auch in seiner vollen Freiheit dieser heilsbringenden Herausforderung nicht folgt. Die Kategorie der personalen Ursächlichkeit beruht grundsätzlich darauf, dass die eine Person auf die andere einen Einfluss ausübt, welche sie zum neuen existenziellen Sinn führen kann.[210]

Die personale Optik verhilft dem Autor dazu, die Sakramente der Taufe und der Firmung nicht in eine falsche Alternative zu setzen. Die Teilnahme an der Heilswirklichkeit ist nicht punktualistisch zu verstehen, weil die Annahme des Heiligen Geistes in den Sakramenten nicht nur auf den Empfangsmoment begrenzt werden dürfte. Es geht vor allem um die lebendige interpersonale Relation, die sich – einmal angefangen – im ganzen Lebenslauf des Gläubigen verwirklichen und entwickeln sollte.

Hryniewicz betont, dass in der sakramentalen Begegnung paradoxerweise nicht die Menschen den Geist empfangen, sondern der Geist sie immer neu in die personale Relation zum Vater und zum Auferstandenen aufnimmt. Die vom Geist und der Nähe Gottes durchdrungene Taufe initiiert diese personale Gemeinschaft des Menschen mit Gott, die

---

in: Paul NORDHUES, Heinrich PETRI (Hg), Die Gabe des Geistes (Paderborn 1974) 100–124; HRYNIEWICZ, Nasza Pascha z Chrystusem 310.

[210] Hryniewicz vergleicht die Wirkung der Personen aufeinander *(die personale Ursächlichkeit)* mit der Wirkung, die im Alten Testament zwischen *Gott* und *Weisheit* geschildert ist. Die Weisheit ist ein „reiner Ausfluss der Herrlichkeit des Allherrschers", „der Widerschein des ewigen Lichts", „der ungetrübte Spiegel von Gottes Kraft", „das Bild seiner Vollkommenheit" (Weish 7,25–26). Analogisch modelliert, verwandelt und wirkt die beeinflussende Person auf die beeinflusste Person, ein einprägsames Merkmal in ihrem Benehmen hinterlassend. – Vgl. HRYNIEWICZ, Chrystus nasza Pascha 401.

im Geheimnis der menschlichen Freiheit und in der im Laufe des Lebens wachsenden Intensität ihre Entwicklungskraft hat. Das Sakrament der Firmung kommt folglich als Besiegelung der bisherigen, in der Kraft des Heiligen Geistes entstandenen Gemeinschaft mit dem dreipersonalen Gott. Zwar sind die Sakramente – betont der Autor – als einmalige Heilsereignisse zu verstehen, aber die Person des Heiligen Geistes als geschenkte Gabe dieser Ereignisse umfängt immer das ganze Leben des Menschen, das zu einer immerwährenden Pentekoste wird. Das Firmungssakrament bringt mit sich ‚nur' sozusagen die Vertiefung der Heilsgemeinschaft aus der Taufe und bestätigt die österliche Dynamik des ersten Sakramentes, die sich auf alle Etappen des Lebensweges ausstrecken sollte.

In solcher Sicht schließt sich die alternative Frage nach dem Empfang der Gabe des Heiligen Geistes in der Taufe oder in der Firmung für Hryniewicz aus. Denn sowohl in der Taufe wie auch in der Firmung wird die eine und unteilbare Gabe des Heiligen Geistes erteilt. Der Unterschied zwischen den beiden Sakramenten liegt seiner Meinung nach lediglich in der Form der Zelebration, welche die spezifische theologische Bedeutung des einzelnen Sakramentes zum Ausdruck bringt.

Hryniewicz setzt sich kritisch gegen alle vereinfachenden Schemata ein, die der Taufe die Teilnahme an Tod und Auferstehung Christi zuschreiben und der Firmung die Teilnahme am Mysterium der Pentekoste, d.h. an der Gabe des Heiligen Geistes.[211] Die Trennung zwischen dem Pascha- und dem Pentekoste-Mysterium kann seiner Meinung nach nur eine rein begriffliche Konstruktion sein, weil die Teilname an Tod und Auferstehung Christi in der Taufe zugleich die Teilnahme an der Gabe des Heiligen Geistes ist.

In der Einheit der Heilswirkung Christi und der Heilswirkung des Geistes hat die Tauf- und Firmtheologie ihren einheitlichen Grund. Die Pentekoste bleibt das wesentliche Element des österlichen Mysteriums

---

[211] Ein solches vereinfachendes Schema findet Hryniewicz auch bei K. RAHNER (Kirche und Sakramente 81–82). Rahner behauptet nämlich, dass die eine und dieselbe Gnade Christi eine doppelte Richtung ihrer Wirkung habe. Einerseits sei sie eine Gnade des Mitsterbens mit Christus, eine Gnade des Kreuzes und des Sich-Selbst-Verlierens, und zugleich sei sie eine Gnade der Befreiung von Tod und Sünde. Diese Gnade habe ihren sakramentalen Ausdruck in der Taufe. Auf der anderen Seite sei die Gnade Christi eine Gnade der Inkarnation, der Annahme der Welt in den Prozess der Verwandlung, eine Gnade der Heilung und Erlösung der Welt aus dem Nichts, dem sie unterliege. Es sei „die Gnade der Sendung in die Welt" und „die Gnade der Welterklärung". Für diesen Zweck erteile Gott die Charismata des Geistes. Der sakramentale Ausdruck dieser zweiten Richtung der Gnadenwirkung sei die Firmung. Rahner fügt aber hinzu, dass es hier nur um die Manifestation derselben Gnade wie bei der Taufe geht, die lediglich unter einem anderen Aspekt erscheint. – Vgl. HRYNIEWICZ, Nasza Pascha z Chrystusem 311.

2.1 Der Geist als Vollender des Pascha-Mysteriums Christi

Christi und seine unerlässliche Ergänzung, weil die innere Heilswirklichkeit der Taufe und der Firmung dieselbe ist: ohne den Heiligen Geist gibt es keine Auferstehung Christi und ohne Pentekoste gibt es kein Pascha-Mysterium und keine Verklärung des Menschseins Jesu.

Hryniewicz beweist die integrale österlich-pentekostale Logik der Heilsökonomie u.a. durch den Hinweis auf die Pfingstverkündigung des Petrus, die nicht ausschließlich dem Heiligen Geist gewidmet wurde, sondern auch dem gekreuzigten und auferstandenen Christus (Apg 2,22–24.32–36).[212] Die sakramententheologische Schlussfolgerung dieser Logik besagt also, dass die Taufe und die Firmung sowohl österliche Sakramente Christi wie auch pentekostale Sakramente des Heiligen Geistes sind.

Der liturgische Ritus der Firmung z.B. kann deswegen nicht nur pneumatologisch charakterisiert werden, obwohl die Salbung in diesem Ritus überwiegend pneumatologisch zu deuten ist. Diese sakramentale Handlung hat auch eine christologische Dimension, weil ihr Ziel in der Angleichung an Christus liegt. Die Gesalbten sind nämlich dazu berufen, Ikone Christi in der Welt zu werden.

Im Zeugnis von Ephraem dem Syrer findet Hryniewicz z.B. eine eindeutige christologisch-pneumatologische Deutung des Inhalts des Firmungssakramentes allein aufgrund des Ölnamens: das Öl ist „der Schatten des Namens Christi"; und – aus der anderen Sicht – auch „ein Freund des Heiligen Geistes [...] wie sein Diener, der ihn ankündigt und ihn begleitet".[213] Eine ähnliche Deutungsweise findet der Autor auch bei N. Kabasilas, der daran erinnert, dass Jesus nicht aufgrund der Kopfsalbung der Gesalbte, der Christos ist, sondern aufgrund des Herabkommens des Heiligen Geistes, der ihn, in seinem angenommenen Leib, zur Quelle aller geistlichen Energie gemacht hat.[214]

Die sakramentale Salbung mit dem Chrisam versteht Hryniewicz also als Anteilgabe am Geheimnis des gesalbten Christus, die die Gefirmten zu Trägern des Geistes *(pneumatophóroi)* macht. Das Sakrament der Firmung besagt seiner Meinung nach ganz deutlich, dass der, der die Gabe des Geistes annimmt, zugleich in die Lebensgemeinschaft Christi hineingeht und zu dessen Nachfolge befähigt wird. Das Siegel *(sphragis)* des Heiligen Geistes verweist auch auf den christologischen Inhalt – der Angleichung an den durch denselben Geist gesalbten Christus.

---

[212] Vgl. HRYNIEWICZ, Nasza Pascha z Chrystusem 312.
[213] EPHRAEM DER SYRER, De Oleo 4; 7.6. – Nach: HRYNIEWICZ, Nasza Pascha z Chrystusem 312.
[214] Vgl. N. KABASILAS, De vita in Christo, in: PG 150, 569; auch CYRILL VON JERUSALEM, Catech. Myst. II 3; III 2, in: SCh 126, 106–109, 122–125. – Nach: HRYNIEWICZ, Nasza Pascha z Chrystusem 312.

Die pneumatologisch-pentekostale Symbolik des Firmungssakramentes, die zugleich aber eine christologisch-österliche Dimension in sich trägt, weist nach Hryniewicz deutlich darauf hin, dass beim Sakrament der Firmung keine Rede von einer sakramententheologischen Exklusivität sein kann.[215] Auf der mysterialen Ebene sind nämlich die Taufe und die Firmung untrennbar. Die Bezeichnungsfunktion des liturgischen Symbols verweist nur bei der Taufe stärker auf die christologisch-soteriologische Dimension des Pascha-Mysteriums und bei der Firmung eher auf die pneumatologische Dimension und das Pfingstgeschehen. Die Taufe ist infolgedessen das liturgische Symbol des Pascha Christi und die Firmung das der Pentekoste. Beide liturgischen Symbole sind aber der Ausdruck dafür, dass die Heilsökonomie sich in der Doppelsendung realisiert, der des Sohnes und der des Geistes.

Das Sakrament der Firmung kann nach Hryniewicz als Sakrament der Gabe des Heiligen Geistes bezeichnet werden, weil in ihm das pentekostale Motiv der Heilsgabe dominiert. Dieses Sakrament ist gewissermaßen *die pneumatologische Konzentration* des Heiles.[216] Der Autor unterstreicht, dass die Firmung – obwohl alle Sakramente die Sakramente Christi und des Geistes sind – auf der Ebene der liturgischen Symbole eine besondere Zelebration der Geistgabe bleibt. Die Ausdrucksweise der liturgischen Handlungen dieses Sakramentes ermöglicht nämlich eine intensivere Erfahrung des pneumatologischen Aspektes der geschenkten Heilswirklichkeit, dass der Heilige Geist sich dem Menschen in diesem Sakrament auf besondere Weise mitteilt.

Hinsichtlich einer gewissen Konzentration auf das Pneumatologische entstehen auch besondere Implikationen für das christliche Leben aus diesem Sakrament. Die biblische wie patristische Sicht – bemerkt Hryniewicz – spricht nicht nur vom Leben ‚in Christus', sondern auch vom Leben ‚im Geist'. Dieses Leben ‚im Geist' wurde in der christlichen Tradition interpretiert als Verpflichtung zur Sendung in die Welt, zu mutigem Zeugnis für Christus, zum Glaubensbekenntnis, zum Apostolat. Diese Aufgaben schildern die verschiedenen Blickweisen auf dieselbe Gabe des Geistes. Sie sind von der Person des Heiligen Geistes nicht zu trennen, und keine von ihnen – betont Hryniewicz – kann separat, einseitig als ‚einzige sakramentale Gnade' bezeichnet werden. Die Befähigung zu einer konkreten Aufgabe hängt seiner Meinung nach immer von der inneren Disposition des Empfängers und seiner existenziellen Lebenssituation ab.

In der orthodoxen Tradition wird mit der Firmung – urteilt der Autor – die Besiegelung der Taufversprechen, der Aufruf zum Zeugnis für den

---

[215] Vgl. HRYNIEWICZ, Nasza Pascha z Chrystusem 312–313.
[216] Vgl. HRYNIEWICZ, Nasza Pascha z Chrystusem 314.

2.1 Der Geist als Vollender des Pascha-Mysteriums Christi

unvergänglichen Bund aus der Taufe und das Zeichen des gemeinsamen Priestertums verbunden. Der Christ sollte nach seiner Reinigung und Erneuerung in der Taufe ein Ort der ständigen Gegenwart Gottes sein. Das Siegel der Salbung beruft die Gesalbten zu den Zeugen Christi, so dass sie zu einem ‚guten Duft' Christi unter den Menschen werden.[217] Das ganze Menschsein des Gesalbten wird seither dem Einfluss der verwandelnden göttlichen Energien ausgesetzt. Die östliche Theologie der Firmung ist nämlich eine Theologie der Energien des Heiligen Geistes, die den Menschen, in seinem ganzen leib-geistigen Dasein, verwandeln.[218]

Die westliche Tradition konzentriert sich in der Firmungstheologie – betont Hryniewicz – auf die Erneuerung der Gabe des Heiligen Geistes und auf die Bestätigung und Ergänzung der sakramentalen Wirklichkeit der Taufe durch das eigene bewusste Glaubensbekenntnis. Die Kraft des Heiligen Geistes ist dem Gefirmten geschenkt, um ihn vor jeder Gefahr des Unglaubens, der Verzweiflung und der Gleichgültigkeit zu schützen. Als Sakrament der christlichen Hoffnung und Tapferkeit verleiht die Firmung der christlichen Existenz auch die Kraft, entschiedener und mit größerer Freude Christus nachzufolgen.

Der pentekostale Sinn der Firmung beruht nach Hryniewicz insbesondere darauf, dass der getaufte Christ in die apostolische Gemeinschaft der Kirche hineingeführt wird, um die Sendung der Kirche zu stärken. Das Sakrament der Firmung ist nämlich eine besondere Einladung, in die missionarische und apostolische Dimension des Kirchenlebens mit Engagement und verantwortlich einzutreten.[219] Der geschenkte Heilige Geist ist es, der die Gefirmten befähigt, mit ihrer ganzen Existenz das

---

[217] Das Gebet über das Chrisam hat im Osten einen epikletischen Charakter, der analog zur eucharistischen Epiklese zu verstehen ist. Die östliche Tradition hat nämlich die mystische Ontologie des ‚großen, vollkommenen und heiligen Chrisams' entwickelt, in welchem sich die reale Gegenwart des Heiligen Geistes – nicht nur seine Kraft – verbirgt. – Vgl. HRYNIEWICZ, Nasza Pascha z Chrystusem 314.

[218] Vgl. HRYNIEWICZ, Nasza Pascha z Chrystusem 314–315. – Hier die Zeugnisse der orthodoxen Theologen: B. BOBRINSKOY, Le mystère 137–139; DERS., La chrismation 342; P. EVDOKIMOV, Les âges de la vie spirituelle (Paris 1973) 209–226; DERS., Le sacerdoce royal, état charismatique du chrétien, in: Le Mystère de l'Esprit Saint (Paris 1968) 112–140; P.H. TREMBELAS, Hoi laikoi en te ekklesía. To basilikon hierateuma (Athenai 1975); P. L'HUILLIER, Sacerdoce royal et sacerdoce ministériel, in: MEPR 33–34 (1960) 27–44; C. ANDRONIKOFF, Le sacerdoce royal du peuple de Dieu, in: MOrth 49–50 (1970) 37–52; C. ARGENTI, Sacerdoce du peuple chrétien et sacerdoce ministériel, in: PrOrth 25 (1974) 8–31; P. NELLAS, Sacerdoce royal. Essai sur le problème du laïcat, in: Kleronomía (1976) 149–162.

[219] Die ekklesiale Dimensionierung dieses Sakramentes wird vor allem durch den Einschluss in die Sendung Christi als des Priesters, des Königs und des Propheten bekräftigt.
Die Lehre des II. Vatikanum unterstreicht diese ekklesiologische Dimension des Sakramentes. Die Firmung bezeichnet sie als engeren Bund mit der Kirche („*perfectius Ecclesiae vinculantur*" – LG 11).

Zeugnis für die ‚Sache Christi' abzulegen. Die Gabe der Firmung sollte, nach Aussage des Thomas von Aquin, die Christen vor der Kleinmütigkeit und vor einer solchen Zeugnisablegung bewahren, die völlig unter den gegebenen Möglichkeiten liegt.[220]

Außer der Dimension des Apostolats wird im Sakrament der Firmung – meint Hryniewicz – vor allem der Weg des gemeinsamen Priestertums eröffnet. Das Sakrament – durch die Einschließung in den heilsvollen und mit dem Heiligen Geist erfüllten Dienst Christi als Priester, König und Prophet – hat nämlich die Merkmale der priesterlichen Ordination und den priesterlichen Charakter. Der Getaufte und Gefirmte ist dementsprechend dazu berufen, das Wort des Evangeliums zu verkünden und aktiv an der Zelebration der Sakramente teilzunehmen.

Die Firmung, die jedes Mal das Pfingstgeschehen vergegenwärtigt, verleiht der christlichen Existenz auch den prophetischen und apostolischen Charakter. Die prophetische Dimension des Sakramentes wird besonders sichtbar in den mit dem Heiligen Geist erfüllten Personen, den Charismatikern, denen die spezielle Stelle in der Kirche zukommt, und der apostolische Charakter drückt sich in der Nachfolge der Apostel, Märtyrer und Bekenner aus. Denn die Gefirmten nehmen auf eigene Weise an der *successio apostolica* teil und integrieren sich in die ungetrennte Reihe der apostolischen Zeugen *(testes apostolici)*.[221]

In der Firmung bestätigt sich sakramental – auch daran erinnert der Autor – das Geheimnis der ‚Einsetzung in Macht'. Christus wurde in seinem Menschsein durch die Auferstehung als Sohn Gottes in Macht eingesetzt (*en dynamei* – Röm 1,4), und als Mensch ist er zum Geber des Heiligen Geistes geworden. Und zu Pfingsten wurde auch die Kirche in Macht eingesetzt, denn das Pfingstereignis war gewissermaßen die Firmung der ganzen Kirche. Seither dauert in der Kirche das Geheimnis des Beschenkens Christi mit der Gabe des Heiligen Geistes an. Die Firmung ist deswegen der sichtbare Beweis für das Faktum der ‚Einsetzung in Macht' durch den Geist Christi.[222]

Hryniewicz betont stets die Einheit der christologischen und der pneumatologischen Dimension des österlich-pentekostalen Heilsmysteriums. Die pentekostale Heilsgabe verbindet sich in seiner Interpretation ganz eng mit der Teilnahme am Mysterium des Todes und der Auferstehung Christi. In den verschiedenen liturgischen Praktiken wird – seiner Meinung nach – nur das Zeichen der Geistgabe bei der sakramentalen Handlung unterschiedlich ausgedrückt: entweder durch die Wassertaufe oder durch die Salbung oder durch die Handauflegung.

---

[220] THOMAS VON AQUIN: *„episcopus confirmat puerum contra pusillanimitatem"* (Com. in Ep. ad Ephesios. Prologus). – Nach: HRYNIEWICZ, Nasza Pascha z Chrystusem 316.
[221] Vgl. HRYNIEWICZ, Nasza Pascha z Chrystusem 317.
[222] Vgl. HRYNIEWICZ, Nasza Pascha z Chrystusem 317.

Diese Vielschichtigkeit der liturgischen Praxis betrachtet der Autor als eine Konvergenz-Chance für die ökumenische Diskussion über das Sakrament der Firmung.

In der ganzen komplizierten Frage nach der Sakramentalität der Firmung stellen sich für Hryniewicz die folgenden Herausforderungen: dass die Verschiedenheit der liturgischen Praxis im sakramentalen Leben der christlichen Kirchen zugelassen wird; dass die sich von der katholischen Lehre unterscheidende Sakramentenpraxis in den postreformatorischen Kirchen nicht nur als eine Abkehr von der apostolischen Tradition bewertet wird und dass diese ‚Abkehr' der postreformatorischen Kirchen nicht als wesentlicher Grund für die Aufspaltung der christlichen Kirchen gesehen wird; dass die evangelischen Kirchen – andererseits – ihre zu engen Bewertungskriterien für die sakramentale Praxis (die ausdrückliche Einsetzung des Sakramentes durch Christus und dessen liturgischer Ritus schon bei den frühchristlichen Gemeinden) kritisch abwägen: in diesem Punkt plädiert der Autor für ein Entwicklungsrecht der christlichen Lehre und Praxis.

Die einseitige Tendenz der Rückgewinnung der ursprünglichen Formen scheint ihm unzureichend zu sein, weil das Ursprüngliche immer einer kreativen Anpassung im Laufe der historischen Entwicklung bedarf. Er ist überzeugt davon, dass das sakramentale Leben in der Kirche einerseits die Kontinuität zu frühchristlicher Praxis und andererseits eine historische Entwicklung braucht, so dass die undeutlichen Konturen der ursprünglichen Praxis sich mit der Zeit zur eigenen liturgischen Zelebration umgestalten können. Entscheidend sollte sein, dass eine gewisse Autonomie des Firmungssakramentes der inneren Einheit aller drei Sakramente der christlichen Initiation untergeordnet bleibt.

Die Unterschiede im Verständnis der Firmung zwischen dem Osten und dem Westen, die sich vor allem auf das sakramentale Zeichen beziehen, hält Hryniewicz für zweitrangig, weil ihm der Glaube an den Geber der sakramentalen Gabe, an seine Gegenwart und Wirkung im sakramentalen Geschehen viel wichtiger scheint, der die Christen der verschiedenen Konfessionen – trotz der auch umstrittenen Sakramentalität dieses Sakramentes – verbindet. Sowohl die östliche wie auch die westliche Praxis bestätigen nämlich in gleicher Weise das wesentliche Glaubensbekenntnis an den Heiligen Geist als Quelle des Lebens und der Einheit in der Kirche.

C. Die eucharistische Zielsetzung der christlichen Mystagogie

Aus dem frühchristlichen Modell der Mystagogie zieht Hryniewicz die Folgerung, dass die österliche Zielsetzung der Taufe und die pentekostale Dimension der Firmung ihre volle Offensichtlichkeit im Mysterium der Eucharistie erreichen. In der Eucharistie findet die Taufe ihre Ergänzung und Vollendung, und in ihr wird auch dies gesichert, dass Pfingsten ein immerwährendes Mysterium in der Kirche bleibt.

Die ganze Tauf- oder Firmungssymbolik der Salbung *(myron)* findet Hryniewicz in der Theologie der Eucharistie wieder, die auf denselben christologischen Motiven (Verähnlichung zu Christus) wie pneumatologischen Motiven (die Gegenwart des Geistes, seine belebende Kraft) und auch ekklesiologischen Elementen (Eucharistie bildet die Kirche) basiert.

Das Profil des Geistes wird in allen Initiationssakramenten – meint Hryniewicz – dadurch unterstrichen, dass sie alle ihr eigenes flehendes Gebet um die eschatologische Gabe des auferstandenen Christus, den Heiligen Geist, beinhalten.[223] Die Frühkirche hat nämlich auf diese Weise den Glauben an die Wirklichkeit dieser Gabe ausgedrückt und so auch die Teilnahme an ihr verstanden.[224] Den Beweis dafür liefert z.B. die Liturgie des Johannes Chrysostomos, die eine flehende Litanei *(ektenia)* vor der Kommunion enthält, welche Gott um die Annahme der pneumatischen Gaben auf seinen himmlischen Altar und gleichzeitig um seine Gnade und die Gabe des Heiligen Geistes bittet.

Der Wirkung des Heiligen Geistes – setzt Hryniewicz fort – haben die Kirchenväter zugeschrieben, dass er die wirksame Annahme aller Sakramente der christlichen Initiation ermöglicht und dass er das sakrale Milieu in der Kirche und die sakramentale Solidarität unter allen Gläubigen bildet. In der Intervention des Geistes haben die Theologen des Frühchristentums z.B. den Grund dafür gesehen, dass die christliche Mystagogie auch bei den kleinen Kindern ihre Wirksamkeit erreichen konnte und dass alle Initiationssakramente auch für sie als gültig galten. Hryniewicz schließt sich diesen pneumatologischen Überlegungen der Kirchenväter an und verteidigt die Kindertaufe. Er glaubt daran, dass der Geist jede zeiträumliche Beschränkung überwinden kann und dass er als Quelle der Einheit über die transzendente Kraft der Einigung verfügt, die auf der übersinnlichen Ebene ein Bewusstein durch ein anderes ergänzen kann und dadurch die noch Unbewussten in den Glauben der Eltern und der ganzen Kirche einschließt. Der Autor stützt sich hier auch auf den Gedanken des Thomas von Aquin, der behauptete, dass gerade die Wirkung des Heiligen Geistes dem unbewussten Kind hilft, die Sakramente (im Osten alle drei Initiationssakramente) im Glauben der

---

[223] Nach der syrischen Tradition hat die Epiklese eine analoge Struktur in allen drei Initiationssakramenten. U.a. CYRILL VON JERUSALEM hat die Epiklese nach der Taufe mit der Epiklese über die eucharistischen Gaben verglichen (*Catech. Myst. III 3, in: SCh 126, 124*). – Vgl. HRYNIEWICZ, Nasza Pascha z Chrystusem 324.

[224] Vgl. HRYNIEWICZ, Nasza Pascha z Chrystusem 323–324.

Kirche anzunehmen. Thomas glaubte, dass gerade durch den Geist der Mensch an den geistlichen Werten der anderen Menschen teilnimmt.[225]

Hryniewicz weist darauf hin, dass die eucharistische und ekklesiologische Zielsetzung der Initiationssakramente eine Folge der Frage nach der Wirkung des Geistes ist. Pneumatologisch betrachtet muss in der Eucharistie die ekklesiologische wie die anthropologische Dimension hervorgehoben werden, denn die Sendung des Heiligen Geistes, die das materielle Element zum Träger der göttlichen Wirklichkeit macht, hat ihre Zielsetzung außerhalb der konsekrierten Materie. Sie zielt auf die Personen der Menschen und auf ihre existenzielle Verwandlung. Der Geist durchdringt und verwandelt das Materielle und macht es sakramental wirksam, aber die Wirksamkeit der Sakramente hat ihre Begründung nicht in sich oder in einem geschaffenen Element.

In der Sicht des Autors verdeutlicht die pneumatologische Frage der Heilsökonomie, dass die Sakramente ihre Zielsetzung in der ekklesial und anthropologisch begründeten personalen *Communio* mit Gott und unter den Menschen haben und dass die Fragen nach der realen Gegenwart Gottes, der Transsubstantiation, der eucharistischen Opfer usw. deshalb theologisch nicht erstrangig bleiben.

Die Pneumatologie – setzt Hryniewicz fort – hebt eine klare ekklesiologische und anthropologische Zielsetzung des sakramentalen Geschehens hervor, weil die Wirkung des Geistes, besonders in der Taufe, auf die Erneuerung des Menschen und auf seine Einschließung ins Heilsmysterium Christi inmitten der Gemeinschaft der Gläubigen zielt. Durch den Geist Gottes findet die Gemeinde in der Person des Getauften die lebendige Relation zu neuem Menschsein des auferstandenen Christus. Durch die Erneuerung der Getauften im Heiligen Geist wächst und verjüngt sich die Kirche als Gemeinschaft des Auferstandenen. Das gleiche geschieht im Ritus der Salbung bei der Firmung, wo das österliche Mysterium sich in seiner pentekostalen Dimension verwirklicht. Der Getaufte und Gefirmte erhält das Merkmal des wahren Glaubens und der Zugehörigkeit zur Gemeinschaft des Neuen Bundes. Die soziale Dimension prägt den Charakter dieses Sakramentes. Und im Sakrament der Eucharistie ist die ekklesiologische und anthropologische Dimension ganz deutlich, weil die Wirkung des Heiligen Geistes auf die ganze eucharistische Versammlung ausgestreckt ist. Die Gläubigen erfahren die Gegenwart Gottes nämlich nicht nur in der konsekrierten und durch seinen Geist durchdrungenen Materie. Die ganze Zelebration wie die heilige Kommunion – betont Hryniewicz – verweisen eindeutig auf die anthropologisch-gemeinschaftliche Dimension dieses Sakramentes.

---

[225] Vgl. STh III q. 68, 9 (2). – Nach: HRYNIEWICZ, Nasza Pascha z Chrystusem 322.

Die Berücksichtigung der Rolle des Heiligen Geistes in den Sakramenten verhilft Hryniewicz besonders bei der Begründung der Taufe (der ekklesialen Ursächlichkeit des Sakramentes). Da alle drei Initiationssakramente als eine eng verbundene Einheit und Ganzheit zu verstehen sind, betrachtet er kritisch die Entwicklung der lateinischen Tradition, die aufgrund einer soteriologischen Exklusivität – im Punkt der Notwendigkeit der Taufe – die Gültigkeit dieses Sakramentes in gewisser Autonomie von der Kirche (Spendung durch die Häretiker, die Ungläubigen) gehalten hat. Deswegen versucht Hryniewicz die augustinische Maxime »Christus baptizat«[226] mit den patristischen Formeln: »ubi Christus, ibi Ecclesia« und »ubi Spiritus, ibi Ecclesia« zu ergänzen. Denn die sakramentale Einschließung ins Geschick Christi bei der Taufe – betont der Autor – kann nicht ohne gleichzeitige Einschließung in die Kirche geschehen, in der das Mysterium Christi sich ständig aktualisiert.

Hryniewicz sieht keine theologischen Argumente dafür, dass die Taufe weniger als Eucharistie ekklesiologisch begründet wird. Hier nähert er sich eher der Position der östlichen Tradition, in welcher die Taufe außerhalb der Kirche kaum vorstellbar ist. Die Sakramente sind nämlich der Kirche anvertraut und nur in ihr können sie im Glauben und im Danksagen gespendet werden. Als Werk Christi sind sie immer auch ein Werk seines Geistes, der in der Kirche gegenwärtig ist und in ihr wirkt. Zwar tauft Christus selber, aber er tut dies „mit dem Heiligen Geist und mit Feuer" (Lk 3,16); zwar ist Christus der einzige und höchste Priester in der Feier des österlichen Eucharistieopfers, aber er vergegenwärtigt es jedes Mal dank der Kraft des Heiligen Geistes. Deswegen kann nach Hryniewicz nicht behauptet werden, dass die Taufe eher mit Christus und nur sekundär mit der Kirche verbindet. Das pneumatologische Element der sakramentalen Ökonomie widerspricht seiner Meinung nach dieser These, indem es auf die unerlässliche ekklesiale Dimensionierung der Sakramente verweist.[227]

Dank der Theologie des Heiligen Geistes – unterstreicht der Autor – sind die Initiationssakramente auch eschatologisch dimensioniert.[228] Der Geist gibt der durch die Taufe gebildeten Gemeinschaft die Teilnahme am Leben des Auferstandenen, welches die eschatologische Gabe des Geistes ist. Auf sakramentale Weise wird diese Gabe in der eucharistischen Versammlung erfahrbar. Der Geist, der die Gläubigen ins

---

[226] AUGUSTINUS, Contra epist. Parmeniani 2,15,34, in: PL 43, 144; Contra litteras Petiliani 1,9,10, in: PL 43, 250; Ep. ad catech. 21,58, in: PL 43, 435; In Joan. Evang. tract. 5,18; 6,8–9; 15,3, in: PL 35, 1424, 1428f., 1511. (Ähnlich – PIUS XII., Mystici Corporis: „Es ist Christus, der tauft, die Sünden vergibt und das Opfer darbringt" – AAS 1943, 218). – Nach: HRYNIEWICZ, Nasza Pascha z Chrystusem 328.
[227] Vgl. HRYNIEWICZ, Nasza Pascha z Chrystusem 329.
[228] Vgl. HRYNIEWICZ, Nasza Pascha z Chrystusem 324.

österliche Geheimnis Christi hineinführt, eröffnet im eucharistischen Mysterium das eschatologische Ziel des Glaubens, das seinen Ausdruck in der Teilnahme an der eschatologischen Gabe des Leibes und des Blutes Christi und in der freudigen Begegnung bei der Tischgemeinschaft findet.

Die pneumatologische Denkweise verhilft Hryniewicz dazu, die Sakramente deutlicher auch als ‚Orte' des Glaubens zu betrachten. Das sakramentale Leben der Kirche setzt den Glauben voraus, denn nur im Glauben – betont der Autor – kann man am Mysterium Christi und des Geistes teilnehmen. Der Glaube, der sich in den Sakramenten der Kirche auch auf besondere Weise aktualisiert, ermöglicht nämlich als schenkende Wirkung Gottes und antwortende Mitwirkung des Menschen den Zugang zum Pascha- und Pfingstmysterium. Der Heilige Geist ist es, der den Menschen ständig befähigt, die Gabe des Glaubens anzunehmen, weil er nicht nur „die Tiefen Gottes" ergründet (1 Kor 2,10), sondern auch die Geheimnisse der menschlichen Freiheit. Unter seiner Wirkung wird in der Kirche die Glaubensgabe, die ins Heilsmysterium einschließt, den nächsten Generationen überliefert.

Die Relation zwischen den Sakramenten und dem Glauben ist für Hryniewicz leichter in den Kategorien der ungeteilten Gabe Gottes verständlich, welche allen – ohne Einschränkung – im Geist erteilt wird. Im Denken über den Glauben in der Kategorie der Gabe Gottes versucht er eine Unterscheidung zwischen dem rechten (‚kompletten') und dem unvollständigen Glauben zu vermeiden. Die Gabe Gottes ist nämlich immer vollständig, ungeteilt und unwiderruflich wie das Pascha- und Pentekoste-Mysterium selbst, was bei Paulus deutlich betont ist, wenn er nicht nur von einem Leib, einem Geist, einem Herrn, einem Gott spricht, sondern auch von einem Glauben, einer Taufe und einer Hoffnung (Eph 4,4–6). In dieser Sicht – meint der Autor – kommt die Einheit und Einzigkeit des Heilsmysteriums besser zum Ausdruck. In allen Sakramenten verwirklicht sich nämlich die eine und dieselbe Gabe Gottes, von welcher Jesus der samaritischen Frau erzählte (Joh 4,10) und welche die ganze Existenz des Menschen umfasst, verwandelt und heilt.[229]

Eine große Rolle schreibt Hryniewicz dem Heiligen Geist auch in der Bildung der Glaubensantwort bei den Menschen auf die heilsbringende Gabe Gottes zu. Er meint, dass diese Antwort auch in der sakramentalen Praxis unterschiedlich ausgedrückt werden kann, weil die vollständige und unendliche Gabe des Glaubens als Werk des Geistes jedem Menschen und jeder lokalen Kirche anvertraut ist und trotz aller historischen und kulturellen Beschränkungen für die Ausdrucksformen des Glaubens in der konkreten Gemeinschaft der Gläubigen jeder Kirche die ganze

---

[229] Vgl. HRYNIEWICZ, Nasza Pascha z Chrystusem 330.

Fülle des Heilsmysteriums zugänglich ist (vgl. Joh 8,32; 16,13). Die Verschiedenheit dieser Ausdrucksformen (eucharistische Anaphoren; Symbole des Taufglaubens) manifestiert nach Hryniewicz keine dogmatische Diskrepanz, weil jede Form sich um dasselbe Pascha-Mysterium Christi und denselben Kern des trinitarischen Glaubens herum konzentriert.

Hryniewicz versteht die Gemeinschaft im Glauben nicht nur als eine Bedingung des sakramentalen Leben, sondern auch als die Frucht und das Resultat der sakramentalen Zelebration. Im liturgischen Feiern wirkt nämlich der auferstandene Christus, der selber und durch die Kraft seines Geistes in den Menschen eine Glaubensantwort erweckt. Die Glaubensgemeinschaft, die zugleich eine Manifestation der ekklesialen Gemeinschaft ist, wächst also auch durch die Sakramente. Denn in jeder sakramentalen Zelebration wirkt derselbe, durch die epikletischen Gebete der Kirche angerufene Heilige Geist, der die Menschen und die Gemeinschaften miteinander verbindet und einigt. In jedem Vollzug der Sakramente proklamiert die kirchliche Gemeinschaft ihren Glauben, und sie bestärkt sich in ihm. Hryniewicz ist in diesem Punkt der Meinung, dass jede kirchliche Gemeinschaft, wenn sie in der sakramentalen Zelebration einer anderen Kirche die Identität ihres eigenen Glaubens anerkennt, sich durch diese Sakramente auch festigen kann. Denn das sakramentale Leben dient der Festigung des Glaubens auch zwischen den Kirchen.

Trotz der pastoralen Unterschiede tendiert theologisch – nach Hryniewicz – sowohl der Osten wie der Westen in dieselbe Richtung, nämlich die Einheit aller drei Initiationssakramente zu bewahren. Demzufolge erkennen sie gegenseitig an, dass jedes Sakrament das Werk des einen und desselben Geistes ist, der in der Kirche Christi anwesend wirkt. Die Spaltung hat die fundamentale sakramentale Gemeinschaft ihrer Kirchen nicht zerstört, denn die einende Basis zwischen ihnen ist dasselbe Glaubensbekenntnis und dieselbe Taufe als Ausdruck der Glaubensgemeinschaft. Dieselbe Taufe dieser Kirchen – betont der Autor – ruft aber dringlich auch nach der eucharistischen Gemeinschaft, weil die innere österliche Dynamik der christlichen Mystagogie abqualifiziert zu sein scheint.[230]

2.1.3.5 Der österlich-epikletische Charakter des ganzen sakramentalen Lebens der Kirche

Ganz auf der theologischen Linie Congars verbleibend, hebt Hryniewicz dessen These hervor, dass alle Sakramente und sakralen Handlungen

---

[230] Vgl. HRYNIEWICZ, Nasza Pascha z Chrystusem 330–332.

der Kirche ihre Heilskraft aus dem Mysterium des Pascha und der Pentekoste schöpfen und es in den verschieden Situationen vergegenwärtigen und aktualisieren. Das Prinzip der gegenseitigen Durchdringung der Christologie (Soteriologie) und der Pneumatologie kann dementsprechend in allen mysterienhaft-sakramentalen Erfahrungen der Kirche bestätigt werden.

Da das ganze sakramentale Leben der Kirche auch die Wirkung des Heiligen Geistes umfängt, wird die Kirche selbst in allen ihren Handlungen epikletisch strukturiert, d.h. in der vollen Abhängigkeit von Christus, den sie immer neu um die Sendung des Geistes bittet. Die Sakramente dürfen deswegen auch *Sakramente des Geistes* benannt werden.[231] Sie haben einen deutlichen epikletischen Charakter, weil die Kirche, um die Heiligung der Menschen im sakramentalen Geschehen zu vollziehen, stets auf die Gegenwart und Wirkung des Geistes Gottes angewiesen ist.

Die Rolle des Geistes in den Sakramenten – betont Hryniewicz – beruht vor allem darauf, dass er, jede sakramentale Handlung verwirklichend, die Kirche zu einer Gemeinschaft des auferstandenen Christus macht und – nach den Worten des Cyrill von Jerusalem – alles, was mit ihm in Berührung kommt, heiligt und verwandelt.[232] Seine Wirkung – der Verheißung Christi entsprechend – aktualisiert immer neu in der Kirche das Pfingstereignis so, dass die reiche und fruchtbare Wirksamkeit des einen und einzigen Heilsmysteriums sich in verschiedenen Lebenssituationen der Menschen vollziehen und in der ganzen geschaffen Welt offenbaren kann.[233]

A. Die sieben Sakramente als Symbol der Universalität des Heiles

Die Zahl ‚sieben' – außer aller ihrer sakralen und symbolischen Bedeutung – ist für Hryniewicz vor allem Ausdruck der Kraftfülle des Auferstandenen. Diese Überzeugung nimmt er aus der Offenbarung des Johannes, wo der mit dem Geist Gottes erfüllte erhöhte Herr (‚die sieben Geister Gottes') alles kann (‚sieben Hörner') und alles weiß (‚sieben Augen') – Offb 5,6. Die apokalyptische Vision des Johannes, die den endgültigen Sieg des auferstandenen Christus über die Mächte des Bösen offenbart, drückt in der Zahl ‚sieben' also die Symbolik der Fülle der Zeit und der eschatologischen Verwirklichung der Heilsgeschichte in

---

[231] Die katholisch-orthodoxe Verständigung in München (1982) hat die Sakramente als „*Akte des Geistes*" bezeichnet. – Misterium Kościoła i Eucharystii w świetle tajemnicy Trójcy Świętej. I 5 d, in: AK 99/442 (1982) 450 (eigene Übersetzung). – Nach: HRYNIEWICZ, Nasza Pascha z Chrystusem 334.

[232] CYRILL VON JERUSALEM, Catech. myst. V 7; in: SCh 126, 155. – Nach: HRYNIEWICZ, Nasza Pascha z Chrystusem 341.

[233] Vgl. HRYNIEWICZ, Nasza Pascha z Chrystusem 340–341.

Christus aus. Sie bezeugt darum auch die Zeit des verheißenen Heiligen Geistes, der sich in seinem siebenfältigen Wirken offenbart (vgl. Jes 11, 2.4).

Hryniewicz bedauert, dass die ursprüngliche symbolische Bedeutung der Zahl ‚sieben' in der nachtridentinischen Theologie der Sakramente nur einen juridisch-arithmetischen Charakter einnahm. Die Akzente der östlichen Tradition können aber – seiner Meinung nach – diesen arithmetischen Juridismus kritisch relativieren.

Die östliche Tradition unterstreicht nämlich, dass alle sakramentalen Handlungen und heiligenden Riten Gnade und Gaben des Heiligen Geistes mitteilen. Die orthodoxen Theologen geben zwar zu, dass die Zahl der Sakramente im kirchlichen Leben – dem Willen Gottes und den geistlichen Bedürfnissen der Menschen entsprechend – beschränkt werden kann, aber sie soll nicht dogmatisiert werden.[234]

Die Sakramente als Manifestationen der Gaben des Heiligen Geistes sind in östlicher Tradition – daran erinnert Hryniewicz – sowohl die besonderen Momente im Glaubensleben der einzelnen Menschen (personale Dimension) wie auch die wichtigen Momente des Lebens der ganzen Kirche (ekklesiale Dimension). Der Unterschied zwischen den Sakramenten und den anderen ‚heiligen Handlungen' beruht in dieser Tradition aber nicht darauf, dass einmal eine größere und ein andermal eine kleinere Gnade des Heiligen Geistes erteilt wird, sondern er liegt ausschließlich in der Stufe der Manifestation dieser Gaben und des durch die Kirche abgegebenen Zeugnisses.[235]

Das Spezifikum der orthodoxen Theologie – bemerkt der Autor – drückt sich auch dadurch aus, dass die Gnade des Heiligen Geistes überwiegend im eschatologischen, aber auch im kosmologischen Sinn interpretiert wird: als Hilfe für die Zeit der Vorbereitung auf die künftige

---

[234] Viele orthodoxe Theologen zählen zwar sieben Sakramente auf, sie schreiben dieser Zahl aber keinen exklusiven Charakter zu. Offiziell hat die byzantinische Kirche die Zahl der sieben Sakramente nicht bekannt. Diese Tradition neigte sich zum breiteren Verständnis des *mysterion*. Im Gegensatz zum Westen wurde im Osten die organische Einheit aller ‚heiligen Handlungen' nicht angetastet. Nach einer eindeutigen Abgrenzung zwischen den Sakramenten und den Sakramentalien strebte man in der östlichen Tradition nicht. Sie spricht von den ‚Mysterien' im breiten Sinne, die alle ‚heiligen Handlungen' (*hieropraxiai, swiaszcziennodiejstwija*) umfassen: sowohl die kirchlichen wie auch die liturgischen (*telatai, tajnodiejstwija*-Riten). Die Mysterien im engeren Sinne (*táinstwa*) wurden jedoch als Sakramente bezeichnet. Der orthodoxe Euchologion unterscheidet zwischen: a) den zentralen Mysterien – die zur Eucharistie führen; b) den epikletischen Riten der Heiligung und der Konsekration (Gegenstände des Kultes) und c) den Segnungen, die den liturgischen fürbittenden Gebeten entsprechen. – Euchologe ou Rituel de l'Eglise orthodoxe; in: HRYNIEWICZ, Nasza Pascha z Chrystusem 336–337.

[235] Nikolaj AFANASJEW, Tainstwa i tajnodiejstwija, in: PrM (1951) 17–34. – Nach: HRYNIEWICZ, Nasza Pascha z Chrystusem 338.

Verwandlung der Welt in einen neuen Himmel und eine neue Erde. In allen liturgischen Akten der Kirche unterstreicht der Osten das Pfingst-Mysterium in seinem kosmologischen und eschatologischen Sinn, um zu sagen, dass jede der ‚heiligen Handlungen' (Sakramente und Sakramentalien) sich der Materie dieser Welt bedient, die durch die Kraft des heiligenden Gottes – im epikletischen Anruf der Kirche – verwandelt wird. Und gerade die kosmologische Dimension der sakramentalen Handlungen ist der Grund dafür, dass die orthodoxen Theologen sich von der definitiven Bestimmung der Zahl der Sakramente distanzieren.

Sie sehen in der katholischen Tradition eine Art der arbiträren Zuordnung zur Heilsökonomie. Die dogmatische Empfindlichkeit für den sakramentalen Charakter des Kosmos ermöglicht ihnen keine strenge Abgrenzung der Sakramente von den Sakramentalien. Dies würde – ihrer Meinung nach – zu einer Depretiation der sakramentalen Funktion des ganzen Kosmos führen. Die ganze Welt ist – nach ihrer jahrhundertenlangen Tradition – ein Zeichen der schöpferischen und heilsbringenden Liebe Gottes, und deswegen muss man – in ihrer Sicht – die sakramentalen Situationen erweitern. Der Gedanke von der Sakramentalität des Kosmos verhilft ihnen dazu, die arithmetische Zahl der sieben Sakramente im guten Sinne zu relativieren. Denn sie ist eigentlich ‚nur' ein Symbol der Universalität im Heilswirken Gottes, das die ganze menschliche Existenz und die ganze Welt umfasst.

Die östliche Dogmatik spricht deswegen gerne – betont Hryniewicz – vom sakramentalen und symbolischen Charakter des ganzen christlichen Lebens. In seiner Ganzheit ist es ein Zeichen des Wirkens Gottes und der Gegenwart des heilbringenden Pascha- und Pfingstmysteriums. Es umfasst auch die Materie der Welt, weil durch sie sich die Vermittlung der Gnade des Heiligen Geistes vollzieht.[236]

Die Begründung für die symbolische Bedeutung der Zahl ‚sieben' in der sakramentalen Heilsökonomie und für die in ihr ausgedrückte Universalität der Wirkung Gottes baut Hryniewicz insbesondere – wie schon erwähnt – auf dem johanneischen Buch der Offenbarung auf. Die Apokalypse des Johannes verweist nämlich auf die Ambivalenz des menschlichen Daseins, das dem Einfluss der göttlichen Kräfte und derer des Bösen (symbolisiert durch die Zahl ‚sieben') ausgesetzt ist. Diese Auseinandersetzung findet ihr Ende am achten Tag der ‚neuen Schöpfung'. Der irdische Kampf ereignet sich aber in der Zeit der ‚ersten Schöpfung' – in der Zeit der Kirche, die sich in den lokalen Gemeinden verwirklicht (‚sieben Gemeinden'). In diesen Gemeinden kommt die siebenfache, d.h. allumfassende, Wirkung des auferstandenen Christus und seines Geistes zustande.

---

[236] Vgl. HRYNIEWICZ, Nasza Pascha z Chrystusem 338–339.

Hryniewicz neigt der orthodoxen Argumentation zu, indem er in den sieben Sakramenten Zeichen dafür sieht, dass die Heilswirkung Christi und des Geistes die ganze Schöpfung umfasst und sie verwandelt. Die Zahl ‚sieben' – meint er – ist eher das Symbol für die Kraft Gottes, die die ganze Schöpfung und die Ganzheit des menschlichen Lebens durchdringt. Denn die Sakramente konkretisieren ‚nur' die Wirkung des Pascha- und Pfingstmysteriums in den bestimmten Lebenssituationen der Menschen, und die genaue Zahl der Sakramente ist deswegen nicht das Wichtigste.[237]

Das Entscheidende ist seiner Meinung nach die Überzeugung von der universalen Wirkung des Pascha- und Pfingstmysteriums, die die Ganzheit der menschlichen Existenz – in allen ihren geistigen und leiblichen Dimensionen – umfassen kann. Die Heilsgabe Gottes erreicht den Menschen in seiner ganzen Existenz. Sie hat eine ‚greifbare Form' in den existenziellen Schlüsselmomenten, aber sie ist gegenwärtig und bildet eine sakramentale Situation überall dort, wo das Gottesleben das Leben des Menschen belebt und erneuert.[238]

In dieser Argumentation versuchte Hryniewicz der arithmetisch-juridisch bestimmten Zahl der Sakramente eine symbolische Bedeutung zu geben. Dadurch tritt seiner Meinung nach besser ins Licht, dass es nur eine Heilsgabe (*to mysterion* – das Grundsakrament) gibt, deren Quell das österliche Mysterium des Todes und der Auferstehung Christi und die Sendung des Heiligen Geistes ist. Die Zahl ‚sieben' bezeichnet zwar das sakramentale Zentrum der christlichen Existenz, aber durch den Geist Gottes kann alles – in der ganzen Vielfältigkeit der menschlichen Aktivität – zum ‚sakramentalen Heilszeichen' werden.

Hryniewicz hält diese dogmatischen Impulse der östlichen Tradition für bedeutungsvoll, weil sie die Erweiterung des Heilshorizontes und dessen Universalität – im kosmologischen Sinne – hervorheben. Er will aber dadurch den Glauben an die ‚bestimmten' Sakramente der Kirche und deren österliche Dimension nicht verringern.

B. Die pneumatologische Dimension der übrigen Sakramente

a) Remissio omnium peccatorum

Als *paenitentia secunda* ist das Sakrament der Versöhnung – bemerkt der Autor – eng mit der Taufe verwandt. In ihm wird gewissermaßen

---

[237] Hryniewicz verweist auf die Tendenz der katholischen Theologie nach dem II. Vatikanum, die eine gewisse Relativität des sakramentalen Septenariums registriert (vor allem: K. RAHNER, Was ist ein Sakrament? 83–84; L. BOFF, Kleine Sakramentenlehre 81–82). – Vgl. HRYNIEWICZ, Nasza Pascha z Chrystusem 340.
[238] Vgl. HRYNIEWICZ, Nasza Pascha z Chrystusem 339–340.

2.1 Der Geist als Vollender des Pascha-Mysteriums Christi

die österliche Dimension der Taufe verlängert. Der auferstandene Christus ruft nach der Umkehr und Verwandlung der ganzen Denkweise, und durch seinen Geist initiiert er den Weg des Suchens und des Entgegenkommens. Der Zusammenhang zwischen dem österlichen Geheimnis der Taufe und dem Bußsakrament erschließt also auch die pentekostale Dimension dieses Sakramentes.

Hryniewicz weist darauf hin, dass der Prozess der Befreiung aus der Sündensklaverei unter dem Wirken des Heiligen Geistes geschieht. Deshalb nennt ihn die Messliturgie „Vergebung aller Sünden" („Ipse est remissio omnium peccatorum")[239], weil ihm die Kraft der Sündenvergebung gehört: „Empfangt den Heiligen Geist! Wem ihr die Sünden vergebt, dem sind sie vergeben [...]" (Joh 20,22–23). Das Sakrament der Buße verwirklicht sich also unter dem schöpferischen Hauch des Geistes und dank seines reinigenden und verwandelnden Feuers.

Der Autor stützt sich auf das Zeugnis des Augustinus, der schon dem Heiligen Geist und der durch ihn in Einheit, Frieden und Liebe vereinigten Kirche die Vergebung der Sünden zugeschrieben hat.[240] Die pneumatologische Dimensionierung sieht er auch in der gegenwärtigen liturgischen Formel der sakramentalen Vergebung[241], die nicht mehr nur einen deklarativen Charakter hat, sondern einige epikletische Elemente mit einer deprekativen Ausdruckweise enthält und österlich wie trinitarisch strukturiert ist. Diese Formel zählt nämlich nicht nur den Tod und die Auferstehung Christi auf, sondern auch die Sendung des Heiligen Geistes. Im Zentrum der sakramentalen Buße bleibt also die wesentliche Bezogenheit auf die reinigende und die heiligende Funktion des Heiligen Geistes.

Auch in diesem Sakrament – betont Hryniewicz – durchdringen sich die christologische und die pneumatologische Dimension der Heilsgeschichte. Denn die Kraft der Vergebung, die durch die österliche Heilstat Christi gewonnen wurde, realisiert sich im Heiligen Geist. Er führt aber zu Christus zurück, indem er in diesem Sakrament die Welt überführt und aufdeckt, was Sünde, Gerechtigkeit und Gericht ist (vgl. Joh 16,8), und die Menschen mit dem Glauben an Christus wie mit der Stellungnahme zu seiner Person konfrontiert.

---

[239] Das Gebet: *Postcommunio* am Dienstag in der Pfingstoktave (Missale Romanum). Auch der Text der Tauferneuerung in der Ostervigil spricht vom Heiligen Geist, der uns die Vergebung der Sünden gibt („nobis dedit remissionem peccatorum" – ebd.).
[240] Z.B. Sermo 71, 13,23, in: PL 38,457: „*Spiritu Sancto in Ecclesia peccata solvuntur*"; auch: De baptismo III 17,22; VII 51,99, in: PL 43, 149.241. – Nach: HRYNIEWICZ, Nasza Pascha z Chrystusem 343.
[241] Rituale Romanum. Ordo paenitentiae (Romae 1974) Nr. 46; Obrzędy pokuty dostosowane do zwyczajów diecezji polskich (Katowice 1981) Nr. 46.

In diesem Sakrament wird deshalb – meint der Autor – die richtende Funktion des Geistes hervorgehoben. Diese Funktion des Heiligen Geistes – obwohl die Form der sakramental-liturgischen Vollziehung im Laufe der Geschichte einer ständigen Veränderung unterlag – ist seiner Meinung nach inhaltlich dennoch konstant geblieben. Der Wirkung des Heiligen Geistes verdankt sich die Verwandlung des menschlichen Inneren. Denn er ist der Herr, der lebendig macht und dessen Gericht ein heilsbringendes und rettendes Gericht ist.[242] Die Buße ist – unterstreicht Hryniewicz – die Gabe Gottes, welche mit der Erleuchtung, Tröstung und Freude des Heiligen Geistes (vgl. Gal 5,22) endet. Und der Mensch ist in diesem schwerfälligen Prozess der existenziellen Verwandlung nicht allein. Die Wirkung des Heiligen Geistes übertrifft sein Bemühen und sein flehendes Bitten, denn er „nimmt sich auch [...] unserer Schwachheit an [...]; tritt jedoch für uns ein mit Seufzen, das wir nicht in Worte fassen können" (Röm 8,26).[243]

b) Das Sakrament des Ordo

Hryniewiczs Anliegen ist es, eine möglichst korrelative Beziehung zwischen der Christologie und der Pneumatologie in der Frage des Amtes zu präsentieren. Zuerst wendet er sich der pneumatologischen Relativierung der christozentrischen Definition des Amtes und der pneumatologischen Hervorhebung des gemeinsamen Priestertums aller Christen zu.

Die Tatsache, dass der Heilige Geist alle Getauften zu einer gemeinsamen Partizipation am Mysterium des einzigen Priestertums im Neuen Bund, dessen Jesu Christi, befähigt, ist für ihn unbestritten. Er stützt sich auf die neutestamentlichen Aussagen von einem einzigen Priester, Jesus Christus, und vom priesterlichen Volk Gottes aller Christen (1Petr 2,5.9; Offb 1,6; 5,10; 20,6).

Die besonderen Dienste in diesem Volk – betont der Autor – nennt das Neue Testament nie als priesterliche Dienste. Die Geste der Handauflegung erteilte den gewählten Menschen die Fülle des Heiligen Geistes, damit sie die Führer und Hirten des Volkes Gottes werden konnten. Die neutestamentlichen Zeugnisse sprechen – seiner Meinung nach – auch nicht deutlich vom Vorsitz der Eucharistie durch diese Gewählten.

---

[242] Vgl. auch Edward MALATESTA, The Holy Spirit Accuses Us of Sin, in: OiCh (1980) 195–205; vgl. HRYNIEWICZ, Nasza Pascha z Chrystusem 344.

[243] Hryniewicz bemerkt, dass die individuelle Beichte in der katholischen Tradition mit der geistlichen Führung verbunden ist. In der östlichen Tradition ist die pneumatische und pneumatologische Dimension noch deutlicher, indem der ‚geistliche Vater' (*pneumatikos pater*) mit dem Heiligen Geist erfüllt sein muss, um ihn den anderen mitzuteilen. – Vgl. HRYNIEWICZ, Nasza Pascha z Chrystusem 343–344.

2.1 Der Geist als Vollender des Pascha-Mysteriums Christi

Die priesterliche Funktion fasst er mit dem apostolischen Dienst zusammen, welcher fest mit dem Mysterium der Auferstehung und dem Pfingstmysterium verbunden ist. Das Basieren des priesterlichen Dienstes auf dem Paschamysterium und der Pentekoste unterstreicht die Tatsache, dass er nicht das Eigentum der Kirche oder ihre unabhängige Initiative ist. Die Kirche lebt in der ständigen Abhängigkeit vom auferstandenen Christus. Von Christus nimmt die Kirche diese Aufgabe des apostolischen Dienstes an. Und vom Heiligen Geist kommt die Kraft und die Befähigung, sich dieser Aufgabe zu stellen. Er versichert auch die Dauerhaftigkeit dieses Dienstes in der Kirche.

Die Rolle des Geistes im Sakrament des Ordo beruht also vor allem auf der Befähigung der Teilnehmer am einzigen Priestertum Christi zur personalen Hingabe für den apostolischen Dienst. Denn ohne den Geist kann der Mensch sich nicht hingeben, so wie Christus, „der sich selbst kraft ewigen Geistes Gott als makelloses Opfer dargebracht hat" (Hebr 9,14)[244].

Dieses Angewiesensein des Menschen auf die Hilfe Gottes – betont Hryniewicz – drückt sehr deutlich die Zeremonie der Weihe aus, in der das epikletische Gebet um die Erfüllung mit dem Heiligen Geistes eine wichtige Rolle spielt. Der Autor unterstreicht die positive Wiedergewinnung der pneumatologischen Dimension im Ritus des Weihesakramentes, welche die liturgische Reform nach dem II. Vatikanum mit sich gebracht hat. Den pneumatologischen Sinn des Ritus bringt vor allem das epikletische Gebet um die Sendung des Heiligen Geistes und um die Aktualisierung des Pfingstmysteriums mit sich, in welchem die Kirche nach der Anwesenheit des Geistes ruft, um die Entscheidung richtig zu treffen, und die Geste der Handauflegung im Moment der sakramentalen Weihe, die ein deutliches Zeichen der Erteilung des Heiligen Geistes ist.[245]

---

[244] Hryniewicz plädiert für die pneumatologische Auslegung dieser Stelle, obwohl viele Exegeten eine solche Interpretation in diesem Sinne ablehnen. – Vgl. HRYNIEWICZ, Nasza Pascha z Chrystusem 345.

[245] Hryniewicz argumentiert mit den biblischen Stellen (Apg 6,6; 8,17; 13,3; 1Tm 4,14; 2Tm 1,6) wie auch mit der *Traditio apostolica* des Hippolyt von Rom: bei der Bischofsweihe: „*Nunc effunde eam virtutem, quae a Te est, principalis Spiritus, quem dedisti dilecto Filio tuo Iesu Christo, quod donavit sanctis apostolis [...]*"; bei der Priesterweihe: „*Spiritum gratiae et consilii*"; bei der Diakonweihe: „*Spiritum Sanctum gratiae et sollicitudinis et industriae*" (*Traditio apostolica* 2. 6–9).

Der Autor bemerkt in diesem Punkt auch, dass der epikletisch-pneumatologische Charakter der Weihe besonders in der östlichen Tradition hervorgehoben ist, wo die Epiklese als eine Bitte um die Sendung ‚der Gnade des Heiligen Geistes' für den Geweihten verstanden wird. Die östliche Tradition enthält die epikletischen Elemente auch beim Einführungsritus des Vorsitzenden in einem Kloster oder bei der monastischen Tonsur wie bei der Übergabe eines neuen Namens. – Vgl. HRYNIEWICZ, Nasza

Aus dem pneumatologischen Profil des Sakramentes leitet Hryniewicz seine These ab, dass das Sakrament des Ordo – in allen seinen Stufen – nicht punktualistisch verstanden werden kann. Denn die Epiklese dieses sakramentalen Geschehens dehnt sich auf das ganze Leben der Geweihten aus und wird zur Epiklese ihres ganzen Lebens.[246]

Die Wirkung des Geistes in diesem Sakrament – auch vor und nach dessen Empfang – bedeutet nach Hryniewicz also einen lebendigen geistlichen Prozess, der mit dem Moment der Erwählung und der Berufung der Kandidaten lediglich beginnt.

c) Das Ehesakrament

Hryniewicz verweist auf die Vielfalt der verschiedenen Theologien des Ehesakramentes in den christlichen Kirchen. Ein besonderer Unterschied zwischen der östlichen und der westlichen Tradition ist bemerkbar vor allem in der Rolle des Priesters bei der Eheschließung.

Der Osten betont, dass die Eheleute sich nicht selbst den sakramentalen Bund schenken, sondern durch den Dienst des Priesters, dessen Rolle der bei der Zelebration der Eucharistie gleicht. Das zentrale Moment der Eheschließung beruht in dieser Tradition nämlich auf der Krönung der Eheleute durch den Priester. Dieser Ritus hat einen pneumatologischen Sinn, denn die Kronen symbolisieren die sakramentale Pentekoste, die Sendung des Heiligen Geistes auf die Eheleute. Auch das priesterliche Gebet hat einen ausdrücklich epikletischen Charakter, der mit seinem Inhalt und seiner Gestalt ganz der eucharistischen Epiklese entspricht.

Hryniewicz versucht, in dieser Tradition die Inspiration für seine theologische Reflexion zu finden, die eine stärkere österlich-epikletische Dimensionierung des Ehesakramentes enthalten würde.[247] Die eheliche Liebe wird also vor allem als eschatologisches Zeichen der treuen Liebe Gottes betrachtet, die einzigartig im Mysterium Christi enthüllt wurde, und als Widerspiegelung des Bundes zwischen Christus und der Kirche (vgl. Eph 5,32). Im Sakrament der Ehe wird dieser gemeinsame Bund der Vermählten, die schon bei der Taufe mit der Gnade des Heiligen Geistes umfasst und in das Geschick des Auferstanden einbezogen wurden, in das Pascha- und Pfingstmysterium eingeschlossen. Die eheliche

---

Pascha z Chrystusem 346; siehe auch: R. HOTZ, Sakramente – im Wechselspiel zwischen Ost und West (Zürich 1979) 250–254.

[246] Vgl. HRYNIEWICZ, Nasza Pascha z Chrystusem 345.

[247] Er stützt sich auf die Beiträge von P. EVDOKIMOV, Sacrement de l'amour. Le mystère conjugal à la lumière de la tradition orthodoxe (Paris ²1977), J. MEYENDORFF, Marriage: An Orthodox Perspective (Crestwood 1970), Ph. SHERRARD, An Approach to the Sacrament of Marriage, in: Sobornost 6 (1972) 404–415.

Gemeinschaft wird demzufolge zum Zeichen des neuen durch das österliche Geheimnis Christi und das pfingstliche Mysterium durchdrungenen Lebens.

Die Rolle des Geistes im Ehesakrament platziert Hryniewicz bei der Aufgabe der Befähigung der Menschen zu ihrer personalen Hingabe im ehelichen Bund. Der Autor unterstreicht die personale Dimension des ehelichen Bundes, denn gerade auf dieser personalen Ebene kann der Heilige Geist die Menschen einander annähern und ihnen helfen, die Entfernung einer Person von der anderen, ihre gegenseitige Entfremdung und Einsamkeit zu überwinden.[248]

Dem Geist schreibt Hryniewicz die Rolle des Zeugen zu, der auf das verweist, worauf die einende Liebe Gottes beruht. Der Geist tritt sozusagen als Anwalt der Tatsache ein, dass die wahre menschliche Liebe ihre Quelle letztendlich in Gott hat, denn „ihre Gluten sind Feuergluten, gewaltige Flammen" (Hld 8,6). Diese biblische Symbolik des Feuers wird bei Hryniewicz übrigens auch im pneumatologischen Sinne interpretiert als Gegenwart des Geistes und seiner Gaben.[249]

Der Autor versucht weiter, mit dem eucharistischen Verwandlungsbild das pneumatologische Profil des Ehesakramentes zu vertiefen. So wie das Wasser in den Wein im eucharistischen Geschehen verwandelt der Heilige Geist in diesem Sakrament den menschlichen Eros in eine österliche, d.h. hingabefähige Liebe. Weil die Eheleute durch seine Wirkung ins Mysterium der Hingabe Christi für seine Kirche eingeschlossen werden, erschließt er ihnen die neuen Dimensionen der Liebe. Der Heilige Geist hilft den Eheleuten, den egoistischen Kreis der Selbstsuche zu durchbrechen, und bewahrt ihre eheliche Gemeinschaft vor der Einkreisung in sich selbst, indem er sie durch die charismatische Befähigung in eine ekklesiale Gemeinschaft (Hausgemeinde und Hauskirche) verwandelt.

Die Einschließung der Eheleute ins Mysterium Christi – betont Hryniewicz – ist die Teilnahme an allen Heilsgeheimnissen Christi, sowohl an seiner Inkarnation wie der Kreuzhingabe und Erhöhung, aber sie ist auch die charismatische Partizipation an der Heilssendung des Heiligen Geistes. Das österlich-pentekostale Panorama zeigt, dass die Eheleute nicht nur zum Kampf gegen die Fesseln des Egoismus gerufen sind,

---

[248] Der polnische Ritus hebt durch den Hymnus *Veni Creator*, der direkt vor dem liturgischen Akt der Eheschließung gesungen wird, die eigene Rolle und Wirkung des Heiligen Geistes in diesem Sakrament hervor. Der Geist ist der, der die sakramentale Gemeinschaft der Eheleute heiligt, ihre Liebe bekräftigt und sie zum Zeichen der Liebe Christi zu seiner Kirche macht.

[249] Vgl. HRYNIEWICZ, Nasza Pascha z Chrystusem 348.

sondern auch – hinsichtlich der verklärten Auferstehungswirklichkeit – zu Freude, Hoffnung und Optimismus inspiriert.[250]

Der Autor weist darauf hin, dass das Sakrament der Ehe in der pneumatologischen Deutung eher als eine charismatische Größe erscheint. Der Heilige Geist, der permanent das Geheimnis des verklärten Christus in der Kirche aktualisiert, zieht nämlich die Eheleute zu charismatischer Partizipation an dessen Mysterium heran. Diese Partizipation versteht sich als geisterfüllter Dienst am Aufbau des Leibes Christi, den die Eheleute durch ihren Glauben, ihre Gemeinschaft in Liebe und ihre gegenseitige Heiligung leisten können.

Die erforderliche Teilnahme am Mysterium Christi ‚im Geiste' folgt daraus, dass jeder Mensch nicht nur ein österliches, sondern auch ein ‚pneumatophorisches' und charismatisches Sein ist.[251] In diesem Sakrament, das als Anfang der ‚Hauskirche' zu interpretieren ist, bedarf der Mensch stets des eigenen Pfingsten, und die Heilswirkung des Heiligen Geistes ist hier erforderlich, weil die Gabe des Heiligen Geistes zu Pfingsten den Prozess der Entstehung der Kirche konstitutiv ergänzt hat.

Die östliche Tradition drückt – nach Einschätzung Hryniewiczs – in diesem Punkt deutlicher den Zusammenhang zwischen dem Ehesakrament und dem Mysterium der Pentekoste aus. Im Krönungsritus der Eheleute bittet der Priester Gott um die Sendung des Heiligen Geistes mit den Worten: „Herr, unser Gott, kröne sie mit Herrlichkeit und Ehre." Diese Worte (vgl. Ps 8,6; Hebr 2,7) bilden in dieser Tradition die eigentliche Epiklese des Sakramentes, durch welche sich ‚die eheliche Pentekoste'[252] aktualisiert. Sie knüpfen an das priesterliche Gebet Jesu im Johannesevangelium (Joh 17,22) an, in welchem die Herrlichkeit ein Ausdruck des in Auferstehung und Erhöhung gekrönten ganzen Lebens Christi und ein Zeichen der Geistoffenbarung ist, d.h. eine Manifestation ‚des pentekostalen Charismas der Einheit'[253]. Die biblischen Ausdrücke

---

[250] Diese Reflexion über die integrale österliche Logik der Theologie der Ehe übernimmt Hryniewicz von J. GRZEŚKOWIAK, Małżeństwo a misterium Chrystusa, in: AK 455–456 (1985) 190–206, bes. 200–201, 203–206. – Vgl. HRYNIEWICZ, Nasza Pascha z Chrystusem 350.
[251] HRYNIEWICZ, Nasza Pascha z Chrystusem 350.
[252] Nach: EVDOKIMOV, Sacrement de l'amour 203; DERS., La nouveauté de l'Esprit. Etudes de spiritualité (Bégrolles 1977) 229. – HRYNIEWICZ, Nasza Pascha z Chrystusem 351.
[253] EVDOKIMOV, Sacrement de l'amour 163. – Nach: HRYNIEWICZ, Nasza Pascha z Chrystusem 351.

Herrlichkeit und Ehre sind in diesem Zusammenhang die Bezeichnungen für die Gaben des Geistes. Die Eheleute erfahren nämlich die Herrlichkeit des Auferstanden als eigene Pentekoste, die sie in die Hauskirche verwandelt. Und die sakramentale Sendung des Geistes befähigt sie, ihre neue – persönliche und ekklesiale – Wirklichkeit zu gestalten.[254]

Die österliche und pentekostale Dimension der Ehe – setzt Hryniewicz fort – wird besonders durch die eucharistische Einbettung dieses Sakramentes betont. Die eucharistische Kommunion als Teilnahme am Pascha- und Pfingstmysterium ist eine definitive Bestätigung, dass die eheliche Gemeinschaft der Brautleute sich ins Mysterium Christi (vgl. Eph 5,32) verwandelt hat und zum Zeichen des eschatologischen Reichs Gottes geworden ist. Diese eschatologische Dimension bekräftigen – nach Einschätzung des Autors – die Gleichnisse Jesu vom hochzeitlichen Festmahl. Das Sakrament der Ehe wird in ihnen als prophetisches Zeichen der endgültigen Verwirklichung der Einigung zwischen Gott und Menschen verheißen. Es spiegelt sich im Sakrament also die eschatologische Zielsetzung der menschlichen Existenz wider, die im Mysterium des Pascha und der Pentekoste schon zur ewigen Freude und ewigen Liebe durchgeführt wurde.[255]

Bewusst unterstreicht Hryniewicz die prophetische und eschatologische Dimension des Ehesakramentes. In den Kategorien der Hoffnung und Erwartung ist seiner Meinung nach die ganze sakramentale Ökonomie der Kirche strukturiert. Und die Theologie des Heiligen Geistes kann sehr behilflich dabei sein, das Sakrament gerade auch in dieser Perspektive zu sehen – als eine ‚offene' Wirklichkeit, die auf der einen Seite einer stetigen Bemühung des Empfängers im Prozess der Reifung bedarf und auf der anderen Seite auf die Fülle der eschatologischen Freude hinweist.[256]

Diese eschatologische Ausrichtung des Ehesakramentes findet Hryniewicz bei der schon erwähnten Zeremonie ‚der Krönung mit Herrlichkeit und Ehre' in der östlichen Tradition. Die epikletische Formel bezieht sich hier nicht nur auf den Anfang der Schöpfung (der geschaffene Mensch mit der Herrlichkeit und Ehre Gottes gekrönt – vgl. Ps 8,6; Hebr 2,7), sondern auch auf die eschatologische Vollendung der Geschichte, indem die Völker „die Pracht und die Kostbarkeiten" („ten dóxan kai ten timèn" – Offb 21,26) in die Stadt Jerusalem bringen.[257] Es sind die

---

[254] Hryniewicz verweist auf die Zeremonie der Salbung der Eheleute in der koptischen Kirche, die diese pneumatologische Sensibilität liturgisch äußert und an das gemeinsame Priestertum aller Gläubigen erinnert.
[255] Vgl. HRYNIEWICZ, Nasza Pascha z Chrystusem 352.
[256] Vgl. HRYNIEWICZ, Nasza Pascha z Chrystusem 352.
[257] Die Parallele zu den Texten Ps 8,6 und Hebr 2,7, die von der Krönung der Schöpfungsanfänge sprechen, ist besonders im griechischen Text sichtbar.

Gaben der endgültigen Erfüllung, die dank der Kraft des Heiligen Geistes zustande kommen.

In dieser epikletischen Formel des ‚Krönungs-Ritus' sieht Hryniewicz eine gute Verbindung zwischen der ursprünglichen Wirklichkeit der Menschheitsgeschichte und ihrer Erfüllung und Vollendung in der eschatologischen Wirklichkeit des kommenden Pascha der Ewigkeit. Die ‚mysterienhafte' Vision der sakramentalen Ehe, d.h. mit dem österlichen und pentekostalen Mysterium eng verbunden, sollte aber nicht – betont Hryniewicz – den Eindruck einer Idealisierung wecken. Sie ist für ihn eine Vision der Hoffnung, dass der größte Realismus des Lebens sich dort verwirklichen kann, wo es keine Vermutung oder Erwartung gibt.[258]

d) Die Krankensalbung

Das Sakrament der Heilung hat seine pneumatologische Symbolik in der Zeremonie der Salbung. Die heilende Wirkung in der leiblichen wie in der seelischen Sphäre – betont der Autor – ist eine Wirkung des Heiligen Geistes. Dies bezeugen schon die frühchristlichen Gebete zur Ölweihung[259]. Auch der nach dem II. Vatikanischen Konzil erneuerte Ritus – bemerkt Hryniewicz – betont ausdrücklich die heilende, die Sünden vergebende Wirkung des Heiligen Geistes.[260]

Der Autor unterstreicht, dass die sakramentale Formel, die sich auf die altkirchliche Tradition der Anrufung des Heiligen Geistes bei der Weihe des Öls bezieht, sehr stark die christologische Dimension mit der pneumatologischen Dimension verbindet. Die letzte wird z.B. durch das – mit epikletischem Charakter versehene – begleitende Gebet bei der Ölsegnung betont: „emitte, quaesumus, Spiritum tuum Paraclitum de caelis in hanc pinguedinem olei"[261]. Im gleichen Maße ist die Geste der Handauflegung pneumatologisch zu deuten. Es wird also allein in der liturgischen Form des Sakramentes deutlich, dass die Krankensalbung die Gnade des Heiligen Geistes erteilt, welche dem ganzen Menschen auf dem Heilsweg hilft.[262]

---

[258] Vgl. HRYNIEWICZ, Nasza Pascha z Chrystusem 353.
[259] Z.B. das Weihegebet im *Euchologion des Serapion aus Thmuis (4 Jh.)*. – HRYNIEWICZ, Nasza Pascha z Chrystusem 354.
[260] „*Per istam sanctam unctionem et suam piissimam misericordiam adiuvet te Dominus gratia Spiritus Sancti (R. Amen), ut a peccatis liberatum te salvet atque propitius allevet*" (R. Amen). (Ordo unctionis infirmorum eorumque pastoralis curae. Rituale Romanum ex decreto Sacrosancti Oecumenici Concilii Vaticani II instauratum. Editio typica. Romae 1972 nr 76).
[261] Ordo unctionis infirmorum nr 75.
[262] Vgl. Ordo unctionis infirmorum nr 6. – Ähnliche Elemente findet man in der östlichen Liturgie, die auch einen starken epikletischen Charakter hat. Im früheren liturgischen Ritus des Ostens war die Versammlung der Gläubigen und die Anwesenheit der sieben Priester erforderlich, die betend – mit sieben Öllampen – die sieben Gaben des

Der epikletisch-pneumatologische Charakter des Sakramentes wird aber auch durch die ekklesiale und eucharistische Dimension des sakramentalen Geschehens unterstrichen. Das flehende Gebet der ganzen Kirche wie die gemeinschaftliche Zelebration während der eucharistischen Liturgie verdeutlichen nämlich sehr stark den österlich-pentekostalen Sinn des Sakramentes. Der Glaube des einzelnen Menschen wird getragen durch den Glauben der ganzen Kirche, dass der Kranke sich der heilenden Kraft Gottes öffnen kann. Diese Heilung[263] zielt dadurch – betont Hryniewicz – nicht in erster Linie auf die physische Erfahrung des Menschen, sondern auf den Weg des geistlichen Einstiegs in ein neues Leben, in die Freude und den Frieden des Heiligen Geistes. Denn die wahre Heilung besteht im Wesentlichen darin, dass der Mensch zum Übergang in das Leben des Reiches Gottes bekräftigt und seine Hoffnung wie seine Lebenserwartung erfüllt wird und dass er sich in der dunklen Stunde des Leidens als Zeuge Christi *(mártyros)* beglaubigen kann.

C. Andere ‚heilige Handlungen'

Hryniewicz bleibt – gemäß den Voraussetzungen seines Konzepts: einer integralen christlichen *Theologia paschalis* – offen für die Inspirationen aus der östlichen Tradition, die den sakramentalen Charakter des kirchlichen Lebens außerhalb der Sakramente – auch in vielen anderen Handlungen (Segnungen, Weihungen) – bekennt und pflegt. Er bespricht in seiner Studie einige ‚heilige Handlungen' der orthodoxen Liturgie, um durch diese Reflexion noch stärker die pneumatologische Dimension der Heilsökonomie und den epikletischen Charakter der sakramentalen Wirklichkeit der Kirche hervorzuheben.

Der Autor verweist auf den Ritus der Großen Wasserweihe („akolouthia tou Megálou Hagiasmatos") – den Hagiasmos, der eine ähnliche Struktur wie die eucharistische Anaphora: Präfation, Anamnese, Epiklese hat. Das geweihte Wasser ist ein Symbol des erlösten Kosmos; es ist Träger der Gnade und der Kraft des Heiligen Geistes. Ihm wird die reinigende, heiligende und heilende Wirkung zugeschrieben.[264]

Sakramentalen Charakter hat in der orthodoxen Kirche – bemerkt Hryniewicz – z.B. auch die Weihe des Chrisams am Gründonnerstag. Das

---

Heiligen Geistes veranschaulichen sollten. – Vgl. C. KUCHAREK, The Sacramental Mysteries: A Byzantine Approach. Allendale (N.J. 1976) 254–257; HOTZ, Sakramente – im Wechselspiel zwischen Ost und West 254–256. – Nach: HRYNIEWICZ, Nasza Pascha z Chrystusem 357.

[263] Die folgenden Gedanken übernimmt Hryniewicz von Alexander SCHMEMANN, Pour la vie du monde (Paris 1969) 126–127. – Siehe: HRYNIEWICZ, Nasza Pascha z Chrystusem 357.

[264] Vgl. HRYNIEWICZ, Nasza Pascha z Chrystusem 358.

Weihegebet ist analog zur eucharistischen Epiklese zu sehen. Die Heiligung durch den Heiligen Geist macht das Chrisamöl zur Quelle der göttlichen Energien.[265] Das geweihte materielle Element verbirgt in sich und vermittelt – dank des Heiligen Geistes – die reale Gegenwart der verwandelnden Energien Gottes, die die Heiligung der Menschen und durch sie die Verwandlung des ganzen Kosmos vollziehen.

Auch in der Tempelweihe (Altarweihe) und in der Ikonenweihe sieht Hryniewicz einen starken epikletischen Aspekt dieser sakramentalen Handlungen der östlichen Kirche. Besonders in der Theologie der Ikone wird die ‚pneumatophorische' Zeichenhaftigkeit und die eschatologische Dimension unterstrichen.[266]

Diese Beispiele der östlichen Tradition verstärken die dogmatische These des Autors, dass das ganze sakramentale Leben der Kirche sich unter dem Zeichen des Pascha und der Pentekoste befindet. Die östliche Theologie, die allen ‚heiligen Handlungen' der Kirche einen epikletisch-flehenden Charakter zuschreibt, macht nämlich deutlich, dass die sakramentale Pentekoste und das Paschamysterium unzertrennlich sind. Das epikletische Sakramentenverständnis enthüllt auch deutlicher den Glauben an die immerwährende Wirkung des Geistes in der Kirche. Es bestätigt die Überzeugung des Irenäus: »Ubi enim Ecclesia, ibi et Spiritus Dei«.

Hryniewicz ist überzeugt davon, dass die Tradition des Ostens – durch ihre erhöhte Empfindlichkeit für die pentekostal-epikletische Dimension der Heilsökonomie – der westlichen Theologie eine notwendige Korrektur bieten kann, um gemeinsam ein kompaktes integrales Modell der Sakramentenlehre zu entwerfen.

2.1.3.6 Die Gültigkeit und die Anerkennung des Sakramentes in der christologisch-pneumatologischen Perspektive: »*Supplet Christus, supplet Spiritus Sanctus*«

Die Problematik der Gültigkeit und der Anerkennung des Sakramentes verbindet Hryniewicz strikt mit der Theologie von der Kirche als dem Grundsakrament, in das sich die Ökonomie Christi und des Geistes verlängert und welches alle sakramentalen Heilssituationen in sich umfasst. Er ist der Meinung, dass die Pneumatologie in diesem Punkt

---

[265] Dies bezeugen – nach Hryniewicz – auch einige Kirchenväter, z.B. CYRILL VON JERUSALEM (Catech. myst. III 3, in: SCh 126,125) oder GREGOR VON NYSSA (In bapt. Christi, in: PG 46, 581). Sie sehen in der Wandlung des Öls und des Wassers eine Analogie zur eucharistischen Wandlung. – Siehe: HRYNIEWICZ, Nasza Pascha z Chrystusem 358.

[266] Vgl. HRYNIEWICZ, Nasza Pascha z Chrystusem 359.

eine Sicht fordert, die bei weitem eine strikte juridisch-kanonische Problematik übersteigt und sich an einer mysterienhaften Perspektive des Heiles orientiert. Bei der Frage der Gültigkeit der Sakramente versucht der Autor deswegen, sich in dieser breiteren theologischen Sichtweise zu bewegen.

Das Entscheidende für die Eucharistiefeier und die Spendung aller Sakramente kann seiner Meinung nach nicht in der Person eines solchen Spenders liegen, dessen Priesterweihe nur aufgrund verschiedener – meistens unverschuldeter – Umstände nicht gültig war und gemäß dem geltenden Recht für ungültig erklärt wird. Hryniewicz meint, dass in der nachtridentinischen Theologie der Begriff der Gültigkeit der Sakramente eine zu juridische Interpretation annahm. Denn der dienende Charakter des Amtes, dessen Bezogenheit auf Christus, auf den Heiligen Geist und auf die Kirche wie der Zusammenhang zwischen dem Auferstandenen und der ganzen Gemeinschaft der Gläubigen wurde nicht ausreichend berücksichtigt. Er ist überzeugt davon, dass die Theologie des Frühchristentums eine Korrektur der juridischen Sichtweise bringen kann.

In der *Traditio apostolica* Hippolyts findet Hryniewicz z.B. das Zeugnis von der Priesterweihe der Bekenner, denen die Würde des Priestertums aufgrund ihres Bekenntnisses zukam. Die Christen pflegten nämlich damals die Meinung, dass die mutigen Zeugen des Glaubens in besonderer Weise die Träger des Heiligen Geistes sind, und dass er ihnen angesichts der Lebensgefahr die Kraft für das öffentliche Bekenntnis verliehen hat. Auf diese Weise wurde den Bekennern das Charisma des Priestertums ohne Handauflegung zugeschrieben. Der Priester ohne Weihe konnte die eucharistische Liturgie also im gleichen Maße wie ein geweihter Priester leiten.[267]

Dieses Faktum bezeugt dem Autor die große Offenheit des Frühchristentums, die noch in den mittelalterlichen Zeugnissen spürbar ist, für die verschiedenen Weisen der Wirkung des Heiligen Geistes in der Kirche. Insbesondere das Zeugnis von Symeon dem Neuen Theologen (949–1022) ist ein klarer Beweis dafür, wie lebendig in der östlichen Kirche die pneumatologische Konzeption des kirchlichen Dienstes war.

Dieser große Charismatiker und Mystiker der byzantinischen Kirche meinte, dass nur derjenige, der das Licht des Heiligen Geistes erhalten habe, die Gaben des Geistes an die anderen verteilen könne. Aus der eigenen geistlichen Erfahrung lehrte er, dass die priesterliche oder bischöfliche Würde nichts von Bedeutung hat, wenn die Erfahrung des

---

[267] TRADITIO APOSTOLICA 8. – Hryniewicz legt hier die Beweise aus der Frühgeschichte des Christentums für eine Zelebration der Eucharistie nicht nur durch die Bekenner vor, sondern auch durch die Charismatiker, Propheten und Lehrer (DIDACHÈ 9–10; 14,1; 15,2; 1 Clem. 44, 4–6). – Siehe: HRYNIEWICZ, Nasza Pascha z Chrystusem 362.

Heiligen Geistes diese Personen nicht begleitet. Ohne den Heiligen Geist war für ihn das Sakrament leer. Deshalb brandmarkte er sehr scharf den Vollzug der priesterlichen Funktionen als einer nur kirchlichen Würde.[268]

Obwohl seine Behauptung bezüglich der Bevollmächtigung zur Vergebung der Sünde, die er mit dem sakramentalen Priestertum als solchem nicht verbunden sah, umstritten bleibt[269], ist sein Zeugnis für Hryniewicz von großer Bedeutung. Denn er hat das pneumatologische Prinzip des Charismas der Liebe hervorgehoben, welches sich in der Heiligkeit des Lebens des Spenders äußern sollte, um die Erfüllung seines Lebens mit den Gaben des Heiligen Geistes zu bezeugen.

Auch in der westlichen Kirche des Mittelalters sieht Hryniewicz die Spuren dieser ‚pneumatologischen Offenheit' – und nicht nur beim Thema der Wirksamkeitsergänzung der sakramentalen Gnade, sondern auch hinsichtlich der Möglichkeit des liturgischen Dienstes eines Vorstehers, der keine sakramentale Priesterweihe erhalten hatte. Man akzeptierte im Westen diese sozusagen außerordentliche, quasi mystische oder übernatürliche, ‚Ordination'.[270]

Obwohl die Verifikation der Sakramente in solchen Fällen für die Kirche unmöglich war, ist es aus dogmatischer Sicht – betont der Autor – von großer Bedeutung, dass das Empfinden bei den Menschen damals für einen konstitutiven Zusammenhang zwischen den Sakramenten und der Gemeinschaft der Glaubenden wie dem geistlichen Erbe der ganzen Kirche ganz lebendig bewahrt war.

---

[268] Catech. 33, in: SCh 113, 255. 257. 265; Tract. ethic. 15, 190–194, in: SCh 129, 459. – Nach: HRYNIEWICZ, Nasza Pascha z Chrystusem 363.

[269] In der Frage der Sündenvergebung suchte SYMON DER NEUE THEOLOGE eine radikal charismatische Lösung, die ganz autonom von den christologisch-hierarchischen Strukturen war. – Vgl. HRYNIEWICZ, Nasza Pascha z Chrystusem 363–365.

[270] Als Beispiel führt Hryniewicz die Aussage von der Weihe Benedikts (12 Jh.) an: *„invisibiliter et divinitus [. . .] a Pontifice et Episcopo episcoporum"*.
 – Wie SYMEON DER NEUE THEOLOGE im Osten von der direkt vom Heiligen Geist stammenden Priesterweihe sprach, so hatte der Westen – um dasselbe Ziel (die Erklärung ‚der direkten Ordination' der ungeweihten Priester) zu erreichen – christologisch argumentiert: die Weihe, die allein von Christus dem Hohenpriester kommt.
 Interessant findet Hryniewicz die Setzung der Akzente: im Osten eine pneumatologische Lösung, im Westen – überwiegend – eine christologische Argumentation. Es fehlte aber im Westen die pneumatologische Argumentation nicht ganz. PETRUS DAMIANI z.B. (1059 - sein Zeugnis) glaubte, dass die Sakramente, die durch die – aufgrund der Simonie – unwürdigen Priester zelebriert wurden, ihre Gültigkeit behalten. Der Wert der Sakramente kommt – seiner Meinung nach – nämlich nicht nur *ex ordine ecclesiasticae institutionis*, sondern auch *ex invocatione divini nominis*. – HRYNIEWICZ, Nasza Pascha z Chrystusem 365–366.
 Man sieht also in diesem beispielhaften Zeugnis eines Theologen, dass auch im Westen das Gefühl für die epikletische Struktur der Heilswirklichkeit in der Kirche bewahrt wurde.

2.1 Der Geist als Vollender des Pascha-Mysteriums Christi

Die scholastischen Theologen haben z.B. geraten, in einer Notsituation die Sünden vor einem Laien zu bekennen.[271] Solche Entscheidungen wurden in der geistigen Solidarität aller Glaubenden, in ihrer Einheit im Glauben und in der Liebe, begründet. Sie folgten aus der Überzeugung, dass in einigen Heilssituationen die sakramentale Gnade auch ohne den Vollzug des Sakramentes in den Menschen wirksam ist.

In der Formulierung *Christus supplet* wurde bei den mittelalterlichen Theologen demgemäß der Glaube an die ergänzende Kraft Gottes für die Wirksamkeit oder Gültigkeit der Sakramente ausgedrückt.[272] Albertus Magnus (1200–1280) aber hat diese christologische Formel auch pneumatologisch und ekklesiologisch erweitert: *supplet Spiritus Sanctus, supplet Ecclesia*. Bei der ungültigen Priesterweihe des Spenders, meinte er, wirkt der Heilige Geist selbst, der die Kirche belebt und ihre unverschuldeten Mängel nivelliert. Der ‚nicht-geweihte' Spender hat nämlich seine Vollmacht vom Heiligen Geist („potestas a virtute Spiritus Sancti"), der ihn zur eucharistischen Zelebration befähigt.[273]

Bemerkenswert in der mittelalterlichen Theologie ist für Hryniewicz, dass sie das Sakrament und die kirchlichen Handlungen im Kontext eines grundlegenden Zusammenhangs zwischen dem Auferstandenen wie dem Heiligen Geist und der ganzen Gemeinschaft der Kirche gesehen hat. In dieser Sicht wurde der Vorrang nicht den formal-juridischen Kategorien gegeben, sondern dem soteriologischen Motiv. Das Problem der Gültigkeit der Sakramente wurde infolgedessen nicht eng juridisch – wie später in der nachtridentinischen Zeit – formuliert.

Das Entscheidende war im Mittelalter – meint er – das Motiv des geistlichen Gutes der Kirche. Die Kirche hat die mit einigen Mängeln zelebrierten Sakramente (besonders im Fall der ungültigen Weihe des Spenders) als authentisch, wertvoll und wichtig für die allgemeine Fruchtbarkeit der Gemeinschaft der Glaubenden bewertet, weil es nicht so sehr um die Frage der Gültigkeit ging, sondern vielmehr um die Authentizität des Sakramentes.[274]

---

[271] Z.B. ALBERT DER GROSSE, In IV Sent. dist. 17 a. 58–59. – Nach: HRYNIEWICZ, Nasza Pascha z Chrystusem 366.

[272] So meinte z.B. THOMAS VON AQUIN im Fall einer ungültigen Weihe des Spenders: „*Sed tamen pie credi potest quod quantum ad ultimos effectus sacramentorum Summus Sacerdos suppleret defectum, et quod non permitteret hoc ita latere, quod Ecclesiae posset periculum imminere*" (STh Suppl. q. 35 a. 3 ad 2 = In IV Sent. dist. 24 q. 1 a. 2). – Nach: HRYNIEWICZ, Nasza Pascha z Chrystusem 367.

[273] „*Talis nullum habet ordinis characterem: tamen puto quod conficiat sacramenta, non in potestate sua, sed in potestate Ecclesiae [...] Descendit enim tunc a virtute Spiritus Sancti vegetantis Ecclesiam potestas in illum, ne Ecclesia decipiatur, et istum excusat ignorantia invincibilis*" (In IV Sent. dist. 24 a. 30 ad 2). – Nach: HRYNIEWICZ, Nasza Pascha z Chrystusem 367.

[274] Vgl. HRYNIEWICZ, Nasza Pascha z Chrystusem 367–368.

Diese Tendenz wurde – nach Einschätzung Hryniewiczs – durch die Entwicklung der autonomen Kanonistik und durch die Juridisierung der sakramententheologischen und ekklesiologischen Begriffe beendet. Im Vordergrund der theologischen Reflexion stand nicht mehr die Zielsetzung der Sakramente (das geistliche Gut der ganzen Kirche), sondern ihre ontologische Wirklichkeit. Verkannt wurden in der nachtridentinischen Theologie die patristischen (und noch im Mittelalter lebendigen) Gedanken, die den Zusammenhang zwischen den Sakramenten und der Kirche (die Einheit im Glauben und in der Liebe) als konstitutiv sahen und das allgemeine geistliche Gut aller Glaubenden bevorzugten.

Die Patristik kann nach Hryniewicz sehr fruchtbar für die heutige Sakramentenlehre sein, wenn sie sich im Fall eines Mangels in der sakramentalen Wirklichkeit der Kirche an ihrer grundlegenden Überzeugung von der ergänzenden Kraft Christi und des Heiligen Geistes orientieren würde. Diese Sicht – teilweise in der Geschichte akzeptiert – könnte heute z.b. eine breitere Perspektive geben für die ökumenische Verständigung in der Frage der gemeinsamen Eucharistie oder der Anerkennung der geistlichen Ämter, die aus der Reformation hervorgingen.[275]

2.1.3.7 Der Geist in der liturgischen Erfahrung des österlich-pentekostalen Mysteriums

Hryniewicz schließt sich der östlichen Vorstellung an, welche – aufgrund der engen Verbundenheit zwischen der Erfahrung der Erlösungstat Christi mit den liturgischen Zelebrationen der Sakramente – die Christen als ‚Freunde des Festes' und als ‚das Fest Liebende' bezeichnet.[276]

---

[275] Hilfreich für die Lösung dieser ökumenischen Frage kann nach Hryniewicz die soteriologische und pneumatologische Interpretation von zwei Prinzipien sein: des Prinzips der Rezeption, das sich der ursprünglichen Wirklichkeit der Kirche zuwendet, und des Prinzips der Ökonomie *(ekklesiastikè oikonomía)*. Die beiden Prinzipien ermöglichen, das zu entdecken, was kraft der Heilswirkung Christi und des Geistes in Fülle ergänzt wurde. Sie können also nicht etwas zum Dasein berufen, was nicht existiert hat. – Vgl. HRYNIEWICZ, Nasza Pascha z Chrystusem 369.
  Siehe auch: DERS., Recepcja jako problem ekumeniczny, in: Recepcja, nowe zadanie ekumenizmu (Lublin 1985) 9–36; DERS., Zasada „ekonomii eklezjalnej w życiu i teologii prawosławia", in: RTK 6 (1981) 137–152.
  Bei der Diskussion über die dauernde presbyteriale Kontinuität in einigen reformatorischen Kirchen fragt Hryniewicz, ob der Unterschied zwischen der Priesterweihe und der Bischofsweihe das Wesen des Sakramentes betrifft, wenn z.b. die Spendung der Firmung in der östlichen Tradition durch einen Priester garantiert ist. – Vgl. HRYNIEWICZ, Nasza Pascha z Chrystusem 370.

[276] Hryniewicz findet diese Benennungen beim östlichen Laudesgebet am 18. Januar (das Fest des Athanasius und des Cyrill von Alexandrien) und am 17. Februar (das Fest des Theodor). – Siehe: HRYNIEWICZ, Nasza Pascha z Chrystusem 371.

2.1 Der Geist als Vollender des Pascha-Mysteriums Christi

Die Zelebration der Liturgie, der Lobpreis, die Danksagung ist auch für Hryniewicz die treffendste Stellungnahme des Menschen zum göttlichen Mysterium. Das sakramentale Leben, das den Menschen zu solcher Stellung erzieht, ist gewissermaßen eine Prüfstelle für die Tiefe des Glaubens, der die sichtbare Dimension der Zeichen überwinden muss, um sich der mysterienhaften Wirklichkeit anzunähern.

Die Liturgie versteht Hryniewicz nämlich als eine stetige Einladung zum Hineingehen »in das Innere hinter dem Vorhang« (Hebr 6,19) – im Sinne des augustinischen »Quaere super nos«[277]. Sie ist der ertragreichste Ort für die Erfahrung des Mysteriums und das Erlebnis seiner Nähe. Dies bezieht sich vor allem auf die erlebnisvolle Erfahrung des Pascha Christi und des Pfingst-Mysteriums des Heiligen Geistes. Die beiden Mysterien in ihrer Ganzheit sind nämlich der Grund für die liturgische Erfahrung des Geheimnisses Gottes, das am vollsten in der Person und in der Tat Jesu Christi offenbart wurde.

Hryniewicz unterstreicht in seinem Entwurf die Tatsache, dass das Sakrament der Eucharistie das Herz der christlichen Liturgie ist, weil in der eucharistischen Feier die volle Katholizität der Kirche als *communio sanctorum* erscheint und aufgrund der Überschreitung der Zeit- und Raumgrenzen die kosmische Dimension der liturgischen Zelebration deutlich sichtbar wird.

Die Liturgie ist in dieser Sicht – betont der Autor – nicht nur die Proklamation des Glaubens, sondern auch dessen Zelebration, die als privilegierte Weise des Erkennens (durch Teilnahme und Erfahrung) den Kontakt zur unsichtbaren Welt herausstellt. Hryniewicz belegt dieses Liturgieverständnis mit der lukanischen Szene aus Emaus (Lk 24). Die Zelebration des Mahles wird bei Lukas nämlich zur Quelle der neuen Erkenntnis für die Glaubenden.

Auch sich auf Gregor den Großen stützend, bestätigt Hryniewicz die Relevanz der christlichen Erkenntnis auf dem Glaubensweg, welche in der liturgischen Handlung zu vollziehen ist: „Deum quem in Scripturae sacrae expositione non cognoverant, in panis fractione cognoscunt. Audiendo ergo praecepta Dei illuminati non sunt, faciendo illuminati sunt"[278].

Die Liturgie ist für Hryniewicz auch ein wichtiger Ort der Vertiefung des Glaubens. Sie weckt das gemeinschaftliche Gefühl des Glaubens; sie führt zur altruistischen Kategorie des »Wir« im existenziellen Dasein und

---

[277] CONFESSIONES X 6, in: PL 32, 783. – Nach: HRYNIEWICZ, Nasza Pascha z Chrystusem 372–373.
[278] Hom. 23 in Ev., in: PL 76, 1182–1183. – Nach: HRYNIEWICZ, Nasza Pascha z Chrystusem 374.

Tun der Glaubenden und zum neuen Stil des Lebens, der dem Pascha-Mysterium Jesu Christi entspricht. Dieses Neue ist die christliche Schönheit, die aber jeden Ästhetizismus übersteigt, weil sie durch das österliche Geheimnis Christi zu einer befreienden Größe geworden ist. Es ist die Schönheit, meint der Autor, welche die verborgene Strahlkraft des Menschseins absichert.[279]

Eine der Aufgaben der *Theologia paschalis* sieht Hryniewicz in der Vertiefung des Sinnes für das Feiern. Die Idee des Festes, die in den zahlreichen patristischen Zeugnissen ihren Inhalt hat, scheint ihm von großer Bedeutung zu sein. Denn das Pascha-Mysterium ist nicht nur der mühsame Kampf, das Leiden, sondern auch die Freude, das Fest, der große Durchbruch, die Hoffnung und der existenzielle Sinn.[280]

Der Autor plädiert für eine Theologie der Liturgie, die zugleich eine Theologie der Schönheit sein könnte. Die geistige Schönheit ist für ihn ein Symbol der Harmonie in der sich verwandelnden Neuen Welt, deren Ursprung im verklärten Menschsein des Auferstandenen verankert ist.[281] Das christliche Fest definiert Hryniewicz dementsprechend als Ausdruck der Realität und der Schönheit der Neuen Welt und die Liturgie als mystagogische Handlung, die das Geheimnis des menschlichen Geschicks direkt berührt.[282]

Dem Heiligen Geist – betont der Autor – kommt in der sakramental-liturgischen Feier eine wichtige Rolle zu, denn er ist gerade jener, der diese Schönheit des verklärten Menschseins enthüllt. Im auferstandenen Christus enthüllt er die Sphäre der göttlichen Schönheit und Glorie. Der Gekreuzigte strahlt nach der Auferstehung mit der Kraft und Schönheit seines verklärten Leibes aus (vgl. Phil 3,21). Somit ist sein durch den Heiligen Geist durchdrungenes Menschsein für alle Menschen anziehend, befreiend und verwandelnd.

---

[279] Vgl. HRYNIEWICZ, Nasza Pascha z Chrystusem 372–374. – Zur altruistischen Kategorie des »Wir« siehe auch: DERS., Paradoksy chrześcijańskiej tożsamości, in: Więź 5 (1981) 100–113.

[280] *'Der auferstandene Christus macht das Leben der Menschen zum immerwährenden Fest'* – gerade so formulierten, nach Hryniewicz, viele Kirchenväter ihre Glaubensüberzeugung. Deshalb wurde in der patristischen Literatur z.B. das Grab Jesu so oft mit der Hochzeitskammer verglichen, um zu verdeutlichen, dass der Trauerort zum Quell der unbeschränkten Freude wird, die sich in der Erfahrung der menschlichen Liebe und des menschlichen Glücks ausdrückt. – Vgl. HRYNIEWICZ, Chrystus nasza Pascha 450[140].

[281] Das sonntägliche Laudesgebet der Orthodoxen preist Christus mit der Kategorie der Schönheit: „Du bist aus dem Grab auferstanden, o Christe, strahlend mit deiner Schönheit" – zit. nach: HRYNIEWICZ, Nasza Pascha z Chrystusem 375.

[282] Vgl. HRYNIEWICZ, Nasza Pascha z Chrystusem 375.

2.1 Der Geist als Vollender des Pascha-Mysteriums Christi

Der Heilige Geist – unterstreicht Hryniewicz – ‚aktiviert' in den Christen nicht nur das mühsame Engagement und Mitwirken mit dem Auferstandenen, sondern er enthüllt in ihnen auch die Kraft der Freude und lässt ihnen das Gefühl des Befreit-Seins und des Feierns erfahren.

Für Hryniewicz ist die verklärte Welt nach der Auferstehung Christi nicht nur mit ästhetischen Kategorien zu beschreiben. Er sieht im verklärten und befreiten Menschsein Christi eine ontologische Dimension, welche besagt, dass die ganze Menschheit in die göttliche neue Ordnung hineingezogen ist.[283] Der Sinn der christlichen Zelebration des Festes liegt nämlich in der befreienden Botschaft von der Hoffnung auf eine bessere Welt, in der Gerechtigkeit und Wahrheit walten. Deshalb kann die Zelebration der Sakramente nicht nur auf der intellektuellen Akzeptanz der Wahrheit beruhen, sondern soll den ganzen Menschen engagieren.

Hryniewicz bekräftigt seine Behauptung mit den Bildern von J. Moltmann und Hippolyt von Rom, dass mit der Auferstehung Christi »das Lachen der Erlösten« und »der Tanz der Befreiten« begann[284]; denn der Auferstandene ist zum »Vortänzer im mystischen Reigen« und die Kirche »zur mit ihm tanzenden Braut« geworden[285].

Durch diese poetischen Ausdrücke ist gesagt, so meint Hryniewicz, dass die Erfahrung des Heilsmysteriums längst die objektive Information übersteigt. Die Tradition des Ostens kann deswegen – seiner Meinung nach – dem Westen sehr behilflich sein, indem sie den mystischen und erlebnisvollen Charakter der österlichen Liturgie stark unterstreicht und die menschliche Freude ins festliche Lied, den Tanz und das Lachen einzuverleiben versucht.[286]

Wenn das christliche Fest als Manifestation der Schönheit – setzt der Autor fort – ein Zeichen des Befreit-Werdens und ein Ausdruck der Beherrschung des schwerfälligen menschlichen Geistes wie ein Schritt in die Richtung der zwischenmenschlichen Gemeinschaft und Freundschaft ist, dann sollte das zelebrierte Pascha – einerseits – den Menschen helfen, die Größe und die Tiefe des Mysteriums Gottes wie die Schönheit der Neuen Welt zu erahnen und zu erfahren, und – andererseits – von ihnen den Enthusiasmus und die Kunst des Herausgehens aus sich

---

[283] Hryniewicz übernimmt hier den Gedanken von Paul TILLICH, der das Neue Leben als »neues Sein«, im Menschsein Christi geoffenbartes, bezeichnet (The New Being, New York 1955). – Siehe: HRYNIEWICZ, Nasza Pascha z Chrystusem 376.

[284] Jürgen MOLTMANN, Kirche 129; DERS, Die ersten Freigelassenen 35. – Nach: HRYNIEWICZ, Nasza Pascha z Chrystusem 377.

[285] HIPPOLYT VON ROM – zit. nach: Hugo RAHNER, Der spielende Mensch (Einsiedeln ⁵1960) 44. – In: HRYNIEWICZ, Nasza Pascha z Chrystusem 377.

[286] Vgl. HRYNIEWICZ, Nasza Pascha z Chrystusem 377.

selbst und aus dem Kreis des Eigenen fordern, um die Macht des Todes und der Sünde gewissermaßen vergesslich zu machen.

Die Fähigkeit zum Feiern ist für Hryniewicz also ein Zeichen der Sehnsucht nach Gott und seiner Anwesenheit auf dem existenziellen Weg des Menschen, welches aber ein Verständnis für die Mehrdimensionalität des Lebens fordert, denn die Erfahrung des lebendigen Gottes kann – seiner Meinung nach – nicht nur auf der Ebene der puren Rationalität gelingen.

Das Ziel des christlichen Festes platziert der Autor an der authentischen Verwandlung des Lebens. Wie das Pascha Jesu Christi den Tod überwunden hatte, so sollte das eucharistische Fest der Christen der Aufruf zur fortdauernden Verwandlung und Erneuerung des Glaubensweges sein.

Das Fest des Neuen Pascha als Fest des verwandelten und verklärten Menschseins Jesu führt nämlich die Welt in die schöpferische Kraft des Geistes ein. Der Mensch kann die neue Kraft schöpfen, denn der Geist löscht jede Verzweiflung und Resignation und weckt Enthusiasmus, Spontaneität, Freude und die Überzeugung von der Anwesenheit Gottes, der dem Menschen die neuen Energien schenken will.

Hryniewicz unterstreicht die Tatsache, dass die Freude des Festes den Sinn des Lebens zu enthüllen und die mühsame Arbeit des Menschen zu rechtfertigen vermag. Die gemeinsame Feier kann nämlich den Menschen von der schmerzhaften Einsamkeit befreien und die Sehnsucht nach dem wahren Menschsein wecken. Die festliche Freude bringt mit sich auch eine sakramentale Verwandlung der Zeit und verheißt die ewige Freude. Da die historische Zeit sich in ein Mysterium der eschatologischen Zeit verwandelt, wird also jedes Fest, das die Neue Pentekoste sakramental verwirklicht, zum *Sakrament der Zeit*.[287]

Die österlich-pentekostale Optik führt den Autor dazu, als das Zentrale des christlichen Glaubens zu bezeichnen, dass der auferstandene Christus und der Heilige Geist der Grund für das Feiern der Menschen sind. Es bleibt natürlich die Erinnerung an den Gekreuzigten, die dem christlichen Fest den realistischen Rahmen gibt, aber die Dynamik der Auferstehung Christi verwandelt zugleich das Leben der Christen zum immerwährenden Fest. Hryniewicz ist überzeugt davon, dass nur die Verbindung zwischen dem Gehorsam des Kreuzes und der Glorie der Auferstehung das christliche Fest glaubwürdig und illusionsfrei machen kann. Das immerwährende Fest der Christen vermag dadurch auch diese Dimensionen der menschlichen Existenz einzuschließen, die als deutliche

---

[287] Hier bezieht sich Hryniewicz auf einen Gedanken des orthodoxen Theologen Alexander SCHMEMANN (Pour la vie du monde – Paris 1969, 66. 69). – Vgl. HRYNIEWICZ, Nasza Pascha z Chrystusem 379.

2.1 Der Geist als Vollender des Pascha-Mysteriums Christi 231

Negation des Festes zu bleiben scheinen (vgl. 1 Kor 3, 21–23; Röm 8, 35–36). Der Grund für den christlichen Optimismus und die Freude ist aber die Erinnerung an den Auferstandenen, die das Fest – auch angesichts des Todes – feiern lässt. Das christliche Fest hat nämlich seine Verlängerung – pointiert der Autor – im ‚eschatologischen Tag', der nie endet.

Bei F. Dostojewski findet Hryniewicz die beeindruckenden Worte, dass »die Schönheit die Welt retten wird« („krasota spasiot mir"[288]). Diese Formulierung hilft ihm, seine These zu bekräftigen, dass die rettende Schönheit in der Kraft des durch den Heiligen Geist verwandelten Menschseins Christi und in seiner Heiligkeit zu finden ist. Der Christ – setzt Hryniewicz seine These weiter fort – kann nicht nur am Leiden und Tod seines Herrn teilnehmen, sondern auch an der Schönheit und Freude seiner Auferstehung und Verklärung. Die Rettung der Welt durch die Schönheit heißt nämlich die Wiedergewinnung des Abbildes Gottes im Menschen kraft des Auferstandenen und des Heiligen Geistes, die das Leben des Menschen zum wahren und befreienden Fest macht. Und die Kirche verwirklicht sich immer dort, wo der Mensch die wahre Freude im Heiligen Geist findet (vgl. Röm 14,17), denn die Freude ist eine der Früchte des Geistes (vgl. Gal 5,22). Als dankbare Annahme der österlichen Gabe der Erlösung wird diese festliche Freude zur eigenen Pentekoste des Menschen und zur gewaltigen Kraft, die die Kirche bilden kann.[289]

Es ist deutlich zu sehen, dass Hryniewicz seine Gedanken vor allem auf die altchristliche Idee des immerdauernden Festes stützt, welche aus dem österlichen Verständnis des christlichen Kultes entstand.

Das österliche Geheimnis des Glaubens kann seiner Meinung nach der Interpretationsfaden sein, denn es verbindet in sich sowohl die Freude des Lebens wie auch dessen Leiden. Deswegen ist es nicht nötig, die festliche Zeit des Feierns von der alltäglichen Mühsal abzugrenzen. Der christliche Kult ist von seiner Natur aus nämlich ganz offen für alle existenziellen Situationen des Menschen und in sie eingeschrieben.

Die liturgische Erfahrung der Heilsgegenwart Gottes ist nach Hryniewicz der privilegierte Ort der Stärkung des österlichen Glaubens, dass durch die Person und Tat Jesu Christi eine definitiv neue Situation in der Welt entstanden ist und dass deren qualitative Verwandlung sich vollzogen hat. Zwar ist die liturgische Erfahrung – betont der Autor – immer noch durch das paradoxale Mit-Existieren der Freude und des Leides geprägt. Das Leid als Folge der zwischenmenschlichen Ungerechtigkeit

---

[288] In: Idiota, übers. J. Jędrzejewicz (Warszawa 1971) 424, 581. – Nach: HRYNIEWICZ, Nasza Pascha z Chrystusem 381.
[289] Vgl. HRYNIEWICZ, Nasza Pascha z Chrystusem 378–382.

verdunkelt aber nicht das Licht der Freude, die ihren Quell in der befreienden Kraft Gottes hat und welche die Gegenwart wie die Wirkung des Heiligen Geistes als erster Gabe des Auferstandenen ausdrückt.

Das Fest des christlichen Glaubens will Hryniewicz nicht als ekstatische Illusion verstehen, sondern als ein ganz der Realität des Lebens angenähertes Feiern der Hoffnung, die die geschenkte Gabe Gottes in der Person des Geistes bekräftigt (vgl. 2Kor 5,6). Das christliche Fest ist für ihn vor allem eine kultische Antizipation der Neuen Welt, welches aber einer engen Verbundenheit mit dem gekreuzigten Christus nicht entzogen ist. Die mysterienhafte Vergegenwärtigung der Auferstehung bleibt immer noch die Verwirklichung des *mysterium crucis*, denn die sakramentale Anamnese und die Epiklese beinhalten stets das ganze österliche Heilsgeschehen; d.h. die in den Sakramenten erfahrene Nähe Gottes kann dem Menschen auch alles das deutlich machen, was der Gegenwart Christi und des Geistes auf dem Lebensweg widerspricht. Hryniewicz betont mit voller Entschiedenheit, dass die Feier der Auferstehung Christi die Stimme des Schreiens des Gekreuzigten nicht verstummen lassen kann. Nur so verstandene Liturgie, meint er, verhilft dem Menschen dazu, das eigene Leben zu akzeptieren und es immer neu zu verwandeln.[290]

Hryniewicz verweist auch auf einige andere Charakteristika des christlichen Festes. Außer der Freude gehört zum Fest das tiefe Erlebnis der gegenseitigen Liebe. Sie ist eigentlich der Grund und Inhalt des ganzen österlichen Geheimnisses. Das Fest muss auch in der Gemeinschaft erlebt werden. Diese Gemeinschaft aber, meint der Autor, umfasst nicht nur die versammelte Gemeinde der Feiernden, sondern alle Dimensionen der irdischen Wirklichkeit – wie dies die Liturgie der östlichen Tradition interpretiert.

Hryniewicz macht dadurch aufmerksam darauf, dass die christliche Liturgie auch eine Liturgie des ganzen Kosmos ist, der seine Vollendung und seine endgültige Befreiung von der Verderbnis der Sünde ebenfalls erwartet. Er versucht in seinem Entwurf zu zeigen, dass die liturgische Erfahrung des österlich-pentekostalen Mysteriums die Freude der Erlösungstat Christi besonders in ihrer eschatologischen Dimension (und in ihrer universalen = die der ganzen Schöpfung) zum Ausdruck bringt.

2.1.4 Die pneumatologische Eucharistielehre

Das pneumatologische Profil des zentralen christlichen Sakramentes drückt sich im Entwurf Hryniewiczs bei den folgenden Problembereichen aus:

- der *österlichen* Stiftung des Sakramentes,

---

[290] Vgl. HRYNIEWICZ, Nasza Pascha z Chrystusem 382–385.

2.1 Der Geist als Vollender des Pascha-Mysteriums Christi

- der *personalen* und *relationalen* Ontologie der eucharistischen Wandlung,

- dem *epikletischen* Charakter des ganzen sakramentalen Geschehens,

- der *ekklesialen* Zielsetzung des eucharistischen Mysteriums,

- der *eschatologischen* Dimension der Eucharistie,

- der *kosmologischen* Erweiterung des Sakramentes.

Ausgangspunkt der österlich-pentekostalen Reflexion über die Eucharistie sollte nach Hryniewicz die Gabe der Person des Auferstandenen sein. Er versucht in seinem Entwurf die Logik der posttridentinischen Theologie umzudrehen und sieht in diesem Schritt ein bedeutsames ökumenisches Potenzial.

Das Primat gehört nämlich jetzt nicht mehr den ‚materiellen Dingen', sondern der Person und dem Akt Christi selbst, der sich der Kirche kraft des Geistes hingegeben hat. Die eucharistische Verwandlung der materiellen Elemente erscheint also lediglich als Folge der personalen Hingabe des verklärten Christus. Die Vergegenwärtigungstheorien müssen deswegen vor allem diese personale Gegenwart des Gekreuzigten und des Auferstandenen und stärker noch die ‚Heilsbedeutung' dieser Gegenwart als einer Gegenwart verdeutlichen, die immer *für jemanden* ausgerichtet ist.

Hryniewicz schließt die unbestrittene empirische Realität der eucharistischen Gestalten in das Geheimnis der Proexistenz Jesu Christi ein und versucht dadurch ihre personale Bedeutung, die zum Wesen und Identität dieser Elemente gehört, besser ans Licht zu bringen. Das Eucharistieverständnis baut er deshalb anhand der *personalen* und *relationalen* Ontologie auf[291] und folgt in diesem Punkt der Denkweise Rahners und Pannenbergs, die mit großem Einfluss den Begriff der Relation transzendental-ontologisch und anthropologisch-ontologisch ausgelegt haben.

Im Lichte der personalen und relationalen Ontologie kann nach Hryniewicz das Geheimnis der christlichen Offenbarung besser verstanden werden. Denn Gott ist in dieser Sicht ein Gott, der in naher Relation zur Schöpfung steht; und sein Inkarnations- und Paschageheimnis wie das Geheimnis seiner ‚maniakalischen Liebe' *(eros manikos)* erscheint in voller Realität und Lebendigkeit.

---

[291] Vgl. HRYNIEWICZ, Nasza Pascha z Chrystusem 470–475.

Die Sakramente aber – personal und relational interpretiert – sollten nicht einem Aktualismus oder einem reinen Funktionalismus verfallen.[292] In den Sakramenten geht es um die interpersonale, d.h. relationale Wirklichkeit, weil die Heilstaten Jesu immer Akte *für die anderen* waren. Es geht um die Vergegenwärtigung seiner Proexistenz – nur in diesem Sinne sind die Sakramente relational. Aber diese Vergegenwärtigung hat einen ontologischen Charakter, weil die großen Heilstaten Jesu – sein Tod und seine Auferstehung – einen ontologischen, der Geschichte eine völlig neue Qualität verschaffenden Charakter gehabt hatten. Die Gefahr des reinen Funktionalismus liegt nach Hryniewicz darin, dass die Akzentsetzung auf die Funktion und die Bedeutung des Herrenmahles im Leben der ersten oder der heutigen christlichen Gemeinden die Frage nach der in den Evangelien bezeugten Heilswirklichkeit, die sich real vollzog, gering achtet oder ganz nivelliert.

Die personale Sicht der Soteriologie erleichtert die Reflexion über die Sakramente sehr, weil in dieser Perspektive die Relation des Auferstandenen zu seiner Kirche besser ausgedrückt werden kann. Das eucharistische Zeichen des Brotes und des Weins verbirgt nämlich in sich den Reichtum der personalen Beziehungen Christi zu der ganzen Kirche und zu jeder einzelnen Person, die sich dank der Gegenwart und Wirkung des Heiligen Geistes realisieren können.

Die aktive Rolle des Heiligen Geistes wird in der personalistischen Betrachtungsweise dadurch betont, dass die Person des Auferstandenen wie die Person des Geistes selber sich der materiellen Elemente bedienen, um das Mysterium des Heils zu vergegenwärtigen. Der Geist erhebt die Wirklichkeit dieser Welt in die neue Dimension ihres Daseins und verleiht den materiellen Elementen im Mysterium des Auferstandenen eine völlig neue ontologische Zielsetzung. Im auferstandenen Christus, dessen Leib durch den Geist durchdrungen ist *(soma pneumatikon)*, finden die eucharistischen Gaben ihren neuen Sinn und ihre neue Identität.

Hryniewicz knüpft die Ostertheologie eng an die Theologie vom Heiligen Geist, weil sie – mit ihrer epikletischen Struktur – sehr entscheidend dem personalen Verständnis der Eucharistie dient und auch – durch ihre eschatologische wie kosmologische Dimension – den Horizont dieses Sakramentes stark erweitert.

---

[292] Vgl. HRYNIEWICZ, Nasza Pascha z Chrystusem 471[244]; DERS., Aktualizm w teologii, in: EK I 278–280.

2.1.4.1 Die österliche Stiftung des Sakramentes

Das Stiftungsgeschehen der Eucharistie wird – so die Meinung Hryniewiczs – in der österlichen ‚Atmosphäre' verankert.[293] Das Sakrament der Eucharistie steht nämlich im Zusammenhang mit dem jüdischen Paschamahl, obwohl es mit einem ganz neuen Inhalt an seine Stelle tritt. Denn in der Eucharistie als dem Neuen Pascha wird auf sakramentale Weise die Befreiung aus der Gefangenschaft der Sünde zum neuen Leben in Freiheit und Wahrheit zelebriert. Die Eucharistie heißt Pascha nicht darum, dass sich in ihr das alttestamentliche Paschamahl verlängert und erfüllt. Sie ist Pascha, weil in ihr der Sieg Christi über den Tod proklamiert wird. Diese Proklamation – nicht nur die Danksagung – gehört also zur zentralen Botschaft dieses Sakramentes.

Hryniewicz verweist auf die alttestamentlichen Wurzeln des Wortes *eucharistein*, wo im engen Zusammenhang das Wort *katangellein* (verkünden, proklamieren) steht.[294] Der *transitus* Jesu über den Tod zur Herrlichkeit der Auferstehung macht deswegen den zentralen Inhalt der Eucharistie als des Paschamysteriums des Neuen Testamentes aus.

Die österliche Perspektive, die der biblischen und patristischen Theologie ganz entspricht, lässt vor allem – betont Hryniewicz – einen harmonischen Hinblick auf die verschiedenen Aspekte der christlichen Eucharistielehre entwickeln. Diese Sicht lässt auch das Heilsmysterium in seiner ganzen Breite und in seiner inneren Einheit erleben – von der Inkarnation bis zu Pfingsten und zur Parusie. Der Autor ist der Meinung, dass im Lichte der österlichen und eschatologischen Wirklichkeit alles das sich aufhellt, was vorher geschehen und was zu ihrer sakramentalen Antizipation geworden ist.

Die österliche Reflexion über das eucharistische Mysterium steht für Hryniewicz im Einklang mit der heilsgeschichtlichen Perspektive, welche dem theologischen Denken einen breiten Horizont verleiht. Die eucharistische Lehre sollte nämlich nicht zur Real- und somatischen Präsenz Christi oder zum isolierten Problem der Verwandlungsweise der eucharistischen Gestalten reduziert werden. Hier ist der Autor ganz einig mit der patristischen Tradition, die das Sakrament der Eucharistie im Lichte der ganzen Heilsgeschichte betrachtet hat.[295]

---

[293] Vgl. HRYNIEWICZ, Nasza Pascha z Chrystusem 399–402.

[294] So hat z.B. PAULUS (1Kor 11,26) dieses Wort aus dem Buch 2 Makk 8,36 und 9,17 übernommen. – Vgl. HRYNIEWICZ, Nasza Pascha z Chrystusem 397.

[295] Hryniewicz folgt der Stellung der Kirchenväter, die das Sakrament der Eucharistie als Anamnese, Zentrum, Erfüllung, Kult (*„latreia tes oikonomias"* – EPIPHANIUS), Präsenz und Zusammenfassung (*„anakephalaiosis tes hóles oikonomías"* – THEODOR VON STUDYT) der ganzen Heilsökonomie betrachtet haben. – Vgl. HRYNIEWICZ, Nasza Pascha z Chrystusem 388.

Die Eucharistie ist also das österliche Mahl des Neuen Bundes, welches die durch Kreuz, Auferstehung und Geistsendung vollzogene Erlösungstat Christi verwirklicht und als der Kirche geschenkte eschatologische Gabe des Auferstandenen an sich teilnehmen lässt.[296] Hryniewicz versucht in seiner Darstellung, diese integrale österlich-pentekostale Dimension des eucharistischen Mysteriums ans Licht zu bringen.

Das Sakrament der Eucharistie erscheint in dieser theologischen Akzentuierung als Neues Paschamahl, bei dem der erhöhte Herr kraft seines Geistes die Seinen unaufhörlich um sich versammelt. Es ist eine Gemeinschaft nicht nur mit dem Auferstandenen, sondern auch mit dem Gekreuzigten, denn der eschatologische und der glorreiche Charakter *des Brotbrechens* nach Ostern (Apg 2,42; 20,7) steht im engen Zusammenhang mit der Anamnese des Leidens und des Todes Jesu.

Hryniewicz verweist in diesem Punkt wieder auf die ergänzende Funktion jeder Deutungsrichtung. Das Sakrament der Eucharistie verlängert nämlich die apostolische Erfahrung der Gegenwart des Auferstandenen – einerseits – und gibt – andererseits – den Anteil am Opfermahl, welches das Kreuzopfer Christi vergegenwärtigt. Die Eucharistie ist insofern zugleich die Gabe des sich vergegenwärtigenden Paschageheimnisses Jesu wie die wirkliche Antizipation des eschatologischen Reiches.

Der Autor macht auch darauf aufmerksam, dass aus dem österlichen und eschatologischen Akzent des eucharistischen Geschehens, der vor allem auf den Schriften des Johannes (Joh 14,26; Offb 22,20) und auf Didachè *(Marana tha)* basiert, sich in der östlichen Tradition eine epikletische Form der eucharistischen Konsekration entwickelte.[297]

Der Heilige Geist ist nämlich jener, der das Paschamysterium Christi im Neuen Mahl der Glaubenden vergegenwärtigt. Das wesentliche Element der Theologie des Neuen Mahles ist damit seine Bezogenheit auf das Mysterium des Pascha und das Mysterium der Geistsendung. Die Eucharistie als eine somatische Realpräsenz Christi ist also – insbesondere im Lichte des Johannesevangeliums – eine pneumatische Wirklichkeit. Sie gibt das Leben und die Kraft dank des Geistes (Joh 6,63), denn der Auferstandene schenkt den Glaubenden sein Leben in seinem Leib aufgrund dessen Verwandlung im Geiste.

Die johanneische Theologie hilft Hryniewicz, die integrale Perspektive der Eucharistie zu entwickeln, weil dort die somatische Wirklichkeit des Todes und der Auferstehung ganz entscheidend mit der pneumatologischen Dimension korrespondiert. Die Rolle des Geistes beruht vor allem darauf, dass er die Gemeinde der Glaubenden belebt und sie zu einem solchen Ort formt, wo der Auferstandene sich selbst („den Leib

---

[296] Vgl. HRYNIEWICZ, Nasza Pascha z Chrystusem 388–389.
[297] Vgl. HRYNIEWICZ, Nasza Pascha z Chrystusem 393. 403–404.

und das Blut') hingibt für das Leben der Welt und wo er die Welt erneuert. Die somatische Wirklichkeit des Essens und des Trinkens, als Zeichen des Irdischen und des Sterblichen, wird durch den Geist Christi verwandelt und zum Zeichen und zur Gabe des Ewiglichen werden. Die Eucharistie offenbart also ganz deutlich die heilbringende Kraft des Pascha Christi und der Sendung des Heiligen Geistes, indem sie als Neues Paschamahl das für die Welt hingegebene Leben Christi sakramental schenkt, den Übergang Christi zum Vater vergegenwärtigt und in ihn alle Teilnehmer der eucharistischen Zelebration einschließt.[298]

A. Ordo resurrectionis des Sakramentalen

Hryniewicz plädiert in seinem Konzept für eine Theologie der Auferstehung, weil im österlichen Mysterium Christi die Ekklesiologie und die Sakramentenlehre ihre wesentliche Basis finden kann. Er ist überzeugt davon, dass ohne eine Theologie der Auferstehung keine komplementäre und integrale Theologie der Sakramente möglich ist.

Die Eucharistie, die ins österliche Geheimnis auf besondere Weise eingetaucht ist, enthüllt – seiner Meinung nach – auch in dieser Perspektive ihren tiefsten Sinn. Denn ohne den *ordo resurrectionis* ist die Theologie der Eucharistie nur eine Theologie des Mahles, der Bruderschaft, der Gemeinschaft und der Festlichkeit. Und ohne Christus als Herrn und Gastgeber wäre die Eucharistiefeier nur eine Agape der Abwesenheit Gottes, ein leerer Ritus und eine fiktive Gabe für die Menschen, die kein zukünftiges Reich erwarten.[299] Die Eucharistie – betont Hryniewicz – ist jedoch eine dauernde Form seiner österlichen Anwesenheit, denn Gott hat Christus „für uns" auferweckt (Röm 4,25) und sein Dasein uns zugewandt. Darum ist sie auch ein *Sakrament der Auferstehung*.

Hryniewicz stützt sich auf die patristischen Zeugen, die das Sakrament der Eucharistie deutlich in der Perspektive der Auferstehung gedeutet haben. Cyrill von Alexandrien z.B. sprach von der Gemeinschaft der mystischen Eulogie (= der Eucharistie), die den auferstandenen Christus bezeugt (Com. in Jo. 12; PG 74,725). Gregor von Nazianz bezeichnete das eucharistische Opfer als „anastásimos thysía" (Ep. 171; PG 37, 280–281).[300]

Hryniewicz weist deutlich darauf hin, dass die Gegenwart des Auferstandenen in der Eucharistie keine statische Gegenwart ist. Aufgrund der Auferstehung ist sie eine *epiphanische* und eschatologische, die von

---

[298] Vgl. HRYNIEWICZ, Nasza Pascha z Chrystusem 404–405.
[299] Vgl. HRYNIEWICZ, Nasza Pascha z Chrystusem 406.
[300] Nach: HRYNIEWICZ, Nasza Pascha z Chrystusem 406–407.

der Seite der eschatologischen Erfüllung kommt. Im Lichte des Glaubens an die Auferstehung Christi zeugt das Sakrament also von der lebendigen Gegenwart Gottes in der Welt, von seiner Herrschaft über die Welt und von der Verwandlung des menschlichen Leidens und Todes in neues Leben kraft seines Geistes.

Das Mysterium der Auferstehung dient Hryniewicz vor allem als Ausgangspunkt für die Erklärung der eucharistischen Gegenwart Jesu Christi. In der österlichen Optik – nur im Einklang mit dem Geheimnis des Leibes des Auferstandenen – scheint ihm der eucharistische Leib Christi erklärbar zu sein.

Das Mysterium der Eucharistie gehört nämlich schon ganz entschieden zum eschatologischen Ordo *(ordo resurrectionis)*. Dieser Ordo – meint der Autor – ist eine der wichtigsten Erklärungskategorien des Sakramentes der Eucharistie. Denn das Geheimnis des eucharistischen Leibes Christi hängt ganz vom Geheimnis des Leibes des auferstandenen Christus ab.[301]

Hryniewicz verweist auf die Entwicklungen der westlichen Theologie der Eucharistie, die sich seit dem 9. Jahrhundert sukzessiv von der Theologie der Auferstehung ablöste und zu der Gruppe der ungelösten Problemen geriet. Der Streit zwischen Radbertus und Ratramnus (9 Jh.) oder die Position von Berengar (11 Jh.) ist nur ein Zeugnis dafür, dass das Eucharistieverständnis immer mehr von der patristischen Begriff des Realsymbols abwich. Man konnte die Gegensätzlichkeit zwischen dem reinen Symbolismus und dem extremen Realismus, der den historischen und den sakramentalen Leib Christi mit dem des Auferstandenen gleichsetzte, nicht beseitigen, und damit schuf man eine falsche und aussichtslose Alternative: entweder das Symbol oder die Wirklichkeit.[302]

Die mittelalterliche Theologie hat sich mit ihrem neu eingeführten Begriff der *Substanz* – meint Hryniewicz – dem Geheimnis der Auferstehung und des verklärten Leibes Christi auch nicht genähert. Denn die scholastische Analyse, mit ihrer Überbetonung der metaphysischen und dinghaften Dimension, hat der Eucharistielehre eine gewisse Entfernung von der anthropologischen wie von der personalistischen Perspektive eingebracht. Die Transsubstantiationslehre, die sich insbesondere um die reale Präsenz Christi in den eucharistischen Gestalten von Brot und Wein bemüht hatte, schob das anthropologische Geheimnis ‚des Leibes' und seine Bezogenheit auf das Auferstehungsmysterium beiseite. Es wurde deswegen auch die Bedeutung der Wirkung des Heiligen Geistes im eucharistischen Geschehen nicht berücksichtigt.

---

[301] Vgl. HRYNIEWICZ, Nasza Pascha z Chrystusem 407.
[302] Vgl. HRYNIEWICZ, Nasza Pascha z Chrystusem 408–410.

2.1 Der Geist als Vollender des Pascha-Mysteriums Christi

Hryniewicz versucht, in seinem Entwurf die biblische und patristische Sicht, mit ihren anthropologischen und stärker personalistischen Elementen, neu zu gewinnen. Die Theologie der Eucharistie sollte nicht eine Art der abstrakten Theologie bleiben, die sich nur um die vereinzelten und abgesonderten Probleme bemüht – wie z.B. die Verwandlungsweise der materiellen Elemente – oder die lediglich eine Analyse der Gültigkeitsbedingungen durchführt.

Das eucharistische Mysterium – unterstreicht der Autor – bedarf einer breiteren Perspektive, die besagt, dass die Eucharistie eine organische Tat der ganzen Kirche ist, ein Mysterium, das die ganze Wirklichkeit umfängt und sie verwandelt, und dass das Wort von der eucharistischen Wandlung auch von der Wandlung der Menschen und der ganzen Kirche spricht.

Die Konzentration auf die Auferstehungswahrheit und auf das Mysterium des verklärten Leibes könnte – so meint der Autor – diese breitere Perspektive liefern, weil sie die personale Sicht des Sakramentes verstärkt, indem sie die eschatologische Perspektive des Heils eröffnet und von der Gemeinschaft mit dem auferstandenen Christus spricht.

Die österliche Perspektive – betont Hryniewicz – schließt aber nicht die inkarnatorische Dimension des eucharistischen Mysteriums aus. Sie verbindet das Paschageheimnis mit dem Mysterium der Menschwerdung, obwohl die leibliche Präsenz Christi in der Eucharistie nicht als eine bloße Wiederholung des Inkarnationsgeschehens verstanden werden kann. Die Eucharistie ist nämlich nicht die Folge einer neuen *unio hypostatica*. Denn sie offenbart nur die Konsequenzen der einen und derselben Menschwerdung Gottes, die sich im Kreuz und in der Auferstehung Christi erfüllt hat. In der eucharistischen Wandlung offenbart sich vor allem das Geheimnis des verherrlichten Leibes Christi, denn die verborgene Kraft seiner Erhöhung – „mit der er sich alles unterwerfen kann" (Phil 3,21) – verwandelt die Elemente unserer Welt, Brot und Wein, nicht aufgrund einer neuen *unio hypostatica*, sondern aufgrund des vollzogenen Pascha-Mysteriums.

Die Eucharistie – unterstreicht Hryniewicz – als Zeichen der Gottesaffirmation der irdischen Wirklichkeit bleibt natürlich eine gewisse Verlängerung der Inkarnationstheologie, aber die Inkarnation sollte nicht als statisches Geschehen gesehen werden, denn sie vollzieht sich erst im *Mysterium paschale*. Nach der Auferstehung ist Christus in einer völlig neuen Daseinsweise gegenwärtig. Und dementsprechend ist die Theologie der Eucharistie als Theologie der realen Gegenwart Gottes in der Welt eine Verlängerung der Theologie der Auferstehung.

Hier nimmt Hryniewicz die Option der griechischen Väter an, die die dynamische Entwicklung des Geheimnisses Christi – von der Inkarnation bis zur Auferstehung – nicht aus den Augen verloren haben und die Eucharistie hinsichtlich des Inkarnationsgeschehens wie des Todes und der Auferstehung Christi interpretiert haben. Dieses dynamische Verständnis des Mysteriums Christi verhilft ihm dazu, die reale Gegenwart Christi in den verwandelten eucharistischen Gaben mit der eschatologischen Dimension des Heiles und der Verwandlung des ganzen Universums, der erst zum Ort der unmittelbaren Nähe Gottes wird, eng zusammen zu denken.[303]

B. Die Faktoren der österlichen Theologie der Eucharistie: Auferstehung – Geist – Leib

Im Lichte des Glaubens an die Auferstehung versucht Hryniewicz die vielen Dimensionen des Geheimnisses des Leibes Christi aufzuklären. Die österliche Optik ermöglicht es ihm, die Identität und die Einheit der verschiedenen Gestalten des einen Leibes Christi zu beobachten: der aus Maria geboren wird, der leidet, der stirbt, der auferweckt und der in der Eucharistie als Speise gegeben wird.

Die Theologie der Eucharistie setzt – unterstreicht der Autor – eine Anthropologie des Leibes voraus. Sie ist in der eucharistischen Symbolik ganz präsent. Das menschliche Essen und Trinken, die Einladung zum Tisch verweisen deutlich darauf, dass in Christus das Fehlen der zwischenmenschlichen Liebe und der Tod überwunden wurde. Aber der eucharistische Leib übersteigt die anthropologische Dimension des menschlichen Leibes. Er ist der Leib des Auferstandenen – *soma pneumatikon*. Das Wort *pneumatikon* (vgl. 1 Kor 15,45), welches die leibliche Gegenwart des Auferstandenen beschreibt, bedeutet nicht ‚unkörperlich' oder ‚spiritualistisch'. *Soma pneumatikon* bedeutet – nach Paulus und den griechischen Vätern – die neue Natur des auferstandenen Christus und des Christen, die vom Heiligen Geist durchdrungen sind. Das Mysterium der Eucharistie ist deswegen auch der Eintritt in die Welt des Geistes.[304]

Der Heilige Geist verwirklicht nämlich die neue tiefere Gegenwart des erhöhten Herrn, die durch den Übergang durch den Tod erworben wurde (vgl. Joh 16,7.16). Die Gegenwart Christi in der Eucharistie ist seine besondere Gegenwart im Heiligen Geist, denn „der Geist ist es, der lebendig macht; das Fleisch nützt nichts" (Joh 6,63). Diese Worte sind für Hryniewicz eine pneumatologische Erläuterung und Bekräftigung der Aussage Jesu: „Denn mein Fleisch ist wirklich eine Speise und mein Blut ist wirklich ein Trank" (Joh 6,55).

Eines der wichtigsten Prinzipien der eucharistischen Theologie scheint dem Autor – hinsichtlich seiner integralen *Theologia paschalis*

---

[303] Vgl. HRYNIEWICZ, Nasza Pascha z Chrystusem 412.
[304] Vgl. HRYNIEWICZ, Nasza Pascha z Chrystusem 414–415.

– der organische Zusammenhang des Sakramentes mit dem ganzen Mysterium Christi zu sein, dass es sowohl die Inkarnation wie auch den Tod, die Auferstehung und die Parusie umfasst. Denn der eucharistische Leib ist ein Leib des einen und desselben Christus mit allen seinen Geheimnissen und Heilsgeschehnissen. Es ist ein ‚geistlicher Leib', d.h. ein in der Auferstehung verherrlichter und von der Gegenwart des Geistes durchdrungener. Die Geburt und der Tod Jesu sind nicht ausgeschlossen, denn die Identität der Person schließt nicht zwei verschiedene Zustände des einen und desselben Leibes aus.

Der Begriff *soma pneumatikon* hilft – in der Sicht des Autors – entscheidend bei der Erklärung des ‚leiblichen' Charakters der Auferstehung und der Eucharistie. Denn ohne die österliche Perspektive der Verklärung und der Geistwirkung nach der Auferstehung Christi ist das Mysterium der Eucharistie seiner Meinung nach nicht vorstellbar.[305]

In der österlichen Sicht wird grundsätzlich das Sakrament der Eucharistie nicht auf das bloße Faktum der Realpräsenz reduziert, sondern die Gabe der Person selbst gerät besser ins Licht. Im Zentrum der österlichen Theologie der Eucharistie bleibt nämlich die lebendige Person des Auferstandenen.

Etwas Untergeordnetes – meint Hryniewicz – ist infolgedessen das Problem der Verwandlung der materiellen Elemente, denn sie gehören ohnehin dieser Person, die sich in ihnen hingibt. Die Theologie der Auferstehung will die personale Dimension des Sakramentes unterstreichen, weil nur eine Person imstande ist, die Erklärung zu geben, was mit ‚den Dingen' geschieht. Die sachbezogene Ontologie muss deswegen einer Ontologie der Person Platz machen. Diese, mit ihrer Kategorie der personalen Gabe, sollte ganz – unterstreicht der Autor – bei der Überwindung jeder Art des eucharistischen Physizismus behilflich sein.

2.1.4.2 Die personale und relationale Ontologie der eucharistischen Wandlung

Hryniewicz versteht das Sakrament der Eucharistie in erster Linie als Zelebration einer Gegenwart. In der eucharistischen Gemeinschaft ist Jesus Christus als der Auferstandene gegenwärtig, und seine reale und ‚leibliche' Präsenz ist eine personale Gegenwart.

Die personale und relationale Sicht der Eucharistie will Hryniewicz also nicht rein anthropologisch – mit der Kategorie des gemeinschaftsbildenden Mahles – begründen. Er geht von der österlichen Perspektive

---

[305] Vgl. HRYNIEWICZ, Nasza Pascha z Chrystusem 415.

aus[306], weil die Elemente des Brotes und des Weines lediglich äußere Ausdrücke der relationalen Ontologie sind und nicht ihre innere Grundlage. Die Basis für sie muss im verklärten Christus gefunden werden, denn er selbst bildet und ist die eucharistische Wirklichkeit.

Die Gegenwart des Auferstandenen in der Eucharistie ist relational und personal, weil sein Tod ihn zu unbeschränktem Dasein für Gott und für die Menschen befreit hat und durch die Auferstehung zu einem belebenden Geist *(pneuma zoopoioun – vgl. 1Kor 15, 45)*, d.h. zu einem Quell des Lebens für die anderen und zu einer sich schenkenden Gabe, geworden ist. Der verherrlichte und von dem Geist durchdrungene Leib Christi in der Eucharistie ist aus diesem Grunde der Ausdruck einer höchstintensiven Personalisierung.

Der auferstandene Christus, in dem sich die Hingabe und die Liebe im vollsten Sinne erfüllt hat, ist zu einer die anderen Personen anziehenden und die Gemeinschaft mit ihnen bildenden Person geworden. In diesem Sinne ist die Gegenwart Christi im Sakrament der Eucharistie eine ontologische und zugleich eine relational-personale, die zur interpersonalen Begegnung führt. Die Eucharistie ist das Sakrament der Hingabe Christi in seinem Tod und seiner Auferstehung. Brot und Wein existieren also nicht für sich selbst, denn sie symbolisieren in unserer Welt die ganzheitliche Hingabe Christi, die sich real vollzog: das Sakrament der Eucharistie ist das Sakrament des ‚schon wirklich hingegebenen' Leibes und des ‚schon wirklich vergossenen' Blutes. Dieser Charakter des ‚Sich-Hingebens' erteilt dem Sakrament die relationale Dimension. Die Eucharistie als Sakrament der Gegenwart Christi und seiner sich im Mysterium der Auferstehung vervollständigten Hingabe ist also die Feier des österlichen Geheimnisses, mit welcher sich unter den Symbolen die reale Wirklichkeit der eschatologischen Erlösung eröffnet. Der Realismus der eucharistischen Wandlung verweist darauf, dass die relationale Dimension des Sakramentes einen ontologischen Charakter hat.

In der Eucharistie geht es also vor allem um das Dasein einer Person für die anderen, um die geistige Kommunikation zwischen ihnen mittels ihrer leiblichen Dimension und die gegenseitige Durchdringung der

---

[306] Vgl. auch: „[…] die Eucharistie der Christen [kann] mit dem Begriff »Mahl« überhaupt nicht zulänglich beschrieben werden […]. Denn der Herr hat das Neue des christlichen Kultes zwar im Rahmen eines jüdischen (Pascha-)Mahles gestiftet, aber nur dies Neue und nicht das Mahl als solches zur Wiederholung aufgetragen. Das Neue hat sich daher sehr bald aus dem alten Kontext gelöst und seine ihm gemäße, eigene Gestalt gefunden, die zunächst schon dadurch vorgegeben war, daß Eucharistie auf das Kreuz zurückverweist […]". – Joseph RATZINGER / BENEDIKT XVI., Der Geist der Liturgie. Eine Einführung (Freiburg 2000/2006) 68–69.

Personen, bei der Raum und Zeit überwunden werden kann. Die personale Gegenwart verlangt nämlich nicht nur die physische und raumzeitliche Gegenwart der Person, sondern auch ihre innerliche Haltung des Suchens und des Strebens nach dem gegenseitigen Bund und gegenseitiger Nähe. Denn ohne den Wunsch der gegenseitigen Kommunikation, ohne die geistige Offenheit, ohne die freiwillige Hingabe und ohne die Zeichen der Freundschaft und des Verbundenseins ist die personale Gegenwart nicht möglich.

Hryniewicz weist darauf hin, dass die personale Gegenwart Jesu Christi im Sakrament der Eucharistie eng mit seinem ganzen Heilswerk, das sich durch die sakramentale Anamnese vergegenwärtigt, und mit dem Wirken des Heiligen Geistes als *Spiritus Creator* verbunden ist. Das pneumatologische Element muss intensiver – meint der Autor – hervorgehoben werden, weil im Geist Christus seine Gegenwart schenkt und sie – dank des Geistes – vom Menschen und von der ganzen Gemeinschaft angenommen und zu einer gegenseitigen und erfüllten Gegenwart wird. Der Heilige Geist ist es, der aus der dynamischen personalen Gegenwart Christi und der personalen Antwort der Menschen die gegenseitige Communio und die wahrhafte Teilnahme am Pascha-Mysterium erwirkt.

Die Gegenwart Christi im Sakrament der Eucharistie heißt also, dass Christus sich ganz in seiner personalen Gabe verwirklicht, denn sein hingegebener Leib und sein hingegebenes Blut ist die Hingabe seiner ganzen Person.

Die eucharistische Vereinigung der Menschen mit Christus erklärt Hryniewicz anhand der syrischen Tradition, die in der personalen Hingabe Jesu im Sakrament der Eucharistie eine gewisse Analogie zur Intimität des ehelichen Bundes sah. Für die syrischen Väter war der Leib ein klares Zeichen der personalen Hingabe des ganzen Menschen und der eheliche Vergleich diente ihnen dazu, die eucharistische Symbolik der Speise und des Mahles zu ergänzen und genauer das Ziel des eucharistischen Mysteriums auszudrücken: d.h. die Zelebration der gegenseitigen Zugehörigkeit des Auferstandenen zu seiner Kirche und der innigen Vereinigung der Glaubenden mit ihm.[307]

Hryniewicz versucht die patristische Sicht neu zu betonen, indem er die Kraft des eucharistischen Realsymbols nicht auf die Elemente des Brotes und des Weines setzt, sondern auf die Gegenwart und Wirkung der Person Christi als Person für Person(en), die die anderen um sich versammelt, sich ihnen hingibt und zur Teilnahme an ihrem Leben einlädt.[308] Das Ziel der Eucharistie formuliert der Autor dementsprechend

---

[307] Vgl. HRYNIEWICZ, Nasza Pascha z Chrystusem 418.
[308] Vgl. HRYNIEWICZ, Nasza Pascha z Chrystusem 419.

nicht so sehr im Mahl als solchem, sondern vielmehr in der gegenseitigen Relation zwischen der Person des Gebers und den Personen der Beschenkten.

Den Leib, der die interpersonale Kommunikation ermöglicht, versteht Hryniewicz ganz im hebräischen Sinne als das Mittel der gegenseitigen Verbindung. Christus kann mit den Menschen kommunizieren gerade dank seiner ‚leiblichen' Existenz, welche – nach der Auferstehung in einer vollkommen neuen sakramentalen Erscheinungsweise – die Begegnung mit den anderen möglich macht. Das Brot wird also zum Leib, d.h. zum realen Symbol der sich hingebenden Person des Auferstandenen. Und der Auferstandene ist eine Person, die sich auf die anderen Personen richtet. Deshalb ist das sakramentale Geschehen ein relationales Geschehen der miteinander kommunizierenden Personen. Im eucharistischen Zeichen kommt es nämlich zur wirklichen Begegnung seiner Person mit den anderen Personen, und es vertieft sich die gegenseitige Beziehung und Freundschaft zwischen ihnen.[309]

Die Gegenwart Christi in der Eucharistie hat einen völlig reinen personalen Charakter, weil nach seiner Erhöhung und Verherrlichung jede räumliche Präsenz nicht mehr kompatibel für ihn ist. Nach Pfingsten kam – dank der Wirkung des Geistes – diese neue Existenzweise Christi zustande. Seither wird die personale Gegenwart Christi dank der Wirkung des Heiligen Geistes zugänglich für alle die, die als Personen sich in ihrer ganzen Freiheit für diese Gegenwart öffnen wollen.[310]

Die eucharistische Gegenwart des verklärten Leibes Christi ist aber nicht einer gewissen Dialektik (des ‚Schon' und des ‚Noch nicht' des Heiles) entzogen, die die ganze Existenz der pilgernden Kirche bezeichnet. Der über-räumliche Leib Christi gibt sich nämlich im Zeichen der kenotischen Gestalt hin, denn die *kenosis* der Inkarnation und des Todes Jesu verlängert sich in der Kenose der eucharistischen Gegenwart.

Die eucharistische Wirklichkeit ist dementsprechend eine Wirklichkeit des ‚Unterwegsseins'. Die sakramentale Präsenz Gottes ist zwar eine wirkliche und reale, aber sie ist auch eine verborgene und eschatologisch geprägte: als Verheißung und Antizipation der noch nicht vollzogenen

---

[309] Diese personale Gegenwart Christi besagt aber, dass seine Gegenwart unter den materiellen Gestalten, obwohl eine besondere, nicht ohne den Bezug auf die verschiedenen anderen Daseinsweisen Christi in der Kirche betrachtet werden kann. Die eucharistische Gegenwart Christi – betont der Autor – ist nicht ein Ziel für sich selbst, sondern sie ist auf die Präsenz in den Menschen gezielt *(ut sumatur)*. Jede Präsenz Christi hat nämlich einen ekklesialen Charakter, so dass seine Gegenwart im einzelnen Menschen und in der Gemeinschaft der Kirche weiter lebt und wächst.

[310] Vgl. HRYNIEWICZ, Nasza Pascha z Chrystusem 421.

Nähe des Auferstandenen.[311] Kraft der Auferstehung und der Geistsendung gibt Christus den Glaubenden die Gabe seiner Nähe und der hoffnungsvollen Erwartung auf die vollkommene Gemeinschaft mit ihm im Reich der *Neuen Welt*.

In diesem Paradoxon – betont der Autor – verbirgt sich das ganze Geheimnis der menschlichen Freiheit, die sich freiwillig auf die verborgene Heilswirklichkeit öffnen muss. Die Begegnung mit dem Auferstandenen ergibt sich dann, wenn der Mensch seine sakramentale Gegenwart nicht nur beobachtend erkennt, sondern sie sich glaubend ersehnt.

Der Geist Gottes ist es, der diese spannungsvolle Gegenwart Christi in den Sakramenten bewirkt, wo einerseits die Freude der wirklichen Begegnung mit ihm zu erfahren ist und andererseits die schmerzhafte Abwesenheit seiner Person durch den erlittenen Tod wie die geheimnisvolle Erwartung seiner Wiederkunft spürbar ist.

Diese dynamische Spannung des ‚Schon' und des ‚Noch nicht' begleitet nicht nur das eucharistische Geheimnis, sondern den ganzen Glaubensweg der Menschen, der ein Weg des Pilgerns ist. Die reale Gegenwart Gottes ist nur eine verborgene, provisorische. Die eucharistische Liturgie verweist sowohl auf die Anwesenheit Christi wie auch auf seine spezifische Abwesenheit, denn seine volle Gegenwart gehört dem eschatologischen Äon.[312] Der eucharistische *soma pneumatikon* des Auferstandenen ist nämlich eine personale und relationale Gegenwart im Heiligen Geiste, die zwar real erfahrbar ist, aber noch verborgen bleibt.

Aus diesem Grund aber kann die österliche Perspektive – nach Hryniewiczs Urteil – in geeigneter Weise das Mysterium der Eucharistie beleuchten, weil sie jedem sakramentalen Physizismus oder Spiritualismus widerspricht.

Der Autor wendet sich kritisch gegen jede Vorstellung, die einer räumlichen Gegenwart Christi bedarf. Im Blick seiner Kritik stehen besonders die Positionen vieler katholischer Theologen des 16. Jahrhunderts wie auch die von Luther und Calvin, welche auch nicht von einer räumlichen Vorstellung der eucharistischen Gegenwart Christi frei waren.

Luther – meint Hryniewicz – hat deswegen die neue Präsenz Christi nach seiner Verherrlichung falsch ausgelegt, weil seine Gedanken von der Ubiquität des Auferstandenen geprägt waren. Und Calvin aus dem Grund, dass er die Gegenwart des verklärten Christus ganz weit in das eschatologische Reich Gottes verschoben und in seiner Erklärung sich auch auf die räumlichen Kategorien gestützt hat. Calvin meinte nämlich,

---

[311] Vgl. HRYNIEWICZ, Nasza Pascha z Chrystusem 422.
[312] Vgl. HRYNIEWICZ, Nasza Pascha z Chrystusem 423.

dass der verklärte Leib Christi nur an einem Ort bestimmt werden könne, weil er immer noch der räumlichen Dimension unterlegen sei. Als zur eschatologischen Wirklichkeit Gehörender kann er deswegen nicht mehr in der Welt präsent sein. Er glaubte, dass die Auferstehung Christi seinen Leib von der Ort-Bestimmtheit nicht losgelöst habe und dass Christus nur als Gott allgegenwärtig sein könne – als Mensch bleibe er aber ‚nur' im Himmel. Es entstand bei der calvinischen Erklärung demzufolge eine radikal pneumatisch-pneumatologische Lösung, indem er dem Heiligen Geist die Rolle des Ausführenden für die geistige Gegenwart Christi zugeschrieben hat. Dank des Geistes – sagte Calvin – „kommt zu uns alles das herab, was Christus ist und was er besitzt".[313] Denn der Geist ermöglicht die dynamische und geistige Gegenwart Christi in der Welt, ohne dass das Verweilen Christi im ‚Raum der Herrlichkeit' betastet wird.

Das Problematische in der Theorie Calvins besteht – meint Hryniewicz – darin, dass er im Ganzen nicht wahrgenommen hat, dass die Gegenwart Christi in der Eucharistie eine personale ist, die ohne räumliche Beschränkungen bleibt. Calvin konnte nämlich nicht begreifen, dass ein wahrer Leib ohne Dimension und Platz-Bestimmtheit existieren könnte. Denn für ihn musste auch der verklärte Leib Christi an einem bestimmten Ort situiert werden.[314]

Hryniewicz unterstreicht den falschen Gebrauch von Pneumatologie bei Calvin auch in diesem Punkt, indem er dem Geist nur die Rolle eines Mittlers zugeteilt hat.[315] Der Heilige Geist diente ihm nämlich nur als der Brückenbauer, der die räumliche Entfernung zwischen der Eucharistie und dem auferstandenen Leib Christi im ‚Raum des Himmels' zu überwinden hat.[316] Seine Rolle – meint Hryniewicz – kann aber nicht nur auf

---

[313] CALVIN, Institutio christianae religionis IV 17,12. – Nach: HRYNIEWICZ, Nasza Pascha z Chrystusem 424.

[314] CALVIN, Institutio christianae religionis IV 17,28. – Nach: HRYNIEWICZ, Nasza Pascha z Chrystusem 424.
 – Ähnlich bei AUGUSTINUS oder RATRAMNUS und BERENGAR – sie konnten sich von der räumlichen Vorstellung der verherrlichten Existenz Christi nach seiner Auferstehung nicht befreien. Die westliche Theologie hat lange Zeit die räumliche Konzeption der ‚Herrlichkeitswelt' gepflegt und dadurch eine dinghafte Vorstellung des eucharistischen Leibes Christi entwickelt. – Vgl. HRYNIEWICZ, Nasza Pascha z Chrystusem 425[101].

[315] Er sieht aber auch das Verdienst Calvins, dass er die westliche Theologie an die vergessene Rolle des Heiligen Geistes in der Eucharistie erinnert hat. Er wollte das eucharistische Mysterium vor allem nicht in der Transsubstantiationslehre wie im sachbezogenen Realismus des Mittelalters verschließen. Hryniewicz fügt in diesem Punkt hinzu, dass der Osten in seiner theologischen Entwicklung nie solche Probleme der notwendigen Ort-Bestimmung des Leibes Christi hatte. – Vgl. HRYNIEWICZ, Nasza Pascha z Chrystusem 425.

[316] In einem Vergleich des verklärten Christus mit der Sonne z.B. drückte Calvin seine Überzeugung aus, dass das Licht und die Strahlen des Geistes für unsere Teilnahme

der Überwindung einer fiktionalen Raum-Entfernung zwischen dem verherrlichten Herrn und dem auf der Erde zelebrierten Gedächtnis seines Todes und seiner Auferstehung beruhen. Denn die Wirkung des Heiligen Geistes berührt das Innigste des eucharistischen Mysteriums. Er ist kein Substitut des von der Erde entfernten, verherrlichten Christus. Der Auferstandene ist nicht von der Welt entfernt; er ist mit ihr weiter verbunden und in ihr präsent. Der Kyrios wirkt in der irdischen Welt, denn ihm „ist alle Macht gegeben im Himmel und auf der Erde" (Mt 28,18), und er – obwohl als der erhöhte Herr selber die Kraft hat, ‚alle zu sich zu ziehen' (vgl. Joh 12,32) – sendet den Heiligen Geist. Dem Heiligen Geist ist also die Vollendung seines Geheimnisses anvertraut. Darin – und nicht in der Überwindung der räumlichen Beschränkung oder der Unzulänglichkeit der verherrlichten Existenz Christi – besteht die Rolle des Heiligen Geistes in der Heilsökonomie.

Im Zentrum des Sakraments – unterstreicht Hryniewicz – steht somit der christologisch-soteriologische Gedanke der personalen Gegenwart des Auferstandenen als des Herrn und des Gastgebers des eucharistischen Mahles. Darin besteht auch das ganze Geheimnis der Heilsökonomie, die sich im eucharistischen Mysterium resümiert und verwirklicht. Und Christus ist gegenwärtig kraft des Heiligen Geistes, der die eucharistischen Gestalten in den Leib und das Blut Christi verwandelt.[317]

2.1.4.3 Die Wirkung des Heiligen Geistes im Sakrament der Eucharistie

Hryniewicz verweist auf die zwei Momente des sakramentalen Geschehens, in denen die Rolle des Heiligen Geistes sich besonders sichtbar macht: auf das Moment der eucharistischen Verwandlung und auf die Wirkung des Geistes in der heiligen Kommunion. Beide Momente finden in seinem Entwurf eine ausführliche Besprechung.

---

an dem Leib und dem Blut Christi ausreichen. – Nach: HRYNIEWICZ, Nasza Pascha z Chrystusem 424–425.

[317] Vgl. HRYNIEWICZ, Nasza Pascha z Chrystusem 426.

Einigen Versuche der westlichen Theologen[318] folgend, versucht Hryniewicz in seinem Konzept – neben der christologischen Perspektive – auch die pneumatologische Dimension des Sakramentes der Eucharistie aufzuklären.[319] Er versucht, die westliche Eucharistielehre mit der östlichen Tradition und deren Lehre vom Heiligen Geistes in Verbindung zu setzten.

In der christologisch orientierten Tradition des Westens, die immer das Element der Konsekration eher als das der Epiklese akzentuiert hatte, beobachtet Hryniewicz keine totale ‚Geistvergessenheit'. Denn es gibt einige wichtige Zeugnisse schon bei den Kirchenvätern, wie bei den späteren Theologen, in denen der christologische Aspekt sich mit dem pneumatologischen ergänzt und das Wirken des Heiligen Geistes deutlich berücksichtigt wird. Vor allem ist die Rede vom Heiligen Geist dann, wenn das Thema der sakramentalen Wirksamkeit (‚virtus Spiritus Sancti') auftaucht. Andererseits gibt es bei den westlichen Theologen die pneumatologische Spur des Denkens, wenn dem Heiligen Geist eine aktive Wirkung in der eucharistischen Verwandlung zugeschrieben wird. Obwohl diese Zeugnisse nicht direkt von einer Epiklese des Heiligen Geistes sprechen, beinhalten sie epikletische Elemente, die sich auf den ganzen Eucharistischen Kanon oder die ganze liturgische Zelebration beziehen.[320] Bei den westlichen Kirchenvätern findet man auch eine oft verwendete Analogie zwischen der Eucharistie und der Menschwerdung, wo

---

[318] **Die Ansätze der katholischen Theologen**:
J.M.R. TILLARD, L'Eucharistie, Pâque de l'Eglise (Paris 1964) 86–92; DERS., L'Eucharistie et le Saint Esprit, in: NRTh (1968) 363–387; Y. CONGAR, Je crois (3) 294–341; W. ŚWIERZAWSKI, Dynamiczna „Pamiątka" Pana. Eucharystyczna anamneza misterium paschalnego i jego egzystencjalna dynamika (Kraków 1981) 274–287; DERS., Uświęcenie i kult w Duchu Świętym, in: Napełnieni Duchem Świętym (Poznań 1982) 82–89.
Die Ansätze der evangelischen Theologen:
M. THURIAN, Le mystère de l'eucharistie. Une approche œcuménique (Paris 1981) 85–100; J. MOLTMANN, Kirche 283–284; L. VISCHER, Ökumenische Skizzen (Frankfurt 1972) 46–57; J.J. von ALLMEN, Prophétisme sacramentel (Neuchâtel 1964) 300 ff.

[319] Vgl. HRYNIEWICZ, Nasza Pascha z Chrystusem 427–492.

[320] Von der Rolle des Heiligen Geistes sprachen z.B.:
AMBROSIUS, De Spiritu Sancto III 16, 112, in: PL 16, 803;
AUGUSTINUS, De Trinitate III 4, 10, in: PL 42, 874 (die Konsekration kommt aus der „unsichtbaren Wirkung des Geistes Gottes");
ISIDOR VON SEVILLA, Etymolog. VI 19, in: PL 82, 255 (das Sakrament vollzieht sich „operante invisibiliter Spiritu Dei");
BEDA, Hom. 14, in: PL 94, 75 (das Sakrament vollzieht sich „ineffabili Spiritus sanctificatione");
Papst NIKOLAUS I (860), Epistola ad Michaelem imperatorem, in: PL 119, 778 („post sanctificationem Spiritus sanguis Christi efficitur");
P. DAMIANI (+1072) schreibt dem Heiligen Geist die Kraft der Heiligung und der Belebung zu (Liber qui dicitur gratissimus 9, in: PL 145, 119);

das Einende der beiden Mysterien im pneumatologischen Element eingeschlossen ist.[321] Bei manchen Theologen im Westen ist auch das Bild des Feuers zu finden, welches ihnen als Symbol der Gegenwart und Wirkung des Geistes zum Ausdruck des pneumatologischen Inhalts diente.[322]

A. Der Heilige Geist im Mysterium der eucharistischen Verwandlung

Ist der Heilige Geist eine mitwirkende Kraft, ein (Mit-)Konsekrator der eucharistischen Gestalten oder nur ein *decus sacramenti*? Hryniewicz gibt zu, dass der Akzent auf der konsekrierenden Kraft der Einsetzungsworte in der westlichen Theologie die Rolle des Heiligen Geistes überschattet hat.[323] Er versucht zu zeigen, dass die pneumatologische Dimension untrennbar mit der christologischen Dimension zu denken ist und dass die Theologie vom Heiligen Geist keine *Schmucksache*, sondern zum Wesen des Sakramentes gehört, denn die Eucharistie ist ein Erlebnis sowohl des Pascha-Mysteriums wie des Pfingst-Mysteriums.

Die Frage nach der Rolle des Heiligen Geistes im eucharistischen Geschehen hat sich vor allem während der lange Jahrhunderte dauernden

---

ADAM VON ST. VIKTOR (+1192) spricht von der pneumatologischen Wirksamkeit der Sakramente wie von der eucharistischen Verwandlung im Heiligen Geiste: „Tu commutas elementa. Per Te suam sacramenta habent efficaciam" (Sequentia X de Spiritu Sancto, in: PL 196, 1455);
    Papst INNOZENZ III. (1208) bekennt von den Sakramenten, dass sie in der Kirche „invisibili virtute Spiritus Sancti cooperante" und das eucharistische Opfer „in verbo efficitur Creatoris et in virtute Spiritus Sancti" vollzogen werden (DS 793, 794).
    – Nach: HRYNIEWICZ, Nasza Pascha z Chrystusem 427–428.

[321] Z.B. RATBERTUS, Liber de corpore et sanguine Domini c. 3: „in verbo Christi per Spiritum Sanctum"; c. 7: „ut vera caro sit Christi [...] per Spiritum Sanctum consecratur"; c. 12: „virtute Spiritus Sancti per verbum Christi", in: PL 120, 1279.1285.1310;
    SYNODE IN ARRAS (1025) – im Bezug auf die Eucharistie: „fit sacramentum operante invisibiliter Spiritu Dei", „invisibiliter eodem Spiritu vivificatur quo operante in utero Virginis incarnatus est Dei Filius", in: Mansi 19, 431.433.
    – Nach: HRYNIEWICZ, Nasza Pascha z Chrystusem 428.

[322] Das Feuer umfasst den Altar und den Priester während der Konsekration. Der Heilige Geist selber verwandelt die eucharistischen Gaben in Leib und Blut Christi, denn er hat Jesus zur Selbsthingabe zugeneigt und sein Feuer hat diese lebendige Hostie – so wie ein Paschalamm bei Juden – ‚gebraten'. – Vgl. RUPERT VON DEUTZ (+1135), De Trinitate et operibus eius pars 2, in: PL 167, 617; pars 3: De operibus Spiritus Sancti I 2. 9; II 1, in: SCh 131, 60–64, 82–86, 174–176; HUGO VON ST. VIKTOR, Sermo 27, in: PL 177, 958. – Nach: HRYNIEWICZ, Nasza Pascha z Chrystusem 428–429.

[323] Diese Tendenz begann sich – nach Hryniewicz – seit dem extremen Spiritualismus des BERENGAR VON TOURS zu entwickeln. Akzentuiert wurde die reale Gegenwart Christi und betont ausdrücklich das Moment der Konsekration durch die vom Priester ausgesprochenen Einsetzungsworte. THOMAS VON AQUIN ist in diesem Punkt nicht eindeutig, aber im Heiligen Geist sieht er die erste Ursache der Wirksamkeit aller Sakramente (STh I–II q. 112 a. 1 ad 2; III q. 66). – Nach: HRYNIEWICZ, Nasza Pascha z Chrystusem 429.

kontroversen Diskussion um die Epiklese zugespitzt.[324] Hryniewicz nähert sich dieser ganzen Debatte, um die epikletische Struktur des eucharistischen Mysteriums und die ganze eucharistische Pneumatologie besser zu verstehen.

---

[324] Hryniewicz hat in seiner Studie ausführlich die Genese und den Verlauf des Streites zwischen dem Westen und dem Osten dargestellt. – Vgl. HRYNIEWICZ, Nasza Pascha z Chrystusem 427–461.

2.1 Der Geist als Vollender des Pascha-Mysteriums Christi 251

a) Der ursprüngliche Sinn der Epiklese

Bereits das Frühchristentum hat deutlich bezeugt – bemerkt Hryniewicz –, dass die menschliche Mitwirkung in den Heilssituationen sich nur auf das äußere zeichenhafte Handeln wie auf die Anrufung der Hilfe Gottes beschränken sollte, denn das eigentliche Heilswirken kommt von Gott selbst. Das Wesen der epikletischen Gebete haben die Kirchenväter deshalb nicht in der konkreten Formulierung einer Bitte an Gott gesehen, sondern in der Überzeugung des Glaubens, dass Gott allein das Heil erwirkt.[325]

Hryniewicz betont, dass in der frühchristlichen Tradition die eucharistische Epiklese noch nicht den pneumatologischen Charakter hatte.[326] Der Sinn der Epiklese – jeder, nicht nur der eucharistischen Epiklese,[327] – wurde bei den Kirchenvätern in der neutestamentlichen Theologie des Namens Gottes verwurzelt, wo der Name als Bezeichnung der ganzen Person, einer Form ihrer Gegenwart dient.

Die epikletische Anrufung des Namens Gottes (in einer Form der anspruchslosen Bitte und des demütigen Flehens) wurde dementsprechend als Akt der Übergabe einer Person oder einer Sache an Gott verstanden. Die Übergabe der eucharistischen Gaben konnte sich also vollziehen durch die Anrufung des Namens Gottes und durch die Bitte, dass er sie annimmt, sie mit seiner Gegenwart und Kraft erfüllt und zum Leib und Blut Christi verwandelt.

Den angerufenen Namen Gottes haben die Kirchenväter zuerst trinitarisch (die Bitte zum Vater um die Sendung des Sohnes auf Brot und

---

[325] Vgl. HRYNIEWICZ, Nasza Pascha z Chrystusem 437.
[326] Vgl. HRYNIEWICZ, Nasza Pascha z Chrystusem 430–432. 439–444.
[327] Die Epiklese wurde in der frühchristlichen Tradition nicht nur auf die Verwandlung der eucharistischen Gaben oder auf die Eucharistie als Ganzes beschränkt. Sie diente als Ausdruck für ein konstitutives Element jeder Heiligung. Das erste Zeugnis vom epikletischen Gebet findet sich bei TERTULLIAN im Text von der Taufe (De baptismo c. 4, in: CSEL 20, 204). – Vgl. HRYNIEWICZ, Nasza Pascha z Chrystusem 433.

Wein) oder christologisch gedeutet „Marana tha" – Didachè 10, 6).[328] In der alexandrinischen Tradition z.b. entwickelte sich sehr stark die Epiklese des Logos.[329] Erst nach der Dogmatisierung der Lehre vom Heiligen Geist (381), in der die trinitarische Lehre und die Begriffe: Logos, Kyrios und Pneuma sich schon mehr kristallisiert haben, erhielt die eucharistische Epiklese einen zunehmend pneumatologischen Charakter.[330] Der pneumatologische Charakter der Epiklese und der Konsekration diente seither – vor allem bei den östlichen Kirchenvätern[331] – als

---

[328] Siehe auch: DIDACHÈ 14,3; JUSTIN, Dial. 28,5; 41,2–3; 116,3; 117,1–4; IRENÄUS, Adv. haer. IV 17,5–6; 18,1; TERTULLIAN, Adr. Iudaeos 5; KLEMENS VON ALEXANDRIEN, Stromata V 14,136. – Nach: HRYNIEWICZ, Nasza Pascha z Chrystusem 431.

[329] Z.B.: SERAPION VON THMUIS: „Gott der Wahrheit, dein heiliger Logos komme auf dieses Brot herab /epidemesáto [...] ho hagiós sou Lógos epi ton árton touton/, dass es dein Leib werde /hina génetai ho ártos sôma tou Lógou/, und auf diesen Kelch, dass er das Blut der Wahrheit werde." – Euchologion 13, 15;

JUSTIN: die Eucharistie ist geworden durch das Gebet um den Logos, der von Gott stammt /"ten di'euchçs Logou tou par' autoù eucharistetheísan trophèn" – Apol. I 66, 2, in: CAC 1, 180–182/;

IRENÄUS: das vorbereitete Brot und der gemischte Kelch erhalten den Logos Gottes und werden zur Eucharistie /"to kekraménon potérion kai ho genomenôs ártos epidéxetai ton Lógon tou Theoù kai gínetai Eucharistía" – Adv. haer. V 2, 3, in: SCh 153, 34/;

ORIGENES: die sakramentale Speise wird geheiligt durch den Logos Gottes und die Bitte /"dia Logou Theou kai enteúxeos" – In Matth. Comm. 11, 14, in: GCS 10, 57–58/;

ATHANASIUS: nach den großen Gebeten und den heiligen Fürbitten kommt der Logos auf das Brot und den Kelch herab, und sie werden zu seinem Leib /"katabaínei ho Logos eis ton árton kai gínetai autoù sôma" – Oratio ad catech, in: PG 26, 1325/.

– Nach: HRYNIEWICZ, Nasza Pascha z Chrystusem 440.

[330] Die orthodoxen Theologen beweisen aber gerne, dass es schon im 1. Jahrhundert die Spuren einer pneumatologischen Epiklese gab. Sie verweisen auf das »Hohepriesterliche Gebet« Jesu, welches die älteste Form des Eucharistischen Kanons beinhaltet. Dieses eucharistische Gebet bei Johannes, mit seiner mystagogischen Katechese, entspricht ihrer Meinung nach der Situation des Abendmahles vor dem Leiden Jesu viel besser als die bloßen Einsetzungsworte der Synoptiker. Die mystagogische Rede Jesu im Johannesevangelium hat einen starken Bezug zum Heiligen Geist und hat deswegen einen epikletischen (Joh 14, 16–17. 26; 15, 26; 16, 7–15) wie eschatologischen Charakter (Motiv des Gerichts). In diesem Gebet Jesu sehen die Orthodoxen gerne den Ursprung aller eucharistischen Epiklesen. Ähnliche pneumatologische Akzente in den epikletischen Gebeten der Kirche finden die Orthodoxen in der Offenbarung des Johannes und in Didachè. Das eucharistische Hochgebet in Didachè, welches die eschatologische Epiklese (Marana tha) beinhaltet (10, 6), wird nur den Propheten als den eigentlichen Liturgen und Geistträgern (pneumatophóroi) anvertraut. In diesem Kontext wurde von dieser Epiklese behauptet, sie sei nicht nur mit dem verklärten Christus verbunden, sondern auch mit dem Heiligen Geist. In der Offenbarung des Johannes (22, 17. 20) hat die Epiklese – der Ansicht der Orthodoxen nach – eine deutliche pneumatologische Bedeutung, denn Christus kommt der Anrufung der ganzen Kirche entgegen, die in der Kraft des Heiligen Geistes ihn um seine eucharistische Gegenwart bittet. In

Ausdruck des Glaubens an die Gottheit des Heiligen Geistes und seine Gleichheit mit dem Vater und dem Sohn.

Die Epiklese als Anrufung des Heiligen Geistes auf die eucharistischen Gaben, dass er sie zum Leib und Blut Christi macht (‚poiesei', ‚poieson', ‚poiése'), sie als Leib und Blut Christi bezeugt (‚anadeixai') und offenbart (‚apofanei'), hat ihren Ursprung also in der östlichen Tradition³³², weil der Osten den pneumatologischen Glauben unaufhörlich akzentuiert und in der Eucharistielehre zum Ausdruck gebracht hat. Die östlichen Theologen pflegten nämlich die Überzeugung, dass die eucharistische Speise die Gläubigen mit dem Heiligen Geist erfüllt und an ihm teilnehmen lässt.³³³

b) Der epikletische Charakter der eucharistischen Verwandlung

Hryniewicz weist deutlich darauf hin, dass das Verständnis des epikletischen Gebets als einer Bitte um die Herabsendung des Heiligen Geistes

dieser Interpretation drücken die Orthodoxen ihre Überzeugung aus, dass durch die epikletische Kraft des Heiligen Geistes Christus real in der Eucharistie gegenwärtig ist.

Die Orthodoxen suchen die Bestätigung ihrer These, dass die eucharistische Epiklese von Anfang an einen pneumatologischen Charakter hatte, auch in einigen Zeugnissen der Kirchenväter, die aus dem 2. Jahrhundert stammende lukanische pneumatologische Version des Vaterunser zitieren: »Komme dein Geist auf uns und reinige uns«, anstatt der Worte »dein Reich komme«.

– Siehe: HRYNIEWICZ, Nasza Pascha z Chrystusem 442–443. Hier stellt der Autor insbesondere die Position eines polnischen orthodoxen Theologen, J. Klinger, dar (J. KLINGER, Geneza sporu o epiklezę. Eschatologiczny a memorialny aspekt Eucharystii w kanonie pierwszych wieków, Warszawa 1969, 44–51, 103–106, 119).

³³¹ Z.B.: JOHANNES CHRYSOSTOMUS, De sancta Pentecoste, in: PG 50, 459; THEODOR VON MOPSUESTIA, Hom. catech. 16, 12, in: SteT 145, 553; ISIDOR PELUSIUM, Ep. 1, 109, in: PG 78, 256; NIL VON ANCYRA, Ep. 1, 44, in: PG 79, 104.

– Nach: HRYNIEWICZ, Nasza Pascha z Chrystusem 446.

³³² In den mystagogischen Katechesen des CYRILL VON JERUSALEM gibt es zum ersten Mal eine wesentliche Form der eucharistischen Epiklese (ca. 348):

Dann [...] flehen wir den menschenfreundlichen Gott an /parakaloùmen tòn philánthropon Theòn/, dass er auf die dargebrachten Gaben den Heiligen Geist sende /to Hágion Pneuma egzaposteilai epi ta prokeímena/ und das Brot zum Leib und den Wein zum Blut Christi mache /poiése/. (Catech. 5, 7, in: SCh 126, 154).

– Nach: HRYNIEWICZ, Nasza Pascha z Chrystusem 435; vgl. auch ebd. 432, 442–446.

³³³ Die eucharistische Pneumatologie war in den ersten Jahrhunderten besonders stark präsent in der syrischen Tradition. Die LITURGIE des HL. JAKOBUS ist ein Ausdruck dafür:

Erbarme dich unser, Gott, in deiner großen Barmherzigkeit. Sende auf uns und auf die dargebrachten Gaben deinen heiligsten Geist, den belebenden Herrn, der mit dir, Gott dem Vater, und mit deinem eingeborenen Sohn als der Wesensgleiche und der Ewige auf dem Thron sitzt und herrscht. [...] Ihn selbst, deinen heiligsten Geist, sende o Herr auf uns und auf diese heiligen Gaben, dass er kommt und dass durch sein heiliges, gütiges und glorreiches Kommen dieses Brot geheiligt werde und zum heiligen Leib deines Christus werde wie der Kelch zum teuren Blut Christi (in: POr 26, 205–206).

– Nach: HRYNIEWICZ, Nasza Pascha z Chrystusem 446.

und um die Konsekration der eucharistischen Elemente aus der langen theologischen Entwicklung resultierte.[334] Zuerst haben die frühchristlichen Theologen die Epiklese lediglich als eine Bitte zum verklärten Christus und zum Heiligen Geist um die Manifestation der eschatologischen Wirklichkeit verstanden, die im Pascha-Mysterium und in der Pentekoste initiiert wurde. Sie hatte in der Frühkirche eine breitere Bedeutung als die später ausgebildete, ‚technische' und ‚engere' Bedeutung eines Bitt-Gebetes, das vor den Einsetzungsworten oder vor der Kommunion ausgesprochen wird. Denn die ganze eucharistische Anaphora hatte damals einen epikletischen Charakter.

Die Kirchenväter waren nämlich der Meinung, dass man die Epiklese nicht von der ganzen Anaphora trennen kann. Manchmal wurde in ihren Schriften das Wort *eucharistein* mit dem Wort *epikalein* identifiziert, um die ganze Eucharistie als eine Epiklese zu bezeichnen.[335] Die Eucharistie betrachteten sie als ein großes Dankgebet, in welchem die Anamnese und die Epiklese eine organische Ganzheit bildet. Und aus dieser Ganzheit konnten weder die Einsetzungsworte noch die Bitte um die Sendung des Heiligen Geistes herausgenommen werden.[336] Die frühchristlichen Theologen haben nämlich weder die Einsetzungsworte noch die Epiklese als ein einziges und separates Moment der Konsekration klassifiziert.[337] Die liturgischen Texte enthielten keine exakten Formeln für die Wandlung der materiellen Elemente, sondern drückten aus, dass die eucharistische Wandlung durch die ganze eucharistische Zelebration geschieht, in welcher das christologische Element sich gegenseitig mit dem pneumatologischen Element durchdringt.

---

[334] Diese Epiklese im engeren Sinne hat sich zuerst in diesen Liturgien entwickelt, die von der syrischen Tradition abhängig waren. – Vgl. HRYNIEWICZ, Nasza Pascha z Chrystusem 434.

[335] Vgl. HRYNIEWICZ, Nasza Pascha z Chrystusem 434.

[336] Z.B. BASILIUS DER GROSSE hielt die ganze Anaphora für eine große Epiklese; zur Epiklese gehören nicht nur die einzelnen Teile der Anaphora (die Anrufung des Namens Gottes oder die Bitte um die Annahme von Gott), sondern auch die Einsetzungsworte mit den begleitenden Gebeten (Catech. 1,7, in: SCh 126, 95; De Spiritu Sancto 27, 66, in: SCh 17 bis, 480).

Erst im Zeitraum des Konzils von Ephesus (431) gibt es die Tendenz zur Parallelisierung des Lebens Jesu mit den folgenden Teilen der eucharistischen Liturgie, so dass das epikletische Moment während der Konsekration als Trennungspunkt galt, um das Leiden und den Tod Jesu von der glorreichen Auferstehung und Erhöhung des Herrn zu unterscheiden. – Vgl. HRYNIEWICZ, Nasza Pascha z Chrystusem 435–436.

[337] Z.B. die Schriften des JOHANNES CHRYSOSTOMUS enthalten sowohl eine ausdrückliche Betonung der Einsetzungsworte /*„das ist mein Leib, spricht er [der Priester]. Dieses Wort verwandelt die Gaben"* – *De proditione Judae hom. 1, 6, in: PG 49, 380*/ wie auch ‚das lange flehende Gebet' des Priesters um die Sendung des Heiligen Geistes /*„ten hiketerian epí polý poietai"* – *De sacerdotio 3, 4, in: PG 48, 642*/. – Nach: HRYNIEWICZ, Nasza Pascha z Chrystusem 434.

2.1 Der Geist als Vollender des Pascha-Mysteriums Christi

Hryniewicz will infolgedessen die Frage der Ursächlichkeit der eucharistischen Wandlung nicht zu einem punktualistischen und exklusiven Moment der Entscheidung führen. Die Krise der langen Diskussion um die Epiklese wurde seiner Meinung nach durch die falsche Fragestellung verursacht. Bei der Konsekration gibt es nämlich keinen Exklusivismus: entweder die Einsetzungsworte, die der Christus repräsentierende Priester ausspricht, oder die Anrufung des Heiligen Geistes. Beide Elemente sind konstitutiv, sich gegenseitig ergänzend und deswegen unverzichtbar.

Die Rolle des Heiligen Geistes im Mysterium der Eucharistie dürfte deswegen nicht nur auf die Wandlung der eucharistischen Gaben beschränkt werden, obwohl sie in diesem sakramentalen Moment tatsächlich am deutlichsten wahrnehmbar ist, denn die eucharistische Pneumatologie hat auch wichtige anthropologische wie ekklesiologische Implikationen.

Aus dem frühchristlichen Bekenntnis der Kirche – wie schon erwähnt – schöpft Hryniewicz die Überzeugung, dass das Wesen der Epiklese nicht ausschließlich auf einer ausdrücklichen Formulierung des Gebets beruhen kann. Die Epiklese dürfte nicht eine Form der Forderung an Gott sein. Sie sollte in sich nur eine Bitte enthalten, dass sich der Wille Gottes erfüllt, und ein Ausdruck der menschlichen Dankbarkeit für die Würde des Dienstes vor dem Antlitz Gottes sein. Die Epiklese ist deswegen auch mit der Haltung und Stellungnahme der feiernden Menschen verbunden, was deutlich in den ältesten Liturgien zu sehen ist.

Der Autor unterstreicht dieses anthropologische Element der Epiklese, welches die eigentliche Zielsetzung der eucharistischen Wandlung zeigt. Denn laut der Liturgie von Basilius dem Großen ruft man den Heiligen Geist zuerst auf die Menschen herab, dann auf die eucharistischen Gaben, weil nur die geisterfüllten Menschen in den eucharistischen Gestalten den geistigen Leib und das Blut des auferstandenen Christus erkennen können.[338]

Die Epiklesen der ältesten Anaphoren (auch in der *Traditio Apostolica* von Hippolyt oder in den *Apostolischen Konstitutionen* von Klemens) hatten – betont Hryniewicz – keine ausdrücklich formulierte Bitte um die Verwandlung der Gaben, sondern eher um die Offenbarung der eucharistischen Gegenwart Christi wie um die Heiligung und Einigung der Gläubigen. Besonders in der östlichen Tradition wurde der Akzent auf diese Offenbarung des Leibes und des Blutes Christi im Brot und Wein durch den Heiligen Geist gelegt, der die Vergegenwärtigung Christi erwirkt. Aber die epikletischen Gebete wurden nicht ganz ohne den konsekrierenden Charakter gedacht.

---

[338] Vgl. HRYNIEWICZ, Nasza Pascha z Chrystusem 438.

Von großer Bedeutung für den Autor scheint die Tatsache zu sein, dass die Kirchenväter die Konsekration der Gaben nicht direkt mit den Einsetzungsworten oder mit der Epiklese verbunden gesehen haben, sondern dass die ganze eucharistische Anaphora einen konsekrierenden Charakter hatte. Die Einsetzungsworte Jesu sind seiner Meinung nach sowieso kein eindeutiger Beweis dafür, dass die Konsekration der eucharistischen Gaben mit den Worten »Das ist mein Leib [mein Blut]« erfolgt. Denn Jesus konnte dies während des den Vater preisenden Gebetes tun und danach das konsekrierte Brot den Jüngern reichen. Auch die Worte des Auftrags »Tut dies zu meinem Gedächtnis« sind für Hryniewicz eher der Ausdruck der nachösterlichen Praxis als reine Quelle der *ipsissima verba Jesu*.

Diese Fakten – meint der Autor – sollten deshalb zum vorsichtigeren Umgang mit den Einsetzungsworten führen und z.B. mehr Platz bei der Frage der Konsekration für die epikletische Dimension des sakramentalen Geschehens verschaffen. So wie in der altkirchlichen Tradition die Einsetzungsworte nicht in einer exakten Formel ausgedrückt wurden, sondern eher in einer Beschreibung, die eine Bitte um die göttliche Wirksamkeit enthielt, so scheint die epikletische Anrufung des Heiligen Geistes auch heute in den liturgischen Feiern der Sakramente notwendig zu sein, so dass das Gedächtnis an die Worte Jesu zu einer ‚*anamnèse épiphanique*'[339] werden könnte.

Der Heilige Geist ist es, der die Gegenwart Christi offenbart und der es erwirkt, dass die Worte Jesu mit den Worten des Priesters und die gegenwärtige Feier der Eucharistie mit dem Abendmahl Jesu gleichgesetzt werden. Die durch den Geist belebten und sich aktualisierenden Einsetzungsworte Jesu kann man deshalb – nach Johannes Chrysostomus[340] – mit dem schöpferischen Wort Gottes aus dem Buch Genesis vergleichen: „Seid fruchtbar und vermehrt euch" (Gen 1, 18). Da das einmalig ausgesprochene Wort Gottes stets seine Wirksamkeit behält, können auch die Worte Jesu aus dem Abendmahl – dank dem durch die Kirche angerufenen Geist – in der Eucharistie wirksam erklingen.[341]

---

[339] EVDOKIMOV, L'Esprit Saint 104. – Nach: HRYNIEWICZ, Nasza Pascha z Chrystusem 451.
[340] JOHANNES CHRYSOSTOMUS, De prodit. Iudae hom. 1, 6, in: PG 49, 380. Er unterstreicht, dass nicht der Mensch (der Priester) die Verwandlung der Gaben erwirkt, sondern nur Christus allein. Der Priester ist nur ein Repräsentant Christi (schéma plerón), er spricht die Worte aus, aber die Kraft und die Gnade kommen von Gott. – Nach: HRYNIEWICZ, Nasza Pascha z Chrystusem 451.
[341] Vgl. HRYNIEWICZ, Nasza Pascha z Chrystusem 450–452.

2.1 Der Geist als Vollender des Pascha-Mysteriums Christi 257

Dieses Faktum ist für Hryniewicz entscheidend für jede ökumenische Diskussion über die Epiklese und Konsekration, welche den polemischen Ton zu vermeiden und das christologische Element gemeinsam mit dem pneumatologischen Element zu denken versucht.[342]
Die ältesten Epiklesen bezeugen ihm ganz deutlich, dass es im Sakrament der Eucharistie letztendlich nicht um die Konsekration der Gaben als Ziel für sie selbst geht. Das Ziel liegt in der Heiligung derer, die sie annehmen. Das Ziel der Konsekration ist also die Kommunion. Die Verwandlung der Gaben durch den Heiligen Geist hat nämlich die ekklesiale und anthropologische Zielsetzung, dass durch die gläubige Annahme des Leibes und Blutes Christi die Kommunizierenden selbst geheiligt werden.
Hryniewicz will die Konsekrations-Epiklese (Verwandlung der eucharistischen Elemente) von der Kommunions-Epiklese (Bitte um die Heiligung der Teilnehmer) nicht trennen oder sie gegeneinander stellen.

---

[342] In seiner Studie beschreibt Hryniewicz ausführlich die nach dem Vatikanum II zwischen den verschiedenen Gruppen erfolgte ökumenische Debatte um das pneumatologisch dimensionierte Sakramentenverständnis als Folge der Neuentdeckung der Theologie vom Heiligen Geist und der Rückkehr zu den frühchristlichen Zeugnissen des Glaubens, z.B.:
The Moscow Statement Agreed by the Anglican-Orthodox Joint Doctrinal Commission Meeting in Moscow 26 July to 2 August 1976 (zur Einführung der Epiklese in der Liturgie der Anglikanischen Kirche): die Epiklese in der anglikanischen Eucharistiefeier wird zwei mal ausgesagt: vor den Einsetzungsworten – um die Verwandlung der eucharistischen Gaben und die Teilnahme am Leib und Blut Christi, und danach – um die Erneuerung der Teilnehmer, ihre Einigung und Erfüllung mit Gnade und Segen; es wird die trinitarische Dimension der Eucharistie stark berücksichtigt – die ganze Liturgie als Bitte zum Vater um die Vergegenwärtigung des Leibes und des Blutes Christi durch die Wirkung des Geistes; die Bedeutung der eucharistischen Epiklese wird nicht nur auf die Verwandlung der Gaben beschränkt, sondern auch in ihren ekklesiologischen Implikationen bezeichnet: die Wirkung des Geistes bei der Erneuerung und der Einigung der Gemeinde, wie bei dem Wachsen im Heiligsein aller Mitglieder und in ihrer Befähigung zur Zeugnisablegung für Christus; die epikletische Struktur wird auch auf die anderen Sakramente und Handlungen der Kirche verbreitet.
Oder die anderen Dokumente:
Das Herrenmahl Nr. 21–24 – Katholisch-lutherische Konvergenz (1978) über den Heiligen Geist und die Eucharistie wie über die Rolle der Epiklese;
Die Konvergenz von Groupe des Dombes, L'Esprit Saint, l'Eglise et les sacrements (1971; 1979);
Die Deklaration zwischen Anglikanern und Katholiken (Windsor 1971) und *Das lutherisch-katholische Dokument aus Liebfrauenberg (1977)*: – die beiden unterstreichen die Rolle des Heiligen Geistes bei der Vergegenwärtigung der Eucharistie, bei der Erkennungsfähigkeit der eucharistischen Gegenwart Christi und für die Fruchtbarkeit der hl. Kommunion;
Das Lima-Dokument (1982) – vom trinitarischen (Nr. 3–4) und epikletischen (Nr. 14–18) Charakter der Eucharistie; worin die gegenseitige Relation zwischen dem Heiligen Geist und Christus unterstrichen wurde, was aber nicht eine Spiritualisierung der Gegenwart Christi bedeutet; und worin die enge innere Relation zwischen den Einsetzungsworten, der Verheißung Christi und der Epiklese gesehen wurde.

Denn beide Momente bilden einen und denselben dynamischen Vorgang, der den Glaubenden am österlichen Mysterium teilnehmen lässt. Die doppelte Epiklese – bei den Einsetzungsworten und vor der Kommunion – ist in der östlichen Tradition (aber auch in den nach Vatikanum II erneuerten katholischen und anglikanischen Hochgebeten) der Ausdruck des Glaubens, dass die von Christus geschenkte Eucharistie sich dem Heiligen Geist nicht nur bei den Folgen der Konsekration (den Früchten der Eucharistie) verdankt, sondern auch bei ihrer Entstehung (bei der Konsekration selbst).[343] Die ‚wiederholte' Epiklese betont nur die Tatsache, dass die Eucharistie ganz auch das Werk des Heiligen Geistes ist.

Dank dieser Doppel-Orientierung der Epiklese – unterstreicht Hryniewicz – kommt in der Eucharistie ersichtlich die ganze Logik der Heilsökonomie als sakramentale Verlängerung des doppelten Heilsmysteriums zum Ausdruck: des Pascha Christi und des Pfingst-Mysteriums. Die Eucharistie kann deshalb als eine gewisse Verlängerung der Christologie und der Pneumatologie verstanden werden, denn die durch den Heiligen Geist durchdrungenen eucharistischen Gaben sind der Quell der Heiligung und der Einigung der Menschen, denen die Teilnahme am Leib Christi ermöglicht wurde.[344]

Hryniewicz schließt sich gerne den Worten des Irenäus an, der die Eucharistie als »den Kelch der Synthese«[345] bezeichnet hat. In dieser Aussage sucht er die Lösung für die Frage nach der Relation zwischen der Epiklese und der Konsekration. Eine komplementäre Sicht, indem die beiden Momente des sakramentalen Geschehens sich ergänzen, entspricht ganz der heilsökonomischen Logik von der wesentlichen Einheit des Wirkens Christi und des Geistes, so dass die trinitarische Struktur des Heils auch in der Liturgie ihren Ausdruck hat.

---

[343] Vgl. HRYNIEWICZ, Nasza Pascha z Chrystusem 448. Hier knüpft der Autor an den orthodoxen Theologen Gustave MARTELET (Zmartwychwstanie, Eucharystia, człowiek, Warszawa 1976, 167) an.
    Hryniewicz verweist in diesem Punkt auf den <u>Unterschied</u> zwischen dem <u>katholischen Hochgebet (mit zwei Epiklesen) und der orthodoxen Anaphora, welche meistens nur eine Epiklese</u> – nach den Einsetzungsworten – enthält, die einen konsekrierenden Charakter hat.
    Die Vermischung der beiden Perspektiven und die Zusammenstellung der beiden Riten kann den falschen Eindruck von zwei konsekrierenden Epiklesen erwecken (wenn die ‚katholische' Epiklese mit der ‚orthodoxen' Epiklese gleichgesetzt wird). Aber in der katholischen Liturgie ist die zweite Epiklese nur eine Epiklese ‚der Aneignung', die um die geistigen Früchte der Eucharistie bittet (die Erfüllung mit dem Heiligen Geist und die Einigung der Kommunizierenden).

[344] Vgl. HRYNIEWICZ, Nasza Pascha z Chrystusem 438–439.

[345] Genauer: »compendii poculum«; »to tes syntomias potérion« (Adv. haer. III 16, 7, in: SCh 211, 314–315). – Nach: HRYNIEWICZ, Nasza Pascha z Chrystusem 447. – U.a. aus dieser tiefen Bezeichnung schöpfte Hryniewicz die Hauptthese seines Entwurfs von der Integralität der *Theologia paschalis*.

2.1 Der Geist als Vollender des Pascha-Mysteriums Christi

In dieser Integralität ist für Hryniewicz der Sinn der sakramentalen Epiklese entschlüsselt, weil das Mysterium Christi seine Vollendung im Pfingst-Mysterium und die *missio* Christi in der Wirkung des Geistes wie im apostolischen Dienst der Kirche ihre Fortsetzung findet. Die eucharistische Konsekration vollzieht sich durch Christus, den einzigen Priester und Mittler, der aber nicht allein, sondern immer kraft seines, und durch die Kirche angerufenen, Geistes wirkt. So wie die Einsetzungsworte veranschaulichen, dass die Eucharistie eine Gabe Christi ist, so ist die Epiklese ein liturgisches Bekenntnis zu der verwandelnden und heiligenden Kraft des Heiligen Geistes.

Die Wiederentdeckung der epikletischen Struktur der Eucharistie nach dem II. Vatikanum in den verschiedenen christlichen Liturgien (nicht nur katholischen) macht deutlich, dass die Theologie vom Heiligen Geist für das christliche Verständnis der sakramentalen Heilsökonomie kein *decus* ist, sondern eine wesentliche Komponente und ein wichtiger Bezugspunkt. Dank der eingeführten Epiklese konnte sich in der katholischen Sakramentenlehre und Theologie der Liturgie z.B. die eucharistische Pneumatologie entwickeln, die besagt, dass im eucharistischen Mysterium der Heilige Geist – ähnlich wie bei der Menschwerdung Jesu – die sakramentale Daseinsweise Christi unter den eucharistischen Gestalten bewirkt und dass die ganze Zelebration sich im Geiste vollzieht, weil er ihr Klima und ihr *topos oikeios* ist[346].

Hryniewicz verweist auch auf die missionarische und die eschatologische Implikation der eucharistischen Epiklese. Er übernimmt die Stellungnahme vom reformierten Theologen L. Vischer, der in der Anrufung des Heiligen Geistes auf die eucharistischen Gaben und die versammelte Gemeinde nicht nur die Bitte um die Gegenwart Christi sieht, sondern auch die Bitte um die neue Sendung der Versammelten in die Welt. Die eucharistische Epiklese hat also auch eine missionarische Orientierung, indem die Gemeinde durch das Gebet sich in die im Geist durchzuführende *Mission* der Zeugnisablegung einschließt, und eine eschatologische, weil der Geist auch eine eschatologische Gabe ist. Seine

---

[346] Bezeichnung bei BASILIUS DEM GROSSEN (De Spiritu Sancto 26, 62, in: SCh 17 bis, 472: dort ähnlich: ‚tópos ton hagíon', ‚tópos ton hagiadzoménon'). – Nach: HRYNIEWICZ, Nasza Pascha z Chrystusem 456.
– Die östliche Liturgie spricht hier gerne von der geheimnisvollen Konzelebration des Heiligen Geistes und von seiner immerwährenden Mitwirkung in der durch die Menschen vollzogenen Liturgie, z.B.: der Dialog zwischen dem Priester und dem Diakon in der LITURGIE des JOHANNES CHRYSOSTOMUS:
~ *Der Heilige Geist komme auf dich herab und die Kraft des Allerhöchsten beschatte dich.*
~ *Derselbe Geist wird mit uns zelebrieren durch alle Tage unseres Lebens (Autò tò Pneuma sylleitourgései hemín pásas tàs heméras tes zoès hemón).*
– Nach: HRYNIEWICZ, Nasza Pascha z Chrystusem 456–457.

Gegenwart im Sakrament der Eucharistie antizipiert und öffnet die letztendliche Gemeinschaft mit Gott und macht die feiernde Gemeinde dadurch zum Zeichen der ewigen Vollendung.[347]

Hryniewicz betont die Bedeutung aller theologischen Implikationen der Epiklese für die Ekklesiologie und Sakramentenlehre. In der epikletischen Invokation des Vaters kann sich nämlich im gesunden Miteinander die Christologie mit der Pneumatologie durchqueren und die trinitarische Logik der ganzen Heilswirklichkeit ihren Ausdruck finden. Für die Erkenntnis der Wahrheit vom Heiligen Geist und für die Erfahrung seiner Wirkung ist das liturgische und das eucharistische Bekenntnis unentbehrlich. Denn die Pneumatologie ist für ihre wissenschaftliche Erleuchtung – meint der Autor – besonders auf die liturgische Erfahrung des flehenden, des doxologischen und des danksagenden Betens angewiesen.[348]

c) Transsignifikation kraft des Geistes – die personalistische Sicht der Eucharistie

Hryniewicz versteht die *ontologische Transsignifikation* der eucharistischen Verwandlung im Sinne der griechischen Kirchenväter – als eine Ontologie der personalen Gegenwart, die sich von einer statischen und ‚dinghaften' Ontologie wesentlich unterscheidet. Nicht das Realsymbol und seine bezeichnende Kraft der sich verwirklichenden Wirklichkeit, verwandelt das Brot in den Leib Christi, sondern Christus in der Kraft seines Geistes. Der Auferstandene bedient sich des Zeichens und verleiht den materiellen Elementen eine völlig neue Bedeutung.[349]

In der Eucharistie werden die materiellen Zeichen also durch das schöpferische Wort Christi und die Wirkung des Heiligen Geistes in eine ganz neue Wirklichkeit umgewandelt. Die materiellen Elemente wechseln ganz ihre Bedeutung und Funktion, und diese Umwandlung hat wirklich einen ontologischen Charakter, weil die symbolisierende Funktion zum Wesen jedes Daseins gehört. Das Brot und der Wein als natürliche Zeichen der Nahrung und der menschlichen Gemeinschaft werden kraft des Geistes zum Zeichen des Pascha Christi – seiner Hingabe und seiner Gegenwart als des Auferstandenen.

---

[347] Lukas VISCHER, Ökumenische Skizzen (Frankfurt a.M. 1972) 52–54. – Nach: HRYNIEWICZ, Nasza Pascha z Chrystusem 460–461.

[348] Vgl. HRYNIEWICZ, Nasza Pascha z Chrystusem 448.

[349] Es ist eine spezifisch eschatologische Bedeutung: das Brot und der Wein sind in die direkte Relation zum Auferstandenen eingeschlossen, und dadurch können die Menschen ins Mysterium des Auferstandenen eingeführt werden.
  Hryniewicz äußert sich positiv auch zum Begriff der *Transfinalisation*, der aber den ontologischen Charakter bewahren muss. – Vgl. HRYNIEWICZ, Nasza Pascha z Chrystusem 484–487.

Das eucharistische Mahl kann daher nicht nur in den anthropologischen Kategorien ausgedrückt werden, denn der allgemeine Sinn des zwischenmenschlichen, gemeinsamen Mahles wird durch den Geist Christi in eine andere Dimension erhoben. Das Mahl ist nicht mehr nur der Ausdruck der Feier, der Gemeinsamkeit oder der Geschwisterlichkeit. Die Eucharistie ist die Begegnung des auferstandenen Herrn mit denen, die ihm geglaubt haben, und die Teilnahme an seinem Leben.

Mit der Verwandlung der eucharistischen Gaben erhalten auch das Mahl und die versammelte Gemeinschaft ihre neue Bedeutung. Denn der Geist verwandelt die Gemeinde, so dass die Versammelten zur Erneuerung der ganzen Kirche und der ganzen Welt beitragen können und so – im existenziellen Zeugnis – die sakramentale Verwandlung aus der Eucharistie realisierend erfüllen. Das Sakrament der Eucharistie als eschatologisches Zeichen verbirgt nämlich in sich die Tiefe der ontologischen Verwandlung der ganzen Welt, das Geheimnis ‚des neuen Himmels und der neuen Erde'. Die reine ‚funktionale' Interpretation der eucharistischen Gegenwart Christi wäre – nach Hryniewicz – also unzureichend, weil der eucharistischen Verwandlung eine ontologische Verwandlung der Welt folgt, nicht nur eine neue Funktion gegenüber dem Menschen.[350]

Hryniewicz bemerkt, dass es bei den größten Mystagogen des Frühchristentums keine Spuren einer aufdringlichen Diskussion über die Art und Weise der eucharistischen Verwandlung gibt. Das Entscheidende war für die Kirchenväter die personale Präsenz Christi.[351] Sie haben die Theologie eng mit der Spiritualität verbunden gehalten und die Partizipation an der mysterialen Wirklichkeit nie durch die metaphysische Begriffserklärung aus den Augen verloren.[352] Die ‚Helligkeit' der Begriffe war für sie nicht das entscheidende Prinzip des Christseins, denn ihre Ontologie war eine klare Eschatologie. Sie waren überzeugt, dass die materiellen Elemente am Geheimnis des Auferstandenen durch das schöpferische Wort Christi und die Kraft des Heiligen Geistes partizipieren können.

[350] Vgl. HRYNIEWICZ, Nasza Pascha z Chrystusem 483–484.
[351] Die sakramentale Begegnung mit Christus in den Sakramenten haben die Kirchenväter deutlich von der eschatologischen Verwirklichung getrennt. Die direkte personale Begegnung (‚von Angesicht zu Angesicht') wäre nicht möglich, denn Christus bleibt in der Eucharistie gewissermaßen ohne Gesicht – im kenotischen Zustand der Verborgenheit. – Vgl. HRYNIEWICZ, Nasza Pascha z Chrystusem 490.
[352] Hryniewicz bestätigt, dass die Theologie der Verwandlung der frühchristlichen Kirchenväter – stark bis heute in der Theologie der Orthodoxen präsent – einen deutlich *apophatischen* Charakter hatte. Sie war stark für das sensibilisiert, dass die größten Mysterien des Glaubens nicht in einem intellektuellen, metaphysischen Wissensdrang verflochten werden, sondern in einer Form der spirituellen und liturgischen Erfahrung erkennbar sind. Der Osten fragte z.B. nicht nach dem „Wie?" des mysterialen Geschehens, sondern vielmehr nach dem „Für wen?". Deswegen hat auch der Osten so ausdrücklich die Rolle des Heiligen Geistes betont, denn auf ihn, auf seine Gegenwart und Wirkung, ist in dieser Tradition die Sensibilität für die mysteriale Dimension der Heilsökonomie bezogen und mit seiner Person verbunden.

d) Die eucharistische Anbetung und der Geist

Die eucharistische Gegenwart des auferstandenen Christus – betont der Autor – ist nicht eine statische, sondern eine dynamische. Sie verlangt die Teilnahme an der Hingabe Christi an den Vater. Wo Christus ist, dort ist auch der alles durchdringende und erneuernde Geist. Deswegen ist die Adoration nur eine Verlängerung des dynamischen eucharistischen Geschehens. Sie ist völlig abhängig von der sakramentalen Vergegenwärtigung des Pascha- und Pfingst-Mysteriums. Und die Gegenwart Christi ist eine eschatologische und definitive. Er ist wirklich gegenwärtig in den eucharistischen Gestalten – die eucharistische Wandlung ist nämlich real. Er zieht seine Hingabe nicht weg, und deshalb ist die Adoration auch berechtigt. Der Grund für eine legitime Adoration ist der enge Zusammenhang mit der Vergegenwärtigung des österlichen Geschehens im liturgischen Mahl der kirchlichen Gemeinschaft. Sie ist eine Verlängerung der beständigen Gegenwart des auferstandenen Christus. Nicht umstritten aber bleibt, dass sie auch den Eindruck einer zu statischen und zu lokalisierten Gegenwart Christi erweckt.[353]

e) Die Souveränität des Heiligen Geistes und die Rolle des Priesters

Die Rolle der Amtsträger wird im Entwurf Hrynicwiczs nicht nur christologisch erklärt, sondern auch durch die Theologie vom Heiligen Geist stark revidiert und neu positioniert. Der Autor ist überzeugt, dass im christozentrisch definierten Amtsverständnis der westlichen Tradition seine pneumatologische Dimensionierung und die epikletischen Elemente der sakramentalen Heilsökonomie stärker berücksichtigt werden müssen.[354]

Hryniewicz weist vor allem darauf hin, dass die gegenseitige Relation zwischen Christus und dem Amtsträger in der frühchristlichen Tradition einen *ikonischen* Charakter hatte. Der Bischof oder der Priester wurde zum ‚Sakrament Christi', dessen Verleiblichung und dessen Verbildlichung.

Erst später – vor allem in der Scholastik – wurde *in nomine Christi* und *in persona Christi* des Priesters im Sinne einer direkten Ursächlichkeit bei den sakramentalen Handlungen interpretiert.[355] Die *ikonische* Relation der Amtsträger zu Christus wurde sukzessiv mit den Elementen der Autorität und der Macht infiziert. Der Priester als Repräsentant Christi

---

[353] Vgl. HRYNIEWICZ, Nasza Pascha z Chrystusem 509–511.
[354] Vgl. HRYNIEWICZ, Nasza Pascha z Chrystusem 452–455.
[355] Z.B. die Überzeugung des THOMAS VON AQUIN, dass der Priester die Konsekration nur mit kurzer Form: »das ist mein Leib« und mit der entsprechenden Absicht verwirklichen konnte (STh III q. 78 a. 1 ad 4). – Nach: HRYNIEWICZ, Nasza Pascha z Chrystusem 452.

2.1 Der Geist als Vollender des Pascha-Mysteriums Christi

wurde immer mehr vom ganzen Kontext der liturgischen Zelebration isoliert und seine Rolle zu sehr kasuistisch ausgelegt.

In der östlichen Tradition beobachtet Hryniewicz die Tendenz zu einem anderen Extrem, indem die überwiegende Zahl der orthodoxen Theologen die Formel *in persona Christi* ganz zu vermeiden versuchte, weil sie dem Amtsträger die konsekrierenden Macht direkt verleihen würde. Der Priester war eher auf der Seite der ganzen Kirche positioniert *(in persona Ecclesiae)*, obwohl auch *in nomine Christi*.[356]

Hryniewicz will die beiden Formeln *in persona Christi* und *in persona Ecclesiae* nicht einander gegenüberstellen. Er versucht sie komplementär zu verstehen. Denn Christus ist keine Wirklichkeit, die der Kirche gegenübergestellt werden könnte, weil die Kirche die Verlängerung des Geheimnisses seines Leibes ist.

In der Person des Amtsträgers geschieht also eine doppelte Repräsentation: die von Christus, des einzigen und höchsten Priesters, und die der Kirche, in deren Namen er wirkt. Die christologische Dimension des Amtes muss ihre pneumatologische ‚Ergänzung' zulassen. Durch die Weihe hat der Priester zwar ‚die Macht' der (eucharistischen) Zelebration, aber jede Kraft und Autorität gehört dem Heiligen Geist. Der Priester wirkt nicht souverän – durch die eigene ‚Kraft' – sondern ist als *epikletische Person* ganz und stets auf die Gemeinschaft der betenden und den Heiligen Geist anrufenden Gläubigen angewiesen. Die scholastischen ‚Möglichkeiten' einer Konsekration allein aufgrund der priesterlichen ‚Bevollmächtigung' und ohne epikletische Mitwirkung der liturgischen Versammlung müssen nach Hryniewicz ganz ihr Recht verlieren, indem man die Sakramentenlehre pneumatologisch und ekklesiologisch zu dimensionieren versucht.

Die Rolle der Amtsträger resultiert für Hryniewicz, im Grunde genommen, aus der epikletischen Struktur des ganzen sakramentalen Heilmysteriums. Wie das Frühchristentum stark die Einheit der eucharistischen Anaphora betonte, in der es keine exklusive Zuordnung der Konsekration zu den Einsetzungsworten oder zur Epiklese gab, so sollte auch – auf dieser Überzeugung der Kirchenväter – die heutige Sakramententheologie aufgebaut werden.

Die *ikonische Relation* der Amtsträger darf also nicht mehr im strikten ontologischen oder juridischen Sinne verstanden werden (*in persona Christi* als Identifizierung des Priesters mit Christus = *alter Christus*).[357] Ihr Wesen und ihre Rolle sollte aber auch nicht interpretiert werden als nur eine reine Funktionalität in der Sphäre der geistigen Wirklichkeit.

---

[356] Die Stellungnahme der Orthodoxen bei EVDOKIMOV, L'Esprit Saint 104. – Nach: HRYNIEWICZ, Nasza Pascha z Chrystusem 453.

[357] Hier Hryniewicz denkt ganz im Sinne der Theologie CONGARS (*Je crois 3, 308*).

Mit dem orthodoxen Theologen J. Zizioulas versucht Hryniewicz das Amt mit Hilfe der personalen und existenzialen Kategorien auszulegen.[358] Dadurch will Hryniewicz sich jedem objektivierenden Sakramentalismus entziehen, der aus dem priesterlichen Charisma und aus der Weihe das Sakrament in sich selbst macht. Der priesterliche Dienst muss immer die Beziehung zum Heiligen Geist und zu der sich versammelnden Kirche bewahren. Es gibt nämlich keinen ontologischen ‚Habitus-Status' der geweihten Person, denn sie existiert vielmehr als ikonische Abbildung des Dienstes Christi und der Gaben des Heiligen Geistes (1Kor 12, 4–5) in vielen Beziehungen zu den anderen Personen und zugleich zu der ganzen Gemeinde.

In persona Christi des Amtsträgers wäre im Lichte der Theologie der Epiklese also eher als eine Analogie oder Typologie zu deuten. Der Priester kann sich mit Christus nie identifizieren, er ist eher seine *Ikone*. Die Priorität gehört der souveränen Wirkung des Heiligen Geistes, denn die Worte Christi (obwohl in sich immer wirksam) in der liturgischen Funktion des Priesters erreichen ihre Wirksamkeit dank der angerufenen Gegenwart des Heiligen Geistes. Die Rolle des Priesters – in Bezug auf die eucharistische Verwandlung – beschränkt sich also auf das flehende Gebet, welches auch im Namen der ganzen Kirche ausgesprochen wird, um die Heilung der eucharistischen Gaben durch den Heiligen Geist – wie sie einst beim Letzten Abendmahl durch die Worte Christi selbst geheiligt wurden.

Hryniewicz schließt solche Interpretationen nicht aus, die dem Heiligen Geist beim Letzten Abendmahl Jesu die aktive Rolle bei der Heilung der eucharistischen Gaben zuschreiben, weil der Geist beim Letzten Abendmahl – wie auch im ganzen Leben Jesu – gegenwärtig war, um zum größten Zeugen von dessen Passion und Erhöhung zu werden.[359]

B. Die Wirkung des Geistes in der heiligen Kommunion

Hryniewicz stellt sich in seinem sakramententheologischen Entwurf der Aufgabe, die Eucharistie auch in der pneumatologischen Perspektive zu erläutern, um sie u.a. als *sakramentale Pentekoste* bezeichnen zu können. Deswegen hat die Theologie der Epiklese, insbesondere im Kontext der eucharistischen Wandlung, in seinem Konzept eine ausführliche Besprechung gefunden.

Das Profil des Geistes ist aber deutlich bemerkbar auch in der eucharistischen Kommunion[360], obwohl dieses Thema in der westlichen Theologie nach dem Urteil des Autors ziemlich vernachlässigt wurde. Der Grund dafür lag in der christozentrisch-orientierten Denkweise des Westens.

---

[358] Siehe: Johannes ZIZIOULAS, L'Eucharistie: quelques aspects bibliques, in: DERS., L'Eucharistie (Paris 1970) 11–74, hier 48–49.
[359] Vgl. HRYNIEWICZ, Nasza Pascha z Chrystusem 454–455.
[360] Vgl. HRYNIEWICZ, Nasza Pascha z Chrystusem 461–468.

Hryniewicz ist aber der Meinung, dass die Überzeugung der christlichen Tradition von der geheimnisvollen Gegenwart des Heiligen Geistes in der eucharistischen Kommunion überhaupt nicht die Bedeutung der christologischen Dimension verringert. Im Gegenteil: die pneumatologische Dimension des Sakramentes hilft auf besondere Weise, die Struktur der ganzen Heils-*Communio* widerzuspiegeln.

Der Geist war nämlich im ganzen Heilsmysterium Christi als mitwirkende Kraft gegenwärtig: bei der Salbung, als Zeuge seines Leidens und bei der Auferweckung. Deswegen muss er auch gegenwärtig und wirksam sein in der eucharistischen Kommunion, der verlängerten Daseinsweise des Auferstandenen. In der Kommunion vereinigt der Geist die Kommunizierenden mit dem Auferstandenen, so dass ihre Teilnahme am Leib und Blut Christi zugleich die Teilnahme an ihm ist.

Die pneumatologische Dimension der eucharistischen Kommunion kann man besonders gut – unterstreicht der Autor – anhand der frühchristlichen Zeugnisse des Glaubens mitfühlen. Denn gerade die Kirchenväter haben die heilige Kommunion nicht nur christologisch, sondern auch pneumatologisch betrachtet. Die Theologie der Epiklese geht in ihren Aussagen fließend in die Theologie der *Koinonia* über, die aus der eucharistischen Kommunion erwächst. Die Epiklese vor der Kommunion drücken sie aus als eine Bitte um die Fruchtbarkeit der Teilnahme am Mysterium Christi, um die Einigung der Teilnehmer kraft des Heiligen Geistes und um die Befähigung zur persönlichen Hingabe. Der Heilige Geist ist also der, der das Geheimnis der sakramentalen Teilnahme am Leib und Blut Christi durch die erwirkte Einheit der Kommunizierenden vollendet.

Die Kirchenväter bezeugen deutlich, dass die pneumatologische Dimension untrennbar zum eucharistischen Mysterium gehört, denn die Gläubigen begegnen in der heiligen Kommunion nicht nur dem verklärten Christus, sondern auch dem Heiligen Geist, den sie in der Kommunion auch empfangen.

Hryniewicz stellt die pneumatologischen Implikationen der eucharistischen Kommunion bei den drei verschiedenen Traditionen des Frühchristentums dar. Am deutlichsten wurde die pneumatologische Dimension der Kommunion – seiner Meinung nach – in der syrischen Tradition akzentuiert, weniger in der alexandrinischen oder augustinischen.

Die *syrischen* Kirchenväter haben die Sprache der Bilder und Symbole ausgewählt (oft wiederholt sich das Motiv des *Feuers des Geistes* in der Kommunion), um die eucharistische Christologie und Pneumatologie gleichzeitig auszudrücken.[361] Sie waren überzeugt davon, dass bei der Annahme des Leibes und Blutes Christi die Kommunizierenden zugleich

---

[361] Vgl. HRYNIEWICZ, Nasza Pascha z Chrystusem 462–464.

den Heiligen Geist, dessen Gnade und dessen Gabe der Unsterblichkeit empfangen. Die Gegenwart und Wirkung des Geistes in der Eucharistie haben sie begründet und abgeleitet aus der Tatsache, dass der Geist immer aktiv am ganzen Mysterium Christi teilgenommen hat. Deswegen musste aus ihrer Sicht auch der eucharistische Leib und Blut Christi mit dem Heiligen Geist erfüllt sein.[362]

Die Anamnese der Liturgie des hl. Jakobus z.B. besagt, dass Jesus beim Abendmahl die Jünger beim Kelchgebet mit dem Heiligen Geist gesegnet hat. Nach Ephraem ist der eucharistische Leib mit Christus und dem Heiligen Geist erfüllt: „der, der ihn mit Glauben isst, isst auch das Feuer des Heiligen Geistes"[363]; das neue Pascha wird „durch den Geist zermahlt und gebraten" und der Wein wird „mit dem Feuer und Geist gemischt"[364]. Einige syrische Zeugnisse enthalten das pneumatologische Element z.B. in der Formel bei der Kommunionausteilung: »Der Leib Jesu Christi – der Heilige Geist – zur Heilung der Seele und des Leibes«[365].

Im Lichte dieser bildhaften und symbolischen Aussagen der syrischen Theologen ist festzustellen, wie eng sich die christologische Dimension des Sakramentes mit den pneumatologischen Elementen in der Theologie des Frühchristentums durchdrungen hat. Die Eucharistie wurde erfasst als ein Geheimnis des Leibes und Blutes Christi, in dem auch der Heilige Geist gegenwärtig ist. Seine Wirkung wurde vor allem durch die

---

[362] Ein wunderschönes Zeugnis dieser Glaubensüberzeugung findet man im Hymnus des hl. EPHRAEM von der Inkarnation, dem Heiligen Geist und der Eucharistie:
Das Feuer und der Geist / war im Schoß, / der Dich gebar.
Das Feuer und der Geist / war im Fluss, / der Dich taufte.
Das Feuer und der Geist / sind in der Taufe so, / wie im Brot und Kelch / das Feuer und der Geist ist.
[...] In diesem Brot / lebt der verborgene Geist, / der nicht gespeist werden kann.
In diesem Wein / brennt das Feuer, / das nicht getrunken sein kann.
Der Geist in diesem Brot, / das Feuer in diesem Wein, / sind große Wunder, / welche unsere Lippen annehmen.
Der Herr kam herab / auf die Erde / zu Menschen, / verwandelnd sie / zu Neuer Schöpfung.
Wie den Engeln, / so den Menschen / gab er das Feuer und den Geist, / dass sie innerlich werden / zum Feuer und Geist.
[...] Hier das neue Wunder des Herrn: / das Feuer und der Geist / zu Speise und Trank.
Erst ist das Feuer heruntergefallen / als Strafe auf die Sünder, / jetzt fällt das Feuer der Gnade herunter / und wohnt in dem Brot.
– Eigen. Übers. – Nach: EFREM, Pieśń o Eucharystii 141–150; 71–90; 104–110, in: PSP 11, 46. 44. 45.

[363] In hebd. sanct. sermo 4,4. – In: HRYNIEWICZ, Nasza Pascha z Chrystusem 463.

[364] In hebd. sanct. sermo 2,10: „*Pascha mundum et purum deinceps comesturi estis, panem, scilicet, fermentum perfectum, quem depsuit coxitque Spiritus Sanctus. Vinum habeo vobis in potum praebendum igne et spiritu temperatum [...]*". – Nach: HRYNIEWICZ, Nasza Pascha z Chrystusem 463.

[365] Z.B. aus dem: *Testament unseres Herrn Jesu Christi (IV Jh.)*. – Nach: HRYNIEWICZ, Nasza Pascha z Chrystusem 463.

Symbolik des Feuers bezeichnet, um seine reinigende und verwandelnde Kraft auszudrücken. Manchmal sprachen die syrischen Kirchenväter auch vom ‚verborgenen Feuer', welches den Priester und die eucharistischen Gaben während der Verwandlung umschließt. Dieses Bild enthält die Überzeugung der Kirchenväter, dass die eucharistischen Gaben nach der Wandlung zur Welt der göttlichen Unsterblichkeit gehören und zur Speise dieser Unsterblichkeit geworden sind und dass die Wirkung des Geistes in diesem sakramentalen Geschehen seiner Wirkung bei der Auferstehung Jesu gleicht.[366]

Die *alexandrinische* Tradition, die auf die Verteidigung der Gottheit Jesu Christi konzentriert war, hat sich – bemerkt Hryniewicz – weniger um die pneumatologischen Akzente in der eucharistischen Kommunion bemüht. Die ganze eucharistische Lehre wurde um die Theologie der Erlösung und der Vergöttlichung *(theosis)* durch den Logos konzipiert. Dem Geist wurde nur die Rolle der geistigen Einigung im Prozess der Einverleibung der Menschen in den verklärten Leib Christi zugeschrieben. Durch und in einem Geist sind die Menschen fähig, die Teilnehmer des einen eucharistischen Leibes *(sýssomoi)* zu sein. Athanasios von Alexandrien formulierte diesen christologisch-pneumatologischen Zusammenhang einfach: „Getränkt mit dem Geist, trinken wir Christus"[367].

Die alexandrinische Lehre hatte aber deutlich eine trinitarische Optik. Im Schema *ek Patros – dia Hiou – en Pneumati* wurde auch das Sakrament der Eucharistie verankert. Der Heilige Geist vergöttlicht die Menschen, indem er sie im eucharistischen Mysterium an der Wirklichkeit Gottes und des verherrlichten Menschseins Christi teilnehmen lässt. Der eucharistische Leib des Auferstandenen strahlt auf die Teilnehmer, weil er vom Geist durchdrungen ist. Und die Kommunion als geistige Speise *(pneumatikè trophè)* ist bei den Alexandrinern auch untrennbar von der Wirkung des Geistes, weil gerade er die Teilnahme am vergöttlichten und auferstandenen Leib Christi ermöglicht.[368]

In der *augustinischen* Lehre ist der Heilige Geist vorgestellt als jener, der die Kommunizierenden mit seiner Kraft belebt.[369] Augustinus sprach gerne von der ‚geistigen' Speise *(„panem coelestem spiritaliter manducate"*[370]*)*, um zu betonen, dass die wirkliche Teilnahme am Leib und

---

[366] Vgl. HRYNIEWICZ, Nasza Pascha z Chrystusem 464.
[367] Ad Serap. 1, 19, in: SCh 15, 116. – Nach: HRYNIEWICZ, Nasza Pascha z Chrystusem 465.
[368] Vgl. HRYNIEWICZ, Nasza Pascha z Chrystusem 464–465.
[369] Vgl. HRYNIEWICZ, Nasza Pascha z Chrystusem 465–466.
[370] In Ioan. Evang. tract. 26, 11, in: PL 35, 1611. – Nach: HRYNIEWICZ, Nasza Pascha z Chrystusem 465.
– Die westliche Tradition, bes. die Scholastik, hat diesen augustinischen Gedanken weiter entwickelt. Die *manducatio spiritualis* diente als Bezeichnung für die wirkliche

Blut Christi auch zur Partizipation am Heiligen Geist führt.[371] Wenn die reale eucharistische Speise auch ‚geistig' angenommen wird, dann ist die Teilnahme am Heiligen Geist vollzogen.

Die pneumatologische Dimension der eucharistischen Kommunion hat in dieser Tradition – betont Hryniewicz – einen starken christologischen Bezug, denn der Geist wird immer als Geist Christi und das Leben im Geist als Folge der vorherigen Eingliederung in den Leib Christi bezeichnet.[372] In der Kommunion verleiht nämlich der Geist den Menschen die Gabe des Glaubens und der Liebe, um sie mit Christus und der Kirche zu verbinden. Auf der Annahme der österlichen, sich hingebenden Liebe Jesu Christi, beruht nach augustinischer Sicht gerade die eucharistische Teilnahme am Heiligen Geist.

Hryniewicz wendet sich in seiner Darstellung auch der Besonderheit der östlichen Kommunion-Riten zu, die ein starker pentekostaler und pneumatologischer Akzent auszeichnet.

In diesen Riten wird z.B. vor der Kommunion durch den Liturgen ein wenig heißes Wasser *(zeon)* in den Kelch gegossen mit den begleitend ausgesprochenen Worten: „Der Eifer des Glaubens, vollgefüllt mit dem Heiligen Geist" *(„Zézis pisteos, pléres Pneumatos Hagíou")*.[373] Dieser Ritus ist ein symbolischer Ausdruck für den pneumatologischen Charakter der Teilnahme am Blut des Auferstandenen, der durch den Geist lebt. Der verklärte Leib des auferstandenen Christus ist nämlich ein ‚geistiger Leib' *(soma pneumatikón)*, der vom Geist durchdrungen und mit seiner Gegenwart erfüllt ist. Die Kommunion wird dadurch zur eucharistischen Pentekoste. Das heiße Wasser, das in sich die Natur des Feuers (Symbol des Geistes) einschließt, bezeichnet hier – nach dem orthodoxen Theologen N. Kabasilas – die Sendung des Heiligen Geistes auf die Kirche, die sich aufgrund der Aufnahme der eucharistischen Gaben auf den himmlischen Altar vollzieht.[374]

---

sakramentale ‚geistige' Kommunion, die zur Teilnahme an der End-Wirklichkeit der Eucharistie *(res)* führt.

[371] „[...] ut carnem Christi et sanguinem Christi non edamus tantum in sacramento [...] sed usque ad Spiritus participationem manducemus et bibamus" (In Ioan. Evang. tract. 27, 11, in: PL 35, 1621).

– Auch THOMAS VON AQUIN schreibt dem Heiligen Geist die aktive Rolle bei der Wirksamkeit der Sakramente zu (STh I–II q. 112 a. 1 ad 2). – Nach: HRYNIEWICZ, Nasza Pascha z Chrystusem 465.

[372] *„Fiant corpus Christi, si volunt vivere de Spiritu Christi. De Spiritu Christi non vivit nisi corpus Christi [...]"* (In Ioan. Evang. tract. 26, 13, in: PL 35, 1612). – Nach: HRYNIEWICZ, Nasza Pascha z Chrystusem 465.

[373] Zit. nach: HRYNIEWICZ, Nasza Pascha z Chrystusem 466.

[374] Expl. div. lit. 37, 4–6, in: SCh 4 bis, 228. – Nach: HRYNIEWICZ, Nasza Pascha z Chrystusem 466.

Das sakramentale Erlebnis der Pentekoste in der eucharistischen Kommunion wird in den östlichen Riten noch verstärkt durch die Verbindung eines Brotstücks mit dem Wein, wenn der Liturge über dem Kelch das Kreuzzeichen macht und sagt: „Die Fülle des Heiligen Geistes" (*„Pleroma [. . .] Pneúmatos Hagíou"*).[375]

Auch der Gesang nach der Kommunion drückt im Osten den pentekostalen Charakter der Teilnahme am Leib und Blut Christi aus: „Wir haben das wahre Licht gesehen, den Geist aus dem Himmel empfangen" (*„elábomen Pneuma epouránion"*).[376]

Diese liturgischen Riten können zwar – westlicherseits – den Eindruck einer pneumatologischen Überakzentuierung erwecken. Hryniewicz verweist aber auf einige Zeugnisse der orthodoxen Theologen, die diese Riten enger mit dem christologischen Inhalt verbinden wollten. Sie haben z.B. versucht, die pneumatologische Dimension mit dem Motiv des Blutes Christi zu verbinden.

Z.B. der Ritus *Zeon* (das heiße Wasser im Kelch) wurde als Annahme des *heißen* Blutes des Gekreuzigten interpretiert und dadurch auch als Annahme des Heiligen Geistes *(des Feuers des Geistes)*, weil das Blut zusammen mit Wasser und Geist *(vgl. 1Joh 5, 8)* aus der Seite Jesu überfloss als Zeichen dafür, dass der Geist nach dem Tod Jesu mit seinem Leib vereinigt wurde.[377]

Pseudo-Chrysostomus bestätigt eine solche Interpretationsmöglichkeit in der Aussage: „Durch das für uns vergossene Blut empfangen wir den Heiligen Geist. Das Blut und der Geist vereinen sich, damit wir durch das zu unserer Natur gehörende Blut *(homogenoùs)* den zu unserer Natur nicht gehörenden Geist *(to me homogenès hemin Pneuma to Hagion labein dynethôpen)* empfangen können."[378]

Die pneumatologische Dimension der eucharistischen Kommunion in der frühchristlichen Theologie kann nach Hryniewicz der heutigen Theologie der Eucharistie dabei behilflich sein, das zentrale Sakrament mehr an die trinitarische Logik der gesamten Heilsökonomie anzuknüpfen. Sie verstärkt das Bewusstsein, dass die Teilnahme am verklärten

---

[375] Aus diesem Grund ist auch für BULGAKOW (*Ewcharisticzeskij dogmat*, in: „*Put*" 21 (1930) 3–33, bes. 10) die Kommunion unter einer Gestalt unvorstellbar: die Verbindung des Leibes und Blutes entspricht der Auferstehung und Erhöhung Christi; die Laien in der katholischen Kirche speisen in seiner Sicht ‚den toten Leib Jesu', dem das Blut entzogen ist und der im Grab liegt: Die heilige Kommunion ist aber die Annahme des lebendigen, auferstandenen, durch den Geist durchdrungenen Leibes Christi. – Nach: HRYNIEWICZ, Nasza Pascha z Chrystusem 503.

[376] Zit. nach: HRYNIEWICZ, Nasza Pascha z Chrystusem 467.

[377] Diese Ansicht bestätigen z.B. NICETAS STETHATOS oder THEODOR BALSAMON (siehe: Lodewijk H. GRONDIJS, L'iconographie byzantine du Crucifié mort sur la croix, Bruxelles 1941, 83ff, 117ff). – Vgl. HRYNIEWICZ, Nasza Pascha z Chrystusem 466–467.

[378] Hom. pasch. 2, in: SCh 36, 83. – Nach: HRYNIEWICZ, Nasza Pascha z Chrystusem 467.

Leib Christi unaufhörlich mit der Teilnahme am Mysterium des Heiligen Geistes verbunden ist. Die sakramentale Gegenwart des auferstandenen Christus bedarf also stets für ihre Fruchtbarkeit der belebenden Kraft des Heiligen Geistes. Derselbe Geist, der Jesus auf seinem Lebensweg begleitet und an allen seinen Heilsmysterien teilgenommen hat, belebt jetzt den eucharistischen und den ekklesialen Leib Christi und erwirkt in allen Teilnehmern des eucharistischen Mysteriums dieselben Werke, die er einst im Menschsein Jesu vollbracht hat.[379]

Der Glaube an die reale Gegenwart und Wirkung des Heiligen Geistes – meint Hryniewicz – kann die eucharistische Begegnung mit dem auferstandenen Christus noch lebendiger machen. Der Geist kann sie erfrischen und von jeder Gewohnheit und Müdigkeit befreien. Diese Überzeugung gewann Hryniewicz dank der Kirchenlehrer des Frühchristentums, die das christologische Element der sakramentalen Mysterien im engen Zusammenhang mit der Wirkung des Heiligen Geistes sahen.[380]

2.1.4.4 Die eschatologisch-kosmische Dimension der Geistwirkung

Das Ziel der Eucharistie – unterstreicht Hryniewicz – ist die personale Begegnung der Gemeinschaft der Kirche mit dem Auferstandenen, der dank der Anamnese und der Epiklese sich in der Liturgie der Kirche vergegenwärtigt. Der auferstandene Herr will sich selbst im eucharistischen Geschehen schenken, denn im geschichtlichen Ereignis des Kreuzes und in seiner Erhöhung wurde die relationale (proexistenzielle) Personalität seines Daseins endgültig enthüllt und bestätigt.[381] Das Brot und der Wein sind zu ‚geistiger Speise und geistigem Trank', zum ‚wahren' und ‚lebendigen Brot' geworden (vgl. Joh 6, 32. 35. 51), so dass Christus selbst in ihnen präsent sein kann.

Der ganze ontologische Realismus der eucharistischen Gegenwart des Auferstandenen wird aber erst im Horizont der letztendlichen Vollendung bestätigt, indem das Sakrament – dank der verwandelnden Wirkung des Geistes – zum eschatologischen ‚Brot des Lebens' und zum eschatologischen ‚Kelch des Reiches Gottes' wird (vgl. Lk 22, 18). Der Geist erwirkt nämlich, dass die Gegenwart Christi nicht statisch, sondern dynamisch, relational (proexistenziell) und eschatologisch erscheint.

---

[379] Vgl. HRYNIEWICZ, Nasza Pascha z Chrystusem 468.
[380] Ein besonders schönes Zeugnis dieser Glaubensüberzeugung hat HIPPOLYT abgelegt, für den das Haus Gottes während der Wortliturgie und der eucharistischen Zelebration ein Ort war, wo der Heilige Geist blüht (*„locus ubi Spiritus Sanctus floret"* – *Traditio apostolica 41*). – Nach: HRYNIEWICZ, Nasza Pascha z Chrystusem 468–469.
[381] Auf diese Weise können sich die Geschichte und Ontologie durchkreuzen, denn das Sein der Person und ihre wesentliche Relation zu den anderen wird in den geschichtlichen Ereignissen enthüllt. – Vgl. HRYNIEWICZ, Nasza Pascha z Chrystusem 475–476.

2.1 Der Geist als Vollender des Pascha-Mysteriums Christi

Die Pneumatologie verdeutlicht also, dass das Sakrament der Eucharistie keine bloße Verlängerung der Inkarnation als solcher ist, sondern die Antizipation und das Unterpfand der ewigen Vollendung. Die Wirklichkeit des Brotes und des Weines wird im eucharistischen Mysterium zur eschatologischen Fülle aufgehoben. Ihre physische Dimension wird aber nicht egalisiert, sondern – wie alles Kreatürliche – dem Quell ihres Daseins und dem Ziel ihrer Vollendung angenähert.

Die materiellen Elemente werden ins Mysterium der Auferstehung, d.h. in die eschatologische Wirklichkeit des verklärten Menschseins Christi hineingezogen. Durch den Geist werden die eucharistischen Gaben zur unsterblichen Speise und zum Trank – auf dieselbe Weise, wie die Verwandlung des Leibes Christi in der Auferstehung geschah. In diesem Sinne erreicht das eucharistische Sakrament – und die Wirkung des Heiligen Geistes – ihre kosmische Dimension, Bedeutung und Konsequenz.[382]

Das eucharistische Sakrament wird dadurch zum prophetischen Zeichen der Verwandlung der ganzen Schöpfung und zur Manifestation des Pascha der ganzen Welt, die ihre endgültige Vollendung im verherrlichten Herrn zu finden hat. In der Eucharistie beginnt sich die Hinordnung alles Weltlichen auf Gott und die Unterwerfung der ganzen Schöpfung unter das ankommende Reich Gottes zu vollziehen. Denn in ihr hat der Prozess der *praeparatio messianica*, die dank der durchdringenden und zur Vollendung bringenden Kraft des Geistes zur *praeparatio eschatologica* wird, seinen Anfang.[383]

Im *ordo resurrectionis* der Eucharistie manifestiert sich also die befreiende Wirkung des auferstandenen Christus, aber auch die belebende und erneuernde Wirkung des Geistes. Die Energien des Heiligen Geistes – von denen spricht gerne die östliche Tradition – sind Energien der Neuschöpfung, die sich in der Auferstehung Christi geoffenbart haben. Sie umfangen mit ihrer Wirkung nicht nur den ganzen Menschen, sondern auch die ganze übrige Schöpfung. Es sind die Resurrektions-Kräfte, die die seelische, leibliche und materielle Sphäre durchdringen.[384] Die Sakramente sind deshalb privilegierte Orte für die materielle Welt, welche

---

[382] Vgl. dazu auch HRYNIEWICZ, Der Geist Creator in der Geschichte des Kosmos, in: DERS, Pascha Chrystusa w dziejach człowieka i wszechświata 467–472; für: Wacław HRYNIEWICZ, Zarys chrześcijańskiej teologii paschalnej *[Une esquisse de la théologie pascale chrétienne]*: 3. Pascha Chrystusa w dziejach człowieka i wszechświata *[La Pâque du Christ dans l'histoire de l'homme et du cosmos]* = RTK 84 (Lublin 1991) 467–472.

[383] Vgl. HRYNIEWICZ, Pascha Chrystusa w dziejach człowieka i wszechświata 468.

[384] Das eschatologische Ziel der Schöpfung ist stark verbunden mit der Wirkung des Heiligen Geistes, denn »*die Schönheit der Erde ist sein Symbol*« (Hryniewicz). Die spezifische Wirkung des Geistes beruht darauf, dass er alles ergänzt, erfüllt, vollendet und zum Ziel bringt, was der Vater durch den Sohn tut *(Anknüpfung an ORIGENES – De principiis I 3, 8, in: PG 11, 155)*.

als ‚Leiblichkeit des Geistes' und ‚erweiterter Leib des Menschen'[385] auch am eschatologischen Ziel teilnimmt und das Pascha des ganzen Kosmos antizipiert.[386]

Die Sakramente sind also nicht nur auf die menschlich-personale Dimension beschränkt. Denn auch das sichtbare materielle Element hat seine Bedeutung. Es hat – analog zur Leiblichkeit Jesu – auch seine wichtige Rolle in der Erneuerung der ganzen Schöpfung. Der *ordo naturae* – betont Hryniewicz – darf nicht vom *ordo gratiae* getrennt werden, weil dies zum soteriologischen Naturalismus oder soteriologischen Individualismus als Folge der ‚Neutralisierung des Kosmos' führen kann.[387] Die westliche Sakramentenlehre sollte deswegen die kosmische Dimension

> Mit BASILIUS DEM GROSSEN bekennt Hryniewicz, dass durch die Gegenwart des Heiligen Geistes alle Geschöpfe ihre Erfüllung *(teleiousthai)* erreichen *(De Spiritu Sancto XVI 38, in: SCh 17 bis, 378)*. Die Energien des Geistes sind nämlich im ganzen Kosmos verteilt, denn der Geist wurde auf die ganze Schöpfung ausgegossen (vgl. Joël 3, 1–5; Apg 2, 16–20; auch: Ps 104, 29–30; Weish 11, 24–12,1). Dank des Geistes entsteht also eine große kosmische Gemeinschaft aller Geschöpfe mit vielen gegenseitigen Relationen. Nach der Aussage von Paulus: „[...] in ihm leben wir, bewegen wir uns und sind wir" (Apg 17, 28) geht es hier um den christlichen trinitarisch gedeuteten ‚Pan-en-theismus'.
>
> Die Gegenwart des Geistes in der Schöpfung – betont Hryniewicz – ist das Prinzip und die Regel für alle Relationen zwischen den Geschöpfen untereinander und mit Gott. Die relationale Ontologie hat dank der Gegenwart des Geistes ihre Verlängerung auch im Kosmos. Seine Wirkung im ganzen All ist eine schöpferische, die die Existenz aller Geschöpfe bewahrt, erneuert und zur Vollendung bringt.
>
> Der Autor macht deutlich, wie eng die Pneumatologie mit der christlichen Vision des Universums zusammenhängt. Die Theologie des Geistes verhilft dazu, in jedem Geschöpf eine gewisse Selbsttranszendenz und dessen Offenheit für die endgültige Vollendung zu sehen. Die ganze Kraft des Geistes kann aber in der irdischen Wirklichkeit noch nicht offenbart werden, so lange die Kenose der Schöpfung dauert. Das Denken mit den kenotischen Kategorien verbindet sich hier nicht nur mit der Christologie, sondern auch mit der Pneumatologie. Denn der Geist Gottes existiert in der Schöpfung – in der jetzigen Zeit – auch in der kenotischen Gestalt. Seine Selbstbeschränkung bedeutet die Fähigkeit auch zum Mitleiden. Der Geist teilt das Kreuzgeheimnis der ganzen Schöpfung, aber zugleich weckt er die Hoffnung auf die endgültige Befreiung und Verwandlung des Universums. Die christliche Hoffnung erreicht hier ihre kosmische Dimension und verweist auf den offenen Charakter der Wirklichkeit des Alls.
>
> Die Reflexion über den Geist Gottes, der alle Geschöpfe durchdringt und in ihnen wohnt, ermöglicht Hryniewicz, die rein-mechanistische Vision des Universums und die mit ihr unvermeidlich verbundene Idee der Herrschaft zu überwinden. Die pneumatologische Konzeption der Schöpfung nämlich interpretiert den Kosmos als eine große Gemeinschaft der Geschöpfe, die von Gott zum Existieren berufen, durch ihn bewahrt und zur Vollendung geführt sind.
> – Vgl. HRYNIEWICZ, Pascha Chrystusa w dziejach człowieka i wszechświata 468–472.

[385] Bezeichnung von K. RAHNER (Das Christentum und der „neue Mensch". Schriften V, 173).

[386] Vgl. HRYNIEWICZ, Pascha Chrystusa w dziejach człowieka i wszechświata 483–491.

[387] Vgl. HRYNIEWICZ, Pascha Chrystusa w dziejach człowieka i wszechświata 484. – N. BIERDIAJEW u.a. hat den Prozess der ‚Neutralisierung des Kosmos' in der westlichen Theologie kritisiert. – Siehe: DERS, Die Krisis des Protestantismus und die russische Orthodoxie, in: „Orient und Occident" 1929 (1) 11–25.

stärker berücksichtigen. Sie bedarf der Vision der griechischen Kirchenväter, die ins Zentrum ihrer Lehre die Verwandlung des Menschen und der ganzen Kosmos gestellt haben.

Die Theologie der Sakramente braucht erneut größere kosmologische Sensibilität, und in der liturgischen Praxis muss der Prozess der Verwandlung des Universums bemerkbar sein – plädiert entschieden der Autor –, weil der Kosmos die Gabe Gottes und zugleich der Vermittler seiner Liebe und seines Lebens ist. Die Materie dieser Welt ist jedoch der Ort der Begegnung mit ihm.

Das Geheimnis der ‚neuen Erde' hat seine Chance und kann sich – auf sakramentale Weise – tatsächlich verwirklichen, wenn das Mysterium der Kirche nicht auf die Menschen beschränkt, sondern auf den ganzen Kosmos ausgeweitet wird. So wird die Kirche zum „großen kosmischen Sakrament des auferstandenen Christus"[388], in welchem auch der ganze Kosmos den Weg des Kreuzes und der Auferstehung durchqueren kann.[389] Insoweit der Heilige Geist aus der Kirche den Ort und das Prinzip des Welt-Seins macht und deren Mauern an die Grenze des Alls verschiebt[390], können sich die Schicksale des Menschen und des ganzen Kosmos verbinden.

Die kosmische Perspektive macht also deutlich, dass das Mysterium der Kirche – mit ihren Sakramenten – der Ort der Ausstrahlungskraft des verklärten Christus und des Geistes auf das ganze Universum ist. Die Kirche ist nicht nur das prophetische Zeichen der endgültigen Erneuerung der Welt, sondern auch der sakramentale Vermittler der neuen Wirklichkeit. Ihre Heilssendung umfasst nicht nur die Menschen, sondern sie führt auch den ganzen außer-menschlichen Kosmos ins österliche Mysterium Christi ein.

Die kosmische Dimension der Sakramente kann – meint Hryniewicz – immer dann gut zum Ausdruck kommen, wenn sie als besondere Orte der Begegnung zwischen der Welt der Materie und dem österlichen Mysterium Christi betrachtet werden. Die Rolle der Materie in den Sakramenten erschöpft sich nämlich nicht nur in der symbolisierenden oder vermittelnden Funktion. Denn in der Leiblichkeit Jesu hat sie die höchste Stufe erreicht, indem sie zum *Ursakrament* der Wirklichkeit Gottes geworden ist. Sie verbirgt in sich also eine unsichtbare Wirklichkeit. Im Pascha Christi wird sie noch stärker ‚pneumatisiert', indem sie durch

---

[388] HRYNIEWICZ, Pascha Chrystusa w dziejach człowieka i wszechświata 485.
[389] Anknüpfung Hryniewiczs an N. BIERDIAJEW *(Fiłosofija swobodnogo ducha. Problematika i apołogija christianstwa, 2 – Pariż 1928, 195).*
[390] Anknüpfung des Autors an P. EVDOKIMOV, der die christologische Dimension der Kosmologie durch die pneumatologische Perspektive erweitert hat *(Sacrement de l'amour, Paris 1962, 173).*

den Geist des Auferstandenen in eine neue Dimension – in die eschatologische Fülle der geistigen Wirklichkeit – erhoben wird.

In den Sakramenten ist die materielle Welt das direkte Medium des Heilsmysteriums; d.h. die Materie ist ein Zeichen von dem, was von Gott herabkommt und was zu ihm hineinsteigt. Die westlichgeprägte Inkarnationstheologie trifft sich hier mit der Idee des Aufstiegs *(anábasis)* der Welt zu Gott, die vor allem im Osten weit verbreitet ist. Durch das Wasser, das Öl, das Brot und den Wein wird die ganze materielle Welt, zusammen mit der menschlichen Arbeit, mit dem verklärten Christus verbunden. So kann der materielle Kosmos mit dem ganzen Schaffen des Menschen am Pascha Christi teilnehmen: in den verschiedenen sakramentalen und den anderen liturgischen Handlungen der Kirche, in welchen außer der personalen Dimension auch verschiedene materielle Elemente einbezogen sind, verbreitet sich der Einfluss des österlich-pentekostalen Mysteriums auf alle Geschöpfe. Aus der eschatologischen Perspektive ist deshalb die liturgische Praxis der Sakramentalien von großer Bedeutung, weil durch sie der ganze Kosmos an der sakramentalen Gemeinschaft mit Gott teilnehmen kann.[391]

Die Ostertheologie und die Pneumatologie – betont der Autor – richtet die Sakramente auf die eschatologische Verwandlung des Weltalls, weil durch die Sakramente die materielle Welt und die ganze Schöpfung bereits am *ordo resurrectionis* partizipiert. Im sakramentalen Pascha beginnt sich die Verheißung des künftigen Pascha des ganzen Kosmos zu erfüllen.

Die kosmische Perspektive entsteht aber auch – oder vor allem – aus dieser Tatsache, dass die Hingabe Christi (»für das Leben der Welt« – Joh 6, 51) einen universalen Charakter hat. Der Kosmos als – gewissermaßen – ‚erweiterter Leib des Menschen' wird durch den Geist der Auferstehung zur neuen erneuerten Welt, in der das Geheimnis des verklärten Christus und der auferstandenen Menschheit ausstrahlen wird. In den Sakramenten verwandelt dieser Geist die materiellen Elemente – analog zur Auferweckung des Leibes Christi – und macht sie zum Zeichen der künftigen Teilnahme der ganzen Natur an der Herrlichkeit Christi. In diesem Sinne sind die Sakramente Zeichen des sich um die verklärte Leiblichkeit Christi versammelnden Kosmos. In ihnen wird die ganze Kirche zum Sakrament der kosmischen Erneuerung des Universums, das der verwandelnden Kraft der auferstandenen Leiblichkeit Christi und der Wirkung des Heiligen Geistes unterworfen ist.

---

[391] Vgl. HRYNIEWICZ, Pascha Chrystusa w dziejach człowieka i wszechświata 486.

2.1 Der Geist als Vollender des Pascha-Mysteriums Christi

Die Verwandlung des Kosmos in die eschatologische Wirklichkeit bleibt aber ein Geheimnis Gottes. Hryniewicz will die Analogie zur eucharistischen Verwandlung nicht extrem ausbreiten, weil die Verwandlung des Kosmos – seiner Meinung nach – der eucharistischen Konsekration nicht gleicht und das Universum nicht auf dieselbe Weise wie die eucharistischen Gestalten der Leib und das Blut Christi werden kann. Die Eucharistie ist nämlich keine entgültige Wirklichkeit. Vielmehr ist sie ‚nur' die Folge der inneren Finalität der Schöpfung in Christus. Sie antizipiert lediglich die eschatologische Fülle und weist der ganzen Schöpfung eine gewisse Vision zu, dass Christus nicht aufhört, die Geschichte der Welt und den ganzen Kosmos zu durchdringen.[392]

Hryniewicz berücksichtigt in seinem Entwurf auch die stark akzentuierte eschatologische Interpretation der eucharistischen Verwandlung in der östlichen Tradition. Die Eucharistie erscheint in ihr als *Prognostikon der Parusie* und der mit ihr gekommenen Verwandlung des ganzen Kosmos. Neben der Rolle des auferstandenen Christus bei der Parusie unterstreicht die orthodoxe Theologie in diesem Geschehen auch die Gegenwart und die besondere Aktivität des Heiligen Geistes.[393]

Dem Heiligen Geist ist die Rolle der totalen und definitiven Metamorphose des Alls zugeschrieben. Das endgültige Pascha des Kosmos bedarf nämlich seiner reinigenden Kraft, die im biblischen Bild des Feuers angedeutet ist (z.B. 2 Petr 3, 7. 10)[394]. Er ist nicht der Geist der Zerstörung oder Vernichtung, sondern der Geist der Erneuerung, der Verschönerung *(russ. krasota)* und der Erleuchtung *(proswietlenije)*. Der Geist ist es, der die innere Schönheit des Kosmos enthüllt, welche vom rettenden und erneuernden Gott stammt.

Die kosmologische Sensibilität für das Sakramentenverständnis wächst aus der im Osten zentral positionierten Theologie der Auferstehung heraus. Der Auferstandene erscheint in der Eucharistie nicht in seinem verklärten Leib, sondern anhand der materiellen Wirklichkeit, welche aber nach seiner Erhöhung mit seinem verwandelten Leib eng verbunden bleibt. Es ist ein ‚geistiger' Leib, vom Heiligen Geist durchdrungen, ohne räumlich-zeitliche Beschränkung und deshalb überall

---

[392] Vgl. HRYNIEWICZ, Pascha Chrystusa w dziejach człowieka i wszechświata 488–491.
[393] Vgl. HRYNIEWICZ, Nasza Pascha z Chrystusem 479. – Der Autor bezieht sich hier auf die Gedanken von Sergej BULGAKOW *(Niewiesta Agnca 3, 415–455)*.
[394] Durch die eschatologischen Bilder des Feuers – wie schon erwähnt – und des Lichtes verstärkt die orthodoxe Eucharistielehre ihre Verbindung zur Pneumatologie. Der Heilige Geist erscheint in der Gestalt des Feuers und des Lichtes über den verwandelten Gaben, denn die Eucharistie – besonders in der syrischen Tradition – ist eine metaphysisch-existenzielle Erfahrung des geistigen Lichtes und Feuers. Das Sein selbst ist als Licht und inneres Feuer der Wirklichkeit begriffen, welches nur auf dem Weg der direkten geistigen Erfahrung erkennbar ist. – Vgl. HRYNIEWICZ, Nasza Pascha z Chrystusem 479.

präsenzmöglich. Die eucharistische Wandlung ist eine metaphysische Umwandlung, denn die eucharistischen Gaben haben nicht mehr das eigene Sein, sondern gehören dem verklärten Leib Christi.[395]

Die eschatologische Sicht der Orthodoxen betrachtet die Eucharistie also als eine ‚kleine Parusie' des Auferstandenen in seinem Geist, die in sich die endgültige Vollendung antizipiert. Als Sakrament der künftigen Welt enthüllt sie die endgültige Wahrheit dieser Welt: der Erde, des Lebens, des Menschen und des ganzen Kosmos. Mit der eschatologischen Zielsetzung verbindet sich sehr eng die kosmologische Dimension des Sakramentes, denn im Auferstandenen vollzieht sich die Umwandlung der ganzen Schöpfung und die irdische Wirklichkeit geht in eine andere Ordnung über.

Für die östliche Tradition bleibt die Eucharistie also vor allem ‚ein großes Mysterium der Umwandlung'[396], welches einen ontologischen Charakter hat. Sie antizipiert die Auferstehung der Menschen und die Erneuerung des Alls. Deswegen ist sie das Symbol des neuen, verwandelten Kosmos, und die Kirche – dank der eucharistischen Verwandlung im Heiligen Geiste – das kosmische Mysterium des Auferstandenen, das reale Symbol der Welt in seinem Übergang vom Tod zur Auferstehung.

Resümee

Hryniewicz hat in seinem Entwurf deutlich gezeigt, wie bedeutend die Pneumatologie für die sakramentale Struktur und das sakramentale Leben der Kirche ist.

Sein sakramententheologisches Modell, auf der Basis der Theologie der Auferstehung entworfen, versucht das im Westen stärker präsente Inkarnationsdenken durch die Theologie ‚der Erhebung' (anábasis) zu

---

[395] In dieser Linie denkt z.B. BULGAKOW. Seine eschatologische Denkweise bringt ein neues Licht ins Geheimnis der eucharistischen Umwandlung, aber umstritten scheint seine Interpretation der Worte: „das ist mein Leib" als „das gehört zu meinem Leib". – Vgl. HRYNIEWICZ, Nasza Pascha z Chrystusem 480. – Der polnische orthodoxe Theologe, J. KLINGER, versteht – ausgehend von der eschatologischen Interpretation Bulgakows – die eucharistische *metabolè* in einem psychologisierenden Sinne: als Erhebung der Substanz dieser Welt in die Welt Gottes, als Besiegung der physischen Konkupiszenz und Eröffnung der geistigen, höheren Werte. Die eucharistische Wandlung solle die geistige Sehnsucht nach der Einigung mit Gott stillen durch die reinigende Kraft des Heiligen Geistes, der das eschatologische Bewusstsein im Menschen wieder herstellt (vgl. 1 Joh 2, 17; 1 Kor 7, 31). – Siehe: J. KLINGER, Geneza sporu o epiklezę. Eschatologiczny a memorialny aspekt Eucharystii w kanonie pierwszych wieków (Warszawa 1969) 156.

[396] Vgl. HRYNIEWICZ, Nasza Pascha z Chrystusem 482 (nach: Friedrich HEILER, Die Ostkirchen, München 1971, 174).

2.1 Der Geist als Vollender des Pascha-Mysteriums Christi

ergänzen, die in der östlichen Tradition seit den griechischen Kirchenvätern des Frühchristentums unaufhörlich gepflegt ist[397].

Demzufolge definiert er die Sakramente als Zeichen, die wirklich und real den durch den Heiligen Geist durchdrungenen verklärten Christus vergegenwärtigen und Anteil an der eschatologischen Wirklichkeit der endgültigen Vollendung geben.

In seiner Betrachtung stützt sich der Autor sehr stark auf die Theologie der Verwandlung der östlichen Tradition. Durch die zahlreichen Zeugnisse der orthodoxen Theologen hat er versucht, die Sakramente deutlicher als privilegierte Orte der mystagogischen Erfahrung des Mysteriums Gottes zu präsentieren und die mysteriale Dimension der ganzen Heilsökonomie für die Sakramentenlehre und Ekklesiologie als zentrales Thema zu sehen. Denn die Erfahrung des trinitarischen Gottes ist am stärksten in der erlebten Liturgie der sakramentalen Mysterien spürbar. In ihr – durch den Glauben – gelingt die Kommunikation und Begegnung der Menschen mit Gott und ist Gott erfahrbar, weil er selbst die Gabe ‚des Hineinschauens' ins Geheimnis verleiht.[398]

Die österlich-pentekostale Theologie hält Hryniewicz für eine der großen Möglichkeiten für die Lösung einiger ökumenischer Probleme. Zuerst verweist sie auf die dialektische Einheit zwischen der Kirche und der Eucharistie[399]. Dann wird die Frage nach der Heilsvergegenwärtigung und ihrer realen Präsenz in einer dynamischeren und stärker personalen Weise betrachtet. Im Lichte des Pascha- und Pfingst-Mysteriums

---

[397] Die Texte der östlichen Liturgien sprechen davon, dass der Mensch vor dem Antlitz des *seligen (= segensreichen)* Gottes steht und dass er in das *selige (= segensreiche)* Reich des Vaters und des Sohnes und des Geistes eintritt. Die Liturgie lädt den Menschen ein, die volle Akzeptanz zu erweisen, dass das Reich Gottes zum höchsten Wert seines Daseins geworden ist. Denn die Sakramente sind in der östlichen Sicht vor allem auf den endgültigen und vollendeten Wert des Seins abgezielt. In ihnen vollzieht sich das Pascha der Menschen, ein Hinaufsteigen und ständiges Entgegenkommen der eschatologischen Wirklichkeit.

[398] Vgl. HRYNIEWICZ, Nasza Pascha z Chrystusem 517.

[399] Die österlich-pentekostale Theologie könnte nach Hryniewicz behilflich sein in der ökumenischen Diskussion über die Ekklesiologie und Sakramentenlehre. Der Autor verweist auf die große Annäherung zwischen dem Westen und dem Osten nach dem II. Vatikanum z.B. durch das Modell der eucharistischen Ekklesiologie. Dieses in der östlichen Tradition stark verankerte Modell, welches deutlicher auf die trinitarische Struktur und die soteriologische Konzentration des mysterialen Inhaltes in der eucharistischen Liturgie wie auch auf die Dynamik des Heiles im eucharistischen Mysterium verweist, belebte enorm die ökumenische Reflexion über das Mysterium der Kirche und verhalf der westlichen (traditionellen) Ekklesiologie dazu, sich in einigen Punkten zu revidieren. Unter anderem wurde die bisherige universalistische Perspektive durch die Perspektive ‚der Kirche am Ort' ergänzt.

und dank der eschatologischen Perspektive erscheint nämlich jede liturgische Zelebration als personale Gabe des Auferstandenen und als das Werk des Heiligen Geistes.[400]

Die personale Sicht der Sakramente ermöglicht die Akzeptanz der realen Gegenwart Christi auch in anderen Kirchen, denen z.B. die apostolische Sukzession fehlt. Denn in jeder Gemeinde, die durch den Glauben an Christus und durch die Taufe geeinigt ist, existiert eine gewisse Art der apostolischen Sendung. Auch die Theologie der Epiklese – wie das der Autor zeigte – neigt zu solcher Akzeptanz, indem sie den Anspruch erhebt, ein enges statisches (Amts-) und Sakramentenverständnis zu verlassen.

Das Ziel des Autors war es, die sakramentale Heilsökonomie in der trinitarischen ‚Logik' der christlichen Offenbarung deutlicher zu verankern. Er hat bewiesen, dass das Mysterium der Sakramente in seiner vollen trinitarischen Dimension erklärt und erfahren werden muss, denn das christologische und das pneumatologische Element sind nicht voneinander zu trennen. In den Sakramenten vergegenwärtigt sich nämlich nicht nur das Mysterium des Pascha Christi, sondern immer auch die Pentekoste des Heiligen Geistes.

Die österlich-pentekostale Theologie verweist aber nicht nur auf die reale Präsenz des Auferstandenen oder die Wirkung des Heiligen Geistes in den sakramentalen Vollzügen, sondern sie motiviert auch zur persönlichen Verwandlung innerhalb der Gemeinschaft der Kirche. Da das Mysterium der Kirche von Anfang an ins österliche und pentekostale Geschehen eingeschlossen ist, ist die Kirche – in ihrer sakramentalen wie außerliturgischen Struktur – der Ort der befreienden Kraft des Geistes, wo die ganze Schöpfung zum Gotteslob eingeladen und befähigt wird. Die kosmische Dimension der Kirche ist deshalb keine Mystifikation, sondern eine tiefe Wirklichkeit: „Der Geist macht die Kirche zum

---

[400] Im Lichte der relationalen Ontologie ist das sakramentale Geschehen ein personaler Dialog zwischen Gott und Mensch. Das Sakrament ist eine personale und relationale Wirklichkeit (für uns und für unser Heil). Es ist eine Einladung zur persönlichen Entscheidung und Partizipation, wodurch sich seine ekklesiale Dimension zeigt. Die personalen Kategorien der relationalen Ontologie wollen aber die sakramentale Gegenwart Christi nicht vom Glauben und Willen der Menschen abhängig machen. Die Sakramente entstanden aus dem Willen des Herrn und ihre Relation zur Kirche ist auch nicht zufällig. Die eucharistische Ekklesiologie z.B. unterstreicht, dass die Eucharistie ein sakramentales Geschehen zwischen dem Auferstandenen und seiner Kirche ist. In der Eucharistie entsteht durch die gegenseitige Kommunikation die personale Gemeinschaft zwischen Christus und den Gläubigen. Die Gemeinschaft der Glaubenden ist der Ort der personalen Begegnung, wo Christus selber die Teilnahme an seiner Person und an seinen Heilstaten ermöglicht. – Vgl. HRYNIEWICZ, Nasza Pascha z Chrystusem 491–492.

2.1 Der Geist als Vollender des Pascha-Mysteriums Christi

Ort und Grund des Weltseins. Er verschiebt deren Mauern bis zum Rand des Alls."[401]

Die österliche und epikletische Perspektive der Sakramente hat es dem Autor auch ermöglicht, ein besseres Verständnis für die Dialektik zwischen dem Wesen der Kirche und ihrer historischen Erscheinungsform zu finden. Im sakramentalen Real-Zeichen kann nämlich die schmerzhafte Vergangenheit besiegt werden durch die neue Hoffnung auf die antizipierte eschatologische Zukunft.

Diese theologische Perspektive hat aber vor allem ein ‚bescheideneres' Bild der Kirche mit sich gebracht. Denn der Stil der kirchlichen (amtlichen) Macht hat einen ‚nur' dienenden Charakter. Es ist deutlich in diesem Modell, dass die Priorität dem auferstandenen Herrn und seinem Geist gehört. Die epikletische Struktur der Liturgie verdeutlicht, dass die Kirche stets in die Bitt-Rolle eintreten muss, um das Wesen ihrer Sendung als *Werkzeug des Heiles für die Welt* zu verwirklichen.

Hryniewiczs großes Verdienst ist es, dass die Theologie *der Mysteriengegenwart* eine neue Begründung erreicht hat und dadurch ihre neue Aktualität hervorgerufen wurde. Die These Odo Casels von der sakramentalen Gegenwart der einmaligen Heilsmysterien in den liturgischen Vollzügen der Kirche wurde bei Hryniewicz pneumatologisch erläutert. In der Theologie des Heiligen Geistes hat der Autor die Stütze gefunden für ein Verständnis der schwierigen Problematik der Vergegenwärtigung und der Verwirklichung des Heiles in der Ökonomie der Kirche. Der durch das epikletische Gebet der Kirche angerufene Heilige Geist selbst ist die Vergegenwärtigung des Heiles, indem das österliche Geheimnis sich in der zelebrierten Liturgie durch seine Gegenwart und Kraft aktualisiert.[402]

---

[401] EVDOKIMOV, Sacrement de l'amour 173. – Nach: HRYNIEWICZ, Nasza Pascha z Chrystusem 514.

[402] Der Sekretär der römischen Gottesdienstkongregation, Erzbischof Albert Ranjith Patanbendige Don, verweist – zu Korrekturen ermutigend – auf die Aktualität der Theologie der Mysteriengegenwart heutzutage, weil die Bedürfnisse der neu aufgewachsenen Generation der Christen, sich stärker am Mysterium auszurichten, ganz sichtbar sind. In der Liturgie der Sakramente sollte dadurch die Dimension des Unendlichen eröffnet und deutlicher betont werden, dass das Gebet ein Geschenk ist und dass die Liturgie im Ganzen nicht vom Menschen bestimmt wird, sondern durch das, was Gott in ihm wachsen lässt: „Man darf Göttliches nicht auf die menschliche Ebene herunterziehen, *sondern muss versuchen, den Sinn des Menschen für das Übernatürliche zu steigern.*" – Nach: Regina EINIG, „Die Liturgiereform ist nie in Schwung gekommen". Sekretär der Gottesdienstkongregation ermutigt zu Korrekturen, in: „Die Tagespost" (Würzburg 2006), Nr. 78, 4.

– Und Papst Benedikt XVI. hat zum XXIII. Weltjugendtag, der vom 15. bis 20. Juli in der australischen Metropole Sydney stattfinden wird, eine durchaus pneumatologische Botschaft an die Jugendlichen der ganzen Welt gerichtet. Das Treffen steht unter dem Thema: »*Ihr werdet die Kraft des Heiligen Geistes empfangen, der auf euch herabkommen wird, und ihr werdet meine Zeugen sein*« (Apg 1,8). In dieser Botschaft lädt Benedikt XVI. die

Der zweite Punkt der Besonderheit dieses Entwurfs liegt darin, dass Hryniewicz bei der heiligen Kommunion auch von der Annahme des Heiligen Geistes spricht. Dieser Gedanke ist selten in der theologischen Diskussion präsent, mindestens aus diesem Grund ist diese Reflexion des Autors lobenswert.

2.2 DAS PERSONALISIERENDE WIRKEN DES HEILIGEN GEISTES IN DER SAKRAMENTALEN BEGEGNUNG – PNEUMATOLOGISCH-TRINITARISCHE PROFILIERUNG DER SAKRAMENTE IM ENTWURF VON LOTHAR LIES

Die Sakramententheologie[403] des Innsbrucker Professors für Dogmatik und ökumenische Theologie, **Lothar LIES**, liegt in einer Linie mit den vielen Publikationen, die vor allem seit Edward Schillebeeckx' bekanntem Werk Le Christ sacrement de la rencontre de Dieu (1957) die neuscholastisch geprägte Systematik der Sakramententheologie zugunsten eines personal-dialogischen Begegnungsmodells zu überwinden versuchen.[404]

Die hermeneutische Grundlage des Konzepts von Lothar Lies ist der Zusammenhang von Trinität und Sakramenten. Der Autor will aufgrund eines ‚christlichen', d.h. von der Offenbarung, insbesondere vom dreifaltigen Gott her gewonnenen Personbegriffs die Sakramente als Begegnungen zwischen Gott und Mensch – als ‚Begegnungsweisen der Freiheit Gottes und der Freiheit des Menschen' – darstellen und entwickeln.[405] Die Fülle des Heils definiert sich in solcher Sicht als Person-Werden und

Jugendlichen ein, die Identität des Heiligen Geistes und sein Wirken besser kennenzulernen und den Glauben an den Heiligen Geist zu vertiefen. – Nach: Botschaft zum Weltjugendtag veröffentlicht, in: OR(D) 37: 30/31 (27.07.2007) 1.

[403] Lothar LIES, Sakramententheologie. Eine personale Sicht (Graz-Wien-Köln 1990); DERS., Die Sakramente der Kirche. Ihre eucharistische Ausrichtung auf den dreifaltigen Gott (Innsbruck 2004).
– „*Vier große Anliegen durchziehen das vorliegende Buch: die christliche Vorstellung von Person, die Eucharistie als Quelle und Höhepunkt kirchlichen Lebens, eine heutige Vorstellung von Erlösung und ein Blick auf die getrennten Kirchen der Reformation.*" – LIES, Sakramententheologie. Eine personale Sicht 11.

[404] Im Unterschied zu E. Schillebeeckx ist für L. Lies nicht die sakramental vermittelte Christusbegegnung ein zentrales Thema, sondern der Aufweis, dass die Sakramente der Kirche Realsymbole der Heilsökonomie des dreifaltigen Gottes sind. Die Selbstoffenbarung Gottes in Jesus Christus bleibt immer der Ausgangspunkt der Erkenntnis der Dreifaltigkeit, aber dieser christologische Ansatz wird bei L. Lies ausgehend von der Inkarnation als Prozess und nicht als Faktum realisiert. Der personal-dialogische Charakter der Sakramente sowie die Bedeutung der Pneumatologie für das Verständnis der trinitarischen Struktur der Kirche und der Feier der Sakramente ist Ausgangspunkt für seine vertiefte Theologie der einzelnen Sakramente. – Vgl. Hans Bernard MEYER, Eine trinitarische Theologie der Liturgie und der Sakramente, in: ZKTh 113 (1991) 24–38, hier 26–27. Siehe auch: Hans Bernard MEYER, Rez. zu Lothar Lies: Sakramententheologie. Eine personale Sicht (Graz 1990), in: ZKTh 113 (1991) 321–322.

[405] Vgl. LIES, Sakramententheologie. Eine personale Sicht 11. 33.

2.2 Der Entwurf von Lothar Lies

Person-Sein in der dreipersonalen Wirklichkeit Gottes. Das ist – betont Lies – die wirkliche Erlösung des Menschen. Und die Sakramente weisen seiner Meinung nach deutlich darauf hin; sie ‚bewirken' dies auch.[406] Der Heilige Geist als Person gewinnt – was wir zu zeigen versuchen – in diesem Modell eine wichtige Rolle und eigenes (Mit-)Wirken im sakramentalen Geschehen.

Die auf die trinitarische Ausrichtung der sakramentalen Wirklichkeit gelegten Akzente ermöglichen es dem Autor, die Sakramente als Gleichnisse und Symbole der göttlichen Perichorese zu definieren. Perichorese als kurzer Inbegriff der Lehre von der Heiligen Dreifaltigkeit einerseits, der Lehre vom menschgewordenen Sohn Gottes andererseits, dient ihm dazu, das sakramentale Geschehen als Koinonia und gegenseitige Kommunikation zwischen Gott und Mensch zu denken. Lies übernimmt die griechische dynamische Urbedeutung der Perichorese als »circum-in-s-essio«, d.h. als das radikale Mit- und Ineinander der göttlichen Personen und ihre einander zugewandte Lebensbewegung (in der lateinischen Übersetzung »circum-in-c-essio« verliert der Begriff den dynamischen Zug und wird eher als logische Konsequenz und statisches ‚Resultat' der göttlichen Wesenseinheit verstanden[407]).

Durch dieses aus der Trinitätstheologie und der Christologie bewahrte Modell kann die Sakramentenlehre – seiner Meinung nach – eine wesentliche personale Neuorientierung entfalten: die aus den Sakramenten existierende Kirche erscheint als personale Wirklichkeit, deren Glieder in der Person des göttlichen Pneuma sowohl mit Gott als auch untereinander in einem dynamischen Prozess gegenseitiger Einwohnung und Durchdringung geeint sind.

Die ausführliche theologische Auswertung dieses Modells konzentriert sich auf die »eucharistische Sinngestalt« aller Sakramente. Die Sinndynamik dieser Gestalt entspricht der alttestamentlichen Sinnfigur **Berakah** – auf Griechisch: *Eulogia*, auf Latein: **Benedictio**: *»Deus benedixit (Anamnese), deus benedicat (Epiklese), deus benedicit (Präsenz und Koinonia),*

– „*Der dreifaltige Gott ist in sich Begegnung, so dass die eine göttliche Person sich selbst in den beiden anderen Personen begegnet. (...) Dabei darf jedoch niemals das Bild des tritheistischen (Drei-Götter-Glaube) Gottes entstehen.*" – LIES, Die Sakramente der Kirche. Ihre eucharistische Ausrichtung 204. 203.

[406] LIES, Sakramententheologie. Eine personale Sicht 279.
[407] Vgl. Michael SCHMAUS, *Art.* Perichorese, in: LThK² 8 (Freiburg 1963) 274–276.

deus benedicatur (Lobpreis und Opfer)«.[408] Das Sakrament ist in dieser Sichtweise ein Segensgeschehen in der Begegnung Gottes mit den Menschen und der Menschen mit Gott.

Ausgehend also von der theologisch-trinitarischen Grundlegung des Begegnungsmodells (trinitarische – sich begegnende – Personalität Gottes und leibhaftige Personalität des Menschen in ihrer gegenseitigen Beziehung) sowie von der Konzentration auf die von der Eucharistie her gewonnene Sinngestalt der Sakramente entwickelt der Autor seine Sakramententheologie. Anhand dieser beiden systemtragenden (weil konsequent angewendeten) Ideen will der Autor dem heutigen Menschen erschließen, was Erlösung bedeutet und wie sie sich in der sakramentalen Begegnung mit dem dreifaltigen Gott vollzieht. Deshalb stellt er die den ganzen Entwurf leitende Frage:»Was will eigentlich der dreieinige Gott, wenn er ein Sakrament wirksam macht?«

Diese Frage erklärt die theologische Absicht des Autors, dass die Problematik der Sakramente sich nicht nur auf eine ekklesiologische oder christologische Dimension der theologischen Reflexion beziehen, sondern von der Kirche über Christus bis an den dreifaltigen Gott heranführen sollte – bis in ‚die licht-dunklen Tiefen' seines dreipersonalen Lebens.[409] Und wenn die Sakramente auf den dreieinigen Gott und auf den Menschen hinweisen sollten, dann müssen sie in die Ordnung jener Zeichen gehören, in der sich Personen und personale Wirklichkeiten ausdrücken.

Um der »Trinitätsvergessenheit« in der Lehre von den Sakramenten nicht mehr Rechnung zu tragen, versucht der Autor, die Sendungen der Person des Sohnes und der Person des Geistes neu zu erspüren, und

---

[408] LIES, Sakramententheologie. Eine personale Sicht 72; vgl. DERS., Die Sakramente der Kirche. Ihre eucharistische Ausrichtung 9, für: Lothar LIES, Die Sakramente der Kirche. Ihre eucharistische Ausrichtung auf den dreifaltigen Gott (Innsbruck 2004) 9.
 – *„Wenn wir diese eulogische Sinngestalt auf die Sakramente anwenden, dann haben sie nicht nur die Eucharistie zu ihrem Modell, sondern sie zeigen auch selbst die Fülle des Heils an, jene katabatisch und zugleich und in eins gehende anabatische Dynamik, die die Einheit von Gabe Gottes und Dankgabe des Menschen anzeigt. Diese Einheit drückt nämlich das Wort Segen aus."*
 (LIES, Sakramententheologie. Eine personale Sicht 278).
 – Mehr zur Eulogie als Sinnstruktur der Sakramente siehe: Lothar LIES, Eucharistie in ökumenischer Verantwortung (Graz 1996) bes. 34–38 (Die Sinngestalt der Eucharistiefeier), 49–83 (Eucharistie als Anamnese des Heils), 85–102 (Die Eucharistie als Epiklese des Heils), 103–127 (Die Eucharistie als Heilspräsenz), 159–233 (Die Eucharistie als Prosphora); auch: DERS., Eulogia – Überlegungen zur formalen Sinngestalt der Eucharistie, in: ZKTh 100 (1978) 69–120; DERS., Theologie als eulogisches Handeln, in: ZKTh 107 (1985) 76–91.
[409] LIES, Sakramententheologie. Eine personale Sicht 25, für: Lothar LIES, Sakramententheologie. Eine personale Sicht (Graz-Wien-Köln 1990) 25.

hilft dadurch die sakramentalen Vollzüge so anzusiedeln und zu konzipieren, dass in ihnen die leibhaftige Heimat beim dreifaltigen Gott gefunden werden kann.[410] Denn das Heil besteht – in seiner Sicht – im Wesentlichen gerade darin, dass der Mensch an dem einen heiligen Leib Christi teilhaben kann und durch diese Teilhabe – *concomitanter* – die Gemeinschaft mit dem Vater, dem Sohn und dem Heiligen Geist bildet, in welcher seine ‚gefährdete Existenz' bewahrt wird.

Es ist gerade die Pneumatologie, die dem Autor die sakramentale Existenz der Kirche in der trinitarischen Struktur zu verankern ermöglicht. Die Theologie vom Heiligen Geist unterstreicht nämlich den personal-dialogischen Charakter der Heilsökonomie. Sie versucht deshalb auch, die Sakramentenlehre auf den »Person-Bereich« zu platzieren. Das Terrain »Person« – trotz aller Ungeeignetheit dieses Begriffes (siehe: 2.2.1.1 und Kap. 4.0) – verbindet nämlich das Gottsein mit dem Menschsein. Deswegen könnte nach Lies *Geist als Person* – das Personsein Gottes, welches in den Menschen ihr Personsein bewirkt – eine Chiffre für die Auslegung der Sakramente sein.

Dementsprechend ist die Pneumatologie in seinem Entwurf eine wichtige Grundlage für die vertiefte Theologie der einzelnen Sakramente. Denn durch die pneumatologische Dimension werden sie trinitarisch, ekklesiologisch und eschatologisch strukturiert – als Danksagung an den Vater, Anamnese oder Gedächtnis Christi, Anrufung des Geistes (Epiklese), Gemeinschaft (Communio) der Gläubigen und Zeichen des Gottesreiches.

In unserer Vorstellung werden die pneumatologischen Momente der sakramentalen Wirklichkeit im Rahmen dieses Entwurfs dargelegt werden, um die Rolle des Heiligen Geistes im sakramentalen Geschehen hervorzuheben. Diese Aufgabe zu erfüllen, ermöglicht vor allem die auf der christlichen Offenbarung basierende Personvorstellung des Autors (2.2.1) und seine ausführlich durchgeführte Analyse der epikletischen Struktur des Sakramentalen in der Kirche (vor allem: 2.2.2.2).

2.2.1 »Person in Person des Sohnes Gottes werden« – die Rolle des Geistes im sakramentalen Geschehen

Der Autor versteht die Sakramente als personale Begegnungen zwischen Mensch und Gott, d.h. zwischen Mensch und dem konkreten Gott, dem Vater, der sich in Sohn und Geist den Menschen mitgeteilt und diesen in seinem trinitarischen Leben Raum gegeben hat. Seiner Meinung nach muss eine moderne Sakramententheologie, um ihre lebensgestaltende

---

[410] Lothar LIES, Trinitätsvergessenheit gegenwärtiger Sakramententheologie?, in: ZKTh 105 (1983) 290–314. 415–429, hier 292.

Kraft nicht zu verlieren, den Menschen „auf der Höhe seiner Personalität ansprechen als freien Menschen."[411] Deshalb definiert er die Sakramente als »Begegnungsräume mit dem dreifaltigen Gott zur Personwerdung des Menschen«.[412] Diese personale Sicht will verdeutlichen, dass Person ‚das Urbild alles Sakramentalen' ist.[413]

Begegnung heißt nach Lies: In der eigenen Person Raum für fremde Selbstwerdung anzubieten und diesen personalen Freiraum auch bei den anderen zur Selbstfindung und -verwirklichung zu erfahren. Personraum ist ‚eine Chiffre', „in einem anderen sich selbst finden und bei sich sein, zu können."[414] Denn die eine Person erkennt ihre Wirklichkeit in der Begegnung mit der anderen Person, welche zum ‚Realsymbol' für sie wird.[415]

Eine solche Begegnung kann sich nur in Freiheit ereignen und erscheint als wahre Befreiung der Begegneten, indem der eine in seiner eigenen Personmitte dem anderen Lebensraum, Stimme und Kraft der Selbstartikulation belässt und bereitstellt.[416] Die Suche des Menschen

---

[411] LIES, Sakramententheologie. Eine personale Sicht 19.
[412] LIES, Sakramententheologie. Eine personale Sicht 171–227; DERS., Die Sakramente der Kirche. Ihre eucharistische Ausrichtung 27–33: *Der trinitarische Gott als Urbild sakramentaler Begegnung.*
[413] Natürlich betont der Autor eine strenge Analogie zwischen der Sakramentalität der göttlichen Personen und der sakramentalen Wirklichkeit der menschlichen Personen. Innertrinitarisch könnte man aber sagen, dass es in Gott – aufgrund der gegenseitigen Durchdringung von Vater, Sohn und Geist – eine ‚nicht-materielle, unleibliche, geistige und unüberbietbare Sakramentalität' der Personen gibt. – Vgl. LIES, Die Sakramente der Kirche. Ihre eucharistische Ausrichtung 27–29.
[414] LIES, Sakramententheologie. Eine personale Sicht 37.
  – Der personale Begegnungsraum ist für den Autor eine anthropologische Grundlage aller menschlichen Begegnung und ein anthropologisches Fundament aller Sakramentalität. Deshalb die folgende Definition:
  „*Person ist jene Freiheit, die in einer anderen Freiheit Raum finden oder einer anderen Freiheit in sich Raum gewähren kann, ohne dadurch zerstörerisch zu wirken oder zerstört zu werden. [...] Die innerste Dynamik der menschlichen Sehnsucht nach Begegnung mit sich selbst und mit anderen ist getragen und zugleich getrieben von dem, was wir Person nennen*" (ebd. 42).
  – Die Erfahrung der personalen Begegnung ist für Lies gleichzeitig eine Transzendenzerfahrung. Jede Person nämlich, indem sie in der Begegnung die andere in sich birgt und fähig ist, anderen Freiheiten in sich Raum zu geben, ist auch sich selbst transzendent. Person ist seiner Meinung nach ‚die ursprünglichste Form von Transzendenz'. Die endliche, ‚abbildliche' Personalität des Menschen in seiner Transzendenz verweist symbolhaft auf die wirkliche ursprüngliche Personalität Gottes. Deswegen konzipiert der Autor ganz bewusst eine personale Sicht der Sakramente, weil sie auf die Person des Menschen als ‚Symbol der Person Gottes' hinweisen müssen. – Vgl. LIES, Sakramententheologie. Eine personale Sicht 54; auch: DERS., Die Sakramente der Kirche. Ihre eucharistische Ausrichtung 10–26.
[415] Vgl. LIES, Die Sakramente der Kirche. Ihre eucharistische Ausrichtung 15.
[416] „*Die Freiheit vom anderen, ohne daß dies eine radikale Trennung besagt, ist die Bedingung der Möglichkeiten, daß ein Mensch in einem anderen zu sich kommt.*" – LIES, Sakramententheologie. Eine personale Sicht 50; vgl. DERS., Die Sakramente der Kirche. Ihre eucharistische Ausrichtung 13–14.

2.2 Der Entwurf von Lothar Lies

nach dem Lebensraum ist die Suche nach der unzerstörbaren Integrität und Identität seiner Person und nach einer solchen Freiheit ‚in anderer Person', die so groß ist, dass sie Zukunft ermöglicht. Eine solche Freiheit des Anderen oder in ihm findet der Mensch letztendlich nur in der Person Gottes, die für andere ewig offen steht.[417]

Das Urmodell von Person(en) und personaler Begegnung ist für Lies das perichoretische Verhältnis[418] der drei Personen in Gott. Anhand des biblischen Gottesbildes und im Sinne der christlichen Theologie versucht der Autor etwas über die Personalität Gottes auszusagen, der sich nach den personalen Begegnungen sehnt. Deshalb basieren die sakramentalen Begegnungen zwischen Gott und Mensch in seinem Konzept eher auf der Dimension der Personalität und nicht auf der Leiblichkeit – sie kommt erst in zweiter Linie ins Spiel. Denn das sakramentale Geschehen – meint er – resultiert nicht so sehr aus dem Verhältnis von Natur

---

[417] Vgl. LIES, Sakramententheologie. Eine personale Sicht 40–41.

[418] Der Begriff *Perichorese* besagt – trinitarisch –, dass die Begegnung mit einer göttlichen Person immer Begegnung mit allen drei Personen Gottes ist und immer in das Verhältnis dieser Person zu den beiden anderen und so in das Zusammenspiel aller drei hineinführt. Das gegenseitige ‚Insein' lässt die Personen ‚unvermischt und ungetrennt', daher wohl selbstständig und eigenständig, zugleich aber auch angewiesen sein auf die andere(n) Person(en), denn die Person kann nicht ohne andere Person(en) selbst Person sein. Die in der Trinitätstheologie reflektierte christologische Formel von Chalcedon (‚unvermischt und ungetrennt') verhilft dazu, die Identität jeder der drei Personen Gottes zu bewahren und jede Vermischung oder Trennung, wie auch bloße Addition zwischen ihnen (Zweiheit, Dreiheit), auszuschließen. – Vgl. Michael SCHMAUS, *Art*. Perichorese, in: LThK² 8 (Freiburg 1963) 274–276; Gisbert GRESHAKE, *Art*. Perichorese, in: LThK³ 8 (Sonderausgabe 2006: Freiburg 1999) 31–33; Josef WOHLMUTH, Zum Verhältnis von ökonomischer und immanenter Trinität, in: ZKTh 110 (1988) 139–162.
– Lies betont, dass in der Begegnungsstruktur, im Ineinander *(Circuminsessio)* der göttlichen Personen nicht nur ihre reale, nicht-trennende Verschiedenheit und Unterschiedenheit bewahrt, sondern auch der Raum zur Selbstfindung und Identität in der Personmitte des anderen gegeben wird. Der Autor gewinnt diese Vorstellung der Einheit der göttlichen Personen wie ihrer gegenseitigen Durchdringung grundsätzlich anhand des Johannesevangeliums: *„denn sie sollen eins sein, wie wir eins sind, ich in ihnen und du in mir"* (Joh 17,22–23). – Vgl. LIES, Sakramententheologie. Eine personale Sicht 51–52; DERS., Die Sakramente der Kirche. Ihre eucharistische Ausrichtung 15. 27–29: *Gott ist trinitarisch perichoretische Begegnung; inner-trinitarische Begegnung als Urbild sakramentaler Begegnung.*
– Im sakramententheologischen Begegnungsmodell besagt die Perichorese, dass die Sakramente an der gegenseitigen Raumgabe von Gott und Mensch teilnehmen. Gott will beim Menschen Raum finden, um dem Menschen bei sich Raum zu geben. Und durch die Teilnahme an den Sakramenten erklärt sich der Mensch seinerseits auch bereit, Gott Raum zu geben. Das Modell der Perichorese als die personalste Weise von Begegnung muss nach Lies – gegenüber allen Gefäß- und Instrumentaltheorien – die ursprünglichste Grundgestalt von Sakrament bleiben und der ganzen Sakramentenlehre zugrunde liegen. – Vgl. LIES, Sakramententheologie. Eine personale Sicht 49–52.

und Gnade, von Leib und Geist, sondern aus der interpersonalen Beziehung. Die Sakramente ‚müssen' also an der Personwirklichkeit und dem Freiheitsraum der Begegnenden teilnehmen.[419]

Der Autor versucht dadurch jede Instrumentalisierung der Person Christi zu vermeiden, indem er nicht aus seiner Mittler-Rolle bei der hypostatischen Einheit von zwei Naturen, von göttlicher und menschlicher Wirklichkeit und Wirkung, ausgeht, sondern die Ursakramentalität Christi in seiner personalen Beziehung zum Vater und zum Geist begründet. Die trinitarisch-perichoretische Begegnung in Gott ist demzufolge für ihn Quell und Modell der gottmenschlichen Begegnung in den Sakramenten.[420]

Diese trinitarisch-theologische Grundlage führt Lies zur folgenden Auffassung des personalen Geschehens in den Sakramenten:

> *Person ist [...] jene Freiheit und Größe, die einer anderen Person und Freiheit in sich Lebensraum und Stimme leihen kann, ohne daß beide sich gegenseitig zerstören. Sakramente fordern diese Personvorstellung, weil sie das personale Leben des Menschen in Christus, im Heiligen Geist, im dreifaltigen Gott vollziehen lassen. Oder anders: Der dreipersonale Gott gibt in den Sakramenten dem Menschen den Raum, in der Kirche, in Christus, in seinem dreipersonalen Leben menschliche Freiheit und Identität für eine Ewigkeit zu gewinnen.*[421]

Der Heilige Geist ist es, der den Sohn Gottes und die Menschen zur Kirche zusammenschließt. Er öffnet nämlich den Lebens- und Liebesraum in Christus für die Menschen. Die Begegnung mit Gott bedeutet für den Menschen dementsprechend personales Heil. Der Mensch als endliche Person kann „in der dreipersonalen Wirklichkeit Gottes ewigen Lebens- und Freiheitsraum und so seine personale Identität finden".[422] Denn der im Heiligen Geist den Menschen durchdringende Christus besetzt nicht, sondern gibt in dieser perichoretischen Begegnung den einzelnen Menschen frei und lässt ihn „jene Kräfte entwickeln, die es ihm ermöglichen, frei dieser Durchdringung in Hingabe zu antworten."[423]

2.2.1.1 »Leib in Person« – das biblische Menschenbild

Die personale Begegnung zwischen Gott und Mensch braucht ihr Medium. Denn die leibliche Personalität des Menschen gleicht nicht der

---

[419] Vgl. LIES, Die Sakramente der Kirche. Ihre eucharistische Ausrichtung 29.
[420] Nach: FREITAG, Sakramentenlehre und Pneumatologie 294.
[421] LIES, Sakramententheologie. Eine personale Sicht 11; vgl. DERS., Die Sakramente der Kirche. Ihre eucharistische Ausrichtung 14.
[422] LIES, Sakramententheologie. Eine personale Sicht 12.
[423] LIES, Sakramententheologie. Eine personale Sicht 205.

geistigen Personalität Gottes. Wie kann sich trotzdem die personale Begegnung zwischen Gott und Mensch in den Sakramenten vollziehen? Wie kann Gott seine Personalität den Menschen in der Leiblichkeit der Sakramente öffnen? Wie korrespondiert die Leibverfasstheit des Menschen mit seinem (und Gottes) personalen Freiheitsraum, in welchem der Autor die letzte und ursprünglichste Vermittlung zwischen Gott und Mensch ansieht?

Lies begründet zuerst die Bedingungen der sakramentalen Begegnung seitens des Menschen, um zu beweisen, dass Gott dem Menschen in dessen leibhaft-personalem Ausdruck wie der Mensch Gott in diesem von Gott angenommenen Symbol begegnen kann.[424]

Er entwickelt seine theologische Anthropologie mit dem biblischen Menschenbild, in welchem der Mensch als leibhaft verfasste Person, als »Leib in Person«, erscheint. Der Leib wird personalisiert, d.h. auf die Ebene personalen Seins gehoben: „Der Mensch kann über seine Leiblichkeit die an sich anonyme Welt in seine Person aufnehmen und so zu seiner persönlichen Umwelt und Mitwelt machen."[425]

Dieser biblische Gedanke hilft dem Autor, sich von der platonischen Denkweise abzugrenzen, in welcher der Mensch als »Person in Leib« vorgestellt wurde, der Leib der Person wie die Person dem Leib nur äußerlich blieb (der Leib letztlich als Grab der Person oder der Seele; diese ist ohne den Leib, also vor und nach der leibhaften Existenz, wirklicher) und die Zweiheit statt der Einheit dominant war.[426] In biblischer Sicht ist der Leib in Person aber keine ‚Strafsituation', sondern eine ‚Schöpfungsvariation Gottes'.[427]

Die personale Begegnung vollzieht sich für den Menschen als Begegnung im Leib, der für ihn konstitutiv bleibt. Der Leib eröffnet dem Menschen den Zugang zur Person. In leiblicher Vermittlung kann der Mensch einer anderen Person in sich den Lebensraum geben und sie in die Mitte der eigenen Person aufnehmen, so dass die personale Einheit und Gemeinschaft entstehen kann. Die menschliche Personalität ist auf den Leib und damit auf die sichtbare Welt hin offen, so dass ‚die blinde Materialität der Leiblichkeit' in der menschlichen Person ihren Lebensraum und ihre Stimme findet und zur ‚eigengesetzlichen Leiblichkeit' wird. Und die Sakramente basieren auf dieser ‚positiven' Bewertung der

---

[424] Vgl. LIES, Die Sakramente der Kirche. Ihre eucharistische Ausrichtung 197–200.
[425] LIES, Die Sakramente der Kirche. Ihre eucharistische Ausrichtung 197.
[426] LIES, Sakramententheologie. Eine personale Sicht 55–57; vgl. DERS., Die Sakramente der Kirche. Ihre eucharistische Ausrichtung 20–21.
[427] LIES, Sakramententheologie. Eine personale Sicht 57. – Lies betont, dass im Frühchristentum das griechische Element des geistigen Aufstiegs in einigen Deutungen überbetont wurde. Denn all das Sichtbare erschien in ihnen als bedeutungslos oder auch als Hindernis in einem leiblosen Aufstieg zu Gott.

Leibhaftigkeit, denn sie sind gerade als materielle Wirklichkeiten und als Verlängerungen der Leibhaftigkeit auf die persönliche Ebene des Menschen gehoben und so zu seinen persönlichen Gesten oder persönlichen Gebrauchsartikeln geworden.[428]

Der Leib, der die Person erschließt, kann aber auch etwas verbergen oder auch absichtlich verfälscht zugänglich machen. Deswegen bleibt die leibhafte Begegnung immer ambivalent und löst auch Furcht aus. Denn eine solche Begegnung kann auch scheitern, indem sie nur von einer ‚erdrückenden' statt einer ‚bergenden' Nähe, nur von einer ‚selbstverlorenen' statt einer ‚freimachenden' Distanz spüren lässt und indem sie dem anderen seinen Tod statt Heimat und Bleibe bringt.[429] Diese Ambivalenz drückt aber gerade die Sehnsucht nach einer eindeutigen Begegnung und nach einer ‚ungebrochenen', nicht ambivalenten, absoluten Person aus.[430]

2.2.1.2 »Leiblichkeit Gottes« – die inkarnatorische Voraussetzung der sakramentalen Begegnung

Wenn für den Menschen als Leib in Person der Leib konstitutiv ist, muss die Begegnung mit Gott dementsprechend die leibhaftige Konstitution des Menschen berücksichtigen. Die sakramentale Begegnung muss also – unterstreicht der Autor – auch eine leibhaftige Begegnung sein, weil das Leibhaftige wesentlich für das Menschsein ist. Die Sakramente bleiben weiterhin leibliche Symbole, „in denen der leiblich verfasste Mensch sich nach Gott ausstreckt und zugleich Gott verinnerlicht, genauso wie der dreifaltige Gott in den leiblichen Symbolen des Menschen nach dem Menschen sucht und so in den Sakramenten als leiblichen Symbolen den Menschen in sich aufnimmt".[431]

---

[428] Die Aufhebung der Sakramente auf die personale Ebene will die Absicht verstärken, dass die vollere Begegnung zwischen Gott und Mensch nicht primär durch die bloße Leiblichkeit garantiert sein kann, sondern durch die leibverfasste Art der menschlichen Personalität. – Vgl. LIES, Sakramententheologie. Eine personale Sicht 58. 63; DERS., Die Sakramente der Kirche. Ihre eucharistische Ausrichtung 20. 30–31. 33–34.

[429] Der Autor betont, dass eine Sakramentenpastoral an dieser anthropologischen Wirklichkeit der Sakramente – der ständigen Abhängigkeit der Freiheit des Menschen von dem anderen – nicht vorbeigehen dürfte und an dieser Ambivalenz menschlicher Beziehungen teilhaben müsste, denn die Sakramente gehören immer noch zu den menschlichen Symbolen, sind Begegnungssituationen zwischenmenschlicher Gemeinschaft. – Vgl. LIES, Sakramententheologie. Eine personale Sicht 151–155.

[430] Zum Thema: *Begegnung und Ambivalenz; Begegnung und die Suche nach der Vereindeutigung und Authentizität* – siehe: LIES, Sakramententheologie. Eine personale Sicht 150–167.

[431] LIES, Die Sakramente der Kirche. Ihre eucharistische Ausrichtung 21.
– Eng mit der Leiblichkeit des Menschen ist die ganze innerweltliche (anthropologische) Wirklichkeit der Symbole verbunden, welche auch von der Personalität des Menschen umgriffen ist. Denn *„in und mit den Symbolen als ‚Verlängerungen' der Leiblichkeit des Menschen führt der Mensch Umwelt und Mitwelt in die Mitte seiner Personalität und gibt*

Durch die Inkarnation Christi, d.h. in einer Weise, die dem Menschen von sich aus zugänglich ist, will Gott seinerseits dem Menschen begegnen. Die leibhafte Menschheit Jesu trägt in sich als Offenbarungsfunktion diesen Willen Gottes und bringt dessen „Menschenfreundlichkeit [...] auf einem menschlichen und leibhaften Antlitz" zum Aufscheinen.[432] Im Inkarnationsereignis – welches Lies zur „Grundbedingung unserer Erlösung" zählt[433] – bestätigt Gott, dass er auf der Seite des Menschen steht, indem er ihn als Leib in Person in sich aufgenommen und ihm in seiner eigenen Personmitte Platz gemacht hat.[434] Gott ist Mensch, d.h. Leib in Person geworden, damit die Menschen als Leiber in Person in leiblicher Begegnung mit ihm durch den Personraum seines Sohnes Person werden können.[435] Und der Mensch kann dank dieser Personwerdung in der inkarnierten Person Jesu Christi am dreipersonalen Leben Gottes teilhaben und teilnehmen, was das Ziel der Sakramente ist, denn

all diesen Dingen in sich Raum, ebenso wie er dem Leib in seiner Persönlichkeit Raum gibt.[...] Über die Symbole und die Symbolhandlungen verleibt sich der Mensch Welt und Mitmensch ein. Zugleich aber sind Symbole und Symbolhandlungen auch personale Wirksamkeiten des Menschen nach außen. [...] Die hauptsächliche Wirksamkeit eines Symbols ist die der Vermittlung von Person zu Person. Dieses Symbol muß also geradezu all das in seiner Ausdrucksfähigkeit und in seiner Eindrucksfähigkeit zulassen und vermitteln, was die Personalität des Menschen ausmacht: Freiheit, Liebe, Leiblichkeit, Würde [...]. Symbole [...] sind Teilhabe von materiellen Dingen wie Wasser, Öl, Salbe, Brot und Wein, aber auch von menschlichen Handlungen wie Sprechen, Berühren, Handauflegen am Personsein des Menschen, insofern der Mensch Leib in Person ist." – LIES, Sakramententheologie. Eine personale Sicht 180–181.

[432] *„Kreuz und Auferstehung sind ebenfalls Situationen menschlicher Leibhaftigkeit, etwa des Todes und der verklärenden Auferstehung aus dem Tode".* – LIES, Sakramententheologie. Eine personale Sicht 176.

[433] Die inkarnatorische Dimension nivelliert natürlich nicht die anderen Grundbedingungen der Erlösung: die Dramatisierung des Leidens und des Todes Jesu und das Geheimnis seiner Auferstehung. Die ganze Sendung des Sohnes muss in den Sakramenten enthalten werden. Als Gedächtniszeichen müssen sie an die Menschwerdung Christi, sein Leiden, seine Auferstehung und Himmelfahrt erinnern.

„Gott der Vater gedenkt, daß in die Mitte seiner Personalität der ewige Sohn den mit ihm vereinten Menschen eingeschrieben hat. **<u>Das Innerste in Gott ist nun der Mensch</u>***. [...] Der Mensch als Leib in Person lebt nun in der Personalität seines Sohnes in der Mitte seiner väterlichen Personalität. [...] Sakramente führen also, so sollte man wissen, den Menschen in das Herz Gottes und Gott in das Herz des Menschen. Sie dramatisieren und bewirken, was Perichorese von Mensch und Gott sagt."* – LIES, Sakramententheologie. Eine personale Sicht 101. 104 (eigene Hervorhebg.); Vgl. Ebd. 100. 104. 109.

[434] Das Menschsein Jesu ist die Grundlage sakramentaler Begegnung, weil er in den Humansymbolen wie Brot und Wein, Waschung und Salbung, Worte und Gesten seine leibverfasste Person für andere öffnen will. – Vgl. LIES, Sakramententheologie. Eine personale Sicht 91.

[435] Dem Autor ist ein hierarchisches Weltbild fremd, in dem Gott oben, der Mensch unten angesiedelt ist. Seine Theologie entwickelt ein personales Weltbild, in dem Gott die Mitte aller Wirklichkeit ist und seine Nähe zu den Menschen nicht als Abstieg definiert wird, sondern als Hereinnahme der Menschen in ihn. – Vgl. LIES, Sakramententheologie. Eine personale Sicht 62.

in Jesus wurde die menschliche Leiblichkeit in Person in eine ganz andere Personalität hineingenommen, die Personalität des dreifaltigen Gottes. Gott aber, indem er den Raum seiner Liebe den anderen Personen angeboten hat, hat als erster den entscheidenden Schritt in dieser Begegnung getan: In Jesus Christus haben sich die drei göttlichen Personen für den Menschen ‚bleibend geöffnet' und als ‚ewiges Ziel' angeboten.[436]

Die Bedeutung der »Leiblichkeit« in der Heilsökonomie – betont der Autor – spiegelt auf besondere Weise das Sakrament der Eucharistie wider[437], in welchem die Sendung des Sohnes in Inkarnation, Tod und Auferstehung wie die Sendung des Geistes an Pfingsten vergegenwärtigt wird. Der eucharistische Leib Christi ist der reale, von seiner Gottheit nicht getrennte und unvermischte Leib, der mit der Personalität des Logos immer verbunden bleibt. In der eucharistischen Kommunion empfangen wir nämlich einen Leib, „dessen menschliche Freiheit und Geistigkeit nochmals in der Personalität des Logos geborgen sind" und der an unserer Leiblichkeit in Person die Menschwerdung, das Sterben und Auferstehen wie die Geistsendung durch Christus ebenso auswirken lässt.[438]

Die Pneumatologie im Entwurf Lies' ist in diesem inkarnatorisch-eucharistischen Kontext verankert. Die Menschwerdung Christi – seine Leiblichkeit – wird zum Prüfstein der Geistwirkung.

> »Jeder Geist, der bekennt, Jesus Christus sei im Fleisch gekommen, ist aus Gott« (1 Joh 4,2)...Der wahre Glaube entscheidet sich gerade an der Anerkenntnis, daß die beiden Sendungen auf unsere Leiblichkeit ausgerichtet sind. In der menschlichen Leiblichkeit, die ja immer Leibhaftigkeit in Person ist, macht Gott seine Sendung deutlich. Und die qualifizierten Orte unserer Leiblichkeit sind bei Christus die Geburt aus der Jungfrau, das Leiden, Sterben und Auferstehen; schließlich seine Geistsendung. Daher trifft die Sendung des Sohnes Gottes auch den Menschen, insofern er ein von einer Frau geborener, ein leidender und sterbender Mensch ist, aber auch einer, der zum Leben auferstehen kann. Dies als irdischer Mensch, als leibhaftiges Wesen in Person zu erkennen, ist [...] allein aus der durch die Sendung des Sohnes

---

[436] Es ist dem Autor sehr wichtig, dieses ‚theo-logische' Ziel der Sakramente immer wieder neu zu betonen: dass der Mensch berufen ist, Person in der göttlichen Person des Sohnes Gottes zu werden; dass das Christsein bei der Bewunderung des leiblichen Menschseins Jesu nicht stoppt, sondern in seine göttliche Person und damit in den dreipersonalen Gott mündet. – Vgl. LIES, Sakramententheologie. Eine personale Sicht 83. 103; DERS., Die Sakramente der Kirche. Ihre eucharistische Ausrichtung 29–30. 34.

[437] Der Autor betont, dass die Leiblichkeit des Menschen auch dessen Geschichte umfasst, worauf alle Sakramente hinweisen müssen. – Vgl. LIES, Sakramententheologie. Eine personale Sicht 103.

[438] LIES, Sakramententheologie. Eine personale Sicht 178–179.

*und des Geistes getroffenen Leiblichkeit des Menschen Jesus von Nazareth
[ableitbar].*[439]

2.2.1.3 Die Verbindungs-Rolle des Heiligen Geistes

Auf dreifache Weise – daran erinnert Lies – stellt der Heilige Geist eine Verbindung zwischen Sohn Gottes und Mensch her. In der Inkarnation vereinigt er den Logos mit Jesus von Nazareth; in der Auferstehung verbindet er neu den Leib Jesu mit dem Sohn, und in seinem nachösterlichen Wirken verbindet er die Menschen zum Leib Christi und so mit dem Sohn Gottes.

Der Geist wirkt aber nicht nur als Kraft, die den Leib des Sohnes verherrlicht, sondern lässt dem Menschen mit dem Sohn »ein Leib werden..., eine lebendige Opfergabe in Christus« (IV. Hochgebet). Der Geist weitet den Leib des Sohnes zur Kirche, weil der Geist es ist, »der das Werk d[es] Sohnes auf Erden weiterführt und alle Heiligung vollendet« (IV. Hochgebet) und in leibhafter Begegnung personale Begegnung mit der Person des Sohnes ermöglicht.

Die verbindende Rolle des Geistes ist auch die von Christus. Denn durch die Sendung des Geistes verbindet Christus in den Sakramenten die menschlichen Symbole und die Menschen selbst mit den Heilsereignissen seiner Inkarnation, seines Todes und seiner Auferstehung.

Die entscheidende Wirkung des Geistes beruht vor allem darauf, dass er in den Menschen den Glauben an Christus als Heiland und Sohn Gottes erweckt, welcher außer einer gewissen Symbolfähigkeit zum Empfang des Sakramentes unbedingt mitzubringen ist. Der Heilige Geist will den Menschen im Glauben befähigen, Christus als Sohn Gottes anzuerkennen (vgl. Joh 15,25–27), „aber auch, zum Gott Abrahams, Isaaks und Jakobs mit Jesus Vater zu sagen."[440]

Der Geist Gottes bestätigt auch die Sendung des Sohnes Gottes, indem er in allen Phasen der Sendung Christi am Gelingen beteiligt ist, und offenbart deren volle Wahrheit (vgl. Joh 16,13–15). Aufgrund seiner Beteiligung bei Inkarnation, bei Tod und Auferstehung Christi gibt er den Menschen Zeugnis von diesen Heilsgeheimnissen und kann ihnen im Glauben den Zugang zu diesen Heilsgeschehnissen verschaffen. Er erschließt den Menschen die Sendung Christi und verbindet sie auch mit ihr.

Es zeigt sich hier ganz deutlich das heilsökonomische Ziel der Sendung des Heiligen Geistes. Es ist „unser bleibendes leibhaftiges Personsein in der Person des Sohnes Gottes, und dies eine Ewigkeit lang".[441]

---

[439] LIES, Sakramententheologie. Eine personale Sicht 179.
[440] LIES, Sakramententheologie. Eine personale Sicht 188.
[441] LIES, Sakramententheologie. Eine personale Sicht 189.

2.2.1.4 Das *perichoretische* Verhältnis der Sendungen des Sohnes und des Geistes

In jedem Sakrament – stellt der Autor fest – „geht es um die Sendung des Geistes und die Ankunft des Mensch gewordenen Sohnes Gottes."[442] Denn in den Sakramenten hat der dreipersonale Gott sich über Jesus Christus und den Geist den Menschen entscheidend geöffnet und ihnen ‚Lebensraum und Stimme' angeboten. Die Sakramente sind daher „Symbole, in denen die Sendung des Sohnes und die des Geistes den Menschen als Leib in Person erreichen und der dreifaltige Gott dem Menschen begegnet."[443]

Es ist aber wichtig, betont Lies, dass die Relation zwischen der Person des Sohnes Gottes und der Person des Heiligen Geistes, wie das Verhältnis ihrer Sendungen, nicht verwechselt werden. Beide Wirklichkeiten stehen in einer perichoretischen Beziehung zueinander, d.h. sie sind zwar ungetrennt, aber bleiben zugleich unvermischt.

> *Beide Sendungen sind untereinander verschieden, wie ja auch Geist und Sohn untereinander verschieden sind. Aber beide Sendungen sind immer aufeinander bezogen, wie ja auch Geist und Sohn aufeinander bezogen sind. Beide Sendungen sind nie getrennt, wie ja auch der Sohn und der Geist nie getrennt sind. Beide Sendungen durchdringen sich, ohne sich zu mischen, wie ja auch der Geist und der Sohn und der Sohn und der Geist sich durchdringen, ohne sich zu mischen.*[444]

Die Sendung des Sohnes ist ohne die Sendung des Geistes deswegen nicht möglich, denn „der Heilige Geist ist an allen Phasen der Sendung [des Sohnes] am Gelingen beteiligt"[445]. Er führt in Christi Werk und Person ein, damit der Mensch, als Leib in Person, im Leib Christi Person in Person werde.[446]

Die Sendung des Sohnes – durch das Inkarnationsgeschehen und in ihm – zielt vor allem auf den Menschen als Leib in Person. Christus nimmt durch seine Menschwerdung in leibhaftiger Begegnung den Menschen als Leib in Person in seine Person auf, damit der Mensch in

---

[442] LIES, Sakramententheologie. Eine personale Sicht 290.
[443] LIES, Sakramententheologie. Eine personale Sicht 181.
[444] LIES, Sakramententheologie. Eine personale Sicht 187–188.
[445] LIES, Sakramententheologie. Eine personale Sicht 188.
[446] LIES, Sakramententheologie. Eine personale Sicht 187–191.

> *Dabei ist entscheidend, wie sehr die Sendungen zugleich als Tat des himmlischen Vaters dazu angetan sind, aus der göttlichen Fülle mitzuteilen, ohne daß Sohn und Geist dadurch weniger werden. Sohn und Geist als Gesandte des Vaters bleiben in der Besitzeinheit, in der Wirkeinheit und in der Weseneinheit mit dem Vater (ebd. 171–172).*

Christus als Person leben kann.⁴⁴⁷ Der inkarnierte Sohn Gottes schafft in seiner Person daher das Innewohnen menschlicher Personen untereinander und in Gott.

> *Nur dort, wo Gott dem Menschen in dessen Leibhaftigkeit begegnet, dort kann auch der Mensch personal Gott begegnen. Die Leibhaftigkeit der Menschwerdung Jesu mit ihrem Tod und ihrer Auferstehung und die Leibhaftigkeit des Menschen bilden den Raum, in dem die göttliche Sendung des Sohnes und die Personalität des Menschen sich einander vermitteln. Der Mensch kann den in die Leibhaftigkeit gesandten Sohn Gottes mit seiner eigenen Leiblichkeit verbinden und in sein eigenes Personsein aufnehmen und umgekehrt. Gott kann gewissermaßen über die Leibhaftigkeit des Sendung des Sohnes den leibhaftigen Menschen in sich bergen.*⁴⁴⁸

Die Sendung des Geistes dagegen zielt direkt auf die Person des Menschen, auf personale Begegnung. Diese personale Begegnung ist auf die Sendung Christi doppelt hingeordnet. Da nur dort, wo Gott dem Menschen in dessen Leibhaftigkeit begegnet, auch der Mensch Gott begegnen kann, bedarf sie zum einen leibhaftiger, d.h. in diesem Fall eben christologischer Vermittlung, die aber kraft des Geistes hinführen muss zur Person des Sohnes. Die Funktion des Geistes besteht hier auch darin, dass die Leibhaftigkeit Jesu wahrgenommen und dass der Blick von ihr auf den ewigen Sohn als den Gesandten des Vaters nicht verstellt wird.

Zum anderen lässt die Sendung des Geistes die Person Christi als Person, d.h. in ihrer Relation zum Menschen und zum Vater erkennen, dass dieser in seinem Sohn sich nach seinem Geschöpf richtet und in ihm das Menschsein, das Sterben und die Sehnsucht des Menschen nach ewigem Leben trifft.⁴⁴⁹

In der Erkenntnis des Sohnes als Person wird auch die Personalität des Geistes erkannt. Denn die Erkenntnis der zweiten Person der Trinität (in ihrem Verhältnis zum Vater) und das personale Verhältnis zu ihr kann nur kraft der dritten Person der Trinität gelingen und durch sie wiederum vermittelt werden. In der leibhaftigen Begegnung mit Christus als Mensch – betont Lies – geht dem Menschen die Erkenntnis der Person des Sohnes zwar anfanghaft, aber nicht ganz auf. Der Autor ist überzeugt, dass nicht allein die Prinzipien der menschlichen Vernunft, sondern die Geistsendung Gottes – welche unserer sinnenhaft orientierten Erkenntnis eine neue Dimension schenkt, nämlich die des Glaubens

---

⁴⁴⁷ Anhand: FREITAG, Sakramentenlehre und Pneumatologie 297–298.
⁴⁴⁸ LIES, Sakramententheologie. Eine personale Sicht 177.
⁴⁴⁹ LIES, Sakramententheologie. Eine personale Sicht 176–177.

– uns zur geistigen Erkenntnis des Sohnes Gottes und seiner Sendung befähigt.[450]

Der Heilige Geist lässt also die Person des Sohnes Gottes erkennen und macht die Menschen – durch leibhafte Eingliederung in den Leib des Sohnes – zu Personen im Sohn.[451] Diese Personwerdung des Menschen entsteht aus der unendlichen Freiheit Gottes, der so frei ist, „daß er der menschlichen und endlichen Freiheit in sich Artikulation und Lebensraum schafft und beläßt", und er ist „personal so mit sich identisch und so in sich gefaßt, daß er niemanden erdrückt, dem er sich nähert."[452] Und indem der Geist den Menschen Person in der Person des Sohnes sein lässt, verhilft er auch ihm, Existenzgrund und Identität in der Person des Sohnes zu finden. Der Geist wird also im personalen Verhältnis zu Christus erfahren, konkret im Mitvollzug der doppelt-einen Bewegung Christi, der Selbsthingabe an die Menschen (»ein Leib werden im Heiligen Geist«) und an den Vater (»eine Opfergabe in Christus«).

In der Geistsendung sowie in der des Logos wird es deutlich, dass die Menschen in die unvermischte und ungetrennte Personengemeinschaft Gottes hineingenommen sind und dass die drei göttlichen Personen in der Personalität des Menschen Wohnung nehmen. In den Sakramenten begegnet den Menschen nämlich nicht nur der andere Mensch, „sondern mit dem Sohne Gottes auch der den Sohn sendende Vater."[453]

Lies stützt sich auf viele Stellen des Johannesevangeliums (vor allem: Joh 17,20–24 und Joh 14,15–17), um diese gegenseitige Einwohnung, Gott im Menschen, der Mensch in Gott, hervorzuheben und um das eigentliche Ziel aller sakramentalen Begegnungen zu formulieren: »Immer mehr Person in der Person Christi als des Sohnes Gottes zu werden«, indem der Mensch als Leib in Person mit der Menschheit Jesu vereint und so von der göttlichen Person des Logos umgriffen und in seiner Personalität geborgen wird.

---

[450] Vgl. LIES, Sakramententheologie. Eine personale Sicht 178–180. – Anhand: FREITAG, Sakramentenlehre und Pneumatologie 298–299.
[451] „[...] *Die Eingliederung in den Leib Christi [hat den Sinn], uns über die Person des Geistes in die Person des Sohnes Gottes einbeziehen zu lassen und so Person in Person zu werden. Letztlich gibt die dreifaltige Personalität den Lebensraum ab, in dem wir – wenn wir als Leib in Person in die Kirche aufgenommen sind – von Gott her zu leben und unsterblich zu werden beginnen. Hier ist auch unser Modell der Erlösung des Menschen ausgesprochen. Die Erlösung des Menschen ist nicht, sich seines Leibes entkleiden zu lassen; die Erlösung ist vielmehr, als Leib in Person die Verbundenheit mit dem Leibe Christi zu finden und in Gemeinschaft mit diesem Leibe eben die Kirche zu bilden, um so in der Person des Geistes von der Person des ewigen Logos umgriffen zu werden und Person in Person, letztlich Person in der Dreipersonalität Gottes zu werden.*" – LIES, Sakramententheologie. Eine personale Sicht 198.
[452] LIES, Sakramententheologie. Eine personale Sicht 182.
[453] LIES, Sakramententheologie. Eine personale Sicht 183.

In der Sicht des Autors offenbaren die Sakramente das unzerstörbare Leben des dreifaltigen Gottes, und sie öffnen gerade die Personmitte des Logos, so dass der Mensch immer mehr Person wird und immer mehr seine eigene Freiheit und Identität sichern kann. In der Hineinnahme des Menschen in den Leib und in die Personalität Christi liegt – seiner Meinung nach – die Antwort Gottes auf die existentiellen Fragen des Menschen: wer der Mensch sei, wer ihn liebe, wer ihn frei und wer ihn heilig mache.[454] In den Sakramenten nämlich korrespondieren miteinander, durchdringen sich und sind aufeinander bezogen: die Epiklese und die Erhöhung, d.h. die bittende Frage des Menschen und die Antwort Gottes auf »den Schrei dieses Menschen nach Freiheit«; denn die Frage des Menschen ist immer schon »im Raum der Freiheit« und dadurch »im Raum der Erhöhung Gottes« ausgesprochen.[455]

2.2.1.5 Konkretisierung der Geistwirkung in der Eucharistiefeier

Aufgrund der Konkomitanzlehre – erinnert der Autor – sind in der sakramentalen Gegenwart des erhöhten Christus, durch ihn und mit ihm, auch der Heilige Geist und der himmlische Vater anwesend. Diese Gegebenheit scheint ihm entscheidend für die Theologie der Sakramente zu sein, weil in der trinitarischen Sicht die Sendungen des Sohnes und des Geistes in der sakramentalen Existenz der Kirche wirklich verwirklicht werden können, und sie „nicht in der Appropriation zu einer der göttlichen Personen stecken bleiben" müssen.[456]

Die trinitarische Optik bewahrheitet u.a. die pneumatologische Aussage, dass die Sakramente *durch* und *im* Heiligen Geist wirken, d.h. durch die Sendung des Geistes und die in ihm erfolgende Sendung des Sohnes die Symbole und Handlungen zu Sakramenten werden. Man kann dann vom Heiligen Geist weiter behaupten, dass er es ist, der die Wirklichkeiten der auf den Menschen und sein Personsein bezogenen Symbole und Handlungen ergreift und sich über sie mit dem Menschen verbindet, dass durch ihn ein menschlich-personales Symbol in die leibhafte Wirklichkeit Christi eingeführt und dadurch von der Person des Logos umgriffen wird.

Aus dem Gesagten kristallisiert sich die Aufgabe des Geistes, die im Wesentlichen darin besteht, dass er das *elementum* und die *actio* des sakramentalen Geschehens mit der Sendung Christi vereinigt.

---

[454] Vgl. LIES, Sakramententheologie. Eine personale Sicht 183. 184–187.
[455] LIES, Sakramententheologie. Eine personale Sicht 186. 185.
[456] LIES, Sakramententheologie. Eine personale Sicht 110.

Die Wirkung des Heiligen Geistes innerhalb der Sakramente versucht Lies bei der Eucharistie zu bestimmen, welche er als Quelle und Höhepunkt des kirchlichen und damit auch des ganzen sakramentalen Lebens betrachtet.

In den eucharistischen Gestalten sieht er Gedächtniszeichen sowohl der Sendung des Sohnes wie der Sendung des Geistes. Sie sind »der Inbegriff der Einheit« dieser beiden Sendungen. Auf diese Einheit und die Tätigkeit des Heiligen Geistes bei der Inkarnation, bei Tod und bei Auferstehung Christi weist nach Lies eigentlich die ganze eucharistische Liturgie hin.[457]

Die Sendung des Heiligen Geistes in der Feier der Eucharistie wird in seiner Sicht christologisch gedeutet als Tat Christi. Die christologische Konstellation der Geistwirkung liest er u.a. aus dem 4. Hochgebet ab:

> *»Damit wir nicht mehr uns selber leben, sondern ihm, der für uns gestorben und auferstanden ist, hat er von dir, Vater, als erste Gabe für alle, die glauben, den Heiligen Geist gesandt, der das Werk deines Sohnes auf Erden weiterführt und alle Heiligung vollendet«.*

Die Wirkung des Geistes beruht darauf, dass er als Zeuge und Mitwirker bei Inkarnation, Tod und Auferstehung wie bei der Kirchenwerdung an Pfingsten in der betenden Gemeinde diese Heilsgeheimnisse Christi vergegenwärtigt und den Leib und das Blut Christi in den sakramentalen Gestalten von Brot und Wein vor die Menschen hinstellt, damit sie von einem ‚Selbstleben' abgebracht und zu einem Leben für Christus hingeführt werden.

Der Geist hat daher vor allem die Funktion, „uns von uns zu befreien und allein Christus, dem Mensch gewordenen Sohne Gottes zu leben."[458] Seine Sendung ist notwendig, um die von sich selbst befreiten Menschen in das Leben, den Tod und die Auferstehung Christi hinzuführen. Der Autor nennt den Geist in diesem Kontext „Gottes doppelte Sympathie mit dem Menschen", weil der Geist das Mitleiden Gottes mit dem Menschen einerseits und seine Liebe zu ihnen andererseits offenbart.[459]

Der Heilige Geist ist es auch, der den Menschen in die in der Eucharistie verwirklichte Leiblichkeit Christi so einführt[460], dass sie sich weitet

---

[457] LIES, Sakramententheologie. Eine personale Sicht 109.
[458] LIES, Sakramententheologie. Eine personale Sicht 105; 189–190.
[459] LIES, Sakramententheologie. Eine personale Sicht 105.
[460] Die eucharistische Wirklichkeit lebt aus der christologischen Dimension der Leibhaftigkeit. Die Sendung des Sohnes verdeutlicht, dass in der eucharistischen Gegenwart des Leibes Christi eine leibhaftige Wandlung des Menschen geschieht. Der leidende und gestorbene Christus – somatisch in der Eucharistie vergegenwärtigt – verwandelt nämlich das leibhaftige Sterben des Menschen in eine neue Situation, den Tod zu überwinden und alles Vorläufige zu lassen. Die verklärte Leiblichkeit Christi verweist aber

und unter seiner Wirkung und durch die göttliche Personalität des Logos zum kirchlichen Leib wird. Mit Recht kann man daher den Geist als ‚dynamisches Lebensprinzip' nicht nur in den einzelnen Christen, sondern auch in der durch Christus geformten und gestalteten Gemeinschaft der Kirche ansehen.

Die Wirkungen des Heiligen Geistes in der Eucharistiefeier hat für die Mitfeiernden also eine persönliche und eine ekklesiale Bedeutung. Der Geist ermöglicht den Menschen sowohl persönliche Teilhabe am Auferstehungsleib Christi wie auch ein vertieftes Hineinwachsen in den Leib Christi, die Kirche. Er aber führt die Feiernden auch in eine tiefere Eingliederung in den dreifaltigen Gott. Diese trinitarische Dimension – betont Lies – ist unerlässlich in der vollständigen Betrachtung der sakramentalen Wirklichkeit: gegebenenfalls sind die Sakramente keine Sakramente mehr.

Alle drei Dimensionen der Geistwirkung drücken die eucharistischen Hochgebete aus:

> »*Stärke uns durch den Leib und das Blut deines Sohnes, und erfülle uns mit seinem Heiligen Geist, damit wir ein Leib und ein Geist werden in Christus*« (III. Hochgebet).

> »*Wir bitten dich: Schenke uns Anteil an Christi Leib und Blut und lass uns eins werden durch den Heiligen Geist*« (II. Hochgebet).

> »*Sieh her auf die Opfergabe, die du selber deiner Kirche bereitet hast, und gib, dass alle, die Anteil erhalten an dem einen Brot und dem einen Kelch, ein Leib werden im Heiligen Geist, eine lebendige Opfergabe in Christus zum Lob deiner Herrlichkeit*« (IV. Hochgebet).[461]

Die Wirkung des Geistes kommt insbesondere zum Anschein – die gerade zitierten Gebeten können das bestätigen – in der eucharistischen Epiklese. Im epikletischen Gebet fleht die versammelte Kirche um die Sendung des Geistes, dass sich neuerlich die Sendung des Sohnes ins Fleisch vollziehen und so das Sakrament als Leib Christi entstehen kann.[462]

---

noch auf eine andere Wandlungsmöglichkeit des Menschen, dass er als Leib in Person in die göttliche Dreipersonalität aufgenommen wird. – Vgl. LIES, Sakramententheologie. Eine personale Sicht 120–121.

[461] Nach: LIES, Die Sakramente der Kirche. Ihre eucharistische Ausrichtung 68–69. 71.

[462] Der Autor optiert für die Transsubstantiationslehre beim eucharistischen Wandlungsgeheimnis, obwohl ihm die heutigen Vorstellungsschwierigkeiten von dieser Lehre bekannt sind. Die modernen Begriffe der Transsignifikation, Transsituierung und Transfinalisierung sind seiner Meinung nach deshalb ungeeignet, weil sie nicht deutlich von der wirklichen Wandlung des Brotes in den Leib Christi aussagen. Diese Begriffe will er eher verwenden, um die Wirkung der eucharistischen Kommunion anzudeuten:

> »*Heilige unsere Gaben durch deinen Geist, damit sie uns werden Leib und Blut deines Sohnes, unseres Herrn Jesus Christus, der uns aufgetragen hat, dieses Geheimnis zu feiern*« (III. Hochgebet).

In der Kommunionbitte wird die Rolle des Geistes nochmals erwähnt, damit die Menschen »ein Leib werden [...], eine lebendige Opfergabe in Christus« (IV. Hochgebet). Der Geist einigt sie mit dem Leib Christi, d.h. er lässt sie als Leiber in Person an der leibhaftigen Unsterblichkeit Christi teilhaben und zugleich „von seiner göttlichen menschgewordenen Person umgriffen und geborgen werden", indem er sie zunächst in sich eingliedert, in ihnen Wohnung nimmt und ihren Glauben erhellt und stärkt.[463]

Die Epiklese ist einer der Hauptausdrücke der Pneumatologie. Die Theologie des Heiligen Geistes kommt in ihr in besondere Verbindung mit der Theologie der Sakramente. Den epikletischen Ausdrücklichkeiten aller Sakramentenfeiern gilt deswegen einer der nächsten Schritte unserer Analyse im Entwurf von Lothar Lies.

2.2.2 Die einzelnen Sakramente in der pneumatologischen Optik

2.2.2.1 »Christus – der wahre Geistträger«: christologische Konkretion der Geistwirkung

Unter dem Titel »Der Kosmos der Sakramente« legt der Autor die Lehre über die einzelnen Sakramente, ihre Siebenzahl und ihren symbolischen Ausdruck für die kirchliche Fülle des Heils aus.[464]

> *Die Sakramente müssen etwas von dem Geist atmen, der zum universellen Verständnis der Heilsinitiative Gottes in Christus führt, so dass die Heilgeschichte in einer kosmisch-personalen Perspektive umfasst werden kann.*[465]

Die Vielfalt der sakramentalen Riten entstand nach Lies aus der Überzeugung, dass die Riten und Sakramente nicht nur als ‚eine rituelle Weise des Kontakts mit Christus und dem Heiligen Geist' zu verstehen sind,

> „Der Empfänger des Leibes und Blutes Christi erhält ein neues Ziel (Transfinalisation): das himmlische Gastmahl; der Empfänger gelangt zudem in eine neue Situation (Transsituation): sein Wandel ist in der Gemeinschaft mit der Kirche als dem Leibe Christi mehr und mehr im Himmel; und der Empfänger des Leibes und des Blutes Christi wird für seine Mitgläubigen zu einem neuen Zeichen der Erlösung (Transsignifikation): Der Herr ist auferstanden und er lebt."
> – LIES, Die Sakramente der Kirche. Ihre eucharistische Ausrichtung 65–66.

---

[463] LIES, Sakramententheologie. Eine personale Sicht 190. 191; vgl. DERS., Die Sakramente der Kirche. Ihre eucharistische Ausrichtung 62–66.
[464] Vgl. LIES, Sakramententheologie. Eine personale Sicht 229–239.
[465] LIES, Sakramententheologie. Eine personale Sicht 92.

2.2 Der Entwurf von Lothar Lies

sondern auch mit der Kirche, denn die wichtigen existenziellen und sozialen Situationen im Leben des Menschen müssen von der Gemeinschaft der Glaubenden mitgetragen werden.[466]

Diese heiligen Riten, in der Frühkirche Mysteria genannt, drückten also einerseits die Wirksamkeit des dreifaltigen Gottes und andererseits die Solidarität und das Fürbittgebet der Kirche aus. Sie bildeten „so etwas wie einen Kosmos, in dem der Mensch dem dreifaltigen Gott begegnen konnte und der dreifaltige Gott dem Menschen in Liebe zugetan war"[467]. In ihnen gab es den Ort, wo sich ‚die Sendung des Geistes' und ‚die Sendung des Sohnes' durch den himmlischen Vater den Menschen näherte und der dreifaltige Gott ‚unter' und ‚in' den Menschen Wohnung nahm.[468]

In diesem ‚Kosmos von rituellen Begegnungen und Feiern' wurde aber – gegen jede Spiritualisierung der Sakramente – eine klare inkarnatorisch-christologische Linie behalten. Und diese Verbundenheit mit dem menschgewordenen Christus wurde als Wirkung des Heiligen Geistes verstanden.

Die in der katholischen Tradition gewachsene und bewahrte Zahl der Sakramente entspricht nach Lies der existenziellen Befindlichkeit des Menschen. Sie ist von der anthropologischen Seite her ganz berechtigt, denn alle wichtigsten lebens-entscheidenden Situationen der Menschen sind in diese Heilsordnung einbezogen. Aber diese Entscheidung hat ‚nur' ein ekklesiologisches Gewicht, um der Heilswirklichkeit in der Kirche eine bestimmte Ordnung zu geben.

---

[466] LIES, Sakramententheologie. Eine personale Sicht 229.
[467] LIES, Sakramententheologie. Eine personale Sicht 230.
[468] LIES, Sakramententheologie. Eine personale Sicht 230.
– Nach Lies waren die Mysteria der Urkirche nicht auf einen ‚blind-rationalistischen' Erkenntnisvorgang ausgerichtet, sondern auf eine personale Begegnung und freie Zuwendung Gottes als Ausdrücke des auf der volitiven Ebene liegenden ‚Staunens' und des ‚Überraschtseins' über die Heilswirksamkeit Gottes, dass er in solchen Riten den Menschen mit seiner Gnade beschenkt. Aus dieser Perspektive war die Problematik der Siebenzahl der Sakramente oder der Unterscheidung von Sakramenten und Sakramentalien in der Frühkirche nur von sekundärer Bedeutung, denn alle ihre wichtigen Funktionen und Handlungen wurden als Mysterien verstanden. – Vgl. dazu und zur gewissen Zentrierung und Spiritualisierung auf eine Uridee des Heiles im platonischen Hellenismus: LIES, Sakramententheologie. Eine personale Sicht 231–232; ausführlich siehe auch: Lothar LIES, Wort und Eucharistie bei Origenes. Zur Spiritualisierungstendenz des Eucharistieverständnisses = Innsbrucker Theologische Studien 1 (Innsbruck ²1982).

A. Taufe

Wer getauft wird, erhält den Geist; er wird mit dem Geist der Kindschaft beschenkt, denn die Taufe feiert das erlösende Gedächtnis des Herrn und erinnert an Pfingsten, an Zeugenschaft und Martyrium.[469]

Die Tauffeier verweist u.a. auf (den Heiligen Geist als) »Sympathie Gottes für das Leben«[470]. Diese Sympathie ist die des Heiligen Geistes, denn er sorgt für die Deckung dieser Sympathie im Leben der Gemeinde.

Der Geist, den die Taufe vermittelt (vgl. Joh 7,37f), ist „der Geist des Vaters im Himmel, aber auch der Geist, der aus Jesus, dem Messias, Geistträger und Sohn des Vaters hervorbricht."[471] Dieser Geist legt in der Taufe und in der Eucharistie das Zeugnis für die Heilswirklichkeit des gestorbenen und auferstandenen Sohnes Gottes ab (vgl. 1Joh 5,5–7).

Der Autor macht u.a. aufmerksam auf die eine, sowohl aus dem christologischen wie auch aus dem pneumatologischen Element entstehende Heilsbedeutsamkeit des Sakramentes. Das zusammengefügte Erflehen der Sendung des Geistes und der Sendung des Sohnes ist seiner Meinung nach besonders deutlich im anamnetischen Gebet zur Taufwasserweihe, welches eingeleitet und beschlossen wird durch die Bitte um die Sendung des Heiligen Geistes zum Aufbau der Kirche und ihrer Fruchtbarkeit:

> *Auf vielfache Weise hast du das Wasser dafür bereitet, auf die Taufe hinzuweisen. Schon im Anfang der Schöpfung schwebte dein Geist über den Wassern, um ihnen heiligende Kraft zu geben. In den Wassern der Sintflut hast du unsere Taufe vorgebildet, da sie den alten Menschen vernichtet, um neues Leben zu wecken. Die Söhne Abrahams hast du trockenen Fußes durch das Rote Meer geführt. Darin schenkst du uns ein Bild des österlichen Sakramentes, das uns aus der Knechtschaft befreit und hinführt in das Land der Verheißung. Als aber die Fülle der Zeiten kam, wurde dein geliebter Sohn von Johannes getauft und von dir mit heiligem Geist gesalbt, um im Wasser des Jordan unsere Sünden abzuwaschen. Am Kreuz ließ er aus seiner Seite Blut und Wasser hervorquellen und schenkte damit der Kirche Ursprung und Leben. Nach seiner Auferstehung gab er den Jüngern den Auftrag: Geht hin und lehrt alle Völker und tauft sie im Namen des Vaters und des Sohnes und des Heiligen Geistes.*[472]

---

[469] LIES, Sakramententheologie. Eine personale Sicht 249.
[470] LIES, Sakramententheologie. Eine personale Sicht 145.
[471] LIES, Die Sakramente der Kirche. Ihre eucharistische Ausrichtung 76.
[472] Die Feier der Kindertaufe in den katholischen Bistümern des Deutschen Sprachgebietes. Herausgegeben im Auftrag der Bischofskonferenzen Deutschlands, Österreichs und der Schweiz und des Bischofs von Luxemburg (Einsiedeln 1971) 36f. – Nach: LIES, Sakramententheologie. Eine personale Sicht 285.

Die Taufe verbindet also mit jenen Ereignissen der Heilsgeschichte, die der himmlische Vater durch seinen Sohn im Heiligen Geist gewirkt hat. Die Eingliederung in Christus geschieht im lebendigen Glauben an Christus und an den Heiligen Geist: „Mit Christus wurdet ihr in der Taufe begraben, mit ihm auch auferweckt, durch den Glauben an die Kraft Gottes, der ihn von den Toten auferweckt hat" (Kol 2,12).

Das Sakrament gründet ebenfalls auf dem Vertrauen, dass das Wasser der Taufe vom Geist Gottes begleitet und durchdrungen ist, der Leben zeugt und Wiedergeburt ermöglicht (vgl. Gen 1,1–3; Joh 3,3.5) wie rettende Erneuerung schafft (vgl. Eph 5,26; Tit 3,5).

Der Getaufte in Christus, dem wahren Geistträger, ist ein Zeichen des Sieges über alle widergöttliche Geister: „Aber ihr seid reingewaschen, seid geheiligt, seid gerecht geworden im Namen Jesu Christi, des Herrn, und im Geist unseres Gottes" (1Kor 6,11).[473]

Der Geist bestimmt wesentlich die Wirksamkeit des Sakramentes. Er bewirkt in der Taufe die Teilhabe an Christus (das Propheten-, Priester- und Königsamt der Christen) und damit die Teilhabe am göttlichen Leben im dreifaltigen Gott, der sich dem Menschen öffnet, ihn in sich aufnimmt und ihm in sich Lebensraum und Stimme gibt. Denn die Taufe „zielt (…) auf die immer neue und nie endende Eingliederung in den dreifaltigen Gott, d.h. ins ewige Leben."[474]

B. Firmung

Die Firmung erfleht die vollere Ausgießung des Heiligen Geistes, damit die Christen durch die Gabe des Heiligen Geistes dem Herrn noch ähnlicher werden.[475] In diesem Sakrament wird die Anamnese der Heilstaten Gottes bekräftigt und das christliche Leben aus dem Wasser und dem Heiligen Geist besiegelt. Der Geist ist es, der die Anamnese des Glaubens unterstützt. Er trägt in den Glaubenden die Erinnerung an die Heilstaten Gottes in Christus. Seine ‚sieben Gaben' sind eben ‚Elemente der Erinnerung' der Wirksamkeit Gottes in der Geschichte der Menschen und zugleich ‚Gottes Hilfen zur Bewältigung der menschlichen Unheilssituation'.[476] Die dynamische Eigenart des Geistes ist nach Lies vor allem in seiner eschatologischen Wirksamkeit begründet. In den Verheißungen von Hoffnung, Freude und Frieden erkennt die Kirche

---

[473] Vgl. LIES, Die Sakramente der Kirche. Ihre eucharistische Ausrichtung 77. 79–81.
[474] LIES, Die Sakramente der Kirche. Ihre eucharistische Ausrichtung 78.
[475] *„Du machst sie Christus gleichförmig, deinem Gesalbten, und läßt sie teilhaben an seiner Sendung als Prophet, als Priester und König".*
– Die Feier der Kirchenweihe und Altarweihe, die Feier der Ölweihen. Studienausgabe. Herausgegeben von den Liturgischen Instituten Salzburg – Trier – Zürich (Freiburg 1981) 132f. – Nach: LIES, Sakramententheologie. Eine personale Sicht 288.
[476] LIES, Sakramententheologie. Eine personale Sicht 286.

im Glauben den Geist als ihre Fürsprache, Gebetskraft und Zuversicht (vgl. Röm 8,23–26; 15,13).

Als ‚Sakrament des Geistes' erinnert die Firmung also an die Wandlungskraft dieses Geistes, die in den Getauften wirkt, sie als Kinder Gottes bezeugt und sie zur Neuen Schöpfung vollenden wird (vgl. Röm 8,17; 1Kor 12,3). Die besondere Erfahrung des Heiligen Geistes in der Firmung ist aber ‚nur' eine gewisse Fortsetzung der Taufe; sie entspringt aus ihr, weil „das Leben der Taufe aus dem dreifaltigen Leben Gottes entspringt und vom Geist geleitet ist."[477] In der Firmung belebt der Geist das in der Taufe grundgelegte Priestertum aller Gläubigen und verdeutlicht ihre Kindschaft Gottes (vgl. Gal 4,4–6). Das Sakrament hat deswegen eine soziale Bedeutung und schafft auch soziale Kompetenz. Diese sakramentale Befähigung – auch als Mündigkeit des Christen gewertet – meint „jene im Heiligen Geist diskret unterschiedene Liebe zur in der Kirche hinterlegten Offenbarung und zu ihrer klugen und furchtlosen Verkündigung".[478] Die Geistsendung im Firmsakrament ist daher ein ‚verpflichtendes Gedächtnis' des Taufversprechens mit seiner Forderung, das christliche Leben nach dem Bekenntnis zum gekreuzigten Christus zu gestalten.[479] Diese gemeinsame Geistbegabung der Getauften[480] wird in der Person des Spenders dem geisterfüllten apostolischen Amt gegenübergestellt und mit ihm verbunden.

Die Firmung ist auch ein christologisches Sakrament, weil die Mitteilung des Geistes in ihr in der Geistmitteilung durch Christus selbst begründet ist (vgl. Joh 20,19–23; Apg 2,1–4). Das Sakrament der Firmung erinnert zuerst an Jesus Christus, den Geistträger, und an die pfingstliche Geistsendung, die zum Anbruch des Reiches Gottes wurde und die Katholizität der Kirche begründet hat (vgl. Apg 2,1–4). Erinnernd vergegenwärtigt es nämlich jene Ereignisse im Leben des Mensch gewordenen Sohnes Gottes, die für die Sendung des Geistes zum Heil der Menschen bedeutsam sind.

Die Firmung ist daher immer eine trinitarische Symbol-Wirklichkeit, denn der verliehene Heilige Geist, der vom Vater ausgehend tiefer in den dreipersonalen Gott eingliedert, ist stets mit dem Sohn verbunden. Die Wirkung des Geistes ist gerade jene, die den Menschen befähigt zu bekennen: ‚Jesus Christus ist der Herr' und auszusagen: ‚Abba, Vater'

---

[477] LIES, Die Sakramente der Kirche. Ihre eucharistische Ausrichtung 91. 101–104.
[478] LIES, Die Sakramente der Kirche. Ihre eucharistische Ausrichtung 93.
[479] Vgl. LIES, Die Sakramente der Kirche. Ihre eucharistische Ausrichtung 104.
[480] Lies spricht aber vom allgemeinen, nicht vom gemeinsamen Priestertum der Christen. – Siehe z.B.: LIES, Die Sakramente der Kirche. Ihre eucharistische Ausrichtung 102. 103.

(1Joh 4,1; Röm 8,15; Gal 4,6). Die christologisch-trinitarische Dimension bleibt deswegen – betont der Autor – ein Prüfstein der Pneumatologie.[481]

Lies unterstreicht die theologische Nähe der Taufe zur Geistmitteilung im Sakrament der Firmung, denn beide Brennpunkte (Taufe und Geistmitteilung) bewirken ‚die Teilhabe an der erhöhten Wirklichkeit des gestorbenen Christus'.[482] Er bringt deutlich zum Ausdruck, dass die Sendung des Geistes und die Sendung des Sohnes wirklich aufeinander bezogen sind. Firmung als Sakrament des Geistes, der sich den Menschen mitteilt, ist ein Sakrament, „in dem der Heilige Geist uns ergreift und in Jesus Christus tiefer einführt, damit all das, was eben an uns unheilig, ungeistig, todeswürdig ist, in ihm gewandelt wird."[483]

Die bleibende Geistmitteilung zieht immer mehr in den uns reinigenden Tod Jesu hinein. Sie ist eine Salbung, welche „menschliche Geistlosigkeit an den Tod Jesu heranführt, aber zugleich, weil dieser Tod vom leben[s]spendenden Heiligen Geist umgriffen ist, zum Sakrament des österlichen Lebens und Lobopfers wird."[484]

> *Es ist der Geist, der durch den Tod Jesu freigesetzt wird und zum allgemeinen Priestertum führt. Es ist der Geist Christi, denn es gäbe in der Kirche keinen Heiligen Geist, wenn nicht der wirklich gestorbene und wirklich in seinem Menschsein wieder auferstandene Christus der wäre, der von seinem himmlischen Vater den Heiligen Geist sendet.*[485]

Auch das Firmsiegel[486] – zeigt Lies – verweist nicht nur auf die bleibende Besiegelung mit dem Heiligen Geist, sondern auch auf die Gegenwart Christi:

> *Es zeigt hin auf die Gemeinschaft mit dem unfehlbaren Gottesvolk; es zeigt aber auch hin auf die vom Heiligen Geist dieser Kirche und jedem Getauften bleibend vermittelte Gegenwart Christi im eucharistischen Kult. Mit dieser Besiegelung ruft die Gemeinde zur Feier des heiligen Opfers. In diesem Geist erfleht sie die Gegenwart Christi. In dieser Bezeichnung des bleibend gegebenen Geistes hat die Kirche Gemeinschaft mit dem Vater und ruft ihr Abba!*[487]

---

[481] Auch die Pneumatologie kann der Christologie als Bestätigungs-Kriterium dienen, indem ‚der Geist echte und falsche Kreuze unterscheiden lässt'. – Vgl. LIES, Die Sakramente der Kirche. Ihre eucharistische Ausrichtung 93–95.
[482] Vgl. LIES, Die Sakramente der Kirche. Ihre eucharistische Ausrichtung 73.
[483] LIES, Sakramententheologie. Eine personale Sicht 93–94.
[484] LIES, Sakramententheologie. Eine personale Sicht 97.
[485] LIES, Sakramententheologie. Eine personale Sicht 90.
[486] Im Symbol des Öles sieht der Autor das Medium, über welches der himmlische Vater die Sendung des Sohnes und des Geistes weiterführen kann: Gott sendet als die lebensschaffende Kraft der Auferstehung den Geist, der Gemeinschaft und Frieden halten kann.
[487] LIES, Sakramententheologie. Eine personale Sicht 219.

Im Bischof als ordentlichem Spender der Firmung wird wieder der christologische Aspekt des Sakramentes verstärkt, weil in seiner Person der Zusammenhang mit der ersten Geistausgießung am Pfingsttag von Jesus Christus entsteht.

Die christologische Konstellation der Geistwirkung in diesem Sakrament – betont Lies – erhält aber auch ihre ekklesiologische Komponente. Denn die Sendung des Geistes führt die Vielfalt der christlichen Berufungen in die Einheit des Glaubens und einigt die Kirche, damit diese ‚zu immer größerer Einheit und Liebe heranwachse'.[488] Die Christen sind nämlich sakramental befähigt, nicht nur in der Welt von Christus Zeugnis ablegen zu können, sondern auch sich tiefer und inniger mit dem Leib Christi zu identifizieren.

Die eucharistische Ausrichtung der Firmung im Entwurf Lies' bekräftigt noch den engen Zusammenhang der pneumatologischen und christologischen Dimension des Sakramentes. Die Firmung – so betont der Autor – teilt nämlich den Geist des gestorbenen und auferstandenen Christus mit, dessen Gegenwart in der Eucharistie sakramental gefeiert wird. Daher hat das Sakrament der Firmung „immer auch mit der Kraft zu tun, dem Tod Christi nicht auszuweichen."[489] Denn der Geist der Firmung hilft den Glaubenden, die Wundmale Jesu Christi am eigenen Leibe zu tragen, und stärkt ihre Bereitschaft zu der von Jesus Christus geforderten Umkehr: der Selbstverleugnung und der treuen Nachfolge.

Die eucharistische Bedeutung der Firmung drückt sich aber vor allem dadurch aus, dass der in diesem Sakrament mitgeteilte Geist die Menschen befähigt, dem himmlischen Vater für die Gegenwart Christi in der Kirche zu danken, und dass er sie in ihrer Lobpreisung und Darbringung an den Vater in Christus hinein wandelt. Deswegen kann die Firmung gewissermaßen ‚*Eucharistiefeier des Geistes*' genannt werden.[490] Denn sie hat einen gewissen Opfercharakter, der zur Verherrlichung Gottes dient. Die Sendung des Geistes ist im Sakrament gerade dazu gegeben, nicht sich selber zu leben, sondern dem gekreuzigten und auferstandenen Christus (vgl. IV. Hochgebet). Der Heilige Geist ist es, der die Menschen zur Hingabe an Christus und den himmlischen Vater befähigt. So versteht der Autor die paulinischen Aussagen: „Wisst ihr nicht, dass ihr Gottes Tempel seid und der Geist Gottes in euch wohnt" (1Kor 6,19–20). „Der Geist ist der erste Anteil des Erbes, das wir erhalten sollen, der Erlösung, durch die wir Gottes Eigentum werden zum Lob seiner

---

[488] Die Feier der Firmung in den katholischen Bistümern des Deutschen Sprachgebietes. Herausgegeben im Auftrag der Bischofskonferenzen Deutschlands, Österreichs und der Schweiz und der Bischöfe von Bozen-Brixen und von Luxemburg (Einsiedeln 1973) 42. – Nach: LIES, Sakramententheologie. Eine personale Sicht 287.
[489] LIES, Sakramententheologie. Eine personale Sicht 100.
[490] LIES, Die Sakramente der Kirche. Ihre eucharistische Ausrichtung 100.

Herrlichkeit" (Eph 1,13–14).[491] Lies ist ganz überzeugt davon, dass der Empfang des Heiligen Geistes in der Firmung auch in dieser prosphoretischen Perspektive zu deuten ist.

Das Sakrament der Firmung [...] weiht den Menschen zu der ebenfalls in der Taufe grundgelegten Priesterschaft, das Opfer des Lobes, wie es der Leib Christi (eucharistisch und ekklesial) nun einmal ist, Gott dankend darzubringen (Eucharistie) und sich hingebend diesem Opfer anzuschließen (Kirche).[492]

In dieser Sicht – meint er – ist es möglich, dass das Sakrament nicht mehr zu passiv verstanden wird – nur als die erteilte Gabe Gottes für die Stärkung des Glaubens. Der Geist will nämlich in die Dynamik der Liebe Christi und in dessen Dankbarkeit gegenüber dem Vater einführen. Gerade darin sollte nach Lies der Sinn des priesterlichen Dienstes für alle Gefirmten begründet werden:

In diesem Geist und mit Christus bringen wir in Danksagung Christus dar. (...) Er ist der Geist, der uns zur Darbringung der Heilstat befähigt, indem wir alle Heilstaten in Christus auf den Vater in Dankbarkeit zurückbeziehen und uns so zur ‚logike prosphora', zum ‚Opfer im Geiste' befähigt.[493]

In diesem Kontext fragt der Autor auch, „ob nicht die Firmung den Geist des allgemeinen Priestertums besonders dazu verleiht, daß jeder dem anderen wirksam verzeihen und vergeben kann".[494] Er meint, dass der Geist die Kontrahenten zur persönlichen und gegenseitigen Fehlerverzeihung führe und diese bewirke, als Grundbedingung für den Empfang der sakramentalen kirchlichen Lossprechung.

C. Eucharistie

Lies entfaltet eine eucharistische Sakramententheologie. Die ganze Sakramententheologie versucht er in einem eucharistischen Modell darzustellen, weil die Eucharistie seiner Meinung nach all jene theologischen Sinn-Elemente beinhaltet, die ein Grundverständnis von Sakrament liefern können.[495] Mit ihrer eulogischen Feiergestalt (als Anamnese, Epiklese, Koinonia und Prosphora) ist sie ein ‚Ort', in dem Gott in Jesus Christus dem Menschen als Leib in Person die Möglichkeit der vollsten diesseitigen Begegnung anbietet, und bleibt deswegen Sinngestalt

---

[491] Vgl. LIES, Die Sakramente der Kirche. Ihre eucharistische Ausrichtung 109.
[492] LIES, Sakramententheologie. Eine personale Sicht 201.
[493] LIES, Sakramententheologie. Eine personale Sicht 304.
[494] LIES, Sakramententheologie. Eine personale Sicht 249.
[495] Vgl. LIES, Die Sakramente der Kirche. Ihre eucharistische Ausrichtung 7–8.

und die innerste Mitte aller Sakramente wie Quelle und Höhepunkt allen kirchlichen Lebens.[496]

Der Heilige Geist bewirkt in dem eucharistischen Sakrament die Gegenwart Christi und die Möglichkeit, dass alle Mitfeiernden an dieser Gegenwart teilhaben können. Der Mensch wird dank seiner Wirkung in der eucharistischen Kommunion in die Person Christi und so in den dreifaltigen Gott aufgenommen, damit er in der Dreipersonalität Gottes ewiges Leben findet.

In der Eucharistiefeier wird der erhöhte Herr – mit seiner Menschwerdung, mit seinem Sterben und seiner Auferstehung – durch den Heiligen Geist in den gläubigen Herzen der Menschen heilshandelnd vergegenwärtigt, so dass er alle zu einer Gemeinschaft in seinem Leib umschließt.

Die Eucharistie bringt am deutlichsten die christologische Verankerung der Pneumatologie und die pneumatologische Realisierbarkeit des Christologischen zum Ausdruck. Sie zeigt, dass der erhöhte Herr der wahre Geistträger ist, der in diesem Sakrament seinen Geist sendet und in diesem Geist in der Gemeinschaft als Ganzer anwesend ist.

Der auferstandene Christus schenkt den Versammelten den Geist, der ‚den der Sünde entspringenden Tod vernichtet und das Leben lebendig macht'. Es ist der Geist, der im eucharistischen Geschehen den Menschen von ‚aller sündhaften Fixierung losreißt' und ihn ‚zu neuer Zukunft umwandelt'.[497] Er ergreift im sakramentalen Geschehen den Menschen, um ihn in die Personalität und den Lebensraum des Sohnes Gottes einzuführen und so bei Gott wohnen zu lassen.[498] Insoweit ist er immer der Geist Christi.

a) »Ein Leib im Heiligen Geist«

Die eucharistische Gegenwart Christi deutet darauf hin, dass der erhöhte Herr in der Verklärtheit seiner Leiblichkeit das zur Anwesenheit bringt, was die Gemeinde werden soll: Leib Christi. In der Eucharistie wird die in Christus hineingenommene Gemeinschaft gefeiert, zu welcher der Heilige Geist hinführt. Das eucharistische Brot ist ein Zeichen

---

[496] Vgl. dazu: LIES, Sakramententheologie. Eine personale Sicht 257–279; DERS., Die Sakramente der Kirche. Ihre eucharistische Ausrichtung 51–72.
[497] LIES, Sakramententheologie. Eine personale Sicht 254.
[498] Diese Andeutung findet der Autor in der Doxologie der Eucharistiefeier. – Vgl. LIES, Sakramententheologie. Eine personale Sicht 254.

derer, „die von den Enden der Erde, aus den Löchern ihrer Erbärmlichkeit und aus der Not ihrer Einsamkeit herausgerufen und nun von Christus im Heiligen Geist angenommen sind, zur Gemeinschaft verschweißt durch das Feuer des Heiligen Geistes".[499]

Wie stark die Geistwirkung christologisch und ekklesiologisch konkretisiert ist, veranschaulicht der Autor an den eucharistischen Hochgebeten:

> »Sieh her auf die Opfergabe, die du selber deiner Kirche bereitet hast, und gib, daß alle, die Anteil erhalten an dem einen Brot und dem einen Kelch, ein Leib werden im Heiligen Geist, eine lebendige Opfergabe in Christus zum Lob deiner Herrlichkeit« (IV. Hochgebet).

> »Stärke uns durch den Leib und das Blut deines Sohnes und erfülle uns mit seinem Heiligen Geist, damit wir ein Leib und ein Geist werden in Christus« (III. Hochgebet).

Die Teilnahme des Menschen an dem Geist Gottes bedeutet also zugleich eine Teilnahme am Leib und Geist Christi wie am Leib und Geist der Kirche, denn der verklärte Leib Christi ist ungetrennt von dem kirchlichen Leib Christi.

b) »Logike thysia« – das Opfer im Geiste

Der Gedanke von *Logike thysia* zeigt auch sehr deutlich, wie stark die Sendung des Geistes in dem Christologischen verankert ist. Die Pneumatologie leistet hier gewissermaßen die Funktion eines ‚Brückenbauers', um das einmalig einzige Opfergeschehen in der Person Jesu Christi in der sakramentalen Struktur und Existenz der Kirche als reale Wirklichkeit zu erklären.

In der Eucharistiefeier wird der Mensch durch den Heiligen Geist in Christi Hingabe hineingenommen. Der Mensch sucht nämlich nach der beglückenden Hingabe an Gott und an die anderen Menschen, um nicht zerstört zu werden und bei dem/den anderen Geborgenheit zu finden.[500] Diese existenzielle Suche verbindet Lies mit dem Sinn des eucharistischen Hochgebetes:

> »Damit wir nicht mehr uns selber leben, sondern ihm, der für uns gestorben und auferstanden ist, hat er von dir, Vater, als erste Gabe für alle, die glauben, den Heiligen Geist gesandt, der das Werk deines Sohnes weiterführt und alle Heiligung vollendet« (IV. Hochgebet).

---

[499] Diese Bildbeschreibung schöpft der Autor aus der *Didache (um 100 n.Chr.)*. – LIES, Sakramententheologie. Eine personale Sicht 253.

[500] Vgl. LIES, Die Sakramente der Kirche. Ihre eucharistische Ausrichtung 60.

Über die Epiklese wird diese Hingabe Christi in der anamnetischen Danksagung der Kirche sakramental gegenwärtig. In der Danksagung der Kirche aber – unterstreicht der Autor – geschieht ‚lediglich' eine Raumverleihung für die Hingabe Jesu Christi am Kreuz. Denn die kirchliche Danksagung ist ‚nur' der sakramentale Ort, wo „Christus im Heiligen Geist mit seinem Opferakt am Kreuz ankommen kann".[501]

In diesem – pneumatischen – Sinne aber, meint der Autor, ist das *memores offerimus* der Kirche berechtigt, und man kann von einem Opferakt der Kirche sprechen, weil dank der Wirkung des Geistes die Kirche *Person in Person des Sohnes Gottes* ist, d.h. das Opfersubjekt Christus mit dem Opfersubjekt der Kirche in einem einzigen Opfervollzug geeint ist.[502] Zu betonen bleibt aber immer die Tatsache, dass das *memores offerimus* der Kirche deswegen (und nur dann) berechtigt ist, weil das im Heiligen Geist danksagende Opfer der Kirche immer schon vom *memor offero* Christi getragen ist.

Das Kreuz und die Messe als Opfer dürfen nach Lies also nicht separat betrachtet werden; sie sind zusammenzuhalten, obwohl stets zu beachten ist, dass beide Wirklichkeiten ihrer eigenen Subjekthaftigkeit nicht entzogen werden sollten. Der Autor will dadurch vor jeder Art des theologischen Monophysitismus warnen. Er meint hier auch einen gefahrvollen ‚charismatisch-fundamentalistischen Monophysitismus von unten'.[503]

D. Buße

Das Sakrament verleiht den Geist des Lebens, „den der aus dem Tode erstandene menschgewordene Gottessohn zur Vergebung, und das heißt zu neuem Leben, freigesetzt hat".[504] Diese Geistverleihung ist wieder stark christologisch ‚bedingt'. Man könnte sagen, die Pneumatologie ist christologisch und trinitarisch, sie ist nie eigenständig-pneumatologisch.

Allein die Spendeformel – unterstreicht Lies – verweist auf die trinitarische Symbol-Wirklichkeit des Sakramentes. Sie besagt, dass „das Sehnen des Menschen, wie es in Reue *(contritio bzw. attritio)*, Bekenntnis *(confessio)* und Wiedergutmachung *(restitutio)* zum Ausdruck kommt, vom dreifaltigen Gott angenommen und sichtbar und hörbar zum Sakrament seiner Lossprechung gemacht wird".[505]

Die Buße ist also ‚eine Umkehr zum' und ‚eine Einkehr beim' dreifaltigen Gott. Der Sünder kehrt zurück zu Christus, der sich für ihn hingegeben hat, und zum Heiligen Geist, der von neuem seinen Tempel im

---

[501] LIES, Sakramententheologie. Eine personale Sicht 307.
[502] LIES, Sakramententheologie. Eine personale Sicht 307–308.
[503] Vgl. LIES, Sakramententheologie. Eine personale Sicht 309–310.
[504] LIES, Sakramententheologie. Eine personale Sicht 90.
[505] LIES, Die Sakramente der Kirche. Ihre eucharistische Ausrichtung 119.

Menschen heiligt und in größerer Fülle in ihm wohnt (die pneumatologische Ausrichtung des Sakramentes will diese wirksame Gegenwart des Heiligen Geistes verdeutlichen).

Im Kontext der pneumatologischen Wirksamkeit Christi im sakramentalen Geschehen macht der Autor ein paar kritische Bemerkungen zu einer zu statisch verstandenen Bußtheologie.

Das Sakrament bedeutet seiner Meinung nach nicht einen automatischen Sündennachlass. In der pneumatologischen Dynamik kann die Sündenvergebung nicht bedeuten, dass der Mensch von seinen Unheilssituationen, von einem (obwohl schmerzhaften) Stück seiner Geschichte und in ihr gewordener Identität getrennt wird.

Die Wirkung Christi im Heiligen Geist müsse eigentlich heißen, dass Gott die Schuldtat verzeiht und den Menschen zugleich auf den Weg der Heilung einlädt, die entstandenen Verletzungen und Wunden in seiner Gegenwart verklären zu lassen.[506]

Der Autor beobachtet einen weiteren deutlichen Mangel z.B. im statischen Verständnis der sakramentalen Genugtuung. Eine Charakteristik, dass der Christ im Sakrament alles Zurückliegende vergessen kann, ist für ihn missverständlich und muss durch die geschichtliche Dimension des menschlichen Seins korrigiert werden. Seiner Meinung nach hinterlässt jede Sünde Verletzungen und Wunden, die Gott verklärt und eben „als verklärte Wunden und als österliche Zeichen seiner Liebe nicht vergessen lassen will"[507].

Die trinitarische Optik der sakramententheologischen Systematik zwingt den Autor u.a. zu den folgenden Fragen: Wie ist der uns im sakramentalen Geschehen in der Sendung des Sohnes und des Geistes suchende und heilende Gott zu spüren? Wie kann die heilende Wirkung des Sakramentes deutlicher erfahren werden? Wie kann die einseitige Akzentuierung der menschlichen Unheilsgeschichte und die kränkende Fixierung auf sie in die Liebe zum Sakrament der Buße verwandelt werden und dadurch eine Aussicht auf eine persönliche Heilsgeschichte zustande kommen?[508]

Das Bußsakrament – meint er – sollte vor allem deutlicher die Geschichte des Sohnes Gottes mit den Menschen erfahrbar machen: dass dank des Geistes in diesem Sakrament den Menschen Christus als Heiland und Arzt begegnet.

---

[506] Vgl. LIES, Sakramententheologie. Eine personale Sicht 250.
[507] LIES, Sakramententheologie. Eine personale Sicht 260.
[508] Vgl. LIES, Sakramententheologie. Eine personale Sicht 352–354.

Die Geistwirkung müsste deswegen schon zu Beginn der Bußliturgie gesehen werden – während der Gewissenserforschung im Vorbereitungsgebet – indem er dem Menschen nicht nur seine Sünden klar zu erkennen, zu bereuen und wieder gut zu machen hilft, sondern diese vor allem in die heilende Gegenwart des Erlösers stellt. Die Wirkung eines solchen Gebetes vergleicht der Autor mit dem eucharistischen Verwandlungsgebet: »So bitten wir dich, Vater: der Geist heilige diese Gaben, damit sie uns werden Leib und Blut unseres Herrn Jesus Christus, der uns die Feier dieses Geheimnisses aufgetragen hat als Zeichen des ewigen Bundes« (IV. Hochgebet).

Die Pneumatologie könnte – gerade durch ein solches epikletisches Gebet – dem Prozess der Umkehr einen entscheidenden Sinn verleihen: Denn dank der Geistwirkung ist im Bemühen des Menschen Christus selbst gegenwärtig, um dessen Sündengeschichte und all ihre verschuldeten Verwundungen zusammen mit ihm zu tragen und durchzugehen.

Das Bußsakrament mit seiner Lossprechung wäre dementsprechend die Teilnahme ‚an der versöhnenden und heilenden Christusgegenwart in der Kirche', um in diesem Verklärungsprozess (der Transfinalisierung, der Transsituierung, der Transsignifikation) ‚ein Leib und ein Geist mit Christus' zu werden; eine Teilnahme an der Nähe und Liebe Christi, die der Heilige Geist uns ergreifend und durchdringend schenkt.[509]

Es ist der Geist der Stärke, der Geist der Freiheit, der Geist der Heilung, kurzum der österliche Geist des überstandenen Todes. So ist er der Geist der Zukunft und der Heilsgeschichte, der uns in unfehlbarer Lossprechung durch das Wort des Priesters zukommen wird.[510]

In der pneumatologischen Dynamik ist dieses Sakrament also eine inständige Bitte um die Sendung des Geistes, um seine Wirkung, dass er den Sünder in Christus hineinverwandelt und ihn zur Person in dessen Person macht. Es kann dann die versöhnende Verwandlung des Menschen geschehen, von welcher das eucharistische Gebet spricht: »Damit wir nicht mehr uns selber leben, sondern ihm, der für uns gestorben und auferstanden ist, hat er von dir, Vater, als erste Gabe für alle, die glauben, den Heiligen Geist gesandt, der das Werk deines Sohnes auf Erden weiterführt und alle Heiligung vollendet« (IV. Hochgebet).[511]

Der Geist ist der, der den Büßer zur Umkehr führt, ihn in Reue, Bekenntnis und Genugtuung begleitet, und darin mit dem Tod und der Auferstehung Christi verbindet, sowie den Büßer in die Verherrlichung

---

[509] Vgl. LIES, Sakramententheologie. Eine personale Sicht 354–356.
[510] LIES, Sakramententheologie. Eine personale Sicht 356.
[511] LIES, Sakramententheologie. Eine personale Sicht 360.

des Vaters hineinnimmt.[512] Er erwirkt auch die Fruchtbarkeit des Sakramentes.

E. Krankensalbung

Die Krankensalbung ist christologisch ebenso wie pneumatologisch ausgerichtet. Obwohl die Spendeformel christologisch gewendet ist, bemerkt Lies, ist das Sakrament nicht nur eine besondere Begegnung mit dem Mensch gewordenen und leidenden Sohn Gottes, sondern es verleiht auch die Kraft des Heiligen Geistes und fordert die Ergebung in den Willen des Vaters. Im dreifaltigen Gott sieht der Autor Quelle und Spender der sakramentalen Wirklichkeit.[513]

Die christologische Dimension und die deprekativ-epikletische Struktur des Sakramentes verdeutlicht allein der Salbungsritus. Es wird in ihm die doppelte Sendung, die des Sohnes und die des Geistes, vom himmlischen Vater erbeten. Einerseits wird der Geist der Versöhnung erfahrbar, andererseits bittet man um die Gegenwart Christi als des heilenden Arztes. Der auferstandene Christus schenkt seinen Geist der Vergebung und des Lebens (vgl. Joh 20,19–23), um selbst mit dem Kranken verbunden zu sein.

In der Krankensalbung vollzieht sich, was das epikletische Gebet der Eucharistiefeier stets zum Ausdruck bringt, dass der Geist uns nicht mehr uns selber, sondern Christus leben lässt. Der Heilige Geist führt in diesem Sakrament den Menschen zum innersten Geheimnis Christi. Er ist es, der mit dem leidenden und auferstandenen Christus verbindet. In ihm gibt sich der Mensch, seine Taufe und alle bisher gefeierten und erlebten Eucharistiefeiern verdeutlichend, in den Tod Christi, um mit ihm auferstehen zu können.

Die sakramentale Begegnung bedeutet also eine Erfahrung der Kraft Christi im Heiligen Geist, welche ‚Unheilssituation von Krankheit und Tod des Menschen in Heilssituation von Gesundheit und ewigem Leben' wandelt. Die Gnade des Sakramentes ist die Salbung des Heiligen Geistes, der die Vergehen und die Überbleibsel der Sünde wegnimmt und den Kranken aufrichtet und stärkt, indem er ein großes Vertrauen auf die göttliche Barmherzigkeit in ihm weckt (vgl. Trident – NR 698).[514]

Der Priester salbt den Kranken auf der Stirn und an den Händen mit dem geweihten Öl und spricht dazu die [...] Begleitworte, die das Wirken des Herrn im Sakrament verdeutlichen [...].

---

[512] LIES, Die Sakramente der Kirche. Ihre eucharistische Ausrichtung 143.
[513] Vgl. LIES, Die Sakramente der Kirche. Ihre eucharistische Ausrichtung 146–147.
[514] LIES, Sakramententheologie. Eine personale Sicht 361–362.

Dieses Sakrament gewährt dem Kranken die Gnade des Heiligen Geistes, durch die der ganze Mensch Hilfe zum Heil erfährt: Er wird gestützt im Vertrauen auf Gott und gestärkt gegenüber den Versuchungen des Bösen und der Angst vor dem Tod. So wird er instand gesetzt, das Übel der Krankheit tapfer zu ertragen, ja sogar dagegen anzukämpfen und die Gesundheit wiederzuerlangen, wenn dies seinem geistlichen Heil dienlich ist. Außerdem bringt das Sakrament die Vergebung der Sünden, sofern dies nötig ist, und stellt die Vollendung der christlichen Buße dar.[515]

Lies ist der Überzeugung, dass im Kontext der Krankensalbung auch die besondere Beziehung des priesterlichen Amtes zu der Sendung des Sohnes und der Sendung des Geistes innerhalb des Leibes der Kirche verständlicher wird.[516]

F. Priesterweihe

Auch die Deutung dieses Sakramentes bedarf nach Lies einer christologisch-pneumatologischen Konstellation. Dem Amt kommt nämlich außer einer bleibenden christologischen auch eine pneumatologische Dimension zu.

Die christologische Wirklichkeit des Amtes darf – betont er – nie christomonistisch verstanden werden. Sie ist vom pneumatologischen Element nicht zu trennen und muss immer ‚in ihrem pneumatologischen Referenzrahmen' betrachtet werden. Denn das Amt hat seine Berechtigung nur dann, indem es auf das Wohl des ganzen Leibes Christi ausgerichtet ist (vgl. LG 18).[517]

Die christologische Konzentrierung des Amtes wächst aus der Glaubensüberzeugung, dass Gott zwischen Menschen immer in einer sakramentalen Weise gegenwärtig ist und dass „Gottes Präsenz in der Welt und die des verklärten Christus im Heiligen Geist innerhalb der Kirche stets eine vermittelte Gegenwart ist".[518]

Die Bedeutung des Amtes in der Kirche gründet in erster Linie in der Tatsache, dass es in vollmächtiger Epiklese und Konsekration den Leib des Herrn der Gemeinschaft der Glaubenden real-sakramental gegenüberstellen kann. Das Amt ist daher – aufgrund der Christusrepräsentanz – Christusamt und verweist darauf, dass die Kirche Leib Christi und nicht Haupt Christi ist. Es weist aber zugleich immer über sich hinaus,

---

[515] In: Die Feier der Krankensakramente. Die Krankensalbung und die Ordnung der Krankenpastoral in den katholischen Bistümern des Deutschen Sprachgebietes. Herausgegeben im Auftrag der Bischofskonferenzen Deutschlands, Österreichs und der Schweiz und der Bischöfe von Bozen-Brixen und von Luxemburg (Einsiedeln 1975) 23. 27. – Nach: LIES, Sakramententheologie. Eine personale Sicht 272–273.
[516] Vgl. LIES, Sakramententheologie. Eine personale Sicht 362–363.
[517] Vgl. LIES, Die Sakramente der Kirche. Ihre eucharistische Ausrichtung 173–180.
[518] LIES, Sakramententheologie. Eine personale Sicht 341.

2.2 Der Entwurf von Lothar Lies

dass „es selbst weder der Sohn Gottes noch der Heilige Geist ist" und dass „die Freiheit der Menschen im Leibe Christi erhalten bleibt, daß sie nicht besetzt wird von der Person des Sohnes Gottes, daß sie nicht manipuliert wird durch den Heiligen Geist".[519]

Die christologische Wirklichkeit des Amtes – setzt der Autor fort – bedarf ihrer pneumatologischen Dimensionierung, denn allein die Erfüllung der Sendung Christi in kirchlichem Amt kann nur in der Kraft des Heiligen Geistes geschehen. Dies ist schon in der Weihe ausgedrückt: „denn der Heilige Geist hat dich zum Bischof bestellt, die Kirche Gottes zu leiten"; „Seid ihr bereit, das Priesteramt... auszuüben und so unter der Führung des Heiligen Geistes die Gemeinde des Herrn umsichtig zu leiten?" – *Pontificale Romanum*. Die Bischöfe sind daher, um die Aufgaben der Diener Christi und Ausspender der Geheimnisse Gottes zu erfüllen, mit einer besonderen Ausgießung des herabkommenden Heiligen Geistes von Christus beschenkt worden (vgl. Apg 1,8; 2,4; Joh 20,22–23). Und die erhaltene geistliche Gabe übertragen sie dann weiter ihren Helfern durch die Auflegung der Hände (vgl. 1Tim 4,14; 2Tim 1,6–7).[520]

Durch den Heiligen Geist beschenkt, sollen sie alle aber auf ihn weiter ‚hören', um die von diesem Geist durchdrungene Gemeinde zu Gott dem Vater führen zu können, d.h. in der Kraft dieses Geistes das Evangelium zu predigen und alle Völker in die eine Familie Gottes zu sammeln, sie zu heiligen und zu leiten. Denn das im Heiligen Geist auszuübende Amt bedeutet mehr als eine sakramentalistisch verstandene oder juridisch-kanonisch abgesicherte Durchführung einer Funktion.

---

[519] LIES, Sakramententheologie. Eine personale Sicht 341.
[520] Die Gnade des Heiligen Geists in den Bischofsweihen wird so mitgeteilt:
ut Episcopi, eminenti ac adspectabili modo, ipsius Christi Magistri, Pastoris et Pontificis partes sustineant et in Eius persona agant.
Und in der Priesterweihe: [die Priester sind]
ad imaginem Christi, summi atque aeterni Sacerdotis (cf. Hebr 5,1–10; 7,24; 9,11–28), ad Evangelium praedicandum, fidelesque pascendos, et ad divinum cultum celebrandum consecrantur
oder
promoventur ad inserviendum Christo Magistro, Sacerdoti et Regi, cuius participant ministerium, quo Ecclesia in populum Dei, Corpus Christi et Templum Spiritus Sancti, hic in terris, indesinenter aedificatur.
Bei der Diakonweihe gilt für die Geweihten:
In gradu inferiori Hierarchiae sistunt Diaconi, quibus non ad sacerdotium sed ad ministerium (Constitutiones Ecclesiae Aegyptiacae III 2) manus imponuntur. Gratia enim sacramentali roborati, in diaconia liturgiae, verbi et caritatis Populo Dei, in communione cum Episcopo eiusque presbyterio, inserviunt.
– In: Liber de Ordinatione Diaconi, Presbyteri et Episcopi secundum Pontificale Romanum ex Decreto Sacrosancti Oecumenici Concilii Vaticani II instauratum Auctoritate Pauli PP. VI. promulgatum. Editio Linguae Germanicae Typica a Conferentiis Episcopolibus Regionis Linguae Germanicae approbata (Einsiedeln 1971) 8. 8. 9. – Nach: LIES, Sakramententheologie. Eine personale Sicht 273.

Die Lehre und das Leben der Geweihten, ihr Wort und Beispiel ihres Lebenswandels, sollen vor allem Freude und kraftvolle geistige Nahrung für die Christgläubigen bringen und so die Kirche erbauen.[521]

Lies versucht auch die im Prägemal des Sakramentes[522] gesicherte priesterliche Berufung nicht nur christologisch zu begründen, sondern auch pneumatologisch zu dimensionieren. Diese pneumatologische Deutung ist aber bei ihm stark christologisch ‚abgesichert'. So wie der Taufcharakter dem Menschen verheißt, mit Christus jederzeit im Heiligen Geist Zutritt zum Vater zu haben, und der Firmcharakter den Rechtstitel verleiht, jederzeit den Geist erflehen zu können, der notwendig ist, Gott dem Vater die Liturgie der Verherrlichung darzubringen und den Glauben vor den Menschen zu bezeugen, so hat auch das Siegel der Priesterweihe – betont Lies – einen epikletischen Charakter, denn es gibt den Rechtstitel und verleiht die Kraft, um jenen Geist zu beten, der zur wirksamen Teilhabe am Priester-, Hirten- und Lehramt der Kirche notwendig ist.[523]

Im unauslöschlichen Merkmal der Priesterweihe leuchtet nämlich die Verheißung auf, die Christus der ganzen Kirche gegeben hat: Es werde sie nicht verlassen bis zum Ende der Zeiten.[524] Dieses Merkmal begründet auch die Unzerstörbarkeit der Kirche, denn es weist auf eine sichtbare Mitgliedschaft in der Kirche hin, die zwar nicht durch die Gnade abgedeckt ist, aber die Gnade des Anfangs ist diesen Mitgliedern immer angeboten. Für die Begegnung zwischen Gott und Mensch (auch in der Taufe und in der Firmung) bedeutet das, „daß Gott bei jeder Begegnung

---

[521] Vgl. LIES, Die Sakramente der Kirche. Ihre eucharistische Ausrichtung 172–173; vgl. auch: Liber de Ordinatione Diaconi, Presbyteri et Episcopi secundum Pontificale Romanum 60f. – Nach: LIES, Sakramententheologie. Eine personale Sicht 315.

[522] Der unauslöschliche Charakter der Taufe, der Firmung, der Priesterweihe ist nach Lies ein Zeichen der bleibenden Treue Gottes. Dieses Zeichen meint „die durch die Freiheitstat Gottes in Geschichte bleibend betroffenen Menschen" und schließt dadurch jede magische Vorstellung dieser Wirklichkeit aus. Der dreifaltige Gott teilt dem Menschen bleibend ein Zeichen seines Engagements zum Heil der Welt mit. Dieses Zeichen ist ein Angebot und Verheißung vonseiten Gottes. Seitens des Menschen ist diese Besiegelung ein Zeichen des Glaubens, das der Mensch in sich trägt und das ihn an die Treue Gottes in der Geschichte erinnert. „Das unauslöschliche Merkmal wird damit zum Erinnerungszeichen, daß Gott an der Sendung des Geistes und des Sohnes Menschen teilnehmen läßt." – LIES, Sakramententheologie. Eine personale Sicht 217.

[523] Vgl. LIES, Sakramententheologie. Eine personale Sicht 218.

[524] Die Besiegelung in der Taufe, in der Firmung und bei der Weihe verweist darauf, dass der besiegelte Mensch in seinem Leben die Verheißung der Vorgabe besitzt, welche nicht abhängig von der aktuellen Gnade ist. Diese Verheißung verdeutlicht die Tatsache, dass der Mensch nicht mehr ‚im Stand der bloßen Geschaffenseins' bleibt, sondern ausgerichtet ist auf den sich immer mehr nähernden dreifaltigen Gott.

In diesem Punkt will die Lehre des Charakters auch deutlich darauf verweisen, dass ihre Begründung vor allem in den Sendungen des Sohnes und des Geistes durch den Vater liegt. Sie widerspricht der Rechtfertigungslehre nicht, indem sie sich ausschließlich ‚auf die angebotene, nicht einklagbare Liebe Gottes' beruft. – Vgl. LIES, Sakramententheologie. Eine personale Sicht 224. 227.

2.2 Der Entwurf von Lothar Lies

den ersten Schritt tut. In diesem Schritt kommt er uns in seiner Liebe zuvor."[525]

Der unauslöschliche Charakter der Weihe – meint der Autor – verweist nicht darauf, dass die Ausübung des Amtes von der veränderten Persönlichkeit des Priesters abhängt, sondern von der Wirkung des Heiligen Geistes, der den Priester – mit all seiner Freiheit, seinen Fähigkeiten und seinen Unzulänglichkeiten – in eine neue Situation stellt, um die bleibende Nähe Christi bei den Menschen in der Kirche zu ermöglichen.[526]

> *Das Merkmal der Priesterweihe gibt ein Anrecht, die Sendung des Sohnes und des Geistes auf die eigene Person zu beziehen und als Anrecht auch für heute zu verstehen. Die Priesterweihe erinnert als Sakrament an den himmlischen Vater, der in der Sendung des Sohnes und des Geistes die Kirche gegründet hat und leitet.*
>
> *(...)*
>
> *Christologisch sagt das Merkmal die Teilhabe am dreifachen Amt Christi, an seiner dreifachen Sendung, Hirte, Lehrer und Priester zu sein. Pneumatologisch erinnert das Zeichen an die geistgewirkte Bezeugung des Todes und der Auferstehung Christi durch die Apostel und macht das Priesteramt zu einem Apostelamt. Damit besagt das Zeichen im Menschen die Legitimation und die Kraft – in der Teilhabe am Amte Christi und im Heiligen Geist – Christus darzustellen und das in sakramentaler Objektivität zu vollziehen und vor uns hinzustellen, was in der Sendung des Geistes und des Sohnes zu unserem Heil geschah: Menschwerdung, Tod und Auferstehung: kurzum, die Eucharistie zu feiern.*[527]

Hier sieht man deutlich die Positionierung des Autors in der Frage nach der gegenseitigen Relation zwischen Christologie und Pneumatologie. Er ist weit entfernt von dem Christomonismus, aber die Pneumatologie hat bei ihm eine ganz klare christologische Kristallisation. Der sakramentale Charakter ist zwar als ein sozusagen deprekatives oder epikletisches Moment der menschlichen Existenz zu deuten, welches in Verbindung zu aktueller Gnade und persönlicher Heiligkeit betrachtet werden

---

[525] LIES, Sakramententheologie. Eine personale Sicht 223.
[526] Vgl. LIES, Sakramententheologie. Eine personale Sicht 225.
Die neue Situation, in der der Priester, ob würdig oder nicht, steht, ist die des Zusammentreffens von Sendung des Sohnes und der Sendung des Geistes. Dadurch wird er auch zum Zeichen gegenüber der Gemeinde und allen Gläubigen. [...] Er bedeutet, daß diese Kirche von der bleibenden Gegenwart des Geistes und des Sohnes Gottes ergriffen ist. – Ebd.
[527] LIES, Sakramententheologie. Eine personale Sicht 217. – Siehe auch: LIES, Die Sakramente der Kirche. Ihre eucharistische Ausrichtung 187: Das Prägemal des Sakramentes ist so wie ein ‚Zeichen immerwährenden Angebots der Begegnung der Menschen mit Gott'.

muss. Aber ohne ‚Bindung' an das Unauslöschliche der Heilsgeschichte kann sich leicht – davor warnt er – immer wieder eine übertriebene charismatische Bewegung entwickeln, in der die Gnadenwirkung mehr von der Begnadung des Spenders und dessen Geistbesitz als vom kirchlichen Christusamt abhängt. Der sakramentale Charakter drückt insoweit eine gewisse Objektivität des in den Sakramenten angebotenen Heils aus und bewahrt vor einer ‚rein zwischenmenschlichen Subjektivität' oder einem nur ‚charismatischen Angeregtsein'. Denn nicht die Frömmigkeit oder die Stimmung und die charismatische Begabung erfüllen Taufe, Firmung und Priesterweihe mit Weihe, sondern Gott allein.[528]

Auch für die hierarchische Struktur des Amtes sucht der Autor die Berechtigung sowohl in der inkarnatorisch platzierten Christologie, wie auch in der Theologie des Heiligen Geistes. Die Hierarchie ist berechtigt, indem ein geschichtlicher Prozess der Amts-Kreierung in der Kirche nicht ausgeschlossen wird, nämlich, dass das Amt sich in nachapostolischer Zeit zum dreistufigen Dienst – Bischof, Priester und Diakon – entwickelt hat. Das prozesshafte Verständnis der Amts-Bildung hat – pneumatologisch übersetzt – zu bedeuten, dass das hierarchische Amt die Frucht der Wirkung des Heiligen Geistes ist, der das Werk Christi weiterführt und vollendet. Denn der Heilige Geist, der die von Christus festgesetzte Form der Leitung in der Kirche bewahrt (vgl. LG 27), kann die Kirche dazu bringen, ihre Ämter den kontextuellen Bedürfnissen anzugleichen.

G. Ehe

Die Ehetheologie versucht der Autor ebenfalls in der trinitarischen Dynamik zu verankern. Dementsprechend ist das Sakrament zu verstehen als ‚Verherrlichungsort des Schöpfers' und ‚des uns in Gemeinschaft mit dem Heiligen Geist im Leibe Christi erlösenden Vaters Jesu Christi'.[529]

Auf das gegenseitige Durchdringen zwischen christologischer und pneumatologischer Dimension in dieser Dynamik verweist das Innerste des Sakramentes, nämlich, die Liebe Christi im Heiligen Geist, welche die Ehepartner „zugleich personal binden und doch in dieser Bindung freisetzen kann".[530] Dieses theologische Element der Ehe entwickelt der Autor von der anthropologischen Wirklichkeit der Treue her. Die Ehe muss vor allem von dem rechten Umgang der Menschen mit ihrer Freiheit herauskommen, um jeder Art der ‚Besitzrechts-Mentalität' zu widersprechen.

---

[528] Vgl. LIES, Sakramententheologie. Eine personale Sicht 221–223.
[529] LIES, Sakramententheologie. Eine personale Sicht 332.
[530] LIES, Sakramententheologie. Eine personale Sicht 339.

> (...) *beide Partner [müssen] sich bewußt sein, daß sie eine Freiheit suchen, die zugleich Bindung aneinander und Freisetzung voneinander bedeutet.*
>
> (...)
>
> *Obwohl dies Binden der Partner aneinander ein Sterben besagt, ist gerade dieses Sterben ein gegenseitiges Loslassen in die Auferstehung Christi hinein. (...) Wer im Heiligen Geist mit der Auferstehung Christi verbunden ist, der stirbt seinem Egoismus ab und wird dem Mitmenschen mehr und mehr verbunden, ohne ihn zu besetzen.*[531]

Die unlösbare Bindung des ehelichen Gelübdes muss daher immer frei bleiben und sich ‚lediglich' als gegenseitige Bitte und gegenseitiger Dank zugleich realisieren. In dem bittenden und die Freiheit gegenseitig respektierenden Verhältnis der Eheleute wie in ihrem gegenseitigen Danken sieht der Autor die Widerspiegelung des Verhältnisses des Sohnes Gottes zu den Menschen und des der Menschen zum Sohn Gottes (vgl. Eph 5,25–32). Das heißt auch, dass in der sakramentalen Ehe eine Gemeinschaft des Bittens und Dankens zwischen Gott und Mensch entsteht, denn in diese kirchlichen Gemeinschaft bittet und dankt nicht nur der Mensch, sondern Gott selber äußert ‚sein Bitten gegenüber der Freiheit der Menschen'.[532] Hier wäre – meint der Autor – der Punkt der theologischen Dimension der Gnade und der Epiklese getroffen.

Der ausführlichen Analyse der Epiklese in der sakramentalen Struktur der Kirche bei Lies wird gerade der nächste Schritt unserer Besprechung gewidmet.

2.2.2.2 Epiklese: »Phänomenologie des Geistes« in der Liturgie der Sakramente

2.2.2.2.1 *»Mit leeren Händen vor Gott«* – existenziell-theologische Bedeutung der Epiklese

Die Pneumatologie bringt eine epikletische Strukturierung der sakramentalen Heilsökonomie mit sich, die sich u.a. zusammen mit den deprekativen Ausdrucksformen und Elementen in der Sakramentenpraxis artikuliert.

---

[531] LIES, Sakramententheologie. Eine personale Sicht 339–340.
[532] Vgl. LIES, Sakramententheologie. Eine personale Sicht 328–329.

Die Epiklese deutet Lies als „ein wichtiges Element des eucharistischen Kultes, der Feier und auch damit der Konstituierung des Sakramentes"[533], wie auch als einen wichtigen liturgischen Ausdruck der pneumatologischen (und trinitarischen) Sensibilität der Theologie in der Betonung, dass ‚alles Heil allein vom Vater kommt, dessen Liebe sendet den Geist, in dem Christus gegenwärtig wird'.[534]

Diese Sensibilität ist bei ihm, in seinem ganzen Konzept, evident präsent. Die Epiklese – so wie Anamnese, Koinonia oder Prosphora – gehört in seinem Modell unbedingt zur Sinnstruktur der Sakramente. Der Autor durchdringt ausführlich alle Momente des Sakramentalen mit dem epikletischen Ton, und deshalb kann man aus diesen epikletisch durchdachten Elementen eine gewissermaßen sakramententheologische ‚Phänomenologie des Geistes' erstellen.

Die Epiklese verdeutlicht in der Sicht des Autors die entscheidende Bedingung einer personalen Begegnung, nämlich, dass die Personen nur auf die Weise der Bitte oder des Dankes ihre Freiheiten bewahren können. Die existenzielle Epiklese des Menschen bestimmt daher auch die theologische Dimension seiner sakramentalen Begegnung mit Gott. Sie besagt zuerst, dass der Mensch seine Identität nur in gewisser ‚Entfremdung von sich selbst' gewinnen kann; dass er sich gegenüber sich selbst wie ein Fremder fühlt, der in seiner Abhängigkeit flehen muss, um zu sich heimgeführt zu werden. Eine solche existenzielle Erfahrung offenbart die Sehnsucht des Menschen nach der Sicherung seiner Identität in einer Begegnung mit dem anderen, in einer in Liebe begegnenden Person des anderen.[535]

Die existenzielle Epiklese verdeutlicht also die Tatsache, dass der Mensch die Rückkehr zu sich selbst nicht selbst bewerkstelligen kann, dass er von der Freiheit der anderen abhängt. Denn nur im epikletischen Akt der Bitte kann die eine Person sich der anderen erschließen. Diese epikletische gegenseitige Beziehung der Personen spiegelt sich auch in den Sakramenten wider, indem „die Freiheit Gottes als des einen Partners die Freiheit des Menschen als des anderen Partners anfleht und bittet, ihn aufzunehmen und sein Gott sein zu lassen. Und umgekehrt: Sakramente sind Symbole, in denen der Mensch Gottes frei gewährte Barmherzigkeit anfleht, erbittet und ihr zugleich dankt."[536]

---

[533] LIES, Sakramententheologie. Eine personale Sicht 264.
[534] LIES, Sakramententheologie. Eine personale Sicht 264.
[535] Vgl. LIES, Die Sakramente der Kirche. Ihre eucharistische Ausrichtung 11. – Dieses personale Sich-Finden des Menschen ist eine Art ‚hörender Begegnung', welche der Freiheit des anderen, dessen ‚Worten und Lebensäußerungen', in sich Lebensraum und Stimme ermöglicht (ebd. 14).
[536] LIES, Die Sakramente der Kirche. Ihre eucharistische Ausrichtung 16. 17.

2.2 Der Entwurf von Lothar Lies

Die Epiklese als Anrufung des Heiligen Geistes um die Verwirklichung der sakramentalen Begegnung bedeutet, dass der Mensch seine Freiheit im Blick auf ihre Ergänzung durch die Freiheit Christi konzipiert und als Chance der Entfaltung für seine Identität versteht. Die Anrufung des Heiligen Geistes in den Sakramenten ist – seitens des Menschen – ein Ausdruck der existenziellen Sehnsucht nach einer Freiheit, die nicht in Konkurrenz zu seiner eigenen Freiheit auftritt, d.h. nach einer Freiheit, die nur Liebe ist und als solche dem Menschen Lebensraum in sich geben kann und ihn damit zusammenhält.[537]

Die sakramentale Epiklese besagt aber auch, dass in Jesus Christus sich nicht nur ‚die Heils-Bitte der Menschen an Gott', sondern auch ‚die Heils-Bitte Gottes an die Menschen' ereignet. Sie ist also nicht nur *Flehen des Menschen zu Gott*, sondern auch *Flehen Gottes gegenüber dem Menschen*, wo der Vater in der Sendung seines Sohnes seine Bitte und seine Frage an den Menschen äußert: „ob [der Mensch] sich in sich selbst gründen und seine menschliche Personalität als das letzte Fundament betrachten will oder ob er sich im ewigen Wort gleich einem Adoptivsohn bergen will".[538]

> *„Das Segenselement der Bitte (Epiklese) ist als Zeichen der Freiheit der Personen nichts anderes als die liebende Bezogenheit der Personen aufeinander und damit die Gemeinschaft und Innigkeit der sich gegenseitig im Gewähren erhörenden Personen." (Ebd. 31 – eigene Markierung).*

[537] Vgl. LIES, Sakramententheologie. Eine personale Sicht 158.

[538] LIES, Sakramententheologie. Eine personale Sicht 111–112; vgl. DERS., Die Sakramente der Kirche. Ihre eucharistische Ausrichtung 35.

– In der Eucharistiefeier zielt die Bitte des Vaters an die Freiheit des Menschen darauf, dass der Mensch – gegenüber seiner Selbstherrlichkeit – das menschgewordene Wort Gottes anzunehmen versucht als „jenen Ort, an dem [er] sein Heil, d.h. Geborgenheit, Sündenfreiheit und ewiges Leben in Gemeinschaft findet" (Sakramententheologie. Eine personale Sicht 113).

Es ist die Frage, ob der Mensch als Leib in Person – aufgrund seiner Unheilssituation der Sünde, seiner Schwäche und seiner Unfähigkeit, den Leib personal zusammenzuhalten, – auch Person in göttlicher Person werden will; ob er bereit ist, sich das Leben vom himmlischen Vater in seinem Sohn schenken zu lassen.

– Auch die Sendung des Geistes in der eucharistischen Anamnese (IV. Hochgebet) versucht der Autor als Bitte des Vaters zu interpretieren:

> *Damit ihr nicht mehr euch selbst lebt, sondern ihm, der für euch gestorben und auferstanden ist, laßt ihn von mir, dem Vater, als erste Gabe für alle, die glauben, den Heiligen Geist senden, der das Werk meines Sohnes auf Erden weiterführt und alle Heiligung vollendet. So bitte ich, der Vater, euch, meine Töchter und Söhne: laßt den Geist eure Gaben heiligen, damit sie euch werden Leib und Blut eures Herrn Jesus Christus, der euch um die Feier dieses Geheimnisses gebeten hat als Zeichen des ewigen Bundes (116).*

– Die Kommunionfeier kann nach Lies auch als eine Bitte des Vaters an die Menschen gedeutet werden, nämlich: in und durch die göttliche Person des Heiligen Geistes mit der Person des Sohnes vereint zu sein, d.h. »Ein-Leib-Werden im Heiligen Geist« und »eine lebendige Opfergabe in Christus zu werden« (116).

In der Epiklese artikuliert der Mensch vor allem seinen Glauben „an Gott den Helfer in der Zukunft". Daher hat sie auch die Form eines flehenden Gebets.[539] Zugleich ist sie aber auch eine auf die in den Sendungen des Sohnes und des Geistes geschenkte „reine Gnade des himmlischen Vaters" antwortende Geste des (der) Menschen, der (die) dankend um die Gegenwart Gottes in Christus durch die Sendung des Heiligen Geistes erfleht (erflehen).[540]

Am deutlichsten drückt dies das eucharistische Gebet aus, in welchem die konkrete Gegenwart der Sendung des Sohnes ins Fleisch, in den Tod und in die Auferstehung über die Sendung des Geistes erfleht wird:

> *»So bitten wir dich, Vater: der Geist heilige diese Gaben, damit sie uns werden Leib und Blut unseres Herrn Jesus Christus, der uns die Feier dieses Geheimnisses aufgetragen hat als Zeichen des ewigen Bundes«* (IV. Hochgebet).

Im eucharistischen Leib Christi vereinen sich die Sendungen des Sohnes und des Geistes so, dass sich das Heil des Menschen ergeben kann, was in der Kommunionepiklese erbetet wird:

> *»Und gib, daß alle, die Anteil erhalten an dem einen Brot und dem einen Kelch, ein Leib werden im Heiligen Geist, eine lebendige Opfergabe in Christus, zum Lob deiner Herrlichkeit«* (IV. Hochgebet).

Die Kommunion ratifiziert also die Gemeinschaft der Menschen mit Christus, in den sie durch den Heiligen Geist hineingenommen sind. Der Geist bewirkt, dass die Person Christi mittels seiner Leiblichkeit eröffnet bleibt und so den Raum der gegenseitigen Begegnung den Menschen anbietet[541].

Die epikletische Dynamik der Sakramente weist erinnernd die Kirche deutlich darauf hin, dass das Heil allein in der Initiative Gottes und nicht in der menschlichen Fähigkeit zur Selbsterlösung begründet ist. Die Sakramente und alles kirchliches Tun bedürfen immer neu, „von diesem epikletischen Geist der Kirche [zu] atmen" und von seinem Bittcharakter getragen zu werden.[542] Denn in einer Bitte bestätigt der Mensch, dass

---

[539] Das epikletische Gebet ist eine Bitte „um die errettende Nähe Gottes heute und in Zukunft. [...] Ihre Begründung findet sie in dem hoffenden Vergleich zwischen der in Vergangenheit immer wieder helfend eingreifenden Tat [Gottes] und der neuerlich auf den Menschen zukommenden Notsituation." – LIES, Sakramententheologie. Eine personale Sicht 70. 75.

[540] LIES, Sakramententheologie. Eine personale Sicht 111.

[541] Der eigentliche Begegnungsraum zwischen Gott und Mensch ist der ekklesiale Leib Christi. Denn die Sendung des Sohnes und seine Hingabe war auf die Kirche abgezielt. – Vgl. LIES, Sakramententheologie. Eine personale Sicht 112.

[542] LIES, Sakramententheologie. Eine personale Sicht 112.

er keine Macht über Gott besitzt, und so erkennt er die volle Freiheit Gottes an. Hier schildert der Autor eine klare Aufgabe für die Sakramentenlehre, dass in den einzelnen Sakramenten, insofern sie von der Sendung des Geistes durchwirkt sind, dieser von Gott her bittende Charakter („der Mensch möge sich in diesen Geist und in Christus hineinnehmen lassen") deutlich zum Ausdruck gebracht werden sollte.[543]

Die epikletische Deprekation verdeutlicht also, dass die sakramentale Begegnung von der Barmherzigkeit Gottes abhängt und dass der Mensch sich nicht selbst erlösen kann. Sie macht deutlich, dass das Heil des Menschen von einer anderen Freiheit, nämlich von dem Erbarmen Gottes erfleht werden muss.

Seitens des Menschen ist die Epiklese Ausdruck seiner Bereitschaft, mit offenen und leeren Händen dem dreifaltigen Gott zu begegnen, um dessen Leben aufzunehmen.[544] Die Begegnung mit Gott kann nämlich für den Menschen nur in seinem Freiheits-Raum geschehen, in welchem er fähig ist, Gott an der eigenen – menschlichen – Identität teilhaben zu lassen, was offenbarend wirkt, oder nicht zu lassen, was seine Persönlichkeit verhüllt und ihn verschließt.[545] Die epikletischen Elemente verweisen also deutlich darauf, dass die sakramentale Begegnung ein Geschehen zwischen Freiheiten ist, die nie angetastet werden können, dass auch die Freiheit des Menschen bewahrt bleibt. Denn die Gnade Gottes hat immer einen deprekativen und epikletischen, d.h. einen niemals ,besetzenden' oder ,destruierenden' Charakter.[546]

Die Epiklese zeigt auch die Kirche in ihrer ,Abhängigkeit' von ihrem Haupt auf, dass sie keine Macht über Christus hat und in all ihren sakramentalen Vollzügen seine heiligende Gegenwart stets erbeten muss.

2.2.2.2.2 Die epikletischen Ausdrücklichkeiten in den liturgischen Vollzügen

Da die pneumatologische Dimension des Sakramentalen auf seine christologische Mitte zentriert ist, ist es dem Autor wichtig zu betonen, dass auch jedes epikletische Gebet in der liturgischen Praxis nicht eine exklusive Bitte um die Sendung des Heiligen Geistes enthalten sollte, sondern immer auch eine Bitte um die Sendung des Sohnes, dessen Heilstaten der Höhepunkt der Heilsgeschichte sind.[547]

---

[543] LIES, Sakramententheologie. Eine personale Sicht 117.
[544] Vgl. LIES, Die Sakramente der Kirche. Ihre eucharistische Ausrichtung 225.
[545] Vgl. LIES, Sakramententheologie. Eine personale Sicht 132–133.
[546] Vgl. LIES, Sakramententheologie. Eine personale Sicht 218.
[547] Stellvertretend für alle sakramentalen Feiern verweist der Autor auf eine solche Kohärenz zwischen beiden Sendungen im epikletischen Gebet bei der Chrisamweihe:

> »*Deshalb bitten wir dich, o Herr: Heilige dieses Olivenöl mit deinem Segen und erfülle es mit der Kraft des Heiligen Geistes durch deinen Sohn Jesus Christus. Von ihm hat*

A. Taufe

Die Taufe als Epiklese ist die Bitte um ‚tägliches Ostern' und um den Heiligen Geist als Kraft der Rechtfertigung und Heiligung: „Aber ihr seid reingewaschen, seid geheiligt, seid gerecht geworden im Namen Jesu Christi, des Herrn, und im Geist unseres Gottes" (1Kor 6,11).[548]

In der Taufe hat der Mensch Anteil an dem Segen, der Christus schlechthin ist. Darauf verweist die Besiegelung durch den Heiligen Geist, der der erste Anteil an der Erlösung ist.[549] Die sakramentale Epiklese besagt, dass der Mensch nur im Bitten die Besiegelung des Geistes erreichen kann. Sie verdeutlicht das freiwillige Angewiesensein des Bittenden auf Gott, vor dem er nur mit leeren Händen stehen darf.

Die Spendungsformel der Taufe »*Ich taufe dich im Namen des Vaters und des Sohnes und des Heiligen Geistes*« – obwohl indikativisch formuliert – hat nach Lies einen epikletisch-deprekativen Charakter, weil der alten Namenstheologie nach die Nennung des Namens Gottes über einen Menschen oder einen Gegenstand das Herbeirufen Gottes und die Übereignung des Menschen oder des Gegenstandes an Gott bedeutete.[550]

In der Taufformel sollte man – betont der Autor – gerade diese Tiefendimension der Freiheiten (Gottes und des Menschen) ablesen.[551] Es muss – entgegen einer gefährlichen Verrechtlichung des Sakramentes – die freie Erwählung und die Liebe Gottes zu den Menschen betont werden. »*Im Namen des Vaters und des Sohnes und des Geistes*« ist nämlich ein flehendes Gebet um die Heilsgabe des dreifaltigen Gottes und keine bloße Rechtsaktsetzung.[552]

> der Chrisam den Namen, das duftende Öl, mit dem du Priester, Könige, Propheten und Märtyrer gesalbt hast. Mache diesen Chrisam für alle, die wiedergeboren werden im Wasser der Taufe, zu einem Zeichen vollendeten Heiles und Lebens. Wasche von ihnen ab die ererbte Verderbnis und mache sie durch die Salbung mit Chrisam zu deinem Tempel, der erfüllt ist vom Duft eines gottgefälligen Lebens. Erhebe sie nach deinem ewigen Ratschluß zur Ehre von Königen, Priestern und Propheten und bekleide sie mit dem Gewand ihrer unvergänglichen Berufung. Dieses Öl sei allen, die wiedergeboren werden aus Wasser und Heiligem Geist, ein Chrisam des Heiles, der ihnen Anteil gibt am ewigen Leben und an der Herrlichkeit des Himmels.« – In: Die Feier der Kirchenweihe 130f. – Nach: LIES, Sakramententheologie. Eine personale Sicht 293.

[548] LIES, Die Sakramente der Kirche. Ihre eucharistische Ausrichtung 83.
[549] Vgl. LIES, Die Sakramente der Kirche. Ihre eucharistische Ausrichtung 38.
[550] LIES, Sakramententheologie. Eine personale Sicht 291.
[551] Dass die sakramentale Begegnung der Menschen mit Gott und Gottes mit den Menschen frei sein muss, wird in der Lehre von der unauflöslichen Prägung der Taufe – meint Lies – nicht verleugnet. Denn wenn der Mensch die Treue Gottes prinzipiell ablehnt, kann von diesem unauslöschlichen Merkmal nicht die Rede sein. In ihm bestätigt der Heilige Geist ‚nur' die Einmaligkeit und zugleich die universelle Gültigkeit des Todes und der Auferstehung Christi für das Heil aller Menschen (vgl. Hebr 7,26.27). – Vgl. LIES, Die Sakramente der Kirche. Ihre eucharistische Ausrichtung 84. 89.
[552] Vgl. LIES, Die Sakramente der Kirche. Ihre eucharistische Ausrichtung 82.

2.2 Der Entwurf von Lothar Lies

Die Epiklese der Taufe erfleht den Geist der Dreifaltigkeit, der von Christus gesandt wurde, um die Getauften in die Kirche einzugliedern. Die Christen erflehen die Ausgießung des Heiligen Geistes, damit das ganze Menschengeschlecht zur Einheit der Familie Gottes zusammenwachse: „Durch den einen Geist wurden wir in der Taufe alle in einen einzigen Leib aufgenommen (...); und alle wurden wir mit dem einen Geist getränkt" (1 Kor 12,13).

Die Anrufung des dreifaltigen Gottes über den Täuflingen bewirkt, daß sie, besiegelt mit seinem Namen, ihm geweiht sind und in Gemeinschaft treten mit dem Vater, dem Sohn und dem Heiligen Geist.[553]

Die epikletischen Elemente sind allein bei der Taufwasserweihe deutlich. Dieser Ritus ist ebenso ein christologisches wie ein epikletisches Gebet, wo die Bitte um die Sendung des Sohnes und um die Sendung des Geistes in einem theologischen Zusammenhang stehen.[554] Es geht nämlich um die österliche Kraft des Auferstandenen, die im Heiligen Geist dem Menschen zukommt:

»Herr, unser Gott, schenke diesem Wasser die Kraft des Heiligen Geistes, damit der Mensch, der auf dein Bild hin geschaffen ist, neue Schöpfung werde aus Wasser und Heiligem Geist. [...]

Es steige hinab in dieses Wasser die Kraft des Heiligen Geistes, daß alle, die mit Christus in seinem Tod hineinbegraben sind durch die Taufe, mit ihm auferstehen zum ewigen Leben. Amen.«[555]

Im Exorzismusgebet wird auch die Sendung des Sohnes und des Geistes erfleht:

»Wir bitten dich, befreie dieses Kind von der Erbschuld und laß den Heiligen Geist in ihm wohnen durch Christus unseren Herrn.«[556]

Einen deutlichen epikletischen Charakter hat außerdem die Salbung mit Chrisam, die der Ausdruck der Bitte um die Gemeinschaft mit Christus im Heiligen Geist ist:

»Der allmächtige Gott, der Vater unseres Herrn Jesus Christus, hat dich von der Schuld Adams befreit und dir aus dem Wasser und dem Heiligen Geist

---

[553] Die Feier der Kindertaufe 9. 11. – Nach: LIES, Sakramententheologie. Eine personale Sicht 264.
[554] Vgl. LIES, Die Sakramente der Kirche. Ihre eucharistische Ausrichtung 83–84.
[555] Die Feier der Kindertaufe 61. – Nach: LIES, Sakramententheologie. Eine personale Sicht 290.
[556] Die Feier der Kindertaufe 58. – Nach: LIES, Sakramententheologie. Eine personale Sicht 290.

> *neues Leben geschenkt. Du wirst nun mit dem heiligen Chrisam gesalbt; denn du bist Glied des Volkes Gottes und gehörst für immer Christus an, der gesalbt ist zum Priester, König und Propheten in Ewigkeit.«*[557]

Der Autor verweist aber auch auf die epikletische Bedeutung der Wortliturgie in der Feier der Taufe:

> *Der Wortgottesdienst hat den Sinn, vor der eigentlichen Tauffeier den Glauben der Eltern und Paten sowie der übrigen Teilnehmer zu stärken und die Frucht des Sakramentes im gemeinsamen Gebet zu erflehen.*[558]

Und epikletisch (implizit) bewertet er den Hinweis auf den Spender des Sakramentes:

> *Ordentliche Spender der Taufe sind der Bischof, die Priester und die Diakone. Bei jeder Feier dieses Sakramentes sollen sie sich bewußt sein, daß sie in der Kirche im Namen Christi und in der Kraft des Heiligen Geistes handeln.*[559]

Die Segensgebete über Mutter und Vater, wie über die Taufpaten dagegen berücksichtigen die Sendungen des Geistes und des Sohnes seiner Meinung nach nicht mehr „im gebotenen Maß".[560]

B. Firmung
Das epikletische Sinnelement der Firmung basiert auf der menschlichen Grunderfahrung, ‚nichts in Händen zu halten, um die Liebe Gottes zu erzwingen'. Die epikletischen Gebete in diesem Sakrament enthalten die gläubige und vertrauensvolle Bitte der Kirche an Gott um ‚gegenseitige Freiheit, Freilassung und Befreiung'.[561]

---

[557] Die Feier der Kindertaufe 68. – Nach: LIES, Sakramententheologie. Eine personale Sicht 291.
– In diesen Kontext schließt sich auch das epikletische Weihegebet des Katechumenenöles ein:

> »*Allmächtiger und starker Gott, du hast das Öl geschaffen und zu einem Zeichen der Lebenskraft gemacht. Segne dieses Öl und gib den Taufbewerbern, die damit gesalbt werden, Kraft, Entschlossenheit und Weisheit, damit sie das Evangelium Christi, deines Gesalbten, tiefer erfassen und an die Mühen und Aufgaben eines christlichen Lebens hochherzig herangehen. Mache sie zu deinen Kindern, schenke ihnen in deiner Kirche die Freude der Wiedergeburt und ein Leben aus dem Glauben.*« – In: Die Feier der Kirchenweihe 128. – Nach: LIES, Sakramententheologie. Eine personale Sicht 292.

[558] Die Feier der Kindertaufe 12. – Nach: LIES, Sakramententheologie. Eine personale Sicht 264.
[559] Die Feier der Kindertaufe 15. – Nach: LIES, Sakramententheologie. Eine personale Sicht 264–265.
[560] LIES, Sakramententheologie. Eine personale Sicht 291.
[561] LIES, Die Sakramente der Kirche. Ihre eucharistische Ausrichtung 104.

2.2 Der Entwurf von Lothar Lies

Zu den epikletischen Momenten des Sakramentes gehört u.a. das Gebet der Gemeinde um die Sendung des Geistes zur Stärkung und zur Christusgestaltung der Getauften. In diesem Gebet erkennt die Kirche an, dass die heilende Wirkung des Sakramentes allein von Gott kommt:

> »*Lasset uns beten, (Brüder und Schwestern) zu Gott, dem allmächtigen Vater, dass er den Heiligen Geist herabsende auf diese jungen Christen (Männer und Frauen), die in der Taufe wiedergeboren sind zum ewigen Leben. Der Heilige Geist stärke sie durch die Fülle seiner Gaben und mache sie durch seine Salbung Christus, dem Sohn Gottes, ähnlich.*«[562]

Epikletisch zu deuten ist vor allem die Ausbreitung der Hände des Bischofs über die Firmlinge:

> *Das Ausbreiten der Hände über die Firmlinge, welches das vorgeschriebene Gebet vor der Chrisamsalbung begleitet, zählt zwar nicht zum Wesen des sakramentalen Ritus, ist aber trotzdem von großer Bedeutung, da es zur Vollgestalt des Ritus gehört und zum umfassenderen Verständnis des Sakramentes beiträgt.*[563]

[Ähnliche Akzente findet der Autor in den pastoralen Anweisungen zur Firmung:]

> *Die Ausbreitung der Hände über die Firmlinge während des Gebetes ‚Allmächtiger Gott' ist zur gültigen Spendung des Sakramentes nicht erforderlich, aber trotzdem von großer Bedeutung für die Integrität des Ritus und das vollere Verständnis des Sakramentes. [...] Das Ausbreiten der Hände geht auf einen biblischen Gestus zurück, durch den auf eine von der Gemeinde leicht zu verstehende Weise bezeichnet wird, daß die Gabe Gottes, der Heilige Geist, herabgerufen wird.*[564]

Die zentrale Bedeutung in der Spendung des Sakramentes hat aber die Epiklese über die Firmlinge:

> »*Wir bitten dich, Herr, sende ihnen den Heiligen Geist, den Beistand. Gib ihnen den Geist der Weisheit und der Einsicht, des Rates, der Erkenntnis und*

---

[562] Die Feier der Firmung in den katholischen Bistümern des Deutschen Sprachgebietes. Herausgegeben im Auftrag der Bischofskonferenzen Deutschlands, Österreichs und der Schweiz und der Bischöfe von Bozen-Brixen und von Luxemburg (Einsiedeln 1973) (8) 33. – Nach: LIES, Die Sakramente der Kirche. Ihre eucharistische Ausrichtung 104.
[563] Die Feier der Firmung 17. – Nach: LIES, Sakramententheologie. Eine personale Sicht 265.
[564] Die Feier der Firmung 19. – Nach: LIES, Sakramententheologie. Eine personale Sicht 265.

> *der Stärke, den Geist der Frömmigkeit und der Gottesfurcht. Durch Christus unseren Herrn.«*[565]

Kritisch bewertet Lies den Ausdruck dieser Epiklese, weil sie nicht ‚die in die Sendung Christi eingliedernde Wirksamkeit des Heiligen Geistes' akzentuiert. Dieses Element findet er in einer der vorgeschlagenen Schlussorationen zur Eucharistiefeier der Firmlinge:

> *»Gütiger Gott, stärke und bewahre, was du in uns gewirkt hast. Erhalte die Gaben des Heiligen Geistes in den Herzen deiner Gläubigen, damit sie vor aller Welt Christus, den Gekreuzigten, bekennen, ihn lieben und seine Gebote erfüllen.«*[566]

Die epikletische Dimension des Sakramentes bringt auch die Salbung auf die Stirn durch den Bischof zum Ausdruck. Das Wort ‚sei besiegelt' bedeutet, dass der himmlische Vater selbst den Firmling als ‚sein Eigentum' mit dem Heiligen Geist besiegelt und ihn ‚so' zum Sohn und zur Tochter in seinem Sohn gestaltet.[567]

Eine epikletische Bedeutung hat auch das Gebet ‚Vater unser', das auf die Teilhabe der Gefirmten am Heiligen Geist verweist:

> *Besondere Bedeutung kommt im Rahmen der Firmfeier dem Gebet des Herrn zu. Der Geist ist es ja, der in uns betet, im Geist sagt der Christ: Abba, lieber Vater! Die Gefirmten beten das Vaterunser gemeinsam mit der versammelten Gemeinde innerhalb der Messe vor der Kommunionspendung, außerhalb der Messe vor dem Segen.*[568]

C. Eucharistiefeier

Das innere Ziel der eucharistischen Epiklese ist ‚die sakramentale Gegenwart Christi im Heiligen Geist' und ‚die Gemeinschaft der Menschen mit diesem sakramentalen Christus'. Beide Aspekte bringt die liturgische Feier zum Ausdruck:

> *»So bitten wir dich, Vater: der Geist heilige diese Gaben, damit sie uns werden Leib und Blut unseres Herrn Jesus Christus, der uns die Feier dieses Geheimnisses aufgetragen hat als Zeichen des ewigen Bundes«.*

> *»Sieh her auf die Opfergabe, die du selber deiner Kirche bereitet hast, und gib, daß alle, die Anteil erhalten an dem einen Brot und dem einen Kelch,*

---

[565] Die Feier der Firmung 34. – Nach: LIES, Sakramententheologie. Eine personale Sicht 292.

[566] Die Feier der Firmung 38. – Nach: LIES, Sakramententheologie. Eine personale Sicht 292–293.

[567] Vgl. LIES, Die Sakramente der Kirche. Ihre eucharistische Ausrichtung 105.

[568] Die Feier der Firmung 24. – Nach: LIES, Sakramententheologie. Eine personale Sicht 265.

ein Leib werden im Heiligen Geist, eine lebendige Opfergabe in Christus zum Lob deiner Herrlichkeit« (IV. Hochgebet).

Die eucharistische Epiklese konzentriert in sich den Sinn aller epikletischen Gebete der Sakramentenliturgie. Es geht stets – was Lies in ganzem Entwurf zum Ausdruck bringt – ‚um das tiefere Hineinwachsen in den Leib Christi'. Dass der Mensch ‚sein leibhaftiges Sein als Person' in einem Leib findet, der der Leib Christi ist. Dort kann er als ‚Leib in Person' erst ‚Person in Person werden'.[569]

Die Rolle des Heiligen Geistes besteht also darin, dass er im verklärten Leib Christi den leibverfassten Menschen die Begegnung mit der Person des Sohnes Gottes ermöglicht. Durch die Eingliederung der menschlichen Person in Gottes Personalität (in der wir »Söhne im Sohn« sein dürfen) dynamisiert er das »Werden der Kirche«.[570]

Die eucharistische Epiklese verdeutlicht auch, dass die Begegnung mit Gott aus Liebe geschehen soll. Sie besagt wiederum, dass das Sakrament eine echte Freiheit voraussetzt, die nicht zu erzwingen ist, dass der Mensch nur mit leeren Händen um die Liebe Gottes bitten kann.

Im Sakrament der Eucharistie steht daher die Kirche mit leeren Händen vor der Freiheit Gottes. Sie bittet um den Heiligen Geist, dass er sich erkennen lässt als ‚die selbstlose Liebe Gottes an die Menschen', dass er menschliche ‚leere Hände und Herzen mit Jesus füllt', aber auch dass er diese Hände und Herzen zuerst leer und rein macht, um die geschenkte Liebe Jesu nicht zu zerstören.

Die im Heiligen Geist vollzogene eucharistische Wandlung bedeutet also, dass ‚die Unfähigkeit des Menschen zur Liebe' durch die Kraft dieses Geistes in ‚selbstlose Freiheit und so in Liebesfähigkeit des Menschen' gewandelt wird.[571]

Brot und Wein sind Ausdruck und Gestalt der ständigen Bitte der Menschen an Gott, den Vater, er möge ihnen seinen Sohn, die selbstlose Liebe senden. »Daher bitten wir dich, sende deinen Geist, damit diese Gaben werden zum Leib und Blut Christi« (II. Hochgebet). Wenn die Gaben Leib und Blut Christi sind, dann sind sie zum Symbol der aus Freiheit und Liebe entspringenden Treue Gottes zum Menschen geworden und sagen den Menschen: Gott ist es, der dich in Christus selbstlos, d.h. um deines Heiles willen liebt.[572]

Der Geist, der seine Kraft in der Taufe grundgelegt, in der Firmung verstärkt und in der Eucharistiefeier zu voller Entfaltung gebracht hatte,

---

[569] LIES, Sakramententheologie. Eine personale Sicht 294.
[570] LIES, Sakramententheologie. Eine personale Sicht 294–295.
[571] Vgl. LIES, Die Sakramente der Kirche. Ihre eucharistische Ausrichtung 57–58.
[572] LIES, Die Sakramente der Kirche. Ihre eucharistische Ausrichtung 58.

wird selbst in der eucharistischen Darbringung des Opfers Christi als dritte Person Gottes verherrlicht: ‚Durch Christus und mit ihm und in ihm ist dir, Vater im Himmel, in der Gemeinschaft des Heiligen Geistes alle Ehre und Verherrlichung' (Doxologie der Hochgebete).[573]

D. Bußsakrament

In den offiziellen Dokumenten der Kirche findet Lies die epikletischen Ausdrücklichkeiten u.a. im Vorbereitungsgebet in der Feier der Versöhnung in Gemeinschaft mit der Einzelbeichte:

> »*Lasst uns beten, Brüder und Schwestern, dass Gott, der uns zur Umkehr ruft, uns die Gnade echter und wirksamer Buße schenke. Dein Geist, Herr, sei bei uns: er reinige uns durch die Buße und führe uns zu aufrichtiger Hingabe an dich, damit wir durch seine lebensspendende Kraft überall deine Herrlichkeit loben und deine Barmherzigkeit preisen. Darum bitten wir durch Christus, unseren Herrn.*«[574]

Das Gebet zeigt, dass die Bitte um den Heiligen Geist eng mit dem Dank an die Barmherzigkeit Gottes verbunden ist. Denn wie die Epiklese, so gehört auch die lobpreisende Prosphora zu den Elementen, die in die eulogische Sinnstruktur des Sakramentes hineinkomponiert sind.

Epikletisch muss auch das Gebet des Priesters um die Unterscheidungsgabe und das Gebet des Pönitenten um die Verzeihung – besonders sichtbar in der gemeinschaftlichen Feier – bewertet werden:

> *Der Priester und der Gläubige, der beichten will, solle sich auf die Feier des Sakramentes vor allem durch Gebet vorbereiten. Der Priester soll zum Heiligen Geist um Erleuchtung und Liebe beten: der Beichtende soll sein Leben im Licht der Worte und Taten Christi betrachten und Gott um Vergebung für seine Sünden bitten.*

> *Danach bringt der Gläubige, der gebeichtet hat, seine Reue und seinen Vorsatz durch ein Gebet zum Ausdruck, in dem er Gott, den Vater, um Verzeihung bittet. Es sollte ein Gebet sein, das sich auf Texte der Heiligen Schrift stützt.*[575]

Einen stark epikletisch-deprekativen Charakter hat die Generalabsolution:

---

[573] Vgl. LIES, Die Sakramente der Kirche. Ihre eucharistische Ausrichtung 95.
[574] In: Die Feier der Buße nach dem neuen Rituale Romanum. Studienausgabe. Herausgegeben von den liturgischen Instituten Salzburg, Trier, Zürich (Einsiedeln 1974) 36. – Nach: LIES, Die Sakramente der Kirche. Ihre eucharistische Ausrichtung 137.
[575] Die Feier der Buße 18.19. – Nach: LIES, Sakramententheologie. Eine personale Sicht 266.

Dann spricht der Priester ein Gebet, durch das er die Gnade des Heiligen Geistes zur Vergebung der Sünden erbittet und den Sieg über die Sünde verkündet, den Christus durch seinen Tod und seine Auferstehung errungen hat. Darauf erteilt er allen die sakramentale Lossprechung.[576]

Die Lossprechungsformel mit ihrer Anrufung des dreifaltigen Gottes verweist deutlich darauf, dass die Vergebung allein die ‚Kompetenz' Gottes und nicht die ‚Leistung' des Menschen ist und dass daher die Kirche die Versöhnungsvollmacht ganz aus der Hand des Herrn erhält.[577] Erneut wird hier die Tatsache hervorgehoben, dass die Kirche das Sakrament ‚nur' mit leeren Händen vollzieht – flehend um die verwandelnde und heiligende Kraft Gottes in seinem Geist.

Den epikletisch-deprekativen Charakter des Sakramentes drücken auch die Gesten aus, wie die Ausbreitung der Hände über das Haupt des Pönitenten.

Der Autor bemerkt, dass es nicht leicht zu entscheiden ist, ob es sich in den sakramentalen Gebeten um eine Epiklese ‚für das Zustandekommen des Sakramentes' oder um eine Epiklese ‚für die Fruchtbarkeit des Sakramentes' handelt. Das Entscheidende aber ist für ihn die Tatsache, dass der Sakramentsempfänger in das sakramentale Geschehen einbezogen ist und damit diese Unterscheidung auf einer ganz neuen Ebene zu sehen ist.[578]

E. Krankensalbung

Neben der Eucharistie exponiert die Dimensionen der Deprekation und der Epiklese am deutlichsten – nach Lies – die Krankensalbung in ihrer innersten Mitte. Das deprekative Element gehört unauflösbar zur Zeichenhandlung in diesem Sakrament und bringt die epikletische Bitte um den Heiligen Geist eindeutig zum Ausdruck.

Den deprekativ-epikletischen Ton hat vor allem die Spendeformel des Sakramentes:

»Durch diese heilige Salbung helfe dir der Herr in seinem reichen Erbarmen, er stehe dir bei mit der Kraft des Heiligen Geistes: Der Herr, der dich von Sünden befreit, rette dich, in seiner Gnade richte er dich auf.«[579]

---

[576] Die Feier der Buße 26. – Nach: LIES, Sakramententheologie. Eine personale Sicht 266.
[577] Vgl. LIES, Die Sakramente der Kirche. Ihre eucharistische Ausrichtung 136.
[578] Vgl. LIES, Sakramententheologie. Eine personale Sicht 266.
[579] Auf die epikletischen Elemente des Sakramentes weisen die Einführung der deutschsprachigen Bischofskonferenzen und die römische pastorale Einführung hin:

Der Priester salbt den Kranken auf der Stirn und an den Händen mit dem geweihten Öl und spricht dazu die bereits erwähnten Begleitworte, die das Wirken des Herrn im Sakrament verdeutlichen, die Gnade des Heiligen Geistes herabrufen und betend die

In dieser Formel ist die christologische, aber auch die pneumatologische Wirklichkeit des Sakramentes zum Ausdruck gebracht, was noch mehr der Preisgesang über das Öl unmittelbar vor der Salbung verdeutlicht:

> *»Sei gepriesen, Gott, Heiliger Geist, du unser Beistand: Du gibst uns die Kraft und stärkst uns in der Gebrechlichkeit unseres Leibes. Wir loben dich ....«.*[580]

Die Theologie des Sakramentes ist in großem Maße auch durch die Epiklese bei der Ölweihe bestimmt:

> *»Herr und Gott (...) Sende deinen Heiligen Geist vom Himmel her auf dieses Salböl herab. Als Gabe deiner Schöpfung stärkt und belebt es den Leib. Durch deinen Segen werde das geweihte Öl für alle, die wir damit salben, ein heiliges Zeichen deines Erbarmens, das Krankheit, Schmerz und Bedrängnis vertreibt, heilsam für den Leib, für Seele und Geist. Im Namen unseres Herrn Jesus Christus (...)«.*[581]

Die sakramentale Begegnung mit dem Heiligen Geist versucht Lies als Erfahrung der helfenden Gegenwart Gottes zu interpretieren, der die existenziell tiefgehenden Erschütterungen des Kranken lindern und nehmen kann:

> *»Das Sakrament der Krankensalbung gewährt den Kranken die Gnade des Heiligen Geistes, durch die der ganze Mensch Hilfe zum Heil erfährt: Er wird gestützt im Vertrauen auf den Vater und gestärkt gegenüber den Versuchungen des Bösen und der Angst vor dem Tode. (...) Außerdem schenkt die Krankensalbung die Vergebung der Sünden, sofern dies nötig ist.«*[582]
>
> *Heilszusage aussprechen: Rettung und Aufrichtung des Kranken in seiner leib-seelischen Schwäche und, wenn nötig, auch die Befreiung von Sünden (Jak 5,14f). Nicht umsonst ist dieses Beistehen des Herrn mit der Gnadenkraft des Heiligen Geistes so stark betont. [...]*
>
> *Die Feier des Sakraments besteht hauptsächlich darin, daß die Priester der Kirche den Kranken die Hände auflegen und dann das Gebet aus der Kraft des Glaubens gesprochen wird und die Kranken mit Öl, auf das der Segen Gottes herabgerufen worden ist, gesalbt werden: In dieser Zeichenhandlung wird die Gnade des Sakraments angezeigt und zugleich zugewendet. – In: Die Feier der Krankensakramente 23f. 27. – Nach: LIES, Sakramententheologie. Eine personale Sicht 268.*

[580] In: Die Feier der Krankensakramente 14. – Nach: LIES, Sakramententheologie. Eine personale Sicht 267.

[581] Pontifikale für die katholischen Bistümer des Deutschen Sprachgebietes IV (1994). Die Weihe der Öle 22. – Nach: LIES, Die Sakramente der Kirche. Ihre eucharistische Ausrichtung 153.

[582] Die Feier der Krankensakramente: Pastorale Einführung der Bischöfe des Deutschen Sprachgebietes. IV. Formen der Begleitung Kranker und Sterbender. Krankensalbung 24. – Nach: LIES, Die Sakramente der Kirche. Ihre eucharistische Ausrichtung 148.

Die Kirche bittet im epikletischen Gebet dieses Sakramentes auch um ihren eigenen Fortbestand, indem sie den lebendigmachenden Geist und die Gemeinschaft mit dem auferstandenen Christus für den Kranken erfleht. Sie kann dann ihr Ziel über Krankheit und Tod hinaus definieren, weil in der ‚in Ewigkeit bewahrenden Liebe des Vaters', die in der Sendung des Auferstandenen und des Heiligen Geistes erscheint, sie gerade ihre weitere Existenz begründet sieht.[583]

F. Weihesakrament

Das Amt ist vom Heiligen Geist gewirktes Christusamt. Denn durch die Handauflegung und das Weihegebet wird die Gabe des Heiligen Geistes mitgeteilt und das heilige Prägemal so verliehen, dass die Bischöfe, die Priester und die Diakone auf je eigene Weise Christus gleichgestaltet werden.[584]

Das epikletische Gebet im Weihesakrament besagt, dass die Amtsträger durch die Wirkung des Heiligen Geist die Teilnahme am Christusamt erhalten. Der Heilige Geist ist es, der den Amtsträger zum sakramentalen Zeichen der bleibenden Gegenwart Christi verwandelt, „damit durch das Apostolat des Amtes alle Menschen sich in Christus zur heiligen Gemeinde Gottes vereinen".[585]

Die Bedeutung des epikletischen Weihegebets vergleicht der Autor mit derjenigen der Eucharistie. Ähnlich wie bei der eucharistischen Epiklese dient die Sendung des Heiligen Geistes in die Amtsträger und in den Amtsträgern der ‚Herstellung' des Leibes Christi. Im Weihesakrament wird dieser Leib Christi in seiner ekklesiologischen Dimension ermöglicht und garantiert, so wie bei der eucharistischen Epiklese, die die Gegenwart des eucharistischen Leibes Christi bewirkt.[586]

Das epikletische Moment in den offiziellen Dokumenten zur Neuordnung der Sakramente nach dem Vaticanum II ist nach dem Urteil von Lies nicht einheitlich und sauber durchgehalten. Z.B. redet die Apostolische Konstitution *Pontificalis Romani recognitio* Pauls VI. vom 18. Juni 1968 nicht von einer ausdrücklichen epikletischen Dimension des Sakramentes, sondern nur vom deprekativen Charakter einiger Teile des Weihegebets, das um die Kraft des Heiligen Geistes bittet[587].

---

[583] Vgl. LIES, Sakramententheologie. Eine personale Sicht 365.
[584] Vgl. Die Weihe des Bischofs, der Priester und der Diakone. Pontifikale für die katholischen Bistümer des Deutschen Sprachgebietes I. Hg. im Auftrag der Bischofskonferenz Deutschlands (...) (Freiburg ²1994) 6. – Nach: LIES, Die Sakramente der Kirche. Ihre eucharistische Ausrichtung 184.
[585] LIES, Sakramententheologie. Eine personale Sicht 319.
[586] LIES, Sakramententheologie. Eine personale Sicht 319.
[587] Vgl. Liber de Ordinatione Diaconi, Presbyteri et Episcopi secundum Pontificale Romanum. Editio Linguae Germanicae Typica a Conferentiis Episcopolibus Regionis Linguae Germanicae approbata (Einsiedeln 1971) 7–11, hier besonders 10:

Auf das Wirken des Heiligen Geistes verweist aber vor allem das epikletische Moment der Weihe. Die Handauflegung als Ausdruck der Anrufung ist ein deutlicher epikletischer Gestus. Im Blick auf ihn und die liturgischen Worte des Weihegebets sind alle drei Weihestufen epikletisch orientiert.[588]

Lies betont, dass es sich um zwei verschiedene Epiklesen handelt: Die erste bezieht sich unmittelbar auf die Weihe, was deutlich das Bischofsweihegebet ausdrückt:

> *»Gieße jetzt über deinen Diener, den du erwählt hast, die Kraft, die von dir ausgeht, den Geist der Leitung. Ihn hast du deinem geliebten Sohn Jesus Christus gegeben, und er hat ihn den Aposteln verliehen. Sie haben die Kirche an den einzelnen Orten gegründet als dein Heiligtum, zur Ehre und zum unaufhörlichen Lob deines Namens. (...) Verleihe ihm die Kraft des Heiligen Geistes, die hohepriesterliche Vollmacht, in deinem Namen Sünden zu vergeben. (...)«*[589]

Und die zweite erfleht mehr die Fruchtbarkeit der Tätigkeit des geweihten Amtsträgers:

> *»Du, Vater, kennst die Herzen. Du hast deinen Diener zum Bischofsamt erwählt, dein Volk zu leiten und dir bei Tag und Nacht als Hoherpriester ohne Tadel zu dienen. Unermüdlich bete er für uns um Gnade und Erbarmen und weihe dir die Gaben deiner Kirche. Gib ihm in der Kraft des Heiligen Geistes die hohepriesterliche Vollmacht, Sünden zu vergeben in deinem Namen, die Ämter zu verteilen nach deinem Willen und zu lösen, was gebunden ist, wie du es den Aposteln verliehen hast. Die Güte und Reinheit seines Herzens sei dir ein angenehmes Opfer durch deinen Sohn Jesus Christus. Durch ihn ist dir Herrlichkeit und Macht und Ehre mit dem Heiligen Geist in der heiligen Kirche jetzt und in Ewigkeit. Amen.«*[590]

In der Priesterweihe und der Diakonweihe ist nach Lies diese exakte Unterscheidung der beiden Epiklesen nicht mehr eingehalten:

> *In Ordinatione Diaconorum materia est Episcopi manuum impositio, quae silentia fit super singulos ordinandos ante precationem consecratoriam; forma autem constat verbis eiusdem precationis consecratoriae, quorum haec ad naturam rei pertinent, atque a deo ut actus valiat exiguntur: Emitte in eos, Domine, quaesumus, Spiritum Sanctum, quo in opus ministerii fideliter exsequendi munere septiformis tuae gratiae roborentur.*
> – Nach: LIES, Sakramententheologie. Eine personale Sicht 372³⁴. 268–269.

[588] Vgl. LIES, Die Sakramente der Kirche. Ihre eucharistische Ausrichtung 188–191.
[589] Die Weihe des Bischofs, der Priester und der Diakone 1: 38. – Nach: LIES, Die Sakramente der Kirche. Ihre eucharistische Ausrichtung 189.
[590] Liber de Ordinatione 69f. – Nach: LIES, Sakramententheologie. Eine personale Sicht 318.

»(...) *Allmächtiger Vater, wir bitten dich, gib diesen deinen Dienern die Würde des Priestertums. Erneuere in ihnen den Geist der Heiligkeit. Das Amt, das sie aus deiner Hand, o Gott, empfangen, die Teilhabe am Priesterdienst sei ihr Anteil für immer. So sei ihr Leben für alle Vorbild und Richtschnur. (...)*«[591]

»*So bitten wir dich, Herr, unser Gott: Schau in Gnaden herab auf diese deine Diener. Demütig treten wir vor dich hin und stellen sie dir vor: Nimm sie als Diakone in den Dienst an deinem Altar. Sende auf sie herab, o Herr, den Heiligen Geist. Seine siebenfältige Gnade möge sie stärken, ihren Dienst getreu zu erfüllen. (...)*«[592]

Die Epiklese dieses Sakramentes beschränkt ihre Wirksamkeit und Bedeutung nicht auf das Moment der Spendung. Denn epikletisch sollte – dies akzentuiert der Autor – die ganze Existenz des Priesters sein. Sein Amt ist deswegen im Weihegebet des Bischofs als Amt ständiger Bitte charakterisiert.[593]

G. Ehesakrament

Der Autor stellt fest, dass der epikletische Charakter dieses Sakramentes noch nicht entwickelt ist. In der eigentlichen sakramentalen Mitte des Eheversprechens fehlt deutlich das epikletische Moment. Auch in vielen Zeichen und Gesten des Trauritus ist es nicht zu sehen. Den epikletischen Charakter enthalten lediglich verschiedene begleitende Gebete, z.B. das feierliche Segensgebet über Braut und Bräutigam und über den geschlossenen Ehebund oder die eucharistische Messepiklese.[594]

Die Herabrufung des Heiligen Geistes in einer der feierlichen Ehesegnungen lautet:

»*So bitten wir dich, menschenfreundlicher Gott, schau gütig auf N. und N., die vor dir knien und deinen Segen erhoffen. Dein Heiliger Geist schenke ihnen Einheit und heilige den Bund ihres Lebens. Er bewahre ihre Liebe in aller Bedrohung; er lasse sie wachsen und reifen und einander fördern in allem Guten.*«[595]

---

[591] Die Weihe des Bischofs, der Priester und der Diakone. Pontifikale I., 2:34. – Nach: LIES, Die Sakramente der Kirche. Ihre eucharistische Ausrichtung 190.
[592] Die Weihe des Bischofs, der Priester und der Diakone. Pontifikale I., 3:38. – Nach: LIES, Die Sakramente der Kirche. Ihre eucharistische Ausrichtung 191.
[593] Vgl. LIES, Die Sakramente der Kirche. Ihre eucharistische Ausrichtung 190.
[594] Vgl. LIES, Sakramententheologie. Eine personale Sicht 266–267; Vgl. DERS, Die Sakramente der Kirche. Ihre eucharistische Ausrichtung 213–216.
[595] Die Feier der Trauung in den katholischen Bistümern des Deutschen Sprachgebietes. Hg. im Auftrag der Bischofskonferenzen Deutschlands (...) (Köln ²1992) 1:37. – Nach: LIES, Die Sakramente der Kirche. Ihre eucharistische Ausrichtung 213.

Die angeschlossenen Bitten um die gegenseitige Offenheit, die Lebensfreude und die Zuversicht in der Not bekräftigen noch den deprekativen Charakter dieses Gebetes.

Die Anrufung des Heiligen Geistes in der Trauungsliturgie verweist auf die Glaubensüberzeugung der Christen, dass der Mensch allein trotz aller Freiheit zur Bindung die eheliche Gemeinschaft als eine wirklich liebende Begegnung nicht schaffen kann und dass menschliche Freiheit letztlich nur in der Freiheit Gottes bewahrt werden kann.

Das Sakrament ist für die Ehepartner eine dauerhaft epikletische Wirklichkeit, sich in der Kraft des Heiligen Geistes in das zu verwandeln, was sie im Ehebund darstellen: Christus und die Kirche. Das sakramentale Eheband ist Ort der Gegenwart Gottes, der offenbart, wie ‚ein Verhältnis der in Treue gebundenen Freiheiten' zustande kommen kann. Es verweist auch zugleich darauf, wie Gott mit der Freiheit des Menschen umgeht und wie er seine Freiheit in Treue an den Menschen bindet.[596]

Das Eheband ist insofern eine ‚ständige Bitte und Danksagung an die freie Treue des Anderen'. Die epikletische Dimension verbindet sich auf diese Weise mit der eucharistischen Tiefe des Sakramentes:

> *Das Leben der beiden Ehepartner wird zum Dank an Gott für seine Treue in ihrer Treue und zum Dank Gottes für die freie Annahme seiner Treue. Ehe ist eucharistische Begegnung der Menschen untereinander und darin mit Gott und Gottes mit den Menschen. Ehe ist ‚eucharistisches' Sakrament.*[597]

Die Epiklese dieses Sakramentes besagt also, dass die Treue zwischen Gott und Mensch, wie die eheliche Bindung, sich immer in der Zweiheit der Freiheiten vollziehen kann, d.h. in einem Raum des gegenseitigen Bittens und Dankens.[598]

H. Sakramentalien

Der Autor berücksichtigt auch den epikletischen Sinn der Sakramentalien. Die Segnung des Menschen oder Einweihung eines Gegenstandes besagen seiner Meinung nach dieselbe Not des menschlichen Angewiesenseins auf die Erlösungstat des dreifaltigen Gottes wie bei den Sakramenten.

Die Sakramentalien sind daher auch Ausdrücke einer ständigen, personalen Bitte des Menschen an Gott, das Heil von ihm zu erlangen. Sie sind bleibende Zeichen des Flehens zu Gott, und sie erinnern den Menschen daran, dass er nur mit ‚offenen Händen' dem dreifaltigen Gott und seinen Heiligen gegenüberstehen kann.[599]

---

[596] Vgl. LIES, Die Sakramente der Kirche. Ihre eucharistische Ausrichtung 214–216.
[597] LIES, Die Sakramente der Kirche. Ihre eucharistische Ausrichtung 215.
[598] Vgl. LIES, Sakramententheologie. Eine personale Sicht 329.
[599] LIES, Die Sakramente der Kirche. Ihre eucharistische Ausrichtung 221–228. 225.

Resümierend könnte man sagen, die Epiklese in den Sakramentenfeiern ist der wichtige Ausdruck des menschlichen Glaubens, dass nicht er sich die Kraft der Versöhnung gibt oder aus sich die Kraft der Konsekration von Brot und Wein hat, dass nicht er die wahre Verherrlichung Gottes ‚inszenieren' kann. Denn dies alles tut Gott selbst durch und in seinem Geist.

> *»Nicht der Mensch schenkt sich die Wirksamkeit des Heiligen Geistes in den verschiedenen Sakramenten oder Funktionen der Kirche, sondern der Heilige Geist allein.«*[600]

Die Epiklese will also deutlicher das Zeichen *der leeren Hände* seitens des Menschen markieren.[601]

2.2.2.3 Einige Grundaspekte einer pneumatologisch-trinitarischen Sakramentenlehre

Die Pneumatologie erschließt die theologische Reflexion in mehreren Bereichen. Der sakramentalen Wirklichkeit verleiht sie einige wichtige ‚Grundtöne', zu denen nach Lies vor allem die *koinonia*-ekklesiologische und eschatologische Dimension des Heiles gehören.

Da das Konzept des Autors stark in der Eucharistietheologie verankert ist, ist die gemeinschaftlich-ekklesiale Dimension der Sakramente in ihm ganz schnell zu erkennen. Die Theologie der Eucharistie verweist nämlich selbstredend auf den Leib Christi in der Koinonia der Glaubenden. Eucharistisch ausgerichtete Sakramente dienen dem Aufbau dieser priesterlichen, prophetischen und königlichen Gemeinschaft der Kirchenmitglieder, weil in der Gemeinschaft der Kirche Gott in seinem Sohn und dem Heiligen Geist – unter menschlichen Symbolen – den Menschen begegnen will. Der Autor erinnert ganz intensiv an diese Kirchenzugehörigkeit der Sakramente.

Andererseits sind die Sakramente auch deshalb Vollzüge der Kirche, weil gerade durch sie die Kirche mit ihren verschiedenen geschichtlich ausgeprägten geistigen Traditionen den Menschen dient: „So erkennt sie [die Kirche] im Laufe der Geschichte die Sakramente im Heiligen Geist tiefer und profiliert sie durch ihr Lehramt klarer."[602]

Dementsprechend scheint der pneumatologisch-ekklesiologische Zusammenhang für das Sakramentenverständnis ganz wichtig zu sein. Denn der Heilige Geist, der die Kirche als sein eigenes Haus (vgl. Eph

---

[600] LIES, Die Sakramente der Kirche. Ihre eucharistische Ausrichtung 99 (eigene Markierung).
[601] Vgl. LIES, Die Sakramente der Kirche. Ihre eucharistische Ausrichtung 100.
[602] LIES, Die Sakramente der Kirche. Ihre eucharistische Ausrichtung 96.

3,5) belebt, sie erneut mit dem geistigen Leben erfüllt, verhilft auch der Kirche, ihre Sakramente immer gründlicher zu erforschen und ihren Sinn deutlicher auszudrücken.

Dieser Geist Gottes aber – unterstreicht Lies – stellt die sakramentale Existenz der Kirche auch ins eschatologische Licht. Er gliedert nämlich die Menschen nicht nur in den inkarnatorischen, sondern auch in den gestorbenen und auferstandenen Leib Christi. Und diese Eingliederung im Geist, welche die Menschen mehr und mehr zu den Personen in der Person des Logos macht, verwandelt ihre Leiber, die am Tod und der Auferstehung der Leiblichkeit Jesu teilhaben, zur eschatologischen Vollendung.[603]

2.2.2.3.1 *Koinonia mit Gott in der Kirche* – communional-ekklesiale Wirksamkeit der Sakramente

In den Sakramenten – vor allem in der Taufe und der Eucharistie – ereignet sich im Heiligen Geist nicht nur die somatische Realpräsenz Christi, sondern auch eine in der Gemeinschaft der Gläubigen zustande kommende Aktualpräsenz des erhöhten Herrn.

Mit der »Trinitätsvergessenheit« einer Sakramententheologie – meint Lothar Lies – ist auch eine gewisse »Kirchenvergessenheit« eng verbunden.[604] Denn in solcher Sakramentenlehre kommt oft nicht deutlich zum Ausdruck, dass alle Sakramente, die an der Sendung des Sohnes und der des Geistes teilhaben, auch der in diesen Sendungen grundgelegten kirchlichen Versammlung gedenken müssen.[605] Und dass gerade die auf Christus und den Heiligen Geist bezogene kirchliche Dimension die Sakramente von den anderen menschlichen Symbolen unterscheidet.

Alle Sakramente – betont der Autor – sind Eingliederungen in Christus, um die Kirche zu bilden. Jeder Sakramentsempfang ist ein Umgriffensein von der Personalität des Logos und so eine Kirchenwerdung, die zur Gemeinschaft mit dem dreifaltigen Gott führt. Denn jede sakramentale Begegnung ist Teil des Lebens in der Person Christi, die als *Person in Personen* dem umgriffenen Menschen zugleich den Lebensraum des dreipersonalen Gottes eröffnet.[606]

---

[603] Vgl. LIES, Sakramententheologie. Eine personale Sicht 197.
[604] Vgl. LIES, Sakramententheologie. Eine personale Sicht 110.
[605] Die Sakramente – unterstreicht der Autor – bedeuten immer *Koinonia*, denn von ihrem dialogischen Charakter her schließen sie stets eine Gemeinschaft von Personen. Schon als anthropologisch-existenzielle Symbole verweisen sie den Menschen deutlich darauf, dass er nach seiner *Vereindeutigung in den anderen Personen* suchen muss. – Vgl. LIES, Sakramententheologie. Eine personale Sicht 133–134.
[606] Vgl. LIES, Sakramententheologie. Eine personale Sicht 120.

2.2 Der Entwurf von Lothar Lies

Die Geistwirkung hebt die ekklesiologische Dimension der Sakramente hervor – dass sie gemeinschaftsbezogen und so als kirchlich zu verstehen sind. Die Kirchenwerdung und die sakramentale Existenz der Kirche ist jedoch eng auf die Sendung des Heiligen Geistes bezogen; denn der Geist verleiht der Kirche die Überlebensstruktur durch die Einsetzung des Amtes einerseits, aber ‚die letzte Tiefe' seiner Sendung scheint – durch die Eingliederung in Christus – erst in der Entstehung des neutestamentlichen Volkes, mit seinen charismatischen Begabungen, zu liegen (vgl. 1 Petr 2,4–5; Eph 2,16–21; 1 Kor 12,4–11).

In der ekklesiologisch dimensionierten Wirkung des Heiligen Geistes legt der Autor aber den Akzent nicht so sehr auf die Unterschiedlichkeit und Verschiedenheit der charismatisch-institutionellen Strukturen oder Begabungen, sondern vielmehr auf die Eingliederung der Menschen in Christus (vgl. 1 Kor 12,12–13). Die christologische Kristallisation in der Durchführung des pneumatologischen Inhaltes ist bei Lies in diesem Punkt besonders sichtbar. Dies bestätigt z.B. die folgende Aussage:

> *Weil [der] Geist ja auch der Geist des Vaters ist, ist es nicht verwunderlich, daß die Kirche auch die Gemeinde Gottes genannt wird (1 Kor 1,2; 2 Kor 1,1; 1 Kor 10,32; 11,16.22; Gal 1,12). Die Kirche ist als Gemeinde Gottes auch die Gemeinde Christi (Röm 16,16),* **aber vor allem** *sein Leib (Kol 1,24), sein Fleisch, das er liebt (Eph 5,27.29), er selbst das Haupt (Eph 5,23).*[607]

Die Kirche ist dementsprechend vor allem der Leib Christi – und setzt dadurch die Inkarnation voraus –, weil der Sohn Gottes durch seine Leiblichkeit in seiner Personalität den Menschen Raum gegeben hat. Diese inkarnatorische Akzentsetzung muss nicht bedeuten, dass der Lehre von Kirche die Dynamik des Pfingstmysteriums fehlt. Die Kirche – betont Lies – ist der Tempel des Heiligen Geistes, der die Menschen untereinander und sie als Leib in Person mit der Menschheit und der Person des Logos verbindet.

> *Die Kirche ist der soziale Ort der Sendung des Sohnes, der soziale Ort seiner Menschwerdung, seines Todes und seiner Auferstehung. Wer die Leibhaftigkeit Jesu berühren will, der muß die Kirche berühren, besser: sich von der Kirche berühren lassen. Und dies wirkt der Heilige Geist.*[608]

Das kirchliche Christsein – die Vereinigung mit dem Leib Christi – bedeutet demzufolge, dass der Mensch dank der befähigenden Wirkung des Heiligen Geistes dem Logos in sich menschlichen Raum und

---

[607] LIES, Sakramententheologie. Eine personale Sicht 194 (eigene Hervorhebg.).
[608] LIES, Sakramententheologie. Eine personale Sicht 197.

menschliche Stimme zu verleihen vermag. Seine Leiblichkeit in Person wird dadurch zur »Kirchlichkeit in Person«.[609]

Die Sakramente tragen „diese die Leiblichkeit nochmals neu bestimmende Kirchlichkeit", denn „die Leiblichkeit des Menschen und die Leiblichkeit Christi sind durch die Perichorese von menschlichen und göttlichen Personen unvermischt miteinander verbunden und bilden die eine Kirche."[610] Sie können von der Kirche gar nicht getrennt werden, d.h. ohne die Kirche empfangen werden.

Die Sakramente realisieren also die Erlösung, indem sie die Menschen durch die Eingliederung in den Leib Christi über die Person des Geistes in die Person des Logos einbeziehen und sie so »Person in Person werden« lassen. Aufgrund der beiden Sendungen, des Sohnes und des Geistes, können die Sakramente ihre sakramentale Einheit und Kirchlichkeit erhalten, und nicht als „Mittel zur Bildung des Einerlei in der Kirche", sondern als Weise, „die Kirche zu einem sakramentalen Ort der Einheit und Vielheit versöhnter Charismen" zu machen.[611]

A. Taufe

Das Taufsakrament verwirklicht drei Dimensionen der Koinonia: die Gemeinschaft mit dem dreifaltigen Gott, die Gemeinschaft mit dem Tode Christi und die Gemeinschaft der Christen untereinander:

Die Anrufung des dreifaltigen Gottes über den Täuflingen bewirkt, daß sie, besiegelt mit seinem Namen, ihm geweiht sind und in Gemeinschaft treten mit dem Vater, dem Sohn und dem Heiligen Geist.

[...]

Getauft werden heißt nämlich eingepflanzt (Röm 8,15) *werden in den Tod Christi, mitbegraben, mitbelebt und miterweckt werden in ihm. In der Taufe wird das Paschamysterium begangen und vollzogen; in ihr gehen die Menschen vom Tod der Sünde hinüber zum Leben.*

[...]

Zugleich ist die Taufe das Sakrament, durch das die Menschen Glieder der Kirche werden – zu einer Wohnung Gottes im Geist aufgebaut, eine königliche Priesterschaft und ein heiliges Volk. Die Taufe ist das sakramentale Band, das alle zusammenhält, die dieses Zeichen empfangen haben.[612]

---

[609] LIES, Sakramententheologie. Eine personale Sicht 198.
[610] LIES, Sakramententheologie. Eine personale Sicht 198.
[611] LIES, Sakramententheologie. Eine personale Sicht 202. – Dass die Sakramente nicht so gefeiert werden dürfen, dass sie die legitime Vielheit der durch sie geweckten und bestätigten Charismen zerstören, sondern gerade in die Vieleinheit des Leibes Christi einbringen, scheint dem Autor von großer ökumenischen Bedeutung zu sein.
[612] Die Feier der Kindertaufe 11. 10. 10–11. – Nach: LIES, Sakramententheologie. Eine personale Sicht 270.

2.2 Der Entwurf von Lothar Lies

Lies betont zuerst, dass beide Sendungen, die des Geistes und des Sohnes, uns in der Taufe treffen und so unsere Gemeinschaft mit dem dreifaltigen Gott schaffen: In Christus sind wir zu den Priestern, Königen und Propheten berufen, und durch die Wirkung des Heiligen Geistes gehören wir zu einem Volk. Er ist derselbe Geist, der Christus bei der Taufe im Jordan geheiligt hat und jetzt uns im Sakrament der Taufe heiligt. In ihm werden wir wiedergeboren und Christus ähnlich sein, so dass unsere Koinonia mit dem Sohn und dem Geist, damit aber auch mit dem Vater, eine Realität gewinnen kann: »Der Geist nimmt uns in Christus hinein, damit wir beim Vater sind«.[613]

Die Taufe als Koinonia bedeutet also die Gemeinschaft der Glaubenden mit und im dreifaltigen Gott, die eine rechtfertigende Gott-Gemeinschaft im Leibe Christi ist.[614] Die Gerechtfertigten als Teilhaber an der göttlichen Natur sind zu einer Gemeinschaft berufen, um die Heiligung im Leben festzuhalten und sie zu vollenden. In der Taufe entsteht eine wirkliche Gemeinschaft aller Getauften, die im Sakrament geheiligt wurden (Eph 5,26) und den Geist in überreicher Fülle erhalten haben (Tit 3,5).

> *»Durch den einen Geist wurden wir in der Taufe alle in einen einzigen Leib aufgenommen (...); und alle wurden wir mit dem einen Geist getränkt«* (1Kor 12,12f.).

Durch die Wiedergeburt und die Salbung mit dem Heiligen Geist sind die Menschen zu einem geistigen Haus und einem heiligen Priestertum geweiht, um durch ihr Christsein geistige Opfer Gott lobend darzubringen (vgl. 1Petr 2,4–10). Im Heiligen Geist, der die Gabe der Kindschaft schenkt, um Gott Abba, Vater, rufen zu können (Röm 8,15), sind die Getauften zu wahren Anbetern des himmlischen Vaters geworden und zugleich berufen zur vollständigen eucharistischen Gemeinschaft, um ‚Gott für die unsagbar große Gabe dankzusagen' (2Kor 9,15).

In der Taufe-Besiegelung mit dem Heiligen Geist, in der *das Communio-Prinzip* der Kirche liegt, gründet auch – daran erinnert der Autor – *das Amt der Unfehlbarkeit* der Kirche. Diese Unfehlbarkeit, die in den Aussagen des unfehlbaren Lehramtes zum Ausdruck kommt[615], ist nämlich von jenem Heiligen Geist getragen, der allen Getauften mitgeteilt ist. Dieses Amt kommt also der ganzen Kirche zu, weil alle

---

[613] LIES, Sakramententheologie. Eine personale Sicht 296.
[614] Vgl. LIES, Die Sakramente der Kirche. Ihre eucharistische Ausrichtung 84–87.
[615] Vgl. LIES, Die Sakramente der Kirche. Ihre eucharistische Ausrichtung 89–90; vgl. auch: DERS., Eulogische Sinngestalt und Feiergestalt unfehlbarer Aussagen, in: ZKTh 123 (2001) 423–449; vgl. auch: DERS., Zum globalen Verständnis von Ex-Cathedra-Entscheidungen, in: DERS., Silvia HELL (Hg), Papstamt. Hoffnung, Chance, Ärgernis. Ökumenische Diskussion in einer globalisierten Welt (Innsbruck 2000) 167–189.

Getauften an der Kraft desselben Geistes teilhaben. Lies unterstreicht in diesem Punkt das Ergebnis des Lima-Dokuments:

> *Der Heilige Geist ist am Werk im Leben der Menschen vor, bei und nach ihrer Taufe. Es ist derselbe Geist, der Jesus als den Sohn offenbarte* (Mk 1,10–11) *und zu Pfingsten die Jünger mit Kraft ausrüstete und sie vereinte* (Apg 2). *Gott verleiht jedem Menschen die Salbung und Verheißung des Heiligen Geistes, kennzeichnet sie mit seinem Siegel und prägt in ihre Herzen das Angeld ihres Erbes als Söhne und Töchter Gottes ein. Der Heilige Geist stärkt das Leben des Glaubens in ihren Herzen bis zur endgültigen Erlösung, wenn ihnen diese vollkommen zuteil werden wird zum Lobe der Herrlichkeit Gottes* (2Kor 1,21–22; Eph 1,13–14).[616]

B. Firmung

Die im Heiligen Geist gestiftete und in Christus begründete Koinonia zwischen dem dreifaltigen Gott und den Menschen realisiert sich in diesem Sakrament, insofern der Geist die Getauften vertieft in das Leben Jesu Christi hineinnimmt und mit ihm verbindet. Der Ort dieser Realisierung ist die Kirche, die in ihren Mitgliedern zur Zeugenschaft Christi getauft ist.

Die Geistwirkung in diesem Sakrament – im Kontext der ekklesiologischen Wichtigkeit – bezieht sich deswegen vor allem auf die gemeinsame priesterliche Befähigung der Glaubenden zur Teilnahme an der Eucharistie wie auch auf die Befähigung zur Verkündigung des Kreuzes Jesu Christi.[617] Der Geist, der die Menschen bei aller Vielfalt der Berufungen in der Einheit des Glaubens zusammenführt und heiligt, festigt die Kirche in der Verbindung mit Christus und im Bekenntnis des Kreuzes. In diesem Sakrament führt der Heilige Geist die Glaubenden zu einer noch tieferen und lebendigeren Gemeinschaft mit dem Leib Christi und verwirklicht noch mehr die Teilhabe der Gläubigen an dem Priester-, Propheten- und Königsamt Christi. Diese christologische Dimension der Firmung sollte nach Lies nicht vernachlässigt werden. Der Autor bewahrt vor einem modalistischen Gottesbild, wenn einzelne Sakramente zu stark einer der göttlichen Personen appropriiert werden.[618]

---

[616] Aus dem Lima-Dokument: Taufe, Eucharistie und Amt. Konvergenzerklärungen der Kommission für Glauben und Kirchenverfassung des Ökumenischen Rates der Kirchen: C. Die Gaben des Geistes, Nr. 5. – Zit. nach: LIES, Die Sakramente der Kirche. Ihre eucharistische Ausrichtung 90.

[617] LIES, Sakramententheologie. Eine personale Sicht 297; vgl. DERS., Die Sakramente der Kirche. Ihre eucharistische Ausrichtung 96–100.

[618] „*In einer Firmtheologie müsste also herausgearbeitet werden, was der Vater tut, was der Sohn tut und was der Heilige Geist tut*" – damit verweist der Autor auf die bisher ungelösten Fragen der trinitarischen Theologie. – Vgl. LIES, Sakramententheologie. Eine personale Sicht 298; vgl. DERS., Die Sakramente der Kirche. Ihre eucharistische Ausrichtung 94–96.

2.2 Der Entwurf von Lothar Lies

Die pastoralen Vorbemerkungen zur Feier der Firmung unterstreichen die pneumatologisch-ekklesiologische Dimension des Sakramentes. Durch die besondere Teilhabe am Heiligen Geist vermittelt das Firmsakrament die Koinonia mit dem Leibe Christi und befähigt die Empfänger zum Zeugnis von dieser kirchlichen Gemeinschaft:

> *Durch das Sakrament der Firmung empfangen die in der Taufe Wiedergeborenen die unsagbar große Gabe, den Heiligen Geist, durch den sie mit einer besonderen Kraft ausgestattet und – durch das Prägemal dieses Sakramentes besiegelt – vollkommener der Kirche verbunden und strenger verpflichtet werden, den Glauben als wahre Zeugen Christi in Wort und Tat zu verbreiten und zu verteidigen. Schließlich steht die Firmung mit der Eucharistie so eng in Verbindung, daß die Gläubigen, die bereits durch Taufe und Firmung besiegelt sind, im Empfang der Eucharistie dem Leibe Christi voll eingefügt werden.*[619]

> *In diesem Sakrament empfangen die Getauften den Heiligen Geist, der ausgegossen und am Pfingstfest vom Herrn über die Apostel gesandt wurde. Durch diese Gabe werden sie vollkommener Christus ähnlich: sie werden gestärkt, für ihn Zeugnis abzulegen zur Auferbauung seines Leibes in Glaube und Liebe.*[620]

Die Firmung als Mitteilung des Geistes, die das Priestertum aller Gläubigen vollendet, verbindet sie zugleich mit dem apostolischen Amt der Kirche. In dieser ekklesiologischen Dimensionierung des Sakramentes bezeichnet sich die Glaubensüberzeugung, dass das apostolische Amt von dem Glauben aller Getauften und Gefirmten nicht zu trennen ist[621] und – gegenüber den Reformatoren wie auch allen antiklerikalen und antisakramentalen Charismatikern – dass die Wirksamkeit des Heiligen Geistes sich auch an Riten und Ämter binden kann, denn der Geist der Firmung ist der Geist der Apostel und der Geist der Kirche.[622]

---

[619] In: Die Feier der Kindertaufe 13. – Nach: LIES, Sakramententheologie. Eine personale Sicht 271.

[620] Die Feier der Firmung 19. – Nach: LIES, Sakramententheologie. Eine personale Sicht 271.

[621] Der Autor erklärt in diesem Kontext das Dogma von ‚*ex cathedra*' des Römischen Bischofs. Die Unfehlbarkeit des Papstes: ‚*ex sese*' und nicht ‚*ex consensu ecclesiae*' bedeutet, dass seine Verlautbarung immer aus jenem Heiligen Geist ist, der dem Glauben aller Christen zukommt und den Konsens ermöglicht. Der Heilige Geist aber – betont Lies – „muss sich nicht applaudieren und gewissermaßen mit seiner einen Hand in seine andere klatschen". – LIES, Die Sakramente der Kirche. Ihre eucharistische Ausrichtung 97; vgl. auch: DERS., Eulogische Sinngestalt und Feiergestalt unfehlbarer Aussagen, in: ZKTh 123 (2001) 423–449.

[622] Vgl. LIES, Die Sakramente der Kirche. Ihre eucharistische Ausrichtung 98; vgl. DERS., Die Sakramente der Kirche. Ihre eucharistische Ausrichtung 106–107.

Die Firmung – betont Lies – ist kein kirchliches Pfingsten des Einzelnen. Sie verweist vielmehr auf eine Dimension und Wirklichkeit, die die Einzelnen als Gemeinschaft betrifft. Sie drückt nämlich ‚die Ordnung des Heiligen Geistes' einer leiblich verfassten Kirche Christi aus. Die Geistbegabung bedeutet daher die Befähigung zum gegenseitigen Verstehen und des Hörens aufeinander (vgl. Gal 5,22), so dass unter den verschiedensten Sprachen und Ideen ‚die Ordnung des Friedens' entstehen kann. Der Geist, der unterschiedene Gaben in der Kirche und für sie verteilt (vgl. Eph 1,17–19; Apg 2,17.18), ist nämlich der Geist der Friedens und der Versöhnung.

In dieser Ordnung des Heiligen Geistes kann die Kirche ihr Glaubensverständnis immer tiefer begreifen und der innigen Verbindung mit ihrem Ursprung immer bewusster sein. Und als Tempel des Heiligen Geistes, in dessen Kraft die Wiedergeburt ihrer Mitglieder geschieht, nimmt sie schon teil am ‚Andringen der Neuen Schöpfung' (Hebr 10,15).[623]

Sie fühlt sich der Aufgabe verpflichtet, diesen in der Firmung mitgeteilten Geist Gottes auch weiterzugeben. Und sie tut das, indem sie mit ihrem Zeugnis für das Evangelium allen Menschen dient.

Die Weitergabe des Heiligen Geistes – darauf verweist Lies – kann die Kirche in eine ‚offene Gemeinschaft' bilden. Denn die Gemeinschaft im Geist Christi ist eine Gemeinschaft der ‚offenen' Freiheit, d.h. die Gemeinschaft der von Sünde und von ‚Selbstbesetzung' befreiten Menschen (vgl. Röm 8,14–17), die befähigt sind, offen zu bleiben für neue Erkenntnisse und Aufgaben.[624]

C. Eucharistiefeier

In der Eucharistiefeier entsteht die Gemeinschaft mit Gott und unter den Menschen. Diese gemeinschaftliche Wirklichkeit ist das Werk des Heiligen Geistes, der in Christus alle Menschen einigt.

Die Pneumatologie – meint Lies – verhilft der Theologie der Eucharistie dazu, eine wichtige Aufgabe zu erfüllen: kritisch den Heilsindividualismus zu beleuchten, bei welchem die kirchenstiftende Relevanz des Sakramentes in Vergessenheit gerät. Sie erinnert nämlich an die Wirkung und Wirksamkeit des Heiligen Geistes, der die Menschen in jeder Eucharistiefeier immer tiefer in ‚den sozialisierten Leib Christi' hineinbindet.[625]

Der Heilige Geist ermöglicht im eucharistischen Geschehen das »Innesein« der Menschen in ihrer leibhaftigen Existenz im Leibe des Sohnes Gottes. So entsteht ein Fest der Einheit, die der Geist allen Feiernden

---

[623] Vgl. LIES, Die Sakramente der Kirche. Ihre eucharistische Ausrichtung 98.
[624] Vgl. LIES, Die Sakramente der Kirche. Ihre eucharistische Ausrichtung 108.
[625] Vgl. LIES, Sakramententheologie. Eine personale Sicht 299–300.

mitteilt. Dieses Fest der Einheit ist ‚Fest des gegenseitigen Schenkens von Lebensraum':

> *Vater und Sohn geben im Heiligen Geist den Menschen Raum, Lebensraum, Zukunft, und die Menschen geben im Heiligen Geist dem Vater und dem Sohn in sich Lebensraum.*[626]

Der von Gott eröffnete Raum, Lebensraum und Zukunft heißt zugleich für den Menschen seine Befreiung von dem, was ihn „an seine Vergangenheit bindet, ihm keinen Lebensraum, keinen Atem und keine Zukunft lässt". Diese Befreiung des Menschen von seiner ‚selbstverschuldeten Unfreiheit' verhilft zu einer glaubwürdigen und selbstlosen Gemeinschaft mit Gott und den Menschen. Und sie geschieht im Sakrament der Eucharistie dank der wirkenden Kraft des Heiligen Geistes.[627]

D. Buße

Die sakramentale Koinonia hat viele Dimensionen. Sie verweist auf die entstehende Vereinigung des büßenden Menschen mit sich selbst, mit den anderen Menschen wie auch mit dem auferstandenen Christus, in dem erneut die Gemeinschaft des Menschen mit dem dreipersonalen Gott zustande kommt. Die sakramentale Verwirklichung der Versöhnungstat Christi am Kreuz im Heiligen Geist ist gerade ein Moment der Selbstfindung und Identitätsbestätigung jedes einzelnen Menschen, der im dreipersonalen Gott mehr Gemeinschaft mit sich selbst und mit den anderen Menschen erfahren darf und so mehr zur Person wird.[628]

In der sakramentalen Buße zeigt sich die Heilssolidarität der Menschen, die sich ‚aus der Kraft der Liebe Gottes und als deren Ausdruck' um die Bekehrung bemühen.[629] Der Heilige Geist erwirkt diese Solidarität und Gemeinschaft unter den Menschen, die auch eine ekklesiologische Wirklichkeit ist, denn die Versöhnung mit Gott gehört zur ‚Kompetenz' der Kirche; sie wird durch den Dienst der Kirche erbeten und gewährt.[630]

Diese entscheidend ekklesiologisch-gemeinschaftliche Funktion und Wirklichkeit des Sakramentes entspringt auch aus den persönlichen Erfahrungen der Büßenden. Die erlebte Versöhnung drängt nämlich dazu, die heilende Begegnung mit Christus den anderen zu ihm Gehörenden

---

[626] LIES, Die Sakramente der Kirche. Ihre eucharistische Ausrichtung 59.
[627] LIES, Die Sakramente der Kirche. Ihre eucharistische Ausrichtung 59.
[628] Vgl. LIES, Die Sakramente der Kirche. Ihre eucharistische Ausrichtung 138.
[629] Vgl. LIES, Die Sakramente der Kirche. Ihre eucharistische Ausrichtung 139.
[630] Kongregation für den Gottesdienst, Pastorale Einführung zum Ordo paenitentiae 19, in: Die Feier der Buße 20. – Nach: LIES, Die Sakramente der Kirche. Ihre eucharistische Ausrichtung 128.

mitzuteilen. Eine solche Erfahrung – meint der Autor – „kann nicht allein in unserem Herzen vergraben sein, darf nicht allein unser Besitz sein. Eine solche Erfahrung ist uns geschenkt, um anderen Mut zu machen, auch diese Begegnung mit Christus zu wagen, sich ihm auszusetzen und sich heilen zu lassen. Aus Jubel und Dankbarkeit gegenüber Gott entsteht der Wunsch, das Bekenntnis von der vergebbaren Schuld, von den heilbaren Verletzungen nun der Gemeinde vorzutragen."[631]

Das Bußsakrament als ‚eschatologischer Versöhnungs- und Umkehr-Ruf des dreifaltigen Gottes in Christus' ist demzufolge eine Wiederherstellung der Koinonia sowohl mit dem dreifaltigen Gott wie auch mit der Kirche.[632]

> *Durch das Bußsakrament nimmt also der Vater den Sohn wieder an, der zu ihm zurückkehrt: Christus nimmt das verlorene Schaf auf seine Schultern und trägt es zur Herde zurück; der Heilige Geist heiligt von neuem seinen Tempel und wohnt in größerer Fülle in ihm. Das kommt durch die neuerliche oder intensivere Teilnahme am Tisch des Herrn zum Ausdruck. Denn beim Festmahl der Kirche Gottes herrscht Freude über den aus der Fremde heimgekehrten Sohn.*
>
> *[...]*
>
> *Im Bußsakrament aber erhalten die Gläubigen für die Gott zugefügten Beleidigungen von seiner Barmherzigkeit Verzeihung und werden zugleich mit der Kirche versöhnt, die sie durch die Sünde verwundet haben und die zu ihrer Bekehrung durch Liebe, Beispiel und Gebet mitwirkt.*[633]

Lies verbindet die ekklesiologische Wirklichkeit des Bußsakramentes mit der eschatologischen Dimension des Heiles, denn „der Kirche und ihrem Amt kommt eine eschatologische Kompetenz der Versöhnung zu".[634] Die Kirche bestätigt diese ‚Kompetenz', wenn sie dem Bekehrten ihren Frieden verleiht. Sie als Ort der grundlegenden Gegenwart Gottes ist zugleich ein Ort des Friedens und der Versöhnung ihrer Mitglieder. Gemeinschaft an der Heiligkeit Gottes fordert daher auch den Frieden mit der kirchlichen Gemeinschaft.

Dementsprechend interpretiert der Autor das neutestamentliche Binden- und Lösen-Wort (Mt 18,15–18; vgl. 16,18–19) – generell auf das Amt bezogen, welches aber auch der Gemeinde zukommt, weil sie bei den Sünden der Einzelnen mitbetroffen ist (vgl. 2Kor 2,5–11). Er meint, dass in schwierigen Fällen der ‚Verstocktheit' und ‚Unbußfertigkeit' –

---

[631] LIES, Sakramententheologie. Eine personale Sicht 357.
[632] LIES, Die Sakramente der Kirche. Ihre eucharistische Ausrichtung 122.
[633] Die Feier der Buße 14. 11f. – Nach: LIES, Sakramententheologie. Eine personale Sicht 271.
[634] LIES, Die Sakramente der Kirche. Ihre eucharistische Ausrichtung 122. 124–125.

2.2 Der Entwurf von Lothar Lies

aufgrund der Teilhabe an dem gleichen österlich-pfingstlichen Geist – Amt und Gemeinde zusammen wirken müssen (vgl. 1Kor 5,4–5).[635]

Diese Versöhnungskompetenz der Kirche in ihrem Amt hat einen österlichen Charakter. Die Kirche verleiht ‚die Leben schaffende Christus-Macht österlicher Auferstehung' und den Geist von Pfingsten (vgl. Joh 20,19–23), und sie tut das, ohne sich nur auf die Verkündigung des Wortes Gottes zur allgemeinen Umkehr zu beschränken.

Die Kirche – betont der Autor – kann auch für die Sünder ‚mit mütterlicher Sorge und Aufmerksamkeit' eintreten, damit sie ihre Sünden erkennen und bekennen, und so die Barmherzigkeit Gottes erlangen.[636] In dieser Aufgabe der Kirche ist vor allem die Fähigkeit ihrer Amtsträger zur Unterscheidung der Geister gefordert: „Denn bei der Unterscheidung der Geister geht es um eine tiefe Erkenntnis des Wirkens Gottes im Herzen der Menschen; sie ist eine Gabe des Heiligen Geistes und die Frucht der Liebe (vgl. Phil 1,9–10)."[637] Die spirituelle Kompetenz geistlicher Unterscheidung des Beichtvaters ist in dieser Sicht der ‚Ort' der Geistwirksamkeit. Die Unterscheidung im Richteramt des Priesters und im Umkehrprozess des Sünders sind nämlich die Werke desselben Geistes Gottes, der „im Sünder Reue und Umkehr bewirkt und im Priester wahrnimmt, ob Reue und Umkehrwille von ihm gewirkt und damit echt sind oder nicht".[638]

Damit wird die Sündenvergebung aber nicht zum Werk der Kirche erklärt, sondern gerade zum Ort der Begegnung des Sünders mit Gott, der die Gesten der Versöhnungsbereitschaft seitens des Menschen annimmt und ihm in ihnen entgegenkommt.

In dieser Optik ist auch der Büßer nicht mehr ein passiver Empfänger. Ihm kommt in kirchlicher Feier eine das Sakrament konstituierende Aufgabe zu. Er übt nämlich sein gemeinsames Priestertum aus, indem er „in der richtigen Verfassung dieses von Christus eingesetzte Heilsmittel gebraucht und seine Sünden bekennt". In diesem Sinne hat er „Anteil am sakramentalen Geschehen selbst, das der Priester durch die im Namen Christi erteilte Lossprechung vollendet. So feiert der Gläubige, der die Barmherzigkeit Gottes an sich erfährt und für sie Zeugnis ablegt, zusammen mit dem Priester den Gottesdienst der sich ständig erneuernden Kirche."[639]

---

[635] Vgl. LIES, Die Sakramente der Kirche. Ihre eucharistische Ausrichtung 122–127. 125.
[636] Vgl. LIES, Die Sakramente der Kirche. Ihre eucharistische Ausrichtung 123. 124.
[637] Kongregation für den Gottesdienst, Pastorale Einführung zum Ordo paenitentiae 10, in: Die Feier der Buße 16. – Nach: LIES, Die Sakramente der Kirche. Ihre eucharistische Ausrichtung 124.
[638] LIES, Die Sakramente der Kirche. Ihre eucharistische Ausrichtung 125.
[639] Kongregation für den Gottesdienst, Pastorale Einführung zum Ordo paenitentiae 11, in: Die Feier der Buße 17. – Nach: LIES, Die Sakramente der Kirche. Ihre eucharistische Ausrichtung 123.

Die ekklesiologische Tiefe des Sakramentes wird besonders in der gemeinschaftlichen Feier hervorgehoben: durch das gemeinsame Hören des Wortes Gottes und das gemeinsame Gebet im Prozess des Gewissenserforschung wie auch in der gemeinsamen Lobpreisung Gottes nach der erfahrenen Vergebung der Sünden durch die individuell erteilte Lossprechung.[640]

Der Gemeinschaftscharakter des Sakramentes wird auch nicht in den ‚Bußwerken' des einzelnen Pönitenten nivelliert. Da sie immer in den kirchlich-sakramentalen Bußablauf einbezogen werden, bedeutet dies, dass das Sakrament der Versöhnung in all seinen Elementen und Phasen die individuell-personale Dimension der Buße überschreitet. Es ist eine Feier der ganzen Kirche und hat stets eine ekklesiologische Bedeutung für die und den Feiernde(n).

E. Krankensalbung

Die Koinonia des Sakramentes realisiert sich auf verschiedenen Ebenen. Es entsteht vor allem die heilsbedeutsame Gemeinschaft des Menschen mit dem dreifaltigen Gott. Durch den Heiligen Geist ist der Mensch in die Person des leidenden Christus aufgenommen und so auch mit dem himmlischen Vater verbunden. Diese Christusgemeinschaft im Heiligen Geist wird aber auch zur Auferstehungsgemeinschaft, indem die Krankensalbung in der mit ihr verbundenen Wegzehrung den eucharistischen Auferstehungsglauben bekennt.[641]

Krankensalbung ist in das Ganz-Sakrament Kirche eingebettet und daher ein kirchlicher Vollzug. Der ekklesiologisch-gemeinschaftliche Charakter des Sakramentes ist begründet: einerseits in der menschlichen Gemeinschaft, zu welcher der Kranke gehört und aus welcher er möglicherweise herausgerissen werden wird, und andererseits in der Heilssorge der Kirche, die sich solidarisch mit dem Betroffenen fühlt (vgl. 1Kor 12,26) und den Anruf erkennt, das, was in den Sakramenten verkündet und gefeiert wird, auch in ihrem Tun zu verwirklichen.

Durch die Krankensalbung und das Gebet der Priester empfiehlt die ganze Kirche die Kranken dem leidenden und verherrlichten Herrn, so daß er sie aufrichte und rette (vgl. Jak 5,14–16), ja sie ermahnt sie, sich bewußt mit dem Leiden und dem Tode Christi zu vereinigen (vgl. Röm 8,17; Kol 1,24; 2 Tim 2,11–12; 1 Petr 4,13) und so zum Wohle des Gottesvolkes beizutragen.[642]

---

[640] Vgl. Kongregation für den Gottesdienst, Pastorale Einführung zum Ordo paenitentiae 22, in: Die Feier der Buße 21. – Nach: LIES, Die Sakramente der Kirche. Ihre eucharistische Ausrichtung 140.

[641] Vgl. LIES, Die Sakramente der Kirche. Ihre eucharistische Ausrichtung 153–154.

[642] Die Feier der Krankensakramente 13. – Nach: LIES, Sakramententheologie. Eine personale Sicht 272.

Krankensalbung hat also einen ekklesiologischen Bezug auch deswegen, weil der Kranke zu besonderer Anwesenheit Christi in der Kirche wird. Der christliche Glaube geht davon aus, dass seine Kirche sich auch in den leidenden Kranken bildet und dass die Kranken mit dem leidenden Leib Christi verbunden sind. Die Krankheit und der Tod bedeuten deswegen nicht mehr ‚die Vereinzelung des Menschen', sondern vielmehr eine Weise ‚der Vergemeinschaftung mit Christus und mit all den Menschen, die mit ihm verbunden sind'. Auf diese universelle Dimension verweist ganz deutlich das apostolische Wort: »Ob wir leben oder ob wir sterben, wir gehören dem Herrn« (Röm 14, 8b).[643]

Die Krankensalbung ist ein ‚katholisches' Sakrament, weil es ‚die universelle Gegenwart der Sendung des Geistes und des Sohnes [im Kranken] und in der Kirche über alle Krankheit und allen Tod hinaus' feiert.[644]

Die gemeinschaftliche Feier des Sakramentes wie seine Spendung innerhalb der Eucharistie unterstreichen die ekklesiologische Wirklichkeit des Sakramentes, denn „Krankensalbung und Eucharistie sind ähnlich verbunden wie die Feier des eucharistischen Leibes mit der ganzen Kirche als dem Leibe Christi."[645]

In diesem Sakrament entsteht die kirchliche Gemeinschaft auch in der mystischen Weise: Die Kraft des Heiligen Geistes, die aus dem Sterben Jesu kommt, vollzieht nämlich die in der Taufe angefangene Christusgehörigkeit der Glaubenden und führt sie zur eschatologischen Hoffnung in der Auferstehungsgemeinschaft. Es ist Moment der Transsituation, Transfinalisation und Transsignifikation des Menschen, in dem er dank der den Tod überwindenden Stärke Christi und dank der Aufrichtung und Stärkung durch den Geist seinem endgültigen Ziel in Hoffnung entgegen gehen kann: um ‚nicht mehr sich selbst zu leben', sondern dem dreifaltigen Gott. Es bewahrheiten und verwirklichen sich in diesem Sakrament – betont Lies – diese gerade eucharistischen Worte, dass »*wir nicht mehr uns selber leben, sondern ihm, der für uns gestorben ist [... und] die Gabe des Heiligen Geistes gesandt [hat], der uns in unseren Anfechtungen kräftigt, den Glauben festigt und uns in den Krisen unseres Lebens aufrichtet. So bringen wir dir, himmlischer Vater, Jesu Hingabe an uns in seinem geschundenen und leidvollen Leben und seine Sendung des Geistes zur Fülle des Lebens dar*« (analog zum IV. Hochgebet).[646]

---

[643] LIES, Sakramententheologie. Eine personale Sicht 364.
[644] Vgl. LIES, Sakramententheologie. Eine personale Sicht 364.
[645] LIES, Sakramententheologie. Eine personale Sicht 365. Vgl. DERS., Die Sakramente der Kirche. Ihre eucharistische Ausrichtung 148–150.
[646] LIES, Die Sakramente der Kirche. Ihre eucharistische Ausrichtung 155. 157.

F. Weihesakrament

Das dreifache Dienstamt ist sui generis gemeinschaftsorientiert. Es hat einen ekklesiologischen Charakter aufgrund seiner Unterordnung und seiner Ausrichtung auf das gemeinsame Priestertum aller Getauften. Es besagt nicht nur die kirchliche Gemeinschaft (indem es etwas von der Kirche zeigt, die in Christus geeint ist), sondern es bildet sie auch. Der Amtsträger ist auf eine ekklesial-universale Wirklichkeit bezogen. Er gehört zu einem ‚ordo' – zu einer wirklichen Gemeinschaft, die auf die Gesamtkirche ausgerichtet ist. Das Amt kann er nicht ‚individuell' ausüben, sondern immer nur in Verbundenheit mit den anderen Geweihten. Das Leben und Wirken des Amtsträgers sollte deswegen ganz vom Geist der Katholizität geprägt sein, d.h. „vom Bewusstsein der universalen Sendung der Kirche, so dass er alle Gaben des Geistes bereitwillig anerkennt, ihnen Raum zu ihrer Entfaltung gewährt und sie auf das Wohl aller hinlenkt."[647]

Die ekklesiologische Bedeutung und gesamtkirchliche Orientierung des Amtes wird nach Lies in der Aussage des Lima-Dokumentes (1982) des Weltkirchenrates ganz auf den Punkt gebracht:

> *Die hauptsächliche Verantwortung des ordinierten Amtes besteht darin, den Leib Christi zu sammeln und aufzuerbauen durch die Verkündigung und Unterweisung des Wortes Gottes, durch die Feier der Sakramente und durch die Leitung des Lebens der Gemeinschaft in ihrem Gottesdienst, in ihrer Sendung und in ihrem fürsorgenden Dienst.*[648]

Die gemeinschaftliche Dimension des Ordo wird in der Weiheliturgie eines Bischofs sichtbar: der eucharistische Kontext der Ordination; Versammlung und Teilnahme der ganzen Ortskirche in ihren Repräsentanten; Ausdruck der Verbundenheit mit der himmlischen Kirche in der Heiligen-Litanei. Ähnliche Elemente kommen zum Ausdruck bei der Priesterweihe: Händeauflegung durch alle teilnehmenden Priester, um den gleichen gemeinsamen Geist des Presbyteriums auszudrücken; die große Litanei zu allen Heiligen, um den Geist der ganzen Kirche, an dem alle Heiligen teilhaben, auszudrücken.

Das kirchliche Amt ist durch die Salbung des Heiligen Geistes eine sakramentale Wirklichkeit, die den Amtsträger Christus gleichförmig macht und ihn befähigt, in der Person Christi zu handeln (vgl. PO 2). Das Amt ist deswegen Zeichen der Gegenwart Christi, des Hauptes. Die Epiklese der Weihe bittet um die präsentische Dimension des Heiles in

---

[647] Die Aussage der römischen Bischofssynode. – Zit. nach: LIES, Die Sakramente der Kirche. Ihre eucharistische Ausrichtung 192–193.
[648] Zit. nach: LIES, Die Sakramente der Kirche. Ihre eucharistische Ausrichtung 175.

der Person und im Handeln des Amtsträgers und verweist dadurch deutlich auf die Koinonia des Geweihten mit Christus.

Diese aus der *Repraesentatio Christi* entstehende Koinonia im Amtsträger ist die Grundlage für den Aufbau der ganzen Kirche zum geistigen Tempel, so dass die Koinonia des Gottesvolkes mit Christus zustande kommen kann. Im Vollzug des Amtes nämlich „nimmt Christus die Menschen in seinen geistdurchwirkten, auferstandenen und doch hier fortlebenden Leib hinein."[649] Die reale Aktualpräsenz Christi im Amtsträger ist in ihrer innersten Zielsetzung gerade auf diesen Dienst für die Koinonia der ganzen Kirche mit Christus ausgerichtet: »Dann wird das christliche Volk im Heiligen Geist zum lebendigen Opfer, wie es Gott gefällt.«[650]

Außer der Christusrepräsentanz ist also auch die Repräsentanz der Wirksamkeit des Geistes mit dem Amt verbunden. Denn der Amtsträger steht im Dienst sowohl an Christus wie auch an dem Heiligen Geist in der Gemeinde der Glaubenden. Das Amt ist daher ein Zeugnis und ein Zeichen für die Glaubenden, dass sie das im Heiligen Geist geeinte Volk Gottes sind. Es verweist auf die Gemeinschaft der Menschen im Leibe Christi und so im dreifaltigen Gott. Deswegen kann in ihm, insofern es Gottes Heilstun repräsentiert, der dreifaltige Gott den Menschen begegnen. Als Christus- und zugleich Geistzeichen repräsentiert das Amt einerseits die Gemeinde und Kirche, wie deren Fundament in Christus, und andererseits Christus als das Haupt der Kirche. Diese Doppel-Repräsentanz durch das priesterliche Amt ist von entscheidender Bedeutung, weil sie die Kirche ‚als die in Christi heiligender Gegenwart auserwählte eschatologisch-sieghafte Heilsgemeinde (Hebr 12,22f.)' erweist.[651]

In der sakramentalen Weihe zum Priesteramt – unterstreicht Lies – drückt sich nicht nur der Glaube der Kirche an die Gegenwart des Sohnes und des Geistes aus, sondern auch ihre Dankbarkeit dem himmlischen Vater gegenüber. Diese Dankbarkeit realisiert die Kirche in der im Geist vollzogenen Darbringung Jesu Christi, des eigentlichen Amtsträgers, zu dem himmlischen Vater.

Es ist dem Autor wichtig, diesen Aspekt in der Weihe zu enthüllen, um das Sakrament jeder triumphalistischen Definition des Amtes noch entschiedener zu entreißen. Denn dieses Sakrament sollte vor allem zu Gott dem Vater hin öffnen. Im Amtsträger, in seiner Person und seinem Handeln, muss ‚die sakramental personalisierte Verherrlichung Gottes' zum Vorschein kommen.[652] Die Ausübung des Amtes – betont er – muss

---

[649] LIES, Sakramententheologie. Eine personale Sicht 323.
[650] Liber de Ordinatione 16. – Nach: LIES, Sakramententheologie. Eine personale Sicht 322.
[651] LIES, Die Sakramente der Kirche. Ihre eucharistische Ausrichtung 164.
[652] LIES, Sakramententheologie. Eine personale Sicht 324.

so verstanden werden, dass die Priester die Gläubigen zu einer Familie Gottes sammeln und sie durch Christus im Geiste zu Gott, dem Vater, führen. Das Ziel der Begegnung Gottes mit den Menschen kann dementsprechend nicht das Amt selbst sein, sondern die Gemeinschaft der Glaubenden. Sie ist Adressat des Rufes Christi und Ziel der Sendung des Geistes. Das Amt ist ihr dienend untergeordnet, um sie zu vergrößern, zu vertiefen und zu festigen.

G. Ehe

Als sakramentale Begegnung ist die Ehe nicht nur ein Zusammensein der Ehepartner, sondern auch eine Koinonia zwischen ihnen und dem dreifaltigen Gott. Diese Koinonia entspringt der Wirkung des Geistes, der die Eheleute in Liebe und Treue bewahrt und sie einigt. Dieser Geist des Gebundenseins ist immer auch ein Geist des Freilassens, das nicht ein ‚Fortschicken' oder ein ‚Vereinsamenlassen' der Partner bedeuten soll, sondern ein ‚Freigeben aus Selbstlosigkeit'. Dieses ‚freie Hinschenken aneinander' und ‚gegenseitige Selbstgewähren' in der Ehe ist die Frucht des Geistes, der die Eheleute mit Christus verbindet und sie an seiner am Kreuz vollzogenen Hingabe partizipieren lässt.[653]

Die Ehe ist ein gemeinschaftlicher Heilsweg, der auch eine ekklesiologische Dimension hat, weil die Menschen, die in Liebe und Treue zusammenhalten, dadurch auch auf die Kirche verweisen, die ebenfalls von Liebe und Treue zusammengehalten wird.

Die Koinonia der Partner wird zum sakramentalen Zeichen der Koinonia mit Christus, die allen denen zukommt, die in der Kirche, dem Leibe Christi, leben:

> *So ist die sakramentale Ehe dauernde Lebensgemeinschaft von Mann und Frau, die aufgrund der Eingliederung in die Gemeinschaft der Kirche am Leben Christi teilhaben. Sie ist ein Zeichen seines Heiles. Denn in diesem Sakrament wird in einzigartiger Weise das Mysterium der Einheit und Liebe zwischen Christus und der Kirche zum Ausdruck gebracht. Die christliche Ehe ist ein bleibendes Sakrament. Es nimmt seinen Anfang im Versprechen bleibender Liebe und Treue durch Braut und Bräutigam. In der Feier der kirchlichen Trauung wird es vor Gott und vor der Gemeinschaft der Kirche bekundet und rechtswirksam gemacht. Durch die eheliche Lebensgemeinschaft wird es volle Wirklichkeit.*[654]

---

[653] LIES, Die Sakramente der Kirche. Ihre eucharistische Ausrichtung 216. 219.
[654] Die Feier der Trauung in den katholischen Bistümern des Deutschen Sprachgebietes. Herausgegeben im Auftrag der Bischofskonferenzen Deutschlands, Österreichs und der Schweiz sowie der Bischöfe von Luxemburg, Bozen-Brixen und Lüttich (Einsiedeln 1975) 10. – Nach: LIES, Sakramententheologie. Eine personale Sicht 273–274.

Die Ehe ist also Realsymbol der Liebe Christi zur Kirche (vgl. Eph 5,32). Sie „stellt den wie ein Lamm geopferten Christus mit seiner himmlischen Braut, der Kirche, wirksam dar".[655]

Die Ehe hat wie die Großkirche auch einen apostolischen Charakter. Durch ihre Liebe und Treue, wie auch durch ihre Fruchtbarkeit, verkündet sie die lebendige Gegenwart des Erlösers und die wahre Natur der ganzen Kirche. Der Gemeinschaftscharakter der Ehe drückt sich deutlich gerade durch ihre natürliche Fruchtbarkeit aus, und damit verweist sie – als Bild der Kirche – auf die übernatürliche Fruchtbarkeit des Leibes Christi.

> *Wie in der Ehe die Kinder ins natürliche Leben eintreten und vorbereitet werden zum übernatürlichen Leben, so werden die Kinder im Wasser und im Heiligen Geist durch die Taufe der Kirche geboren zum ewigen Leben. Die Bundes-Liebe des himmlischen Vaters realisiert sich in Christi Leib, der Kirche, durch den Heiligen Geist.*[656]

Angesichts der Bezeichnung der Ehe als Kleinkirche (,ecclesiola') fragt sich der Autor, ob nicht gerade die Ehe ein richtiger Ort ist für die Ausübung der priesterlichen Verantwortung, die aus der Taufe entsteht.

> *In der Kleinkirche (...) wird erfahrbar, wie Gott in der Großkirche den Menschen begegnet. Wäre hier nicht der Ort, die priesterlichen Funktionen des allgemeinen und so gemeinsamen Priestertums anzusiedeln und zu verdeutlichen? Ist die Familie nicht der erste Ort des Katechumenates? Ist nicht dort der Glaube des Kindes noch gänzlich sozialisiert jener der Eltern?*[657]

Lies versucht diese Dimension der Ehe-Theologie zu erwecken, und nicht nur in dem Aspekt der Verantwortungsübernahme für die Entwicklung des Glaubens bei den getauften Kindern. Wenn die Kirche als Ehebund zwischen Gott und den Menschen ein Urbild für die Ehe als Kleinkirche ist, dann müssten in der Ehe – betont der Autor – auch die Heils-Institutionen der Großkirche zur Wirksamkeit kommen. Er meint dabei z.B. das Bußinstitut der Großkirche. Es könnte in der ehelichen Kleinkirche vielleicht gerade durch die gegenseitige Verzeihung der Ehepartner oder auch der Kinder zur Wirksamkeit kommen – als wichtige Voraussetzung des Friedens mit der Großkirche.

Ehe als Zeichen der Erinnerung „an die unverbrüchliche Liebe Gottes zu seinem Volk, aber ebenso an die vielen Fälle der Untreue des Volkes

---

[655] LIES, Die Sakramente der Kirche. Ihre eucharistische Ausrichtung 206.
[656] LIES, Die Sakramente der Kirche. Ihre eucharistische Ausrichtung 207.
[657] LIES, Die Sakramente der Kirche. Ihre eucharistische Ausrichtung 208; vgl. 217–218.

gegenüber dem Bunde Gottes" könnte dementsprechend eine Gemeinschaft gegenseitiger Verzeihung und damit Abbild des göttlichen Verzeihens in der Großkirche sein.[658]

2.2.2.3.2 Die Pneumatologie und die eschatologische Dimension aller Sakramente

Lies konzipiert seine Sakramententheologie in großer ökumenischer Bewusstwerdung. Die Theologie der Reformation sensibilisiert ihn u.a. für eine stärkere eschatologische Dimensionierung der sakramentalen Heilsökonomie. Er stimmt den Reformatoren darin zu, dass die Sakramente nicht über Christus verfügen können, sondern als Symbole der Kirche stets den Verweis auf das Haupt tragen müssen, dessen Leib sie aufbauen.[659]

Auch Pneumatologie lässt seiner Meinung nach die Sakramente gerade unter dieser Rücksicht tiefer erörtern. Denn die Theologie des Heiligen Geistes bringt die eschatologische Wirklichkeit des Heiles mit sich. Und er versucht, diese in einigen historischen Modellen vernachlässigte wichtige Dimension der Sakramente wieder ans Licht zu bringen.

Alle historischen Gefäß- oder Instrumentaltheorien – meint Lies – haben sich vor allem einseitig auf die Eigenwirksamkeit der Sakramente konzentriert und die persönliche Geschichte des Sakramentenempfängers und seine Zukunft nicht beachtet. Die Sakramente sind aber *in fieri* und entfalten ihre ganze Tiefe und Höhe erst im Laufe der Zeit. Die Wirksamkeit der Sakramente bedeutet nicht, dass der Verheißungscharakter der Sakramente ausgeschlossen ist. Denn die objektive Wirksamkeit verbindet sich mit dem personalen Geschehen zwischen Gott und Mensch, so dass eine Geschichte dieser Begegnung entstehen kann.[660]

Der christliche Glaube an die harmonische Perichorese der drei göttlichen Personen, die alles umfassen, verdeutlicht für Lies auch die Tatsache, dass die Suche nach der Vereindeutigung der perichoretischen Begegnung zwischen Gott und Mensch eine Suche nach der eschatologischen Vereindeutigung ist. Erst dann kann die Person des Menschen ihren vollendeten Lebensraum finden. Die Sakramente, insofern sie anthropologische Symbole sind, bleiben deshalb noch verborgene ‚Zeichen der Sehnsucht nach Vereindeutigung in der Aufnahme in das Leben des dreifaltigen Gottes'. Sie bedeuten so viel wie ‚Ruf des Menschen nach der Bleibe in Gott'[661], der den Menschen in seiner dreipersonalen Eindeutigkeit in Begegnung bergen kann.

---

[658] LIES, Die Sakramente der Kirche. Ihre eucharistische Ausrichtung 211.
[659] LIES, Sakramententheologie. Eine personale Sicht 200.
[660] LIES, Sakramententheologie. Eine personale Sicht 34.
[661] LIES, Sakramententheologie. Eine personale Sicht 155.

Die Sakramente müssen auch aus diesem Grund stets auf die eschatologische Wirklichkeit hinweisen, meint der Autor, weil das ganze Sakrament der Kirche seine Heimat im auferstandenen Herrn hat. Alle sakramentalen Funktionen sind daher immer ‚ein Stück Vergehen der Welt'. Ihre Zielsetzung – die Heiligkeit der Menschen – ist erst im auferstandenen Herrn verwirklicht. Darum auch ist der epikletische Ruf der Kirche *Maranatha – Komm, Herr Jesus, komm!* gegenüber dem in den Sakramenten handelnden Christus so bedeutend.[662]

Lies erinnert aber zugleich daran, dass der Gläubige in den Sakramenten schon jetzt Anteil an der Auferstehungswirklichkeit Christi erhält. Denn die Sakramente sind nicht nur anamnetische Realsymbole des Kreuzopfers Christi; sie teilen auch die Früchte dieses Opfers aus.[663] Der eucharistische Glaube an Aktual- und Realpräsenz des auferstandenen und erhöhten Herrn reicht nämlich ‚in das himmlische Hochzeitsmahl' hinein und ist so ‚beginnende Wiederkunft Christi'.[664]

Worin besteht aber – was unsere Untersuchung profilieren sollte – der Zusammenhang zwischen der Pneumatologie und der Eschatologie in der Sakramententheologie?

Die sakramentale Struktur der Kirche ist eschatologisch ausgeprägt, weil das Ganzsakrament Kirche als Braut selbst auf dem Weg zum himmlischen Bräutigam ist. Die Kirche versucht daher, die in den Sakramenten mitgeteilte Geistwirklichkeit als Gabe ‚zur Unterscheidung und Entscheidung der rechten Schritte des Volkes Gottes' auf dem Weg zur ewigen Vollendung zu verstehen.

Der Heilige Geist ist daher der Motor aller aus dem Glauben geborenen Spiritualität in der Kirche. Er ist mit der Besiegelung aller Kirchenmitglieder zugleich der geistliche Begleiter der großen Entscheidungen der Kirche (...). Dieser mit großer Hoffnung auf die Verheißungen ausgreifende Geist der Kirche ist zugleich jene Kraft, die den Glauben zur Liebe vertieft. In dieser Liebe sind die Menschen mit dem dreifaltigen Gott ebenso eins wie untereinander.[665]

Das Wesen der Kirche und damit auch ihrer Sakramente liegt in der Verherrlichung des dreifaltigen Gottes. Es ist eucharistisch – durch die Darbringung des Gotteslobes – und zugleich kosmisch. Die Kirche vollzieht nämlich ihren Dienst so, dass „die Fülle der ganzen Welt in das Volk Gottes, den Leib des Herrn, und den Tempel des Heiligen Geistes

---

[662] Vgl. LIES, Sakramententheologie. Eine personale Sicht 343.
[663] Vgl. LIES, Die Sakramente der Kirche. Ihre eucharistische Ausrichtung 61.
[664] Vgl. LIES, Die Sakramente der Kirche. Ihre eucharistische Ausrichtung 62–66.
[665] LIES, Die Sakramente der Kirche. Ihre eucharistische Ausrichtung 110.

eingehe und in Christus, dem Haupte aller, dem Schöpfer und Vater des Alls alle Ehre und Herrlichkeit erwiesen werde" (LG 17).[666]

Diese eschatologische Ausrichtung der sakramentalen Struktur und Existenz der Kirche ist im Wirken des Heiligen Geistes deshalb begründet, weil er die Menschen schon hier in das Werk und in die Person Christi einführt.[667] Der Heilige Geist lässt sie an der Heiligkeit Gottes teilnehmen und macht sie in diesem Sinne ‚heilig'; er führt die Gläubigen aber nicht nur in den Tod und das Sterben Christi ein, sondern lässt sie auch ihre zukünftige Rettung im auferstandenen Herrn schauen.

Ein eindeutiges eschatologisches Element enthält z.B. das Firmsakrament, das die Gemeinschaft mit Christus stiftet. Die Firmung vermittelt nämlich den Geist, der zwischen Leben und Tod unterscheidet: „Ihr aber seid nicht vom Fleisch, sondern vom Geist bestimmt, da ja der Geist Gottes in euch wohnt. Wer den Geist Christi nicht hat, der gehört nicht zu ihm" (Röm 8,9). Die Geistsendung in diesem Sakrament bewertet Lies deshalb als ‚anfängliche Krisis' und ‚beginnendes Gericht'.[668]

Die im Heiligen Geist gestiftete und in der Firmung gestärkte Gemeinschaft der Getauften ist auch deswegen eine eschatologische Heilsgemeinschaft (vgl. Apg 2,17.18; Joel 3,1.2), weil sie stets die Ankunft des Herrn erwartet (vgl. 2Thess 2,13–14).

Das endzeitliche Wirken des Heiligen Geistes in den Sakramenten – akzentuiert Lies – dient vor allem der Heiligung, der Befreiung und Vollendung des christlichen Lebens. Denn der Geist ist es, *der das Werk Christi weiterführt und alle Heiligung vollendet* (vgl. IV. Hochgebet), und uns ‚auf unsere eschatologische Rettung schauen lässt'[669]. Der Mensch erkennt diesen Geist – insbesondere in der Buße und der Eucharistie – aus der Verheißung des Auferstandenen, dass der tröstende Beistand den Aposteln mitgeteilt wird, um durch sie allen Menschen Buße und Vergebung der Sünden zu verkünden.

Beim Bußsakrament macht der Autor die Bemerkung, dass die sakramentale Begegnung mit Christus auch die Bitte der Kirche an ihn enthält, er möge die Menschen weiterhin begleiten und ihnen seine heilende Gegenwart schenken. Das Sakrament ist insofern nicht nur eine präsentische Wirklichkeit, sondern wird zugleich auch zu einer Verheißung, so dass der von Christus im Heiligen Geist bewirkte Wandlungsprozess des Heiles fortgeführt werden kann.[670] Die Sündenvergebung durch Jesus hat nämlich ganz klar den Anbruch des Reiches Gottes gezeigt (Mk

---

[666] Nach: LIES, Die Sakramente der Kirche. Ihre eucharistische Ausrichtung 184.
[667] Vgl. LIES, Die Sakramente der Kirche. Ihre eucharistische Ausrichtung 106–107.
[668] Vgl. LIES, Die Sakramente der Kirche. Ihre eucharistische Ausrichtung 107–108.
[669] Vgl. LIES, Die Sakramente der Kirche. Ihre eucharistische Ausrichtung 108.
[670] Vgl. LIES, Sakramententheologie. Eine personale Sicht 358–359.

2,8–12; vgl. Mt 9,1–8). Die sakramentale Buße ist deswegen immer „zukunftorientiert und hat die eschatologische Ankunft Christi zur ewigen Seligkeit, aber auch zum Gericht im Auge". Buße – meint Lies – ist „Umkehr zur Zukunft des Reiches Gottes".[671]

Auch die Genugtuung durch die auferlegte Buße hat einen eschatologischen Charakter, weil sie nicht lediglich auf die vergangene Sünde ausgerichtet ist. Das ‚Genugtuungswerk' sollte gerade zur Erneuerung des Lebens beitragen und helfen, sich neu in die Heilsordnung einzufügen und auf die Vollendung der Heilszeit auszurichten.[672]

Die eschatologische Optik scheint auch für die Erklärung der Sakramentalität der Ehe entscheidend zu sein. Ohne diese Perspektive – behauptet der Autor – ist die Unauflöslichkeit des Sakramentes eigentlich nicht zu verstehen. Einerseits verweist die Ehe in ihrem gegenseitigen Hinsterben auf den Tod Christi und andererseits verkündet sie in österlichem Glauben eine solche Liebe in Christus, die alle natürliche Ordnung übersteigt. Durch die gelebte Treue und radikale Hingabe der Partner ist daher die Ehe in der Welt Realsymbol der Hingabe des Bräutigams an seine Braut Kirche und deren eschatologischer Ankunft bei ihr.[673]

Die sakramentale Ehe hat das eschatologische Ziel, die Gemeinschaft der Heiligen im Himmel zu erreichen. Dies verdeutlicht das Trauungsgebet für die Brautleute:

„Am Ende ihres Lebens führe sie in die Gemeinschaft der Heiligen zu dem Fest ohne Ende, das du denen bereitest, die dich lieben".[674]

Eine klare eschatologische Ausrichtung der Ehe – so betont Lies – muss eine dringende Aufgabe der Sakramententheologie auch aus diesem Grund sein, um die tridentinischen Missverständnisse über die ‚selbstverständliche' Vorrangigkeit des Standes der Jungfräulichkeit und des Zölibates vor dem Ehestand zu beseitigen.[675]

Resümee

Lothar Lies hat ein von den Sendungen des Sohnes Gottes und des Heiligen Geistes her entworfenes Erlösungsmodell herausgearbeitet, das lautet:

---

[671] LIES, Die Sakramente der Kirche. Ihre eucharistische Ausrichtung 120.
[672] Vgl. LIES, Die Sakramente der Kirche. Ihre eucharistische Ausrichtung 135.
[673] Vgl. LIES, Die Sakramente der Kirche. Ihre eucharistische Ausrichtung 205. 219.
[674] Die Feier der Trauung in den katholischen Bistümern des Deutschen Sprachgebietes. Hg. im Auftrag der Bischofskonferenzen Deutschlands (...) (Köln ²1992) 1:37. – Nach: LIES, Die Sakramente der Kirche. Ihre eucharistische Ausrichtung 216.
[675] Vgl. LIES, Die Sakramente der Kirche. Ihre eucharistische Ausrichtung 201–202.

2 Pneumatologisch-trinitarische Konzepte

»Die Person des Menschen ist dann im Heil, wenn sie und andere mit und im Leibe Christi in der Dreipersonalität Gottes unvermischt und ungetrennt zu Leben und Liebe kommen.«[676]

Der Autor hat im Glauben der Kirche an den dreifaltigen Gott ein sakramententheologisches Begegnungsmodell gefunden, in welchem die existenziellen Fragen des Menschen sowohl nach einer engen und nahen Gemeinschaft wie zugleich auch nach seiner Eigenständigkeit und Freiheit ihre Antwort finden können.[677]

Er hat die personale Anwendung des Leitsatzes von Chalcedon: *unvermischt und ungetrennt,* dass die eine Person ganz der anderen Person innewohnt, ohne diese zu besetzen oder sich selbst zu verlieren[678], konsequent auf die sakramentale Begegnung zwischen Gott und Mensch in seinem Entwurf angewendet. Damit sind alle Sakramente perichoretisch zu konzipieren, denn sie wie jede mögliche Begegnung sind dazu angetan, den Menschen als Person in einer anderen Person zu vollenden.

Das Sakrament ist also ein ‚Symbol menschlicher Sehnsucht nach Vollendung' (*‚qualifizierter Suche nach der Ergänzung aus Erfahrung des eigenen personalen Ungenügens'*) und ein ‚Zeichen des menschlichen Glücks', Person in einer solchen Person zu sein, welche die Freiheit und Identität des anderen in Liebe vollständig bewahren will und kann, d.h. in der Person Gottes.[679] Diese perichoretische Sicht macht deutlich, dass gerade in dem Ineinander von Personen – und nicht in bloßer Solidarität des

---

[676] LIES, Sakramententheologie. Eine personale Sicht 226.

[677] Die personale Konzeption der Sakramentenlehre unterstreicht die Eigenwirklichkeit des Menschen. Die Hineinnahme in die Personalität Christi hebt sein Personsein nicht auf. Dies würde den Vorstellungen der Bibel widersprechen, die von der personalen Identifikation stets ausgeht, wenn sie von ‚in Christus', ‚im Heiligen Geist', ‚im Vater', ‚im Sohn' spricht" (LIES, Sakramententheologie. Eine personale Sicht 310).

[678] Die sakramentale Begegnung heißt zwar die Erfahrung der Nähe Gottes. Es bleibt aber diese Nähe zugleich auch ‚eine Nähe der Distanz' (LIES, Sakramententheologie. Eine personale Sicht 79). Gott ist dem Menschen nahe und zugleich mit sich so identisch, dass er sich an den Menschen nicht verliert. Der Mensch bleibt in der Nähe Gottes frei, denn Gott stürzt nicht in die Begegnung mit dem Menschen, um sich zu verlieren, sondern um die eigene Transzendenz zu bewahren. In der sakramentalen Begegnung spricht der Mensch die Freiheit Gottes an, „weiß alles in dieser Freiheit als Liebe geborgen und ist dennoch und gerade deshalb überzeugt, frei von und vor Gott zu sein" (79).
Die personale Begegnung bewahrt nämlich die Transzendenz der einander begegnenden Personen: sowohl der Gottes als auch der des Menschen, d.h. sie verlieren sich nicht, sondern vielmehr kommt jede von ihnen gerade zu sich selbst, „wenn sie einem anderen begegnet, in der anderen Person lebt und dort Geborgenheit erfährt" (54). Sie bilden eine Gemeinschaft und Nähe des Ineinander und des gegenseitigen Durchdringens, ohne sich zu verletzen oder zu besetzen. Von der Seite Gottes ist in dieser bewahrten personalen Transzendenz und Freiheit seine Suche nach der Hingabe an den Menschen eingeschlossen (79).

[679] Vgl. LIES, Sakramententheologie. Eine personale Sicht 150. 151.

Nebeneinander – die einzelnen Personen ihre Identität erhalten und die ängstigende Doppeldeutigkeit aller zwischenmenschlichen Gemeinschaft überwinden können.[680]

Die Theologie der Sendungen des Sohnes und des Geistes verhalf dem Autor im Kontext der traditionellen Lehre von *ex opere operato*, eine Antwort zu geben, dass und wie die menschlichen Symbole vom dreifaltigen Gott aufgenommen werden, ohne einen Widerspruch zwischen seiner Gnaden- und Schöpfungsordnung zu schaffen:

> *Gott vereindeutigt existenzielle Symbole des Menschen zu Heilszeichen. Ihnen kommt damit eine doppelte Wirksamkeit zu: die der Symbole und die des Heils. Beide Wirkungen sind nach dem Konzil von Chalcedon als unvermischt und ungetrennt zu verstehen.*[681]

Das Profil des Geistes in den Sakramenten tritt wahrnehmbar in diesem personalen Ansatz hervor. Die Berücksichtigung der Rolle des Heiligen Geistes erscheint im Lichte eines ergänzten, umfassenderen, trinitarisch artikulierten Glaubenshorizonts. Die Sakramente sind hier durch die pneumatologische Dimension trinitarisch, ekklesiologisch und eschatologisch strukturiert. In solcher Strukturierung präsentiert der Autor seine Bewusstwerdung der Bedeutung des Heiligen Geistes für die Sakramententheologie: Die Sakramente sind vom Geist durchwirkt, damit in der realen Gegenwart Christi, in seiner Person und durch sie der Mensch (die Menschen) zum himmlischen Vater gelangen kann (können). Das ist das Ziel des sakramentalen Lebens und der Existenz des (der) Menschen in der Kirche. Die Sakramente sind also nicht nur christologisch oder ekklesiologisch zu verstehen. Sie erhalten auch ihre pneumatologische Dimension und ihre trinitarische Zielsetzung: die geistgewirkte Verwandlung des Menschen in Christus hinein führt ihn zur Neuen Schöpfung in der Gemeinschaft des dreipersonalen Gottes.[682]

Der Geist ist Person – so könnte eine Ausgangsthese[683] für die pneumatologisch dimensionierte neuere Sakramentenlehre formuliert werden, die im Entwurf von Lothar Lies bereits eine grundlegende Basis hat. Die pneumatologische Reformulierung der Theologie will nämlich sehr

---

[680] Vgl. LIES, Sakramententheologie. Eine personale Sicht 156. 161.
[681] LIES, Sakramententheologie. Eine personale Sicht 168.
[682] Josef Freitag fragt aber kritisch nach dem Unterschied zwischen dem Wirken des Geistes, des Vaters und des Sohnes. Das konkrete »Wie« der sakramentalen Begegnung mit dem dreipersönlichen Gott scheint ihm noch nicht geklärt zu sein. – Vgl. FREITAG, Sakramentenlehre und Pneumatologie 297.
[683] Obwohl der Heilige Geist eher als Macht und Kraft denn als »Person« erfahren wird. Diese Verlegenheit der Pneumatologie scheint aber in der Eigenart des Geistes selbst begründet zu sein: Der Gottes vertraute Nähe Vermittelnde weist nämlich nicht nur von sich weg auf Christus hin, sondern ist zugleich in besonderer Weise auch unaussprechlich und verborgen. – HILBERATH, Pneumatologie 448.

deutlich auf ein personalisierendes, kommunikatives und kommunizierendes Wirken des Heiligen Geistes hinweisen, dessen Wesen es ist, »*sich auf die anderen hin zu öffnen*«, und es ist »*das Im-anderen-seiner-selbst-Sein Gottes in Person*«.[684] Der Heilige Geist als der »*Raum*«, das »*Medium*« und das »*Geschehen*«[685] innertrinitarischer Kommunikation bezeichnet aber nicht nur die interpersonale Sicht der Wirklichkeit Gottes, sondern auch des Menschen, für den das »*Personsein*« und das »*In-Relation-Bleiben*« ebenso wesentlich zusammengehören.[686]

Eine solche personale Denkweise in der Theologie der Sakramente scheint sehr hilfreich zu sein, vor allem deshalb, weil die sakramentalen Geschehnisse nicht mehr als individuell fixierte »Orte der Gnade« betrachtet werden, sondern als eine in breiter liturgisch-ekklesiologischer Dimension verankerte Wirklichkeit der liebenden Begegnung, die den Menschen zur Gemeinschaft mit Gott und mit den anderen Menschen führt.

Die Theologie vom Heiligen Geist hat es dem Autor ermöglicht, auch die epikletische Struktur der Sakramente deutlicher ans Licht zu bringen. Zu dieser Dimension erkannte er nämlich in den offiziellen Dokumenten zur liturgischen Neuordnung nach Vatikanum II ein Desiderat.

In der Epiklese hat Lothar Lies den theologischen Ausdruck gefunden für die durch Freiheit geprägten und sie anerkennenden Personalitäten der sich in den Sakramenten Begegnenden. Unter diesem Begriff ist es ihm gut gelungen, die existenzielle Befindlichkeit des Menschen für den Freiheitsgedanken zu exponieren, dass das Verhältnis der Personen Gottes und des Menschen in der sakramentalen Begegnung das der Bitte und damit das der Anerkenntnis der Freiheit des anderen ist („*Epiklese wendet sich, weil sie um Liebe bittet, immer an Freiheit*"[687]).

Der Autor entwickelt keine eigenständige Pneumatologie. Es ist eine trinitarische Pneumatologie – mit deutlicher christologischer Konstellation, in welcher die Sakramente letztlich alle Menschen im Heiligen Geist in die Person Christi einführen: „*Christus ist der erwirkende Grund und der Heilige Geist der Motor der Heiligkeit der Kirche*".[688] Es ist ihm eine gute Harmonisierung der Christologie mit der Pneumatologie gelungen; denn er hat die beiden Wirklichkeiten sowohl ‚unvermischt' wie auch ‚ungetrennt' gedacht. Das Erflehen der Herabkunft des Heiligen Geistes bedeutet bei ihm immer die Eingliederung in Christus.

Der Verdienst des Autors ist es, dass die ekklesiologische Dimension der Sakramente stark herausgearbeitet wurde. Dadurch wollte er die

---

[684] HILBERATH, Pneumatologie 534.
[685] HILBERATH, Pneumatologie 534.
[686] Vgl. HILBERATH, Pneumatologie 535–536.
[687] LIES, Sakramententheologie. Eine personale Sicht 145.
[688] LIES, Sakramententheologie. Eine personale Sicht 346.

2.2 Der Entwurf von Lothar Lies

Sakramente aus ihrer theologischen Beliebigkeit herausführen. Denn wenn sie Heil bringen sollen, müssen sie auf die Sendung des Sohnes und die Sendung des Geistes hinweisen, d.h. sowohl auf die Inkarnation Jesu Christi wie auch auf dessen Tod und Auferstehung.[689]

Lobenswert ist auch sein Bemühen um das biblische Menschenbild – in Ablehnung der platonischen Denkweise. Das auf der theologischen Lehre von der Perichorese basierende Personverständnis des Autors bestätigt diese Ablehnung des (Neu-)Platonismus.

Der Wert der Arbeit von Lies liegt aber vor allem darin, dass er von den Personen der Trinität dynamisch zu reden versuchte. Nicht so oft stellt ein Sakramententheologe z.B. die Frage nach der Wirkung des Geistes oder nach der Gegenwart des Vaters und nach dessen ‚aktiver' Teilnahme oder Mitwirkung im sakramentalen Geschehen, so dass die eucharistischen Gaben z.B. auch Gedächtniszeichen für die Liebe des Vaters sind u.s.w.

Vielversprechend bringt die trinitarische Ausrichtung der Sakramente die existenzielle Frage des Menschen zum Ausdruck, dass seine Person ohne die andere(n) nicht begriffen werden kann und dass er seine personale Eigentümlichkeit nur aufgrund der Begegnung mit den anderen erhalten kann. Denn dieses Angewiesensein des Menschen in seiner Beziehung zum Mitmenschen ist gerade eine Widerspiegelung des personalen Zueinanders des dreifaltigen Gottes.

Es gibt aber in dieser Betrachtungsweise auch ein Fragezeichen: Der Personalismus geht davon aus, dass die eine Person (Gottes wie des Menschen) fähig ist, einer anderen Person in sich Lebensraum zu geben und ihre ganze Existenz von dieser ‚Fähigkeit' aus zu bestimmen, denn sie selbst *muss* einen solchen personalen Lebensraum bei und in einer anderen Person suchen und finden. Dieses ‚Muss' ist eben problematisch.

Mit Josef Freitag kann man deswegen zu Recht fragen: „Bleibt der als Person verfaßte und auf deren Entfaltung angelegte Mensch Person, wenn er keiner anderen Person in sich Lebensraum gewährt, sich vielmehr verweigert? Oder wenn er die Perichorese zerbricht? Oder wenn er bei einer anderen Person keinen Lebensraum sucht? Letzteres wäre die Verzweiflung, ersteres die incurvatio in se, die Grundsünde, die den Verlust von Gemeinschaft, Angst und gegenseitige Konkurrenz statt gegenseitige Ergänzung (nicht additiv, sondern im Sinne von Entfaltung gedacht) zur Folge hat."[690]

---

[689] Wie bei Hryniewicz ist für Lies die Theologie der Auferstehung zentral. Die Auferstehung bedeutet – in seinen theologischen Kategorien ausgedrückt – „Gottes Hingabe an den Menschen...in der Hineinnahme des Menschen in seine göttliche Identität, in sein unzerstörbares Leben, in seine Personalität, ohne den Menschen dadurch zu zerstören". – LIES, Sakramententheologie. Eine personale Sicht 49.

[690] FREITAG, Sakramentenlehre und Pneumatologie 295[124].

Diese oder andere Fragen, wie z.B.: Was passiert, wenn der Mensch keine andere Person trifft? oder: Wer ist er vor der Begegnung mit einem Du, was ist dann sein Ich – kein wahres Ich?, geben Anlaß zu der Behauptung, dass der Personalismus noch nicht am Ende der theologischen Reflexion ist. Vielleicht kann dieser Reflexion die kontextuelle Theologie mit dem starken Akzent auf die Kontextbezogenheit des menschlichen Daseins behilflich sein?

Unumstritten ist, dass eine trinitarisch dimensionierte Sakramententheologie eine ökumenische Relevanz hat. Denn die Akzentsetzung, die sich von jeder ‚monophysitischen' oder ‚arianischen' Theologie distanzieren will, ist eine mögliche Konvergenz-Basis für die christlichen Konfessionen. Die Trinitätstheologie ist gerade ein Teil der Theologie, in welcher eine Übereinstimmung zwischen ihnen besteht. Die reformatorische Theologie kann in einem solchen katholischen Ansatz vor allem das Bemühen um die personale Sicht, in welcher die Freiheit so massiv in den Mittelpunkt gestellt wird, sehr begrüßen. Und bei den Orthodoxen kann ein solcher Ansatz vor allem aufgrund der pneumatologischen Dynamik wie der eucharistischen Sinngestalt aller Sakramente eine weitgehende Zustimmung finden.

EXKURS II: AUSGEWÄHLTE FREMDSPRACHIGE WERKE

Im 2. Kapitel wurden zwei neuere Gesamtentwürfe der katholischen Theologie dargestellt, die ertragreich eine pneumatologisch-trinitarische Profilierung bei der Sakramentsbegründung geliefert haben. Zu solchen Gesamtentwürfen der Neuzeit – die nicht christomonistisch zentriert sind, sondern deutlich von der pneumatologischen und trinitarischen Dimension der Sakramente sprechen – können noch zwei Werke gezählt werden, welche in unserer Arbeit hier (in einer kürzeren Notiz) vorgestellt werden: *Liturgie de source* von Jean Corbon und *Systematic Theology of Liturgy (Christian Liturgy: Theology and Practice)* von Erward J. Kilmartin.[691]

---

[691] Jean CORBON, Liturgie de source (Paris 1980) – Deutsch: Liturgie aus dem Urquell. Übertr. und eingel. von H. U. von Balthasar = Theologia Romanica 12 (Einsiedeln 1981); Erward J. KILMARTIN, Systematic Theology of Liturgy, in: DERS., Christian Liturgy: Theology and Practice 1 (Kansas City 1988).
— Der Grund für eine knappe Besprechung dieser Werke liegt darin, dass das erste weniger umfassend ist und vor allem nur die ostkirchliche Tradition berücksichtigt und dass das zweite bisher noch nicht in unserem Sprachgebiet zugänglich ist (hier wird uns vor allem die ausführliche Rezension von Hans Bernhard Meyer aus Innsbruck behilflich sein).

1. »Der Geist als der große Liturge in der gewaltigen Symphonie des menschgewordenen Wortes« –
Entwurf von JEAN CORBON über die Kenose des Geistes in der sakramentalen Liturgie der Kirche

Das Buch *Liturgie de source* von **Jean CORBON**[692] ist in der Intuition östlicher Tradition verankert. Es ist ein Erneuerungsversuch, der weit über die vielen nachkonziliaren Versuche hinausgeht, um die Sakramentenfeiern der Gläubigen zu veranschaulichen. Das meint auch Hans Urs von Balthasar als Übersetzer des Buches, wenn er in seinem Vorwort schreibt: „Man muß von dem (...) Werk erst einigen Abstand gewinnen, um das wahre Format des darin Angestrebten und Erreichten wahrzunehmen. Für den deutschen Leser scheint es zunächst die fruchtbaren liturgischen Bemühungen der Laacher Schule (oder Casels) fortzusetzen, und in der Tat bestehen Ähnlichkeiten; aber die zentrale Intuition Corbons ist doch eine andere" (S. 9).

Diese Intuition ist trinitarisch, und sie bringt gegenüber der westlichkatholischen Sakramententheologie Neues. Der Entwurf trachtet danach, die Totalität und den Mittelpunkt der christlichen Liturgie wiederzufinden: die Einheit des irdischen und himmlischen Heilswerkes Christi, die Einheit seines Opfers als Werk des Hauptes und der Glieder, die Wirkeinheit (Synergie) des Heiligen Geistes und jedes lebendig Glaubenden, die Einheit schließlich von Liturgie in der Gemeindefeier und im Alltagsleben. Das Buch ist zugleich ein gelungener Versuch, die Einheit von westlichem und östlichem Denken und Empfinden bewusst zu machen und dem westlichen Leser dabei die unverlierbaren Werte des Ostens zu erschließen.

Die pneumatologische Dimension der Sakramente und der Liturgie ist in diesem Entwurf deutlich präsent. Mit der *Kenose des Geistes* an Pfingsten – betont der Autor – ist der ekklesiale Leib Christi geboren, und durch den Heiligen Geist verkörpert sich seither die göttliche Liturgie in der Kirche. Die Kirche als Braut des Geistes ist der Ort der weiteren Kenose des Geistes, um durch die Geist-Epiklese die Rufenden in den Leib Christi zu verwandeln. Dieser Leib ist »Sakrament«, und was er an körperlicher Wirklichkeit ergreift, Wasser, Brot, Wein, Öl, Mann und Frau, und was wir Sakramente nennen, das sind in Wirklichkeit göttliche

---

[692] Der Autor ist syrisch-katholischer Maronit, doziert(e) an den Universitäten Beirut und Kaslik, hat seine Studien in Rom, Kairo, Beirut absolviert. Er war Konziltheologe, Sekretär der ökumenischen Kommission der katholischen Patriarchen und Bischöfe des Libanon, Mitglied von *Faith and Order* und der Internationalen Kommission für den katholisch-orthodoxen Dialog sowie der theologischen Sektion des Rates der nahöstlichen Kirchen. Er hat mehrere Werke über die Hl. Schrift, das Gebet und ein Buch über *Die Kirche der Araber* veröffentlicht.

Aktionen des Leibes Christi in unserer Menschheit, sakramentale Energien, die uns vergöttlichen (vgl. 76).

So verwirklicht sich sakramentale Liturgie, die sich im Licht des verklärten Leibes Christi, im Lebensraum der Trinität ereignet. Er wird durch die Energien des Heiligen Geistes auch zum Lebensraum des Menschen, indem dieser uns in den Leib Christi hineinzuwandeln beginnt und uns dabei den Leib Christi mitteilt. Die Sakramente der Kirche geben, was sie aus der himmlischen Liturgie empfangen, die „höchste Energie, die Kommunion der Heiligen Trinität" (vgl. 99).

Der große Liturge der sakramentalen Feier ist der Heilige Geist, der uns die Sakramente (vor allem die Eucharistie) als »die gewaltige Symphonie des menschgewordenen Wortes« erleben lässt: „alles, was lebt und Odem hat, wird durch Ihn zur Einheit des Sohnes versammelt und besingt die Freude des Vaters" (119).

Viele der Gedanken dieses Entwurfs sind der westlichen Theologie wirklich neu. Aber diese Theologie der Liturgie und implizit der Sakramente – aus Lothar Lies' Sicht – macht eines deutlich: Sie führt Liturgie und Sakramente bis ins Herz der Trinität zurück und beweist, dass die Liturgie- und Sakramententheologie von der Mitte des trinitarischen Gottes sprechen sollte.[693]

2. *»Aktual-Präsenz des Mysteriums Christi als ‚Inkarnation des Geistes'« –*
Die pneumatologische Begründung der sakramentalen Heilswirklichkeit im
Entwurf von EDWARD J. KILMARTIN

Eine trinitarische Theologie der Liturgie und der Sakramente bietet auch der erste Band der Arbeit *Christian Liturgy: Theology and Practice* von dem nordamerikanischen Liturgiewissenschaftler **EDWARD J. KILMARTIN**; der Band trägt den Titel: *Systematic Theology of Liturgy.*[694]

Anhand der Pneumatologie und Geistchristologie erarbeitet der Autor eine systematische Theologie der Liturgie, um das Wesentliche an

---

[693] Vgl. Lothar LIES, Trinitätsvergessenheit gegenwärtiger Sakramententheologie?, in: ZKTh 105 (1983) 290–314. 415–429, hier 313–314.

[694] Einige Themen und Schwerpunkte bei Kilmartin und in dessen Rezeptionskreis:
The active role of Christ and the Holy Spirit in the sanctification of the eucharistic elements *Kilmartin, Edward J., 1984*; The particular liturgy of the individual church: the theological basis and practical consequences *(Kilmartin, Edward J., 1987)*; Sacraments as God's self giving: Sacramental practice and faith *(White, James F.; Kilmartin, Edward J., 1983)*; Contemporary approaches to the ordained priestly ministry in theology and the magisterium: A study of selected writings of Edward J. Kilmartin, S.J., Hervé-Marie Legrand, O.P., and Edward H. Schillebeeckx, O.P. in the light of the Second Vatican Council and subsequent magisterium *(Williamson, Paul A., 1983)*; We have the mind of Christ: the Holy Spirit and liturgical memory in the thought of Edward J. Kilmartin *(Hall, Jerome M., 2001)*; The pneumatological and ecclesiological dimensions of the Eucharist in the writings of Edward J. Kilmartin *(Erambil, Joseph, 1998)*.

Gottes Heilsplan vorzustellen, nämlich seine Selbstmitteilung, die als Gabe in der Annahme zu ihrem Ziel kommt. Ausgehend von dem dialogischen und trinitarischen Charakter der Heilsgeschichte stellt Kilmartin gemeinschaftliches gottesdienstliches Handeln der Kirche im Namen Jesu in den Vordergrund seines Konzepts und akzentuiert in ihm stärker den Gedanken der *communio* der Feiernden mit Gott und untereinander.[695] Kritisch beleuchtet er die Einseitigkeiten der scholastischen und Verengungen der nachreformatorischen Theologie und versucht, sie durch einen weiten Blick auf die biblischen Wurzeln und auf die theologischen Traditionen im Osten wie im Westen zu überwinden.

Die ekklesiologische, christologische und pneumatologische Dimension der Sakramente kommt in seinem Beitrag deutlich zum Ausdruck. Christologie und die sakramental vermittelte Christusbegegnung ist hier nicht das einzige Thema, weil die sakramentale Liturgie als Realsymbol der Heilsökonomie des dreifaltigen Gottes in einem breiteren theologischen Horizont einbezogen ist.[696]

In der systematischen Darstellung der Liturgie als Mysterienfeier ergänzt der Autor daher die Deszendenzchristologie (*‚procession model'*) aus der Sicht des *‚bestowal model'* und der damit verbundenen Aszendenzchristologie, die das Christusereignis eher als Prozess denn als Faktum interpretiert.[697]

Das innertrinitarische Leben ist in beiden Modellen unterschiedlich konzipiert. Im *‚procession model'* wird der Geist als gegenseitige Liebe des Vaters und des Sohnes bezeichnet, aber nicht als Akt der Liebe, sondern als ihr immanenter Terminus. Er ist wie eine Brücke zwischen dem Vater und dem Sohn, die nur ‚eine vermittelte Unmittelbarkeit' zwischen ihnen bildet. Aus der heilsökonomischen Sicht betrachtet meldet sich bei diesem Modell die Unklarheit in der Unterscheidung zwischen der Heiligung Christi durch die ungeschaffene Gnade der Sendung des Logos und der Heiligung der Christen durch die ungeschaffene Gnade der Sendung des Geistes.

Im *‚bestowal model'* wird der Hervorgang des Geistes aus dem Vater und bzw. durch den Sohn als *processio operationis* verstanden: Der dem Sohn vom Vater und dem Vater vom Sohn mitgeteilte Geist ist das Band der Liebe, das den Vater und den Sohn unmittelbar miteinander verbindet.[698] Dieses Modell ist für Kilmartin besonders wichtig und dient als

---

[695] Vgl. MEYER, Eine trinitarische Theologie 25, für: Hans Bernhard MEYER, Eine trinitarische Theologie der Liturgie und der Sakramente, in: ZKTh 113 (1991) 24–38, 25.
[696] Vgl. MEYER, Eine trinitarische Theologie 26–27.
[697] Vgl. MEYER, Eine trinitarische Theologie 27. 30.
[698] Hier stützt sich der Autor auf die Arbeit von D. COFFEY, Grace, the Gift of the Holy Spirit = Faith and Culture 2 (Sydney 1979). – Nach: MEYER, Eine trinitarische Theologie 27–28.

Ausgangspunkt zur Erarbeitung des eigenes Ertrags. Der Heilige Geist ist hier ‚aktiv' an der Heilsökonomie beteiligt: das Christusereignis ist ein Geistereignis, denn die Inkarnation des Logos, die liebende Antwort Jesu an den Vater bis hin zum Kreuzestod und die Auferstehung wie die Verherrlichung Christi erscheint als Werk des Heiligen Geistes. Es ist derselbe Geist, der der trinitätsimmanenten Geist-Gabe vom Vater an den Sohn entspricht.[699]

Auch die Konstituierung der Kirche und die Heiligung ihrer Glieder sind in diesem Modell in der Geistchristologie verankert, denn sie folgen aus dem durch die Menschheit Christi vermittelten Akt der Geistsendung durch den Sohn. Dieser Akt des Geistsendung ist gewissermaßen ‚ein sakramentales Zeichen des transzendentalen göttlichen Aktes des Hervorgangs des Geistes vom Vater'[700], der sich in der Heilsökonomie immer neu ereignet, wenn das Wort Gottes verkündet und die Sakramente gefeiert werden. Der Geist ist die Gnade – die Gabe des Vaters, die Christus der Kirche mitteilt, damit die Menschen in ihm zur Gottessohnschaft gelangen. Der Geist, der die Menschheit Jesu geheiligt und mit dem Logos vereinigt hatte, heiligt jetzt auch die, die die durch den auferstandenen Herrn gesandte Geistgabe des Vaters annehmen.

Hier liegt der Kernpunkt für das Verständnis der Mysterienliturgie bei Kilmartin. Das Eintreten Jesu, des Hohenpriesters, für die Menschen vor dem Vater bei der Feier der Sakramente ist *die Inkarnation des Geistes*, d.h. die Inkarnation der universellen Liebe des Auferstandenen zu den Menschen.[701] Das Gebet Jesu in der Liturgie ist deswegen immer erhöht, weil seine Liebe zu der Menschheit zugleich eine wesentliche Dimension seiner Liebe zum Vater ist. Das Gebet der Gläubigen als ihre im Geist erwirkte Glaubensantwort ist Gott dem Vater angenehm, weil Christus für sie eintritt, mit dem sie durch den Geist der Gottessohnschaft verbunden sind. Das Gebet der Kirche ist daher wirksam *(ex opere operato)*, weil derselbe Geist im Gebet Jesu und in ihrem Beten gegenwärtig ist. Die Liturgie, und damit auch die Feier der Sakramente, ist nämlich ‚Ausdruck der Verbindung der Gottesdienstgemeinde mit ihrem Hohenpriester Christus'[702].

Hier, in dem Gesagten, berührt der Autor das Kernproblem aller liturgisch-sakramententheologischen Vergegenwärtigungstheorien. In der Theologie vom Heiligen Geist findet er gerade eine Lösung, die sowohl die Verbundenheit zwischen dem Ewigkeitscharakter göttlichen Handelns und der Geschichtlichkeit des Erlösungswerkes Jesu wie auch

---

[699] MEYER, Eine trinitarische Theologie 29.
[700] MEYER, Eine trinitarische Theologie 29.
[701] MEYER, Eine trinitarische Theologie 29.
[702] MEYER, Eine trinitarische Theologie 30.

die erforderliche Differenz zwischen ihnen (Einmaligkeit – Partizipation) zu erklären versucht. Der Autor wollte nicht in der scholastischen effectus-Theorie mit ihrer Unterscheidung von objektiver und subjektiver Erlösung verbleiben, sondern hat eine andere, trinitarische Perspektive gewählt, um dem empfangend-antwortenden Charakter der personalen Selbstmitteilung Gottes gerecht zu werden.

In der Wirkung des Heiligen Geistes ist die *communio* der Menschen mit Gott ermöglicht und begründet. Denn er ist die ‚heiligende vom Vater durch den Gottmenschen Jesus Christus der Welt geschenkte Liebe' und zugleich die ‚von der Welt durch Christus den Vater verherrlichende Antwort der Liebe'.[703] Diese anabatisch-katabatische Struktur kommt in der liturgischen Feier der Sakramente deutlich zum Ausdruck, wo in je verschiedenen Lebenssituationen im Zusammenwirken von Geist und Kirche die Heilsökonomie des Erlösungswerkes Jesu Christi gefeiert, Gott verherrlicht und die Gemeinde geheiligt wird.[704]

---

[703] MEYER, Eine trinitarische Theologie 30.
[704] MEYER, Eine trinitarische Theologie 31.

3 Die pneumatologische Eingebung in den neueren sakramententheologischen Lehrbüchern

Im 3. Kapitel werden drei neuere Sakramententheologien des deutschsprachigen Raums unter dem pneumatologischen Aspekt vorgestellt werden. Es ist nicht möglich und wohl auch nicht notwendig, die ausgewählten Gesamtentwürfe dieses Kapitels ebenso ausführlich zu referieren wie die des 2. Kapitels – bezogen auf alle Momente des sakramentalen Geschehens. Aber wenigstens auf jene Passagen soll hier hingewiesen werden, die uns aus pneumatologischer Sicht als besonders typisch und erwähnenswert erscheinen. Es werden also einige Spezifika dieser Entwürfe gezeigt, auf welche die Autoren – pneumatologisch für das Sakramentenverständnis sensibilisiert – aufmerksam gemacht haben.

3.1 DIE »GEISTGEWIRKTE NÄHE GOTTES« IN DEN SAKRAMENTEN – PNEUMATOLOGISCHE AUSLEGUNG IN DER SAKRAMENTENLEHRE VON THEODOR SCHNEIDER

Es gibt vieles über die pneumatologische Dimension des Sakramentalen in der Kirche anhand dieses Entwurfs[1] zu referieren[2], obwohl dieses Lehrbuch eher – der großen theologischen Tradition des Westens entsprechend – christologisch (vielleicht sogar christozentrisch) und ekklesiologisch[3] als trinitarisch konzipiert ist[4].

Die Begegnung der Menschen mit Gott in den Sakramenten definiert der Autor ausdrücklich als eine Begegnung mit Jesus Christus, nicht als Begegnung mit dem dreipersonalen Gott. Die trinitarisch-heilsgeschichtliche Sicht ist freilich nicht vergessen; sie ist impliziert, denn das Christusereignis interpretiert Schneider in seiner Ganzheit: als

---

[1] Theodor SCHNEIDER, Zeichen der Nähe Gottes. Grundriß der Sakramententheologie. Durchgängig überarbeitet und ergänzt zusammen mit Dorothea Sattler (Mainz [8]2005).

[2] Ein wichtiger Punkt für die pneumatologische Reflexion ist z.B. die ausdrückliche Thematisierung der Geisttheologie bei der Gründung und Stiftung der Sakramente. – Siehe: SCHNEIDER, Zeichen der Nähe Gottes 44–49, für: Theodor SCHNEIDER, Zeichen der Nähe Gottes. Grundriß der Sakramententheologie. Durchgängig überarbeitet und ergänzt zusammen mit Dorothea Sattler (Mainz [8]2005) 44–49.

[3] „*Die Sakramente lassen sich unter anthropologischer, christologischer und ekklesiologischer Perspektive betrachten.*" ... „*Die Taufe ist Feier der Umkehr und Hinwendung zum christlichen Glauben (anthropologischer Aspekt), Feier der Erlösung von Sünde und Tod (christologisch-soteriologische Basis) und Feier der Aufnahme der an Jesus Christus Glaubenden in die Gemeinschaft der Kirche (ekklesiale Dimension).*" – SCHNEIDER, Zeichen der Nähe Gottes 1. 57.

[4] Mehr dazu, kritische Darstellung und kritische Würdigung der ersten Auflage des Werkes (1979), siehe: LIES, Trinitätsvergessenheit 295–299; 417–419; FREITAG, Sakramentenlehre und Pneumatologie 291.

Leben und Tod Jesu und als Erhöhung des auferstandenen Christus, zu welcher auch die Geistausgießung als Manifestation des Wirkens Gottes gehört.[5] Aber Jesus Christus – betont er – ist der eigentliche »Ort« der Erfahrung Gottes, und durch ihn „erfährt man, wer Gott ist und wie Gott ist. Die Begegnung mit Jesus ist Begegnung mit dem Kommen Gottes selber, mit seinem Ruf, mit seiner Zuneigung und Gnade, mit seiner Vergebung, mit seiner Liebe."[6]

Diese Christozentrik ist für den Autor nicht nur systemtragend *(‚christologische Struktur der Sakramente' – S. 13–24)*, sie ist dominant (z.B. die Auslegung der paulinischen Aussage ‚Der Herr ist der Geist' 2 Kor 3,17: *„Sein Pneuma ist die göttliche Kraft, durch die der Herr selbst als Besitzer des Geistes in seiner Kirche wirksam und gegenwärtig ist"*, S. 30 – hier könnte aus orthodoxer Sichtweise behauptet werden, der Geist sei jeder Spur der Eigenständigkeit beraubt und ganz von dem Sohn verschluckt, denn er verweist eigentlich nur auf die bleibende Wirksamkeit Jesu Christi[7]).

Die christologische Qualifizierung und Zentrierung in der Auffassung der sakramentalen Heilsökonomie bei Schneider scheint aber zugleich mehr als berechtigt zu sein, weil sie vor jeder Art des Pneuma-Zentrismus bewahrt, der oft zu einem Pneuma-Monismus tendiert und den Rückbezug zu Jesus Christus aus den Augen verliert oder nur eine eschatologisch geprägte, glorreiche, ohne Zugang zur Kreuztheologie definierte Theologie bevorzugt. In diesem Entwurf – hingegen – verweist der Heilige Geist als Geist des erhöhten und (zuvor) gekreuzigten Herrn sowohl auf die geistliche Erhöhung Jesu Christi wie auch auf dessen demütiges Schicksal in menschlicher Niedrigkeit.

Der Schlüssel für die pneumatologische Deutung dieses Werkes scheint schon im Titel zu liegen: Sakramente – *Zeichen der Nähe Gottes*. Deshalb wenden wir uns zuerst der Aufgabe zu, diese *Nähe Gottes* als pneumatologische Wirklichkeit – die Präsenz und die Wirksamkeit Gottes in seinem Pneuma – näher zu bestimmen (3.1.1). Danach wird die christologische und die ekklesiologische Bindung des Heiligen Geistes

---

[5] Vgl. SCHNEIDER, Zeichen der Nähe Gottes 28, hier auch Anm. 26!
[6] SCHNEIDER, Zeichen der Nähe Gottes 19.
 – Ähnlich: Jesus als das mystérion Gottes ist „das Sakrament der Gottbegegnung" ... „Jesus ist der Tempel Gottes, der Tempel des Geistes Gottes" ... „Das Menschliche (menschliche Natur in Christus) ist die Vermittlung des Göttlichen,... das eine wird zum Ort der Begegnung mit dem anderen. Begegnung mit Jesus heißt Begegnung mit Gott." – ebd. 21. 22.
[7] *„Für Paulus, dem Jesus ja von vornherein in der pneumatischen Existenzweise des Erhöhten begegnet, wird der Geist JHWH's zum heiligen Geist Jesu Christi, weil er sich bleibend mit Existenz und Schicksal Jesu Christi verbindet. Der Geist, der Jesus von den Toten erweckte (Röm 8,11), ist die Kraft, in der Jesus uns nahe ist (2Kor 3,17)".* – SCHNEIDER, Zeichen der Nähe Gottes 96–97.

erläutert (3.1.2), denn der Geist aktualisiert und konkretisiert das Wirken des erhöhten Herrn in den Einzelsakramenten, und er ist die Brücke zwischen dem *Ur*sakrament Christi und dem *Grund*sakrament der Kirche, wo er zugleich zum Unterscheidungsprinzip zwischen beiden wird (3.1.3).

3.1.1 Die geistgewirkte Nähe Gottes: das gläubige Unterwegssein im Geiste

Die sakramentale Begegnung bezeichnet der Autor als Geheimnis »der liebenden Zuwendung und Nähe Gottes«, welches zwar unbegreiflich bleibt, dennoch aber gegenwärtig und erfahrbar ist.[8] Im personalen und vertrauensvollen Verhalten zu dem »Du« Gottes kann der Mensch seine eigene Personalität finden und entfalten, denn „das offene, grundsätzlich vertrauende und Vertrauen weckende Miteinander ermöglicht überhaupt erst das Zu-sich-selber-Kommen"[9].

Der Autor versucht *diese Nähe Gottes* nicht nur christologisch, sondern trinitarisch zu erläutern: Denn das Christusereignis als ganzes ist die Weise und Gestalt der Nähe Gottes, d.h. sowohl sein Leben und Tod wie seine Erhöhung und die Geistausgießung sind Manifestationen des Wirkens Gottes.[10] In Jesus Christus und im Heiligen Geist, durch den der erhöhte Kyrios in den Sakramenten gegenwärtig ist, werden die sakramentalen Zeichen von Gott-Vater angenommen, um den Menschen in ihren eigenen Symbolen zu begegnen. Der Geist ist die Kraft, in der Jesus uns nahe ist; und gerade er manifestiert die Nähe Gottes in der Gemeinde in vielen Geistesgaben und Charismen, indem jede/r Christ/in in den Dienst an den anderen genommen und befähigt wird, am Leben der Kirche verantwortlich mitzuwirken. Denn die Nähe Gottes – betont der Autor – *hört man* nicht allein, nicht nur in persönlichem Glauben; sie ist zu entdecken in der *geistgewirkten* Gemeinschaft der Mitglaubenden und Mitpartizipierenden.

Der Geist also ist ‚die Vergegenwärtigung des erhöhten Herrn' und deshalb ‚das eigentliche Kennzeichen christlicher Existenz'. Seine Wirkung basiert – dies akzentuiert der Autor besonders – auf der personaldialogischen Struktur. Er ist sozusagen die ‚Zustimmungskraft der dem Menschen geschenkten Freiheit'[11], welche von der personal-dialogischen Struktur weiterhin in die Gemeinschaft der Glaubenden führt. Denn das »Wir« der Glaubensgemeinschaft – betont Schneider – ist für die christliche Existenz konstitutiv: es ist der konkrete Raum des gelebten Glaubens und wird zum Ort des Heiles, auch des universal verstandenen, denn die

---

[8] SCHNEIDER, Zeichen der Nähe Gottes 19.
[9] SCHNEIDER, Zeichen der Nähe Gottes 5.
[10] Vgl. SCHNEIDER, Zeichen der Nähe Gottes 28.
[11] Vgl. SCHNEIDER, Zeichen der Nähe Gottes 59–61.

vom Heiligen Geist geeinte Gemeinschaft der Gläubigen wird für die Welt zum bleibenden Zeichen der Nähe und der Liebe Gottes[12].

Der johanneische Gedanke vom Leben »der Wiedergeburt aus dem Wasser und Heiligen Geist« (Joh 3,3) verweist für den Autor auf die Tatsache, dass das sakramentale Glaubensleben eine Weise der Existenz ist, die „nur in lebendiger Verbindung mit seinem Lebensstrom erhalten bleibt: Die Rebe muß verbunden sein mit dem wahren Weinstock: Wer in Christus Jesus bleibt und in wem er bleibt, der wird fruchtbar (vgl. Joh 15,1–8)."[13]

Das Sakrament wird daher von Schneider grundsätzlich verstanden als ein wichtiger Kristallisationspunkt der christlichen Existenz, in dem sich ein Weg eröffnet, der nie zu Ende ist. Und dem Heiligen Geist kommt seiner Meinung nach vor allem die Aufgabe zu, die Menschen – an diesen konstitutiven Punkt erinnernd – immer wieder zu neuem Anfang im Glauben zu führen, den Glauben in ihnen zu wecken und zu stärken.

Aufgrund der Nähe des Geistes wird das sakramentale Leben auf einen dynamischen Weg des Wachsens geleitet. Die sakramentale Begegnung ist nicht als ein punktuelles Ereignis zu verstehen; das Sakrament ist ein dauerndes Geschehen, in dem der Heilige Geist die Begegnung mit Christus stets bewusster macht und die Menschen zu erneuerter Annahme seiner Nähe inspiriert.

Selbst der Anfang sakramentalen Geschehens (und christlichen Lebens) ist schon mit der Wirksamkeit des Geistes Gottes verbunden. Er nämlich initiiert in den Menschen die innere Umwendung und Bekehrung, die sich nachfolgend in einer äußerlichen Struktur manifestieren will. Gott selber in seinem Geist eröffnet den Freiraum dieser inneren Bewegung im Menschen, um eine Verbindung und Gemeinschaft des Vertrauens mit ihm herzustellen. Die freie Zustimmung des Menschen zu dieser Initiative Gottes und die daraus folgende Selbstverpflichtung ist seine gläubige Antwort.

Das Sakrament ist in diesem Kontext nicht nur ein Moment der Erfahrung im ‚Empfang', ein konkreter Punkt des neuen Anfangs (Intensivierung der christlichen Existenz) – es ist ein Leben im Heiligen Geist. Es bleibt nämlich nach dem ‚Empfang' des Sakramentes der beständige Ruf zum Christwerden und die Verpflichtung „zum aktiven Mitleben mit der Gemeinde, der unaufhörliche Antrieb zur Verwirklichung der christlichen Existenz in der Welt". Nach der paulinischen Gnadenlehre

---

[12] Würzburger Synode, Schwerpunkte heutiger Sakramentenpastoral 240f., in: SCHNEIDER, Zeichen der Nähe Gottes 37.
[13] SCHNEIDER, Zeichen der Nähe Gottes 63–64.

fordert nämlich das Sakrament „einen sittlichen Wandel gemäß der Neuheit des von Gott geschenkten Lebens, einen konsequenten und radikalen Dienst Gottes in Ablösung der bisherigen Versklavung an die Macht der Sünde"[14]. Trotz seiner Einmaligkeit oder manchmal auch seiner Unwiederholbarkeit (z.B. die Taufe) kann das Sakrament – nach Schneider – nicht als ein feierlicher Abschluss oder ein fester Besitz der erstrebten Gnade Gottes klassifiziert werden, sondern nur als „Anfang eines Weges und bleibende Verpflichtung zu einem Lebensvollzug in der Communio der Gläubigen"[15]. Es wird nämlich stets das Leben aus dem Glauben gefordert, der konstitutiv für das Sakrament ist.

Wenn das Sakrament also nicht punktuell zusammenfällt, dann entsteht in der Sicht des Autors „ein vielschichtiges und mehrdimensionales, dynamisches Beziehungsgefüge" und eröffnet „ein prozessartiges Gesamtgeschehen" mit vielen Aspekten des einen unteilbaren Ganzen des christlichen Heilsweges.[16] Dem Heiligen Geist ist auf diesem Weg der sakramentalen Verkündigung die Rolle zugeteilt, die Gabe des Glaubens zu schenken und zu intensivieren und dadurch den personalen Anschluss an Christus zu bekräftigen.

Das Sakrament also – treffend vom Autor resümiert – initiiert »Existenz im Heiligen Geist«. Der Geist ist jene »Kraft JHWH's« und jene Jesu Christi, die den Menschen stets an die geschenkte und verpflichtende Wirklichkeit des Sakramentes erinnert, so dass das Sakrament nie zu einer abgeschlossenen Vergangenheit gerät.[17]

3.1.2 *Qualifizierung des Sakramentes durch das Wort und das Pneuma: das »Wie« der Heilsvermittlung*

Die Rolle des Heiligen Geistes in der Heilsvermittlung ist bei Schneider stark christologisch bedingt: Der Geist ist »die neue, nachösterliche Gegenwart Jesu Christi« und die Weise, wie dieser nach seiner Erhöhung in der Mitte der an ihn Glaubenden ist.[18] Der Autor sagt z.B.: »Unsere Verbindung mit Jesus Christus geschieht durch *seinen* heiligen Geist«[19]. Der Geist scheint vor allem der zu sein, der das von Christus vollendete Werk eröffnet und es in den Sakramenten und in der Verkündigung der Kirche vermittelt. Sein Werk ist das Erinnern an Christi Werk, und er bringt

---

[14] SCHNEIDER, Zeichen der Nähe Gottes 68.
[15] SCHNEIDER, Zeichen der Nähe Gottes 79.
[16] SCHNEIDER, Zeichen der Nähe Gottes 81. 83.
[17] Vgl. SCHNEIDER, Zeichen der Nähe Gottes 75.
[18] „Aber das Neue, die neue Weise, wie Gott sich allen zuwendet, wird zugleich als Geistwirken erfahren und beschrieben. Daher wird das äußere Zeichen der Johannestaufe mit der neuen Wirklichkeit Jesu gefüllt: »Wasser« und »Geist« wirken ineinander." – SCHNEIDER, Zeichen der Nähe Gottes 73.
[19] SCHNEIDER, Zeichen der Nähe Gottes 29. 28 (eigene Hervorhebg.).

keine neue Offenbarung. Dieses Erinnern ist aber ein dynamisches Geschehen: Es geht nämlich nicht nur um ‚Vergegenwärtigen', sondern auch um ‚Auslegen' und ‚Erfahrenlassen' der Wirklichkeit des irdischen und erhöhten Jesus Christus[20]. Deshalb ist nach Schneider der Geist, indem er die Vergegenwärtigung des erhöhten Herrn wie die Eingliederung in ihn und seine Kirche bewirkt, ‚das eigentliche Kennzeichen christlicher Existenz'[21]. In ihm geschieht ‚die Rückbindung an das ursprüngliche Christusgeschehen', und in ihm liegt der Grund der Offenheit für ‚die neuen Situationen und Konstellationen der Gemeinden'.[22]

Deutlich unterstreicht der Autor die Tatsache, dass das Wort entscheidend zum Sakrament gehört. Durch das Wort hat das Sakrament nicht nur Aussagecharakter, sondern es selbst ist das Verwirklichungsprinzip des Sakramentes.[23]

Das Wort als »forma sacramenti« – betont er – verwirklicht das Sakrament aber nicht aus sich selbst. Das sakramentale Wort ist nämlich nicht nur eine statische (informierende) Vokabel, sondern als Wort Gottes bezieht es sich auf die Wirklichkeit der lebendigen Verkündigung. Es ist „Ereignis und integrierender Teil einer Handlung"[24], und es bedarf einer wirklichkeitssetzenden Kraft, die das Ausgesprochene geschehen lässt. Schneider unterstreicht, dass die volle Bedeutung des sakramentalen Wortes nur im Gesamt der liturgischen Feier erkannt werden kann, und er verweist – in diesem Punkt besonders auf der reformatorischen Theologie basierend – darauf, dass diese wirklichkeitssetzende Kraft des Wortes die des Heiligen Geistes ist. Das gegenwärtige Pneuma Gottes ist in seiner Sicht „handelndes Subjekt bei der Erfüllung des sakramentalen »Versprechens« (einer Angleichung der Wirklichkeit an die gesprochenen Worte)". Und es verwandelt die christliche Gemeinde zum »Sprachrohr Gottes«, so dass sie den Raum bilden kann, in dem das Gottes Wort zu Gehör gebracht wird.[25]

Andererseits betont der Autor immer wieder, dass Jesus als Mensch „zum Träger einer göttlichen Kunde an uns, zum Wort Gottes in der Welt wird. In ihm spricht uns Gott an, direkt und unmittelbar."[26] Er sucht durch die Theologie des Menschseins Jesu die Kundgabe des Geheimnisses Gottes im Medium der menschlichen Sprache stärker zu verorten. Es bleibt in seinem Entwurf also nicht so viel Platz für die trinitarische,

---

[20] SCHNEIDER, Zeichen der Nähe Gottes 97.
[21] SCHNEIDER, Zeichen der Nähe Gottes 99.
[22] SCHNEIDER, Zeichen der Nähe Gottes 29.
[23] Vgl. SCHNEIDER, Zeichen der Nähe Gottes 42–44.
[24] SCHNEIDER, Zeichen der Nähe Gottes 43.
[25] Vgl. SCHNEIDER, Zeichen der Nähe Gottes 44⁴⁴; ausführlicher dazu auch: Dorothea SATTLER, Wandeln Worte Wirklichkeit? Nachdenkliches über die Rezeption der Sprechakttheorie in der Sakramententheologie, in: Cath(M) 51 (1997) 125–138.
[26] SCHNEIDER, Zeichen der Nähe Gottes 23.

personale Pneumatologie: Denn „wer mit dem Menschen Jesus zu tun hat, hat unmittelbar und direkt mit dem lebendigen Gott zu tun."[27] Jesus ist der einzig Aktive in der Mitteilung des Heiles. Sein Menschsein ist zwar ein Hinweis auf den Heiligen Geist, denn in ihm ist „die deutlichste Kundgabe dessen" gegeben, „wie Gott... einen Menschen im Heiligen Geist ganz ergreift"[28], aber dieser Heilige Geist hat keine besondere Funktion, und auf gar keinen Fall eine aktive Rolle des Mit-Wirkens in der Heilsvermittlung. Er ist eigentlich ‚nur' Art und Weise der Präsenz des Kyrios Jesus Christus. Der Geist ist ganz *sein* Geist.

Es kann aus solcher Sicht die Konsequenz für die sakramentale Struktur der Kirche gezogen werden (mindestens durch die Interpreten): nämlich, dass die Vermittlungsaktivität mehr in dem Medium des Wortes und der Sprache angesiedelt wird. Wenn aber das Wort Gottes einseitig interpretiert wird, als eine ‚nur' mündliche Verkündigung (der Autor tut dies nicht![29]), dann ist nicht mehr so viel Platz für das sakramentale Element, für die liturgische Handlung und die epikletische Anrufung des Heiligen Geistes. Das ‚Interesse' bleibt beim Hören auf das Wort. Dann fehlt nicht mehr viel, dieses Hören wieder einseitig zu betrachten als individuellen Weg des Glaubens – ohne ‚zusätzliche' Vermittlungsinstanzen, wie z.B. die liturgische Versammlung, welche gemeinsam im flehenden Gebet zum Heiligen Geist (Epiklese) um die Gegenwart Gottes bittet.

Dagegen betont der Autor ausdrücklich, dass das Gottesgeheimnis Jesu Christi kein ‚individuell-exklusives' ist, sondern ein ‚personal-inklusives', d.h. es hat ekklesiologische Vollzüge.[30] Anteil an dem Gottesgeheimnis Jesu Christi, an dessen Leben, Sterben und Auferstehen erhalten die Christen in einem charismatischen, durch das Pneuma Gottes geeinten Organismus, in dem ekklesialen Leib Christi. Gottesbeziehung und Christusverbundenheit heißt nämlich »Kirche Jesu Christi sein«, und diese ist eine »Existenz im Heiligen Geist«.[31] Die Existenz im Geiste ist nach Schneider die konkrete Erfahrung der „Wirklichkeit und Wirksamkeit Gottes und Jesu Christi in uns, d.h. in der gläubigen Gemeinschaft, in der Kirche."[32] Denn „durch die Gegenwart des Heiligen Geistes Jesu Christi wird die Kirche zu einem Moment an dem »Ur-Sakrament«

---

[27] SCHNEIDER, Zeichen der Nähe Gottes 24.
[28] SCHNEIDER, Zeichen der Nähe Gottes 23.
[29] Verkündigung – betont Schneider – hat einen umfassenderen Sinn: sie meint „den ganzen Heilsdienst, insofern Gottes Offenbarung die Grundlage allen kirchlichen Tuns ist, insofern Christus Jesus selbst das Wort ist, das hörbar werden soll." – SCHNEIDER, Zeichen der Nähe Gottes 260.
[30] SCHNEIDER, Zeichen der Nähe Gottes 24–25.
[31] SCHNEIDER, Zeichen der Nähe Gottes 26.
[32] SCHNEIDER, Zeichen der Nähe Gottes 26.

Jesus Christus [und] gewinnt sie selbst vom Grund her »sakramentale Struktur«."[33]

Die Vermittlung des Heilgeschehens ist nach Schneider das Werk des Geistes. Aber ist es dessen eigenständiges Werk? Ist der Geist als dritte Person der Trinität wirklich am Werk oder ist sein Name eine bloße Bezeichnung für das Dauerwerk Jesu Christi?

Kann man ohne Hervorhebung der Personalität des Heiligen Geistes und seiner gewissen Eigenständigkeit als dritter Person der Trinität die Heilsvermittlung wirklich als die »im Geiste« denken? Und wie kann man zugleich den Inhalt dieser Vermittlung ‚sauber' halten, ohne dass die Einzigartigkeit und Einmaligkeit der Selbstmitteilung Gottes in Jesus Christus von der ‚parallelen Aktivität' des Heiligen Geistes überschattet wird?

Dies sind große Fragen, die beide Traditionen des Christentums in sich tragen, und die Spannung dieser Fragen bewegt den Osten wie den Westen zur Suche nach den Möglichkeiten, den eigenen festen Standpunkt zu entschärfen und den anderen Standpunkt – ‚ellipsenförmig betrachtend' – als nötige Bereicherung zu qualifizieren.

Schneider betrachtet die sakramentale Heilswirklichkeit von dem christologischen ‚Brennpunkt' ausgehend. Er sucht vor allem die ökumenischen Konvergenzen mit der evangelischen Theologie, indem er die dem biblischen Sprachgebrauch entsprechende christologische Zentrierung des Sakramentsbegriffs und den Wort- und Verkündigungscharakter sakramentaler Vollzüge in den Vordergrund stellt.[34] Dies ist deutlich zu sehen z.B. in seiner Charakteristik des Ordo-Dienstes, wo die Rede ist von der »Verkündigung des Evangeliums« und der »Übernahme der Rolle Jesu im eucharistischen Hochgebet«[35]; das epikletische Moment wird nicht direkt thematisiert.

In diesem Problemfeld referiert der Autor auch einige Passagen der transzendentalen Theologie Rahners[36]. Ihre ‚optimistische' Begründung des »Innenseins Gottes in der Welt« in der menschlichen Mitmenschlichkeit und die daraus folgende ‚automatische' Verwandtschaft mit Jesus Christus aufgrund derselben menschlichen Natur (*anonyme* oder erkannte), sowie die naturale Verwiesenheit auf Gottes Offenbarung und das totale, schon geschehene Umfasstsein des Menschen von Christus können – im Kontext der sakramentalen Heilsvermittlung – ein bisschen zu selbstverständlich ‚klingeln', d.h. ohne Schärfung der personalen Entscheidung jedes einzelnen Menschen.

---

[33] SCHNEIDER, Zeichen der Nähe Gottes 27.
[34] Vgl. SCHNEIDER, Zeichen der Nähe Gottes 32–33.
[35] Vgl. SCHNEIDER, Zeichen der Nähe Gottes 36.
[36] Z.B. Selbstüberschreitung als Erfahrung der ‚Transzendenz'. – SCHNEIDER, Zeichen der Nähe Gottes 11–12. 14.

Der Autor verweist deswegen – sich auf A. Gerken und B.J. Hilberath stützend – auf die notwendige Weiterführung der Zuordnung Rahners von Transzendentalität und Kategorialität beim Menschen durch die ergänzende Dimension der zwischenmenschlichen Personalität.[37] Die Beziehung zwischen Gott und Mensch (und daher auch die sakramentale Heilsvermittlung) muss nämlich – betont Schneider – menschliches Erkennen, menschliches Vernehmen und menschliche Reflexivität einschließen. Denn das »Insein« Gottes, „sein Engagement in bestimmten Personen oder Ereignissen wird zur Selbstkundgabe Gottes an den Menschen [...] erst, wenn und insofern es menschlichem Erkennen und Vernehmen [...] als solches aufgeleuchtet und eingeleuchtet ist."[38]

Durch diese Bemerkung gerade erschließt der Autor die trinitarische Denkbewegung. Sie ist hier notwendig, denn der trinitarische Ausdruck »Geist ist Person« scheint besser die personale Beziehung zwischen Gott und Mensch ins Spiel zu bringen. Wenn nämlich das *Wir* der Trinität durch die Hervorhebung der Personalität des Geistes mehr zur Sprache kommt, dann ist entsprechend das personale *Wir* der Kirche mehr personal zu verstehen.[39]

Der Heilige Geist bewirkt die Begegnung der Menschen mit Christus in solcher Sicht *personal*, nicht transzendental-‚automatisch' (aufgrund des bloßen Menschseins), d.h. er ergreift die Menschen als Personen in ihrer Würde des *Subjektseins* und vereint sie in seiner eigenen Person und durch seine eigene Person – aufgrund ihrer personalen freien Entscheidung – mit der Person Christi.

---

[37] Vgl. SCHNEIDER, Zeichen der Nähe Gottes 14: A. GERKEN, Offenbarung und Transzendenzerfahrung (Düsseldorf 1969) 24–25; B.J. HILBERATH, Karl Rahner. Gottgeheimnis Mensch (Mainz 1995) 97–117.

[38] SCHNEIDER, Zeichen der Nähe Gottes 16.

[39] Scharfsinniger erscheint in der trinitarischen Perspektive auch die Tatsache, dass **der** *auctor sacramentorum* **der dreieine Gott und nicht der religiöse Mensch** ist.
Hegel hat diese trinitarische strenge Implikation des Christentums u.a. an der Versöhnungslehre verifiziert: Die für das Christentum fundamentale Bedeutung habende „Versöhnung in Christo... hat keinen Sinn, ohne dass Gott als der Dreieinige gewußt wird: dass er ist, aber auch als das Andere ist, als das sich Unterscheidende, so dass das Aufheben dieses Unterschiedes, Andersseins, dass diese Rückkehr der Liebe der Geist ist... Das sind die Momente, auf die es hier ankommt, dass dem Menschen die ewige Bewegung, die Gott selbst ist, zum Bewußtsein gekommen ist." – G.W.F. HEGEL, Philosophie der Religion, in: DERS., Sämtliche Werke (hg. v. Hermann Glocker) 16 (Stuttgart ^{4}1965) 173f; zit. nach: Eberhard JÜNGEL, Gott als Geheimnis der Welt (Tübingen ^{3}1978) 124.

3.1.3 Die Differenziertheitsfunktion des Pneuma

Die heilsökonomische Rolle des Heiligen Geistes wird bei Schneider besonders hervorgehoben in der Rede von der Sakramentalität der Kirche. Die pneumatologische Formgebung der Kirche versteht er als einen theologischen Versuch, die vorrangige und durchgängige Geltung des Christusereignisses zu unterstreichen.

Auf dem Hintergrund der konziliaren Geisttheologie, die besagt, dass unsere Verbindung mit Christus durch den lebendigmachenden Geist geschieht (LG 48,2), präzisiert der Autor die Bezeichnung der Kirche als Sakrament. Er unterscheidet ausdrücklich zwischen *Ur-Sakrament* und *Konkretisierung des Ur-Sakramentes*[40]: das Ur-Sakrament des dreieinigen Gottes ist Christus; die Kirche ist „die geschichtliche Ausfaltung und Konkretisierung dieses Ur-Sakramentes", denn durch und „in seinem Geist ist der erhöhte Kyrios seiner Gemeinde... gegenwärtig"[41].

Der von Christus ins Innerste der einzelnen Menschen gesandte Heilige Geist – erinnert der Autor – ist das Einheitsprinzip der Kirche. In diesem einenden Geist wird die Kirche zum Heilszeichen für alle Menschen.

Durch die Gegenwart des Heiligen Geistes Jesu Christi wird die Kirche zu einem Moment an dem »Ur-Sakrament« Jesus Christus, gewinnt sie selbst vom Grund her »sakramentale Struktur«.[42]

Diese ‚pneumatologische' Unterscheidung ist für Schneider von enormer Bedeutung, weil sie ganz entschieden verdeutlicht, dass die Kirche die Sakramente nicht konstituiert und sie nicht aus sich heraus verwaltet, sondern dass sie gemäß dem *mandatum* des einen Kyrios Jesus Christus, und somit des einen dreieinigen Gottes handelt, denn allein in Christus ist dem Menschen das Heil gegeben (Apg 4,12).[43]

Andererseits entzieht sich – dank dieses pneumatologischen Korrektivs – die Rede über die Sakramentalität der Kirche der Gefahr einer

---

[40] SCHNEIDER, Zeichen der Nähe Gottes 24–28.
[41] SCHNEIDER, Zeichen der Nähe Gottes 28.
[42] SCHNEIDER, Zeichen der Nähe Gottes 27.
[43] Die protestantische Theologie würdigt hier das Bemühen, von Christus aus und nicht aus sich selbst die Kirche als Sakrament abzuleiten. Ihre Skepsis bleibt jedoch in der folgenden Frage bestehen: Darf der Sakramentenbegriff überhaupt ekklesiologisch verortet werden? Denn im strengen Sinne ist nur das eine Sakrament Jesus Christus, und deshalb ist „die Sakramentalität einzelner kirchlicher Vollzüge konsequent auf ein testamentarisches Stiftungswort bzw. Stiftungshandeln Jesu Christi" zurückzuführen, also exklusiv von hier aus „und nicht über den Gedanken einer Sakramentalität der Kirche zu begründen". – Gunther WENZ, Einführung in die evangelische Sakramentenlehre (Darmstadt 1988) 255. – In der Sicht der evangelischen Theologie ist die Kirche nicht Subjekt des Sakramentes bzw. genauer des Sakramentenvollzugs. Sie ist eigentlich ‚nur' der Raum, in dem sich das Sakrament „zusammen mit der Wortverkündigung vollzieht". – Hans Martin BARTH, Dogmatik. Evangelischer Glaube im Kontext der Weltreligionen (Gütersloh 2001) 584f.

christologischen sakramentalen Reduktion und eines ekklesiologischen Triumphalismus. Die pneumatologische Aussage über das Grundsakrament Kirche, dass sie ‚nur' Zeichen und Werkzeug des Heils – und nicht Selbstzweck – ist, versucht solche Behauptungen zu nivellieren.

3.2 DER GEIST DER GEBETSLITURGIE – PNEUMATOLOGISCHE AKZENTE IN DER DARSTELLUNG VON HERBERT VORGRIMLER

Es ist wichtig, am Anfang der Besprechung dieses Entwurfs[44] zu betonen, dass der Autor – anders als das Lehrbuch von Theodor Schneider – unter den theologischen Voraussetzungen der Sakramententheologie ausdrücklich auch die pneumatologischen und die trinitätstheologischen Voraussetzungen thematisiert.[45]

Der beachtlichste Punkt in diesem Werk scheint – auch aus der pneumatologischen Sicht – die Hervorhebung der These zu sein, dass jedes Sakrament eine Liturgie ist[46] und dass die Sakramenten-‚Formeln' wesentlich als fürbittendes (deprekatives) Gebet, als Epiklese des Heiligen Geistes zu qualifizieren sind.[47]

Ein anderer pneumatologischer Akzent bei Vorgrimler ist in der Eucharistie-Theologie zu sehen, bei der Erklärung der personalpneumatischen Wirkgegenwart des erhöhten Herrn. Ausgehend von den eucharistisch-theologischen Präzisionen des katholischen Liturgietheologen Johannes Betz (»prinzipale Aktualpräsenz«, »anamnetische, memoriale Aktualpräsenz«, »somatische, personale Realpräsenz«), verweist Vorgrimler auf die Bedeutung der Pneumatologie in der weiteren Diskussion über die Gegenwart Christi in der Eucharistiefeier.

Durch die pneumatologische Begründung – meint er – „kommt unmißverständlich zum Ausdruck, was Betz immer hervorzuheben suchte: daß die Eucharistiefeier nicht menschlicher Initiative entspringt, nicht menschliches Verdienst ist, keine autonome Leistung ist, der Heilstat Jesu nichts an Wert hinzufügt."[48]

---

[44] Herbert VORGRIMLER, Sakramententheologie (Düsseldorf ³1992/2002).
[45] In: VORGRIMLER, Sakramententheologie 29–32, für: Herbert VORGRIMLER, Sakramententheologie (Düsseldorf ³1992/2002) 29–32.
[46] „Sollte ich diese Sakramententheologie selber charakterisieren, so möchte ich sagen, (...) daß sie sich liturgie*theologisch* versteht." – VORGRIMLER, Sakramententheologie 15.
[47] Vgl. VORGRIMLER, Sakramententheologie 259.
[48] VORGRIMLER, Sakramententheologie 217.

Auch der Glaube an die wirkliche Gegenwart Jesu im Heiligen Geist – fährt Vorgrimler fort – gewinne seine Sicherheit gerade aus der Pneumatologie; denn „[d]iese Gegenwart wird nicht bewirkt durch subjektives Bewußtsein und Erinnerung und nicht durch die Fürbitte um das Kommen des Geistes, weil dort, wo gebetet wird, wo Gottes Machttaten gepriesen werden, Gott bereits Gegenwart ist."[49]

Die Fundierung der Eucharistie in der Pneumatologie scheint ihm daher von großer Bedeutung zu sein, weil sie das Missverständnis zu beheben versucht, „als bewege der Mensch in diesem Sakrament, über Gott verfügend, Jesus zum Kommen."[50]

Nachfolgend wird das zentrale Anliegen des Autors näher dargestellt: warum der eigentliche ‚Ort' des Sakramentes eine *geist*gewirkte und *geist*erfüllte Liturgie ist und welche Bedeutung den Sakramenten die Pneumatologie in diesem Kontext verleiht.

Der Autor geht davon aus, dass „Gottes Umgang mit den Menschen gar nicht anders sein kann als ‚sakramental'", denn Gottes Gegenwart ist den Menschen nur vermittelt und nicht unmittelbar gegeben.[51]

Die Verortung der Begegnungen des/der Menschen mit Gott in der Liturgie entspricht dieser *sakramentalen* Struktur der Gottesbeziehung, da sie stets „zum sinnenfälligen, greifbaren und im Raum der menschlichen Gemeinschaft sich ereignenden Geschehen" tendiert.[52] Vor allem aber entspricht es dem Willen Gottes, dass sich die sakramentale Begegnung mit Gott auch im Bereich der Mitwelt und Umwelt (eines) Menschen abspielen und in dieser Dimension des Greifbaren und Gemeinschaftlichen ihren praktischen Ausdruck finden muss.

Infolgedessen kann man überall dort, wo diese Begegnung ausschließlich nur im innerlichen Bereich des einzelnen Menschen gesehen wird und die greifbar-gemeinschaftliche Dimension des Gottesverhältnisses ganz aus dem Blick gerät, nicht von einer ‚gelungenen' sakramentalen Begegnung sprechen.[53] Dieser Gedanke wird bei Vorgrimler auch pneumatologisch begründet:

> *„Der Geist bewirkt nicht nur ein persönliches, individuelles Verstehen Jesu und seiner Sendung, er macht auch dazu bereit, daß der Glaubende Jesus gleichsam von der Kirche entgegennimmt, deren Einsichten in die Jesusgestalt immer umfassender sind als jedes private Jesusbild. Das hat sehr konkrete Folgen für den Umgang mit dem Neuen Testament im Hinblick auf Kirche*

---

[49] VORGRIMLER, Sakramententheologie 217–218.
[50] VORGRIMLER, Sakramententheologie 217–218.
[51] VORGRIMLER, Sakramententheologie 14; vgl. ebd. 19–20.
[52] VORGRIMLER, Sakramententheologie 225.
[53] Vgl. VORGRIMLER, Sakramententheologie 225–226.

und Sakramente; es beinhaltet den Willen, jene bleibende, vom Geist bewirkte Verbindung des erhöhten Jesus mit der Kirche zu akzeptieren."[54]

Im liturgischen Sakramentenverständnis soll daher deutlich daran erinnert werden, dass die Symbolik der wort-zeichenhaften Handlungen wie die Fürbitte füreinander für eine Begegnung mit Gott konstitutiv sind. Die Sakramente als Liturgie zu sehen, heißt aber nicht zugleich – unterstreicht Vorgrimler – eine Kultisierung oder Klerikalisierung der christlichen Existenz, sondern dies verdeutlicht lediglich, dass das primäre Subjekt und der eigentliche Träger der liturgischen Feier (und der ‚Spender' der Sakramente) allein Jesus Christus in seinem Geiste ist. Die Gemeinde ist daher das abhängige Subjekt der Liturgie, denn sie allein kann die Gegenwart Gottes nicht bewirken – sie kann um dieses Kommen nur bitten (epikletisches Moment).[55]

Von erstrangiger Bedeutung für den Autor ist gerade diese Einsicht, dass Liturgie – und hier kommt wieder die pneumatologische Argumentation zum Vorschein – ermöglicht und getragen ist von Gott selber. Denn nicht nur der katabatische Aspekt der Liturgie, das heilshafte Kommen Gottes, sondern auch der anabatische Aspekt der Verherrlichung Gottes des Vaters ist das Werk des Heiligen Geistes. Das Pneuma gehört nämlich in gleicher Weise – betont Vorgrimler – sowohl auf die Seite des schenkenden (ankommenden) Wortes wie auch auf die Seite der menschlichen Antwort.[56] Denn nach dem Weggang Jesu zu Gott ist der göttliche Geist nicht nur das »Wie« Gottes in dieser Welt; er ist auch das »Wie« seitens der Menschen, um in die Sendung Jesu eintreten zu können.[57]

Dank dieses pneumatologischen Aspekts ist für den Autor die Behauptung, die Liturgie sei der Ort der Sakramente, noch verstärkt: Weil der Geist Gottes, der Jesus von den Toten auferweckt hat und Jesu Leiblichkeit so durchwirkt, dass sie von den Bedingungen von Raum und Zeit enthoben ist, gerade in den liturgischen Symbolhandlungen die Präsenz Christi realisiert. Er nämlich als das Medium der Gegenwart Jesu, seiner Person und seines ganzen Lebensschicksals und zugleich als ‚das Jesus und den Glaubenden Gemeinsame' kann die Menschen zu einer liturgischen Begegnung mit Gott über die Christusgestalt führen.[58]

Vorgrimler versucht in diesem Punkt aber auch eine trinitätstheologische Präzisierung zu schaffen. Die Verheißung der Gegenwart Gottes in

---

[54] VORGRIMLER, Sakramententheologie 31.
[55] Vgl. VORGRIMLER, Sakramententheologie 36–40. 271–272. 338.
[56] Vgl. VORGRIMLER, Sakramententheologie 34–35. – Nach J. Freitag ergänzt Vorgrimler hier die implizite Pneumatologie Rahners, siehe: FREITAG, Sakramente und Pneumatologie 293[118].
[57] Vgl. VORGRIMLER, Sakramententheologie 31.
[58] VORGRIMLER, Sakramententheologie 39.

der liturgischen Versammlung kann – meint er – nicht einfach bedeuten, dass „jenes ewige, unbegreifliche Geheimnis..., das Jesus als seinen und unseren Vater ansprach", erreichbar oder ‚greifbar' wird. In der Liturgie wird nicht so sehr Gott der Vater selbst vergegenwärtigt; vielmehr werden die Menschen mit Hilfe der Liturgie „Gott dem Vater gegenwärtig gemacht" und „vor sein Angesicht gebracht: *durch* seinen Sohn Jesus *im* Heiligen Geist".[59]

Der Autor will dadurch die Tatsache hervorheben, dass die Vergegenwärtigung Gottes durch Christus *nur* im Heiligen Geist geschehen kann und dass damit die Vermittlungsmöglichkeiten des Heiles immer von der Initiative des göttlichen Geistes getragen sind.

Die Liturgie als die eigentliche Gestalt des sakramentalen Geschehens bedeutet für Vorgrimler auch, dass „die *ganze* liturgische Symbolhandlung den Vollzug des Sakraments bildet und daß nicht einzelne ihrer Bestandteile willkürlich entbehrlich sind."[60] Weiterhin – ist es ihm sehr wichtig, dass die sakramentale Liturgie auch eine deprekativ-epikletische Gestaltung gewinnt. Diese Sensibilität des Autors ist – auch aus der pneumatologischen Sicht – besonders wertvoll und sehr zu schätzen. Denn das bedeutet ein klares Plädoyer dafür, dass „die ‚Kernworte' der ‚Sakramentenspendung' die optativische Gestalt der Fürbitte (wieder-)gewinnen."[61]

Demgemäß versucht Vorgrimler, so eine Grundform der Sakramente neu zu bestimmen:

> »*Sie sind Gebete, und zwar genauerhin Gebete ‚im Namen Jesu', gesprochen von der Gemeinde der Glaubenden, (...) mit einem Inhalt, der sich je aus der Situation des einzelnen Sakraments ergibt. Ein solches Gebet beruft sich auf den Gott, der einen heilbringenden Namen kundgegeben hat (...). Es ist die Urgestalt der Liturgie.*«[62]

Der Autor verweist hier vor allem auf die östliche Liturgie und deren fürbittende Gebetsformeln in den sakramentalen Feiern.[63] Eine Form

---

[59] VORGRIMLER, Sakramententheologie 39.
[60] VORGRIMLER, Sakramententheologie 98.
[61] VORGRIMLER, Sakramententheologie 98.
[62] VORGRIMLER, Sakramententheologie 98.
[63] Siehe VORGRIMLER, Sakramententheologie 98–99:

> „*Bei der Wiedergewinnung der Gebetsgestalt der Sakramente wäre religiös-theologisch vieles von der ostkirchlichen Epiklese zu lernen, der Bitte um das die irdische Materie heiligende Kommen des göttlichen Geistes.* **Der Geist Gottes würde so als der in den Sakramenten zum Heil der Menschen Wirkende neu bewußt werden. Das Missverständnis würde vermieden, jener Mensch, Frau oder Mann, dem nach der Gottesdienstordnung das Sprechen dieser ‚Kernworte' zukommt, habe die Sakramente samt ihrer Gnadenwirkung zu seiner Verfügung oder er besitze eine gleichsam magische, ihn fundamental von den anderen Feiernden unterscheidende Kraft.** *Die*

der Bitte, die den stärkeren indikativischen Moment der Sakramentenspendung ergänzen würde, wäre seiner Meinung nach geeigneter, um auszudrücken, dass es beim sakramentalen Geschehen um eine wirksame Fürbitte der ganzen Kirche geht. Die Gebetsformeln könnten auch besser die Feiernden als Subjekte vor Gott zur Sprache bringen.

In diesem Kontext bedenkt Vorgrimler auch die bedauerlichen Folgen für die Auffassung von der Eucharistie, wenn sie nicht als liturgisch-epikletische Feier verstanden wird. Wenn die Konzentration überwiegend auf die statisch verfasste Realpräsenz Christi gerichtet wird, dann denkt man als Folge nur „an die Gegenwart der bestimmten Person in ihrem immerwährenden Vollendungszustand, nicht aber an die Gegenwart ihres ganzen Lebens, ihrer ganzen Geschichte"[64].

3.3 DER GEIST ALS »KOMMUNIZIERENDE LIEBESKOMMUNIKATION« – SAKRAMENTENTHEOLOGISCHE KONKRETION COMMUNIONAL-KOMMUNIKATIVER EKKLESIOLOGIE IM ENTWURF VON HANS OTMAR MEUFFELS

3.3.1 Die Berücksichtigung der Rolle des Heiligen Geistes im Lichte eines trinitarisch artikulierten Glaubenshorizonts

Die Pneumatologie im Entwurf von Hans Ottmar Meuffels[65] ist kein besonders akzentuiertes oder ein zentrales Thema. Die pneumatologischen Explikationen kommen nicht eigenständig zur Sprache, sondern eher im breiten Kontext der trinitarischen Grundlegung und Strukturierung sowie der christologischen Konzentration.

Die trinitarische Perspektive dient dem Autor als Korrektiv für das vorkonziliare christomonistische Kirchenbild, welches hauptsächlich auf die Kirche als eine geschichtliche Institution ausgerichtet war. In seiner *Communio-Ekklesiologie* wird die Kirche durchgängig **trinitarisch** strukturiert verstanden: als Volk Gottes und Leib Christi. Sie wird durch das

---

Erneuerung der Sakramente als Gebetsliturgie hätte große ökumenische Bedeutung, im Hinblick auf die Ostkirchen und auf die aus der Reformation hervorgegangenen Kirchen, ja sogar gegenüber dem Judentum (von dem die Kirche die Struktur ihres höchsten Sakraments, die Gestalt des eucharistischen Hochgebets, empfangen hat)."
(Meine Markierung).

[64] VORGRIMLER, Sakramententheologie 193.
„*Die Konzentration auf das Gegenwärtigsetzen der Person Jesu mit Gottheit und Menschheit förderte die Vorstellung, der Sinn der Eucharistiefeier sei es, Gottheit und Menschheit Jesu zum Zweck der Anbetung und der Kommunion gegenwärtig zu machen. Die inhaltliche Fülle des »Gedächtnisses« ist damit verringert. Der Verehrung der Eucharistie im herkömmlichen Sinn fehlt daher auch das wesentliche Element jeder Liturgie, die Verherrlichung Gottes wegen seiner Großtaten."* – Ebd.

[65] Hans Otmar MEUFFELS, Kommunikative Sakramententheologie (Freiburg-Basel-Wien 1995).

Wort Christi und durch den in Sakramenten wirkenden Heiligen Geist auferbaut und belebt.

Leitender Gedanke ist die trinitarische **Koinonia**, die die *communional-kommunikative* Wirklichkeit der Kirche ermöglicht. Die Kirche ist nicht lediglich eine menschliche Vereinigung, sondern sie lebt in ständiger Gemeinschaft mit Gott dem Vater durch Jesus Christus im Heiligen Geist. Sie als **Communio** ist nicht bloß das historische Produkt des Wirkens Jesu, sondern *Werk* des lebendigen Gottes (1 Tim 3,15). Das Konkretwerden dieser Communio vollzieht sich in der sakramentalen Praxis der Kirche, in welcher die Sakramente den Kommunikationswillen Gottes ‚manifestieren' und die Partizipation an seiner communionalen Geistwirklichkeit ermöglichen.

In der Aussage von der Kirche als *pneumatisch* getragener Communio von Subjekten sollte vor allem besser *die Weise* des Dienstes am Heil der Menschen ausgedrückt werden, dass „die Glaubensgemeinschaft ministeriales Medium der Gott-Mensch-Begegnung [ist], und von daher in **personalen Begegnungs- und Kommunikationskategorien** zu deuten, da sich nur in personaler, gemeinschaftsverbundener und kommunikativer Begegnung zwischen Gott und Mensch Heil ereignet."[66] Das Sakrament will der Autor daher – sich an die Formulierung von A. Ganoczy anlehnend – als keine »an sich bestehende Institution« denken, sondern als ein »subjektzentriertes Ereignis« und so zugleich als ein »ekklesiales Gruppenereignis«.[67]

Der Entwurf von Meuffels entfaltet am breitesten in der modernen (römisch-katholischen) Theologie die communional-kommunikative Sakramententheologie.[68] Impulsgeber für ein solches Sakramentenverständnis als kommunikatives Geschehen waren für den Autor Ansätze von Bernhard Welte und Piet Schoonenberg[69], die sich u.a. stark um

---

[66] MEUFFELS, Kommunikative Sakramententheologie 170 (Hervorhebg. des Autors) – in Bezug auf: Medard KEHL, Die Kirche. Eine katholische Ekklesiologie (Würzburg 1992) 322–333.

[67] Alexandre GANOCZY, Einführung in die katholische Sakramentenlehre (Darmstadt 1979) 51. – In: MEUFFELS, Kommunikative Sakramententheologie 301, für: Hans Otmar MEUFFELS, Kommunikative Sakramententheologie (Freiburg-Basel-Wien 1995) 301.

[68] Nach: Harald WAGNER, Die Sakramente als communional-kommunikative Vollzüge, in: DERS., Dogmatik 301–303.

[69] Bernhard WELTE, I. Zum Vortrag von A. Winklhofer, in: Michael SCHMAUS (Hg), Aktuelle Fragen zur Eucharistie (München 1960) 185–190; DERS., Auf der Spur des Ewigen. Philosophische Abhandlungen über verschiedene Gegenstände der Religion und der Theologie (Freiburg-Basel-Wien 1965); Piet SCHOONENBERG, De tegenwoordgheid van Christus, in: Verbum 26 (1959) 148–157; DERS., Een terugblikk Ruimtelijke, persoonlijke en eucharistische tegenwoordigheid, in: Verbum 26 (1959) 314–327.

3.3 Communional-kommunikative Ekklesiologie bei H. O. Meuffels 383

die personale Gegenwart Jesu Christi in der Eucharistie bemüht haben, um die statische Sakramentenverfassung zu überwinden (die beiden waren überzeugt, dass sich aus einer bloßen räumlichen Anwesenheit nicht unbedingt eine personal-kommunikative Gegenwart ergeben muss). Meuffels deutet das sakramentale Geschehen in diese Richtung, dass die Gegenwart Christi in den sakramentalen (eucharistischen) Zeichen vor allem dynamisch, d.h. dialogisch-personal, zu verstehen ist, denn das Pneuma Christi verleiht ihnen eine andere Zeichenfunktion (*transsignifiziert* sie). In dieser Dynamik sind die Sakramente sichtbare Ausdrücke, dass sich in ihnen personale Wirklichkeit als Begegnungsgeschehen (symbolisch-kommunikative Interaktion[70]) verleiblicht. Der Kommunikationsbegriff[71] dient hier vor allem der Hervorhebung der ekklesialen Ausrichtung bei personaler Struktur der Sakramente, um „eine isolierende und dissoziierende Betrachtung" von ihnen wie auch eine Verkultung der Christologie zu überwinden.[72]

Theologisch hat Meuffels in seinem Entwurf – wie schon erwähnt – die christologische und die trinitarische Dimension Gottes zur Voraussetzung.[73] Christus ist in der Heilsökonomie *Kommunikationsmedium* und

---

[70] *»Damit zeigt sich ein für die (Sakramenten-) Theologie interessantes Phänomen, daß nämlich kommunikative Interaktion als Grundlegung und Vollzug der je eigenen Subjektivität in Anerkennung der Freiheit des antwortenden Gegenübers, welchem das Ich in seiner Ent-äußerung sich verdankt, immer schon Sinnfindung sowie Mitteilung bedeutet, also eine implizite Religiosität beinhaltet, welche explizit ins Wort und in Kommunikation gehoben werden kann.«*
 – MEUFFELS, Kommunikative Sakramententheologie 31 *(eigene Markierung).*

[71] Zum Thema Kommunikation als Schlüsselbegriff der Sakramentenlehre vor allem:
 Otto SEMMELROTH, Gott und Mensch in Begegnung. Ein Durchblick durch die katholische Glaubenslehre (Frankfurt a.M. 1956); Heinz Robert SCHLETTE, Kommunikation und Sakrament. Theologische Deutung der geistlichen Kommunion = QD 8 (Freiburg 1960); Peter HÜNERMANN, Sakrament – Figur des Lebens, in: Richard SCHAEFFLER/ Peter HÜNERMANN (Hg), Ankunft Gottes und Handeln des Menschen. Thesen über Kult und Sakrament = QD 77 (Freiburg 1977) 51–87; Alexandre GANOCZY, Einführung in die katholische Sakramentenlehre (Darmstadt 1979); Lothar LIES, Sakramente als Kommunikationsmittel. Pastoraltheologische Erwägungen, in: Günter KOCH u.a. (Hg), Gegenwärtig in Wort und Sakrament. Eine Hinführung zur Sakramentenlehre = Theologie im Fernkurs 5 (Freiburg-Basel-Wien 1976) 110–148; Karl ERMERT (Hg), Gottesdienst als „Mitteilung". Kommunikative Aspekte rituellen Handelns, in: Evangelische Akademie Loccum (Hg), Loccumer Protokolle 24/1983 (Loccum ³1987); Philipp HARNONCOURT, Liturgie als kommunikatives Geschehen, in: LJ 25 (1975) 5–27; Franz KOHLSCHEIN, Die liturgische Feier als Kommunikationsgeschehen, in: Theologie der Gegenwart 26 (1983) 1–13; DERS., Symbol und Kommunikation als Schlüsselbegriffe einer Theologie und Theorie der Liturgie, in: LJ 35 (1985) 200–218; Gisbert GRESHAKE, Communio – Schlüsselbegriff der Dogmatik, in: G. BIEMER u.a. (Hg), Gemeinsam Kirche sein. Theorie und Praxis der Communio = FS O. Saier (Freiburg 1992) 90–121.

[72] Siehe: Augustin SCHMIED, Perspektiven und Akzente heutiger Sakramententheologie, in: WiWei 44 (1981) 17–44, hier 18.

[73] »Gott redet als Mensch«; »Trinitarisches Gespräch der Liebe«. – In: MEUFFELS, Kommunikative Sakramententheologie 32–36.

Kommunikationsraum des trinitarisch-immanenten ‚*Agapeaustausches*' zwischen Vater, Sohn und Geist, so dass Gottes Wesen dreipersonal kommunikativ zu bestimmen ist. Seine Person ist *die menschgewordene Communio* Gottes mit den Menschen und der Menschen untereinander. Denn Gott selbst (als letzter Quellpunkt des Seins) hat sich „mit der Fülle einer trinitarischen Lebenswirklichkeit in seinem Sohn als Menschgewordenem [offenbart], um in diesem Jesus aus Nazareth einen personalen Begegnungs- und Mitteilungsraum zu schaffen, in welchem die Absolutheit Gottes in seiner Liebe ebenso gewahrt bleibt wie die Geschöpflichkeit des Menschen, aber dies in einer personalen Communio, die Gott trägt, indem er sie je schon trinitarisch ist."[74] Christus ist also das Sakrament schlechthin, denn er „offenbart und wahrt die Liebesmitte des trinitarischen Gottes, der Agape ist, und spricht den Menschen in seinem wahren Wesen (mit Transzendenzbezug) innerhalb seiner konkretgeschichtlichen Lebenssituation an".[75]

Das Profil des Geistes tritt in dieser sakramententheologischen Reflexion aber wahrnehmbar hervor, denn die Gott-menschliche Begegnung wird hier ausdrücklich bezeichnet als *pneumatisch* präsente und *pneumatisch* getragene Heilsrealität. Das Sakramentale in der Kirche ist nichts anderes als **Hineinnahme** in **die personale Lebensbewegung** und das Verhältnis **Jesu zum Vater**, die aber nur **kraft des Geistes** gelingen kann: – gerade so versteht der Autor seinen *communional-kommunikativen* Ansatz.

> »*Ein Sakrament ist ein vom trinitarischen Gott aus freiheitlicher Liebesentscheidung getragenes, dynamisches Geschehen im Sinne eines dialogischen Miteinanders von Gott und Mensch, welches objektiv im vorgängigen Inkarnationsgeschehen sowie in der Hingabebewegung Jesu bis zu seinem Tod als Agapezuspruch des sich mitteilenden und offenbarenden Gottes gründet und sich kraft des Hl. Geistes durch das Wirken der dazu ermächtigten Kirche in die Zeit hinein entfaltet, um in konkreten Lebenssituationen den Menschen Gottes absolute Gegenwart zu vermitteln und erfahrbar zu machen, so daß im Realsymbol in unterschiedlicher Realisierung (als Einzelsakramente) je das enthalten ist, was es in differenzierter Weise durch Wort und Symbol aussagt: Gottes eine Gnade in ihrer unterschiedlichen Wirkweise.*«[76]

---

[74] MEUFFELS, Kommunikative Sakramententheologie 226. – »Jesus Christus – Die menschgewordene Communio« – gerade so betitelt auch H. WAGNER den christologischen Teil seiner Dogmatik (158–224).

[75] MEUFFELS, Kommunikative Sakramententheologie 10 – bezogen auf: Lothar LIES, Sakramente als Kommunikationsmittel. Pastoraltheologische Erwägungen, in: Günter KOCH, Lothar LIES, Josef SCHREINER, Klaus WITTSTADT, Gegenwärtig in Wort und Sakrament. Eine Hinführung zur Sakramentenlehre = Theologie im Fernkurs 5 (Freiburg-Basel-Wien 1976) 127.136.140.

[76] So eine communial-kommunikative Verfassung des Sakramentenbegriffes: MEUFFELS, Kommunikative Sakramententheologie 11 *(unterstrichen durch den Autor)* – bezogen auch auf: Karl RAHNER, Kirche und Sakramente = QD (Freiburg-Basel-Wien 1960) 47.

Die Kirche also als Verwirklichung der Kommunikations-Communio von Gott und Mensch[77] vollzieht durch das göttliche Pneuma die zeichenhafte Präsenz des Heiles; und dank seiner Wirkung aktualisiert wie konkretisiert sie die ‚Agape-Vermittlung' Christi für die Menschen in den Einzelsakramenten. Eine kommunikative Sakramentenlehre – unterstreicht Meuffels – „nimmt deshalb in besonderer Weise die Wirkmächtigkeit des heiligen Geistes wirklich ernst – im Hinblick auf Gott, aber auch im Blick auf das Volk Gottes, das sich als Kirche in den Sakramenten konstituiert und von daher lebt und Lebens-Welt gestaltet."[78] Diese Hervorhebung der pneumatologischen Wirkkraft scheint dem Autor theologisch geradezu selbstverständlich zu sein, da der Geist von seinem Wesen her »Liebesaustausch, Liebescommunio und Agapekommunikation« ist.[79]

3.3.2 ‚Im Heiligen Geiste' – das personale Medium

In der Gestalt des Geistes – unterstreicht der Autor – ist „in personaler Weise das verbindende Miteinander" gegeben.[80] Der Heilige Geist bewirkt dieses Miteinander: die Liebes-Communio und den Liebes-Austausch aber nicht nur innertrinitarisch, sondern auch im sakramentalen ‚Raum' der Heilsökonomie. Im sakramentalen Geschehen ist er schlechthin die personifizierte Liebes-Kommunikation zwischen Christus und Christen.

Eingedenk des Wissens um die Personalität des Pneuma Gottes macht Meuffels – sich auf den in unserer Arbeit im Exkurs zum 2. Kapitel erwähnten nordamerikanischen Liturgiewissenschaftler, Edward J. Kilmartin, stützend – eine erwähnenswerte Differenzierung zwischen Christus und dem Geist im Kontext der sakramentalen Vermittlung. Seiner Meinung nach ist die ontologische Bedeutsamkeit der hypostatischen Union Christi im Blick auf die menschliche Natur nicht der einzige Begründungsfaktor der sakramentalen Heilsökonomie. In der „Christusbezogenheit des Menschen" – meint er – ist freilich die Kommunikation zwischen Gott und Mensch bestimmt, aber diese ist nicht weniger auch „von

---

[77] Vgl. MEUFFELS, Kommunikative Sakramententheologie 138.
[78] MEUFFELS, Kommunikative Sakramententheologie 35–36 – anknüpfend an: Hubert FRANKEMÖLLE, Pneumatologie und kommunikatives Handlungsmodell. Von der Wirkmächtigkeit des Geistes Gottes im Volk Gottes, in: Anton ROTZETTER (Hg), Geist wird Leib. Theologische und anthropologische Voraussetzungen des geistlichen Lebens = Seminar Spiritualität 1 (Zürich-Einsiedeln-Köln 1979) 56.
[79] MEUFFELS, Kommunikative Sakramententheologie 60.
[80] MEUFFELS, Kommunikative Sakramententheologie 35.

der formalen Geisterfülltheit" getragen.[81] Eine personale Kommunikation, die sich in den Sakramenten zwischen Gott und Mensch in dialogischer Struktur zu vollziehen hat, bedarf daher auch der personalen Ursächlichkeit:

> *"The term 'personal causality' can be used to describe the process of personal communication in which the effect results from the causal activity of communicator and receiver."* This case *"includes the recipient's determination to give self over to the communicator, ... "*[82].

Wenn die Sakramente als ‚trinitarische Gesprächeinladung' und ‚liebehafter Lebensaustausch' zwischen Gott und Mensch zu charakterisieren sind, dann muss man – betont Meuffels – dieses ‚von Gott im Christusereignis initiierte Kommunikations-geschehen' gerade als von der Person des Heiligen Geistes getragenes verstehen.[83] Denn nur wenn jede rituelle Handlung in die personal-dynamische Begegnungsdimension des Pneuma Gottes eingeschlossen wird, kann „das ganze Volk Gottes als Ecclesia" – und „nicht das kirchliche Amtstum alleine" – zu lebendigem Heilsorganismus und unsichtbarer *communio sanctorum* werden.[84]

3.3.3 Agapehermeneutik des Sakramentalen: ‚Communio von Subjekten'

In dieser sakramententheologischen Denkbewegung, wo die personale Beziehung und die dynamische Begegnung mit gegenseitigem Austausch entscheidend sind, hat die Pneumatologie ihren festen Platz. Im Heiligen Geist nämlich, der in den Glaubenden wohnt und die Verschiedenheit der Charismen und Dienste bewirkt, ist die sakramentale Realisierung des Heiles als *personale* Gottesbegegnung ermöglicht.[85]

---

[81] MEUFFELS, Kommunikative Sakramententheologie 36.
[82] Hier das Zitat von Edward J. KILMARTIN, Christian Liturgy: Theology and Practice. I. Systematic Theology of Liturgy (Kansas City 1988) 140. – In: MEUFFELS, Kommunikative Sakramententheologie 36. – Meuffels baut die pneumatologische Begründung der sakramentalen Vermittlung auf auch anhand des Beitrags von W.G. TILLMANS, Theologie und Kommunikation, in: CS 18 (1986) 347–357, 350: „*Das äußerliche Wort kann nicht ohne innerliches Wort sein. Die fortschreitende christliche Kommunikation kann nicht ohne Beistand des Heiligen Geistes sein.*"
[83] Vgl. MEUFFELS, Kommunikative Sakramententheologie 105.
[84] MEUFFELS, Kommunikative Sakramententheologie 137.
[85] Die inkarnatorische Struktur der Selbstmitteilung Gottes in Jesus Christus ist dadurch nicht aufgehoben; sie ist für den Autor primär. Er versucht aber zu betonen, dass die Kirche in ihrem konkreten Dienst, einschließlich der sakramentalen Feier, und die auf Gott orientierten Menschen immer „*in einer reziproken Relation*" stehen. Dies ist begründet in der zeichenhaft-inkarnatorischen, über sich hinausweisenden Gegenwart Christi selbst, wie auch in der „*pneumatisch durchwalteten, personal-gemeinschaftlichen Glaubens- und Lebensausrichtung*" der Mitglieder der Kirche. Dementsprechend muss man von der

3.3 Communional-kommunikative Ekklesiologie bei H. O. Meuffels

In der Hervorhebung seiner heilsökonomischen Wirkmacht als des personalen Mediums wird vor allem das kommunikativ-handelnde Miteinander zwischen Gott und den durch sein Pneumawirken ermächtigten und so zu den Subjekten gewordenen Menschen gestärkt und auch „die Personalität und Glaubenskraft des einzelnen Menschen in Ausrichtung auf die Gemeinschaft aller Glaubenden (wie umgekehrt)" intensiviert, um letztlich diese sakramental-ekklesiale ‚Communio von Subjekten' „in die göttliche Communio von Vater Sohn und Geist einzubergen."[86]

Das sakramentale Geschehen kann daher – aufgrund seiner personalen Dimension und pneumatischen Wirkkraft – nie in einer statischen Wesensbeschreibung erfasst werden. Es ist immer in eine Dynamik communional-dialogischer Medialität eingeschlossen. Die Einzelsakramente sind dann nicht bloß verobjektivierte Zeichen der göttlichen Gnade, die gespendet und empfangen werden; sondern als interaktives Begegnungsgeschehen gehören sie zu einem aktiv-realen, vieldimensionierten Gesamtereignis: zu mysterial bestimmter Wirklichkeit der Kirche – als »Konkretisierungen des Gesamtmysterions Gottes«[87]. Und durch die kommunikative Struktur der Momente: Wort, Symbol und Handlung vermitteln sie die Gegenwart dieses göttlichen Heilsmysteriums.[88]

So bilden die Sakramente ein strukturales Gefüge, in dem sie in erster Linie nicht auf Selbst-Vollzug oder Selbst-Konstituierung der Kirche verweisen, sondern vielmehr auf die göttliche Liebeszuwendung innerhalb dieser.[89] In ihnen wird „der Mensch kommunikativ-communial in die göttliche Lebenswirklichkeit durch den Geist eingeborgen", „um das historische Heilsfaktum geschichtlich, in pneumatisch getragener Eigenverantwortung sich entfalten zu lassen".[90]

---

relational-inkarnatorischen Gegenwart und Wirksamkeit Gottes sprechen, dass die Gesamtstruktur des Ekklesia-Mysteriums als dynamische Begegnung zwischen Gott und Mensch (in sakramentaler Vermittlung) gedacht wird – und nicht in statischer Reduktion auf Gott oder den Menschen. Denn die geschichtliche Heilsvermittlung ist von der kommunikativen Beziehungswirklichkeit Gottes (durch Christus im Geist) getragen: also sowohl christologisch wie auch pneumatologisch eingebettet. – Siehe: MEUFFELS, Kommunikative Sakramententheologie 155.172. 253.

[86] MEUFFELS, Kommunikative Sakramententheologie 172.
[87] MEUFFELS, Kommunikative Sakramententheologie 245; vgl. ebd. 121.
[88] MEUFFELS, Kommunikative Sakramententheologie 252.
[89] Vgl. MEUFFELS, Kommunikative Sakramententheologie 245.
[90] MEUFFELS, Kommunikative Sakramententheologie 258. – Der Autor macht in diesem Kontext deutlich, dass das sakramentale Geschehen ihrem Wesen nach kommunikativ und nicht nur „eine kommunikative Handlung der Gemeinde" ist. Damit sollte die Agape selbst in ihrer Communio-Struktur und Kommunikabilität das Zentrum der theologischen Reflexion sein. Die Begrifflichkeit: ‚sakramentale Kommunikation', ‚kommunikative Sakramentenlehre' haben daher nur „ministerial-mediale Aufgaben und stellen keinen Selbstwert an sich dar". – Vgl. ebd. 108[164]; 124–125[257].

Es geschieht im sakramentalen Geschehen – durch Gottes geistvolles Wirken und das Medium der Symbolik und des Wortes – also nicht die Vergegenwärtigung eines Donums, sondern vielmehr einer Dynamik, nämlich „der beschenkenden Begegnung Gottes mit den Menschen – historisch, geschichtlich-aktuell."[91] Der Mensch kann somit über die Christusgestalt im Heiligen Geist an der Agape-Communicatio und -Communio des dreieinigen Gottes partizipieren.[92] Hier ist für Meuffels die Wesensmitte des Sakramentalen berührt: *„die sakramentalgegenwärtige Agape, die Gott selbst ist, als Lebens-, Beziehungs- und Kommunikationswirklichkeit".*[93]

Die Aussendung des Geistes bleibt die Grundlage für diese unverbrüchliche Gott-Mensch-Kommunikation und -Communio, denn obwohl sich ‚die Lebenszusammenhänge des Menschen' hier mit ‚den Lebenszusammenhängen des dreieinigen Gottes' decken, werden sie aber nicht identisch. Man bedarf deswegen immer der Wirksamkeit des Hl. Geistes, „um uns der je-größeren Freiheit und Agape Gottes teilhaftig werden zu lassen."[94]

Die Aussendung des Geistes – betont Meuffels – ist notwendig auch aus der Perspektive der eschatologischen Vollendung. Denn gerade die Geistwirkung bildet eine heilsökonomische (sakramental-ekklesiale) Brücke in die endzeitliche Finalität des Agapemysteriums Gottes, in dem der Mensch ganz in die trinitarische Liebeswirklichkeit hineingenommen und als Geschöpf vollendet wird.[95]

3.3.4 Epikletisch-performative Einheit verbal-zeichenhafter Heilsstruktur: Pneumawirkung bei der ‚Decodierung' symbolischer Medien

Da in dieser sakramententheologischen Konzeption die effiziente Ursächlichkeit der Person des Heiligen Geistes bei der Heilsvermittlung beachtet wird, wird damit auch die Hochschätzung der Epiklese fundiert, weil die Gestalt des Sakramentes – stellt der Autor fest – nicht ohne Communio-Gestalt ihren Inhalt aussagen kann, d.h. nicht ohne dass die Gemeinde worthaft-epikletisch die Gegenwart Gottes in der Feier der Sakramente erbittet.[96]

---

[91] MEUFFELS, Kommunikative Sakramententheologie 260.
[92] Vgl. MEUFFELS, Kommunikative Sakramententheologie 183–184.
[93] MEUFFELS, Kommunikative Sakramententheologie 278.
[94] MEUFFELS, Kommunikative Sakramententheologie 196 – bezogen auf: Peter EICHER, Die Botschaft von der Versöhnung und die Theologie des kommunikativen Handelns, in: Edmund ARENS (Hg), Habermas und die Theologie. Beiträge zur theologischen Rezeption, Diskussion und Kritik der Theorie kommunikativen Handelns (Düsseldorf ²1989) 199–223, hier 218–223.
[95] Vgl. MEUFFELS, Kommunikative Sakramententheologie 257–258.
[96] Vgl. MEUFFELS, Kommunikative Sakramententheologie 260–261, 301.

3.3 Communional-kommunikative Ekklesiologie bei H. O. Meuffels

Der Gedanke, dass die gesamte Liturgie als verbal-symbolische Kommunikationshandlung im Vordergrund steht – ohne irgendwelche Fixierung auf juristisch festgelegte *forma sacramenti* –, sollte nach Meuffels sogar zum ‚Brennpunkt theologischen Interesses'[97] werden. Aus dieser Perspektive kann nämlich vor allem die strukturale Einheit von Sakrament-Wort – dank der Hinordnung beider Medien auf Communio – erreicht sowie dem ganzen liturgischen Ereignis – und nicht nur dem Wort allein – der performative Charakter beigemessen werden. Denn sowohl das sakramentale Wort wie auch das sakramentale Symbol, insofern sie in kommunikativ-strukturaler Zuordnung stehen und sich durchdringen, bilden in ihrer ‚pneumatisch-performativen Wirkkraft'[98] communial-dialogische Handlungen, innerhalb derer sich die Gemeinschaft vollzieht, die Gottes Gegenwart epikletisch erbittet und diese medial wie ministerial an den Menschen vermittelt.

Beide Kommunikationsformen also sind nach Meuffels als aufeinander verwiesene Medien zu betrachten, denn im Ritus bilden sie sowieso „die *eine Signifikation*, die eine gott-menschliche Kommunikation"[99]. Es ist dem Autor wichtig hervorzuheben, dass sie in einem sich durchdringenden (perichoretischen) Miteinander die Gegenwart des göttlichen Heilsmysteriums als ‚interaktives Begegnungsgeschehen' vermitteln.[100] Denn dadurch kommt das Symbolisierte, also Gott als Beziehungspartner, der interpersonal bzw. beziehungshaft erfahrbar ist[101], transparenter zum Ausdruck; es steht auf jeden Fall im Vordergrund der Reflexion über die sakramentale Heilsvermittlung.

Das sakramentale Wort und Symbol bilden – dementsprechend – eigentlich das eine – zwar vieldimensionierte, aber gemeinsame – Medium, welches über sich hinaus auf die Wesensmitte des Sakramentalen hinweist: auf die Dynamik einer Strukturrelation zwischen Gott und Mensch, die als »*Lebens-, Beziehungs- und Kommunikationswirklichkeit*«[102] zu deuten ist.

Die Zuordnung der Liturgieteilnehmer in dieser kommunikativen Interaktion, innerhalb der inhaltlichen Bedeutungsfülle des Wortes und

---

[97] MEUFFELS, Kommunikative Sakramententheologie 308.
[98] MEUFFELS, Kommunikative Sakramententheologie 274; vgl. ebd. 272–279.
[99] MEUFFELS, Kommunikative Sakramententheologie 277.
„*Denn der Ritus, die Feier, ist in der Funktion der Signifikation letztlich auf personale Kommunikation ausgerichtet, damit der Mensch und die Gemeinschaft neue Lebensperspektiven erhalten – aus Christi Botschaft und Existenz."* – Ebd. 276 – in Bezug auf: Michel AMALADOSS, Sémiologie et Sacrement, in: MDieu 114 (1973) 7-35, hier 20.
[100] MEUFFELS, Kommunikative Sakramententheologie 252.
[101] MEUFFELS, Kommunikative Sakramententheologie 277 – bezogen auch auf: Michel AMALADOSS, Sémiologie et Sacrement 28.
[102] MEUFFELS, Kommunikative Sakramententheologie 278. 279. – Siehe auch: ebd. 286–287.

der sakramentalen Zeichen, bedürfen aber einer ‚Decodierung', d.h. einer stets neuen hermeneutischen Bemühung vonseiten des Menschen.[103] Und diese menschliche Bemühung um das Verständnis und die Interpretation der medial-symbolischen Wirklichkeit der Sakramente wird in der Sicht des Autors durch den Geist Gottes getragen.

Das Pneuma nämlich, das den Menschen im Glauben öffnet[104], damit dieser mit all seinen Erfahrungen, Sorgen und Freuden in die sakramentale Gottbegegnung in der Form des Dankes eintrete, verhilft dem Menschen dazu, die naturale Symbolik der sakramentalen Zeichen im Glauben neu zu qualifizieren, so dass es in diesen Gegebenheiten der Welt zu den real erfahrbaren Begegnungen mit Gott kommen könnte.[105]

Der Geist verhilft auch den Glaubenden, zur Gewissheit der Wahrheit zu kommen. Er beteiligt sich an der Reflexion des Menschen: im Prozess ‚der Komparation' und ‚der Verifikation/Falsifikation'[106], so dass es uns Menschen ermöglicht wird, „all unser partielles Glauben, Wissen und Erkennen in unseren Welt-, Selbst- und Gottesverhältnissen in der Perspektive jener **Wahrheit** zu verarbeiten, die uns in Jesus Christus als Gottes unveränderlicher Wille für uns und die Welt erschlossen ist, und dementsprechend beim Versuch, unser Leben in Entsprechung zu diesem Willen zu vollziehen, zwischen wesentlichen und weniger wesentlichen Wahrheitsansprüchen zu unterscheiden."[107]

Dieses Mitwirken des Geistes bei den Glaubenden: im Erschließungsmoment der sakramental-symbolischen Dynamik, im Prozess der personalen Aneignung dieser Wirklichkeit, wie auch in ‚der Wahrheitsfindung' oder in ‚der schuldhaft verlorengegangenen Wahrheitserneue-

---

[103] Siehe: MEUFFELS, Kommunikative Sakramententheologie 262. 268.
[104] Zuerst aber verhilft die Tätigkeit des Heiligen Geistes den Menschen zur Erkenntnis der Umkehrnotwendigkeit. – Siehe: MEUFFELS, Kommunikative Sakramententheologie 323.
[105] Siehe: MEUFFELS, Kommunikative Sakramententheologie 262. 278–279 – hinweisend auch auf: Jürgen MOLTMANN, Der Geist des Lebens. Eine ganzheitliche Pneumatologie (München 1991) 20.
[106] MEUFFELS, Kommunikative Sakramententheologie 324 – bezogen auf: Ingolf DALFERTH, Kombinatorische Theologie. Probleme theologischer Rationalität = QD 130 (Freiburg-Basel-Wien 1991) 123.
[107] Das Zitat übernimmt der Autor von I. DALFERTH, Kombinatorische Theologie 139. – MEUFFELS, Kommunikative Sakramententheologie 324–325.

rung' macht gerade in der Einschätzung Meuffels' das Wesen der christlichen Sakramente im Gegensatz zur Magie aus.[108]

---

[108] MEUFFELS, Kommunikative Sakramententheologie 262. 325: zusammendenkend mit Alexander GERKEN, Die sakramentalen Grundlagen christlicher Spiritualität 63, in: Anton ROTZETTER (Hg), Geist wird Leib. Theologische und anthropologische Voraussetzungen geistlichen Lebens = Seminar Spiritualität 1 (Zürich-Einsiedeln-Köln 1979) 63–96, hier 63.

RESÜMEE

Der Autor macht eine personal-kommunikative Gott-Mensch-Beziehung in medial-sakramentaler Vermittlung zum Ausgangspunkt der sakramententheologischen Reflexion. Sein Ansatz entschlüsselt viele kommunikative Elemente des Sakramentalen, die in einer pneumatologisch-trinitarischen begründeten Volk-Gottes-Theologie gründen.

Die pneumatologisch-ekklesiologische Struktur ist nach Meuffels darum wichtig, weil sie den **kommunikativen Charakter des Kultischen** unterstreicht. Er macht in seinem Ansatz sehr deutlich, dass die Sakramente so auf die personal-dialogische Dimension angewiesen sind, dass kein sakramentaler Kult ohne Kommunikation vollzogen werden kann. Die Kirche als Gemeinschaft, d.h. *Communio*, die auf *Kommunikation* angewiesen ist, bedarf deswegen in ihren sakramentalen Vollzügen einer ‚personifizierten' und ‚einheitsstiftenden' Kraft. Und der Heilige Geist ist sie: „*das personale Medium der Liebeskommunikation zwischen Christen und Christus – zur Ehre des Vaters.*"[109]

Im Heiligen Geist wird dem Menschen *personal*, d.h. seiner Würde als Subjekt und seiner Freiheit entsprechend, die ‚kommunikativ-erlösende Nähe' Gottes angeboten: die wirkende Agape des Vaters, welche Jesu Erlösungswerk vergegenwärtigt.[110]

> „*Gott, der Vater, vermittelt sich dem Menschen durch die Person und das Lebensgeschick Jesu Christi in der bleibenden Wirksamkeit des Hl. Geistes (als Person und darin Medium), so daß der Glaubende personal-inhaltlich aufgerufen wird, sich auf die angebotene Heils-Mitteilung (Heils-Kommunikation) einzulassen und somit durch das Geschick Christi im Geiste in die Gottesgemeinschaft einzutreten*".[111]

Beachtlich in diesem Entwurf ist vor allem das dynamisch verfasste Gnadenverständnis – konsequent in ganzem Werk communional-kommunikativ strukturiert – als Agapegeschehen: dank dessen die sich stets neu zu verwirklichende Lebensbegegnung des Menschen mit Gott zum personal-geschichtlichen Miteinander wird. Die folgende Aussage schildert – beispielhaft – nochmals dieses Anliegen des Autors:

> „*Die Existenz der Menschen wird durch den Hl. Geist [...] hineingenommen in die christologisch (heilsökonomisch) geprägte Lebens- und Heilsbewegung der göttlichen Agape in ihrer Ganzheit. [...] Aus Liebe wird der Mensch in die Liebe hineingenommen; und zwar durch sakramentale Vermittlung von verbaler wie non-verbaler Kommunikation und Communio als*

---

[109] MEUFFELS, Kommunikative Sakramententheologie 36 (eigene Markierung).
[110] Vgl. MEUFFELS, Kommunikative Sakramententheologie 306–307.
[111] MEUFFELS, Kommunikative Sakramententheologie 310.

sozial getragene, personale Begegnung zwischen Gott und Mensch, worin Gott seine Göttlichkeit erweist und der Mensch in seiner Geschöpflichkeit als personal-soziales Wesen vollendet wird."[112]

Die pneumatisch getragene Relationalität in göttlich-menschlichem Lebensaustausch gerade, die hier wie im ganzen Konzept akzentuiert ist, macht nach Meuffels die Qualität der sakramentalen Begegnungsgeschehnisse aus.

---

[112] MEUFFELS, Kommunikative Sakramententheologie 293.

4 Pneumatologische Grundsignaturen einer trinitarisch begründeten Sakramentenlehre
ERTRAG: TRINITARISCHE PROFILIERUNG DES SAKRAMENTSVERSTÄNDNISSES IN DER RÖMISCH-KATHOLISCHEN THEOLOGIE

Trinitätstheologische Vorüberlegung: »Der Geist ist Person«

»Der Geist ist Person« – diese pneumatologische Aussage will die eigene Rolle und Funktion des göttlichen Pneuma hervorheben.

Es kann hier nicht ausführlich behandelt werden, wie kompliziert und komplex das schwierige Problemfeld der theologischen Diskussion über den Personbegriff in der Trinitätslehre ist.[1]Eines sollte hier jedoch verdeutlicht werden: Die Differenz zwischen der östlichen und der westlichen Tradition ist unter anderem pneumatologischer Natur. Und Grund

---

[1] Siehe vor allem:
Piet SCHOONENBERG, Eine Diskussion über den trinitarischen Personbegriff: Karl Rahner und Bernd Jochen Hilberath, in: ZKTh 111 (1989) 129–162, hier: Eine Diskussion über den seit der Aufklärung vorherrschenden und der anthropozentrischen Wende westlicher Kultur entsprechenden ‚subjektiven' Personbegriff und den moderneren ‚kommunikativ-relationalen' Personbegriff; der Autor unterstreicht, dass gerade das subjektive Moment, das Bewusstsein, in Gott nicht als multipliziert gedacht werden kann; aber auch ein Begriff, in dem der ganze Akzent auf der Relation liegt, kann nicht exklusiv betrachtet werden, denn für das Personsein sind – seiner Meinung nach – beide Momente konstitutiv: das der Relationalität und das des Selbststandes („*Man wird ein Ich, indem man für andere ein Du ist. Aber das Umgekehrte ist auch wahr: Man kann nicht zum Du und in das Wir hineinwachsen, wenn man nicht schon ein persönliches Ich ist.*"
– Ebd. 143). Damit sollte ein kosmologisches, objektivistisches Substanz-Denken wie ein rein-sich-selbst-setzendes, subjektivistisches Subjekt-Denken überwunden werden. Schoonenberg will Gott den Vater als Person denken und Wort und Geist eher als ‚Weisen des Ausströmens' oder der ‚Selbstschenkung des Vaters', d.h. diese erst in zweiter Instanz mittels einer personalen Begrifflichkeit charakterisieren (ebd. 160);
Harald WAGNER, Der Heilige Geist – Die personhafte Gemeinschaft in Gott 126–157 (hier vor allem: Anmerkungen zur Anwendung des Personbegriffs auf den Hl. Geist 155–156); Systematische Aspekte der Gotteslehre. 2. Gottes „Eigenschaften", a. Personalität 361–362, beide in: DERS., Dogmatik = Kohlhammer Studienbücher Theologie 18 (Stuttgart 2003) 126–157. 361–362; die Trinitätslehre ist für den Autor in gewisser Weise ‚Vertiefung und Ausdifferenzierung der Aussage von der Personalität Gottes' (ebd. 361–362);
Christian HENNIG, Die evangelische Lehre vom Heiligen Geist und seiner Person. Studien zur Architektur protestantischer Pneumatologie im 20. Jahrhundert (Gütersloh 2000), hier: Die Problematik des Persongedankens in der evangelischen Pneumatologie (Personalität als Identität; der Mensch als Kommunikationspartner Gottes) – anhand der Theologien von Karl BARTH; Wolfhart PANNENBERG, Jürgen MOLTMANN u.a.; Christian Henning stellt fest, dass das Problem der Personalität des Heiligen Geistes, welches in den Erörterungen des trinitätstheologischen Aspekts der vielen bisherigen Pneumatologien immer wiederkehrte, letztlich unbewältigt blieb. Dieses Unternehmen scheiterte seiner Meinung nach regelmäßig an der dogmatischen Funktionalisierung

dafür ist eben die unterschiedliche Auffassung des Person-Begriffes.² Der

> der Pneumatologie. „Sie war es, die stets eine befriedigende Lösung der pneumatologischen Personproblematik verhinderte." (304);
> Klaus BERGER, Ist Gott Person? Ein Weg zum Verstehen des christlichen Gottesbildes (Gütersloh 2004);
> Erwin DIRSCHERL, Der Heilige Geist und das menschliche Bewußtsein. Eine theologiegeschichtlich systematische Untersuchung = BDS 4 (Würzburg 1989): „... der Hl. Geist [verwandelt] den ganzen Menschen, seinen Geist und seinen Leib. Daß auch die Leiblichkeit schon jetzt vom Wirken Jesu Christi betroffen ist, zeigt sich in den Heilungen und Erweckungen des Herrn, die auf die eschatologische Verwandlung des Leibes im Hl. Geist hinzielen. Unser Leib ist schon jetzt Tempel des Hl. Geistes [...]. Wenn aber durch die Gabe des Hl. Geistes der ganze Mensch verwandelt wird, dann betrifft das auch sein Bewusstsein und seine Transzendentalität." (Ebd. 682);
> Magnus STRIET (Hg), Monotheismus und christlicher Trinitätsglaube = QD 210 (Freiburg 2004):
> Hier u.a. die Behauptung von Bernhard NITSCHE über die Personalität des Heiligen Geistes, dass dessen personale Öffentlichkeit in der Schöpfung und in allen Menschen es erlaubt und erfordert, ihn als überpersonal, d.h. nicht als apersonal, sondern als Personalität und Kommunikation zu verstehen (DERS., Diskontinuität und Kontinuität zwischen dem jüdisch-alttestamentlichen und dem christlich-trinitarischen Gottesbild. Hermeneutische Überlegungen und pneumatologische Zugänge 93–127, bes. 125); hier auch ein kompakt, aber sehr informationsreich verfasster Beitrag von Helmut HOPING über geschichtliche Aspekte des Personbegriffs und seine Krise in der Moderne wie über den Gebrauch des Personbegriffs in der gegenwärtigen Trinitätstheologie (DERS., Deus Trinitas. Zur Hermeneutik trinitarischer Gottesrede 128–154) – nach der Lektüre dieses Beitrags muss man sich noch mehr Zeit nehmen, um die Größe ‚des Friedhofs von trinitarischen Häresien' (Ausdruck Joseph Ratzingers: Einführung in das Christentum 118) – auch von modernen, nunciert entworfenen, Tritheismen und Modalismen – genauer zu schätzen (und nicht zu unterschätzen), um dann einen vorsichtigeren Weg des noch als möglich erscheinenden Nach- oder Weiter-Denkens über das christliche Geheimnis der Geheimnisse zu wagen; hier auch der wichtige Aufsatz von Jürgen WERBICK, Ist die Trinitätstheologie die kirchlich normative Gestalt einer Theologie der Selbstoffenbarung Gottes?, 70–92;
> weiter:
> Joseph RATZINGER, Kirchliche Bewegungen und ihr theologischer Ort. 2.: Christologie und Pneumatologie 157–159, in: DERS., Weggemeinschaft des Glaubens: Kirche als Communio (Augsburg 2002) 157–159; Gisbert GRESHAKE, Der dreieine Gott. Eine trinitarische Theologie (Freiburg 1997); Bernd Jochen HILBERATH, Heiliger Geist – heilender Geist (Mainz 1998); DERS., Pneumatologie [HDog² 445–552]; DERS., Zur Personalität des Heiligen Geistes, in: ThQ 173 (1993) 98–112; DERS., Der dreieinige Gott und die Gemeinschaft der Menschen (Grünewald-Mainz 1990); Wolfhart PANNENBERG, Probleme einer trinitarischen Gotteslehre, in: W. BAIER (Hg.), Weisheit Gottes – Weisheit der Welt. FS Joseph Kardinal Ratzinger (St. Ottilien 1987) 329–341; Hermann DEUSER, Trinität. Relationenlogik und Geistgegenwart 81: „Die Trinität führt zum Personbegriff, weil Einheit und Dreiheit biblisch wie relationenlogisch nur miteinander zum Ausdruck gebracht werden können. Trinitarisch zu denken ist theologisch notwendig und semiotisch gut begründet", in: Michael WELKER, Miroslav VOLF (Hg), Der lebendige Gott als Trinität. FS Jürgen Moltmann (Gütersloh-München 2006) 68–81, hier 81.

² Die Personalität des Heiligen Geistes ist ein pneumatologisches Zentralproblem. Nach Jürgen MOLTMANN ist „das Verstehen der eigenartigen Personalität des Geistes (...) entscheidend für das Verständnis Gottes überhaupt" *(DERS., Der Geist des Lebens. Eine ganzheitliche Pneumatologie, München 1991, 299).* Nicht wenige moderne Dogmatiker

Westen tendiert zum subjektiven Personbegriff; in der ostkirchlichen Theologie liegt der Akzent eher auf dem relationalen Personbegriff. Dies hat enorme Konsequenzen für die theologische Pneumatologie – auch, in unserem Kontext, für eine pneumatologisch-trinitarische Sakramentenlehre.[3]

> haben aber mit dem Persongedanken auf dem Gebiet der Pneumatologie Schwierigkeiten, welche zum Teil in der Problematik des Personbegriffs selbst begründet sind. In unserer Untersuchung bei Lothar Lies sieht man beispielhaft, wie sich der Personbegriff auf der Basis einer neuentwickelten Personalitätskonzeption pneumatologisch (trinitarisch) adaptieren lässt, sodass die Rede vom Heiligen Geist als Person dogmatisch begründet werden kann.
>
> [3] Über diese Konsequenzen der Aussage von der Personalität des Geistes für Liturgik und Dogmatik reflektiert der evangelische Theologe Christian HENNING in seinen Studien zur Architektur protestantischer Pneumatologie. Er gibt zu:
>
>> „... *so fällt einem die protestantische Tradition in ihrem Unterschied zur pneumatologisch reicheren katholischen und ostkirchlichen Tradition besonders ins Auge. Nicht nur rekapituliert in der ostkirchlichen Tradition der Gottesdienst die trinitarische Heilsgeschichte Gottes von der Weltschöpfung bis zur Himmelfahrt Christi, sondern auch die Anrufung des Heiligen Geistes ist dort wesentlich ausgeprägter. Das aber hat Konsequenzen. Denn Tradition, und dazu zählt auch die liturgische, ist nicht nur als Ausdruck von, sondern auch als Anleitung zur Erfahrung anzusehen. Wo daher solche Tradition nicht zur Verfügung steht oder nicht gepflegt wird, dort können auch kaum Erfahrungen des Heiligen Geistes als Person gemacht werden. Zu fragen ist deshalb, ob der moderne Protestantismus für Erfahrungen des Heiligen Geistes sowohl praktische Anleitungen besitzt, als auch sprachliche Gestalten zur Verfügung stellt, diesen Erfahrungen zum Ausdruck zu verhelfen? Im ersten Fall sind die Liturgiker gefordert, im anderen die Dogmatiker.*
>>
>> *Blickt man in die Dogmatiken (...), so fällt auf, wie wenig Ausdrucksmöglichkeiten für Erfahrungen des Heiligen Geistes dort zur Verfügung gestellt werden. Der sich anbietende Hinweis auf den ordo salutis verschlägt hier nicht, denn dort geht es um die Systematisierung soteriologischer Erfahrungen des Gläubigen. Im Vordergrund stehen die vom Heiligen Geist verursachten Wirkungen am Menschen, d.h. seine pneumatischen Heilserfahrungen, nicht aber der Heilige Geist als Kommunikationspartner der Menschen. Indes hat der Hinweis auf den ordo salutis doch sein Gutes. Er macht einen bedauerlichen Sachverhalt sichtbar: Der Heilige Geist als Kommunikationspartner des Menschen verschwindet in den Dogmatiken unter der Darstellung seiner Wirkungen im Christen. Die trinitarische Identität des Heiligen Geistes wird verkürzt auf den Aspekt der Kraft, die wie Tillich und Pannenberg es schildern, den Christen zur Ekstase treibt. Problematisch an dieser Sichtweise ist es, daß die Kraftwirkungen nicht unter der Perspektive der Person des Heiligen Geistes als der Urheberin dieser Kraftwirkungen vorstellig gemacht, sondern als Wirkungen Gottes interpretiert werden, die dieser durch die Kraft des Heiligen Geistes hervorbringt. Dadurch wird der Gedanke der Personalität des Heiligen Geistes doppelt verstellt.*"
>
> – Christian HENNING, Die evangelische Lehre vom Heiligen Geist und seiner Person. Studien zur Architektur protestantischer Pneumatologie im 20. Jahrhundert (Gütersloh 2000) 422–423.

Für die christliche Dogmatik meldet sich hier daher eine gewaltige Aufgabe, beide pneumatologische Modelle – trotz bestehender Antagonismen *(siehe oben: Exkurs I, 3, S. 92)* – immer wieder neu zusammenzudenken zu versuchen und möglicherweise auch eine weitere Synthese aus den entdeckten Komplementaritäten zu bauen.

Die pneumatologische Differenz beruht grundlegend darauf[4], dass das Pneuma einerseits dominierend als nur eine gewisse Wirkkraft Gottes (nicht selten instrumental als Werkzeug Christi) interpretiert wird – ohne Eigentümlichkeit in seinem Dasein und Wirken. Dazu neigt(e) sich – dogmengeschichtlich gesehen – vor allem die westliche Theologie mit ihrer Christozentrik, u.a. auch im modernen individualistisch-subjektiven Denken. Andererseits ist der Geist Gottes stark personal-relational betrachtet – in seinem eigenständigen, aktiven, wirkungsvollen Profil. Diese Sicht vertreten die orthodoxen Theologen stärker. Beide Modelle haben jeweils eine starke Argumentation für sich.

Der Geist Gottes lässt vielleicht – paradoxerweise – diese pneumatologische (d.h. = ihn betreffende!) Differenz (Unterschiedenheit als Vielfalt?) zu als Möglichkeit der Wahl auf dem Weg des Glaubens oder als Konsequenz der Freiheit der Glaubenden, die den Zugang zum Glauben nicht anders finden konnten und vielleicht auch heute noch nicht können, denn sie wurden im Hören auf das Glaubenswort den verschiedenen geschichtlichen Einflüssen und Akzenten ausgesetzt?[5]

Die in dieser Arbeit besprochenen Entwürfe der gegenwärtigen römisch-katholischen Theologen (vor allem die von Wacław Hryniewicz und von Lothar Lies) haben sich in ihrer Aufgabe der Hervorhebung der personalen Sicht der Sakramente mehr der ‚klassisch'-katholischen Grundkonzeption wie der orthodox-orientalischen Tradition mit ihrer theologisch-trinitarischen Denkweise verpflichtet gefühlt, welche sehr stark auf dem biblischen (neutestamentlichen: und hier insbesondere auf dem johanneischen[6]) wie auf dem ‚öffentlich-liturgischen' Personalismus basieren und dadurch in Konkurrenz und in einen gewissen Konflikt mit dem neuzeitlichen Person-Begriff geraten.

---

[4] Vgl. Hans Martin BARTH, Die Lehre vom Heiligen Geist in reformatorischer und ostkirchlicher Tradition, in: ÖR 45 (1996) 54–68; FARANTOS, Die Lehre vom Heiligen Geist 56–75, für: Megas FARANTOS, Die Lehre vom Heiligen Geist im Bekenntnis der Kirche zum Dreieinigen Gott, in: Tutzinger Studien 2 (1981) 56–75.

[5] Der Münsteraner Theologe Herbert VORGRIMLER könnte hier sagen: Das Entscheidende ist jedoch »*der Katechismus des Herzens*« (Ausdruck Karl Rahners) mit seiner ‚ureigensten', innersten Glaubensüberzeugung, die den ersten und höchsten Rang für einen Menschen hat. – In: DERS., Gott: Vater, Sohn und Heiliger Geist (Münster 2003) 57.

[6] Die ‚personalen Züge' des Geistes im Johannesevangelium hebt auch der Exeget Thomas SÖDING, *Das Wehen des Geistes. Aspekte neutestamentlicher Pneumatologie*, in: *Bernhard NITSCHE (Hg), Atem des sprechenden Gottes 22–71, hier 66*, hervor.

Das biblische Verständnis von Person ist nämlich nicht definierbar durch die individualistisch orientierten Bestandteile des modernen Personbegriffs wie Reflexivität, Selbstbewusstsein oder Entscheidungsfreiheit. Im Sinne der Bibel ist Person jeder, „der eine selbständige Rolle im sozialen Miteinander spielen kann."[7] Der Heilige Geist – um ihn geht es in dieser Arbeit (natürlich ebenso wie auch um den Sohn Gottes) – gewinnt sein Person-Sein durch die von dem/den Anderen (Sg./Pl.=Filioque) erhaltene Sendung und Aktivität – und gerade nicht durch die individuelle, eigenständige, selbstbestimmte, parallel-konstruierte Identität. Dieser »interaktive Personbegriff« der Bibel und des Urchristentums – bemerkt der Exeget Klaus Berger – ist dem Verständnis klassischer christlicher Liturgie der Sakramente nahe und unterscheidet sich gleichzeitig vom modernen Individualismus. Als »liturgisch-öffentlich« orientierter Personbegriff aber – fügt er hinzu – wird diese Auffassung heute auch scharf kritisiert, denn nach dem Empfinden der post-aufklärerisch-emanzipierten Kultur verdeckt sie Entscheidendes.[8]

Der neuzeitlichen Sensibilität für das Subjekthafte und für die Univozität menschlicher Person geht in unserer Darstellung insbesondere Lothar Lies entgegen, indem er ausdrücklich betont, dass in der trinitarischen Begegnungsstruktur, im Ineinander der göttlichen Personen sowie in den personalen sakramentalen Geschehnissen zwischen Gott und Mensch(en) nicht nur ihre reale, nicht-trennende Verschiedenheit und Unterschiedenheit bewahrt, sondern auch der Raum zur Selbstfindung und Identität in der Personmitte des Anderen gegeben wird.

Die Verbindung mit dem neuzeitlichen, subjektiven Person-Begriff suchen heute viele Theologen. Josef Wohlmuth z.B. hebt mit der Anspielung auf die Philosophie Emmanuel Levinas' die These hervor: *„Je mehr mir Gottes Geisteskraft geschenkt wird, umso einmaliger erfahre ich mich als inkarniertes Subjekt."*[9] Mit Recht stellt er fest, dass es lange Zeit theologische Überzeugung war, dass die absolute Andersheit des Göttlichen nicht in unser Bewusstsein oder in unsere leibhaftige Existenz hereinreichen könne. Die biblische Sprache bestätigt – seiner Meinung nach – aber, dass Gott sich berühren lässt und in Menschen Inspiration bewirkt. Es ist deswegen für uns gemeinsam mit den in dieser Untersuchung herangezogenen Autoren nochmals zu fragen, **wie** und **wo** das christliche Ich

---

[7] BERGER, Ist Gott Person? 109, für: Klaus BERGER, Ist Gott Person? Ein Weg zum Verstehen des christlichen Gottesbildes (Gütersloh 2004) 109.
[8] BERGER, Ist Gott Person? 109.
[9] Josef WOHLMUTH, Trinität – Versuch eines Ansatzes 58, in: Magnus STRIET (Hg), Monotheismus und christlicher Trinitätsglaube (Freiburg 2004) 33–69, 58.

konkret zum inkarnierten und inspirierten Subjekt wird – mehr (überwiegend, tendenziell) *individuell* oder auch im *epikletischen Glaubensgestus* kirchlicher Solidarität?

Die Hervorhebung der trinitarischen Theologie – aber nicht so sehr und unbedingt als Communio gedacht, wo es in extremen Konzeptionen zur Auflösung der Person in einen Beziehungs-Personalismus kommt, sondern vielmehr als Ausdruck für die Fülle und Mehrdimensionalität des Heiles in den Sendungen Gottes von Sohn und von Geist[10] – hat *über*individuelle Folgen für die Gestalt der sakramentalen Liturgie und sakramentalen Spiritualität.

Die katholische Theologie versucht – in den dargestellten Entwürfen der Sakramentenlehre –, ein solches trinitarisches Konzept von christlicher Existenz aus den Sakramenten zu entwerfen, indem sie die Lösung für die geschilderten Probleme des Personbegriffs nicht individualistisch, sondern kirchlich (ekklesiologisch-communional) wagt: was nicht zu bedeuten hat, dass das Personal-Intime im Einzelnen und dessen ‚subjekthaft-aktive' Rolle in der Glaubensgemeinschaft nicht berücksichtigt werden – denn gerade das pneumatologische Prinzip geht von der Logik ‚*der je eigenen oder entsprechenden Teilhabe [aller=] des ganzen Volkes Gottes an der sakramentalen Wirklichkeit der Kirche* aus, d.h. z.B. von der ‚*Proportionalitätsanalogie*' statt ‚*Attributionsanalogie*' im Verhältnis von

---

[10] So will die Personalität Gottes z.B. Piet SCHOONENBERG denken. Für ihn ist Gott der Vater als Person zu qualifizieren, Wort und Geist – im Sinne des voraugustinischen Denkers MARIUS VICTORINUS ausgedrückt, der einen Anstoß zur Synthese zwischen dem Hypostasis- und dem Energeia-Denken gegeben hatte, – sind eher als Weisen ‚des Ausströmung' oder ‚der Selbstschenkung des Vaters' und damit erst in zweiter Instanz mittels einer personalen Begrifflichkeit zu charakterisieren. Das Beibehalten dieser Denkrichtung – mit gewisser Zentrierung auf die Person des Vaters – kann die Theologie gerade zu einem ‚intensiveren Zusammendenken' der trinitarischen Hervorgänge und der personalen Unterschiede führen. Gott der Vater ist „die »Quelle der Gottheit«, wie die Theologie der Ostkirche gerne sagt, der Ursprung, aber nicht als ein unpersönliches Gutes, das sich notwendigerweise mitteilt (»bonum diffusivum sui«), sondern als frei sich schenkende Liebe in bezug auf seine Schöpfung und auch auf Wort und Geist, sicher insofern er sie ewig als Verbum incarnandum und Spiritus effundendus hervorbringt. [...] Wort und Geist unterscheiden sich vom Vater als Bewegungen, Ausströmungen von der ruhenden Fülle der Quelle. Aber die Quelle enthält die Kraft dieser Strömungen in sich, und in den Ausströmungen bleibt die Fülle der Quelle. Der Vater ist Person, über alles begrifflich denkbare Personsein erhoben, aber zugleich und gerade deshalb Quelle alles anderen Personseins. Die Ausströmungen enthalten in sich diese Kraft. Deshalb werden Logos und Geist als Strömungen nicht Jesu und unserer Menschheit das Personsein entnehmen, aber als personifizierte Kraft ihn und uns gerade personalisieren." – SCHOONENBERG, Eine Diskussion über den trinitarischen Personbegriff 160. 160[35]; vgl. ebd. 162.

Christgläubigen und ordiniertem Dienst. In dieser ,personal-,kirchlich-öffentlichen' Sicht aber führen die Sakramente nicht zu einer individualistischen Vereinseitigung, sondern machen bewusst die konkreten gemeinschaftlichen Bedingungen der christlichen Freiheit des Einzelnen aus.

Was also bedeutet für die Sakramententheologie die Akzentsetzung, dass der Heilige Geist die wirkende Person des Dreipersonalen Gottes ist? Mit der Antwort auf diese Frage – aber lediglich in Form der Markierung einiger Grundsteine dieser Problematik – wird das folgende Kapitel den Weg unserer bisherigen Suche nach *dem Profil des Geistes in den Sakramenten* systematisierend abschließen.

»Der Geist ist Person« – das heißt vor allem: der Paraklet hat eigenes Profil als Gott der Gegenwart; er ist in der Welt- und in der Menschheitsgeschichte zugegen; er vergegenwärtigt sich, er wirkt und er führt die ganze Menschheit und das ganze All zu ihrer Vollendung und ihrem Ziel.

Diese pneumatologische Aussage ist eine so ,hochgradige Selbstfestlegung' Gottes, dass man im flehenden Gebet (epikletisch) daran appellieren kann: »Herr, du hast doch den Geist gesandt...«. Sie ist Ausdruck der christlichen Glaubensüberzeugung, dass Gott sich mit der Sendung des Geistes – sowie mit der des Sohnes – so weit auf die Menschen eingelassen hat und aus sich herausgegangen ist, dass er diese Zuwendungen einfach nicht mehr rückgängig machen kann.[11]

Gott hat in beiden Fällen das Maximum an persönlicher Hingabe (Dreingabe) riskiert – um der Menschen willen. Er ist in seinem Geist gegenwärtig und aktiv, und in dieser Aktivität Gottes ist das personale (eigene) Profil des Geistes begründet und sichtbar. Denn sie ist immer eine doppelte Aktivität: die des Aussendenden und die des Ausgesandten. Hier liegen die Unterschiede (das Unterscheidbare, das Differenzierende – d.h. das Personhafte) zwischen dem Vater und dem Geist (so ähnlich wie zwischen dem Vater und dem Sohn Gottes hinsichtlich seiner Sendung).

Also:

1. Wenn Gott im Heiligen Geist nach dem Erlösungswerk Jesu Christi weiter wirkt, dann kann z.B. die Begründung der sakramentalen Struktur der Kirche ,leichter' fallen (**4.1.1: Der Geist und der *Ursprung* der Sakramente: ,historisch'-theologische Grundlage ihrer Einsetzung**). Und wenn er sich selber im sakramentalen Geschehen den Menschen schenkt, kann die Gnade ,der personalen Wirkung und Begegnung mit ihm' – und in seiner Person mit der leibhaften Person Jesu Christi: und so mit dem Vater – nicht statisch

---

[11] Siehe: BERGER, Ist Gott Person? 158.

gefasst oder auf einen punktuellen ‚Empfangs'-Moment verkürzt werden (**4.1.2: Dynamischer *Ursprung* jeder aktuellen sakramentalen Begegnung**).

2. Wenn der Paraklet der Gott der Gegenwart ist, und zwar nicht wie eine Kraft, sondern als nicht-untergeordnete Person, dann entsteht der enge Zusammenhang und das ‚Gleichgewicht' zwischen dem Erlösungswerk und dem Heiligungswerk: Man kann – dank der wirkenden Person des Geistes Gottes – mit der realen Vergegenwärtigung des Heils rechnen (**4.2: Der Geist als *Medium* des sakramentalen Geschehens: Vergegenwärtigungs-Erklärung**).

3. Dieser Mit-Wirkung des Heiligen Geistes in den Sakramenten entspricht die eschatologische Dynamik: Er verwandelt in diesen Begegnungen die Schöpfung in eine Neu-Schöpfung und die Menschheit in eine Neu-Menschheit, indem sie an der eschatologischen Vollendung partizipieren, d.h. durch seine einende Person in der Person Jesu Christi an der Personalität Gottes des Vaters teilnehmen können (**4.3: Der Geist – begleitend zum *Ziel* der sakramentalen Begegnung**).

4.1 DER HEILIGE GEIST UND DER *URSPRUNG* DER SAKRAMENTE

4.1.1 Trinitarischer Ursprung: ‚historisch'-theologische Grundlage der Einsetzung der Sakramente

Mit dem *Ursprung* der Sakramente ist hier deren *Stiftung* und *Einsetzung* gemeint. Die evangelische Theologie sagt, dass Sakramente durch *Jesus* eingesetzt worden sind. Sie sucht historische Vergewisserung in der kritischen Exegese – eine Begründung aufgrund der Schriftworte. Denn im strengen Sinne ist nur das eine Sakrament: Jesus Christus, und deshalb ist „die Sakramentalität einzelner kirchlicher Vollzüge konsequent auf ein testamentarisches Stiftungswort bzw. Stiftungshandeln Jesu Christi" zurückzuführen und exklusiv von hieraus „und nicht über den Gedanken einer Sakramentalität der Kirche zu begründen"[12]. Problematisch ist das insoweit, als die kritisch-historische Exegese darauf verweist, dass die

---

[12] Gunther WENZ, Einführung in die evangelische Sakramentenlehre (Darmstadt 1988) 255. – Die protestantische Theologie würdigt das Bemühen der katholischen Theologie nach dem Vaticanum II, mehr von Christus aus und nicht aus sich selbst die Kirche als Sakrament abzuleiten. Ihre Skepsis bleibt jedoch in der folgenden Frage bestehen: Ob der Sakramentenbegriff überhaupt ekklesiologisch verortet werden darf? In der Sicht der evangelischen Theologie ist die Kirche nicht Subjekt des Sakramentes bzw. genauer des Sakramentenvollzugs. Sie ist eigentlich ‚nur' der Raum, in dem sich das Sakrament „zusammen mit der Wortverkündigung vollzieht". – Hans Martin BARTH, Dogmatik. Evangelischer Glaube im Kontext der Weltreligionen (Gütersloh 2001) 584f.

Einsetzungsworte nicht auf den historischen Jesus rückgeführt werden können.

Die katholische Theologie bekennt dagegen, die Sakramente sind durch *Jesus den Christus (den Herrn)* eingesetzt worden. Das heißt, die Herkunft der Sakramente wird nicht lediglich auf den historischen Jesus bezogen (dies ist sowieso unmöglich – radikale *sola Scriptura* bedarf hier der empirischen Beweise, und die gibt es nicht), sondern in einen Rahmen der dynamischen Wirkung des Erhöhten durch den Heiligen Geist eingebettet. Demgemäß wird der Stiftungsmoment nicht als ein punktueller Rechtsakt begriffen, sondern vielmehr als ein wachsender Prozess.

Die Sakramente als Symbolhandlungen der Kirche haben daher eine trinitarische Herkunft: von Gott in Jesus Christus durch den Heiligen Geist. Alle Sakramente sind in Jesus als dem Christus begründet. Er selbst und sein ganzes Schicksal ist ein Zeichen der Heilssorge Gottes (Ur-Sakrament) für die Menschen. Durch den Heiligen Geist bleibt er mit seinem Heilswerk in der Zeit der sakramentalen Ökonomie gegenwärtig.[13]

Die Einsetzung der einzelnen Sakramente hat also ihren Ursprung in Jesus Christus, aber nicht in seiner historischen Person, sondern in seinem ganzen Schicksal und Heilsereignis – bis zur Geistausgießung. Der vorösterliche Jesus ist nicht ‚der einzige Stifter' der Sakramente. Denn diese haben ihren Ursprung auch (und bei manchen von ihnen: vielmehr) im erhöhten, verklärten, nachösterlichen Herrn.[14]

Herbert Vorgrimler verweist in diesem Problemfeld auf die pneumatologische Voraussetzung der Sakramentenfeier, dass zu ihr ein bestimmtes Vertrauen in das Wirken des Heiligen Geistes gehört.

> *„Ein Aspekt dieses Vertrauens in den Heiligen Geist ist die Zuversicht, daß sich die Kirche bei ihren Grundvollzügen nicht durch die historische Forschung erschüttern zu lassen braucht. Historische Befunde können im Zusammenhang des Glaubens nie so eindeutig und gesichert sein, daß ein Mensch durch sie förmlich zur Annahme einer bestimmten Überzeugung genötigt würde: dann könnte von der Freiheit des Glaubens nicht mehr die Rede sein."*[15]

Die historisch-kritische Methode reicht also nicht, um von einer direkten, unmittelbaren Stiftung oder Einsetzung durch den historischen Jesus zu sprechen. Im Kontext der Sakramenteneinsetzung gibt es lediglich ein paar historische Anhaltspunkte zur Person Jesu von Nazareth.

---

[13] Vgl. Würzburger Synode, Schwerpunkte heutiger Sakramentenpastoral 240f., nach: SCHNEIDER, Zeichen der Nähe Gottes 37.
[14] SCHNEIDER, Zeichen der Nähe Gottes 44–49.
[15] VORGRIMLER, Sakramententheologie 155.

4.1 Der Heilige Geist und der *Ursprung* der Sakramente

Die Einsetzung ist demzufolge nicht identisch mit historischer Stiftung; denn es gibt keine empirischen Beweise für eine historische Sicherheit, dass die Sakramente durch den historischen Jesus konkret begründet wurden. Es gibt höchstens eine historische Annäherung oder Entsprechung.

Die Sakramentenlehre erkennt aber – nicht auf einem historischen, sondern auf einem theologischen (trinitarisch-heilsgeschichtlichen) Weg – den geistgewirkten Impuls des erhöhten Jesus Christus, in dem der Ursprung der Sakramente gesehen wird (sie spricht deswegen lieber von einer Inkraftsetzung durch Christus als von einer juristischen Stiftung). Die vorösterliche Verwurzelung der Sakramente, welche gewisse historische Anhaltspunkte hat, hat nämlich ihre Entfaltung im nachösterlichen und pfingstlichen Geschehen. Der Stiftungszusammenhang zwischen Jesus und den Sakramenten kann darum nicht historisch garantiert werden, sondern ihn bewirkt der Heilige Geist.

Wenn es Sakramente also erst mit dem Wirken des Pneuma gibt, dann muss die Sakramententheologie auch nicht alle ihre Einzelheiten auf den historischen Jesus zurückführen, als ob nur dann die göttliche Legitimation gewährleistet würde. Diese Legitimation ist in der Sendung des Heiligen Geistes gegeben, der durch Kreuz und Auferstehung Jesu Christi in sein Werk freigesetzt wurde und in der sakramentalen Heilsökonomie der Kirche – sowohl realisierend wie vollziehend – wirkt. Das heißt, dass das ganze Institutionell-Sakramentale in den Rahmen der allgemein-sakramentalen Heilsökonomie eingebettet werden muss und nicht auf ein historisches Missverständnis seiner Einsetzung rückgeführt werden darf. Die Einsetzung der Sakramente ist insofern ‚historisch'-theologisch erklärlich, d.h. sowohl christologisch wie auch pneumatologisch. Sie kann nicht historisierend enggeführt werden auf den vorösterlichen Aspekt: Denn „Kirche und Sakramente sind wesentlich nachösterliche Größen, also ist ihre Gründung und Stiftung durch Jesus Christus ein umfassendes – Ostern und Pfingsten einschließendes – Geschehen."[16]

Die pneumatologische Frage ist hier ein kritisches Korrektiv gegenüber einer christomonistischen Herleitung der Sakramente, weil sie nicht als Rechtsakte aufgrund von Schriftworten zu verstehen sind.

„Die neutestamentliche Pneumatologie, die johanneische Theologie des Entstehens der Kirche und ihrer Sakramente aus der Seitenwunde des Gekreuzigten haben den Weg gewiesen, die Möglichkeiten der Kirche zur Gestaltung der Sakramente und zur Festlegung ihrer Zahl positiv zu sehen, ohne die Gnade

---

[16] SCHNEIDER, Zeichen der Nähe Gottes 133.

Jesu, des eigentlich in der Liturgie und in den Sakramenten in seinem Geist Wirkenden, der Verfügung der Kirche auszuliefern."[17]

Wenn also die katholische und orthodoxe Theologie betont, dass der Heilige Geist der aktive Mit-Gründer der Sakramente ist, dann tun sie das aus der Glaubensüberzeugung, dass der Heilige Geist der in der Welt- und Menschheitsgeschichte wirkende Gott ist. Man kann daher dynamisch von der Einsetzung der Sakramente sprechen. Denn die ganze sakramentale Struktur und Existenz der Kirche ist nicht nur das Werk des inkarnierten Logos, sondern auch des Geistes.

Aus diesem Grund muss man die Stiftung und Einsetzung der Sakramente mit der christologisch-pneumatologischen Perspektive begründen. Entscheidend ist diese trinitarische Sicht, um sich der Versuchung der Historisierung zu entziehen. Die Behauptung der Protestanten »sola Scriptura« beispielsweise – trotz der fehlenden empirischen Beweise dafür – unterlag einer solchen Deutungsweise, oder tendierte mindestens zu ihr.

Mit der Thematik von Stiftung und Einsetzung der Sakramente verbunden ist auch die Frage nach *Kontinuität* und *Umgestaltungen* der sakramentalen Struktur der Kirche. Die Reform der Sakramentenpraxis ist nötig, weil das sichtbare Zeichen bei den Sakramenten genauer zu erkennen und immer im Bereich der Liturgie zu erneuern ist. Die Sakramente sind nämlich langsam gewachsen und tragen daher manche Züge ‚des Bedingten und Zufälligen' an sich. Es entsteht ein gewisses Spannungsverhältnis zwischen Interpretation und Treue. Einerseits muss die Treue zu den grundlegenden Wahrheiten des Glaubens festgehalten werden, andererseits ist ‚in der geistigen Umwälzung' der Zeit die Aufgabe der Interpretation besonders dringlich, damit der Glaube in den sakramentalen Feiern auch heute kommunikabel wird.[18]

Es ist zu fragen: Welche Vollmacht hat die Kirche, wenn sie in die gewachsene Gestalt der sakramentalen Symbolhandlungen eingreift? Die Antwort kann nur sehr differenziert je nach den einzelnen Sakramenten erfolgen, denn sie setzt historische Kenntnisse und Respekt vor der Überlieferung voraus.[19]

Das Problem der *Kontinuität* in allem geschichtlichen Wandel ist zu lösen, wenn die inkarnatorische Basis der sakramentalen Existenz der Kirche (christologisches Element) ihre Lebendigkeit in der erneuernden Wirkung des Geistes bewahrt (pneumatologisches Element).[20] Im Hören

---

[17] VORGRIMLER, Sakramententheologie 57.
[18] Vgl. BENEDIKT XVI. / Joseph RATZINGER, Zwischen Tod und Auferstehung. Ergänzende Reflexionen zur Frage des »Zwischenzustandes«. Anhang zu: DERS., Eschatologie. Tod und ewiges Leben (Regensburg 2007, [6]1990) 207.
[19] VORGRIMLER, Sakramententheologie 93.
[20] Vgl. Harald WAGNER, Konziliarität und Kontinuität, in: US 1 (1989) 14–28.

4.1 Der Heilige Geist und der *Ursprung* der Sakramente

auf den göttlichen Geist eben versucht die Kirche die richtige Weise des Glaubenszeugnisses einzugeben. Denn gerade der sie belebende und führende Geist ist es, der sie „vor Stagnation und ausschließlich rückwärts gewandtem Blick bewahren möchte [und] die von menschlicher Schuld bewirkten Verdunkelungen seiner Gegenwart aufhellen will. Ihn anzuerkennen heißt darum, die Notwendigkeit von Veränderungen und Reformen auch im sakramentalen Bereich zu akzeptieren."[21]

In der Pneumatologie ist daher die Möglichkeit der Flexibilität und das Prinzip der Liturgiereform gegeben. Sie fordert die Sakramentenlehre zu ständiger Erneuerung ihrer Praxis heraus, weil die Riten ausdruckfähig und verständlich sein müssen. Der Geist führt zum lebendigen Wandel im Glaubensvollzug – aber gleichzeitig bewahrt er das Selbstbewusstsein der Kirche in ihrer Treue zu ihrem eigenen Wurzelgrund. Dieser Wandel ist ‚notwendig', weil das zu tradierende Erbe der Vorfahren nur lebendig bleiben kann, wenn es von den gegenwärtigen Christen bezeugt, gefeiert und gelebt wird. Die Gottesdienstreform ist nämlich auf dem richtigen Weg, wenn sie, gestützt auf eine reiche Tradition, die lebendige Form des Ausdrucks immer neu zu entdecken sucht.[22]

Die zeitliche Bedingtheit der Sakramente ist eine beständige Grenze, weil die menschlichen Möglichkeiten, Gottes Zuwendung zeichenhaft zu repräsentieren, begrenzt sind. Da die Selbstmitteilung Gottes auf Communio mit Menschen zielt, auf die Aufnahme einer personalen Beziehung, muss „die Geschichtlichkeit des Menschen mit allen ihren beglückenden und ärgerlichen Konkretheiten stets beteiligt sein".[23] Jede minimalisierende oder verrechtlichte Engführung in der Sakramentenauffassung ist deswegen verbesserungsbedürftig; wie jede individualistische Verengung bedarf sie immer wieder kritischer pneumatologischer Beleuchtung, damit sie eine entsprechende soziale Gestaltung gewinnt.

Dass die Kirche in ihrer sakramentalen Struktur zu einem vom Heiligen Geist geformten Werkzeug der bleibenden Gegenwart Jesu Christi wird, heißt andererseits auch: Sie ist von Anfang an durch Relativierung und Vorläufigkeit gekennzeichnet, und darin liegt ihre radikale Verschiedenheit von Jesus Christus. Deswegen muss sie immer wieder der Versuchung entrinnen, eine eigenständige Größe sein zu wollen. Allerdings ist ihre äußere Dimension immer von Missbrauch bedroht und

---

[21] VORGRIMLER, Sakramententheologie 32.
[22] Der Geist führt zu ständiger Erneuerung, denn die Tradition ist nicht nur eine Überlieferung, sondern auch Adaption: „Was überliefert werden soll, muß auch empfangen werden können. Um empfangen werden zu können, muß es verstanden werden. Es gibt in der Tradition Absolutes und Relatives, Historisches. Es ist ein Irrtum, Historisches zu verabsolutieren, so verehrungswürdig es sein mag" *(Yves Congar: La Croix vom 20.08.1976).* – Zit. nach: SCHNEIDER, Zeichen der Nähe Gottes 128.
[23] SCHNEIDER, Zeichen der Nähe Gottes 143.

damit in Gefahr, „die innere gnadenhafte Wirklichkeit zu verdunkeln und zu beeinträchtigen."[24]

Die Entfaltung der sakramentalen Strukturen nach vorwärts ist offen, solange an die Gegenwart des Heiligen Geistes geglaubt wird, so dass zu der gewachsenen Gestalt der Sakramente neue Ausgestaltungen hinzutreten können. Legitime Entfaltung bedeutet aber nicht, dass das, was von Jesus her grundgelegt wurde, grundsätzlich revidierbar wird. Es können nur unterschiedliche Akzentsetzungen folgen oder Schwerpunkte sich verschieben, die grundgelegte Basis aber kann nicht abgeschafft werden. Die besprochenen Entwürfe zeigen deutlich, dass die christologisch-inkarnatorische Größe das pneumatologische Element konkretisiert.

Auch unter eschatologischer Perspektive scheint die *Umgestaltung* der sakramentalen Formen im christlichen Leben ihre Berechtigung zu haben. Denn die Dynamik der Sakramente ist nicht nur geschichtlich, sondern zugleich eschatologisch. Ihre Gestalten sind geworden durch die geschichtliche Entscheidungen, aber es entspricht der eschatologischen Endgültigkeit, dass diese weitere Entwicklung auch unwiderruflich ist. Das eschatologische Moment erinnert daran, dass die sakramentale Begegnung eine vorübergehende ist. Sie ist noch nicht die ganze Fülle – totale, volle Vereinigung des Menschen mit Gott. Diese Vereinigung liegt ständig vor dem Menschen. Sie kann nicht zu extrem formuliert werden, so dass sie Anspruch erhebt, in den Sakramenten das zu repräsentieren, was erst in der Vollendung der Geschichte geschenkt werden wird. Manche Tendenzen im katholischen Bereich oder die *glorreichen Pneumatologien* der Orthodoxen nähern sich gerade dieser Gefahr: sie »überrepräsentieren« in den sakramentalen Feiern jene Wirklichkeit, die noch *in statu nascendi* ist. Die äußeren, geschichtlich bedingten Ausdrucksformen prätendieren in diesen Theologien nicht selten zu Übereinstimmung und Gemeinsamkeit in Glaube und Kirchlichkeit, die im (immer geschichtlich bleibenden) Glaubenswachstumsprozess nicht gegeben werden kann.[25] Die Sakramente müssen aus diesem Grund u.a. eine feste inkarnatorische Basis mit deren geschichtlicher Dimension haben – gegen *Spiritualisierung* oder *Eschatologisierung* der Heilswirklichkeit. Im Gegenteil, es müsste der Vorwurf gegen die Geschichtslosigkeit oder den pneumatokratischen Mystizismus[26] solcher Konzepte erhoben werden.

---

[24] VORGRIMLER, Sakramententheologie 49.
[25] Vgl. SCHNEIDER, Zeichen der Nähe Gottes 175–176.
[26] Diesen Terminus hat Karl BARTH als Vorwurf gegenüber der orthodoxen Theologie formuliert. – Nach: FARANTOS, Die Lehre vom Heiligen Geist 63.

4.1.2 Dynamischer Ursprung jeder aktuellen sakramentalen Begegnung

Auch jede aktuelle sakramentale Begegnung zwischen Gott und Mensch hat einen dynamischen Charakter. Der *Ursprung* des Sakramentes – hier ist das ‚*Spende-Empfangs-Moment*' gemeint – ist nicht statisch punktuell zu verstehen. Das ist ein Gedanke, der dank der pneumatologischen Erörterung die gewohnte Perspektive der Sakramentenpraxis verändern kann.

Es wurde schon vor der Untersuchung gezeigt, dass die Pneumatologie im katholischen Bereich mit und nach dem II. Vatikanum zu mehr dynamischem Gnadenverständnis beigetragen hat *(siehe: 1.4.2).* In der pneumatologischen Dynamik sind die Sakramente vorzüglich nicht als ‚Gnadenmittel' gesehen, sondern als Lobopfer für Gottes Machttaten (mit dem Höhenpunkt im Christusgeschehen), die kraft des gemeinsamen Priestertums von allen Mitfeiernden vollzogen werden, als Gedächtnis und Fürbitte.

In den vorgestellten Entwürfen wurde von den Autoren ganz massiv die These hervorgehoben, dass **die Sakramente einen dynamischen Charakter haben:** Sie sind nicht so sehr im Sinne eines heilswirkenden statischen Gehalts der Gnade zu verstehen; vielmehr stellen sie den Glaubenden die Sendung Jesu in seiner ganzen geschichtlich-persönlichen Wirklichkeit vor Augen: sein Kommen vom und sein Gehen zum Vater. In den Sakramenten sind die Menschen von einer vom Heiligen Geist getragenen Dynamik ergriffen, der ihnen versichert, dass sie in diese Bewegung Jesu Christi einbezogen sind *(siehe 2.2.1 – die These Lothar Lies':* »*durch den Geist Person in Person Christi werden*«*).*

Diese vom Heiligen Geist getragene Bewegung führt zur Teilnahme am göttlichen Leben, was **das Ziel** der Sakramente ist. In den statischen Vorstellungen von Sakramenten als Gnadenmittel konnte diese trinitarische Sicht nicht in Erscheinung treten, weil das Innesein und Wirken des Heiligen Geistes in einem ‚Modell des Realsymbols' blockiert wurde: Das Gegenwärtigsein geschichtlicher Ereignisse und einer menschlichen Person mit ihren Beziehungen, ihrer Geschichte usw. fand in ihm, in seiner Begrifflichkeit, wenig Berücksichtigung. Die hier in unserer Darstellung präsentierten Theologen ziehen aber eine dynamischere, die ganze Lebensbewegung Jesu einbeziehende Sicht der Sakramente vor und vertreten die Überzeugung, dass jede sakramentale Begegnung auch die ganze Lebensgeschichte der Teilnehmer umfasst.[27] Die Sakramente in dieser Sicht sind nicht punktuell oder mechanisch zu verstehen. Ihre

---

[27] Vorgrimler verweist in diesem Kontext auf bedauerliche Folgen für die Auffassung von der Eucharistie, wenn sie nicht als dynamische Feier verstanden wird. Wenn die Konzentration überwiegend auf die statisch verfasste Realpräsenz Christi gerichtet wird, dann denkt man demzufolge nur „an die Gegenwart der bestimmten Person in ihrem immerwährenden Vollendungszustand, nicht aber an die Gegenwart ihres ganzen Lebens, ihrer ganzen Geschichte". – VORGRIMLER, Sakramententheologie 193.

Dynamik breiten sie auf die ganze dialogische Lebensgeschichte eines Menschen mit Gott aus. In diesem Sinne auch kann man z.B. die Aussage des Konzils von Trient verstehen, dass durch die Sakramente »**jede wahre Gerechtigkeit beginnt, wächst oder nach dem Verlust wiederhergestellt wird**« (DS 1600).

Die christliche Existenz aus den Sakramenten – trotz ihrer Einmaligkeit oder manchmal auch ihrer Unwiederholbarkeit (z.B. Taufe) – bedeutet daher nicht nur Empfang, festen Besitz oder Abschluss, sondern einen Weg der Erneuerung, um stets aus dem Sakrament zu leben. Es ist ein lebenslanger mühsamer Prozess, in welchem die Intensität des Glaubens und der daraus folgenden ethischen Selbstverpflichtung wächst.[28]

Das Sakrament ist kein statisches, kein magisch-mechanisches oder ‚automatisches' Ereignis. Es ist nicht die eigene Tat des Menschen, so dass er den persönlichen Glaubensvollzug als zu erbringende Leistung vor dem ‚Empfang' des Sakramentes verstehen kann. Die sakramentale Begegnung entsteht nicht aus menschlichen Kräften, sondern kommt mit Hilfe der Gnade Gottes zustande. Der Geist Gottes weckt die Bereitschaft zum neuen Hören auf die sakramentale Gnade, die stets wachsen kann und immer etwas Unabgeschlossenes in sich hat.

Das Sakrament ist also ein grundlegendes Geschehen. Es geschieht in der Zeit; aber es ist nicht auf einen punktuellen Akt beschränkt. Die Wirkung der Gnade und die Antwort des Menschen berühren sich ständig und lassen sich in jeder Phase des christlichen (sakramentalen) Lebens nicht trennen, sie gehören unvermischt und ungetrennt zusammen. Die Frage nach einem Vorher und Nachher findet hier seine Grenze, denn der Heilige Geist inspiriert und bereitet den Menschen auf seinem Glaubensweg schon vor dem Empfang des Sakramentes vor. Er kommuniziert den Menschen mit Christus zwar auf besondere Weise in der sakramentalen Feier, aber sein Wirken bei den Menschen hat z.B. auch seine Verlängerung danach – im Prozess der Vertiefung im Glaubensleben aus den Sakramenten. Dieser Prozess lässt die große Hoffnung spüren, die in jedem Sakramentsgeschehen steckt. Die lebendige Begegnung im Geist eröffnet dem Menschen eine Perspektive, in der er nach befreiter

    „Die Konzentration auf das Gegenwärtigsetzen der Person Jesu mit Gottheit und Menschheit förderte die Vorstellung, der Sinn der Eucharistiefeier sei es, Gottheit und Menschheit Jesu zum Zweck der Anbetung und der Kommunion gegenwärtig zu machen. Die inhaltliche Fülle des »Gedächtnisses« ist damit verringert. Der Verehrung der Eucharistie im herkömmlichen Sinn fehlt daher auch das wesentliche Element jeder Liturgie, die Verherrlichung Gottes wegen seiner Großtaten." – Ebd.

[28] Der beständige Ruf zum Christwerden und das Engagement zum aktiven Mitleben mit der Gemeinde ist ein Leben im Heiligen Geist. Das Sakrament ist nämlich „Anfang eines Weges und bleibende Verpflichtung zu einem Lebensvollzug in der Communio der Gläubigen". – SCHNEIDER, Zeichen der Nähe Gottes 79.

Zukunft ausschauen und bei jeder sakramentalen Begegnung die Suche nach der heilenden und bergenden Person Gottes neu anfangen kann.

Die Pneumatologie will durch das Erörterte der Sakramentenpastoral verdeutlichen, dass der Sakramentenempfang nicht auf ein einmaliges Ereignis beschränkt werden sollte: „Die Sakramente greifen zwar jeweils an einem bestimmten »Zeitpunkt« unseres Lebens ein, wollen aber den Lebensvollzug insgesamt prägen und tragen, also »zeitlebens« wirken."[29]

Ein einmal empfangenes Sakrament bedeutet einen lebenslang dauernden Prozess der sich im Glauben immer erneuernden Annahme dieses Sakramentes. Denn der Mensch kann sich nicht mit einem Akt so über alle geschichtliche Entwicklung hinweg einem anderen Menschen (Ehesakrament), einer Institution, einem Beruf oder einem kirchlichen Dienst überantworten. Der Mensch muss die aus der sakramentalen Begegnung entstehende Hingabe und das Engagement im Laufe der Zeit einholen und mit seiner Person verbinden, so dass das sakramentale Geschehen tatsächlich den Platz in der Mitte seiner Persönlichkeit findet. Das ganze Leben nämlich ist in das Sakrament eingeschlossen: Die sakramentale Symbolhandlung ist *nur* ein Kristallisationspunkt eines langen Prozesses des Glaubens. Die Heilserfahrung in der Liturgie ist nicht exklusiv zu verstehen – denn im Glauben beginnt schon das dynamische Geschehen des Beschenkt-Werdens von Gott; die sakramentale Feier ist ‚lediglich' eine gewisse Manifestation der schon im Glauben erreichten Rechtfertigung und Heilung wie eine Indienstnahme für die Gemeinschaft der Mitglaubenden durch das Zeugnis des eigenen Glaubens. Daher ist es nötig stets der belebenden und erleuchtenden Wirkung des Heiligen Geistes zu bedürfen und erbitten, denn er ist es, der den Menschen für den Glauben öffnet, der die sakramentale Symbolik decodiert *(siehe: Meuffels 3.3.4)*, der im Empfang und danach die christliche Existenz begleitet: um ihr eine gewisse Lebensdynamik aus dem Sakrament zu verleihen.

Es stellt sich hier die Frage nach der gegenseitigen Beziehung von Glaube, Geist, Sakrament. Der Glaube als Gottes Werk – meint Martin Luther – ist ein Werk, „das uns wandelt und neu gebiert aus Gott (Joh 1) und tötet den alten Adam, macht und (zu) ganz anderen Menschen von Herz, Mut, Sinn und allem Kräften, und bringet den Heiligen Geist mit sich" (WA DB 7, 10,6–9)[30].

Der Glaube gehört wesentlich zu der Beziehung der Personen Gottes und des Menschen, damit konstitutiv und unerlässlich zu der sakramentalen Begegnung von Gott und Mensch. Er beruht auf dem Vertrauen

---

[29] SCHNEIDER, Zeichen der Nähe Gottes 40.
[30] Zit. nach: KERN, Sakrament in trinitarischer Perspektive 81, für: Udo KERN, Sakrament in trinitarischer Perspektive 81, in: Lutherische Kirche in der Welt 987 (53:2006) 68–100, hier 81.

und hat einen Antwortcharakter. Die christlich(-katholische) Tradition hält daran fest, dass diese personale Beziehung nicht nur ‚eine Haltung felsenfesten Vertauens'[31] ist, sondern auch ihre Inhalte hat. Zu ihnen gehört die Kirche.

Die Zusammengehörigkeit von Glaube und Sakrament ist eng. In beiden Wirklichkeiten wirkt derselbe Heilige Geist. Warum also sollte die leiblich-greifbare, sichtbare Bezeugung des Glaubens geschehen?

U.a. Vorgrimler verweist auf den wichtigen Zusammenhang zwischen dem persönlichen Glauben und dem Leben aus den Sakramenten. Die christliche Existenz solle nicht nur im gnadengeschenkten Glauben an das Evangelium gelebt werden. Das Leben aus den Sakramenten ist für sie ein Korrektiv gegenüber der Vorstellung, dass die Begegnung mit Gott im innerlichen Bereich eines einzelnen Menschen geschieht. Denn in solchem Fall gerät die greifbar-gemeinschaftliche Dimension des Gottesverhältnisses aus dem Blick.[32]

Es werden wieder dieselben zwei Deutungsweisen gegeben: Der Geist ist entweder nur Gabe (Kraft Gottes), oder er ist Person Gottes, die Beziehung stiftet. Die erste Option kann instrumental verwendet werden: Der Geist ist christologisches Werkzeug, nur um den individuellen persönlichen Glauben zu wecken. Trinitarische Deutung dagegen übersteigt die individuelle Christusbeziehung des Glaubenden („ich und Christus") und die mit ihr verbundene Logik der Selbsterkenntnis und des Selbstbewusstseins des einzelnen Subjekts.[33] Sie verbleibt im weiten Horizont

---

[31] VORGRIMLER, Sakramententheologie 101.
[32] Vgl. VORGRIMLER, Sakramententheologie 226.
[33] In der trinitarischen Sicht sind die Sakramente nicht – wie Calvin glaubte – nur Instrumente des Heiligen Geistes, damit er durch sie unseren Glauben stärken könnte. Die calvinistische Theologie hat in der Sakramentenlehre die Rolle des Glaubenden unterschätzt. Das opus operatum wurde in ihr tatsächlich durch das opus passivum ersetzt. Um die Sakramente wirklich mit Christus und seinem Heilswerk zu verbinden, schlug Calvin nämlich die Lehre vom Heiligen Geist als *Deus ex machina* vor. Dadurch blieb die im Heiligen Geist zu erwirkende Einigung mit Christus sozusagen auf dem halben Weg. Denn ein passiver Akt des Menschen reicht nicht aus zum realen personalen Dialog mit Gott. Calvin hat durch seine pneumatologische Lösung die Sakramentenlehre zwar von den materialistisch-dinghaften Vorstellungen des Mittelalters befreit, ist aber nicht ganz zu der personalistischen Konzeption gekommen.
Noch radikaler ging Zwingli vor: Da der Kern der Kirche pneumatisch sei, erkennt dies der geisterfüllte Mensch im Glauben. Der Glaube sei das einzige Erkenntnisinstrument; die Sakramente veranschaulichen lediglich das innere Bewusstsein des Menschen, dessen Vernunft schon vorher – ohne ihre Hilfe – die innere Erleuchtung aufgrund der direkten Wirkung des Heiligen Geistes erreicht habe.
Ein solcher Spiritualismus unterstreicht, dass der Mensch direkt vor Gott steht und dass es keine Heilsvermittlung durch die irdischen Institutionen und ihre zeichenhaftsichtbaren Mittel gibt. Denn die Kondensation Gottes in Jesus Christus sei so einmalig

4.1 Der Heilige Geist und der *Ursprung* der Sakramente

der personal-communionalen Beziehungen; die Teilnahme am göttlichen Leben als Partizipation an einer interpersonalen Wirklichkeit wird in ihr ausdrücklich thematisiert.

Andererseits: Dass der Glaube in einem konstitutiven Verhältnis zum Sakrament steht, bedeutet nicht, dass das sakramentale Geschehen vom Glauben des Liturgen oder der Mitfeiernden abhängt; denn der wesentlich Wirkende beim Sakrament ist nicht der Mensch, sondern Jesus Christus durch das göttliche Pneuma. Der Glaube ist aber nötig, damit das Sakrament fruchtbar wird. Aber es muss der Sinn der Aussage vom *opus operatum* aufrechterhalten werden – im Blick auf die Gefährlichkeit einer solchen Spiritualität, die die Sakramente nur als die Brücken für die Mitteilung der Heiligkeit und der Geistergriffenheit des Spenders betrachtet. Eine solche Geisteshaltung will dem Menschen und seiner charismatischen Begabung mehr Wirksamkeit zuschreiben als der Heilsmacht Gottes. Solche ‚charismatische' Pneumatologie – ohne Christologie – zeigt, dass die Sakramente die Grenze ihrer Wirksamkeit beim begrenzten Menschen haben. Gottes universeller Heilswille und seine begnadende Allmacht kommen so nicht mehr zum Zuge. Das Heil der anderen bestimmt vielmehr die letztlich doch fragile Geistbegabung des endlichen menschlichen Spenders, d.h. die menschliche Endlichkeit wird zum Maß der Erlösung.

Konstatierend könnte man sagen: Den Glauben trägt man nicht allein. Er ist keine Gabe für den Einzelnen. Ihn trägt die ganze Kirche – nicht nur der Spender oder Empfänger. Das „Wir", nicht das „Ich-Gott" ist gefragt. Der Geist Gottes bereitet zwar den Glauben, die religiöse Subjektivität des Menschen vor, so dass die sakramentale Begegnung ‚fruchtbar' wird. Aber diese sakramentale (hier: gemeinschaftlich-kirchliche) Existenz der Christen ist unerlässlich. Ein individueller und persönlicher Glaube wird natürlich in der kirchlichen Einverleibung nicht nivelliert, sondern als befreit verstanden: Der Mensch wird zur Person erhoben und seiner interpersonellen Verantwortung bewusst.

und so einzigartig, dass sie nicht durch die sakramentalen Heilsverwirklichungshandlungen ausgedrückt oder vermittelt werden könne. Christus verliert hier jede Spur seiner Inkarnation: er hat sich von seiner menschlichen Natur getrennt, er ist ganz vereinigt mit dem göttlichen Geist. Und diese Diastase zwischen Geist und Leib, Gott und Mensch sei nicht durch irdische Mittel zu überwinden, sondern nur dank der Erwählung Gottes und der inneren Erleuchtung. Der Geist Gottes bedürfe nicht der äußeren Mittel, weil er selber direkt im Inneren des Menschen wirken könne.
– Vgl. Piotr JASKÓŁA, Reformacyjne wątpliwości w nauce o Eucharystii [Reformatorische Bezweiflung in der Eucharistielehre] 53–58, in: DERS., Rajmund PORADA (Hg), Wspólna Eucharystia – Cel Ekumenii = Ekumenizm i Integracja 12 (Opole 2005) 43–60, bes. 53–58.

4.2 DER HEILIGE GEIST ALS *MEDIUM* DES SAKRAMENTALEN GESCHEHENS

"Die griechische Trinitätslehre denkt die Trinität nicht in abstrakter Weltunterschiedenheit, sondern sie denkt sie gerade als Vermittlung der göttlichen Anwesenheit in die Welt hinein."[34]

Wenn der Geist Person ist, d.h. wenn der Paraklet der Gott der Gegenwart ist und in gewisser Weise »eigenständig« in der Heilsökonomie wirkt, dann muss man die Akzente der orthodoxen Theologen hervorheben und die Aufwertung der Heiligungswerkes im Heiligen Geist gegenüber dem Erlösungswerk Jesu Christi vornehmen. Der Heilige Geist ist nämlich nicht nur Mittel im sakramentalen Heilsgeschehen, sondern – als Medium gemeint – auch der aktive Mit-Wirkende in den sakramentalen Begegnungen. Er ist keine unpersönliche Wirkkraft Gottes, sondern eine Hypostase, die selbständig handelt, aber nicht getrennt vom Erlösungswerk des Sohnes (dass die Pneumatologie ohne Christologie undenkbar ist, muss hier nicht wiederholt erörtert werden).

In der Aussage, *der Geist ist Person*, wird also eine gewisse Eigenständigkeit seiner Wirkung in der sakramentalen Heilsökonomie bekräftigt. Er wird ‚aktiv' beteiligt an ihr: er wird sozusagen zum ‚Mitspender' der Sakramente. Es geht um das Ausbalancieren zwischen dem Erlösungswerk Christi und dem Heiligungswerk »im Geiste«. Das hat große Konsequenzen für die Sakramentenlehre, vor allem für die reale *praesentia salutis*.

Es soll somit nicht so sehr in die Vergangenheit, »nach dem Zurück« geschaut werden, und es dürfen dabei nicht nur die Kategorien wie das »Gedächtnis«, das »Erinnern« oder das »Bezeichnen« (Zwingli) als im Vordergrund stehend betont werden.[35] Im »Jetzt des Heiles« vergegenwärtigt der Geist die Anamnese und richtet sie ins Eschaton. Die trinitarische Pneumatologie tendiert dazu, den Geist als den »Gott der Gegenwart« und der eschatologischen Vollendung dem »Gott der Vergangenheit« gegenüber zu stellen und das Erlösungswerk Christi näher an den Vollender-Gott und an die Neu-Schöpfung zu rücken.[36]

---

[34] Die Aussage des evangelischen Theologen B.F. MILDENBERGER, in: Hans-Georg FRITZSCHE, Lehrbuch der Dogmatik 2: Lehre von Gott und der Schöpfung (Göttingen 1967) 67.

[35] Die reformatorische Rechtfertigungslehre z.B. ist zwar gewissermaßen eine Warnung vor der Gefahr, dass die reale Kirche mit dem idealisierten Bild von ihr verschleiert wird. Aber andererseits schöpft sie die Ziele der Erlösungstat Christi nicht aus. Denn durch die Rechtfertigung eröffnet sich für den Menschen die Dimension der gegenwärtigen und eschatologischen Wirkung des heiligenden Geistes *(siehe: Hryniewicz 2.1.1.2.A).*

[36] Manche orthodoxe Theologen sehen den Zusammenhang zwischen der Unterschätzung des Gottes der Gegenwart und der eschatologischen Vollendung, nämlich des

4.2 Der Heilige Geist als *Medium* des sakramentalen Geschehens

Es sind zwei zentrale Anliegen, die von der Fundierung der Sakramente in der Pneumatologie vorhanden sind. Dank der Pneumatologie versichert die Sakramentenlehre ihren Glauben, dass die Gegenwart Jesu im Heiligen Geist eine wirkliche Gegenwart ist *(siehe unten 4.2.1)*. Aber zugleich behebt die Theologie des Heiligen Geistes auch das Missverständnis, als bewege der Mensch in den Sakramenten, über Gott verfügend, Jesus zum Kommen[37] *(siehe im folgenden: 4.2.1 zum eigentlichen Sinn der Epiklese; 4.2.4.2 gegen den sakramentalistischen Automatismus: »Sakrament verfügt nicht über das göttliche Pneuma«)*.

4.2.1 Der pneumatologische Zugang zum personalen Verständnis der sakramentalen Gegenwart Jesu Christi

Wenn die Sakramente als Koinonia mit dem Dreipersonalen Gottes verstanden werden, in dem der Mensch am göttlichen Leben partizipieren kann, dann muss eine theologische Brücke ‚gebaut' werden, um die reale Begegnung zwischen Gott und Mensch zu erklären. Die Pneumatologie versucht auf die Person und die Wirkung des Heiligen Geistes zu verweisen, um den sakramentalen Vermittlungsprozess plausibel zu machen. Der Geist als Person in Personen (des Christus und der Menschen) ist der Kommunikator im sakramentalen Geschehen *(stark: Meuffels, Lies)*. **Der Heilige Geist ist der, der die sakramentale Danksagung, Erinnerung und Fürbitte ermöglicht, sie trägt und fruchtbar macht.**

Mit der Hervorhebung der aktiven Rolle des Heiligen Geistes hilft die Pneumatologie gerade, die personale Dimension und die personale Bestimmung der sakramentalen Gegenwart Jesu Christi festzulegen. Der Geist ist nicht die ‚Notlösung' für den im Himmel thronenden Christus, der den Himmel nicht mehr verlässt, wie das Johannes Calvin meinte. Sein pneumatologischer Erklärungsversuch war bedingt durch die Überzeugung, dass der erhöhte Christus in seiner menschlichen Natur nicht mehr räumlich-körperlich auf der Erde anwesend sein kann: Christus als Person könne nur handeln, denn sein Menschsein könne den himmlischen Thron ‚nicht mehr verlassen'; deswegen muss er handeln ‚aus der Entfernung' als Person, indem er die Menschen mit sich im Abendmahl kraft des Heiligen Geistes vereint. Die Speise des Leibes und des Blutes war für Calvin eine Erfahrung der Person Christi in der Kraft des Heiligen Geistes, nicht die Erfahrung der real-somatischen Anwesenheit Christi: der verklärte Leib Christi sei entfernt; er sei ‚nur' personalgeistig – im Heiligen Geist – präsent; denn er könne nicht somatisch da

---

Heiligen Geistes, und der Tendenz der westlichen Kultur und Theologie zur Säkularisierung und zum Anthropozentrismus. Siehe z.B.: FARANTOS, Die Lehre vom Heiligen Geist 71.

[37] Vgl. VORGRIMLER, Sakramententheologie 217–218.

sein.[38] Die Pneumatologie in dieser Erklärung ist zu dominant, weil sie nicht inkarnatorisch-christologisch bestimmt ist (es entsteht eine gewisse Parallelität und Alternativ-Frage: entweder »Leib und Blut Christi« oder »Christus als Person«).

Das Problem ist zu lösen in der genaueren Bestimmung des Person-Begriffs. Person-Sein heißt für Christus und für den Menschen immer Leiblichkeit-Sein. Der Mensch (auch der inkarnierte Logos Jesus Christus) ist Person nur als leiblichverfasste Person. Er ist immer Leib in Person, nie eine pure geistige Person *(siehe vor allem: Lothar Lies 2.2.1.1, 2.2.1.2)*. Personalpräsenz Christi in den Sakramenten betont zwar das Geschehen seiner liebenden Hingabe, aber sie umfasst immer die leibliche Dimension des Heiles. Sie leugnet sie nicht, denn personal bedeutet nie unleiblich oder immateriell. Christus kann nur mit seinem verklärten Leib nah sein unter den Menschen, die Leiber in Person sind. Die Personen sind einander nah und erfahrbar nur im Zeichen des Leibes[39], obwohl ihre gegenseitige Beziehung wesentlich intentional, geistig und allein dem inneren Verstehen zugänglich ist (deshalb auch ist die Kategorie der Beziehung konstitutiv für das Sakramentenverständnis).

Die leibhafte Person Jesu Christi wird natürlich vergegenwärtigt in ihrem dynamischen Lebensvollzug, denn ihre leib-räumlich fassbare Identität entfaltet den vollen Sinn erst in der personalen Dynamik, indem sie kommunikationsfähig zu den Anderen wird. Das Personsein Jesu Christi in den Sakramenten verweist dementsprechend auf seinen ganzen Lebensvollzug im geschichtlichen Sein. Seine real-somatische Gegenwart ist nicht isoliert von personaler Wirklichkeit der Beziehung zu den Glaubenden. Es ist eine dynamische Gegenwart: personal und relational.

Insofern aber diese Ebene der Beziehung eine ontologische, seinsbestimmende Kategorie ist, scheint es berechtigt zu behaupten, dass „die »Realität« des Geistes, der Erkenntnis, der Personalität, der Beziehung

---

[38] „Eine solche Vorstellung der substanziellen Realpräsenz, bei der Jesus Christus unter vergänglichen Elementen eingeschlossen wäre, nannte er [Calvin] pervers und eine Erniedrigung Christi. Für ihn ist der verklärte Leib Christi...im Himmel lokalisiert; die Teilhabe an ihm in der Kommunion bewirkt der Heilige Geist, der die gläubig Empfangenden zu Christus emporzieht, so daß sie zwar nicht das Fleisch Christi, aber Leben aus der Substanz seines Fleisches empfangen." – VORGRIMLER, Sakramententheologie 187.

[39] Der Leib gehört zum stärksten Medium unserer Mitteilung, „unserer personalgesellschaftlichen Kommunikation. Das realisierende Zeichen personaler Nähe ist ein solches aber nie automatisch, sondern nur in dem Maße, wie sich der Wille zur Kommunikation darin kundtut." – SCHNEIDER, Zeichen der Nähe Gottes 153; vgl. ebd. 151–152.

dichter ist als die »Realität« der bloßen Vorhandenheit und Dinghaftigkeit".[40] Es macht sich sichtbar, dass gerade dieses auf der Basis der relationalen Ontologie argumentierende Modell *(bei Hryniewicz stark vertreten, siehe: 2.1.4.2)* eine gemeinsame Grundlage in den christlichen Konfessionen für die Erklärungsversuche der sakramentalen Gegenwart Jesu Christi sein könnte.[41]

4.2.2 Die Heils-Vergegenwärtigungsfrage: Epiklese und ‚performative Rede'

Pneumatologie ergibt für die Sakramentenlehre eine enorme Komplexität der Fragen. In dieser Arbeit – anhand ausgewählter Theologen – wurden einige von diesen Fragen angesprochen. Unsere Darstellung ist nicht nur unvollkommen aufgrund ihrer Fragmentalität (gewählt wurden nur einige der modernen Entwürfe); die große Menge der aus der pneumatologischen Reflexion sich ergebenden Inhalte bedarf noch einer weiteren genauen Systematisierung – und diese kann hier nicht mehr geboten werden; es wird lediglich eine Benennung der hauptsächlichen Probleme folgen.

Die theologische Arbeit ist wichtig insbesondere im sakramententheologischen zentralen Problemfeld – der Heilsvergegenwärtigung in Jesus Christus durch den Heiligen Geist: Wie ist zu behaupten, dass dank der Wirkung des Heiligen Geistes, der die Menschen mit der Menschheit und Personalität Jesu Christi vereint, der dreieinige Gott nicht in der Ferne eines weltjenseitigen Himmels zu denken ist, sondern in den leiblich-personalen Begegnungen mit Menschen während der sakramentalen Feiern? Und inwieweit kann hier die Rede von der Personalität Gottes rezipiert werden bei den theologischen Traditionen, die im Geist Gottes ‚nur' eine weiterwirkende Kraft des erhöhten Christus sehen?

Es stellt sich hier vor allem eine wichtige Aufgabe, um den Zusammenhang unter den theologischen Hauptbegriffen: »Glaube«, »Wort«, »Sakrament« und »Geist« noch präziser zu klären. Denn es zeigen sich in der christlichen Tradition zwei grundsätzliche Tendenzen (vielleicht nicht ganz verschieden, aber anders akzentuiert) bei den Aufklärungsversuchen der Gegenwart Gottes in der sakramentalen Verkündigung des Evangeliums Jesu Christi: das mehr individuelle *Hören auf das Wort Gottes* und das mehr gemeinschaftlich orientierte *Handeln der liturgischen Versammlung*. Die beiden Modelle können zu extremen Positionen führen, so dass sie nicht mehr als sich ergänzend, sondern als sich gegenseitig ausschließend wirken.

Die Vergegenwärtigung des Heiles stärker *theo*-logisch (d.h. strikt auf das Geheimnis des dreieinigen Gottes bezogen) ausgedrückt, verdankt

---

[40] SCHNEIDER, Zeichen der Nähe Gottes 154.
[41] Vgl. SCHNEIDER, Zeichen der Nähe Gottes 155–156.

sich der heiligenden Wirkung des lebendigen Gottes in seinem Geist: Im Vordergrund stehen die folgenden Akzente: → die Liturgie als Gebetsgestalt für das Wort der Verkündigung und das sakramentale Wort → die Bitte der betenden Gemeinschaft: die Anrufung des heiligenden Geistes → die Erwartung des lebendigen Gottes, der gegenwärtig ist und jetzt in der Geschichte handelt.

Die Frage nach der Heilsvergegenwärtigung – mehr auf anthropologisch-philosophische oder sprachtheoretische Kategorien gestützt – könnte in extremen Fällen zu solcher Reihenfolge tendieren: → performative, wirklichkeitssetzende Rede *(das Wort vergegenwärtigt sich selbst aufgrund seiner inneren Kraft – aber welche Rede? – nicht selten fehlende Unterscheidung zwischen Sakraments- und Verkündigungswort)* → die besondere Rolle des unsichtbaren *elementum* = des Wortes → das Hören auf das sagbare Wort *(es selbst vergegenwärtigt sich? – einseitig, wenn es in der Verkündigung nur um sagbares und hörbares Wort geht – ohne epikletische, d.h. Gebets-Gestalt wie bei den Sakramentsworten; einseitig auch dann, wenn es nur um bloßes individuelles Lesen und Hören des Bibelwortes geht; muss nicht das hörbare Wort der Verkündigung stets einen umfassenderen Sinn haben und den ganzen Heilsdienst einschließen aufgrund der Offenbarung Gottes in Christus Jesus, der selbst das Wort und die Grundlage allen kirchlichen Tuns ist?)* → keine nonverbalen Elemente → keine liturgischen Handlungen → keine Gemeinschaft *(universale Dimension: als ob der Geist als eine Person in der Person Christi und in den Personen der Christen nicht immer – d.h. in allen glaubenden, ihn anrufenden Christen – derselbe wäre?).*

Die trinitarische Pneumatologie streitet um die **theologische** Sakramentenlehre. Sie will sich theologisch ausdrücken. Deswegen sind die epikletischen Elemente in ihr von so großer Bedeutung. In gewissem Sinne ist die trinitarische Pneumatologie **Anwältin der theologischen und kirchlichen Sakramentenlehre** *(auf den engen Zusammenhang zwischen der Trinitätsvergessenheit und Kirchenvergessenheit 2.2.2.3.1 hat u.a. Lothar Lies hingewiesen).* Die Pneumatologie verhilft nämlich dazu, das *theo*logische Potenzial der Sakramente deutlicher hervorzuheben. Sie verweist darauf, dass eine *conclusio sacramentorum* nur trinitarisch gefasst werden kann, denn die von Christus eingesetzten Sakramente sind trinitarisch substantiiert und dimensioniert.[42]

Indem die trinitarische Sicht die Aussage bekräftigt, dass die Sakramente vor allem *theo*logisch, d.h. *christo*logisch und *pneuma*tologisch zu verstehen sind, besagt sie, dass das Sakrament eine personale Begegnung des Menschen mit dem dreipersonalen Gott ist: mit Gott dem Vater und Schöpfer, Gott dem Sohn und Erlöser und Gott dem Heiligen Geist, dem Heilig- und Lebendigmacher. Diese Begegnung ist eine Danksagung an

---

[42] Vgl. KERN, Sakrament in trinitarischer Perspektive 98.

4.2 Der Heilige Geist als *Medium* des sakramentalen Geschehens 417

den Vater, eine Anamnese des gekreuzigten und auferstandenen Christus und eine Anrufung des Geistes **Epiklese**.

(1) Der Geist: keine bloß unbestimmte Wirkkraft Gottes

Es sei hier nochmals betont: Der Heilige Geist – trinitarisch gedacht – ist keine bloß unbestimmte Kraft Gottes, so etwa instrumental gedeutet – wie dies die westliche Theologie lange Zeit zu tun pflegte – als christologisches Werkzeug: nur um Glauben an ihn zu wecken, aber nicht Teilnahme am göttlichen Leben zu erwirken. Die Kraft des Geistes hat in christomonistischer Auslegung so viel wie Gabe des Glaubens bedeutet, und dieser war eher Sache der Logik und – insbesondere in der westlichen Kultur nach der Aufklärung – vornehmlich der Vernunft, der Erkenntnis oder des Bewusstseins. Die Kraft des Geistes war nötig, um die individuelle Christusbeziehung aufzubauen. Vor allem die protestantische Tradition hat mit der Aussage: »*Ich und mein Gott*«, oder: »*Wie kriege ich (für mich) einen gnädigen Gott*«, zu dieser Glaubensentwicklung beigetragen.

Der Heilige Geist ist aber nicht nur – obwohl auch – der Geist des subjektbewussten Individuums[43] oder nur einer Ortsgemeinschaft – wo der Glaube nicht getragen wird von der universalen Dimension des Glaubens und nicht selten als vollständig im Selbstkreis erklärt wird. Die Beraubung dieser Universalität entspringt nicht der Erfahrung des gemeinsamen Geistes in der ganzen (weltweit)-christlichen Gemeinschaft der Glaubenden.

Wenn der Geist nicht trinitarisch gedacht wird als dritte Person Gottes und **nur** als die dem Menschen geschenkte Kraft des Subjektseins und der Erkenntnis auftritt, dann wird auch die Heilsvergegenwärtigung eher ‚anthropologisch' und philosophisch-sprachtheoretisch, z.B. anhand der Formel von »performativer Rede«, erklärt. Die Bitte um die verwandelnde Kraft des in allen Menschen wohnenden Geistes Gottes

---

[43] Als positiv bewerten muss man die Entwicklung der neuzeitlichen westlichen Theologie, die die Dimension des Subjekthaften, des Selbstbewussten im einzelnen Menschen als ‚Ort' der Geist-Wirkung und Geist-Erfahrung hervorgehoben hat. Denn der Geist Gottes verwandelt auch jeden einzelnen Menschen individuell und seiner Einzigartigkeit entsprechend – und sogar den ganzen Menschen: seinen Geist, seinen Leib, sein Bewusstsein, seine Transzendentalität. – Vgl. dazu Erwin DIRSCHERL, Der Heilige Geist und das menschliche Bewußtsein. Eine theologiegeschichtlich systematische Untersuchung = BDS 4 (Würzburg 1989). – Eine trinitarische Pneumatologie aber, die z.B. nicht so sehr vom subjektiven sondern vielmehr vom kommunikativen Personbegriff (Subsistenz, Existenz, Kommunikation, Communio) ausgehen will – wie bei den in dieser Arbeit vorgestellten Autoren –, bewertet ein rein-sich-selbst-setzendes, subjektivistisches Subjekt-Denken kritisch.

über die sakramentalen Zeichen und Symbole in der liturgischen Szenerie, d.h. eine theologisch-trinitarische (auf der personalen Trinitätslehre beruhende) Erklärung, wird nicht so gerne thematisiert, eher gemieden.

(2) Der Geist: dynamische Gabe Gottes

Die trinitarische Pneumatologie verweist ausdrücklich auf die aktive Rolle der Person des Heiligen Geistes in der Gegenwart, in dem Vergegenwärtigungsprozess des Heiles. Der Geist Gottes wird zuerst als die geschenkte Gnade Gottes des Vaters gesehen: »*... wie viel mehr wird der Vater im Himmel den Heiligen Geist denen geben, die ihn bitten« (Lk 11,13)*. Diese geschenkte Gabe Gottes ist Gott selbst – in seinem Geist. Hier, an dieser biblischen Stelle – sagt Papst Benedikt XVI. – „wird überraschend sichtbar, worum es im Beten wirklich geht: nicht um dies oder das, sondern dass Gott sich uns schenken will – das ist die Gabe aller Gaben, das ‚allein Notwendige'. Das Gebet ist ein Weg, um allmählich unsere Wünsche zu reinigen, zu korrigieren, und langsam zu erkennen, was uns wirklich nottut: Gott und sein Geist."[44]

Die geschenkte Gabe Gottes in seinem Geist ist aber nicht statisch zu verstehen. Dieser Geist als Person des dreieinigen Gottes ist auch der Mitwirkende im sakramentalen Geschehen. Er kann auch Mitvermittler des Heils genannt werden, denn er führt die Glaubenden zur Person des Sohnes Gottes und bewirkt realisierend die sakramentale Heilsbegegnung mit Jesus Christus. Auf das Wirken des Heiligen Geistes ist das vergegenwärtigende Geschehen zurückzuführen. Er als der *deus vivificator et sanctificator* ist die das Sakrament bewirkende und wirksam machende unermessliche Liebeskraft. Im sakramentalen Geschehen (vor allem in der Eucharistie) vergegenwärtigt er den gekreuzigten und auferstandenen Christus, so dass dieser im Sakrament real präsent und gemäß dem Hebräerbrief der eigentliche Liturge wird, der die Menschen in das sakramentale Danken und die Verherrlichung Gottes des Vaters mit einbezieht.

> *„Das Sakrament ist eine Symbolhandlung, bei der Menschen als Glaubende, als Liturgie Feiernde, als Erzählende, als symbolisch Handelnde tätig sind,* **der göttliche Geist aber dieses menschliche Tätigsein als Mittel und Weg benutzt***, um Jesus Christus mit seinem geschichtlich einmaligen Heilswirken gedächtnismäßig, aktuell und real gegenwärtig werden zu lassen.* "[45]

---

[44] Joseph RATZINGER / BENEDIKT XVI., Jesus von Nazareth. Erster Teil von der Taufe im Jordan bis zur Verklärung (Freiburg 2007) 170–171.

[45] VORGRIMLER, Sakramententheologie 88–89 (eigene Hervorhebg.)
– Die pneumatologische Betrachtungsweise verhilft dazu, die systematische Darstellung der verschiedenen Gegenwartsweisen Christi in der Liturgie aus der Engführung

(3) Der Sinn der Epiklese: Initiative Gottes (»mit leeren Händen vor Gott«)

Die Epiklese besagt, das christliche Gebet steigt zum himmlischen Vater durch unseren Hohenpriester Jesus Christus im Heiligen Geist empor. Die Theologie des Heiligen Geistes versucht daher, eine solche Sakramentsdefinition zu erstellen, die das Sakrament in die Liturgie und das Gebet (um das Kommen und Wirken des Heiligen Geistes) einordnet.

Die Anrufung des Heiligen Geistes verweist auf die Tatsache, dass die Sakramentenfeiern nicht der Initiative von Menschen entspringen, nicht ihr Verdienst, nicht ihre autonome Leistung sind; denn sie fügen der Heilstat Jesu nichts an Wert hinzu. Diese Vergegenwärtigung geschieht nicht durch die Menschen (obwohl auch nicht ohne sie). Sie geschieht durch Wirkung des Heiligen Geistes, der die Initiative ergreift und das ganze Geschehen trägt. Die sakramentale Gegenwart Christi wird nicht bewirkt durch subjektives Bewusstsein der Feiernden und ihre Erinnerung; auch nicht bloß durch ihre Fürbitte um das Kommen des Geistes, „weil dort, wo gebetet wird, wo Gottes Machttaten gepriesen werden, Gott bereits Gegenwart ist."[46] Gott bedarf nämlich „keiner jeweils neuen Motivierung, keiner Intensitätssteigerung, keiner sonstigen Änderung. Vielmehr ist Änderung auf seiten der Menschen notwendig, denen von ihrer Konstitution her Gottes Nähe, Gottes Selbstmitteilungswille, das Heilsgeschehen in Jesus Christus nie gleich gegenwärtig, gleich intensiv nahe sind. In den sakramentalen Symbolhandlungen (...) bewirkt Gottes Geist die ‚Öffnung' der Schranken, die Menschen gegen Gottes Gegenwart errichten. Er aktualisiert und intensiviert, was ‚immer schon' ist."[47]

Die Hervorhebung der Epiklese in der sakramentalen Struktur der Kirche will also deutlich machen, dass das Geschehen in den Sakramentenfeiern von Gott und nicht etwa von einem ‚begabten' Liturgen bewirkt wird. Die Bitte um das verwandelnde Wirken des göttlichen Geistes drückt den Glauben aus, dass nur Gott die Verheißung jedes Sakramentes erfüllen kann und dass damit die Menschen nur ‚Hinweiszeichen' setzen können, die „bloße Signale ohne darin gegenwärtige Wirklichkeit wären"[48].

---

auf die eucharistische Gegenwart zu lösen. Sie favorisiert als Ausgangspunkt die Heilsgeschichte, um die Frage nach der personalen Gegenwart Christi in den Sakramenten und nach der Beziehung zwischen dem geschichtlichen Erlösungswerk Jesu und der sakramentalen Liturgie zu klären.

[46] VORGRIMLER, Sakramententheologie 218.
[47] VORGRIMLER, Sakramententheologie 90.
[48] VORGRIMLER, Sakramentenlehre 193.

(4) Epiklese: Einladung zum Gebet in der Gemeinschaft

Die Sakramente sind Begegnungen der Menschen mit dem dreipersonalen Gott. Sie sind Orte der ständigem Kommunikation der Menschen mit dem Vater in der Person Jesu Christi dank der personalisierenden Wirkung des Heiligen Geistes.

Die Anrufung der Gegenwart des Heiligen Geistes ist die Bitte um die Verwirklichung der Koinonia mit dem dreipersonalen Gott, so dass menschliches Beten Teilnahme an der Sohnesgemeinschaft mit dem Vater werden darf. Dies geschieht im epikletischen Gebet, denn nur im betenden, geistgetragenen Glauben ist das Persongeheimnis Jesu zu erkennen, so dass der Christ in die Sohnesbeziehung Jesu durch den Heiligen Geist eintreten kann (Röm 8,15).

Der geschenkte Geist Gottes wirkt zuinnerst in den Menschen (vgl. Röm 5,5), so dass sie zum Glauben gelangen, und bildet zwischen ihnen eine Glaubensgemeinschaft. Er bewirkt den Glaubensakt, durch den die heilbringende Begegnung mit Christus wahr- und angenommen und durch den dieser in den Menschen gegenwärtig wird. Der Heilige Geist eint die Menschen mit Christus und gewährt ihnen eine neue Weise des Miteinanders, denn durch ihren Glaubensvollzug kommunizieren sie „in einer alle menschlichen Möglichkeiten übersteigenden Tiefe miteinander und vermitteln durch diese Kommunikation die Mitteilung Christi selbst."[49]

Die epikletischen Glaubensgesten liturgischer Feiern also – ähnlich wie das Glaubenswort der Verkündigung – verweisen auf die personale Gegenwart Christi, denn er selbst wirkt in den durch die Gemeinde gesetzten Zeichen das, was sie bezeichnen. Die Gemeinde ist eben ‚Ausdrucksmedium des Mysteriums Christi', in dessen ‚endzeitliche Existenzsphäre' sie eintreten und ihm gegenwärtig werden kann durch die Wirkung des Heiligen Geistes, den der auferstandene Herr sendet.[50]

(5) Der Geist der Koinonia

Der Heilige Geist als der Geist der Communio (in Gott, zwischen Gott und den Menschen wie unter den Menschen) verwandelt die persönliche Antwort des Menschen (»credo«) in die Formulierung »credimus«. Er eröffnet das menschliche »Ich glaube« für die tiefere Dimension der Gemeinsamkeit des Glaubens und bewirkt damit, dass der Mensch in der gläubigen Gemeinschaft (»Wir glauben«) die ihr von Gott anvertrauten Schätze weitergibt.[51]

---

[49] MEYER, Eine trinitarische Theologie der Liturgie 34.
[50] Vgl. MEYER, Eine trinitarische Theologie der Liturgie 34.
[51] Vgl. SCHNEIDER, Zeichen der Nähe Gottes 61.

4.2 Der Heilige Geist als *Medium* des sakramentalen Geschehens

"Gott spricht auf vielerlei Weise mit uns. Wichtig ist einerseits, im »Wir« der Kirche, in dem in der Liturgie gelebten »Wir« zu bleiben. Es ist wichtig, diesem »Wir« in uns selbst persönliche Gestalt zu geben, auf die anderen Stimmen des Herrn zu hören, uns auch leiten zu lassen von Menschen, die sozusagen Erfahrung mit Gott haben und uns auf diesem Weg helfen, damit dieses »Wir« zu meinem »Wir« wird und ich einer werde, der wirklich zu diesem »Wir« gehört. So wächst die Erkenntnis und wächst die persönliche Freundschaft mit Gott, die Fähigkeit, in den Tausenden von Stimmen heute die Stimme Gottes zu vernehmen, der immer gegenwärtig ist und immer zu uns spricht."[52]

Es ist also verständlich, warum z.B. die Firmung, in welcher die Sozialisation des Glaubens als Ausdruck des komplexen Prozesses des Hineinwachsens sich vollzieht, als ein besonderes Sakrament des Heiligen Geistes gekennzeichnet wird. Der Geist erinnert daran, dass der Mensch in seine Relation zu Gott nicht ohne Relation zu menschlicher Gemeinschaft gelangen kann, dass Menschsein zugleich ein Mitmenschsein sein muss, und um gelungenes Menschsein zu werden. Jedes Sakrament ist daher eine Gemeindeliturgie, in der die Fürbitte der Gemeinde für den ‚Empfänger' wesentlich ist.

Der Geist der *Koinonia* verweist andererseits darauf, dass die ganze Kirche als Volk Gottes tätiges Subjekt des liturgisch-sakramentalen und kerygmatischen Wirkens ist. Die Ortsgemeinde der Gläubigen ist »im Heiligen Geist und mit großer Zuversicht (vgl. 1 Thess 1,5) das von Gott gerufene neue Volk« (LG 26), die in der Feier der Sakramente kraft dieses Geistes ihren Grund und ihre Sendung erinnernd bedenkt und diese jeweils neu als wirksam und bekräftigt erfährt.

Die Theologie des Heiligen Geistes dynamisiert das Bild der Kirche und relativiert die »Priesterliturgie«: Denn das ganze Volk Gottes ist der Träger des Gottesdienstes. Die Liturgie ist keine ausschließliche Priesterhandlung, sie ist Vollzug (in je eigener Weise) des mystischen Leibs Christi, d.h. des Hauptes und der Glieder. Die tätige Teilnahme der Gläubigen an der Feier der Sakramente entspricht dem Mündigwerden der Christen und dem Gemeinschaftscharakter des von Jesus gestifteten Gedächtnisses. Von der liturgischen Feier selbst ausgehend wird vor allem die gottesdienstliche Versammlung (einschließlich ‚Spender' und ‚Empfänger') als **handelndes Subjekt der Feier** hervorgehoben.

---

[52] BENEDIKT XVI., ‚Serva ordinem et ordo servabit te'. Die offizielle Übersetzung der Antworten von Papst Benedikt XVI. auf die Fragen der Seminaristen bei ihrer Begegnung am 17. Februar 2007 im römischen Priesterseminar, auf: http://www.kath.net/detail.php?id=16201 (12.03.2007).

(6) Der Geist der ‚liturgisch-kirchlichen Erfahrung'

Der Glaube an den dreieinen personalen Gott verdankt sein wesentliches Profil dem öffentlichen Bekenntnis der Glaubenden und der öffentlichen Liturgie. Die dem trinitarischen Glauben zugeordnete Glaubenpraxis ist per se eine öffentlich-liturgische und damit eine kirchliche.

Die trinitarische Pneumatologie, indem sie die Personalität und Kommunikativität des Heiligen Geistes thematisiert, unterstreicht die personal-communionale Sicht des Heiles. Diese aber steht im Konflikt mit dem modernen Trend des Glaubens an ein unpersönliches »Es«, der z.B. in den privatistischen Geheimkulten der Esoterik und Magie heutzutage blüht, wo kollektive Unterwerfung und eine allgemein beliebige und zufällig religiöse Erfahrung – ohne den konkreten personalen Namen Gottes (wie der der Bibel: der Gott Abrahams, Isaaks, Jakobs) – in einen praktischen Deismus treibt.

Die Bedeutung der liturgisch-kirchlichen Öffentlichkeit beruht u.a. darauf, dass sie gegen die verschiedenen Arten der Gnosis wirkt, welche gerne die Verbindung von elitärer Sektenbildung und apersonalem Gottesbild herstellt. Die trinitarische Frömmigkeit und Gestaltung der sakramentalen Liturgie entspricht notwendig der Personhaftigkeit Gottes, denn die Alternative wäre eine religiöse Konzeption mit einem geschichtslosen, nur vernünftigen jenseitigen Gott. Die trinitarische Spiritualität ‚zeigt' gerade, dass die Personhaftigkeit Gottes ihre Entsprechung in der persönlichen Verantwortung des einzelnen Menschen hat, und dass zum Christsein insbesondere die Wahrnehmung jeder konkreten Person gehört.[53]

Natürlich ist in diesem Problembereich auch der heutzutage weithin herrschende Trend der Unverbindlichkeit wie das offene Desinteresse gegenüber Liturgie und Symbolen nicht zu verkennen.[54] Aber andererseits gibt es heute auch ein waches Interesse an den neuen Gestaltungen der Sakramente als »Vergewisserung von Zugehörigkeit«, als »Erfahrung von Geborgenheit«, als »Neuanfang in den Verstrickungen von Schuld und Gewalt« und als »das Geschehen geteilten Lebens«[55]. Der neu erwachte Sinn für Form und Ritual in den protestantischen Gremien wie die Wiederentdeckung der Bedeutung von Liturgie bei ihnen – urteilt K. Berger – bestätigt dieses Interesse und ist ein Zeichen dafür, dass die

---

[53] BERGER, Ist Gott Person? 203.
[54] Der Buddhismus z.B. gilt – salopp gesagt – als friedfertig und undogmatisch, stressreduzierend und persönlichkeitsstabilisierend, kurzum: als ideale Religion postmoderner Individualisten, in der die Idee der Erlösung durch Selbsterkenntnis wie individuell anpassbare Spiritualität, die sich zur »Selbst Optimierung« eigne, im Vordergrund stehen.
[55] Vgl. Ulrich KÜHN, Sakramente (Gütersloh 1985) 264.

4.2 Der Heilige Geist als *Medium* des sakramentalen Geschehens 423

Personhaftigkeit Gottes noch zu ‚retten' ist. Die Sorge um eine öffentliche Frömmigkeit ist seiner Meinung nach deshalb so wichtig, weil sie mehr Halt gibt als „oft allzu diffuse private", wo die Dreifaltigkeit eine wesentlich geringere Bedeutung als im Gemeindegottesdienst hat.[56]

[56] BERGER, Ist Gott Person? 180; 181. 206.
Zum Thema »Geist der liturgisch-kirchlichen Erfahrung« schließt sich ein Aspekt der Sakramentenpraxis ein, nämlich: »**Ars celebrandi im Geiste**«
Warum Liturgie und warum die traditionellen Formeln des Betens? – Denn das christliche Leben lebt aus dem universalen Geist: »ich bete wie die Christen in anderen Gemeinden in der Welt, in einem Geist«.
Jede Feier der Sakramente sollte für eine wirkliche Verlebendigung der sakramentalen Wirklichkeit sorgen. Das Gespür und die Sensibilität des Liturgen bestimmt wesentlich den Grundklang einer Feier, und die Mitfeier kann ermöglicht, aber auch ganz erheblich beeinträchtigt und blockiert werden. Die Theologie des Heiligen Geistes könnte dem Zelebranten behilflich sein, mehr Raum für die Wirkung Gottes zu geben, mehr Gefühl für das gemeinsame Beten und das Bitten innerhalb der Gemeinde zu verleihen, mehr Transparenz für die Gegenwart des Herrn durch das konsequente Untergeordnet-Sein des Liturgen: auch mehr Gehorsam gegenüber den liturgischen Texten, welche in demselben universalen Leib Christi aus demselben Geist sprechen wollen (natürlich im Sinne einer treuen Akkommodation), mehr Angewiesenheit des Menschen auf die Hilfe Gottes, mehr seiner Demut – weniger Selbstdarstellung.
Es gibt heute an manchen Orten wirklich zu viel Eigenwilligkeit in der *ars celebrandi*: Es spricht aus den freiformulierten Gebeten zu oft Besserwisserei anstatt der Glaubenstiefe und nicht selten eine vor liturgischer Ignoranz strotzende Art von Kreativität, die ernsthaft glaubt, dass die Menschen dadurch besser angesprochen werden könnten als durch die traditionellen Formulierungen. Eine bemerkenswerte Kreativität, die mitunter wenig Rücksicht auf die liturgische Ordnung nimmt, in der die Leseordnung den ‚thematischen' Gottesdiensten angepasst wird, Orationen verändert oder durch Eigenproduktion ersetzt werden; wo die Gemeinden nicht mehr die Verantwortung für die Liturgie tragen, die geltenden liturgischen Regeln und Normen zu beachten. Entspringt die *ars celebrandi* nicht „aus dem treuen Gehorsam gegenüber den liturgischen Normen in ihrer Vollständigkeit"? (BENEDIKT XVI., Nachsynodales Apostolisches Schreiben *Sacramentum Caritatis* vom 22. Februar 2007, Nr. 38).
Mit Recht betont Vorgrimler, dass in den Aufgaben der Seelsorge, der Katechese sowie im institutionellen Bereich noch immer genug Möglichkeiten für die Priester übrigbleiben, um die ganz persönlichen Fähigkeiten einzubringen (VORGRIMLER, Sakramententheologie 296).
Ars celebrandi aus dem Geiste bedeutet auf der anderen Seite keine steife, formale Feierlichkeit, welche die konkrete Situation nicht berücksichtigt. Der Liturge muss lebendig agieren, z.B. die Variations- möglichkeiten der Riten oder die Texte, die zur Auswahl stehen, in Verbindung bringen mit der Situation der Feiernden, um mit ihnen in einem einenden Geist mitzudenken und mitzuempfinden. Er kann auch durch die entsprechende Haltung mehr Raum für den Geist verschaffen (Worte, Apell-Geste – einladend statt ermahnend und moralisierend). Es wäre vielleicht auch schöner, einige Gebete des Liturgen vonseiten der versammelten Gemeinde zu sprechen – sie in dieselbe Richtung bringen –, um das deprekative Moment des sakramentalen Geschehens deutlicher zu machen: als Ausdruck der gemeinsamen Abhängigkeit und Angewiesenheit auf die heilende Wirkung Gottes durch seinen Sohn im Heiligen Geist.
»**Vom Geist Gottes zu leiten**« bedeutet auch eine Bereitschaft und Fähigkeit bei den Amtsträgern, die pastorale Sorge und Verantwortung mit allen Christen – gemäß ihrer Beauftragung in Taufe und Firmung – zu teilen und die Vielfalt der Dienste in ihrer möglichen Variationsbreite wirklich zum Zuge kommen zu lassen. Denn der Sinn der

4.2.3 Nochmals das »Wie« der Heilsvergegenwärtigung: (nur) Wort und (oder auch) Sakrament – Versuch einer Richtungsweisung

Das Wort und das Sakrament – je nach der Interpretation – können tatsächlich in ein gewisses Spannungsverhältnis zueinander treten, gehören aber geradezu unlöslich zusammen. Diese Problematik wurde gerade im Begriffspaar *Epiklese – performative Rede* angesprochen. Sie soll hier weiter und unter einer anderen Spannungs- (aber eher Komplementaritäts- als Alternativ-) Begrifflichkeit diskutiert werden.

Entscheidend für die Sakramententheologie ist die Frage nach der Vermittlung der Gnade Gottes durch die Kirche. Die katholische Theologie nach dem II. Vatikanum hat ausdrücklich die völlige Abhängigkeit des kirchlichen Wirkens vom göttlichen Geist betont, der Jesus Christus als Haupt mit den Menschengliedern seines mystischen Leibes verbindet. Die zweite, dazugehörende Frage ist die nach dem »Wie« der vermittelten Heilswirklichkeit in der sakramentalen Struktur der Kirche. Also: Wie kommt die Gegenwart Gottes im Wort der Verkündigung und in den Sakramenten zustande? Und warum Sakrament – und nicht nur Wort?

Die Sakramententheologie präzisiert das Ereignis des »Mysterion Gottes«, Jesu Christi, und sagt, dass zum Sakrament wesensnotwendig das verkündigende Wort gehört, weil die gläubige Verkündigung nicht nur Kunde von der ehemals geschehenen Offenbarung Gottes gibt, sondern selbst zum Geschehen dieser Offenbarung gehört. Es stellt sich deswegen eine wichtige Frage in der Problematik der Vergegenwärtigung des Sakramentes.

Ist die ausdrückliche Betonung der protestantischen Theologie berechtigt, dass das Sakrament durch die lebendige Verkündigung des Wortes Gottes und seine gläubige Annahme zustande kommt? Kann die Sakramentenauffassung überwiegend von der Theologie des Wortes Gottes her bestimmt werden?[57] Und warum bekräftigt die östliche Pneumatologie die Einsicht, die Heilsvergegenwärtigung in den Sakramenten geschehe aufgrund der Wirkung des Heiligen Geistes, und verweist dabei

---

Seelsorge beruht u.a. darauf, dass alle Getauften ihre Charismen zur Auferbauung des Ganzen einbringen und so – in dieser Verbundenheit – den Glauben gegenseitig stärken.

[57] So das Urteil eines katholischen Theologen über diese Theologie: „*Durch das verkündigte Wort Gottes ereignet sich reale, lebendige Gegenwart Jesu Christi in der Gemeinde und in den einzelnen Glaubenden; zum verkündigten Wort gehört das Sakrament als ‚sichtbares Wort'. Es kann auch ‚äußeres Zeichen der Gnade Gottes' oder ‚Versiegelung im Heiligen Geist' heißen. Es wirkt, was es bezeichnet; der eigentlich Wirkende und der eigentliche Spender des Sakraments ist sein Stifter Jesus Christus. Das Heilsgut in Wort und Sakrament ist identisch, nur im Hinblick auf die Wahrnehmung und auf die Wirksamkeit unterschieden: Das Wort will den Glauben an sich wecken, das Sakrament will den schon geweckten Glauben an das Wort kräftigen. Das Sakrament ist daher vornehmlich für die Schwachen im Glauben bestimmt; man darf es zwar nicht verachten, wohl aber entbehren.*" – VORGRIMLER, Sakramententheologie 73–74.

4.2 Der Heilige Geist als *Medium* des sakramentalen Geschehens

auf die epikletisch-liturgische Struktur der sakramentalen Heilsökonomie? Wird das Sakrament also eher durch das Wort der Verkündigung oder vielmehr durch den in den liturgischen Handlungen wirkenden Geist vergegenwärtigt?

Es scheint, als wären diese Fragen nicht präzis genug gestellt. Denn das Sakrament wird durch das Wort und durch den Geist vergegenwärtigt. Die Redeweise der evangelischen Theologen von der Vergegenwärtigung des Sakramentes durch das Verkündigungswort schließt nämlich die Wirklichkeit und Wirksamkeit des Geistes nicht aus, denn das Wort wird gerade im Geiste verkündigt. Im Wort Gottes – meint Paul Tillich – spricht der göttliche Geist selber. Dieses Wort ist auch ‚im Erlebnis des Sakraments' gegenwärtig, weil „die Erfahrung sakramentaler Wirklichkeit schon zur Dimension des Geistes gehört".[58] Für den evangelischen Theologen bleibt die Frage, „ob die Sakramente die innere Mächtigkeit besitzen, Mittler des göttlichen Geistes zu sein."[59]

Das verkündete Wort umfasst also sowohl die Predigt wie das Sakrament als sichtbares Wort. Die katholische Theologie ist in dieser Sachfrage ganz entschlossen und besteht darauf, dass das verkündete Wort keineswegs nur die mündliche Predigt, nicht bloß das sagbare Verkünden anhand der gelesenen Heiligen Schrift ist. Verkündigung – betont z.B. Theodor Schneider *(siehe 3.1.2)* – hat immer einen umfassenderen Sinn: Sie meint „den ganzen Heilsdienst, insofern Gottes Offenbarung die Grundlage allen kirchlichen Tuns ist, insofern Christus Jesus selbst das Wort ist, das hörbar werden soll".[60]

Wo aber liegt das wirklich Unterscheidbare zwischen der mündlichen Predigt und dem Sakramentswort?

Die protestantische Theologie entzieht sich der Antwort auf diese Frage. Sie sagt deutlich, dass Wort und Sakrament nicht einander gegenwendig gedeutet werden dürfen.[61] Denn sie beide sind Gestalten des einen Wortes des einen dreieinigen Gottes und unterscheiden sich nicht

---

[58] Paul TILLICH, Systematische Theologie III (Stuttgart 1966) 144f.
 Interessant bei Tillich ist in diesem Zusammenhang die Zuordnung und Minderbewertung des Wortes in seinem Wortcharakter. Er meint, dass sowohl die „lautlose Gegenwart der Objekte als Objekte" wie auch „die sprachliche Selbstmitteilung eines Subjektes gegenüber einem anderen Subjekt" Kommunikation herzustellen vermag. Aber weil „das Sakramentale älter ist als das Wort, ist das Wort – [...] als lautloses – im Erlebnis des Sakraments gegenwärtig." Er unterstreicht die Tatsache, dass Gott selber Symbole und Mythen schafft, in welchen er sich offenbart, in ihnen erkennbar wird und durch welche sich der Mensch ihm nähern kann. Sie sind aufgrund seiner und nicht der autonomen Initiative des Menschen in die sakramentale Einheit mit dem göttlichen Geist aufgenommen. – Siehe: Ebd. 144.145.146; DERS., Offenbarung und Glaube. Schriften zur Theologie II = Gesammelte Werke VIII (Stuttgart 1970).
[59] Paul TILLICH, Systematische Theologie III (Stuttgart 1966) 148.
[60] SCHNEIDER, Zeichen der Nähe Gottes 260.
[61] KERN, Sakrament in trinitarischer Perspektive 86–87.

sachlich, sondern modal: „Das Sakrament ist... selbst Wort Gottes. [Es] verleiht keine andere Gabe... als... das mündliche Wort"; jedoch wird „die eine Gabe des Evangeliums anders verliehen"[62]. Das Sakrament hat damit seinen Ort nicht *extra verbum dei*, sondern *intra verbum dei*. Es ist „wie ein Gemälde, dadurch dasselbige bedeutet wird, das durchs Wort gepredigt wird"[63]. Gleichermaßen begegnet dem Menschen daher in Wort und Sakrament die offenbarende Wirklichkeit des einen dreieinen Gottes, denn *verbum audibile* und *verbum visibile* verdanken sich der *actio* des einen dreieinigen Gottes: der *operatio Sancti Spiritus* und der *benedictio Christi*[64]. Offen aber für diese Tradition bleibt das Qualitäts- und Intensitätsniveau beider *media salutis*.

Es ergibt sich in diesem Problemfeld die wichtige Aufgabe, den Zusammenhang unter den (sakramenten)theologischen Hauptbegriffen: »Glaube«, »Wort«, »Sakrament« und »Geist« weitergehend präzis zu klären *(siehe bereits die oben angefangene Reflexion: 4.1.2)*. Es ist zu fragen: Bleibt die pneumatologische Dimension in der Ausdrucksrede von der *Heilsvergegenwärtigung durchs Wort* nicht **lediglich** zu sehr verborgen? Vielleicht dürfen die östlichen Theologen diese nicht mehr als ‚geist-vergessene' erklären, denn die ‚Geist-Dimension' ist in dieser theologischen Aussage längst impliziert?

Außerdem ist zu fragen: Inwieweit kann die Rede von der Personalität Gottes (hier die These: der Geist als Person) bei solchen theologischen Traditionen rezipiert werden, die im Geist Gottes ‚nur' eine weiterwirkende Kraft des erhöhten Christus sehen: Ist der Heilige Geist ‚*nur*' „die Macht der Vermittlung der Gegenwart Jesu nach seinem Tod"[65] in einem

---

[62] Gerhard EBELING, Dogmatik des christlichen Glaubens III (Tübingen 1979) 296. 322. – Der „sinnenfällige(n) Charakter der Sakramente" – so Gunther Wenz – stellt „in eigentümlicher Weise" klar, dass „die göttliche Gabe einen ganzheitlichen, den Leib des Menschen integrierenden Charakter hat" und schließt so „spiritualisierende(n) Verbismus" aus. – DERS., Sakramente I, TRE 29, 672. – Man spürt hier die Gleichrangigkeit des verbalen und des nonverbalen Elements. Es gibt keine Unterscheidung zwischen dem Predigt- und Sakramentswort, was aus katholischer Sicht als problematisch scheint. Die mündliche Predigt und das Sakrament sind das eine Wort Gottes: nicht qualitätsmäßig oder intensitätsmäßig unterschieden. Es geht in dieser Tradition also nur um die verschiedene Modalität der Vermittlung der offenbarenden Gegenwart Gottes: „Als Empfänger von Wort und Sakrament" – begründet der evangelische Theologe Hans-Martin Barth diese Modalität – „darf der Mensch in seiner psychosomatischen Gesamtverfaßtheit dem dreieinen Gott begegnen." (DERS., Dogmatik. Evangelischer Glaube im Kontext der Weltreligionen (Gütersloh 2001) 580.

[63] ApolCA XIII 5, BSLK 293,2–4; zit. nach: KERN, Sakrament in trinitarischer Perspektive 87.

[64] Nach: Der grosse Westminster-Katechismus von 1647, in: E.F. Karl MÜLLER (Hg), Bekenntnisschriften 632, 32–36; zit. nach: KERN, Sakrament in trinitarischer Perspektive 85–86.

[65] Repräsentativ für die protestantische Theologie: Hans Martin BARTH, Dogmatik. Evangelischer Glaube im Kontext der Weltreligionen (Gütersloh 2001) 640.

4.2 Der Heilige Geist als *Medium* des sakramentalen Geschehens

wort-zentrierten *(christozentrischen)* Gottesdienst, oder wirkt er als Person Gottes vielmehr eigenständig in einem *(trinitarischen)* Gottesdienst, der auch auf einer epikletisch-liturgischen Gebetsgestalt aufgebaut ist?

Die westliche und die östliche Tradition könnten, da sie – ausgehend von einem eigenen Akzentpunkt her – eigentlich von derselben Wirklichkeit reden, vielleicht noch mehr in Einklang gebracht werden, wenn sie die großen theologischen Hauptbegriffe wie »Geist«, »Wort« und »Sakrament« in einem breiteren Sinne auszulegen versuchten. D.h., wenn z.B. die reformatorische Tradition von dem Wort und von der Heilsvermittlung durchs Wort spricht, um zu betonen, dass Christus – im strengen Sinne – »das« eine Sakrament ist[66], dann darf sie dabei nicht vergessen, dass Christus als das eine Sakrament pneumatologisch gegenwärtig ist: Im Heiligen Geist ist er handelnd in den uns gereichten und von uns empfangenen Sakramenten wirksam.

> *„Christus, der das Sakrament im wahrsten Sinne des Wortes ist, das der Vater der Welt geschenkt hat, gibt sich fortwährend im Heiligen Geist, der allein lebendig macht (Joh 6), für die vielen hin. Daher ist das Sakrament Christi eine Realität, die nur im Geiste existieren kann."*[67]

Es sollen dabei (bei »solus Christus«) die anthropologische und die ekklesiologische Konstitution des Sakramentes nicht nivelliert werden, denn das sakramentale Handeln des einen dreieinigen Gottes konstituiert und konkretisiert sich nicht nur strikt christologisch, sondern auch pneumatologisch.

Und auch der Osten – durch die ausdrückliche Betonung der Eigenständigkeit des Heiligen Geistes – sollte die christologische Mitte der Heilsökonomie nicht vergessen, indem er sich bemüht, das Moment der souveränen Wirkung Gottes im aktuell zu vergegenwärtigenden Heilsgeschehen wie das Moment einer gewissen ‚Abhängigkeit' des Menschen von Gott (im Akt der epikletischen Bitte um die Partizipation an der Heilsgung) zu akzentuieren.[68] Denn die Wortverkündigung und die Bitte um das Wirken des Geistes im zeichenhaft-symbolischen Handeln der

---

[66] *»Non est enim aliud Dei Sacramentum nisi Christus«* (AUGUSTINUS, Ep. 187,34, in: PL 38,845). „Jesus Christus als das offenbare Mysterium des dreieinigen Gottes ist in seiner österlich manifesten gottmenschlichen Person das eine und umfassende Sakrament." – Nach: Gunther WENZ, Sakramente II, TRE 29, 685.

[67] Das Geheimnis der Kirche und der Eucharistie im Lichte des Geheimnisses der Allerheiligsten Dreifaltigkeit (Chalcedonensisch-orthodoxes / römisch-katholisches Dialogpapier von 1982), in: Auf den Wegen zur Einheit 35, Nr. I 3; zit. nach: KERN, Sakrament in trinitarischer Perspektive 93.

[68] Die Hervorhebung der aktiven Rolle des Heiligen Geistes als der dritten Person der Trinität ist für die orthodoxe Theologie übrigens auch deswegen notwendig, um den Vorgang der Vergöttlichung alles Geschaffenen als aktives und derzeitiges Handeln Gottes verständlicher vorzustellen. Denn die griechisch- orthodoxe Dogmatik versteht die Sakramente als perichoretische Durchdringung alles Geschaffenen durch den göttlichen

Liturgie gehören untrennbar und konstitutiv zu den Sakramentenfeiern. Die Sakramente sind unmittelbar von dem berührt, was über das lebendig machende Wirken des göttlichen Geistes geoffenbart wurde und was von der schöpferischen Kraft des göttlichen Wortes gesagt ist.

Für den münsteranischen Theologen Johann Baptist Metz sind die Sakramente „sinnliche Praxis der Gnade, ohne die es keine Mystik der Gnade gibt"[69]. Diese Definition entzieht sich einer exklusiv-verbalen Sphäre des Sakramentalen. Die leiblich greifbare, wahrnehmbare Gestalt der Gnade sollte darauf verweisen, dass die christliche Sicht nicht eine bloße Innerlichkeit oder Weltlosigkeit bedeutet, sondern auch konkrete praktische Dimension des Heils. Die Sakramente können sich daher – um zurück zur vorherigen Spannungs-Begrifflichkeit *Epiklese – performative Rede* zu kommen – nicht auf die Bereiche der Sprache oder der gedanklichen Dimension beschränken. Zwar sind sie Sprachgeschehnisse: Im Vergegenwärtigungsgeschehen gibt es die sprachliche Anbetung des Vaters; aber es muss sich auch ‚ein Sich-zur-Verfügung-Stellen' für die Impulse des göttlichen Geistes realisieren.[70] Deswegen reicht die philosophische Erklärung von der performativen Rede aus der Sprachtheorie, mit ihrer erhöhten Konzentration auf das Sakrament als Sprachereignis oder bloß als Spracherlebnis, nicht ganz aus, um die Wesensmitte des Sakramentalen auszudrücken. Diese bedarf einer theologischen (Mit-)Begründung, die heißt: Epiklese – die Wirkung der göttlichen Person des Heiligen Geistes. Denn in der theologisch-epikletischen Erklärung wird erst sichtbar, dass zum **Konstitutivum des Sakramentes** auch **das zu erflehende Segensgebet** gehört, welches in den diakonischen Dienst befähigt und sendet, um die erfahrene Inspiration des Geistes Gottes sozial-gemeinschaftlich zu verwirklichen. In der pneumatologischen Erklärung ist auch ‚heller' zu sehen, dass **der Glaube von der solidarischen Bitte** aller Glaubenden **getragen** wird. Die Theologie des Heiligen Geistes verweist somit vielleicht deutlicher als andere Erklärungsversuche auf diesen entscheidenden Knotenpunkt der christlichen Existenz aus den Sakramenten (gegen alle heilsindividualistischen Vorstellungen).

Eine Wort-Zentrierung im sakramententheologischen Denken, in welchem den nonverbalen Elementen nur periphere Bedeutung zukommt,

---

Geistlogos, und das umfassende Basissakrament ist für sie die „Vereinigung Gottes mit der gesamten Schöpfung", wie sie in der Weise perichoretischer Durchdringung alles Geschaffenen durch den göttlichen Geistlogos Realität hat. – Siehe: EXKURS I (1), wie Dumitru STANILOAE, Orthodoxe Dogmatik III = Ökumenische Theologie 16 (Zürich-Gütersloh 1995) 13.

[69] Johann Baptist METZ, Jenseits bürgerlicher Religion (München-Mainz 1980) 78.
[70] VORGRIMLER, Sakramententheologie 100.

4.2 Der Heilige Geist als *Medium* des sakramentalen Geschehens 429

ist nämlich nicht selten mit dem individualisierten Weg der Selbsterkenntnis (Selbsterklärung, Selbstverwirklichung = Selbsterlösung??) verbunden und tendiert oft zur Liturgie- und Kirchlichkeitsvergessenheit. Sie schafft u.a. keine scharfe Linie zur Unterscheidung zwischen Predigt-Wort und Sakraments-Wort, indem die Vergegenwärtigungserklärung aus der Dynamik der Sprachtheorie (»performative Rede«: Das Wort vergegenwärtigt sich selbst aufgrund seiner inneren Kraft) favorisiert wird.

Die sakramententheologische Schwierigkeit besteht in diesem »Wort-Modell« vor allem dann, wenn es zu einer Erfahrungstheorie verkürzt wird: Die sakramententheologische Kernfrage nach der Differenz zwischen dem Ewigkeitscharakter göttlichen Handelns des erhöhten Herrn und der Geschichtlichkeit des Erlösungswerkes Jesu, das vergangen, ein für allemal geschehen ist und als solches nicht an der Ewigkeit Gottes partizipieren kann, bleibt unbeantwortet. Man sucht die Lösung in der scholastischen effectus-Theorie von objektiver und subjektiver Erlösung, aber sie erklärt letztendlich nicht deutlich das Wesentliche an Gottes Heilsplan: seine Selbstmitteilung als Gabe in der Annahme und in der antwortenden Liebe der Menschen.[71]

Die aus der pneumatologisch-trinitarischen Perspektive konzipierten Erklärungsmodelle versuchen dieser Problematik näher zu kommen. Das »Geist-Modell« besteht darauf, dass die Kraft der dritten Person Gottes das Christusereignis vergegenwärtigt – eine transzendente Kraft und eine göttliche Tat, nicht eine transzendentale Kraft des diesseitigen Phänomens des Wortes, des Sprechens oder der Ausrede.

Die beiden Modelle muss man auf jeden Fall zusammenzudenken versuchen, um eine Vergegenwärtigungstheorie der Erlösungstat Christi zu meistern. Denn die philosophische und anthropologische Grundlage verschafft und erschließt gerade die analogen Denkstrukturen, die dann der theologischen Deutungsweise eine wichtige Stütze sind. Aber eine theologische (pneumatologisch-trinitarische) Erklärung für die Heils-Vergegenwärtigung in der sakramentalen Ökonomie ist letztlich unvermeidbar.

Aus pneumatologischer Sicht muss immer wieder die Auseinandersetzung über das Verhältnis von Wort und Zeichenhandlung zum Tragen kommen, denn die Theologie des Heiligen Geistes bringt wichtige und erhellende Aussagen über die Angemessenheit der epikletischen oder Gebets-Gestalt der Sakramentsworte und die damit verbundene Unterscheidung von Sakraments- und Verkündigungswort. Der epikletische bzw. Gebetscharakter des Sakramentswortes sollte in den sakramententheologischen Modellen beibehalten werden, auch wenn dies als Kritik

---

[71] Außerdem kann der ‚isolierten' Wortverkündigung auch die gefährliche Tendenz zukommen, das Prophetische zu institutionalisieren.

an der reformatorischen Theologie erscheint, in der den nonverbalen Elementen nur eine periphere Bedeutung zugemessen wird.

Die pneumatologische Erklärung ist auch deswegen von großer Bedeutung, weil sich dank ihr gerade die Aktualpräsenz der Heilstaten Jesu jedem Verdach der ‚Wiederholung' entzieht, welcher dem ‚ein für allemal' des Erlösungswerkes Jesu Abbruch tun könnte. Dies ist in dem ökumenischen Zusammenhang besonders wichtig.

Fazit:

> »*Das Werk, das Gott in Christus zum Heil der Welt ein für allemal getan hat, wird im Heiligen Geist vermittelt, der durch Wort und Sakrament wirkt, so daß ‚communio sanctorum', das heißt: Kirche als Anteilhabe an den Heilsgaben und als Gemeinschaft der Gläubigen entsteht.*«[72]

Die Vergegenwärtigung Gottes durch Christus im Heiligen Geist ist von der Initiative des göttlichen Geistes getragen. Der göttliche Geist erwirkt in den Feiernden den Glauben. Als das dem erhöhten Herrn und den Glaubenden Gemeinsame ist er in der Liturgie **das Medium** der Gegenwart Christi, seiner Person und seines ganzen Lebensschicksals. Dieses Medium – Gottes Pneuma – wird wirksam im Wort der Verkündigung, in den Symbolhandlungen der Kirche wie im Gebet der versammelten Gemeinde.

Das Wort und die liturgische Symbolhandlung sind für die Sakramentenauffassung unentbehrlich. Die Wirkung des Geistes in der nonverbalen Sphäre ist natürlich nicht eine parallele zu der, die in den sakramentalen Zeichen erfahren wird. Die reformatorische Theologie (besonders die Traditionen von Calvin und Zwingli) trennen die Erfahrung des Heiligen Geistes von dem Zeichen des Sakramentes als einem nachfolgenden, bestätigenden Zeichen für einen bereits vorangegangenen inneren Vorgang des Gläubigwerdens. Das Sakrament ist aber kein bloßes bekenntnishaftes Tun des Menschen. In ihm ist der Raum und der Ort der Wirksamkeit des Geistes Gottes gegeben.[73]

Die Wirkung des Geistes sollte demzufolge nie nur auf das Wort der Predigt ‚beschränkt' werden. Denn der göttliche Geist ist nicht instrumental zu verstehen als nur die Wirkkraft Christi auf dem inneren Glaubensweg des individuellen Menschen. Er wirkt auch in den sakramentalen Zeichen und symbolhaften Handlungen der ihn anrufenden Gemeinschaft der Glaubenden – so die Präsenz Jesu Christi vergegenwärtigend und realisierend.

---

[72] Das lutherisch-katholische Dialogpapier *Einheit vor uns – Modelle, Formen und Phasen katholisch lutherischer Kirchengemeinschaft (1984)*, in: Auf den Wegen zur Einheit 203, Nr. 85.

[73] Vgl. dazu: Thomas FREYER, Pneumatologie als Strukturprinzip der Dogmatik. Überlegungen im Anschluß an die Lehre von der »Geisttaufe« bei Karl Barth = PaThSt 12 (Paderborn 1982).

4.2.4 Heilsvergegenwärtigung – Bündelung begleitender Sachprobleme im pneumatologischen Kontext

Es soll in der Sakramentenlehre nicht um die Selbstbehauptung gehen, dass die sakramentale Vergegenwärtigung des Heils in der Kirche „sicher", „eindeutig", „definitiv", „offensichtlich" gegeben ist.

Das christliche Trinitätsdogma darf nicht zu einem christologisch-pneumatologischen ‚Absolutismus' werden, in dem „das Göttliche als sich enthüllend – in die Eindeutigkeit des Gesehenwerdenskönnens übergehend – gedacht... [und] zur Legitimationsgröße" wird. Wenn ihm das verheißungsgeschichtliche Denken fehlen würde, dann könnte sich eine Sakramentenlehre als „die in kirchliche Regie genommene[n] Verwirklichung des Absoluten in Welt und Geschichte"[74] verstehen.

Eine solche Möglichkeit und Option des theologisch-kirchlichen Denkens ist u.a. das Grundmotiv der jüdischen Kritik am christlichen Selbstoffenbarungsgedanken und – nach Jürgen Werbick – christlich sehr ernst zu nehmen, um nicht in den Verdacht zu geraten, dass mit der Enthüllung Gottes zur Sichtbarkeit gleich die totale Vereindeutigung seines Wesens und Willens gegeben wurde oder das Göttliche ganz menschlich verfügbar ist als »Übertragungsobjekt« in der innerweltlichen Wirklichkeit.[75] Solcher ‚Absolutismus' würde die Menschen als ‚Wissensbesitzer' in die Lage versetzen, „das eindeutig Gewusste in imperiales Handeln umzusetzen".[76]

Die christliche Theologie sucht gerade in der Pneumatologie nach einer universalen Perspektive der Heilsgeschichte, so „dass die Trinitätsoffenbarung nicht zu einem punktuellen österlich-pfingstlichen Ereignis,

---

[74] WERBICK, Ist die Trinitätstheologie die kirchlich normative Gestalt einer Theologie der Selbstoffenbarung Gottes? 77, für: Jürgen WERBICK, Ist die Trinitätstheologie die kirchlich normative Gestalt einer Theologie der Selbstoffenbarung Gottes? 77, in: Magnus STRIET (Hg), Monotheismus Israels und christlicher Trinitätsglaube = QD 210 (Freiburg 2004) 70–92, hier 77.

[75] Siehe: WERBICK, Ist die Trinitätstheologie die kirchlich normative Gestalt einer Theologie der Selbstoffenbarung Gottes? 74–78. – Auf ein Zusammendenken mit der jüdischen Tradition verweist ausdrücklich auch Bernd J. HILBERATH: „Ohne die Bibel Israels, die wir Christen das Alte Testament nennen, gäbe es keine christliche Pneumatologie bzw. nicht die Pneumatologie, wie wir sie entwickeln müssen, wenn die ganze Bibel für uns norma narmas non normata sein soll." – DERS., Der Heilige Geist – ein Privileg der Kirche?, in: Walter GROSS (Hg), Das Judentum – Eine bleibende Herausforderung christlicher Identität (Mainz 2001) 174–183, 176.

[76] WERBICK, Ist die Trinitätstheologie die kirchlich normative Gestalt einer Theologie der Selbstoffenbarung Gottes? 77.

zu einer Trinität ex machina wird" und dass unser Glaubens- und Heilsgeheimnis, welches „vom österlich-pfingstlichen Erfahrungs- und Reflexionszusammenhang her seine bestimmende Evidenz gewinnt"[77], nicht ‚absolutistisch' interpretiert wird.

Die Sakramente sollen dementsprechend nichts zu tun haben mit solchen theologischen Interpretationsversuchen, die gerne von »Endgültigkeit« oder »Unüberholbarkeit« der Offenbarungserkenntnis sprechen. Das sakramententheologische Denken darf nicht die Zeitlichkeit der Offenbarung Gottes verdecken oder die anthropologisch-theologischen Aussagen von ‚Gottbedürftigkeit', ‚Gottessehnsucht', ‚Gottvermissen' und von dem darin liegenden ‚Noch-nicht des Heils' nivellieren.[78]

Für unser Problemfeld kristallisieren sich daher Themen wie: *»Kein Sakramentalismus: Pneuma nicht nur im Sakrament« (4.2.4.1)* oder *»Kein Automatismus: Sakrament verfügt nicht über das göttliche Pneuma« (4.2.4.2)* oder auch – als Konsequenz eines solchen A-Sakramentalismus – die nötige *»Entsakralisierung des Dienstes an der Heilsvergegen-wärtigung« (4.2.4.3)* – ein Gedanke, den schon der berühmte deutsche Pneumatologe Heribert Mühlen nachdrücklich im 20. Jh. vertreten hat *(siehe 1.2.2.3.C)*.

4.2.4.1 Kein Sakramentalismus: »Pneuma nicht nur im Sakrament«

(1) Pneumawirken nicht sakramentalistisch bestimmt

Karl Rahner hat mit Recht die kritische Funktion der Sakramententheologie gegenüber der amtlich-kirchlichen Verkündigung und Praxis unterstrichen. Zu ihr „gehört gewiß auch die Warnung, die Sakramente nicht einfach zum ersten und adäquaten Leitfaden der Darstellung des ganzen christlichen Lebens zu machen. Weder ist die Kirche bloß eine Kirche der Sakramente, noch deckt das sakramentale Leben des Christen sein ganzes Leben, noch hat Gott seine ganze Gnade an die Sakramente gebunden (Thomas von Aquin, S. th. III q. 64 a. 7c)."[79]

Ein theologischer Denkfehler scheint zu sein, wenn von der Ferne Gottes die Rede ist, die dort gegeben ist, wo Sakramentenspendung nicht möglich ist. Man vergisst zu schnell eine der grundlegenden theologischen Voraussetzungen: „daß Gott in seinem Heiligen Geist seiner

---

[77] Bernhard NITSCHE, Diskontinuität und Kontinuität zwischen dem jüdisch-alttestamentlichen und dem christlich-trinitarischen Gottesbild. Hermeneutische Überlegungen und pneumatologische Zugänge 101, in: Magnus STRIET (Hg), Monotheismus und christlicher Trinitätsglaube = QD 210 (Freiburg 2004) 93–127, 101.

[78] WERBICK, Ist die Trinitätstheologie die kirchlich normative Gestalt einer Theologie der Selbstoffenbarung Gottes? 75–76. Der Autor knüpft an L. BAECK, Das Wesen des Judentums (Wiesbaden 1906) 32f.

[79] Karl RAHNER, Art. Sakramententheologie, in: LThK² IX, 240–243, hier 242. – Vgl. Otto Hermann PESCH, Frei sein aus Gnade. Theologische Anthropologie (Leipzig 1986) 251.

4.2 Der Heilige Geist als *Medium* des sakramentalen Geschehens 433

Schöpfung, seiner Menschheit real gegenwärtig ist, und dies nicht in Gestalt eines statischen Gegenüber, sondern in seinem dynamischen Liebeswillen, in stetiger Selbstmitteilung."[80]

Der pneumatologische Zugang zum sakramententheologischen Denken versucht die sakramentale Wirklichkeit und Struktur der Kirche mit ihren einzelnen Vollzügen und Konkretisierungen auch in die heilsuniversale Perspektive zu stellen. Die Theologie des Heiligen Geistes besagt nämlich, dass Gottes personale Selbstvergegenwärtigung in der Welt eine für diese Welt, und d.h. für die ganze Welt, ist. Sie verweist auf die *creatio continua* Gottes in der Welt und auf die *Vorsehung* Gottes, die zum deutlichen Ausdruck bringt, dass Gott das Heil für die ganze Welt ersehnt. Der Spielraum des Geistes Gottes beschränkt sich deshalb nicht nur auf die verfassten Strukturen des Heiles (rituelle kirchliche Vollzüge) oder auf das bewusste Bekenntnis zu Jesus Christus. Der Heilige Geist sprengt den Rahmen des bloßen Sakramentalismus, denn die Erfahrungen Gottes in ihm und dank seiner Wirkung sind auch außerhalb der Kirche möglich. Die Liturgie hat eine hervorragende, aber nicht absolute Bedeutung.[81]

(2) Keine Parallelität: erst Geist – dann Sakrament

Wenn das Sakrament sakramentalistisch verstanden würde als punktualistisches Ereignis, dann ist die Alternative: *Sakrament – Pneumawirkung* berechtigt und sogar ganz notwendig. Das pneumatologische Verständnis des Sakramentes aber nivelliert dieses Alternativ-Schema. Das Sakrament muss verstanden werden als ein zeitlebens ablaufendes Geschehen »im Geist«, der die sakramentale Begegnung des Menschen mit Christus stets erneuert, intensiviert oder erst die Wege zur Erkenntnis Christi bereitet, um diese Begegnung überhaupt zu ermöglichen.

Die Erfahrung des Geistes Gottes außerhalb der Kirche ist dementsprechend nicht der Gegenvorschlag zum sakramentalen Weg in der Kirche. Beide Wege sind nicht gleichberechtigt, d.h. frei gegeben zu individueller beliebiger Wahl. Die Erkenntnis Gottes in der Verkündigung

---

[80] VORGRIMLER, Sakramententheologie 89.
[81] „Sie vermittelt gewiß als zentrale Form der Glaubenspraxis eine umfassende Gesamtschau des Glaubens, die aber weitgehend vorreflexiv ist, in den verschiedenen liturgischen Traditionen mit sehr unterschiedlichen Akzentuierungen erscheint, sich wandelnden historischen und kulturellen Bedingungen entsprechen muß, aber auch nicht gegen Missverständnisse, Einseitigkeiten und selbst Fehlentwicklungen gefeit ist. Sie kann daher nicht als einzige Quelle systematischer Theologie gelten. Der Glaubenssinn der Gesamtkirche, die Gesamtheit der authentischen Glaubenstradition im Zeugnis der Schrift und der Glaubenslehre müssen mitberücksichtigt werden, mit anderen Worten: die lex orandi kommt ebensowenig ohne die lex credendi aus, wie umgekehrt die lex credendi der lex orandi bedarf." – MEYER, Eine trinitarische Theologie der Liturgie 37–38.

des Evangeliums Jesu Christi, die sich in den gemeinschaftlichen Handlungen der Glaubenden sakramental verdichtet, ist verpflichtend. Der Geist in der Welt führt nämlich zum sakramentalen Weg des Glaubens. Vielleicht bleibt bei vielen Menschen seine Wirkung nur bei der subjektiven Rechtfertigung dieser Menschen ‚erfolgreich' – durch eine weite Art des »*votum sacramenti*« (das gute Leben, die Nächstenliebe usw.). Aber sein Weg ist keine Parallelität zum Christusereignis wie zu den Begegnungsorten mit ihm in den Sakramenten. Und er kann auch nicht *außersakramental* (im Sinne einer Alternative) genannt werden, besser wäre *vor-sakramental* oder *noch-nicht-sakramental*, denn das Sakrament geschieht nicht nur im Punkt des äußeren Vollzuges und bedeutet nicht nur den ‚Empfang'. Es ist eine dauernde Begegnung. Es geschieht schon in den zum ‚Empfang' vorbereitenden Phasen – und das gerade im Geiste – im Innersten des menschlichen Glaubens, und sei dieser Glaube für den Menschen auch nur so schlicht, dass er nur beabsichtigt, ein gutes Leben zu führen. Dieser Geist ist aber immer der Geist Jesu Christi, d.h. er sucht nach Möglichkeiten, den Menschen die Wege zu tieferer Erkenntnis Gottes in seinem Sohn zu erschließen.

Es entsteht daher keine Parallelität zwischen dem Geist Gottes und dem sakramentalen Heilsweg – so wenig wie in der im letzten Passus geschilderten Problematik zwischen Sakrament oder Wort. Ähnlich wie das Wort des Glaubens erreicht der sakramentale Heilsweg seine volle Bedeutung erst im Gesamtzusammenhang der liturgischen Feier, so ruft der Geist im Innersten des Menschen zur Anteilnahme am gesamten Leben der christlichen Gemeinde, an ihren Wortfeiern und Tatzeugnissen auf. Seine Wirkung in den Sehnsüchten der Menschen nach Gott führt zum Hören auf das Glaubenswort und zur Verdichtung der Begegnung mit Gott in den Sakramenten Jesu Christi. Denn dieser Geist drängt zum gemeinsamen Hören, zur Begegnung, zum Austausch und zur gegenseitigen Ermutigung – d.h. im gemeinsamen Handeln und Tun in der liturgischen Feier und in der diakonischen Sendung.

(3) Notwendigkeit der Sakramente

Die Frage nach der Heilsnotwendigkeit der Sakramente muss man differenziert behandeln. Obwohl der sakramentale Weg nicht als absolut notwendiger Heilsweg gelten kann, ist er dennoch ein angemessener Weg, denn die Gemeinschaft der Glaubenden wie jede Gemeinschaft bedarf auch der Symbolhandlungen.[82] Die Sakramente sind daher nicht überflüssig. Es ist in der Heilsgeschichte sichtbar, dass Gott seine Heilszusage auf dem Weg des Volkes Gottes und der Kirche bewirkt. Von

---

[82] Vgl. VORGRIMLER, Sakramententheologie 108.

daher kann man nicht von mehreren Heilswegen, die parallel und unverbunden nebeneinander liefen, sprechen – trotz der großen Zahl der Menschen, die keinen Zugang zu einem sakramentalen Leben haben oder denen schwere Hindernisse zum Empfang der Sakramente im Wege stehen.[83]

Aus dem Gesagten geht eine gravierende Konsequenz für die Glaubenspraxis hervor: Die Kirche kann den Menschen die Sakramente zwar verweigern, wenn sie sich nicht in der Kirche (Grundsakrament) engagieren wollen. Sie verweigert aber nicht die Gnade des Geistes Gottes, über welche sie sowieso nicht verfügen kann. Denn Gott selber ist der Gebende. Er bleibt souverän im sakramentalen Vollzug – auch ohne die Kirche. Er allein ist es, der über sein Ankommen beim Menschen und über sein Wirksamwerden entscheidet. Die neutestamentlichen Geisttexte – meint der Sakramententheologe Herbert Vorgrimler – bieten keinen Anhaltspunkt für die Behauptung, dass die Kirche über den göttlichen Geist verfügen oder ihn ‚kanalisieren' kann. Die Gegenwart des Geistes im Herzen des Menschen kann nicht vom Vollzug eines Sakramentes abhängen, denn er ist »absolut frei«, »unverfügbar« und »unkalkulierbar«.[84] Die Sakramente sind der bevorzugte Weg des Heiligen Geistes zum Menschen, aber nicht ein exklusiver.

Die Pneumatologie liefert also auch **die Begründung** für die **außersakramentalen** Wirkungen Gottes im Menschen. Sakramente als vollzogene kirchliche Feiern sind keine exklusiven Wege der Gnade Gottes. Die Lehre von der geistlichen Kommunion ohne den Sakramentenempfang bestätigt nur diese Behauptung. Das göttliche Pneuma wirkt die Vereinigung geistlicher Art, welche nicht nur Effekt einer rein menschlichen Intention ist, sondern etwas höchst Reales. Diese These ist die Antwort u.a. auf Situationen, in denen Hindernisse für den sakramentalen Weg entstanden, etwa: bei priesterlosen Gemeinden, bei den Kranken, bei geschiedenen Eheleuten oder beim evangelischen Abendmahl.[85] In solchen Situationen ist das innere gläubige Verlangen nach dem Sakrament entscheidend. Der Heilige Geist schafft für die betroffenen Menschen die innige Gemeinschaft mit der Kirche, so dass ihnen – trotz der äußeren Trennung – die Wirkungen der Sakramente nicht entzogen sind.

(4) Keine sakramentalistische Verengung – soziale Verantwortung

Die Gottesbeziehung darf sich nicht in liturgischer Frömmigkeit erschöpfen. Der Empfang der Sakramente *aus dem Geist Jesu Christi* führt zur sozialen Mitverantwortung für das Wohlergehen der Anderen. Die

---

[83] Vgl. VORGRIMLER, Sakramententheologie 107–108.
[84] Vgl. VORGRIMLER, Sakramententheologie 142. 144.
[85] Vgl. VORGRIMLER, Sakramententheologie 214.

Erfahrung des Geistes in den Sakramenten befähigt die Menschen zu gegenseitiger Solidarität. Sie bilden eine lebendige Kirche, indem sie sich dem Wirken des Heiligen Geistes öffnen, sich vom Geist Jesu Christi treffen und bestimmen lassen. Eine Vision des Handelns »aus dem Geist« skizziert Th. Schneider:

> „Wenn ... die Gemeinschaft der Menschen ... aus [dem] Geist zu denken und zu handeln versucht, wird überall da, wo es anfanghaft und vorläufig gelingt, die Last des anderen mitzutragen, die eigenen reichlichen Mittel und Kräfte zu teilen, wo Bosheit nicht mit Bösem vergolten wird, wo Versagen verziehen wird, wo auch Schicksalsschläge und Tod mit den Augen Jesu, in der Hoffnung auf seinen exemplarischen Durchbruch in eine neue Lebendigkeit bestanden werden, in der Nachfolge Jesu jener neue Lebensraum eröffnet, in dem man atmen und lachen kann, in dem man nicht lauern muß, wo wir unsere Schwächen und Nöte ängstlich verstecken und kaschieren müssen, wo wir ständig eine gute Figur machen und auf Prestige bedacht sein müssen, wo wir einfach wir selbst sein können, geborgen in der Liebe von Menschen und geborgen in der Liebe Gottes, die sich genau darin manifestiert."[86]

4.2.4.2 Kein Automatismus: »Sakrament verfügt nicht über das göttliche Pneuma«

Bereits Thomas von Aquin entwickelte eine subtile Theorie, mit der er der Wirkung Gottes im sakramentalen Geschehen die volle Souveränität zugeschrieben hat. Seiner Meinung nach wirkt das Sakrament nicht bloß aufgrund der Ausgießung oder Hervorbringung der göttlichen Gnade, sondern es bewirkt vielmehr die innere Offenheit im Menschen, so dass er die geschenkte Gnade Gottes wirken lässt. Der Mensch kann sich aber auch aus Mangel an Glaube oder Liebe innerlich gegen den im Sakrament wirkenden Geist Gottes sperren. Das vollzogene Sakrament allein wirkt nicht automatisch, denn es verfügt nicht über das göttliche Pneuma.[87]

Hier kann man auch das Anliegen der Reformatoren besser verstehen, wenn sie in der Rechtfertigungslehre die absolute Initiative Gottes hervorgehoben haben und eine solche sakramentale Praxis in der katholischen Kirche nicht akzeptieren konnten, in welcher die Eigenleistung des Menschen und nicht das Wirken des Heiligen Geistes im Vordergrund stand.[88]

---

[86] SCHNEIDER, Zeichen der Nähe Gottes 65.
[87] Nach: VORGRIMLER, Sakramententheologie 233–234; vgl. auch: DERS., Buße und Krankensalbung (Freiburg 1978) 131–138.
[88] Z.B. MELANCHTHON, der die kirchlichen Reueauffassungen und -unterscheidungen nicht akzeptiert hatte, obwohl er die Buße als solche für notwendig hielt. – Nach: VORGRIMLER, Sakramententheologie 236.

4.2.4.3 »Entsakralisierung« des Dienstes an der Heilsvergegenwärtigung

(1) Entsakralisierung des Kultischen

Die Konsekration – die Sakralisierung der Elemente – soll nicht als der einzige (eigentlich konstitutive) Akt beim Zustandekommen des Sakraments gesehen werden. Die Elemente sind nur Symbole der Gnadenmitteilung und nicht so sehr Gnadenträger, die als verehrungswürdig gelten müssen. Die Liturgie ist nämlich in erster Linie nicht die Austeilung von heiliger, gesegneter (vielleicht noch zuvor bereiteter) Heilsmaterie.[89]

Dasselbe bezieht sich auf die Person des Liturgen. Eine verrechtlichte und ritualisierte Auffassung des Dienstes hat nur (oder überwiegend) die Sorge um seine buchstäblich korrekte Ausübung, denn eine solche garantiert die Gültigkeit der Sakramente. Die Qualifikation des Liturgen muss anders verlaufen. Sie muss auch an den liturgischen Zusammenhang angeknüpft werden, um den Sakramentenbereich nicht zu einer Sonderwelt zu erklären oder ihn nicht total zu klerikalisieren. Denn durch eine ‚Heraus-Isolierung' der Sakramente aus dem liturgischen Gesamtzusammenhang wird die ganze Aufmerksamkeit auf die indikativen Spendenformeln des Liturgen fixiert und das Herabrufen des Heiligen Geistes in der betenden Gemeinde wird nicht mehr wahrnehmbar (wenn auch nicht weggeschoben); und die Sakramente sind nicht mehr liturgische Symbolhandlungen und Lebensgeschehnisse, sonder extrem verkürzte punktuelle Gesten.[90]

In der Liturgie sollten ‚Spender' und ‚Empfänger' der Sakramente dialogisch vereint sein, um sich gemeinsam der ‚entsakralisierten' Dynamik zuzuwenden, welche der Heilige Geist den Sakramenten verleiht. Diese Dynamik umfasst, weit über den Zirkel des Einzelnen hinaus, die ganze schöpferisch-kosmische Dimension der Heilsgeschichte wie die sozial-politische Dimension der christlichen Existenz. Das zentrale Sakrament der Eucharistie ist damit nicht nur Erfahrungs- und Verehrungs-‚Ort' der real-somatischen Aktualpräsenz des Herrn, sondern auch ein „öffentliches und offenes Gemeinschaftsmahl für den Frieden und die Gerechtigkeit Gottes in der Welt".[91]

In dieser pneumatologischen Dynamik will sich das Sakramentale interpretieren lassen, was nicht zu bedeuten hat, dass die Sakramente vor dem Eindruck des Kultischen bewahrt werden sollten und in der anthropologischen wie soziologischen Bedeutung versinken. Die *Entsakralisierung* bei Heribert Mühlen hat nicht dies gemeint *(siehe: 1.2.2.3.C)*. Es geht um die *Personalisierung* der Sakralerfahrung und zugleich ihre *Pneumatisierung*, denn die Doxa Gottes ist seit der *Tat Christi* in der

---

[89] Vgl. VORGRIMLER, Sakramententheologie 66–67.
[90] Vgl. VORGRIMLER, Sakramententheologie 71.
[91] Jürgen MOLTMANN, Kirche in der Kraft des Geistes (München 1975) 270.

Gemeinschaft der Gläubigen, in deren Herzen der Heilige Geist wohnt (vgl. Gal 4,6; Röm 8,15), erfahrbar. Das Sakrale betrifft die Herzen der Menschen, deswegen muss die Begegnung mit dem Gekreuzigten und Auferstandenen gewissermaßen ‚hominisiert' werden. Die Sakramente müssen ein mitmenschlich-solidarisches Verhalten voraussetzen und es zur Folge haben. Gerade um die Wiedergewinnung dieser Dimension des Sakralen kämpfte der deutsche Pneumatologe, um den falsch (oder: einseitig) gelegten Akzenten nicht mehr Rechnung zu tragen.

(2) »In persona Christi et in persona ecclesiae«: ‚ikonisch-epikletische' Person des Amtsträgers

Der Amtsträger ist nur ein Werkzeug, das in christologischer und pneumatologischer Perspektive wirkt. Er ist angewiesen auf die innere Berufung durch den Heiligen Geist und auf die Bestätigung seines Dienstes durch die Gesamtheit der Kirche.[92]

Die lateinische Tradition bleibt eher bei der ontologischen Aussage *»in persona Christi«* in Bezug auf die Person des handelnden Priesters. Die ostkirchliche Tradition dagegen begründet die Rolle des Priesters mehr pneumatologisch: dass er nicht an die Stelle Christi tritt, sondern dass durch ihn die Gnade des Geistes wirkt (der Bischof aber ist der Stellvertreter und Gesandter Jesu Christi). Der Priester wirkt hier eher *»in nomine Christi«* und *»in persona Ecclesiae«*. Sein Amt verleiblicht das Gnadenwirken des Heiligen Geistes.[93]

Eine *relationale Ontologie* versucht eine Verständigung in diesem Thema zu schaffen. Die gegenseitige Relation zwischen Christus und dem Amtsträger sollte – auf frühchristliche Tradition bezogen – einen *ikonischen* Charakter haben *(siehe Hryniewicz: 2.1.4.3.A.e)*. Die *ikonische* Relation der Amtsträger zu Christus darf nicht mit den Elementen der Autorität und der Macht infiziert werden. Der Priester als Repräsentant Christi ist immer vom ganzen Kontext der liturgischen Zelebration ‚bedingt', und eine kasuistische Auslegung seiner Rolle ist mehr als ungeeignet. Die *ikonische Relation* der Amtsträger ist deswegen nicht im strikten ontologischen oder juridischen Sinne zu denken *(in persona Christi* als Identifizierung des Priesters mit Christus = *alter Christus)*. Es gibt nämlich keinen ontologischen ‚Habitus-Status' der geweihten Person, denn sie existiert vielmehr als ikonische Abbildung des Dienstes Christi und der Gaben des Heiligen Geistes (1Kor 12, 4–5) in vielen Beziehungen zu den

---

[92] Vgl. WAGNER, Das Amt vor dem Hintergrund der Diskussion um eine evangelisch-katholische Grunddifferenz 48f, für: Harald WAGNER, Das Amt vor dem Hintergrund der Diskussion um eine evangelisch-katholische Grunddifferenz, in: Cath(M) 40 (1986) 39–58, hier 48f.

[93] Siehe: E. THEODOROU, Das Priestertum nach dem Zeugnis der byzantinischen liturgischen Texte, in: ÖR 35 (1986) 267–280, hier 274–277. 280.

4.2 Der Heilige Geist als *Medium* des sakramentalen Geschehens

anderen Personen und zugleich zu der ganzen Gemeinde. Es ist wichtig auch zu betonen, dass der Amtsträger Jesus Christus und dessen *»Gegenüber«* zur Gemeinde nur insofern repräsentiert, als er in seinem Akt das Evangelium zum Ausdruck bringt.[94] Das heißt: dieses *»Voraus«* oder *»Gegenüber«* muss sich nicht unbedingt in der Person, sondern vielmehr in dem Tun des Amtsträgers verwirklichen. Es geht primär um das Handeln *»in persona Christi«*. Darin beruht der sakramentale Charakter des Weihesakramentes.[95]

Um sich jedem objektivierenden Sakramentalismus (der aus dem priesterlichen Charisma und aus der Weihe das Sakrament in sich selbst macht) zu entziehen, muss man im priesterlichen Dienst immer die Beziehung zum Heiligen Geist und zu der sich versammelnden Kirche bewahren. Der Priester, der *»in der Person Christi«* je neu die Aktualisierung des einen einzigen Pascha-Mysteriums vollzieht, ist kraft der Weihe und Beauftragung auch Repräsentant der Gemeinde *(»in persona Ecclesiae«)*. Er ist nicht nur der Jesus Christus Repräsentierende; er bleibt auch der Empfangende in der Gemeinschaft der auf Gottes Wort Hörenden. Denn alle Getauften bilden eine Glaubensgemeinschaft im Heiligen Geist.

Diese fundamentale Gleichheit und Zusammengehörigkeit der Christen hat aber immer eine Art *»Voraus«* bei sich in dem dienenden Amt, welches ein Hinweis darauf ist, dass Jesus Christus selber das eigentliche Subjekt aller Liturgie ist.[96] Die Kirche als ganze kann somit *nur* sekundär Subjekt der Sakramentenfeier genannt werden. Der Priester nämlich ist durch die sakramentale Weihe so sehr an Jesus Christus gebunden, dass gerade dieser in seinem Geist und nicht der Priester der eigentliche Liturge in den Sakramentenfeiern ist. Allein das fürbittende Herabflehen des Geistes auf die Person der Ordinanden unterstreicht die Tatsache, dass in der Ordination Gott selbst handelt, indem er den Kandidaten in seinen Dienst beruft, für diesen Dienst aufrüstet und ihn sendet.[97] Die Ordination geschieht in der heilenden Wirksamkeit des Geistes Gottes;

---

[94] Vgl. WAGNER, Das Amt vor dem Hintergrund der Diskussion um eine evangelisch-katholische Grunddifferenz 48f.

[95] Vgl. VORGRIMLER, Sakramententheologie 265.

[96] Übrigens dieses *»Gegenüber«* von Amt und Gemeinde hat die protestantische Tradition im Amt der Verkündigung angesiedelt. Das unverfügbare christologische Moment – die Existenz des Weihesakraments – hat sie bestritten: das Amt kommt zustande aufgrund der Berufung durch den Heiligen Geist und der Ordination durch Bevollmächtigte der Gemeinde. Der sakramentale Charakter des Amtes bedeutet in ihr aber mehr als reine Funktionalität: die ganze Existenz des Amtsträgers ist in Anspruch genommen. Die Ämter sind personenbezogen.

[97] Das Sakrament der Weihe ist eine Geistverleihung – aber in epikletischer Gestalt. Diese Epiklese der Kirche bezieht sich auf den Glauben an das Wirksamwerden des göttlichen Geistes. Der Geweihte kann kraft dieses Geistes das Wirken Jesu Christi in der Kirche und durch sie in der Welt sakramental vergegenwärtigen.

denn sie ist nicht eine beliebige Einrichtung der Kirche und beruht nicht auf der menschlichen Konvention, sondern auf einem Auftrag Gottes. Das zu übertragende Amt schöpft seine Konstitution gerade aus dieser geltenden Verheißung und Zusage Gottes.

Der Bezug des Ordinierten auf die Glaubensgemeinschaft ist aber immer vorausgesetzt, und er ist konstitutiv für den Dienst an der Heilsvergegenwärtigung in der Kirche. Niemals ist der Amtsträger Priester allein für sich. Der Priester wirkt nicht souverän – durch die eigene ‚Kraft' – sondern ist als *epikletische Person* ganz und stets auf die Gemeinschaft der betenden und den Heiligen Geist anrufenden Gläubigen angewiesen *(siehe Hryniewicz: 2.1.4.3.A.e)*. Das kirchliche Amt ist zwar der bevorzugte Ort des Heiligen Geistes und seines Wirkens, und die Kirche verwirklicht sich dort, wo dieses Amt ist. Aber der Amtsträger sollte auf die Stimme des Geistes in dem ganzen Volk hören: nicht allein das Urteil zu bilden, sondern den anderen zuerst die Stimme zu verleihen und danach zu entscheiden. Er sollte nicht nur die Kraft dafür haben, die eigene Verantwortung zu erklären. Das ist zu wenig. Er muss den anderen an seinem Amt partizipieren und sich als Amtsträger vom Geist des ganzen Volkes führen lassen.[98] Der Amtsträger ist eine soziale, keine individuelle Person. Er sammelt die Erfahrungen der anderen. Aber er entscheidet auch. Die Stimme nicht jeder Person hat dieselbe Relevanz (hier hat das von Christus geschenkte *Voraus* und *Gegenüber* in der Person des Ordinierten seine Berechtigung).

(3) Spannung zwischen ordiniertem und nichtordiniertem Dienst

Die Grenze zwischen ordinierten und nichtordinierten Diensten bestimmt nicht die Suche nach der Attraktivität der Kirche. Die nachgeordnete Frage ist nicht die nach dem effektiven Instrument der Glaubensverkündigung. Eine Demokratisierung der Kirche kann nicht Verzicht auf deren hierarchische Grundstruktur bedeuten. »*In persona Christi*« des Amtsträgers ist eine unaufhörliche, eine sakramentale Wirklichkeit. Sie hat ihr Korrektiv in der Formel »*in persona Ecclesiae*«, aber sie ist nicht lediglich eine funktional-bedingte – aus der vereinbarten Konvention stammende – Realität. Das Christologische ist geschenkt; und dies ist Bleibendes und Unwandelbares im priesterlichen Amt.[99] Die rechten Maßstäbe für den priesterlichen Dienst sind einfach nicht durch Mehrheitsmeinung zu gewinnen, sondern durch die Rückbesinnung auf die

---

[98] „Mit Blick auf den Amtsträger ist also die bleibende Inanspruchnahme für den Dienst an der Kirche primär ein Demutszeichen". – SCHNEIDER, Zeichen der Nähe Gottes 262.

[99] Vgl. Karl LEHMANN, Bleibendes und Unwandelbares im priesterlichen Amt, in: Karl FORSTER (Hg), Priester zwischen Anpassung und Unterscheidung (Freiburg 1974) 11–25.

4.2 Der Heilige Geist als *Medium* des sakramentalen Geschehens 441

Stiftung und das Erbe Jesu Christi wie auf die geistgewirkte Kontinuität zwischen dem Heute der Kirche und ihrem Ursprung in der Führung und Inspiration des Heiligen Geistes. Es sollte daher keine Alternative zwischen »*funktional-relationaler*« oder »*ontologischer*« Begründung des amtlichen Dienstes entstehen. Dessen Wesen und Rolle darf nicht interpretiert werden als nur eine reine Funktionalität in der Sphäre der geistigen Wirklichkeit. Denn die theologische Konzeption mit dem Minimum des Funktionierens genügt nicht. Es muss die eigene Spiritualität des Priesters im Vordergrund stehen. In ihr ist das ‚ontologisierende' Moment des Amtsdienstes gegeben: aber nicht als Habitus-Status (Besitz oder Sicherheit), sondern als anvertraute Sorge um eine lebendige und sensible Art und Weise des demütigen Hinhörens auf die Stimme des Herrn und auf das, was der Geist den Gemeinden sagen will (vgl. Offb 2,7.11.17.29, 3,6.13.22).

Es entsteht hier ein Spannungsfeld: Ist *in persona Christi* oder *in persona ecclesiae* stärker hervorzuheben? Die verbindlichen christologischen Auswahlkriterien bedürfen auf jeden Fall noch klärender pneumatologischer Diskussion, z.B. hinsichtlich der mangelnden Zahl der Ordinierten: Sollte das persönliche Ehelosigkeitscharisma des Ordinierten im Vordergrund stehen? Oder müsste das Subjektwerden aller Getauften, d.h. die Aufgabe der ganzen Kirche, deren Lebendigkeit wie Funktionsfähigkeit das entscheidende Kriterium bleiben? Auch im Problemfeld der Frauenordination, wie weit die heutzutage sich ändernde Auffassung von der gesellschaftlichen Stellung und Rolle der Frau der *Erneuerungskraft des Geistes* entspricht und wie weit dies mit dem apostolischen Zeugnis vereinbart werden könnte? Auch der »*defectus ordinis*« (UR 22) bei den evangelischen Kirchen – aufgrund der fehlenden Kontinuität in der Sukzession der bischöflich Ordinierten – wäre in pneumatologischer Sicht lösbar. Die Erwartung der Anerkennung der evangelischen Ämter entsteht gerade aus der „Hoffnung auf Geist Gottes, der die Gesamtkirche in der apostolischen Sukzession bewahrt"[100].

Bei dieser Diskussion über die dauernde presbyteriale Kontinuität in einigen reformatorischen Kirchen fragt der polnische Theologe Hryniewicz *(siehe: 2.1.3.7)*, ob der Unterschied zwischen der Priesterweihe und der Bischofsweihe das Wesen des Sakramentes betrifft, wenn z.B. die Spendung der Firmung in der östlichen Tradition durch einen Priester garantiert ist. Wenn die personale Sicht der Sakramente die Akzeptanz der realen Gegenwart Christi auch in anderen Kirchen ermöglicht, denen z.B. die apostolische Sukzession fehlt, dann müsste in jeder Gemeinde, die durch den Glauben an Christus und durch die Taufe geeinigt ist, eine gewisse Art der apostolischen Sendung existieren. Auch die Theologie der Epiklese neigt seiner Meinung nach zu solcher Akzeptanz, indem

---

[100] SCHNEIDER, Zeichen der Nähe Gottes 268.

sie den Anspruch erhebt, ein enges statisches (Amts-) und Sakramentenverständnis zu verlassen *(siehe Hryniewicz: Resümee).*[101] Das Plädoyer dafür, dass die sich von der katholischen Lehre unterscheidende Sakramentenpraxis in den postreformatorischen Kirchen nicht nur als eine Abkehr von der apostolischen Tradition bewertet wird und dass diese ‚Abkehr' der postreformatorischen Kirchen nicht als wesentlicher Grund für die Aufspaltung der christlichen Kirchen gesehen wird, scheint berechtigt zu sein *(siehe: 2.1.3.4.B).*

---

[101] Vgl. auch Wacław HRYNIEWICZ, Czy wspólnota Stołu Pańskiego jest jeszcze możliwa?, in: Leonard GÓRKA (Hg), To czyńcie na moją pamiątkę. Eucharystia w perspektywie ekumenicznej (Warszawa 2005) 220–255, bes. 228. 229. 233. 236–237. 255. – Der Autor appelliert an die christlichen Kirchen um größere eucharistische Offenheit – dass die ökumenischen Ergebnisse (auch die Annäherung im Amtsverständnis) stärker dynamisch interpretiert werden. Die Kirchen sollten sich gegenseitig immer mehr bewusst werden, dass in ihnen die eine und dieselbe Kirche Jesu Christi *subsistit* und das ekklesiologische Hauptprinzip „*Ecclesia semper reformanda*" vor Augen haben. Hryniewicz wirft den Kirchen die Vergesslichkeit vor, dass sie trotz der Einigkeit in den zentralen Glaubenswahrheiten aus diesem Faktum keine ekklesiologisch-eucharistischen Schlussfolgerungen ziehen, zu welchen das II. Vatikanum in dem Prinzip „Hierarchie der Wahrheiten" (UR 11) ermutigt. Er ist überzeugt davon, dass verschiedene Betrachtungs- und Ausdrucksweisen der normativen Interpretation vom gemeinsamen Glauben an Jesus Christus seine Kirche nicht trennen müssen. Der zwischen Konfessionen erreichte „differenzierte Konsens" ermöglicht den Christen seiner Meinung nach eine gemeinsame Zeugnisgabe, denn die bestehenden doktrinell-pastoralen Unterschiede sind doch nicht größer als das, was die Kirchen verbindet, und deshalb steht der eucharistischen Gastfreundlichkeit oder der gemeinsamen Zelebration des Abendmahles nichts im Wege. Als bedauerlich empfindet er die machtgeladene Stellung der Kirchen gegenüber der Eucharistie, obwohl sie nicht deren ‚Besitzer' sind. Trotz der Tatsache, dass jeder Getaufte zu dem Eucharistiemahl vom Herrn selbst eingeladen ist, stellen sie die Bedingungen der Teilnahme oder Nicht-Teilnahme in den entscheidenden Vordergrund. Hryniewicz postuliert, dass die Kirchen in diesem Punkt eine gründliche Revision vornehmen. Als entscheidendes Kriterium für die eucharistische Gemeinschaft erklärt er den Glauben an die einladende Person des Herrn. Die einzelnen Christen dürfen nicht belastet werden mit Schuld für die Trennung der Kirchen. Die Kirchen dürfen nicht mehr von den Christen anderer Konfessionen verlangen, als sie in den Glaubensfragen und im Verständnis der kirchlichen Gemeinschaft bei den eigenen Gläubigen tun. Sie sollten noch mehr die individuelle Gewissensentscheidung der einzelnen Christen zur Teilnahme am Herrenmahl respektieren. Die Eucharistie – der führende polnische Ökumeniker ist völlig davon überzeugt – darf nicht nur als Ziel der Ökumene gesehen werden, denn sie ist gewissermaßen auch der Weg und das Werkzeug zum Aufbau der kirchlichen Gemeinschaft. Der Heilige Geist bedient sich gerade ihrer, um das Werk der Erlösung weiter zu führen und die Gemeinschaft der Glaubenden zu bilden. Hryniewicz appelliert deshalb an die Kirchen, dass sie sich „nicht so ängstlich, kleinlich oder fürchterlich gegenüber der Trennung" verhalten und dass sie die wichtigste Stimme des einladenden Herrn nicht überfahren.

4.3 DER HEILIGE GEIST – BEGLEITEND ZUM *ZIEL* DER SAKRAMENTALEN BEGEGNUNG

»Die Sehnsucht des Menschen nach Liebe und Ewigkeit wäre sinnlos, wenn sie nicht ein Korrelat in der Wirklichkeit hätte. Denn die Existenz von Durst weist auf die Existenz von Wasser.«[102]

Es gibt ein futurum der Heilsökonomie, das Eschata – und es ist nicht ganz zugänglich oder ganz erfüllt in den Gottesdiensten der Kirche. Der Heilige Geist vergegenwärtigt in den Sakramenten den auferstandenen Christus. Er verwirklicht »das Jetzt« des Heiles, »das Heute« der Erlösung, welches aber nicht die ganze Fülle und die vollendete Hoffnung mit sich bringt. Es kann sich im jetzigen Lauf der Heilsgeschichte nicht der Vollsinn Mensch zu sein ganz entfalten und realisieren. Die Sakramente sind immer noch **nur** Zeichen dieser Freiheit für das Noch-Kommende (Größere). Das Geheimnis der ewigen Vollendung bleibt noch in den sakramentalen Feiern verborgen. So wie das im Präsens verborgene Futur auf eine perspektivische Zukunft verweist, die aber schon anfanghaft da ist – geschehen ist, so ist die Gegenwart Christi in den sakramentalen Mysterien zu verstehen.

Diese Gegebenheit des christlichen Glaubens bewahrt vor Überforderung und verweist auf Gott und seine Barmherzigkeit. Theologisch bewahrt sie vor jeder Art der Eschatologisierung wie vor einer mit ihr nicht selten verbundenen Glorifizierung der Heilserfahrbarkeit in der sakramentalen Struktur der Kirche. Jedoch kann der Mensch schon jetzt in den Sakramenten an der eschatologischen Wirklichkeit ‚anfanghaft' partizipieren, und er tut dies nicht allein, sondern mit ihm ist in diesen ‚vergöttlichenden' Vollendungsprozess die ganze Schöpfung einbezogen.

4.3.1 Die eschatologische Zielsetzung der Sakramente

Das eschatologische Moment erinnert die Sakramentenlehre zuerst daran, dass die sakramentale Begegnung eine vorübergehende ist. Sie ist noch nicht die ganze Fülle – die totale, volle Vereinigung des Menschen mit Gott. Diese Vereinigung liegt ständig vor dem Menschen. Sie kann nicht zu extrem formuliert werden, so dass sie Anspruch erhebt, in den Sakramenten das zu repräsentieren, was erst in der Vollendung der Geschichte geschenkt werden wird. Die glorreichen Pneumatologien der Orthodoxen nähern sich – in der Einschätzung nicht weniger westlicher Theologen – gerade dieser Gefahr: sie »überrepräsentieren« in den sakramentalen Feiern jene Wirklichkeit, die noch *in statu nascendi* ist.

---

[102] BERGER, Ist Gott Person? 198.

Die äußeren, geschichtlich bedingten Ausdrucksformen prätendieren in diesen Theologien nicht selten zu Übereinstimmung und Gemeinsamkeit in Glaube und Kirchlichkeit, die im (immer geschichtlich bleibenden) Glaubenswachstumsprozess nicht gegeben werden kann.[103] Die Sakramente müssen daher unbedingt eine inkarnatorische Basis haben – gegen jede Spiritualisierung und Eschatologisierung.

Durch die Hervorhebung der eschatologischen Dimension wollen die in unserer Untersuchung vorgestellten pneumatologisch denkenden Autoren aber nicht ‚ängstlich' behaupten, dass die wirkliche Nähe Gottes erst in einem fernen ‚Himmel', in einer himmlischen Liturgie erfahren wird. Die Christenheit will im Blick auf den Auferstandenen nicht eine *reine* Theologie der Hoffnung verkünden, vom *bloßen* Blick in die Zukunft leben, sondern auf ein *Jetzt* verweisen, in dem die Verheißung Gegenwart wird.[104] Denn für die katholische Theologie ist die Dimension Gottes nicht von den Bedrängnissen dieser Erde entrückt. Sie bekennt, dass Gott in seinem Geist gegenwärtig in der Schöpfung ist und die Menschen in ihren Notsituationen begleitet, denn die Nähe Gottes in den Sakramenten bedeutet nicht einfach Verherrlichung, dass der erhöhte Herr nur in seiner Herrlichkeit gegenwärtig ist. Diese Nähe Gottes ist eine Fortdauer des Todesleidens Jesu Christi bis ans Ende der Geschichte. Der verklärte Herr ist somit in der Liturgie durch den Geist auch als der Mitleidende vergegenwärtigt.[105]

(1) Pneumatologia crucis

Die trinitarische Sakramentenlehre ist dementsprechend keine Legitimation für eine *theologia gloriae*, der es nur (oder vornehmlich) um eine

---

[103] Vgl. SCHNEIDER, Zeichen der Nähe Gottes 175–176.
[104] Vgl. BENEDIKT XVI. / Joseph RATZINGER, Eschatologie. Tod und ewiges Leben (Regensburg 2007, ⁶1990) 48. – „*Gerade diese Gegenwart ist allerdings Hoffnung – sie trägt Zukunft in sich.*" – Ebd.
Vgl. auch: DERS., Auf Christus schauen. Einübung in Glaube, Hoffnung, Liebe (Freiburg 1989/2006) 74–75: „*Das ewige Leben... [ist] nicht Utopie, bloße Erwartung des Nicht-Bestehenden. Das ‚ewige' Leben ist das wirkliche Leben, auch heute und gegenwärtig in der Kommunion mit Jesus*". Der Papst erörtert die Gegenwärtigkeit des Heiles in den Sakramenten anhand der Auslegung des Wortes aus dem Römerbrief von Augustinus: ‚Der Hoffnung nach sind wir gerettet' (8,24). Nach Augustinus sagt die paulinische Lehre nicht, dass uns Rettung werden wird, sondern dass wir gerettet sind. Deshalb kann man in den Sakramenten von einer wirklichen Gegenwart der Heilswirklichkeit reden, denn „*wir sind schon jetzt Leib des Hauptes, in dem schon alles Gegenwart ist, was wir hoffen.*"
[105] Vgl. VORGRIMLER, Sakramententheologie 100.

4.3 Der Heilige Geist – begleitend z. Ziel d. sakrament. Begegnung

Abbildung der göttlichen Glorie in kirchlichen Feiern oder im enthusiastischen ‚Glaubens'-Selbstbewusstsein unangefochten in Gott Geborgener ginge.[106] Die trinitarische Pneumatologie verkennt nicht die Erfahrungen der Gottverlassenheit in der Geschichte. Sie entzieht sich nicht einem Gottes- und Heilsverständnis am Kreuz Jesu Christi. Sie versteht sich als eine *theologia crucis*, „die das Kreuz Jesu von der Auferweckung des Gekreuzigten nicht als bloßes Durchgangsmoment überholt sieht"[107] *(siehe deutliche Aussagen dazu bei Hryniewicz: 2.1.1.2.C; 2.1.1.3.H)*. In der trinitarischen Reflexion darf daher die Theodizeeklage nicht stillgestellt werden.[108]

(2) Der Heilige Geist – begleitend zum Ziel

Der Heilige Geist ist Gott Vollender und führt zur Teilhabe an der Koinonia der Dreieinigkeit. Die Ausbreitung dieser Koinonia im Heiligen Geist ist ein Schritt auf dem Weg der wachsenden Interpersonalität zwischen Gott und Welt und darin zwischen den Personen Gottes selbst. Die innergöttliche Trinität verwirklicht sich als heilsgeschichtlich und führt so die Menschheits- und Welt-Geschichte zur Vollendung.

Die Pneumatologie verhilft dazu, das Wesentliche an Gottes Heilsplan hervorzuheben: »seine Selbstmitteilung, die als Gabe in der Annahme zum Ziel kommt«[109]. Die Selbstmitteilung des Vaters im Geist an die Menschen wird durch die Geistsendung des Auferstandenen vermittelt, um sie mit dem Sohn zu einen, und in diesem gesandten Geist Gottes können sie in Christi antwortende Liebe eingehen, um in und mit ihm dem Vater ‚dankend-lobpreisende Antwort auf sein erlösendes Handeln in Christus' auszudrücken.[110] Dieses Eingehen der Gläubigen im Geiste in Christi Antwort ermöglicht ihnen die Partizipation an der heilsgeschichtlichen Bewegung des Gehens Jesu zum Vater, denn als durch Christus Erlöste sind sie schon in diesen Hinübergang (Pascha) einbezogen.

Die Pneumatologie versucht also deutlich zu machen, dass die sakramentale Begegnung auf die vollendete Gemeinschaft und personale Kommunikation des Menschen mit Gott zielt. Der Mit-Wirkung des Heiligen Geistes in den Sakramenten entspricht eine eschatologische

---

[106] Vgl. WERBICK, Ist die Trinitätstheologie die kirchlich normative Gestalt einer Theologie der Selbstoffenbarung Gottes? 87.
[107] WERBICK, Ist die Trinitätstheologie die kirchlich normative Gestalt einer Theologie der Selbstoffenbarung Gottes? 86.
[108] Vgl. dazu Johann Baptist METZ, Plädoyer für mehr Theodizeeempfindlichkeit in der Theologie, in: Willi OELMÜLLER (Hg), Worüber man nicht schweigen kann. Neue Diskussionen zur Theodizeefrage (München 1992) 125–137, hier 135ff.
[109] MEYER, Eine trinitarische Theologie der Liturgie 35.
[110] MEYER, Eine trinitarische Theologie der Liturgie 35–36.

Dynamik: Er verwandelt in diesen Begegnungen die Schöpfung in eine Neu-Schöpfung und die Menschheit in eine Neu-Menschheit, indem sie durch seine einende Person in der Person Jesu Christi an der Personalität Gottes des Vaters, d.h. an der eschatologischen Vollendung, teilnehmen können. Es öffnet sich hier für die Menschen der Weg zur freiwilligen Teilnahme am Leben des dreipersonalen Gottes, zu ihrer Vergöttlichung (théosis). Dieser Gedanke entspringt aus der griechischen Vision des Heiles, in der die Kirchenväter das Ziel der Inkarnation, des Kreuzes und der Auferstehung Christi stark in der Sendung des Heiligen Geistes mit seinen verklärenden (vergöttlichenden) Energien verortet haben. Die Wirkung des Geistes haben sie als Kontinuität zum Werk Christi geschätzt, und in der Kirche sahen sie eine gewisse Verlängerung des Pfingstmysteriums. Deswegen ist bei ihnen die Wirkung des Geistes so hervorgehoben und ihm die besondere eschatologische Kraft zugeschrieben, denn in seiner Person erkannten sie die Führung Gottes zum letzten Ziel der Geschichte (Vergöttlichung der Menschen und der Welt als Teilnahme am Leben des dreipersonalen Gottes).

(3) Altruistisch Person werden – Eschatologie im Präsens

Die personalisierende Wirkung des Heiligen Geistes lässt den Gläubigen an der Ewigkeit Gottes partizipieren, weil der Geist sie in den Sakramenten als Leiber in Person mit der leibhaftigen Person Christi verbindet, so dass trotz der Differenz zwischen dem Ewigkeitscharakter göttlichen Handelns des erhöhten Herrn und der Geschichtlichkeit seines ein für allemal geschehenen und vergangenen Erlösungswerkes eine wirkliche sakramentale Begegnung der Menschen mit Christus zustande kommen kann.

Indem die personal-einende Wirksamkeit des Heiligen Geistes die Teilhabe an der Wirklichkeit Gottes in der Person Jesu Christi, das Mitsein und Mithaben mit ihm, ermöglicht, führt der ‚Empfang' Christi in den sakramentalen Zeichen zur geheimnisvollen Koinonia aus den lebendigen Personen. **Der Geist Gottes macht die Empfangenden zur Person in der Person Christi (L. LIES).** Und die Gemeinschaft mit der liebenden personalen, leibhaftigen Existenz Christi verwandelt die Empfangenden immer mehr in die christushafte Existenz. Diese ist eine Proexistenz; daher könnte man vielleicht fragen, ob nicht schon jetzt durch die Christusbezogenheit und -verinnerlichung des Menschen sich anfanghaft ‚Vergöttlichung' seiner Existenz verwirklicht. Somit wäre das Füreinandersein ein wichtiger Prüfstein für die nicht verfälschte Communio mit Gott und untereinander, die jedoch die eine ist: zwar bisher nur eine sakramental-vorübergehende, aber in sich schon die Gestalt der Gerichtsentscheidung (*»Was ihr für einen der Geringsten nicht getan habt, das* *habt ihr auch mir nicht getan« Mt 25,45)* tragende und damit die Gestalt der künftigen Vollendungs-Communio in Gott kristallisierende.

Dürfte sich hier die Vergöttlichungsidee mit dem Gedanken der Personalisierung der menschlichen Existenz in der Existenz Christi durchkreuzen, dann könnte die griechische théosis auch in der praktischen Eschatologie des Präsens platziert und konkretisiert werden und als Intensivierung der Proexistenz des Menschen gedacht werden: als eine Art der sich schon jetzt realisierenden Eschatologie in der personal-interpersonalen Welt des Menschen – mitten unter den Mitmenschen – in der treuen Nachfolge Christi: Nachfolge seiner radikalen »Für-andere-Existenz«.

In solcher Perspektive wäre das ‚altruistische' Christsein der Glaubenden ein Manifestationszeichen dafür, dass der Prozess der eschatologischen Verwandlung schon jetzt in der beziehungsreichen Welt des Menschen begonnen hat. Denn „[d]ie reine Gabe des Heiligen Geistes als ungeschaffene Gnade erweist sich auch unter den Bedingungen von Raum und Zeit der menschlichen Existenz als Anfang einer eschatologischen Praxis der Liebe", die nach Paulus unter den Bedingungen des menschlichen Lebens vor der eschatologischen Vollendung von allen Charismen am größten ist.[111]

(4) Aus der Perspektive der Vollendung

In der trinitarisch dimensionierten Sicht erscheint das endgültige Ziel der Sakramente deutlicher: die durch Christus im Heiligen Geist gewährte Teilgabe und in der Kraft des Geistes vollzogene Annahme des göttlichen Lebens. Die Ausrichtung der Sakramente auf den dreipersonalen Gott ermöglicht auch Perspektiven einer lebendigen *Hoffnung*, von der die Christen sich anspornen lassen können, und den Weg des Lebens im Licht der tiefsten Sehnsucht nach einer nicht-zweideutigen personalen Begegnung mit den Anderen – in der erfüllten Koinonia mit Gott und den Mitmenschen.

Die eschatologische Reflexion ist nötig, denn der Glaube an den lebendigen Gott ist nicht nur ‚eine Sache' der Vergangenheit und des Rückblicks auf »früher«. Eine konsequent trinitarische Betrachtung dagegen lenkt den Blick auf die Verbindung mit Jesus Christus und auf die Auferweckung durch den Heiligen Geist. Die Vergangenheitslastigkeit kann eine ‚Schwäche' des Glaubens sein, wenn außer der Rechtfertigungsbotschaft nicht auch die Vergöttlichungsvision der vollendeten Communio der Menschen mit (in) dem dreipersonalen Gott verkündigt

---

[111] Josef WOHLMUTH, Trinität – Versuch eines Ansatzes 68–69, in: Magnus STRIET (Hg), Monotheismus und christlicher Trinitätsglaube (Freiburg 2004) 33–69, hier 68–69.

wird. Das ist gerade das Ziel der Rede von Trinität: Es sollte nichts Geringeres als die Vergottung der Menschheit eingeleitet werden. Die Sakramente durch ihre pneumatologisch-trinitarische Dimensionierung eröffnen diese Perspektive: Das Ziel der sakramentalen Begegnung ist die Begegnung des Menschen mit dem dreipersonalen Gott, denn die Trinität ist nicht „eine innergöttliche Veranstaltung, die dann irgendwann auch Konsequenzen für die Menschen hätte, sondern die Dreieinigkeit ist von Anfang an für die Einbeziehung des Menschen in Gottes Leben da."[112]

4.3.2 Die kosmisch-universale Dimension

»*Schönheit wird die Welt retten*« – diese berühmten Worte von Fjodor Dostojewski[113] verweisen auf ein objektives Prinzip in der Welt, welches die Gegenwart und die zielführende Wirkung Gottes in seiner Schöpfung offenbart – allen chaotischen und zerstörerischen Widerständen zum Trotz. Es spricht in ihnen die Glaubensüberzeugung, Gott habe *alles zu seiner Zeit schön gemacht (Koh 3,11)* und er mache es ständig, indem er den Kosmos dem chaotischen Tohuwabohu des Lebens und der Geschichte der Menschen abringt.

Die vorgestellten Autoren haben deutlich gemacht, wie eng die Pneumatologie mit der christlichen Vision des Universums zusammenhängt. Die Hervorhebung der Epiklese, der Herabrufung des Heiligen Geistes über die eucharistischen Gaben Brot und Wein – als eines entscheidenden Elements im Hochgebet (noch vor den Wandlungsworten, die nicht punktuell verstanden werden dürfen) – verweist in ihren Entwürfen auf das *»göttliche Milieu« (Pierre Teilhard de Chardin)*, in dem sich geistliches Leben vollzieht. Dieses erwächst aus einem umfassenden Verständnis der Menschwerdung Gottes, das mit der Würdigung des Leiblichen auch die Materie und den gesamten Kosmos mit einschließt. Die Theologie des Geistes sucht nämlich nicht eine sakramentale Sonderwelt – neben dem ‚gewöhnlichen' Leben. Im Gegenteil: Die Dynamik des sakramentalen Wirkens Jesu Christi in seinem Geist umfasst die ganze schöpferisch-kosmische Dimension der Heilsökonomie.[114]

---

[112] BERGER, Ist Gott Person? 195–196.
[113] Fjodor DOSTOJEWSKI, Idiota, übers. J. Jędrzejewicz (Warszawa 1971) 424, 581 (eigene Übersetzung).
[114] Ostkirchliche Traditionen bezeugen diesen kosmischen Tiefensinn deutlicher. Alles, was ist, kann und will zur Materie der sakramentalen Wandlung und Vollendung werden: Wasser, Licht, Öl, Feuer, denn Gott erwartet die Menschen in allen Dingen. Sakramentale (insbesondere: eucharistische) Existenz will sich in dieser Achtsamkeit für das Geheimnis der Dinge zeigen, um eine falsche Zentrierung allein auf den Menschen zu überwinden.

4.3 Der Heilige Geist – begleitend z. Ziel d. sakrament. Begegnung

Außer einer zeitlich-ekklesialen gibt es also auch eine räumlich-kosmische Universalisierung des Geistwirkens. Der Geist ruft gewissermaßen die Stimmen des ganzen Kosmos, damit das Unsagbare hörbar werde. „Der Kosmos betet mit. Auch er wartet auf die Erlösung. Gerade diese kosmische Dimension ist der christlichen Liturgie wesentlich. Sie vollzieht sich nie nur in der selbstgemachten Welt des Menschen. Sie ist immer kosmische Liturgie. Das Thema Schöpfung gehört in das christliche Gebet hinein. Es verliert seine Größe, wenn es diesen Zusammenhang vergisst."[115]

Die Pneumatologie verhilft der christlichen Theologie auch dazu, in jedem Geschöpf eine gewisse Selbsttranszendenz und dessen Offenheit für die endgültige Vollendung zu sehen. Sie tut dies aber mit den kenotischen Kategorien, denn die ganze Kraft des Geistes kann in der irdischen Wirklichkeit noch nicht offenbart werden, so lange die Kenose der Schöpfung dauert. Der Geist Gottes selber existiert in der Schöpfung – in der jetzigen Zeit – auch in der kenotischen Gestalt. Seine Selbstbeschränkung bedeutet vor allem die Fähigkeit zum Mitleiden. Der Geist teilt das Kreuzgeheimnis der ganzen Schöpfung, aber zugleich weckt er die *Hoffnung* auf die endgültige Befreiung und Verwandlung des Universums. Die christliche Hoffnung erreicht hier ihre kosmische Dimension und verweist auf den offenen Charakter der Wirklichkeit des Alls.

Die Reflexion über den Geist Gottes, der alle Geschöpfe durchdringt und in ihnen wohnt, ermöglicht es, die rein-mechanistische Vision des Universums und die mit ihr unvermeidlich verbundene Idee der Herrschaft zu überwinden. Denn die pneumatologische Konzeption der Schöpfung geht davon aus, dass die Wirkung Gottes im ganzen All eine schöpferische ist. Sie interpretiert den Kosmos als eine große Gemeinschaft der Geschöpfe, die von Gott zum Existieren berufen, durch seinen Geist bewahrt, erneuert und zur Vollendung geführt sind. Dank des Geistes gerade, der auf die ganze Schöpfung ausgegossen wurde (vgl. Joël 3, 1–5; Apg 2, 16–20; auch: Ps 104, 29–30; Weish 11, 24–12,1) und so seine Energien im ganzen Kosmos verteilt hat, entsteht eine große kosmische Gemeinschaft aller Geschöpfe mit vielen gegenseitigen Relationen. Und diese Gegenwart des Geistes in der Schöpfung – betont Hryniewicz – ist das Prinzip für alle Relationen zwischen den Geschöpfen untereinander und mit Gott. Die relationale Ontologie hat dadurch ihre Verlängerung auch im Kosmos.[116]

---

[115] Joseph RATZINGER / BENEDIKT XVI., Wer glaubt, ist nie allein. Worte der Ermutigung, (Hg. von Burkhart Menke, Freiburg 2005): Hörbuch CD 2, 8.
[116] Vgl. HRYNIEWICZ, Pascha Chrystusa w dziejach człowieka i wszechświata 468–472.

Die Theologie des Heiligen Geistes lenkt derart die Aufmerksamkeit der Theologie – um sie der christomonistischen oder existenziellen Engführung zu entziehen – auf die universale Dimension des Glaubens. Die Bedeutung der Sakramente betrifft in dieser Sicht nicht allein den einzelnen Menschen; sie beschränken sich auch nicht auf einzelne Kirchengemeinden, sondern in ihrer Wirkung treten sie weit über die Grenzen der Ortsgemeinde und noch darüber hinaus. Den Sakramenten kommt aber – in dieser pneumatologisch-trinitarischen dynamischen Auffassung – auch kosmische Bedeutung zu. Sie beschränken sich nicht auf die Menschenwelt. Nach Ignatius von Antiochien ist man in der Eucharistiefeier durch den Heiligen Geist des Opfers Christi ansichtig, wo die Versöhnung des Irdischen mit dem Himmlischen geschieht.[117] Der Heilige Geist ist der Gott nicht nur des persönlichen Heils, sondern auch der Vollendung des Alls. An ihn zu glauben bewahrt die Theologie vor einer Feindschaft zur Welt und vor einem kirchlichen Ghetto oder auch vor einem Spiritualismus, der „in letzter Konsequenz nichts anderes als die Vergöttlichung des religiösen Individuums ist."[118] Denn Gott ist der Gott des ganzen Universums und der ganzen Menschheit und nicht der Gott gewisser Auserwählter, einer Clique von ‚Frommen'.

Der Glaube an den wirkenden Gott im All ist stark verbunden mit dem Denken an die Personalität Gottes, d.h. in diesem Kontext: an die Freiheit und Eigenständigkeit des Heiligen Geistes, der in dieser Zeit aktiv an der Heilsgeschichte beteiligt ist. Die Leugnung der Personalität Gottes ist für die orthodoxe Theologie z.B. mit der Unterwerfung unter kosmische Mächte, die als Erlösungsmächte auftreten, identisch. Das Heil im großen makrokosmischen Raum wird dann konsequent nicht mehr personal betrachtet oder gar thematisiert, d.h. der Mensch wird nicht an ihn gebunden in der Frage der Erlösung: Er interessiert sich lediglich für seine ‚mikrokosmische' Erlösung.[119]

Der biblische und kirchliche Auferstehungsglaube verweist aber darauf, dass nach der Himmelfahrt Jesu Gott wiederum derjenige ist, der uns erlöst, indem er unmittelbar – u.a. in der sakramentalen Existenz der Kirche – als Gott-Geist kommt und wirkt. Das Wort ‚unmittelbar' verdeutlicht nochmals die Tatsache, dass die sakramententheologischen

---

[117] Brief an die Epheser, Kap. 13 – nach: Erzbischof MELCHISEDEK, Leben aus dem Geist in der Russischen Orthodoxen Kirche, in: Tutzinger Studien 2 (1981) 77–82, 79.
[118] FARANTOS, Die Lehre vom Heiligen Geist 62.
[119] Z.B. die Aussage von Damaskinos PAPANDREOU: „Die orthodox-katholische Kirche strebt trotz aller Askese nicht nach Weltvernichtung, sondern der gesamte Kosmos wird in der Eucharistie verklärt. So ist die eucharistische Gemeinschaft kosmisch." – DERS., Die ökumenische und pneumatologische Dimension der orthodoxen Liturgie, in: Karl SCHLEMMER (Hg), Gemeinsame Liturgie in getrennten Kirchen? (Freiburg 1991) 35–52, hier 41.

Vermittlungsinstanzen wie Personen und Ämter nur eine dienende und keine erlösende Aufgabe und Funktion haben.

Die kosmologische Frage ist bestimmt für die christliche Theologie auch eine Herausforderung. Es gibt nämlich heutzutage eine blühende Naturmystik, die im Überschwang ökologischen Bewusstseins ein wesentlich kosmisch geartetes Mysterium der Wirklichkeit verkündet – aber weitgehend außerhalb der Kirchen oder auch des christlichen Raumes. Deshalb scheint es an der Zeit, dass Christen sich in Glaube und gottesdienstlicher Feier wieder lebendig und sichtbar daran erinnern, dass sie selbst die kosmische Dimension des Heiles in real-symbolischen Zeichen und Handlungen – unter der Wirkung des Heiligen Geistes – zu feiern haben.

5 Epilog

5.1 ERGEBNIS UND AUSBLICK

Die Untersuchung dieser Arbeit hat auf verschiedene Weise die Bedeutung der Pneumatologie für die Verfassung der sakramentalen Wirklichkeit und Struktur der Kirche anhand der zeitgenössischen Gesamtentwürfe der römisch-katholischen Sakramentenlehre offen gelegt. Es kann jetzt nicht darum gehen, die Einzelergebnisse mit ihren Nuancen und Differenzierungen zu wiederholen oder eine Synthese des Dargestellten zu bieten.

In folgenden Thesen mögen nur die wichtigsten Ansatzpunkte für die pneumatologische Sakramentendeutung gebündelt dargestellt werden, welche seit dem II. Vatikanum die Transformation und Neuorientierung der Sakramentenlehre mitbestimmt haben. Es wird vor allem die entscheidende Tatsache kompakt nochmals erfasst (die im systematisierend-abschließenden 4. Kapitel ausführlich diskutiert wurde), warum die trinitarisch-personale (auf dem kommunikativen Personbegriff beruhende) Identität des Heiligen Geistes für das Sakramentenverständnis unerlässlich ist.

Zu einigen Thesen werden auch die Fragen hinzugefügt, die einen Ausblick auf weitere Aufgabefelder der pneumatologisch-sakramententheologischen Reflexion geben.

These 1: Der Paraklet vergegenwärtigt „das Jetzt" des Heilsgeschehens

Die pneumatologische Aussage »*der Geist ist Person*« heißt vor allem: der Paraklet hat eigenes Profil als Gott der Gegenwart; er ist in der Welt- und in der Menschheitsgeschichte zugegen; er vergegenwärtigt sich, er wirkt, und er führt die ganze Menschheit und das ganze All zu ihrer Vollendung und ihrem Ziel.

Und wenn der Paraklet der Gott der Gegenwart ist, und zwar nicht wie eine Kraft, sondern als nicht-untergeordnete Person, dann entsteht der enge Zusammenhang und das ‚Gleichgewicht' zwischen dem Erlösungswerk und dem Heiligungswerk: Man kann – dank der wirkenden Person des Geistes Gottes – mit der realen Vergegenwärtigung des Heils rechnen. Die Partizipation an der *Koinonia* Gottes ist daher auf sakramentale Weise schon jetzt, in der Zeit der Ecclesia-Ökonomie, möglich, und sie ist ermöglicht durch die wirkende Gegenwart des Heiligen Geistes.

Der Geist Gottes ist ‚aktiv' beteiligt an der Begegnung der Menschen mit Christus: Als personales Medium (personale ‚Kausalität) der Liebeskommunikation zwischen Christen und Christus wird er gewissermaßen zum ‚Mitspender' der Sakramente.

Die Pneumatologie erlaubt somit eine wahre Gegenwart des Heils, ohne die noch ausstehende Vollendung und das Seufzen der Kreatur verhüllen zu müssen. Es muss nicht so sehr in die Vergangenheit geschaut und dabei nur mit den Kategorien wie »Gedächtnis«, »Erinnern« oder »Bezeichnen« (Zwingli) argumentiert werden. Im »Jetzt des Heiles« vergegenwärtigt der Geist die Anamnese und richtet sie ins Eschaton.

These 2: Die sakramentale Gnade als personale Begegnung

Im Lichte der trinitarischen Pneumatologie, indem der Heilige Geist als der aktiv Mitwirkende im Heilsgeschehen gedacht wird, vermitteln die Sakramente keine Gabe sachhafter oder quasi materiell-greifbarer Natur. Denn die sakramentale Gnade ist Gott selber in seinem Geist. Der Mensch ist eingeladen – bei der Bewahrung seiner Geschöpflichkeit – zur lebendigen Begegnung mit dem dreipersonalen Gott: zum Lebens- und Agapeaustausch mit ihm.

Dieses *theo*-logische Ziel der Sakramente besagt, dass der Mensch berufen ist, dank der personalisierenden Wirkung des Heiligen Geistes Person in der göttlichen Person des Sohnes Gottes zu werden. Alle sachhaft konzipierten Gefäßtheorien oder juristischen Verengungen verlieren in dieser trinitarischen Sicht ihre Berechtigung. Die sakramentale Gnade ist eine lebendige *perichoretische* Begegnung (ein Kommen Gottes und Entgegenkommen des Menschen) und darf nicht als von Gott losgelöstes Donum, sachhafter Natur, verstanden werden.

These 3: Der kommunikative Charakter des Kultischen

Vom personologischen Verständnis des Geistes her kommt es nicht nur zu einer Revision des statischen Gottesbildes, sondern auch zur heilsökonomischen Positionierung des innertrinitarischen Pneumas. Die heilsgeschichtliche Funktion Gottes im Heiligen Geist beruht darauf, dass er die Gemeinschaftserfahrung der Menschen zum Sinnbild der göttlichen *Communio* und *Communicatio* macht.

Damit erscheinen die Sakramente nicht mehr als fremdartige Relikte aus einer magisch-mythischen Zeit; unter Zuhilfenahme der pneumatologischen Dynamik sind sie vielmehr als dialogisch-kommunikative Handlungen der subjekthaft-gewordenen und subjekthaft-agierenden Teilnehmer an der Liebes- und Lebensgemeinschaft mit dem dreieinigen Gott zu denken. Sie sind so auf die personal-dialogische Dimension angewiesen, dass kein sakramentaler Kult ohne Kommunikation vollzogen werden kann.

These 4: Sakrament – prozesshaftes Geschehen

Wenn der Geist sich selber im sakramentalen Geschehen den Menschen schenkt, kann die Gnade ‚der personalen Wirkung und Begegnung mit ihm' – und in seiner Person mit der leibhaften Person Jesu Christi: und so mit dem Vater – nicht nur auf einen punktuellen ‚Empfangs'-Moment verkürzt werden.

Das Sakrament ist ein grundlegendes Geschehen, es geschieht in der Zeit; aber es ist nicht auf einen statischen punktuellen Akt beschränkt. Die Wirkung der Gnade und die Antwort des Menschen berühren sich ständig und lassen sich in keiner Phase des christlichen (sakramentalen) Lebens voneinander trennen. Die Frage nach einem Vorher und Nachher der Gnadenwirkung findet hier ihre Grenze, denn der Heilige Geist inspiriert und bereitet den Menschen auf seinem Glaubensweg schon vor dem Empfang des Sakramentes vor. Er kommuniziert den Menschen mit Christus zwar auf besondere Weise in der sakramentalen Feier, aber sein Wirken bei den Menschen hat z.B. auch seine Verlängerung danach – im Prozess der personalen Aneignung und der Vertiefung im Glaubensleben aus den Sakramenten (das Mitwirken des Geistes in diesem Prozess macht gerade das Wesen der christlichen Sakramente im Gegensatz zur Magie aus).

Die Pneumatologie will hier, in diesem Punkt, der Sakramentenpastoral verdeutlichen, dass der Sakramentenempfang nicht auf ein einmaliges Ereignis beschränkt werden sollte.

These 5: Die dynamische Gegenwart des Herrn

Die pneumatologisch-dynamische Betrachtungsweise verhilft der Sakramentenlehre dazu, die systematische Darstellung der verschiedenen Gegenwartsweisen Christi in der Liturgie aus der Engführung auf die statische Gegenwart zu lösen. Sie favorisiert als Ausgangspunkt die Heilsgeschichte, um die Frage nach der personalen Gegenwart Christi in den Sakramenten und nach der Beziehung zwischen dem geschichtlichen Erlösungswerk Jesu und der sakramentalen Liturgie zu klären.Die Achtsamkeit auf die Dynamik des wirkenden Geistes nivelliert vor allem jene theologische Sicht, die zu wenig beziehungsreich und geschichtlich, zu wenig solidarisch also mit der Erfahrung des heutigen Menschen von Beziehung, von Dialog, von Prozess und Geschichte zu sein scheint.

In der pneumatologischen und heilsgeschichtlichen Optik sieht sich der glaubende Mensch nicht aufgerufen, lediglich das zu realisieren, was ihm schon längst zugewiesen wurde: aufgrund der Tatsache, dass die Gestalt des Herrn in einer vom Tod überholten, niemals mehr wirkmächtigen, befreienden, den Menschen jetzt berührenden Gegenwärtigkeit und Existenz erscheint. Die Konzentration ist nicht auf die statisch verfasste Realpräsenz Christi gerichtet, so dass man nur an die Gegenwart der bestimmten Person in ihrem immerwährenden Vollendungszustand denken müsste – nicht an die Gegenwart ihres ganzen Lebens, ihrer ganzen Geschichte. Der Glaubende ‚fühlt sich' in den Sakramenten eingeladen, die Geschichte und die Erlösungstaten des Menschensohnes Jesu Christi – dank der einenden Begleitung des Heiligen Geistes – berührend nahe mitzufeiern und mitzuerleben. Er kann mit Hilfe des Parakleten in den Lebensraum Jesu Christi eintreten, in seine personhafte Existenz, in sein Verhältnis mit Gott, und kann anbei die Liebe Gottes erfahren. Das personale und geschichtliche Moment bestimmt damit die unwiderrufliche Neuorientierung der Sakramentenlehre, welche nach dem Vaticanum II – auch dank der Begegnung mit der Pneumatologie – aus den beengten scholastisch-aristotelischen Denkmustern herauszukommen versucht. Man wechselt innerhalb dieser Entwicklungslinie von einem mehr statischen, verdinglichten (einer gewissen übernatürlichen Ontologie in den Menschen) zu einem dynamischen, persongebundenen Standpunkt (dem Akt Gottes) über. Es folgt eine Verschiebung der Aufmerksamkeit vom sichtbaren sacramentum zur transzendenten res.

These 6: Keine Spiritualisierung des Heiles

Der trinitarische und pneumatologische Charakter der Sakramente unterstreicht die gegenseitige Relation zwischen dem Heiligen Geist und Christus, was aber nicht eine Spiritualisierung der Gegenwart Christi bedeutet. Die katholische Sakramentenlehre, wie dies die Autoren der Untersuchung gezeigt haben, erkennt jedoch die somatische Präsenz Jesu Christi an – plädiert nicht für seine exklusiv personale Gegenwart. Es ist nicht so, dass Gott bei den Sakramenten lediglich sein allein heilbringendes Wort ‚besiegelt', indem er durch den Heiligen Geist die pneumatisch-personale Verbindung zwischen dem himmlischen Christus und den Gläubigen vermitteln lässt. Die Präsenz Christi in den Sakramenten ist eine reale, leibhaft-personale Gegenwart. Und sie ist nicht nur für die vom Geist Ergriffenen reserviert, als ob die Anderen (die Ungläubigen) nur das Zeichen der Gegenwart Christi empfangen würden.

Die personale Sicht der Sakramente will aber daran erinnern, dass die Gegenwart Christi unter den materiellen Gestalten, obwohl eine besondere, nicht ohne den Bezug auf die verschiedenen anderen Daseinsweisen Christi in der Kirche betrachtet werden kann. Die eucharistische Gegenwart Christi z.B. ist nicht ein Ziel für sich selbst, sondern sie zielt auf die Präsenz in den Menschen (ut sumatur). Denn jede Präsenz Christi hat einen ekklesialen Charakter, so dass seine Gegenwart im einzelnen Menschen und in der Gemeinschaft der Kirche weiter lebt und wächst.

Die pneumatologische Reformulierung der Theologie will sehr deutlich auf ein personalisierendes, kommunikatives und kommunizierendes Wirken des Heiligen Geistes hinweisen, dessen Wesen es ist, »sich auf die anderen hin zu öffnen«, und es ist »das Im-anderen-seiner-selbst-Sein Gottes in Person«. Eine solche personale Denkweise in der Theologie der Sakramente scheint sehr hilfreich zu sein, vor allem deshalb, weil die sakramentalen Geschehnisse nicht mehr als individuell fixierte »Orte der Gnade« betrachtet werden, sondern als eine in breiter liturgisch-ekklesiologischer Dimension verankerte Wirklichkeit der liebenden Begegnung, die den Menschen zur Gemeinschaft mit Gott und mit den anderen Menschen führt.

These 7: Sakramentale Existenz: alternativ zum (postmodernen) Heils-Individualismus

Als positiv muss man die Entwicklung der neuzeitlichen westlichen (Kultur und) Theologie bewerten, welche die Dimension des Subjekthaften, des Selbstbewussten im einzelnen Menschen als ‚Ort' der Geist-Wirkung und Geist-Erfahrung hervorgehoben hat. Denn der Geist Gottes verwandelt auch jeden einzelnen Menschen individuell und seiner Einzigartigkeit entsprechend – und sogar den ganzen Menschen: seinen Geist, seinen Leib, sein Bewusstsein.

Die auf dem kommunikativen Personbegriff beruhende trinitarische Sakramentenlehre und -praxis erhebt ihre kritische Stimme gegenüber allen ‚religiösen' Strömungen wie auch theologischen (oder nur ‚theologisierenden') Denkweisen, die sich zwar als verlockend friedfertig, undogmatisch, stressreduzierend und persönlichkeitsstabilisierend anbieten, aber in welchen die Idee der Erlösung durch Selbsterkenntnis sowie eine individuell anpassbare Spiritualität, die sich zur »Selbst-Optimierung« eignen soll, im Vordergrund stehen. Der Geist treibt nicht nur zur individuellen ‚Ekstase'. Es reicht nicht aus, wenn die Pneumatologie die vom Heiligen Geist verursachten Wirkungen am Menschen, d.h. seine pneumatischen Heilserfahrungen, in den Vordergrund stellt, nicht aber den Heiligen Geist als Kommunikationspartner der Menschen.

These 8: Glaube – Wort – Sakrament: Partizipation an interpersonaler Wirklichkeit

Das Pneuma als Gabe darf nicht als nur eine unpersönliche und dem Menschen verfügbare Kraft (= z.B. des Glaubens) missverstanden werden. Es gibt in Gott keine Gabe ohne die Person des Geistes. Der Geist ist deshalb nicht ein (christologisches) Mittel oder Werkzeug – um z.B. nur den individuellen persönlichen Glauben des Menschen zu wecken. Der Geist als Person führt den Menschen zur personalen (interpersonalen und überpersonalen) Dimension und Erfahrung des Glaubens.

Der persönliche Glaube ist dementsprechend nicht das einzige Erkenntnisinstrument des Mysteriums Gottes, als ob die interpersonalen sakramentalen Begegnungen lediglich das innere Bewusstsein des Menschen veranschaulichen, dessen Vernunft schon vorher – ohne ihre Hilfe – die innere Erleuchtung aufgrund der direkten Wirkung des Heiligen Geistes erreicht hat (Zwingli). Ein solcher Spiritualismus glaubt, dass der Mensch direkt vor Gott steht und dass es keine Heilsvermittlung durch die irdischen Institutionen und ihre zeichenhaft-sichtbaren Mittel gibt, denn der Geist Gottes bedürfe nicht der äußeren Mittel, um im Inneren des Menschen wirken zu können. Die Gefahr in solcher Sicht beruht darauf, dass Christus jede Spur seiner Inkarnation verliert: von seiner menschlichen Natur getrennt scheint er ganz mit dem göttlichen Geist vereinigt zu sein.

Die Deutung des Geistes als Person der Trinität – nicht bloß als Gabe Gottes (Christi) gedacht – übersteigt diese individuelle, oft spiritualisierende Gottes-(Christus-)Beziehung des Glaubenden und die mit ihr verbundene Logik der Selbsterkenntnis und des Selbstbewusstseins des einzelnen Subjekts. Trinitarische Pneumatologie verbleibt eher im weiten Horizont der personal-communionalen Beziehungen; die Teilnahme am göttlichen Leben in den Sakramenten als Partizipation an einer interpersonalen Wirklichkeit erhält in ihr entscheidende Bedeutung. Das Wirken des Heiligen Geistes im Verkünden des Evangeliums regt zwar zum persönlichen Glauben an und führt zum Heil des individuellen Menschen. Das Heil selbst aber, das nicht bloß eine kognitive, intellektuelle Erkenntnis ist, verlangt nach einer tieferen unaussprechlichen Erkenntnis und nach einer Gemeinschafts-Erfahrung. Zu dieser Erkenntnis und zu dieser Erfahrung wird der Mensch durch den Heiligen Geist nicht nur im Verkünden des Evangeliums, sondern auch in der Feier der Sakramente geführt.

5.1 Ergebnis und Ausblick

These 9: Die Hervorhebung der Epiklese

Die epikletische Struktur des Heils bedeutet vor allem, dass die irdischen Mittel ganz dem übernatürlichen, vergöttlichenden Handeln Gottes untergeordnet sind. Die Kirche – in allen ihren Instrumenten – muss deshalb eine sakramental-geistige Natur bewahren, denn sie ist eine Institution im Geiste – durch dessen Wirken die Einheit der dreidimensionalen sakramentalen Zeit zustande gebracht wird. Jesus ist in uns, aber der Heilige Geist muss seinen Hauch, sein Feuer, seine Dynamik hinzufügen, damit die sakramentale Gegenwart Christi ihre Wirkung hervorbringt. Die Epiklese gehört daher zum Wesensbestandteil jeder »heiligen Handlung«.

Die Epiklese macht auch die Laien zu Ko-Liturgen – gegen eine Klerikalisierung des Priestertums. Epikletische Liturgie nivelliert nicht die Bedeutung der sakramentalen ‚Kernworte' oder die christologische Rolle des Amtsträgers. Sie will aber das Missverständnis vermeiden, dass dem Spender der Sakramente persönlich außergewöhnliche quasi-*sakrale* Bedeutung zukomme, als ob er die Sakramente samt seiner Gnadenwirkung zu seiner Verfügung habe oder eine sozusagen magische, ihn fundamental von den anderen Feiernden unterscheidende Kraft besitze.

Bedeutsam ist in diesem Kontext die Abkehr von den früheren christologisch-amtlichen Formeln (der menschliche Spender in indikativischer Form). Die liturgischen Gebete erhalten nach der pneumatologischen Revidierung überwiegend eine trinitarische Differenzierung und eine anamnetisch-epikletische Struktur, in der die Formulierungen sich in der deprekativen Form ausdrücken wollen.

Um sich der juridischen Fixierung auf die Habitus-Macht der Verwandlung zu entziehen, wäre es sinnvoll stets an die östliche Sensibilität erinnert zu werden, dass die ganze eucharistische Anaphora eine große Epiklese ist; zur Epiklese in der östlichen Liturgie gehören nämlich nicht nur die einzelnen Teile der Anaphora (die Anrufung des Namens Gottes oder die Bitte um die Annahme von Gott), sondern auch die Einsetzungsworte mit den begleitenden Gebeten.

Es wäre vielleicht auch schöner, einige Gebete des Liturgen vonseiten der versammelten Gemeinde zu sprechen, um das deprekative Moment des sakramentalen Geschehens deutlicher zu machen: als Ausdruck der gemeinsamen Abhängigkeit und Angewiesenheit auf die heilende Wirkung Gottes durch seinen Sohn im Heiligen Geist.

These 10: Eschatologisch-kosmologische Komponente des sakramentalen Geschehens

Der Mit-Wirkung des Heiligen Geistes in den Sakramenten entspricht die eschatologische Dynamik: Er verwandelt in diesen Begegnungen die Schöpfung in eine Neu-Schöpfung und die Menschheit in eine Neu-Menschheit, indem sie an der eschatologischen Vollendung partizipieren, d.h. durch seine einende Person in der Person Jesu Christi an der Personalität Gottes des Vaters teilnehmen können.

Aus eschatologischer Sicht sind die Sakramente (vor allem das der Eucharistie) eine ‚kleine Parusie' des Auferstandenen in seinem Geist, die in sich die endgültige Vollendung antizipiert. Die Sakramente enthüllen die endgültige Wahrheit dieser Welt: der Erde, des Lebens, des Menschen und des ganzen Kosmos (mit der Leiblichkeit des Menschen ist auch die ganze weltliche Wirklichkeit der Symbole verbunden): die orthodox-katholische Theologie strebt trotz aller Askese gerade nicht nach Weltvernichtung; den ordo naturae will sie nicht vom ordo gratiae getrennt betrachten, weil dies zum soteriologischen Naturalismus oder soteriologischen Individualismus als Folge der ‚Neutralisierung des Kosmos' führen kann.

Dem Heiligen Geist ist die Rolle der totalen und definitiven Metamorphose des Alls zugeschrieben, denn er enthüllt die innere Schönheit des Kosmos, welche vom rettenden und erneuernden Gott stammt. Die Hervorhebung der aktiven Rolle des Heiligen Geistes als der dritten Person der Trinität ist notwendig, um den Vorgang der Vergöttlichung alles Geschaffenen als aktives und derzeitiges Handeln Gottes verständlicher vorzustellen.

Die Theologie der Sakramente braucht kosmologische Sensibilität, und in der liturgischen Praxis sollte der Prozess der Verwandlung des Universums bemerkbar sein, weil der Kosmos die Gabe Gottes und zugleich der Vermittler seiner Liebe und seines Lebens ist. Die Materie dieser Welt ist jedoch der Ort der Begegnung mit ihm. Die westliche Sakramentenlehre sollte deswegen die kosmische Dimension stärker berücksichtigen. Sie bedarf der Vision der griechischen Kirchenväter, welche die Verwandlung des Menschen und des ganzen Kosmos ins Zentrum ihrer Lehre gestellt haben.

Wenn die Sakramente konsequent kosmologisch verstanden würden, nämlich als perichoretische Durchdringung alles Geschaffenen durch den göttlichen Geistlogos, um die Vereinigung Gottes mit der gesamten Schöpfung zu realisieren, dann könnte mit der Siebenzahl eine falsche Zentrierung allein auf den Menschen assoziiert werden.

Wenn die Sakramente nicht auf einen ‚blind-rationalistischen' Erkenntnisvorgang ausgerichtet werden, sondern auf eine personale Begegnung und freie Zuwendung Gottes als Ausdruck des auf der volitiven Ebene liegenden ‚Staunens' und des ‚Überraschtseins' über die Heilswirksamkeit Gottes, dass er nämlich in den sakramentalen Riten den Menschen mit seiner Gegenwart beschenkt, dann erhält die Problematik der Siebenzahl oder der Unterscheidung von Sakramenten und Sakramentalien nur noch sekundäre Bedeutung, denn alle wichtigen Funktionen und Handlungen der Kirche werden als Mysterien Gottes verstanden.

5.2 WEITERE FRAGEN AUS PNEUMATOLOGISCHER SICHT

In ökumenisch kontroversen Fragen eröffnen sich durch eine pneumatologische Argumentation neue Wege. Dies sei an wenigen Beispielen verdeutlicht:

→ *Kontinuierliche Umgestaltungen der sakramentalen Strukturen*

Der Geist führt zum lebendigen Wandel im Glaubensvollzug, sorgt aber gleichzeitig dafür, dass die Kirche ihre Treue zu ihrer eigenen Wurzel bewahrt. Dieser Wandel ist ‚notwendig', weil das zu tradierende Erbe der Vorfahren nur lebendig bleiben kann, indem es von den gegenwärtigen Christen bezeugt, gefeiert und gelebt wird. Die Gottesdienstreform ist nämlich auf dem richtigen Weg, wenn sie, gestützt auf eine reiche Tradition, die lebendige Form des Ausdrucks immer neu zu entdecken sucht.

Vor allem in der Amtstheologie bedürfen die verbindlichen christologischen Auswahlkriterien noch klärender pneumatologischer Diskussion, z.B. hinsichtlich der mangelnden Zahl der Ordinierten: Sollte das persönliche Ehelosigkeitscharisma des Ordinierten im Vordergrund stehen? Oder müsste das Subjektwerden aller Getauften, d.h. die Aufgabe der ganzen Kirche, deren Lebendigkeit wie Funktionsfähigkeit das entscheidende Kriterium bleiben?

Auch im Problemfeld der Frauenordination ist zu fragen, wie weit die heutzutage sich ändernde Auffassung von der gesellschaftlichen Stellung und Rolle der Frau der Erneuerungskraft des Geistes entspricht und wie weit dies mit dem apostolischen Zeugnis vereinbart werden könnte.

Auch im Blick auf den »defectus ordinis« (UR 22) bei den evangelischen Kirchen – aufgrund der fehlenden Kontinuität in der Sukzession der bischöflich Ordinierten – könnte eine pneumatologische Sicht eine Annäherung der bisherigen kirchlichen Positionen erbringen. Die Erwartung der Anerkennung der evangelischen Ämter entsteht gerade aus der Hoffnung auf den Geist Gottes, der die Gesamtkirche in der apostolischen Sukzession bewahrt.

→ *Die Suche nach den Orten der liturgischen Erfahrung des Geistwirkens*

Man bedarf der Orte einer liturgischen Erfahrung der Wirkung des Heiligen Geistes: Die größten Mysterien des Glaubens sollten nicht nur in einem intellektuellen, metaphysischen Wissensdrang verflochten, sondern auch in einer Form der spirituellen und liturgischen Erfahrung erkennbar werden. Denn die liturgische Tradition ist nicht nur als Ausdruck von, sondern auch als Anleitung zur Erfahrung anzusehen. Wo daher solche Tradition nicht zur Verfügung steht oder nicht gepflegt wird, dort können auch kaum Erfahrungen des Heiligen Geistes als Person gemacht werden. Zu fragen ist deshalb, ob die heutige Sakramentenlehre für Erfahrungen des Heiligen Geistes genug praktische Anleitungen besitzt oder ob sie auch ausreichend sprachliche Gestalten zur Verfügung stellt, diesen Erfahrungen zum Ausdruck zu verhelfen? *(Die Frage von C. Henning, siehe oben S. 396, Anmerkung 3).*

Die westliche Theologie kann sich von der östlichen Tradition immer noch inspirieren lassen, da diese im Gottesdienst nicht nur die trinitarische Heilsgeschichte Gottes von der Weltschöpfung bis zur Himmelfahrt Christi rekapituliert, sondern auch die Anrufung des Heiligen Geistes stark akzentuiert.

Um deutlicher die Rolle des Heiligen Geistes liturgisch zu akzentuieren, könnte man z.B. die Zeremonie der Salbung der Eheleute einführen, welche bereits in der koptischen Kirche die pneumatologische Sensibilität liturgisch äußert und an das gemeinsame Priestertum aller Gläubigen erinnert, oder vielleicht auch versuchen, die interessante Formulierung »*Spiritus baptizat*« der ökumenischen Kommission im Dokument von Accra (1974: Vorlage für das Lima-Dokument) einzuarbeiten: „*[...] der Geist selbst tauft uns in den einen Leib. In unserer Taufe schließt uns der Geist der Pentekoste in den Leib Christi, der die Kirche ist, ein. In der Taufe ist der Geist der Schenkende und zugleich der Gegebene (Nr. 3)*".

→ *Eucharistische Gemeinschaft: der Weg zum Aufbau der Einheit der Kirche*

Das Sakrament der Eucharistie darf aus pneumatologischer Sicht nicht nur als Ziel der Ökumene gesehen werden, denn es ist gewissermaßen auch der Weg und das Werkzeug zum Aufbau der kirchlichen Gemeinschaft. Der Heilige Geist bedient sich gerade seiner, um das Werk der Erlösung weiter zu führen und die Gemeinschaft der Glaubenden zu bilden.

→ *Bemühen um das volle sakramentale Zeichen*

Aus der pneumatologischen Sicht ist die eucharistische Kommunion unter einer Gestalt minderwertig: Die Verbindung des Leibes und Blutes entspricht der Auferstehung und Erhöhung Christi; nach orthodoxer

Sicht speisen die Laien in der katholischen Kirche ‚den toten Leib Jesu', dem das Blut entzogen ist und der im Grab liegt. Die heilige Kommunion ist aber die Annahme des lebendigen, auferstandenen, vom Geist durchdrungenen Leibes Christi.

5.3 NACHWORT

Sakramenty w Duchu Świętym urosnąć chcą
— *w życiu rozkwitnąć,*
— *Nim się rozpalić*
jeszcze większą tęsknotą...

Die Sakramente im Heiligen Geiste erhoffen heranzuwachsen
— *im Leben aufzublühen,*
— *in Ihm entflammt zu werden*
mit noch größerer Sehnsucht...

Die Begleitung des Heiligen Geistes im dauerhaft-prozesshaften Leben aus den Sakramenten korreliert mit der existenziellen Sehnsucht des Menschen, sich aller Ambivalenz zwischenmenschlicher Begegnung zu entziehen.

Trotz des Unzulänglichkeiten der menschlichen Seite kirchlicher sakramentaler Feiern erwartet der Mensch durch sie – wie dies besonders Lothar Lies in seinem Entwurf geschildert hat – eine Vereindeutigung der sakramentalen Wirklichkeit und Aufhebung in Gott, d.h. eine eindeutige Begegnung mit einer Person, die „die Geschichte, die verschiedenen Freiheiten, die Nähe und Distanz des Menschen und die Hingabefähigkeit des Menschen umfaßt." Es ist die Sehnsucht „nach der Begegnung als Person in Person, um so das eigene Heil zu finden."[1]

Der Ruf des Menschen nach glückhafter Begegnung, nach der Vereindeutigung seiner ambivalenten Geschichte und seiner ambivalenten Begegnungssituationen findet in den sakramentalen Begegnungen die Antwort, denn sie ist in der Person Gottes angeboten, indem er in den Sakramenten den leibhaftigen Menschen in seine eigene dreifaltige Personalität hineinnimmt und sich selbst als Lebensraum für ein Leben der Ewigkeit schenkt. Und der Geist ist jener, der dem Glaubenden immer wieder neu bestätigt, dass Gott alle menschliche Fragilität, Ambivalenz und alles Versagen in der sakramentalen Begegnung angenommen und sie längst in die Liebe seines menschgewordenen Sohnes eingebettet hat. Sakramentale Existenz bedeutet für den Glaubenden daher eine ständige Suche nach der ‚*Bestätigung dieses Geistes*': Denn der Mensch leidet sehr darunter, die Liebe suchen zu müssen, in der er geborgen ist:

---

[1] LIES, Sakramententheologie. Eine personale Sicht 162.

> *„Er muß oft erfahren, daß sein Suchen und Bitten abgeschlagen wird. Wie viele Worte und Bitten muß der Mensch kennen, die Freiheit oder das verhärtete Herz des Mitmenschen zu bewegen? Wie viele solche Worte sind zugleich Sehnsüchte des Menschen, Gott selbst möge in seiner Freiheit in sich Raum gewähren, damit der Mensch in dieser Bleibe der Liebe sich öffnen könne. Und tatsächlich nimmt Gott eine solche Bitte, die ja immer Symbol menschlicher Befindlichkeit ist, in sich auf und macht sie zu seinem sakramentalen Wort."*[2]

Sehr treffend in diesem Kontext charakterisiert Lothar Lies das Sakrament als »*Zeichen der Sehnsucht und Bitte der Kirche nach Gottes Führung, nach der Gegenwart des Geistes Christi*«.[3] Denn der wahre Kult »*im Geiste*«, das sakramentale Leben, die christliche Existenz aus den Sakramenten ist eigentlich der Auftrag, diese Bitte immer wieder neu zu formulieren und eine mit der ‚Polyphonie des Geistwirkens' verbundene ‚Polyphonie des Zusammenwirkens'[4] zu schaffen, indem der Mensch in seiner Suche nach der wahren Freiheit und Identität hinzuhören versucht auf die Stimme des Geistes Gottes, die ihn zur personalen Hingabe ruft: das eigene Leben ganz für andere einzusetzen, um in ihnen sich selbst finden zu können. Es ist eine ‚Polyphonie des Zusammenwirkens' in der Kraft desselben Geistes, der Christus zu einer Ganz-Hingabe geführt hatte. Die sakramentale Begegnung mit dem dreipersonalen Gott ist erst dann glaubwürdig, wenn sie die Menschen in die Person und Existenzweise Christi hineinzieht und sie in ihm zu einer lebendigen Gemeinschaft mit Gott und untereinander verwandelt.

---

[2] LIES, Sakramententheologie. Eine personale Sicht 165.
[3] LIES, Sakramententheologie. Eine personale Sicht 165.
[4] Vgl. Michael WELKER, Der erhaltende, rettende und erhebende Gott. Zu einer biblisch orientierten Trinitätslehre 50, in: DERS., Miroslav VOLF (Hg), Der lebendige Gott als Trinität. FS für Jürgen Moltmann zum 80. Geburtstag (Gütersloh-München 2006) 34–52, hier 50.

Literaturverzeichnis

Vorbemerkung: Im Folgenden sind solche Werke angegeben, die tatsächlich zitiert oder ausdrücklich angeführt wurden, aber auch jene, auf welche sich die Autoren der zur Untersuchung gestellten Entwürfe gestützt oder auf welche sie – in der für unsere Problematik relevant erscheinenden Analyse – hingewiesen haben. Aber hier werden nicht die Väterliteratur sowie die Werke der Theologen des Mittelalters verzeichnet, die vor allem im Entwurf von Wacław Hryniewicz als Quellenliteratur präsent und bibliographisch erfasst sind. Dies gilt auch für die von Hryniewicz und den anderen Autoren zitierten Werke der Theologen der Reformation.

Die kritischen Editionen zur angemerkten altkirchlichen und mittelalterlichen Literatur sind zu entnehmen: Tusculum-Lexikon griechischer und lateinischer Autoren des Altertums und des Mittelalters, hg. v. W. Buchwald u.a. (München ³1982).

Zitationsweise:

Bei der ersten Literaturangabe bzw. Zitation wird das entsprechende Werk nach der kurzen Angabe vollständig angeführt.

Abkürzungen nach Lexikon für Theologie und Kirche = LThK³: Abkürzungsverzeichnis (Freiburg 1993) und nach Schwertner, Siegfried M., Internationales Abkürzungsverzeichnis für Theologie und Grenzgebiete (Berlin-New York ²1992) wie in den Einzelfällen auch nach Sacramenta – Bibliographia internationalis, continuatio, hg. v. Maksymilijan éITNIK: Abbreviationes, Vol. VII (Roma 2002) oder nach Encyklopedia Katolicka: Wykaz skrótów (Lublin 1993).

Abweichungen und Ergänzungen:

AK	Ateneum Kapłańskie, Włocławek 1909–
EK	Encyklopedia Katolicka, Lublin 1973–
CChL	Corpus christianorum seu nova Patrum collectio. Series Latina, Tur
CChG	Corpus christianorum seu nova Patrum collectio. Series Graeca, Tu
„Orient und Occident"	Zeitschrift, hg. v. Paul Schütz, Fritz Lieb, Nikolaj Berdjajew (Leipzig
„Put"	Zeitschrift, hg. v. Nikolaj Alexandrowitsch Berdjajew (Paris 1925–19
SCh	Sources chrétiennes, hg. v. H. de Lubac, J. Daniélou u.a., Paris 1941
VAS	Verlautbaurungen des Apostolischen Stuhls

Dokumente des II. Vaticanum:

PO   Presbyterorum Ordinis

LG Lumen gentium
SC Sacrosanctum Concilium
DV Dei verbum
UR Unitatis redintegratio

ADAM Adolf, BERGER Rupert (Hg), Pastoralliturgisches Handlexikon (Freiburg 1980)

ADAMIAK Elżbieta, MAJEWSKI Józef, Ein beachtliches Kapital. Die theologische Landschaft im heutigen Polen, in: HerKorr 58/6 (Juni 2004) 296–302

AFANASJEW Nikolaj, Cerkow Ducha Swiatogo (Pariż 1971)

AFANASJEW Nikolaj, Das allgemeine Priestertum, in: EKH (1935) 334–340

AFANASJEW Nikolaj, Tainstwa i tajnodiejstwija, in: PrM (1951) 17–34

AFANASJEW Nikolaj, Trapieza Gospodnia (Pariż 1952)

ALLMEN Jean-Jacques von, Prophétisme sacramentel (Neuchâtel 1964)

AMALADOSS Michel, Sémiologie et Sacrement, in: MDieu 114 (1973) 7–35

AMOUGOU-ATANGANA Jean, Ein Sakrament des Geistempfangs? Zum Verhältnis von Taufe und Firmung (Freiburg 1974)

An Agreed Statement on Eucharistic Doctrine. Anglican-Roman Catholic International Commission (Windsor 1971), in: Modern Eucharistic Agreement (London ²1974) 23–31

ANDRONIKOFF Constantin, Le sacerdoce royal du peuple de Dieu, in: MOrth 49–50 (1970) 37–52

ARGENTI Cyrille, Sacerdoce du peuple chrétien et sacerdoce ministériel, in: PrOrth 25 (1974) 8–31

AUER Johann, Allgemeine Sakramentenlehre und das Mysterium der Eucharistie, in: DERS., RATZINGER Joseph, Kleine Katholische Dogmatik VI (Regensburg ²1974)

AUSTIN John Langshaw, How to Do Things with Words (Oxford 1962)

AUSTIN John Langshaw, Religious Commitment and the Logical Status of Doctrines, in: RST (1973) 38–48

BAECK Leo, Das Wesen des Judentums (Wiesbaden 1906)

BALTHASAR Hans Urs von, Casta meretrix, in: DERS., Sponsa Verbi. Skizzen zur Theologie II (Einsiedeln 1961) 203–305

BALTHASAR Hans Urs von, Das Ganze im Fragment. Aspekte der Geschichtstheologie (Einsiedeln 1963)

BALTHASAR Hans Urs von, Die Kirche als Gegenwart Christi, in: SANDFUCHS Wilhelm (Hg), Die Kirche (Würzburg 1978) 37–47

BALTHASAR Hans Urs von, Die Wahrheit ist symphonisch. Aspekte des christlichen Pluralismus (Einsiedeln 1972)

BALTHASAR Hans Urs von, Herrlichkeit. Eine theologische Ästhetik III. 2/2: Neuer Bund (Einsiedeln 1969)

BALTHASAR Hans Urs von, Herrlichkeit. Eine theologische Ästhetik I: Schau der Gestalt (Einsiedeln ²1967)

BALTHASAR Hans Urs von, Katholisch. Aspekte des Mysteriums (Einsiedeln 1975)

BALTHASAR Hans Urs von, Mysterium salutis 3,2: Das Christusereignis (Leipzig 1969)

BALTHASAR Hans Urs von, Origenes. Geist und Feuer (Salzburg 1938)

BALTHASAR Hans Urs von, Pneuma und Institution. Skizzen zur Theologie IV (Einsiedeln 1974)

BALTHASAR Hans Urs von, Spiritus Creator. Skizzen zur Theologie III (Einsiedeln 1967)

BALTHASAR Hans Urs von, Theodramatik II. Die Personen des Spiels. 2. Teil: Die Personen in Christus (Einsiedeln 1978)

BALTHASAR Hans Urs von, Theologie der Geschichte. Neue Fassung (Einsiedeln 1959)

BANAWIRATMA Johannes B., Der Heilige Geist in der Theologie von Heribert Mühlen. Versuch einer Darstellung und Würdigung (Frankfurt 1981)

BARTH Hans Martin, Die Lehre vom Heiligen Geist in reformatorischer und ostkirchlicher Tradition, in: ÖR 45 (1996) 54–68

BARTH Hans Martin, Dogmatik. Evangelischer Glaube im Kontext der Weltreligionen (Gütersloh 2001)

BARTH Karl, Die kirchliche Dogmatik, 2,1: Die Lehre von Gott (Zürich ⁴1958), 4,2: Die Lehre von der Versöhnung (Zürich ²1964)

BARTMANN Bernhard, Lehrbuch der Dogmatik 2 = Theologische Bibliothek (Freiburg ⁶1923)

BASDEKIS Athanasios, Das Wirken des Heiligen Geistes im Leben der Christen, insbesondere nach Apostel Paulus und Johannes Chrysostomos, in: HELD Heinz Joachim, SCHWARZ Klaus (Hg), Das Wirken des Heiligen Geistes in der Erfahrung der Kirche. Achter bilateraler theologischer Dialog zwischen dem Ökumenischen Patriarchat von Konstantinopel und der Evangelischen Kirche in Deutschland vom 28. September bis 7. Oktober 1987 in Hohenwart = Studienheft 21 (Hermannsburg 1995) 68–80

BECKER Jürgen, Das Wirken des Heiligen Geistes und die Prüfung der Geister in den urchristlichen Zeugnissen, in: HELD Heinz Joachim, SCHWARZ Klaus (Hg), Das Wirken des Heiligen Geistes in der Erfahrung der Kirche. Achter bilateraler theologischer Dialog zwischen dem Ökumenischen Patriarchat von Konstantinopel und der Evangelischen Kirche in Deutschland vom 28. September bis 7. Oktober 1987 in Hohenwart = Studienheft 21 (Hermannsburg 1995) 81–86

BEHR-SIGEL Elisabeth, L'Eglise de Saint-Esprit, in: Contacts 93 (1976) 263–269

BENEDIKT XVI., *Sacramentum Caritatis*. Nachsynodales Apostolisches Schreiben an die Bischöfe, den Klerus, die Personen Gottgeweihten Lebens und an die Christgläubigen Laien über die Eucharistie Quelle und Höhepunkt von Leben und Sendung der Kirche: vom 22. Februar 2007 (Vatikan 2007), auf: http://www.vatican.va/holy_father/benedict_xvi/apost_exhortations/documents/hf_ben-xvi_exh_20070222_sacramentum-caritatis_ge.html (18.12.2007)

BENEDIKT XVI., ‚Serva ordinem et ordo servabit te'. Die offizielle Übersetzung der Antworten von Papst Benedikt XVI. auf die Fragen der Seminaristen bei ihrer Begegnung am 17. Februar 2007 im römischen Priesterseminar, auf: http://www.kath.net/detail.php?id=16201 (12.03.2007)

BERGER Klaus, Ist Gott Person? Ein Weg zum Verstehen des christlichen Gottesbildes (Gütersloh 2004)

BERNARDS Matthäus, Zur Lehre von der Kirche als Sakrament. Beobachtungen aus der Theologie des 19. und 20. Jahrhunderts, in: MThZ 20 (1969) 29–54

BETZ Johannes, Die Eucharistie in der Zeit der griechischen Väter 1/1: Die Aktualpräsenz der Person und des Heilswerkes Jesu im Abendmahl nach der vorephesinischen griechischen Patristik (Freiburg 1955)

BIERDIAJEW Nikolaj, Die Krisis des Protestantismus und die russische Orthodoxie, in: „Orient und Occident" 1929 (1) 11–25

BIERDIAJEW Nikolaj, Fiłosofija swobodnago ducha. Problematika i apołogija christianstwa 2 (Pariż 1928)

BLANKENBERG Birgit, Gottes Geist in der Theologie Piet Schoonenbergs (Mainz 2000)

BOBRINSKOY Boris, La chrismation, in: Contacts 120 (1982) 338–342

BOBRINSKOY Boris, Le „Filioque" hier et aujourd'hui, in: Contacts 117 (1982) 23–24

BOBRINSKOY Boris, Le mystère pascal du baptême, in: Baptême sacrement d'unité (Paris 1971) 85–144

BOFF Leonardo, Kleine Sakramentenlehre (Düsseldorf 1976) Botschaft zum Weltjugendtag veröffentlicht, in: OR(D) 37: 30/31 (27.07.2007) 1

BOTTE Bernard, Le baptême dans l'Eglise syrienne, in: OrSyr (1956) 156–184

BREMER Thomas, „Ausgehen von dem, was uns gemeinsam ist". Überlegungen zum theologischen Dialog zwischen orthodoxer und katholischer Kirche, in: Cath 57 (2003) 69–81

BULGAKOW Sergej, Du Verbe Incarné (Paris 1943)

BULGAKOW Sergej, Le Paraclet (Paris 1946)

BULGAKOW Sergej, Prawosławije. Oczerki uczenija prawosławnoj Cerkwi (Pariż 1965)

BULGAKOW Sergej, Ewcharisticzeskij dogmat, in: „Put" 20 (1930) 3–46, 21 (1930) 3–33

BULGAKOW Sergej, Niewiesta Agnca. O bogoczełowieczenstwie 3 (Pariż 1945. Offset ed. Westmead 1971)

CASEL Odo, Das christliche Kultmysterium (Regensburg [4]1960)

CASEL Odo, Die Λογική Θυσία der antiken Mystik in christlich-liturgischer Umdeutung 41, in: JLW 4 (1924) 37–47

CASEL Odo, Die Liturgie als Mysterienfeier (Freiburg [3]1923)

CASEL Odo, Glaube, Gnosis und Mysterium, in: JLW (1941) 155–305

CASEL Odo, Mysteriengegenwart 174, in: JLW 8 (1929) 145–224

CASEL Odo, Mysterium des Kreuzes (Paderborn 1954)

CHEVALLIER Max-Alain, Souffle de Dieu. Le Saint-Esprit dans Le Nouveau Testament 1 (Paris 1978)

CLÉMENT Olivier, Je crois en l'Esprit Saint, in: Contacts 117 (1982) 44–45

CLÉMENT Olivier, L'homme comme lieu théologique, in: Contacts 68 (1969) 304

CLÉMENT Olivier, Transfigurer le temps (Neuchâtel-Paris 1959)

COMBLIN José, Der Heilige Geist (Düsseldorf 1988)

CONGAR Yves, Der Heilige Geist (Freiburg-Basel-Wien 1982) [org. franz. DERS., Je crois en l'Esprit Saint (Paris 1979–1980)]

CONGAR Yves, Der Laie (Stuttgart 1957)

CONGAR Yves, Die Lehre von der Kirche. Von Augustinus bis zum Abendländischen Schisma = HDG 3/3c (Freiburg-Basel-Wien 1971)

CONGAR Yves, Die Wesenseigenschaften der Kirche, in: MySal 4,1, 357–502, 535–599

CONGAR Yves, La pneumatologie dans la théologie catholique, in: RSPhTh 51 (1967) 250–258

CONGAR Yves, Le sens de l'„économie salutaire" dans la „théologie" de S. Thomas d'Aquin, in: ISERLOH E., MANNS P. (Hg), Glaube und Geschichte 2 (Baden-Baden 1957) 73–122

CONGAR Yves, Pneumatologie ou »christomonisme« dans la tradition latine, in: Ecclesia a Spiritu Sancto: Mélanges théologiques Hommage à Mgr Gérard Philips = BEThL 27 (Gembloux 1970) 41–64

CONGAR Yves, Priester und Laien im Dienst am Evangelium (Freiburg 1965)

CONGAR Yves, Sainte Eglise. Etudes et approches ecclésiologiques (Paris 1963)

CONGAR Yves, Systematische Pneumatologie, in: EICHER Peter (Hg), Neue Summe der Theologie 1 (Freiburg 1988/89) 379–406 [org. franz.: DERS., Une pneumatologie dogmatique, in: Initiation à la pratique de la théologie. Publié sous la direction de Bernard *Lauret*; François *Refoulé* = II Dogmatique 1 (Paris 1982–1983) 483–516]

CORBON Jean, Liturgie de source (Paris 1980) [Liturgie aus dem Urquell. Übertr. und eingel. von H. U. von Balthasar = Theologia Romanica 12 (Einsiedeln 1981)]

DALFERTH Ingolf, Kombinatorische Theologie. Probleme theologischer Rationalität = QD 130 (Freiburg-Basel-Wien 1991)

DALMAIS Irénée-Henri, Die Initiationsriten: Taufe und Firmung, in: HOK (1971) 415–425

DALMAIS Irénée-Henri, L'Esprit Saint et le mystère du salut dans les épiclèses eucharistiques syriennes, in: EL 90 (1976) 227–242

Das kirchliche Amt und die apostolische Sukzession. Neunter bilateraler Theologischer Dialog zwischen der Russischen Orthodoxen Kirche und der Evangelischen Kirche in Deutschland vom 12. bis 17. Oktober 1981 im Schoß Schwanberg bei Kitzingen, hg. v. Kirchlichen Außenamt der Evangelischen Kirche in Deutschland (Studienheft 16), Beiheft zur Ökumenischen Rundschau 49 (Frankfurt 1984)

DAVIES John Gordon, The Spirit, The Church, and The Sacraments (London 1954)

DEUSER Hermann, Trinität. Relationenlogik und Geistgegenwart, in: WELKER Michael, VOLF Miroslav (Hg), Der lebendige Gott als Trinität. FS Jürgen Moltmann (Gütersloh-München 2006) 68–81

Die Eucharistie, in: Accra 1974. Sitzung der Kommission für Glauben und Kirchenverfassung. Berichte. Reden. Dokumente = Beiheft zur Ökumenische Rundschau 27 (1975)

Die Feier der Buße nach dem neuen Rituale Romanum. Studienausgabe. Herausgegeben von den liturgischen Instituten Salzburg, Trier, Zürich (Einsiedeln 1974)

Die Feier der Firmung in den katholischen Bistümern des Deutschen Sprachgebietes. Herausgegeben im Auftrag der Bischofskonferenzen Deutschlands, Österreichs und der Schweiz und der Bischöfe von Bozen-Brixen und von Luxemburg (Einsiedeln 1973)

Die Feier der Heiligen Messe. Messbuch. Für die Bistümer des deutschen Sprachgebietes. Authentische Ausgabe für den liturgischen Gebrauch. Teil II: Das Messbuch deutsch für alle Tage des Jahres außer der Karwoche (Einsiedeln 1975)

Die Feier der Kindertaufe in den katholischen Bistümern des Deutschen Sprachgebietes. Herausgegeben im Auftrag der Bischofskonferenzen Deutschlands, Österreichs und der Schweiz und des Bischofs von Luxemburg (Einsiedeln 1971)

Die Feier der Kirchenweihe und Altarweihe, die Feier der Ölweihen. Studienausgabe. Herausgegeben von den Liturgischen Instituten Salzburg – Trier – Zürich (Freiburg 1981)

Die Feier der Krankensakramente. Die Krankensalbung und die Ordnung der Krankenpastoral in den katholischen Bistümern des Deutschen Sprachgebietes. Herausgegeben im Auftrag der Bischofskonferenzen Deutschlands, Österreichs und der Schweiz und der Bischöfe von Bozen-Brixen und von Luxemburg (Einsiedeln 1975)

Die Feier der Trauung in den katholischen Bistümern des Deutschen Sprachgebietes. Herausgegeben im Auftrag der Bischofskonferenzen Deutschlands, Österreichs und der Schweiz sowie der Bischöfe von Luxemburg, Bozen-Brixen und Lüttich (Einsiedeln 1975; Köln ²1992)

Die Weihe des Bischofs, der Priester und der Diakone. Pontifikale für die katholischen Bistümer des Deutschen Sprachgebietes I–IV. Hg. im Auftrag der Bischofskonferenz Deutschlands (...) (Freiburg ²1994)

DIRSCHERL Erwin, Der Heilige Geist und das menschliche Bewußtsein. Eine theologiegeschichtlich systematische Untersuchung = BDS 4 (Würzburg 1989)

DÖRING Heinrich, Grundriß der Ekklesiologie. Zentrale Aspekte des katholischen Selbstverständnisses und ihre ökumenische Relevanz = Grundrisse 6 (Darmstadt 1986)

DOSS Mohan, Art. Geist-Christologie, in: LThK³ 11 (Freiburg-Basel-Rom-Wien 2001) 87–88

DOSTOJEWSKI Fjodor, Idiota, übers. J. Jędrzejewicz (Warszawa 1971)

DUNN James D.G., Jesus and the Spirit (London 1975)

EBELING Gerhard, Dogmatik des christlichen Glaubens III (Tübingen 1979)

EBELING Gerhard, Sakramente I, in: TRE 29

EICHER Peter, Die Botschaft von der Versöhnung und die Theologie des kommunikativen Handelns, in: ARENS Edmund (Hg), Habermas und die Theologie. Beiträge zur theologischen Rezeption, Diskussion und Kritik der Theorie kommunikativen Handelns (Düsseldorf ²1989) 199–223

EINIG Regina, „Die Liturgiereform ist nie in Schwung gekommen". Sekretär der Gottesdienstkongregation ermutigt zu Korrekturen, in: „Die Tagespost" Nr. 78 (Würzburg 2006) 4

ENGELHARDT Klaus, Das Wirken des Heiligen Geistes und die Prüfung der Geister jenseits des Neuen Testamentes, in: HELD Heinz Joachim, SCHWARZ Klaus (Hg), Das Wirken des Heiligen Geistes in der Erfahrung der Kirche. Achter bilateraler theologischer Dialog zwischen dem Ökumenischen Patriarchat von Konstantinopel und der Evangelischen Kirche in Deutschland vom 28. September bis 7. Oktober 1987 in Hohenwart = Studienheft 21 (Hermannsburg 1995) 87–92

ERMERT Karl (Hg), Gottesdienst als „Mitteilung". Kommunikative Aspekte rituellen Handelns, in: Evangelische Akademie Loccum (Hg), Loccumer Protokolle 24/1983 (Loccum ³1987)

ERNI Raymund, Pneumatologie und triadologische Ekklesiologie in ihrer Bedeutung für Struktur und Leben der Kirche. Ein Beitrag aus der Sicht der orthodoxen Theologie, in: US (1981) 226–241

EVANS D., The Logic of Self-Involvement. A Philosophical Study of Everyday Language with Special Reference to the Christian Use of Language about God as Creator (London 1963)

EVDOKIMOV Paul, L'Esprit Saint dans la tradition orthodoxe (Paris 1969)

EVDOKIMOV Paul, La nouveauté de l'Esprit. Etudes de spiritualité (Bégrolles 1977)

EVDOKIMOV Paul, Le buisson ardent (Paris 1981)

EVDOKIMOV Paul, Le sacerdoce royal, état charismatique du chrétien, in: Le Mystère de l'Esprit Saint (Paris 1968) 112–140

EVDOKIMOV Paul, Les âges de la vie spirituelle (Paris 1973)

EVDOKIMOV Paul, Prawosławie (Warszawa 1964)

EVDOKIMOV Paul, Sacrement de l'amour. Le mystère conjugal à la lumière de la tradition orthodoxe (Paris 1962, ²1977)

FARANTOS Megas, Die Lehre vom Heiligen Geist im Bekenntnis der Kirche zum Dreieinigen Gott, in: Tutzinger Studien 2 (1981) 56–75

FERRÉ Frederick, Language, Logic and God (New York 1961)

FINKENZELLER Josef, Die Lehre von den Sakramenten im allgemeinen: Von der Schrift bis zur Scholastik = HDG 4/1a (Freiburg 1980)

FINKENZELLER Josef, Die Lehre von den Sakramenten im allgemeinen: Von der Reformation bis zur Gegenwart = HDG 4/1b (Freiburg 1981)

Foi et Constitution. Conseil Oecuménique. La réconciliation des Églises. Baptême. Eucharistie. Ministère (Taizé 1974) 27–45

FRANKEMÖLLE Hubert, Pneumatologie und kommunikatives Handlungsmodell. Von der Wirkmächtigkeit des Geistes Gottes im Volk Gottes, in: ROTZETTER Anton (Hg),] Geist wird Leib. Theologische und anthropologische Voraussetzungen des geistlichen Lebens = Seminar Spiritualität 1 (Zürich-Einsiedeln-Köln 1979) 41–61

FREITAG Josef, Geist-Vergessen – Geist-Erinnern. Vladimir Losskys Pneumatologie als Herausforderung westlicher Theologie = StSS 15 (Würzburg 1995) 255–302

FREITAG Josef, Sakramentale Sendung: Gabe und Aufgabe des sacramentum ordinis = PWB 29 (Freiburg 1990)

FREYER Thomas, Pneumatologie als Strukturprinzip der Dogmatik. Überlegungen im Anschluß an die Lehre von der »Geisttaufe« bei Karl Barth = PaThSt 12 (Paderborn 1982)

FRITZSCHE Hans-Georg, Lehrbuch der Dogmatik 2: Lehre von Gott und der Schöpfung (Göttingen 1967)

FUCHS Gotthard, *Rezension*: Schoonenberg P., Der Geist, das Wort und der Sohn. Eine Geist-Christologie, in: Informationen für Religionslehrerinnen und Religionslehrer, hg. vom Bistum Limburg 1 (1993) 41f.

FUCHS Ottmar, Das Presbyteramt in ökumenischer Perspektive, in: HÜNERMANN Peter, HILBERATH Bernd Jochen (Hg), Herders Theologischer Kommentar zum Zweiten Vatikanischen Konzil 5 (Freiburg-Basel-Wien 2006) 229–238

GAJEK Jan Sergiusz, Eucharystia i ekumeniczna diakonia kultury. Perspektywa białoruska [L'Eucaristia e la diakonia ecumenica di cultura. Prospettiva bielorussa], in: JASKÓŁA Piotr, PORADA Rajmund (Hg), Wspólna Eucharystia – cel ekumenii = Ekumenizm i Integracja 12 (Opole 2005) 99–107

GAJEK Jan Sergiusz, Eucharystia sakramentem Ducha (Warszawa 1984)

GANOCZY Alexandre, Einführung in die katholische Sakramentenlehre (Darmstadt 1979)

GARIJO-GUEMBE Miguel, Gemeinschaft der Heiligen: Grund, Wesen und Struktur der Kirche (Düsseldorf 1988)

GEISSER Hans Friedrich, Das Wirken des Heiligen Geistes in der Predigt des Evangeliums und der Feier der Sakramente, in: HELD Heinz Joachim, SCHWARZ Klaus (Hg), Das Wirken des Heiligen Geistes in der Erfahrung der Kirche. Achter bilateraler theologischer Dialog zwischen dem Ökumenischen Patriarchat von Konstantinopel und der Evangelischen Kirche in Deutschland vom 28. September bis 7. Oktober 1987 in Hohenwart = Studienheft 21 (Hermannsburg 1995) 27–41

GERKEN Alexander, Die sakramentalen Grundlagen christlicher Spiritualität, in: ROTZETTER Anton (Hg), Geist wird Leib. Theologische und anthropologische Voraussetzungen geistlichen Lebens = Seminar Spiritualität 1 (Zürich-Einsiedeln-Köln 1979) 63–96

GERKEN Alexander, Offenbarung und Transzendenzerfahrung (Düsseldorf 1969)

GLAESER Zygfryd, Eucharystia w dialogu. Wokół bilateralnych uzgodnień doktrynalnych Kościoła prawosławnego na temat Eucharystii = Ekumenizm i Integracja 15 (Opole 2007)

GRESHAKE Gisbert, *Art.* Perichorese, in: LThK^3 8 (Sonderausgabe 2006: Freiburg 1999) 31–33

GRESHAKE Gisbert, Communio – Schlüsselbegriff der Dogmatik, in: BIEMER G. u.a. (Hg), Gemeinsam Kirche sein. Theorie und Praxis der Communio = FS O. Saier (Freiburg 1992) 90–121

GRESHAKE Gisbert, Der dreieine Gott. Eine trinitarische Theologie (Freiburg 1997)

GRESHAKE Gisbert, Heilsverständnis heute: Ein Problembericht, in: DERS., Gottes Heil – Glück des Menschen (Freiburg 1983) 15–49

GRESHAKE Gisbert, Priestersein: Zur Theologie und Spiritualität des priesterlichen Amtes (Freiburg ⁵1991)

GRESHAKE Gisbert, Zum gegenwärtigen Stand der Gnadentheologie, in: DERS., Geschenkte Freiheit: Einführung in die Gnadenlehre (Freiburg ⁵1992) 123–142

GRONDIJS Lodewijk H., L'iconographie byzantine du Crucifié mort sur la croix (Bruxelles 1941)

Groupe des Dombes, L'Esprit Saint, l'Eglise et les sacrements (Taizé 1979)

Groupe des Dombes. Vers une même foi eucharistique? Accord entre catholiques et protestants (Taizé 1972) 15–35

GRZEŚKOWIAK Jerzy, Małżeństwo a misterium Chrystusa, in: AK 455–456 (1985) 190–206

GUARDINI Romano, Vom Geist der Liturgie (Freiburg u.a. 1957)

GUARDINI Romano, Vom Sinn der Kirche (Mainz ⁵1990)

HALLEUX André de, Orthodoxie et Catholicisme: du personalisme en pneumatologie = RTL 6 (1975) 3–30 HARNONCOURT Philipp, Liturgie als kommunikatives Geschehen, in: LJ 25 (1975) 5–27

HASENHÜTTL Gotthold, Charisma. Ordnungsprinzip der Kirche (Freiburg 1969)

HAUNERLAND Winfried, Zur sakramententheologischen Relevanz anamnetisch-epikletischer »Hochgebete« in der Sakramentenliturgie, in: Pastoralblatt 47 (1995) 39–46

HÄUSSLING Angelus A., Odo Casel – noch von Aktualität?, in: ArchLiturgWiss 28 (1986) 357–387

HEGEL Georg Wilhelm Friedrich, Philosophie der Religion, in: DERS., Sämtliche Werke (hg v. Hermann Glocker) 16 (Stuttgart ⁴1965)

HEILER Friedrich, Die Einheit von Evangelisch und Katholisch, in: DERS., Im Ringen um die Kirche. Gesammelte Aufsätze und Vorträge 2 (München 1931)

HEILER Friedrich, Die Ostkirchen (München 1971)

HELD Hans Joachim, Das Wirken des Heiligen Geistes in der Predigt des Evangeliums und in der Feier der heiligen Sakramente in: HELD Heinz Joachim, SCHWARZ Klaus (Hg), Das Wirken des Heiligen Geistes in der Erfahrung der Kirche. Achter bilateraler theologischer Dialog zwischen dem Ökumenischen Patriarchat von Konstantinopel und der Evangelischen Kirche in Deutschland vom 28. September bis 7. Oktober 1987 in Hohenwart = Studienheft 21 (Hermannsburg 1995) 42–43

HELD Heinz Joachim, SCHWARZ Klaus (Hg), Das Wirken des Heiligen Geistes in der Erfahrung der Kirche. Achter bilateraler theologischer Dialog zwischen dem Ökumenischen Patriarchat von Konstantinopel und der Evangelischen Kirche in Deutschland vom 28. September bis 7. Oktober 1987 in Hohenwart = Studienheft 21 (Hermannsburg 1995) 24–108

HELD Heinz Joachim, SCHWARZ Klaus (Hg), Leben aus der Kraft des Heiligen Geistes. Neunter bilateraler theologischer Dialog zwischen dem Ökumenischen Patriarchat von Konstantinopel und der Evangelischen Kirche in Deutschland vom 26. Mai bis 4. Juni 1990 in Kreta = Studienheft 21 (Hermannsburg 1995) 109–185

HENNIG Christian, Die evangelische Lehre vom Heiligen Geist und seiner Person. Studien zur Architektur protestantischer Pneumatologie im 20. Jahrhundert (Gütersloh 2000)

HILBERATH Bernd Jochen, Communio hierarchica, in: ThQ 177 (1997) 202–219

HILBERATH Bernd Jochen, Der dreieinige Gott und die Gemeinschaft der Menschen (Grünewald-Mainz 1990)

HILBERATH Bernd Jochen, Der Heilige Geist – ein Privileg der Kirche?, in: GROSS Walter (Hg), Das Judentum – Eine bleibende Herausforderung christlicher Identität (Mainz 2001) 174–183

HILBERATH Bernd Jochen, Heiliger Geist – heilender Geist (Mainz 1998)

HILBERATH Bernd Jochen, Karl Rahner. Gottgeheimnis Mensch (Mainz 1995)

HILBERATH Bernd Jochen, Kirche als communio. Beschwörungsformel oder Projektbeschreibung, in: ThQ 174 (1994) 45–65

HILBERATH Bernd Jochen, Pneumatologie, in: SCHNEIDER Theodor (Hg), HDog² 1 (Düsseldorf 2002) 445–552

HILBERATH Bernd Jochen, Zur Personalität des Heiligen Geistes, in: ThQ 173 (1993) 98–112

HOPING Helmut, Deus Trinitas. Zur Hermeneutik trinitarischer Gottesrede, in: STRIET Magnus (Hg), Monotheismus und christlicher Trinitätsglaube = QD 210 (Freiburg 2004) 128–154

HOTZ Robert, Sakramente im Wechselspiel zwischen Ost und West = ÖTh 2 (Zürich-Köln-Gütersloh 1979)

HRYNIEWICZ Wacław, Zasada „ekonomii eklezjalnej" w życiu i teologii prawosławia, in: RTK 6 (1981) 137–152

HRYNIEWICZ Wacław, Aktualizm w teologii, in: EK I 278–280

HRYNIEWICZ Wacław, Człowiek w mocy Ducha Świętego. Zarys pneumatologii Ojców wschodnich (Der Mensch in der Kraft des Heiligen Geistes. Abriss der Pneumatologie der östlichen Kirchenväter), in: Znak 277–278 (1977) 775–793

HRYNIEWICZ Wacław, Czy wspólnota Stołu Pańskiego jest jeszcze możliwa?, in: GÓRKA Leonard (Hg), To czyńcie na moją pamiątkę. Eucharystia w perspektywie ekumenicznej (Warszawa 2005) 220–255

HRYNIEWICZ Wacław, Der pneumatologische Aspekt der Kirche aus orthodoxer Sicht, in: Cath(M) 31 (1977) 122–150

HRYNIEWICZ Wacław, Diakonia Pneumatos. Refleksje ekumeniczne nad ważnością i uznaniem sakramentu w perspektywie paschalnej, in: AK 104/455–456 (1985) 173–189

HRYNIEWICZ Wacław, Duch Święty, sakramenty, człowiek. Ku spotkaniu tradycji chrześcijaństwa Wschodu i Zachodu, in: ZNAK 316 (1980) 1203–1220

HRYNIEWICZ Wacław, Eucharystia – sakrament paschalny, in: AK 101/447 (1983) 231–248

HRYNIEWICZ Wacław, Paradoksy chrześcijańskiej tożsamości, in: Więź 5 (1981) 100–113

HRYNIEWICZ Wacław, Pneumatologia a eklezjologia, in: CT 2 (1977) 33–59

HRYNIEWICZ Wacław, Prawosławny wkład do współczesnej refleksji ekumenicznej, in: CollTh 47/2 (1977) 33–39. 42–43

HRYNIEWICZ Wacław, Recepcja jako problem ekumeniczny, in: Recepcja, nowe zadanie ekumenizmu (Lublin 1985) 9–36

HRYNIEWICZ Wacław, Rola Tradycji w interpretacji teologicznej. Analiza współczesnych poglądów dogmatyczno-ekumenicznych (Lublin 1976)

HRYNIEWICZ Wacław, Sukcesja apostolska w świetle współczesnej teologii prawosławnej, in: CT 1 (1974) 25–42

HRYNIEWICZ Wacław, The Centrality of Christ in Orthodox Theology, in: CollTh 46 (1976) 153–168

HRYNIEWICZ Wacław, Zarys chrześcijańskiej teologii paschalnej *[Une esquisse de la théologie pascale chrétienne]*: 1. Chrystus nasza Pascha *[Le Christ, notre Pâque]* = RTK 60 (Lublin 1982)

HRYNIEWICZ Wacław, Zarys chrześcijańskiej teologii paschalnej *[Une esquisse de la théologie pascale chrétienne]*: 2. Nasza Pascha z Chrystusem *[Notre Pâque avec le Christ]* = RTK 69 (Lublin 1987)

HRYNIEWICZ Wacław, Zarys chrześcijańskiej teologii paschalnej *[Une esquisse de la théologie pascale chrétienne]*: 3. Pascha Chrystusa w dziejach człowieka i wszechświata *[La Pâque du Christ dans l'histoire de l'homme et du cosmos]* = RTK 84 (Lublin 1991)

HRYNIEWICZ Wacław, Zasada „ekonomii eklezjalnej w życiu i teologii prawosławia", in: RTK 6 (1981) 137–152

HÜNERMANN Peter, Ekklesiologie im Präsens (Münster 1995)

HÜNERMANN Peter, Sakrament – Figur des Lebens, in: SCHAEFFLER Richard / HÜNERMANN Peter (Hg), Ankunft Gottes und Handeln des Menschen. Thesen über Kult und Sakrament = QD 77 (Freiburg 1977) 51–87

HÜNERMANN Peter, Theologischer Kommentar zur dogmatischen Konstitution über die Kirche *Lumen gentium*, in: DERS., HILBERATH Bernd Jochen (Hg), Herders Theologischer Kommentar zum Zweiten Vatikanischen Konzil 2 (Freiburg-Basel-Wien 2004) 263–582

IGNACE IV, La Résurrection et l'homme d'aujourd'hui (Paris 1982)

JANKOWSKI Augustyn, Duch Dokonawca. Nowy Testament o posłannictwie eschatologicznym Ducha Świętego (Katowice 1983)

JASKÓŁA Piotr, »Spiritus Effector«. Nauka Jana Kalwina o roli Ducha Świętego w misterium zbawienia. Studium dogmatyczno-ekumeniczne [Johannes Calvins Lehre von der Rolle des Heiligen Geistes im Heilsmysterium. Eine dogmatisch-ökumenische Untersuchung] (Opole 1994)

JASKÓŁA Piotr, Reformacyjne wątpliwości w nauce o Eucharystii [Reformatorische Bezweiflung in der Eucharistielehre], in: DERS., PORADA Rajmund (Hg), Wspólna Eucharystia – Cel Ekumenii = Ekumenizm i Integracja 12 (Opole 2005) 43–60

JOHANNES PAUL II., *Pastores dabo vobis*. Nachsynodales Apostolisches Schreiben an die Bischöfe, Priester und Gläubigen über die Priesterausbildung im Kontext der Gegenwart: vom 25. März 1992 (Vatikan 1992), in: VAS 105, 26

JÜNEMANN Augustinus, Kirche – Werkzeug des Geistes. Elemente einer pneumatologischen Ekklesiologie = TThSt 70 (Trier 2003)

JÜNGEL Eberhard, Gott als Geheimnis der Welt (Tübingen ^{3}1978)

JUNGMANN Josef Andreas, „Die Kirche im religiösen Leben der Gegenwart" – anlässlich des 100. Todestages von J.A. Möhler 375, in: TÜCHLE Hermann (Hg), Die eine Kirche. Zum Gedenken J. A. Möhlers 1838–1938 (Paderborn 1939) 373–390

KACZYNSKI Reiner, Theologischer Kommentar zur Konstitution über die heilige Liturgie *Sacrosanctum Concilium*, in: HÜNERMANN Peter, HILBERATH Bernd Jochen (Hg), Herders Theologischer Kommentar zum Zweiten Vatikanischen Konzil 2 (Freiburg-Basel-Wien 2004) 1–227

KASPER Walter, Aufgaben der Christologie heute, in: SCHILSON Arno, KASPER Walter (Hg), Christologie im Präsens. Kritische Sichtung neuerer Entwürfe (Freiburg u.a. ^{2}1977) 133–151

KASPER Walter, Der Gott Jesu Christi (Mainz 1982)

KASPER Walter, Die Kirche als Sakrament des Geistes, in: DERS., SAUTER Gerhard, Kirche – Ort des Geistes = Ökumenische Forschungen, Erg. Abteilung: Kleine ökumenische Schriften 8 (Freiburg 1976) 13–55

KASPER Walter, Ein Leib und ein Geist werden in Christus. Schreiben über die Eucharistie Papst Johannes Paul II. (Freiburg 1980)

KASPER Walter, Glaube und Taufe, in: DERS. (Hg), Christsein ohne Entscheidung? – oder: Soll die Kirche Kinder taufen? (Mainz 1970) 129–159

KEHL Medard, Die Kirche. Eine katholische Ekklesiologie (Würzburg 1992)

KEHL Medard, Kirche – Sakrament des Geistes, in: KASPER Walter (Hg), Gegenwart des Geistes. Aspekte der Pneumatologie = QD 85 (Freiburg u.a.1979) 155–180

KEHL Medard, Kirche als Institution. Zur theologischen Begründung des institutionellen Charakters der Kirche in der neueren deutschsprachigen katholischen Ekklesiologie (Frankfurt a.M. 1976)

KERN Udo, Sakramente in trinitarischer Perspektive, in: Lutherische Kirche in der Welt. Jahrbuch des Martin-Luther-Bundes 987 (53:2006) 68–100

KILMARTIN Edward J., Systematic Theology of Liturgy, in: DERS., Christian Liturgy: Theology and Practice 1 (Kansas City 1988)

Kleines Rituale, Liturgische Institute: Salzburg-Trier-Zürich (Hg), (Zürich-Freiburg 1980)

KLEINHEYER Bruno, Sakramentliche Feiern 1: Die Feiern der Eingliederung in die Kirche = HLit 7,1 (Regensburg 1989)

KLEINHEYER Bruno, Sakramentliche Feiern 2: Ordinationen und Beauftragungen – Riten um Ehe und Familie – Feier geistlicher Gemeinschaften – Die Sterbe- und Begräbnisliturgie – Die Benediktionen – Der Exorzismus = HLit 8 (Regensburg 1984)

KLINGER Jerzy, Geneza sporu o epiklezę. Eschatologiczny a memorialny aspekt Eucharystii w kanonie pierwszych wieków (Warszawa 1969)

KOCH Günter, Sakramentenlehre – Das Heil aus den Sakramenten, in: BEINERT Wolfgang (Hg), Glaubenszugänge. Lehrbuch der Katholischen Dogmatik 3 (Paderborn-München-Wien-Zürich 1995) 307–523

KOHLSCHEIN Franz, Die liturgische Feier als Kommunikationsgeschehen, in: Theologie der Gegenwart 26 (1983) 1–13

KOHLSCHEIN Franz, Symbol und Kommunikation als Schlüsselbegriffe einer Theologie und Theorie der Liturgie, in: LJ 35 (1985) 200–218

KÖSTERS Ludwig, *Art*. Kirche 971–973, in: BUCHBERGER Michael (Hg), LThK 5 (Freiburg 1933) 968–982

KOTHGASSER Alois, Die katholische Pneumatologie im Zwanzigsten Jahrhundert: Perspektiven, Strömungen, Motive, Ausblick, in: Credo in Spiritum Sanctum. Atti del Congresso Teologico Internazionale di Pneumatologia in occasione del 1600° anniversario del I Concilio di Costantinopoli e del 1550° anniversario del Concilio di Efeso *Roma, 22–26 marzo 1982* (Vatican City 1983) 611–659

KOTIRANTA Matti, Das Trinitarische Dogma als verbindender Faktor für das liturgische Erbe der Kirchen, in: Kerygma und Dogma 40 (1994) 115–142

KRAHE Maria Judith, Der Herr ist der Geist: Studien zur Theologie Odo Casels (St. Ottilien 1986): 1. Das Mysterium Christi = Pietas Liturgica Studia 2; 2. Das Mysterium vom Pneuma Christi = Pietas Liturgica Studia 3

KRUSCHE Werner, Das Wirken des Heiligen Geistes nach Calvin (Berlin 1957)

KUCHAREK Casimir A., The Sacramental Mysteries: A Byzantine Approach. Allendale (N.J. 1976)

KÜHN Ulrich, Sakramente (Gütersloh 1985)

KÜNG Hans, Charyzmatyczna struktura Kościoła, in: Conc 1–10 (1965–66) 281–293

KÜNG Hans, Die Firmung als Vollendung der Taufe, in: ThQ (1974) 26–47

KÜNG Hans, Die Kirche (Freiburg 1967)

KÜNG Hans, Was ist Firmung? (Einsiedeln 1976)

L'HUILLIER Peter, Sacerdoce royal et sacerdoce ministériel, in: MEPR 33–34 (1960) 27–44

LANDGRAF Artur, Art. Sakramente, in: BUCHBERGER Michael (Hg), LThK 9 (Freiburg 1937) 80–89

LARENTZAKIS Grigorios, Die Früchte des Heiligen Geistes im Leben der Kirche, in: HELD Heinz Joachim, SCHWARZ Klaus (Hg), Leben aus der Kraft des Heiligen Geistes. Neunter bilateraler theologischer Dialog zwischen dem Ökumenischen Patriarchat von Konstantinopel und der Evangelischen Kirche in Deutschland vom 26. Mai bis 4. Juni 1990 in Kreta = Studienheft 21 (Hermannsburg 1995) 113–126

LAURENTIN René, La redécouverte de l'Esprit Saint et des charismes dans l'Eglise actuelle, in: DERS. (Hg), L'Esprit Saint (Bruxelles 1978) 11–37

LEHMANN Karl, Bleibendes und Unwandelbares im priesterlichen Amt, in: FORSTER Karl (Hg), Priester zwischen Anpassung und Unterscheidung. Auswertungen und Kommentare zu den im Auftrag der Deutschen Bischofskonferenz durchgeführten Umfragen unter allen Welt- und Ordenspriestern in der Bundesrepublik Deutschland (Freiburg 1974) 11–25

LEHMANN Karl, Gegenwart des Glaubens (Mainz 1974)

LEHMANN Karl, Heiliger Geist, Befreiung zum Menschsein – Teilhabe am göttlichen Leben. Tendenzen gegenwärtiger Gnadenlehre, in: KASPER Walter (Hg), Gegenwart des Geistes. Aspekte der Pneumatologie = QD 85 (Freiburg u.a. 1979) 181–204

Lehrverurteilung – kirchentrennend?, LEHMANN Karl, PANNENBERG Wolfhart (Hg), 1: Rechtfertigung, Sakramente und Amt im Zeitalter der Reformation und heute (Freiburg-Göttingen 1986) 94–108

Liber de Ordinatione Diaconi, Presbyteri et Episcopi secundum Pontificale Romanum ex Decreto Sacrosancti Oecumenici Concilii Vaticani II instauratum Auctoritate Pauli PP. VI. promulgatum. Editio Linguae Germanicae Typica a Conferentiis Episcopolibus Regionis Linguae Germanicae approbata (Einsiedeln 1971)

LIES Lothar, Die Sakramente der Kirche. Ihre eucharistische Ausrichtung auf den dreifaltigen Gott (Innsbruck 2004)

LIES Lothar, Die Theologie in den Bereichen der Ostkirchen, auf: http://histheol.uibk.ac.at/lies/lehre/vorlesosttheol.pdf (URL 01.11.2006) 1–17

LIES Lothar, Eucharistie in ökumenischer Verantwortung (Graz 1996)

LIES Lothar, Eulogia – Überlegungen zur formalen Sinngestalt der Eucharistie, in: ZKTh 100 (1978) 69–120

LIES Lothar, Eulogische Sinngestalt und Feiergestalt unfehlbarer Aussagen, in: ZKTh 123 (2001) 423–449

LIES Lothar, Sakramente als Kommunikationsmittel. Pastoraltheologische Erwägungen, in: KOCH Günter, LIES Lothar, SCHREINER Josef, WITTSTADT Klaus, Gegenwärtig in Wort und Sakrament. Eine Hinführung zur Sakramentenlehre = Theologie im Fernkurs 5 (Freiburg-Basel-Wien 1976) 110–148

LIES Lothar, Sakramententheologie. Eine personale Sicht (Graz-Wien-Köln 1990)

LIES Lothar, Theologie als eulogisches Handeln, in: ZKTh 107 (1985) 76–91

LIES Lothar, Trinitätsvergessenheit gegenwärtiger Sakramententheologie?, in: ZKTh 105 (1983) 290–314. 415–429

LIES Lothar, Wort und Eucharistie bei Origenes. Zur Spiritualisierungstendenz des Eucharistieverständnisses = Innsbrucker Theologische Studien 1 (Innsbruck ²1982)

LIES Lothar, Zum globalen Verständnis von Ex-Cathedra-Entscheidungen, in: DERS., HELL Silvia (Hg), Papstamt. Hoffnung, Chance, Ärgernis. Ökumenische Diskussion in einer globalisierten Welt (Innsbruck 2000) 167–189

Lima-Dokument: Taufe, Eucharistie und Amt. Konvergenzerklärungen der Kommission für Glauben und Kirchenverfassung des Ökumenischen Rates der Kirchen (»Lima Dokument«) 1982, in: MEYER H., URBAN H.J., VISCHER L. (Hg), Dokumente wachsender Übereinstimmung. Sämtliche Berichte und Konsenstexte interkonfessioneller Gespräche auf Weltebene 1: 1931–1982 (Frankfurt-Paderborn 1983) 545–585

LOOSEN Joseph, Ekklesiologische, christologische und trinitätstheologische Elemente im Glaubenbegriff, in: AUER Johann, VOLK Hermann (Hg), Theologie in Geschichte und Gegenwart. FS Michael Schmaus (München 1957) 89–102

LOSSKY Vladimir, Die mystische Theologie der morgenländischen Kirche (Graz-Wien-Köln 1962)

MALATESTA Edward, The Holy Spirit Accuses Us of Sin, in: OiCh (1980) 195–205

MALMBERG F., Ein Leib – Ein Geist (Freiburg 1960)

MARALDI Valentino, Lo spirito e la sposa. Il ruolo ecclesiale dello Spirito Santo dal Vaticano I alla Lumen gentium del Vaticano II (Casale Monferrato 1997)

MARTELET Gustave, Zmartwychwstanie, Eucharystia, człowiek (Warszawa 1976)

MARTENSEN Hans L., Baptême et vie chrétienne (Paris 1982)

MARTIKAINEN Eeva, Doctrina. Studien zu Luthers Begriff der Lehre = Schriften der Luther-Agricola Gesellschaft 26 (Helsinki 1992)

MAYER Anton L., Die geistesgeschichtliche Situation der liturgischen Erneuerung in der Gegenwart, in: ALW 4,1/2 (1955/56)

MELCHISEDEK Erzbischof, Leben aus dem Geist in der Russischen Orthodoxen Kirche, in: Tutzinger Studien 2 (1981) 77–82

MENKE Karl-Heinz, Das Kriterium des Christseins. Grundriss der Gnadenlehre (Regensburg 2003)

METZ Johann Baptist, Jenseits bürgerlicher Religion (München-Mainz 1980)

METZ Johann Baptist, Plädoyer für mehr Theodizeeempfindlichkeit in der Theologie, in: OELMÜLLER Willi (Hg), Worüber man nicht schweigen kann. Neue Diskussionen zur Theodizeefrage (München 1992) 125–137

MEUFFELS Hans Otmar, Kommunikative Sakramententheologie (Freiburg-Basel-Wien 1995)

MEYENDORFF John, Die Theologie des Heiligen Geistes (Zusammenfassung), in: IEF-Rundbrief 15 (1984)

MEYENDORFF John, Marriage: An Orthodox Perspective (Crestwood 1970)

MEYENDORFF John, Byzantine Theology (New York 1974)

MEYER Hans Bernard, Eine trinitarische Theologie der Liturgie und der Sakramente, in: ZKTh 113 (1991) 24–38

MEYER Hans Bernard, *Rez.* zu Lothar Lies: Sakramententheologie. Eine personale Sicht (Graz 1990), in: ZKTh 113 (1991) 321–322

Międzynarodowa Komisja Mieszana do Dialogu Teologicznego między Kościołem Rzymskokatolickim i Kościołem prawosławnym. Misterium Kościoła i Eucharystii w świetle tajemnicy Trójcy Świętej I 5, in: AK 442 (1982)

MÖHLER Johann Adam, Die Einheit in der Kirche oder das Princip des Katholicismus, dargestellt im Geiste der Kirchenväter der drei ersten Jahrhunderte (Tübingen 1825)

MÖHLER Johann Adam, Symbolik oder Darstellung der dogmatischen Gegensätze der Katholiken und Protestanten nach ihren öffentlichen Bekenntnisschriften, hg., eingel. und komm. v. Josef R. Geiselmann (Köln-Olten 1958)

MOLTMANN Jürgen, Der Geist des Lebens. Eine ganzheitliche Pneumatologie (München 1991)

MOLTMANN Jürgen, Die ersten Freigelassenen der Schöpfung. Versuche über die Freude an der Freiheit und das Wohlgefallen am Spiel (München ^{6}1981)

MOLTMANN Jürgen, Kirche in der Kraft des Geistes (München 1975)

MOLTMANN Jürgen, Theologie der Hoffnung (München ⁷1968) Mszał z czytaniami (Katowice ²1993)

MÜHLEN Heribert, Das Christusereignis als Tat des Heiligen Geistes, in: MySal III/2 (Einsiedeln-Zürich-Köln 1969) 513–545

MÜHLEN Heribert, Der Heilige Geist als Person in der Trinität, bei der Inkarnation und im Gnadenbund: Ich – Du – Wir (Münster ²1967, ³1968)

MÜHLEN Heribert, Die Erneuerung des christlichen Glaubens. Charisma – Geist – Befreiung (München ²1976)

MÜHLEN Heribert, Die Firmung als geschichtliche Fortdauer der urkirchlichen Geisterfahrung, in: NORDHUES Paul, PETRI Heinrich (Hg), Die Gabe des Geistes (Paderborn 1974) 100–124

MÜHLEN Heribert, Entsakralisierung. Ein epochales Schlagwort in seiner Bedeutung für die Zukunft der christlichen Kirchen (Paderborn ²1970)

MÜHLEN Heribert, Gnadenlehre, in: VORGRIMLER Heribert, VAN DER GUCHT Robert (Hg), Bilanz der Theologie im 20. Jahrhundert 3 (Freiburg 1969/70) 143–192

MÜHLEN Heribert, Soziale Geisterfahrung als Antwort auf eine einseitige Gotteslehre, in: DERS., HEITMANN Claus (Hg), Erfahrung und Theologie des Heiligen Geistes (Hamburg-München 1974) 253–272

MÜHLEN Heribert, Una Mystica Persona. Die Kirche als das Mysterium der Identität des Heiligen Geistes in Christus und den Christen: Eine Person in vielen Personen (München-Paderborn-Wien ²1967, ³1968)

MÜLLER A., Amt als Kriterium der Kirchlichkeit? Kirchlichkeit als Kriterium des Amtes?, in: Theologische Berichte 9 (Zürich 1980) 97–128

MÜLLER Gerhard Ludwig, Katholische Dogmatik. Für Studium und Praxis der Theologie (Freiburg-Basel-Wien ⁶2005)

MÜLLER Wolfgang W., Die christologisch-pneumatologische Sicht der Sakramente, in: DERS., Gnade in Welt. Eine symboltheologische Sakramentenskizze = ThFW 2 (Münster-Hamburg-Berlin-London 2002) 40–44

MÜLLER Wolfgang W., Sakrament und/oder Magie? Anfragen an die postmoderne Sakramententheologie, in: ThG 41 (1998) 185–195

NAPIÓRKOWSKI Stanisław C., Duch Święty a Eucharystia według katolicko-protestanckich uzgodnień doktrynalnych na temat Eucharystii, in: ZNAK 277–278 (1977) 794–803

NELLAS P., Sacerdoce royal. Essai sur le problème du laïcat, in: Kleronomía (1976) 149–162

NEUNHEUSER Burkhard, Taufe und Firmung (Freiburg 1956)

NIKOLAOU Theodor, Das Wirken des Heiligen Geistes in der Predigt des Evangeliums und in der Feier der Sakramente, in: HELD Heinz Joachim, SCHWARZ Klaus (Hg), Das Wirken des Heiligen Geistes in der Erfahrung der Kirche. Achter bilateraler theologischer Dialog zwischen dem Ökumenischen Patriarchat von Konstantinopel und der Evangelischen Kirche in Deutschland vom 28. September bis 7. Oktober 1987 in Hohenwart = Studienheft 21 (Hermannsburg 1995) 44–54

NIKOLAOU Theodor, Die Sakramentsmystik bei Nikolaus Kabasilas, in: KNA-Ökumenische Information 20 (1979)

NIKOLAOU Theodor, Teilhabe am Mysterium der Kirche. Eine Analyse der Gespräche zwischen dem Ökumenischen Patriarchat und EKD, in: ÖR 30 (1981)

NISSIOTIS Nikos Angelos, Berufen zur Einheit. Oder: Die epikletische Bedeutung der kirchlichen Gemeinschaft, in: ÖR 26 (1977) 297–313

NISSIOTIS Nikos Angelos, Die epikletische Bedeutung der kirchlichen Gemeinschaft, in: ÖR (1977) 297–313

NISSIOTIS Nikos Angelos, Die Theologie der Ostkirche im Ökumenischen Dialog. Kirche und Welt in orthodoxer Sicht (Stuttgart 1968)

NISSIOTIS Nikos, Berufen zur Einheit. Oder: Die epikletische Bedeutung der kirchlichen Gemeinschaft, in: ÖR 26 (1977) 297–313

NITSCHE Bernhard, Die Analogie zwischen dem trinitarischen Gottesbild und der communialen Struktur von Kirche. Desiderat eines Forschungsprogrammes zur Communio-Ekklesiologie, in: HILBERATH Bernd Jochen (Hg), Communio – Ideal oder Zerrbild von Kommunikation = QD 176 (Freiburg u.a. 1999) 81–114

NITSCHE Bernhard, Diskontinuität und Kontinuität zwischen dem jüdisch-alttestamentlichen und dem christlich-trinitarischen Gottesbild. Hermeneutische Überlegungen und pneumatologische Zugänge, in: STRIET Magnus (Hg), Monotheismus und christlicher Trinitätsglaube = QD 210 (Freiburg 2004) 93–127

NITSCHE Bernhard, Geistvergessenheit und die Wiederentdeckung des Heiligen Geistes im Zweiten Vatikanischen Konzil, in: DERS. (Hg), Atem des sprechenden Gottes. Einführung in die Lehre vom Heiligen Geist (Regensburg 2003) 102–144

NOSSOL Alfons, Der Geist als Gegenwart Jesu Christi, in: KASPER Walter (Hg), Gegenwart des Geistes. Aspekte der Pneumatologie = QD 85 (Freiburg u.a.1979) 132–154

O'NEILL Collman E., Die Sakramententheologie, in: VORGRIMLER Herbert, VAN DER GUCHT Robert (Hg), Bilanz der Theologie im 20. Jahrhundert 3 (Freiburg 1969/70) 244–294

Obrzędy pokuty dostosowane do zwyczajów diecezji polskich (Katowice 1981)

Ordo unctionis infirmorum eorumque pastoralis curae. Rituale Romanum ex decreto Sacrosancti Oecumenici Concilii Vaticani II instauratum. Editio typica (Romae 1972)

PANNENBERG Wolfart, Apostolizität und Katholizität der Kirche in der Perspektive der Eschatologie, in: ThLZ (1965) 97–112

PANNENBERG Wolfart, Die Bedeutung der Eschatologie für das Verständnis der Apostolizität und Katholizität der Kirche, in: DERS., Katholizität und Apostolizität (Göttingen 1971) 92–109

PANNENBERG Wolfhart, Probleme einer trinitarischen Gotteslehre, in: BAIER W. (Hg), Weisheit Gottes – Weisheit der Welt. FS Joseph Kardinal Ratzinger (St. Ottilien 1987) 329–341.

PANNENBERG Wolfhart, Systematische Theologie 1 (Göttingen 1988)

PAPANDREOU Damaskinos, Die ökumenische und pneumatologische Dimension der orthodoxen Liturgie, in: SCHLEMMER Karl (Hg), Gemeinsame Liturgie in getrennten Kirchen? (Freiburg 1991) 35–52

PEMSEL-MAIER Sabine, Rechtfertigung durch Kirche? Das Verhältnis von Kirche und Rechtfertigung in Entwürfen der neueren katholischen und evangelischen Theologie = StSySpTh 5 (Würzburg 1991)

PESCH Otto Hermann, Frei sein aus Gnade. Theologische Anthropologie (Leipzig 1986)

PLANK Peter, Die Eucharistieversammlung als Kirche. Zur Entstehung und Entfaltung der eucharistischen Ekklesiologie N. Afanasjews (Würzburg 1980)

POHLE Joseph, Lehrbuch der Dogmatik 2 (Paderborn ^{3}1907)

PORSCH F., Pneuma und Wort. Ein exegetischer Beitrag zur Pneumatologie des Johannesevangeliums (Frankfurt a.M. 1974)

POTTERIE Ignace de la, „Naître de l'eau et naître de l'Esprit". Le texte baptismal de Jn 3,5, in: La vie selon l'Esprit, condition du chrétien (Paris 1965) 31–63

POTTMEYER Hermann J., Der eine Geist als Prinzip der Einheit der Kirche in Vielfalt. Auswege aus einer christomonistischen Ekklesiologie, in: Pastoraltheologische Informationen 5 (1985) 253–284

POTTMEYER Hermann J., Der Heilige Geist und die Kirche. Von einer christomonistischen zu einer trinitarischen Ekklesiologie, in: Tutzinger Studien 2 (1981) 45–55

RAHNER Hugo, Der spielende Mensch (Einsiedeln ^{5}1960)

RAHNER Karl, Art. Sakramententheologie, in: LThK^2 IX, 240–243

RAHNER Karl, Das Christentum und der „neue Mensch". Schriften zur Theologie V (Einsiedeln 1962) 59–179

RAHNER Karl, Die Gegenwart Christi im Sakrament des Herrenmahles. Schriften zur Theologie IV (Einsiedeln 1960) 357–385

RAHNER Karl, Kirche der Sünder. Schriften VI (Einsiedeln 1967) 301–320

RAHNER Karl, Kirche und Sakramente = QD (Freiburg-Basel-Wien 1960)

RAHNER Karl, Kirche und Sakramente = QD 10 (Freiburg 1960)

RAHNER Karl, Sündige Kirche nach den Dekreten des Zweiten Vatikanischen Konzils. Schriften zur Theologie VI (Einsiedeln 1967) 321–347

RAHNER Karl, Trost der Zeit. Schriften zur Theologie III (Einsiedeln 1957)

RAHNER Karl, Von der Not und dem Segen des Gebets (Freiburg ^{9}1977)

RAHNER Karl, Was ist ein Sakrament? Schriften zur Theologie X (Einsiedeln 1972) 377–391

RAHNER Karl, Wort und Eucharistie. Schriften zur Theologie IV (Einsiedeln 1960) 313–355

RATZINGER Joseph / BENEDIKT XVI., Auf Christus schauen. Einübung in Glaube, Hoffnung, Liebe (Freiburg 1989/2006)

RATZINGER Joseph / BENEDIKT XVI., Der Geist der Liturgie. Eine Einführung (Sonderausgabe: Freiburg 2000/2006)

RATZINGER Joseph / BENEDIKT XVI., Der Geist der Liturgie. Eine Einführung (Freiburg 2000/2006)

RATZINGER Joseph / BENEDIKT XVI., Eschatologie. Tod und ewiges Leben (Regensburg 2007, ^{6}1990)

RATZINGER Joseph / BENEDIKT XVI., Jesus von Nazareth. Erster Teil von der Taufe im Jordan bis zur Verklärung (Freiburg 2007)

RATZINGER Joseph / BENEDIKT XVI., Wer glaubt, ist nie allein. Worte der Ermutigung, hg. v. Burkhart Menke, Hörbuch CD 2 (Freiburg 2005)

RATZINGER Joseph / BENEDIKT XVI., Zwischen Tod und Auferstehung. Ergänzende Reflexionen zur Frage des »Zwischenzustandes«. Anhang zu: DERS., Eschatologie. Tod und ewiges Leben (Regensburg 2007, ^{6}1990) 207–223

RATZINGER Joseph, Art. Kirche, in: LThK^2 (Freiburg 1961) 173–183

RATZINGER Joseph, Die sakramentale Begründung christlicher Existenz (Meitingen ^{4}1973)

RATZINGER Joseph, Einführung in das Christentum. Vorlesungen über das Glaubensbekenntnis (München 1968)

RATZINGER Joseph, Eucharistie – Mitte der Kirche. Vier Predigten (Donauwörth ^{2}2005)

RATZINGER Joseph, Gott und die Welt (Stuttgart-München 2000)

RATZINGER Joseph, Kirchliche Bewegungen und ihr theologischer Ort. 2.: Christologie und Pneumatologie, in: DERS., Weggemeinschaft des Glaubens: Kirche als Communio (Augsburg 2002) 157–159

RICHTER Klemens, Die Liturgiekonstitution des Zweiten Vatikanischen Konzils: Ziele, Widerstände, Würdigung, in: RICHTER Klemens, STERNBERG Thomas (Hg), Liturgiereform – eine bleibende Aufgabe. 40 Jahre Konzilskonstitution über die heilige Liturgie (Münster 2004) 23–51

Rituale Romanum. Ordo paenitentiae (Romae 1974)

RÜCKSTUHL E., Einmaligkeit und Nachfolge der Apostel, in: ErA (1971) 240–253

SATTLER Dorothea, Die Sakramentalität des kirchlichen Amtes. Ökumenische Anliegen, in: DEMEL Sabine u.a. (Hg), Im Dienst der Gemeinde. Wirklichkeit und Zukunftsgestalt der kirchlichen Ämter (Münster 2002) 49–63

SATTLER Dorothea, Wandeln Worte Wirklichkeit? Nachdenkliches über die Rezeption der Sprechakttheorie in der Sakramententheologie, in: Cath(M) 51 (1997) 125–138

SATTLER Dorothea/ SCHNEIDER Theodor, „Einsetzung" der Sakramente durch Jesus Christus. Eine Zwischenbilanz im ökumenischen Gespräch, in: FRALING Bernhard/ HOPING Helmut/ SCANNONE Juan Carlos (Hg), Kirche und Theologie im kulturellen Dialog (Freiburg 1994) 392–415

SCHEEBEN M. J., Die Mysterien des Christentums, hg. v. Josef Häfer (Freiburg ²1951)

SCHILLEBEECKX Edward, Christliche Identität und kirchliches Amt. Ein Plädoyer für den Menschen in der Kirche (Düsseldorf 1985)

SCHILLEBEECKX Edward, Christus – Sakrament der Gottbegegnung (Mainz 1960)

SCHILLEBEECKX Edward, Chrystus – Sakrament spotkania z Bogiem (Kraków 1966)

SCHILSON Arno, Geist-Theologie als Mystagogie, in: ArchLiturgWiss 29 (1987) 375–384

SCHILSON Arno, Theologie als Sakramententheologie. Die Mysterientheologie Odo Casels = TTS 18 (Mainz 1982)

SCHLETTE Heinz Robert, Kommunikation und Sakrament. Theologische Deutung der geistlichen Kommunion = QD 8 (Freiburg 1960)

SCHMAUS Michael, Art. Perichorese, in: LThK² 8 (Freiburg 1963) 274–276

SCHMEMANN Alexander, Pour la vie du monde (Paris 1969)

SCHMIED Augustin, Perspektiven und Akzente heutiger Sakramententheologie, in: WiWei 44 (1981) 17–44

SCHNEEMELCHER Wilhelm, Die Epiklese bei den griechischen Vätern, in: Die Anrufung des Heiligen Geistes im Abendmahl. Viertes Theologisches Gespräch zwischen dem Ökumenischen Patriarchat und der Evangelischen Kirche in Deutschland. Hg. vom Kirchlichen Außenamt der Evangelischen Kirche in Deutschland (Frankfurt 1977) 68–94

SCHNEIDER Theodor, Das Bekenntnis zum Heiligen Geist als Rede von der Kirche. Zum theologischen Ort der Kirche im Glaubensbekenntnis, in: US (1981) 210–225

SCHNEIDER Theodor, Gott ist die Gabe. Meditationen über den Heiligen Geist (Freiburg 1979)

SCHNEIDER Theodor, Zeichen der Nähe Gottes. Grundriß der Sakramententheologie. Durchgängig überarbeitet und ergänzt zusammen mit Dorothea SATTLER (Mainz 1979, ^{8}2005)

SCHOONENBERG Piet, De tegenwoordgheid van Christus, in: Verbum 26 (1959) 148–157

SCHOONENBERG Piet, Der Geist, das Wort und der Sohn. Eine Geist-Christologie (Regensburg 1992)

SCHOONENBERG Piet, Een terugblik Ruimtelijke, persoonlijke en eucharistische tegenwoordigheid, in: Verbum 26 (1959) 314–327

SCHOONENBERG Piet, Eine Diskussion über den trinitarischen Personbegriff: Karl Rahner und Bernd Jochen Hilberath, in: ZKTh 111 (1989) 129–162

SCHOONENBERG Piet, Le baptême d'Esprit Saint, in: L'expérience de l'Esprit. Mélanges E. Schillebeeckx (Paris 1976) 7–96

SCHULTE Raphael, Sakrament, in: SM (D) 4, 327–341 (1969)

SCHULZ Michael, Hans Urs von Balthasar begegnen (Augsburg 2002)

SCHÜTZ Christian, Anmerkungen zur Neuorientierung der Gnadenlehre, in: MySal Ergänzungsband: Arbeitshilfen und Weiterführungen (Zürich 1981) 355–363

SCHÜTZ Christian, Einführung in die Pneumatologie (Darmstadt 1985)

SCHWAGER Raymund, Wassertaufe, ein Gebet um die Geisttaufe?, in: ZKTh (1978) 36–61

Schwerpunkte heutiger Sakramentenpastoral, in: Gemeinsame Synode der Bistümer in der Bundesrepublik Deutschland. Offizielle Gesamtausgabe 1: Beschlüsse der Vollversammlung (Freiburg 1976) 238–275

SEMMELROTH Otto, Gott und Mensch in Begegnung. Ein Durchblick durch die katholische Glaubenslehre (Frankfurt a.M. 1956)

SHERRARD Ph., An Approach to the Sacrament of Marriage, in: Sobornost 6 (1972) 404–415

SIMAN Emmanuel-Pataq, L'expérience de l'Esprit par l'Eglise d'après la tradition syrienne d'Antioche = Théologie historique 15 (Paris 1971)

SÖDING Thomas, Das Wehen des Geistes. Aspekte neutestamentlicher Pneumatologie, in: NITSCHE Bernhard (Hg), Atem des sprechenden Gottes. Einführung in die Lehre vom Heiligen Geist (Regensburg 2003) 22–71

STANIECKI Krzysztof, Trójca Święta w patrystycznej nauce Zachodu i Wschodu, in: CZAJA Andrzej, JASKÓŁA Piotr (Hg), Wokół tajemnicy Trójcy Świętej = Sympozja 39 (Opole 2000) 25–71

STANILOAE Dumitru, Orthodoxe Dogmatik III = Ökumenische Theologie 16 (Zürich-Gütersloh 1995)

STÖHR J., Heilige Kirche – sündige Kirche, in: MThZ (1967) 119–142

STRIET Magnus (Hg), Monotheismus und christlicher Trinitätsglaube = QD 210 (Freiburg 2004)

STUBENRAUCH Bertram, Dreifaltigkeit (Regensburg 2002)

STUBENRAUCH Bertram, Pneumatologie – Die Lehre vom Heiligen Geist, in: BEINERT Wolfgang (Hg), Glaubenszugänge. Lehrbuch der Katholischen Dogmatik 3 (Paderborn-München-Wien-Zürich 1995) 1–156

ŚWIERZAWSKI Wacław, Dynamiczna „Pamiątka" Pana. Eucharystyczna anamneza misterium paschalnego i jego egzystencjalna dynamika (Kraków 1981)

ŚWIERZAWSKI Wacław, Uświęcenie i kult w Duchu Świętym, in: Napełnieni Duchem Świętym (Poznań 1982) 82–89

THEODOROU E., Das Priestertum nach dem Zeugnis der byzantinischen liturgischen Texte, in: ÖR 35 (1986) 267–280

THEODOROU E., Die Entwicklung des Initiationsritus in der byzantinischen Kirche, in: SUTTNER Ernst Christoph (Hg), Taufe und Firmung (Regensburg 1971) 141–151

THEURER Wolfdieter, Die trinitarische Basisformel des Ökumenischen Rates der Kirchen (Bergen-Enkheim 1967)

THURIAN Max (Hg), Ökumenische Perspektiven von Taufe, Eucharistie und Amt = Faith and Order Paper 116 (Frankfurt a.M.-Paderborn 1983)

THURIAN Max, Le mystère de l'eucharistie. Une approche œcuménique (Paris 1981)

TILLARD Jean Marie Roger, L'Eucharistie et le Saint Esprit, in: NRTh (1968) 363–387

TILLARD Jean Marie Roger, L'Eucharistie, Pâque de l'Eglise (Paris 1964)

TILLICH Paul, Der Protestantismus als Kritik und Gestaltung (Stuttgart 1962)

TILLICH Paul, Offenbarung und Glaube. Schriften zur Theologie II = Gesammelte Werke VIII (Stuttgart 1970)

TILLICH Paul, Systematische Theologie III (Stuttgart 1966)

TILLICH Paul, The New Being (New York 1955)

TILLMANS W.G., Theologie und Kommunikation, in: CS 18 (1986) 347–357

TOSSOU Kossi K. Joseph, Streben nach Vollendung. Eine Studie zur Pneumatologie im Werk Hans Urs von Balthasars (Münster 1982)

TREMBELAS P.H., Hoi laikoi en te ekklesía. To basilikon hierateuma (Athenai 1975)

VARILLON François, Bóg pokorny i cierpiący, in: ZNAK 286–287 (1978) 549–560

VARILLON François, L'humilité de Dieu (Paris 1974)

VILLALÓN Jose R., Sacrements dans l'Esprit. Existence humaine et théologie existentielle (Paris 1977)

VISCHER Lukas, Ökumenische Skizzen (Frankfurt a.M. 1972)

VLIET Cornelis Th. M. van, Communio sacramentalis. Das Kirchenverständnis von Yves Congar (Mainz 1995)

VORGRIMLER Herbert, Sakramententheologie (Düsseldorf ³1992/2002)

VORGRIMLER Herbert, Buße und Krankensalbung (Freiburg 1978)

VORGRIMLER Herbert, Der Kampf des Christen mit der Sünde, in: MySal V, 349–457

VORGRIMLER Herbert, Gott: Vater, Sohn und Heiliger Geist (Münster 2003)

VORGRIMLER Herbert, Hans Urs von Balthasar, in: DERS., VAN DER GUCHT Robert (Hg), Bilanz der Theologie im 20. Jahrhundert IV (Freiburg 1971) 122–142

WAGNER Harald, Das Amt im Kontext der Communio-Ekklesiologie, in: Cath(M) 50 (1996) 34–44

WAGNER Harald, Das Amt vor dem Hintergrund der Diskussion um eine evangelisch-katholische Grunddifferenz, in: Cath(M) 40 (1986) 39–58

WAGNER Harald, Die eine Kirche und die vielen Kirchen. Ekklesiologie und Symbolik beim jungen Möhler = BÖT 16 (Paderborn 1977)

WAGNER Harald, Dogmatik = Kohlhammer Studienbücher Theologie 18 (Stuttgart 2003)

WAGNER Harald, HÄRLE Wilfried (Hg), Theologenlexikon. Von den Kirchenvätern bis zur Gegenwart (München ²1994)

WAGNER Harald, Konziliarität und Kontinuität, in: US 1 (1989) 14–28

WARNACH Viktor, Agape. Die Liebe als Grundmotiv der neutestamentlichen Theologie (Düsseldorf 1952)

WARNACH Viktor, Taufe und Christusgeschehen nach Röm 6, in: ALW (1954) 284–366

WELKER Michael, Der erhaltende, rettende und erhebende Gott. Zu einer biblisch orientierten Trinitätslehre, in: DERS., Miroslav VOLF (Hg), Der lebendige Gott als Trinität. FS für Jürgen Moltmann zum 80. Geburtstag (Gütersloh-München 2006) 34–52

WELTE Bernhard, Auf der Spur des Ewigen. Philosophische Abhandlungen über verschiedene Gegenstände der Religion und der Theologie (Freiburg-Basel-Wien 1965)

WELTE Bernhard, I. Zum Vortrag von A. Winklhofer, in: SCHMAUS Michael (Hg), Aktuelle Fragen zur Eucharistie (München 1960) 185–190

WENTSELS Benjamin, De Heilige Geest, de Kerk en de Laatse Dingen. De persoon en het werk van de Heilige Geest, Dogmatiek deel 4a (Kampen 1995)

WENZ Gunther, Einführung in die evangelische Sakramentenlehre (Darmstadt 1988)

WENZ Gunther, Sakramente II, in: TRE 29

WERBICK Jürgen, Ist die Trinitätstheologie die kirchlich normative Gestalt einer Theologie der Selbstoffenbarung Gottes?, in: STRIET Magnus (Hg), Monotheismus und christlicher Trinitätsglaube = QD 210 (Freiburg 2004) 70–92

WERBICK Jürgen, Kirche. Ein ekklesiologischer Entwurf für Studium und Praxis (Freiburg 1994)

WIEDENHOFER Siegfried, Ekklesiologie, in: Theodor SCHNEIDER (Hg), HDog² 2 (Düsseldorf 2002) 47–154

WOHLMUTH Josef, Trinität – Versuch eines Ansatzes, in: STRIET Magnus (Hg), Monotheismus und christlicher Trinitätsglaube (Freiburg 2004) 33–69

WOHLMUTH Josef, Zum Verhältnis von ökonomischer und immanenter Trinität, in: ZKTh 110 (1988) 139–162

ZAUNER Wilhelm, Schoonenberg, in: LfTK³ 9 (Sonderausgabe: Freiburg-Basel-Wien 2006) 214

ZIZIOULAS Johannes D., Cristologia, pneumatologia e istituzioni ecclesiastiche: un punto di vista ortodosso, in: Cristianesimo nella storia 1 (1981) 111–127

ZIZIOULAS Johannes D., L'Eucharistie: quelques aspects bibliques, in: DERS., L'Eucharistie (Paris 1970) 11–74

ZIZIOULAS Johannes D., La continuité avec les origines apostoliques dans la conscience théologique des Eglises orthodoxes, in: Ist (1974) 65–94

ZIZIOULAS Johannes D., Die pneumatologische Dimension der Kirche, in: Communio(D) 2 (1973) 133–147

ZIZIOULAS Johannes, Christologie, Pneumatologie und kirchliche Institutionen aus orthodoxer Sicht, in: ALBERIGO G., CONGAR Y., POTTMEYER H.J. (Hg), Kirche im Wandel. Eine kritische Zwischenbilanz nach dem Zweiten Vatikanum (Düsseldorf 1982) 124–140

ZIZIOULAS Johannes, Die Eucharistie in der neuzeitlichen orthodoxen Theologie, in: Die Anrufung des Heiligen Geistes im Abendmahl = Beiheft zur Ökumenischen Rundschau 31 (1977) 163–179

Namenregister

Afanasjew, Nikolaj, 112, 145
Albertus Magnus, 225
Athanasios von Alexandrien, 267
Athanasius, Kirchenvater, 130
Augustinus, Hl., 6, 7, 33, 34, 37, 213, 246, 267

Balthasar, Hans Urs von, xviii, xxi, 26, 37–48, 112, 136, 146, 361
Basilius d. Gr., 31, 130, 190, 255
Benedikt XVI., Papst, 418, 423
Berengar v. Tour, 238, 246
Berger, Klaus, 398, 422
Bobrinskoy, Boris, 112, 131
Bulgakow, Sergej, 112, 158

Calvin, Johannes, 8, 86, 245, 246, 413, 430
Casel, Odo, xvii, 12, 16–21, 59, 116, 170–174, 177, 279, 361
Chevallier, M.A., 189
Chrysostomus, Johannes, 31, 32, 140, 204, 256, 269
Clément, Olivier, 137, 147
Clément, Olivier, 112
Congar, Yves, xvii, 3–5, 26–37, 94, 112, 133, 177, 208
Corbon, Jean, xxi, 111, 360, 361
Cyprian, Kirchenvater, 187
Cyrill von Alexandrien, Kirchenvater, 130, 237
Cyrill von Jerusalem, 209

Dostojewski, Fjodor, 231, 448
Dunn, J.D.G., 189

Ephraem, Hl., 266
Evdokimov, Paul, 112, 132, 159

Freitag, Josef, 6, 24, 70, 359

Ganoczy, Alexandre, 382

Geißer, Hans Friedrich, 83
Gregor d. Gr., 227
Greshake, Gisbert, 108, 109
Guardini, Romano, xvii, 12, 14, 15, 60

Hazim, Ignacy, 135
Hippolyt von Rom, 35, 223, 229, 255
Hotz, Robert, 71
Hryniewicz, Wacław, xxi, 111–117, 119–241, 243–251, 253, 255–265, 267–270, 272, 273, 275–277, 279, 280, 397, 412, 415, 438, 440–442, 449

Ignatius von Antiochien, 450
Irenäus, Kirchenvater, 121, 130–132, 144, 160, 187, 222, 258

Johannes XXIII., Papst, 58

Kabasilas, N., 199, 268
Kasper, Walter, 5
Kilmartin, Edward J., xxi, 111, 360, 362–364, 385

Levinas, Emmanuel, 398
Lies, Lothar, xviii–xxi, 5, 20, 21, 58, 111, 280, 281, 283–287, 289–294, 296–299, 301, 303–305, 307, 308, 311, 312, 314, 317–319, 322, 326–332, 335–337, 339, 340, 342, 344, 347–349, 351–355, 357–359, 362, 397, 398, 407, 413, 414, 416, 446, 463, 464
Luther, Martin, 83, 84, 245, 409

Metz, Johann Baptist, 428

Meuffels, Hans Otmar, xxiii, 381–383, 385, 386, 388–392, 409, 413
Meyendorff, John, 72
Meyer, Hans Bernhard, xix, xxi, 360
Möhler, Johann Adam, 12–14
Moltmann, Jürgen, 112, 124, 131, 153, 160, 164, 169, 192, 229
Mühlen, Heribert, xviii, 26, 48–58, 94, 112, 432, 437

Nissiotis, Nikos, 72, 124, 155

Pannenberg, Wolfhart, 112, 233, 396
Paul VI., Papst, 331
Petrus Lombardus, 34
Pius X., Papst, 14
Pius XII., xiii
Pottmeyer, Hermann J., 63

Radbertus, 238
Rahner, Karl, 12, 21, 23–25, 112, 146, 150, 164, 233, 374, 375, 432
Ratramnus, 238, 246
Ratzinger, Joseph, 395

Schillebeeckx, Edward, 12, 21–23, 25, 112, 119, 173, 174, 280
Schilson, Arno, 172
Schmemann, Alexander, 192
Schneider, Theodor, xxiii, 146, 367–377, 425, 436
Schoonenberg, Piet, 189, 382
Staudenmaier, Franz Anton, 12
Stöhr, J., 146

Thalhofer, Valentin, 12
Thomas von Aquin, 34–37, 64, 162, 202, 204, 205, 432, 436
Tillich, Paul, 396, 425

Vaticanum II, xi, xiii, xvii, xviii, xxiv, 11, 12, 14, 21, 25, 35, 58, 59, 79, 93, 106, 107, 112, 122, 144, 161, 201, 215, 220, 258, 259, 331, 358, 401, 407, 424, 453, 456, 467
Villalón, Jose R., 177
Vinzenz von Lerin, 36
Vorgrimler, Herbert, xxiii, 146, 377–381, 402, 410, 423, 435

Welte, Bernhard, 382
Werbick, Jürgen, 431
Wohlmuth, Josef, 398

Zizioulas, Johannes D., 112, 264
Zwingli, Ulrich, 412, 430, 454, 458